Andalucía

B. Kaufmann/MICHELIN

El contenido de esta guía se considera actualizado en el momento de la redacción. Se ha hecho todo lo posible para asegurar su exactitud. No obstante, algunas de las informaciones pueden haber cambiado debido a las constantes remodelaciones y a la evolución del coste de la vida. Declinamos toda responsabilidad ante posibles imprecisiones, errores u omisiones que puedan detectarse.

NEUMÁTICOS MICHELIN S.A.
Avenida de los Encuartes, 19
28760 TRES CANTOS (MADRID)
☎ 91 410 50 00
www.ViaMichelin.es
LaGuiaVerde@es.michelin.com

Manufacture française des pneumatiques Michelin
Société en commandite par actions au capital de 304 000 000 EUR
Place des Carmes-Déchaux – 63 Clermont-Ferrand (France)
R.C.S. Clermont-Fd B 855 200 507

Dépôt légal avril 2000 – ISBN 2-06-458301-7 – ISSN 0764-1478
Printed in France 05-02/1.2

Maquetación: LE SANGLIER, Charleville-Mézières
Impresión - encuadernación: I.M.E., Baume-les-Dames

Maqueta de cubiertas: Agencia Carré Noir, F – 75017 París

LA GUÍA VERDE
en busca de nuevos horizontes

Si quiere ser protagonista de sus vacaciones y disfrutar plenamente de su tiempo; si desea aprender mientras viaja, descubrir nuevos paisajes y conocer el auténtico carácter de las regiones y países que visite, déjese conducir por los nuevos caminos que le abre La Guía Verde.

Nuestros redactores trabajan durante todo el año para ayudarle a preparar sus vacaciones. Recorren personalmente ciudades y pueblos, elaboran circuitos, seleccionan lo más interesante, buscan los hoteles y restaurantes más agradables y recogen infinidad de datos para elaborar mapas y planos de calidad.

La Guía Verde que tiene en sus manos está realizada con todo cuidado y es fruto de la experiencia turística de Michelin. Queremos ofrecerle un producto práctico y siempre actualizado que evoluciona y le escucha, por eso sus aportaciones son fundamentales.

Comparta con nosotros la pasión por viajar que nos ha conducido a más de sesenta destinos españoles y extranjeros. Déjese llevar como nosotros por esa curiosidad insaciable que anima a descubrir continuamente nuevos horizontes

Sumario

B. Kaufmann/MICHELIN

La Giralda de Sevilla

Barquitas de pescadores

O. Torres/MARCO POLO

Detalle de una aldaba, Écija

R. Mattès

Puerta con geranio, Frigiliana

Cartografía

PRODUCTOS QUE COMPLEMENTAN ESTA GUÍA

Mapa de Andalucía nº 446

– un mapa a escala 1/400.000 de esta comunidad autónoma con un completo índice de localidades

y para ir a Andalucía

Atlas España/Portugal

– un práctico atlas con espiral, a escala 1/400.000, con un completo índice de localidades y numerosos planos de ciudades

Mapa España – Portugal nº 990

– un mapa de toda la Península Ibérica, a escala 1/1.000.000

www.ViaMichelin.es

– El sitio internet www.ViaMichelin.es ofrece una gran cantidad de servicios y de informaciones prácticas de ayuda al viajero en 43 países europeos: cálculo de itinerarios, cartografía (desde mapas de países hasta planos de ciudades), selección de hoteles y restaurantes de La Guía Roja Michelin, etc.

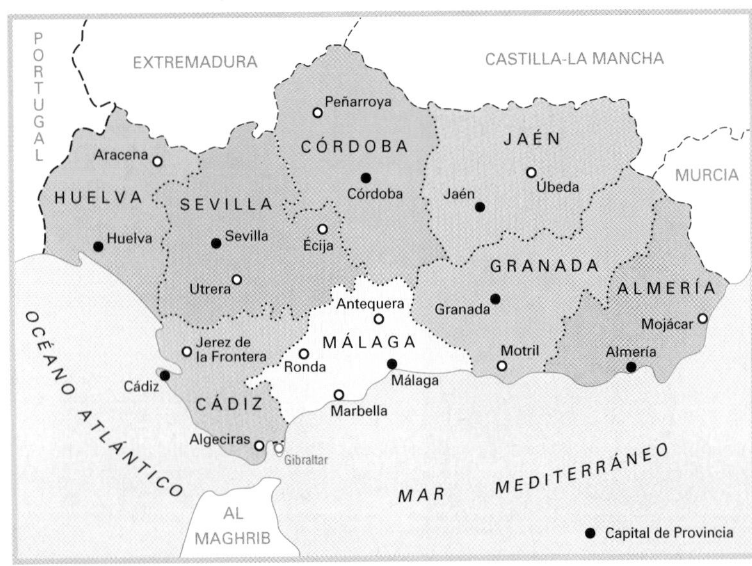

ÍNDICE CARTOGRÁFICO

Mapas temáticos

Planos de ciudades

Planos de monumentos y zonas arqueológicas

Mapas con itinerarios descritos

Cómo utilizar esta guía

Esta guía está pensada para ayudarle a sacar el máximo partido de su viaje por Andalucia.

- Los mapas de las primeras páginas se han diseñado para ayudarle a preparar su viaje. El **de los lugares más interesantes** identifica los puntos de mayor interés turístico clasificados según el sistema de estrellas de Michelin, y el de **Itinerarios de viaje** le sugiere posibles recorridos temáticos.
- Esta guía está dividida en tres capítulos: **Informaciones prácticas**, **Introducción al viaje** y **Ciudades, pueblos y parajes.**
- El capítulo **Informaciones prácticas** reúne todas las informaciones sobre transportes, alojamiento, playas, deportes, ocio, fiestas...
- En la **Introducción al viaje** hallará toda la información necesaria para comprender mejor la historia, el arte, la cultura, las tradiciones y la gastronomía andaluzas.
- En el capítulo **Ciudades, pueblos y parajes** encontrará los principales lugares de interés turístico, ordenados alfabéticamente. El símbolo del reloj ⓥ, colocado detrás de las curiosidades, hace referencia a la existencia de horarios de visita y precios de entrada que aparecen en la sección **Condiciones de visita**, al final de la guía.
- Las **Agendas de direcciones**, incluidas en algunas localidades, ofrecen una cuidada selección de hoteles, restaurantes y bares de tapas, así como información sobre compras y ocio.
- Al final de la guía encontrará un completo índice de localidades y nombres propios.
- Si tiene algún comentario o sugerencia escribanos a:

MICHELIN Ediciones de Viaje
Av. de los Encuartes, 19
28760 TRES CANTOS (Madrid)
LaGuiaVerde@es.michelin.com

B. Touillon/STOCK PHOTOS

Signos convencionales

★★★ **Justifica el viaje**

★★ **Vale la pena desviarse**

★ **De particular interés**

Curiosidades

ⓥ	Condiciones de visita al final de la guía	►►	Si puede, vea también...
	Itinerario descrito Principio de la visita	AZ B	Localización de una curiosidad en el plano
	Iglesia – Templo		Información turística
	Sinagoga – Mezquita		Castillo, Palacio – Ruinas
	Edificio		Presa – Fábrica
■	Estatua, pequeño edificio		Fortaleza – Cueva
	Crucero, calvario		Monumento megalítico
◎	Fuente		Mesa de orientación – Vista
	Muralla – Torre – Puerta	▲	Curiosidades diversas

Deportes y ocio

	Hipódromo		Sendero señalizado
	Pista de patinaje	♦	Zona recreativa
	Piscina al aire libre, cubierta		Parque de atracciones
	Puerto deportivo		Zoo, reserva de animales
	Refugio		Jardín floral, arboleda
	Teleférico, telecabina		Parque ornitológico Reserva de pájaros
	Tren turístico		

Otros signos

	Autopista, autovía		Lista de correos – Teléfono
	Acceso: completo, parcial		Mercado cubierto
	Calles peatonales		Cuartel
	Calle impracticable, de uso restringido		Puente levadizo
	Escalera – Sendero		Cantera – Mina
	Estación – Estación de autobuses	B F	Transbordador
	Funicular		Transporte de vehículos y pasajeros
	Tranvía – Metro		Transporte de pasajeros
Bert (R.)...	Calle comercial en los planos de ciudad	③	Salida de la ciudad, coincide en planos y mapas MICHELIN

Abreviaturas y símbolos específicos

D	Diputación	**U**	Universidad
G	Delegación del Gobierno		Guardia Civil
H	Ayuntamiento		Parador (establecimiento hotelero administrado por el Estado)
J	Palacio de Justicia		Plaza de toros
M	Museo		Olivar
POL.	Policía		Naranjal
T	Teatro		

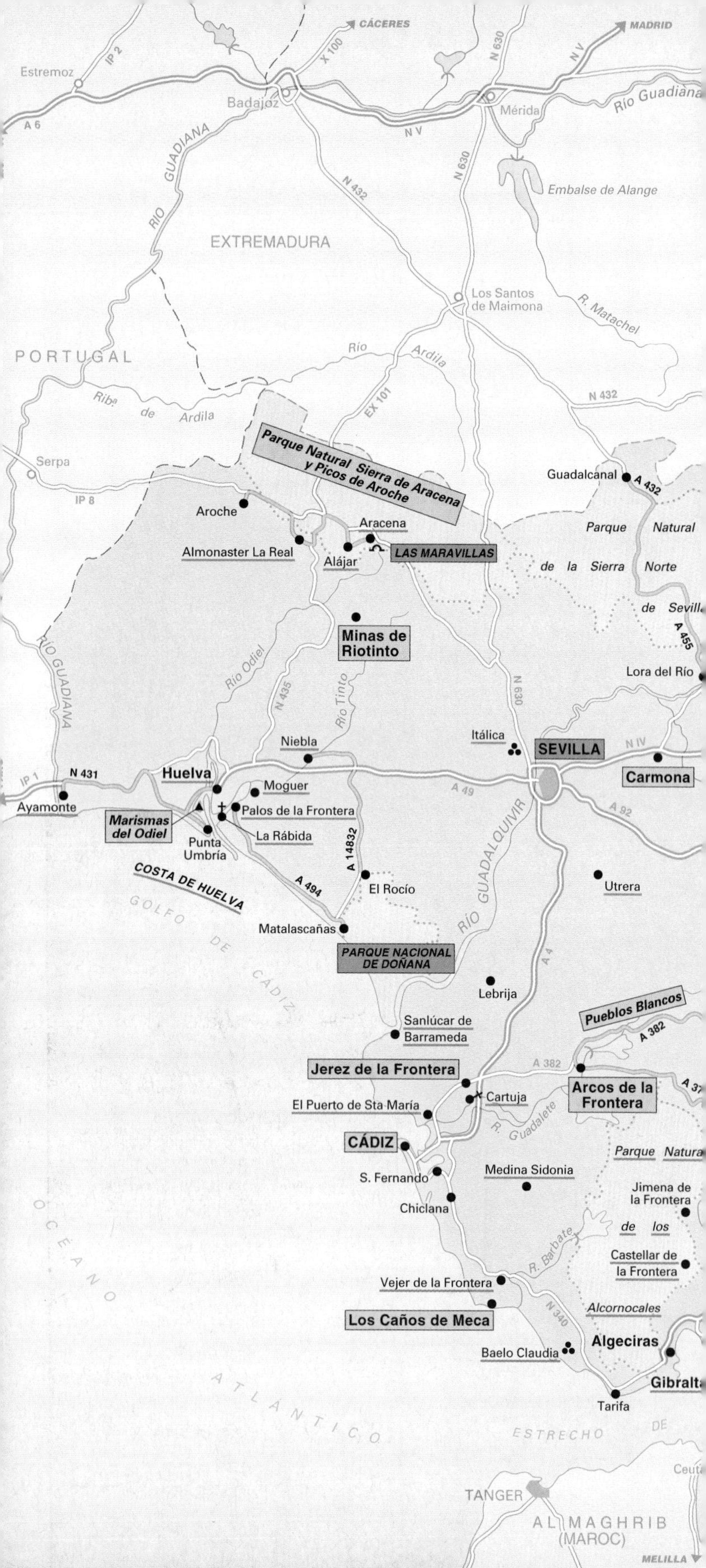

CÁCERES
MADRID
Estremoz
Badajoz
Mérida
Río Guadiana
Embalse de Alange
EXTREMADURA
Los Santos de Maimona
R. Matachel
PORTUGAL
Río Ardila
Riba de Ardila
Serpa
Parque Natural Sierra de Aracena y Picos de Aroche
Guadalcanal
Aroche
Aracena
Almonaster La Real
Alájar
LAS MARAVILLAS
Parque Natural de la Sierra Norte de Sevilla
Minas de Riotinto
Lora del Río
Río Odiel
Río Tinto
Río Guadiana
Itálica
SEVILLA
Niebla
Carmona
Huelva
Moguer
Ayamonte
Palos de la Frontera
Marismas del Odiel
La Rábida
Punta Umbría
COSTA DE HUELVA
El Rocío
Utrera
Río Guadalquivir
GOLFO DE CÁDIZ
Matalascañas
PARQUE NACIONAL DE DOÑANA
Lebrija
Pueblos Blancos
Sanlúcar de Barrameda
Jerez de la Frontera
Cartuja
Arcos de la Frontera
El Puerto de Sta María
R. Guadalete
CÁDIZ
Parque Natural de los Alcornocales
S. Fernando
Medina Sidonia
Jimena de la Frontera
Chiclana
R. Barbate
Castellar de la Frontera
Vejer de la Frontera
Los Caños de Meca
Algeciras
Baelo Claudia
OCÉANO ATLÁNTICO
Gibralt
Tarifa
ESTRECHO DE
Ceut
TANGER
AL MAGHRIB (MAROC)
MELILLA

Itinerarios de viaje

Descripción de itinerarios en el capítulo "Informaciones prácticas"

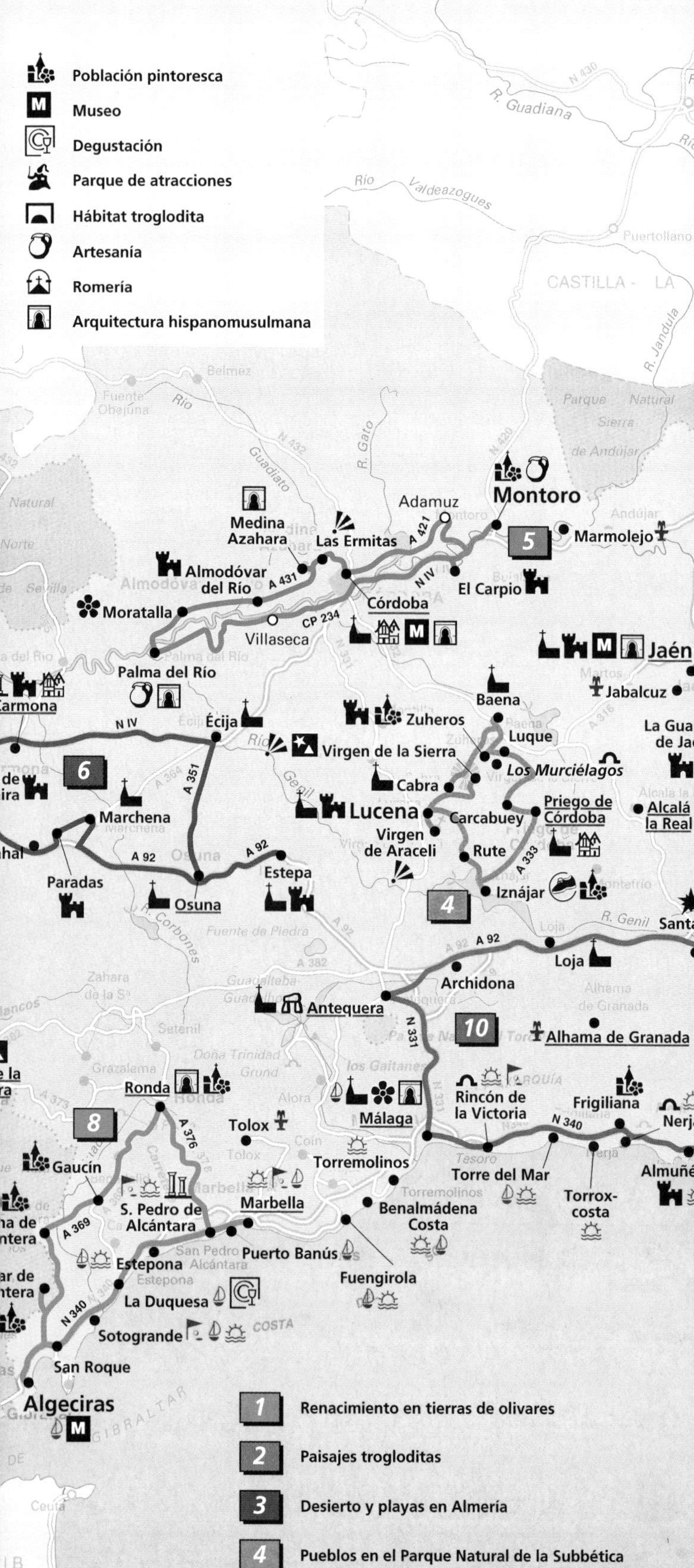

Población pintoresca
Museo
Degustación
Parque de atracciones
Hábitat troglodita
Artesanía
Romería
Arquitectura hispanomusulmana
R. Guadiana
N 430
Río Valdeazogues
Puertollano
CASTILLA - LA
R. Jandula
Parque Natural Sierra de Andújar
Belmez
Fuente Obejuna
Río Guadiato
N 432
R. Gato
N 420
Montoro
Adamuz
Andújar
5
Marmolejo
Medina Azahara
Las Ermitas
A 421
Almodóvar del Río
A 431
N IV
El Carpio
Córdoba
Moratalla
CP 234
Villaseca
Palma del Río
N 331
Jaén
Martos
Jabalcuz
Carmona
Baena
Zuheros
Écija
N IV
Luque
Virgen de la Sierra
Los Murciélagos
La Guardia de Jaén
6
A 364
A 351
Cabra
Lucena
Carcabuey
Priego de Córdoba
Alcalá la Real
Marchena
Virgen de Araceli
Rute
A 333
A 92
A 92
Osuna
Estepa
Paradas
Iznájar
4
R. Genil
R. Corbones
Fuente de Piedra
A 92
Loja
Archidona
A 382
Alhama de Granada
Antequera
N 331
10
Alhama de Granada
Setenil
Grazalema
Ronda
los Gaitanes
Rincón de la Victoria
Frigiliana
Nerja
8
A 373
A 376
Tolox
Málaga
N 340
Torremolinos
Torre del Mar
Almuñécar
Gaucín
S. Pedro de Alcántara
Marbella
Torrox-costa
Benalmádena Costa
A 369
Estepona
Puerto Banús
Fuengirola
La Duquesa
N 340
Sotogrande
COSTA
San Roque
Algeciras
GIBRALTAR
Ceuta
MELILLA
1 Renacimiento en tierras de olivares
2 Paisajes trogloditas
3 Desierto y playas en Almería
4 Pueblos en el Parque Natural de la Subbética

Localidad turística
Estación termal
Localidad de veraneo
Estación de deportes de invierno
Puerto deportivo
Golf
TOLEDO
MADRID
MADRID
MADRID
CUENCA
Río Záncara
R. Ciguela
La Roda
Albacete
Valdepeñas
R. Guadalmena
Canal
Tajo
Río Segura
Segura
Siles
Parque Natural de Despeñaperros
Segura de la Sierra
Santiago-Pontones
MURCIA
Canena
Sabiote
Villacarillo
Baeza
Úbeda
La Iruela
Cazorla
Jódar
Huéscar
Castril
Galera
Orce
Pozo-Alcón
Cúllar Baza
Vélez Blanco
Vélez Rubio
Lorca
Baños de Alicún
Zújar
Gorafe
Baza
Purullena
Guadix
Granada
La Calahorra
Sierra Nevada (Pradollano)
La Ragua
Macael
Cuevas de Almanzora
Garrucha
Tahal
Los Yesos
Tabernas
Sorbas
Mojácar
Nigüelas
Laujar de Andarax
Mini-Hollywood
Nijar
Carboneras
Lanjarón
Los Millares
Salinas de Acosta
Agua Amarga
Guajar Faragüit
Almería
Castell de Ferro
Aguadulce
Los Escullos
Adra
Roquetas de Mar
San José
Playa de Monsul
Calahonda
Almerimar
Cabo de Gata
Salobreña
1
2
3
5 El Guadalquivir en la campiña cordobesa
6 Arte e historia en la campiña sevillana
7 Caballos, toros y vino
8 Tierras de bandoleros
9 Vinos y jamón
10 Recuerdos nazaríes
0
50 km

Romería de El Rocío

R. Mattés

Informaciones prácticas

Antes de salir

DIRECCIONES ÚTILES

Junta de Andalucía – En la página internet de la Junta de Andalucía, www.junta-andalucia.es, encontrará una completa información sobre actividades turísticas, fiestas, naturaleza, alojamiento, deportes y ocio, publicaciones de interés, etc.

Centro Internacional de Turismo de Andalucía – Ctra. Nacional 340, km 189,6; 29600 Marbella (Málaga). ☎ 95 283 87 85, fax 95 283 63 69.

Dirección General de Turismo de Andalucía – Av. República Argentina, 25, 41011 Sevilla. ☎ 95 455 84 11 y también puede dirigirse a *info@andalucia.org*.

Oficinas de Turismo – En los planos de las ciudades descritas en esta guía las Oficinas de Turismo aparecen señaladas con una **i**. En el capítulo Condiciones de Visita figuran las direcciones y los teléfonos de cada una de ellas.

Reservas en Andalucía – **Séneca** es una Central de Reservas que opera exclusivamente en Andalucía. Confirma en tiempo real cualquier tipo de reserva turística, desde hoteles y restaurantes hasta rutas en bicicleta o a caballo pasando por parques acuáticos y puertos deportivos.

Séneca: Ctra. Nacional 340 km, 189,6 – 29600 Marbella (Málaga) ☎ 952 92 02 10, fax 952 92 02 16 y seneca@seneca.es o www.andalucia.org.

Turismo minusválidos – La **Confederación Coordinadora Estatal de Minusválidos Físicos de España (Servi-Cocemfe)** en Eugenio Salazar, 2 Madrid. ☎ 91 413 70 10, facilita información sobre instalaciones sin barreras arquitectónicas y cuenta con una sección de Ocio y Tiempo Libre que organiza actividades para minusválidos. Información en Andalucía: **Confederación Andaluza de Minusválidos Físicos**, Alfarería, 126 A, 41010 Sevilla. ☎ 95 433 03 11.

La agencia de viajes **Rompe Barreras Travel**, Roncesvalles, 3, 28007 Madrid. ☎ 91 551 36 22, fax 91 552 62 07 organiza viajes y vacaciones de todo tipo con especial atención a los minusválidos.

CUÁNDO VIAJAR

La mejor época – De manera general se puede decir que la primavera y el otoño son las dos estaciones más agradables para realizar un viaje por Andalucía. Durante el invierno, mientras la costa goza de temperaturas benignas, las zonas de sierras y montañas tienen un clima riguroso. En verano el calor aprieta y los termómetros alcanzan en la mayor parte de la comunidad temperaturas muy elevadas.

Cuadro de temperaturas

	1	2	3	4	5	6	7	8	9	10	11	12
Almería	16 8	16 8	18 10	20 12	22 15	26 18	29 21	29 22	27 20	23 16	19 12	17 9
Cádiz	15 8	16 9	18 11	21 12	23 14	27 18	29 20	30 20	27 19	23 16	19 12	16 9
Córdoba	14 4	16 5	19 8	23 10	26 13	32 17	36 19	36 20	31 17	24 13	19 8	14 5
Granada	12 1	14 2	18 5	20 7	24 9	30 14	34 17	34 17	29 14	22 9	17 5	12 2
Huelva	16 6	18 7	20 9	22 11	25 13	29 16	32 18	32 18	29 17	25 14	21 10	17 7
Jaén	12 5	14 5	17 8	20 10	24 13	30 17	34 21	34 21	29 18	22 13	16 9	12 5
Málaga	16 8	17 8	19 10	21 11	24 14	28 17	30 20	30 20	28 18	24 15	20 12	17 9
Sevilla	15 6	17 6	20 9	23 11	26 13	32 17	36 20	36 20	32 18	26 14	20 10	16 7

Máximas en rojo, mínimas en negro.

Días festivos – Como en el resto de las Comunidades Autónomas españolas, en Andalucía se celebran fiestas de carácter local, autonómico y nacional. Las dos fiestas locales varían de un municipio a otro, la autonómica se conmemora el **28 de febrero (Día de Andalucía)** y las nacionales se celebran en las fechas siguientes:

1 de enero: Año Nuevo

6 de enero: Epifanía

Jueves Santo

Viernes Santo

1 de mayo: Fiesta del Trabajo

15 de agosto: Asunción de la Virgen

12 de octubre: Fiesta Nacional de España

1 de noviembre: Todos los Santos

6 de diciembre: Día de la Constitución Española

8 de diciembre: Inmaculada Concepción

25 de diciembre: Navidad

PRESUPUESTO

Con el fin de ayudarle a organizar su viaje, facilitamos a continuación unos presupuestos orientativos calculados en función de las tres categorías de hoteles que proponemos. Cada una de estas cifras (por persona y día) incluye alojamiento en habitación doble, una comida y una cena. No se han tenido en cuenta ni gastos de desplazamiento ni de otro tipo (entradas a monumentos).

Bajo – Unos 46€: habitación en un hotel de nuestra categoría "correcto", una comida frugal (tapas o menú) y una comida completa en un restaurante sencillo.

Medio – Unos 81€: una noche en un hotel de nuestra categoría "una buena opción", una comida frugal y otra en un restaurante medio.

Medio-alto – Unos 120€: una noche en un hotel de nuestra categoría "un capricho" (pero uno de los menos caros), una comida frugal y una comida en un restaurante caro.

Transportes

EN COCHE

La red andaluza de carreteras ha mejorado sensiblemente en los últimos años. Actualmente cuenta con más de 24.000 km de autopistas, autovías y carreteras de distintas categorías. Por su amplitud destaca la llamada Autovía del 92, que cruza la Comunidad de Este a Oeste y que conecta todas las capitales entre sí, directamente o a través de otras autovías. Como el resto de la red viaria es bastante cómoda, si exceptuamos los atascos habituales en las zonas turísticas durante la temporada estival. El automóvil privado es sin duda el mejor medio de locomoción para los que dispongan de tiempo suficiente y deseen visitar distintas localidades.
Si va a desplazarse en coche por Andalucía, recuerde que el límite de velocidad en autopistas y autovías es de 120 km/h, en carreteras nacionales de 100 km/h y en el resto de 90 km/h. En las vías urbanas el límite está establecido en 50 km/h.

Información de carreteras – **Dirección General de Tráfico** (estado de las carreteras, itinerarios, normativa, etc.) ☎ 900 123 505 (llamada gratuita) y *www.dgt.es.*

Asistencia en carretera – **RACE** ☎ 900 11 22 22 y 91 593 33 33.

Alquiler de vehículos – Se pueden alquilar en aeropuertos, estaciones de tren, grandes hoteles y, naturalmente, en las sucursales de las principales compañías del sector:

Avis ☎ 902 13 55 31. www.avis.es

Europcar ☎ 902 40 50 20. www.europcar.es

Hertz ☎ 902 22 00 24. www.hertz.es

Tenga en cuenta que, aunque en España la edad mínima legal para conducir es de 18 años, la mayoría de las compañías no acepta alquilar vehículos a menores de 21 años.

EN AUTOBÚS

El autobús es un medio cómodo, moderno y bastante económico para desplazarse por Andalucía. Hay varias líneas de autobuses que conectan las capitales andaluzas con el resto de España. En las **Agendas de Direcciones**, que se incluyen en la descripción de las principales ciudades, figuran las direcciones y los números de teléfono de las estaciones de autobuses o de las principales empresas de transporte de viajeros por carretera.

EN TREN

Desde 1992 las comunicaciones con Andalucía han experimentado una auténtica revolución gracias a la implantación del AVE, el tren de alta velocidad (250 km/h) que une la capital del país (estación de Atocha) con Córdoba en 1 h 45 y Sevilla en 2 h 15.

La infraestructura del AVE ha beneficiado asimismo al Talgo Pendular, un tren de alta tecnología que alcanza una velocidad punta de 200 km/h y conecta en pocas horas Madrid con distintas localidades andaluzas como Málaga, Algeciras, Cádiz y Huelva.
RENFE: ☎ 902 24 02 02 (información 24 horas, reservas de 5.15 a 23.40) *www.renfe.es.*
AVE información y reservas:
Madrid ☎ 91 328 90 20
Córdoba ☎ 95 740 02 02
Sevilla ☎ 95 454 02 02.

Trenes regionales – La red regional de RENFE cuenta con varios trenes de interés para los turistas.

Estaciones verdes – Por su situación en las proximidades de distintos parajes naturales, reúnen las mejores condiciones para los aficionados al senderismo, la bicicleta de montaña y todos aquellos que quieran descubrir la belleza de la Andalucía rural. Información sobre horarios en las estaciones de las respectivas capitales de provincia. Información turística en *www.renfe.es/medio-ambiente.*

Provincia	Estación Verde	Línea
Almería	Gádor	Linares-Almería
Cádiz	Jimena de la Frontera	Bobadilla-Algeciras
Córdoba	Aguilar de la Frontera	Córdoba-Málaga
Granada	Guadix	Linares-Almería
Huelva	San Juan del Puerto-Moguer	Sevilla-Huelva
Jaén	Andújar	Alcázar-Sevilla-Huelva
Málaga	Ronda	Bobadilla-Algeciras
Málaga	Fuente de Piedra	Córdoba-Málaga y Sevilla-Málaga
Sevilla	Cazalla-Constantina	Mérida-Sevilla
Sevilla	Lebrija	Sevilla-Cádiz

Tren+visita a Isla Mágica – Paquete turístico que incluye el trayecto ida y vuelta en tren desde distintas poblaciones andaluzas hasta la estación de Sevilla Santa Justa, más la entrada al parque temático de Isla Mágica. Precios especiales para niños y mayores de 65 años. Información en cualquier estación de RENFE de Andalucía.

Tren de la Naturaleza – Paquete turístico para visitar el **Parque Natural de la Sierra de Cazorla-Úbeda**. Sólo desde Madrid. Duración: 2 días. El precio (en torno a los 150€) incluye trayecto de ida y vuelta en el Tren Regional Exprés, traslados locales en autobús, comida y alojamiento. Viajes Mundo Libero ☎ 91 573 30 48.

Al Andalus Expreso, un lujo poco habitual

Este magnífico tren, constituido por vagones de los años veinte y treinta convenientemente actualizados, dispone de todas las comodidades que se pueda imaginar para realizar un viaje mágico e inolvidable. Cuenta con dos coches restaurante, un coche salón y de juego, un coche bar, cinco coches cama, dos coches ducha y un coche de personal.
Durante el trayecto, de una semana de duración (con salida de Sevilla o Madrid) se visitan Jerez de la Frontera, Carmona, Ronda, Antequera, Granada y Córdoba. Las comidas que no se efectúan a bordo del propio tren se realizan en los mejores hoteles y restaurantes de la zona.
Funciona durante los meses de abril a junio y de septiembre a noviembre. Los precios, que varían en función de las fechas, la categoría y el programa elegidos, están comprendidos entre 2.440€ y 2.820€ por persona aproximadamente. Información en Iberraíl ☎ 91 571 96 66 (de 9 a 13) y en *www.alandalusexpreso.com.*

EN AVIÓN

Andalucía cuenta con una excelente dotación de aeropuertos. El más importante es el de Málaga, con capacidad para recibir anualmente doce millones de pasajeros, mientras que el de Sevilla está preparado para soportar el tránsito de cuatro millones de personas.
Almería ☎ 95 021 37 00/ 95 021 37 01.
Córdoba ☎ 94 721 41 00.
Granada ☎ 95 824 52 00.
Jerez de la Frontera ☎ 95 615 00 00.
Málaga ☎ 95 204 84 84.
Sevilla ☎ 95 444 90 00.

Además de muchas aerolíneas extranjeras de vuelos regulares y chárter, en estos aeropuertos operan las siguientes compañías nacionales:

Iberia ☎ 902 400 500 (información y reservas) y *www.iberia.com*

Air Europa ☎ 902 401 501 (información y reservas) y *www.aireuropa.com*

Spanair: ☎ 902 13 14 15 y *www.spanair.com*

EN BARCO

En Algeciras, Cádiz, Málaga y Almería se encuentran los principales puertos comerciales del litoral andaluz desde los que operan diversas compañías marítimas.
Trasmediterránea – Es la empresa más importante. Une semanalmente Cádiz con las principales islas del Archipiélago Canario y diariamente Ceuta y Melilla con Almería, Málaga y Algeciras.

Información y reservas: ☎ 902 45 46 45 y *www.trasmediterranea.es*

Delegaciones:
Recinto del Puerto, s/n – 11201 Algeciras (Cádiz)
Parque Nicolás Salmerón, 19 – 04002 Almería.
Av. Ramón Carranza, 26 – 11006 Cádiz.
Estación Marítima Recinto del Puerto. Local E1 – 29016 Málaga.

Alojamiento, restaurantes

AGENDA DE DIRECCIONES

En esta sección, que encontrará en ciudades y localidades turísticas de la guía, le proponemos una selección de direcciones de hoteles, restaurantes, bares de tapas y locales de copas, así como informaciones turísticas y sobre transportes, que le permitirán disfrutar plenamente de su estancia y descubrir cada lugar en las mejores condiciones posibles. Hemos intentado que la selección esté al alcance de todos los bolsillos.

Alojamiento

Ofrece una cuidada selección de hoteles clasificados en tres categorías, según el precio de la habitación doble, en temporada alta y sin IVA. La variación de precios entre las temporadas alta y baja puede ser importante, por lo que le recomendamos que confirme el precio en el momento de la reserva. Los hoteles han sido selecionados por su situación, su confort, su buena relación calidad-precio y en algunos casos por su encanto.

Categorías:

– **Correcto** propone habitaciones a menos de 55€. Generalmente son pequeños establecimientos sencillos pero con un confort básico.

– **Una buena opción** incluye hoteles en los que los precios de las habitaciones están comprendidos entre 55€ y 120€, con un carácter especialmente agradable.

– **Un capricho** engloba establecimientos con un encanto especial que garantizan un gran confort y una estancia memorable. Evidentemente, los precios están a la altura de los atractivos (más de 120€).

Restaurantes y tapas

Aquí encontrará una selección de restaurantes elegidos por su emplazamiento, entorno, ambiente o carácter insólito. Los precios que indicamos se corresponden con el coste de una comida barata y otra cara a la carta y tienen sólo carácter orientativo. Los establecimientos están clasificados también en tres categorías según los precios: **Correcto** (comidas a menos de 18€), **Una buena opción** (entre 18€ y 36€) y **Un capricho** (más de 36€)
Además, teniendo en cuenta que Andalucía es el reino de las **tapas**, hemos incorporado una serie de bares para tomar el aperitivo o comer.

Otras direcciones e informaciones

En las ciudades y localidades turísticas más importantes, la Agenda de direcciones incluye una gran variedad de datos, que abarcan desde cafés, bares de copas y discotecas hasta tiendas o teatros, e informaciones sobre transportes.

Y ADEMÁS...

Hoteles – **La Guía Roja Michelin "Hoteles y Restaurantes" España Portugal**, actualizada anualmente, contiene una rigurosa selección de establecimientos de distintas categorías. La Secretaría General de Turismo edita, también anualmente, una guía de hoteles.

Ahorre dinero – Si viaja por su cuenta, tenga presente que algunas cadenas hoteleras y muchos hoteles de negocios aplican tarifas reducidas los fines de semana; también se pueden adquirir **talones** de una o varias noches a precios muy interesantes. Infórmese con antelación en agencias de viajes.

Halcón Viajes ☎ 902 300 600 (información y reservas) y *www.halcon-viajes.es*. Talones individuales (una noche para una o dos personas) con descuento sobre la tarifa oficial.

Bancotel ☏ 91 509 61 09 y *www.bancotel.com*. Ofrece un talonario con cinco talones, de venta exclusiva en Agencias de viaje y en su pagina web. Hoteles de tres, cuatro y cinco estrellas. El descuento sobre la tarifa oficial es muy interesante.

NH Hoteles ☏ 902 115 116 (24 horas) y *www.nh-hoteles.es*. Tarifa especial fin de semana, a partir de 81,14€ por persona y día.

Hoteles Meliá ☏ 902 14 44 40 y *www.solmeliá.com*. Tarjeta de fidelización MAS y ofertas fines de semana.

Paradores – La mayoría son antiguos edificios restaurados (castillos, palacios, monasterios, etc.) siempre situados en bellos emplazamientos y dotados de todas las comodidades. Fuera de temporada (periodo que varía según su ubicación), disponen de ofertas interesantes; además con la "Tarjeta Amigos de Paradores" se obtienen puntos que dan derecho a estancias gratuitas. Para más información: Paradores de Turismo c/ Requena, 3, 28013 Madrid ☏ 91 561 66 66 y *www.parador.es*. *En los mapas de carreteras Michelin los paradores se indican con el símbolo* ⌂.

R. López-Alonso/STOCK PHOTO

Parador de Úbeda

Alojamiento rural – La **Red Andaluza de Alojamientos Rurales** (RAAR) es una asociación privada de propietarios que ofrece más de 350 alternativas para pasar unas vacaciones en contacto con la naturaleza y conocer cómo se desarrolla la vida en el entorno rural andaluz. La RAAR edita una guía práctica, que se facilita a petición de los interesados, con detalles de cada tipo de alojamiento: habitaciones en casas particulares, albergues para grupos, viviendas completas y campings-cortijo. Las reservas se pueden hacer directamente con el propietario del establecimiento, en agencias de viajes o a través de la Central de Reservas de la RAAR ☏ 902 44 22 33 (lu-vi de 10 a 14 y de 17 a 19), fax 950 27 04 31, *www.raar.es*, info@raar.es.

La **Asociación de Hoteles Rurales de Andalucía** (AHRA) es una agrupación de pequeños empresarios que ofrece una amplia gama de **hoteles rurales** (54) en toda Andalucía. Ofrecen la posibilidad de alojarse en los hoteles mediante un sistema de bonos rurales al precio de 33€. Central de Reservas de la AHRA ☏ 952 37 87 57, fax 952 37 87 84, www.hotelesruralesandaluces.org, info@hotelesruralesandaluces.org.

Albergues juveniles – La organización **Inturjoven**, dependiente de la Junta de Andalucía, gestiona una amplia red de albergues juveniles y organiza todo tipo de actividades deportivas, culturales y turísticas. La red de albergues juveniles, que abarca todo el territorio andaluz, está constituida por veinte centros situados en zonas estratégicas urbanas, de playa y de montaña.
Para alojarse en cualquiera de estos centros es preciso estar en posesión del carnet de alberguista (individual o de grupo), que se puede obtener en todos los albergues de la red y en la central de reservas de Inturjoven. Se admiten asimismo los carnets emitidos por los miembros de la I.Y.H.F (International Youth Hostel Federation). Reservas mediante fax, correo electrónico, teléfono o carta.
Red de Albergues Juveniles de Andalucía, Central de Reservas: Miño, 24. 41011 Sevilla. ☏ 902 51 00 00, fax 955 03 58 48. Para más información: *www.inturjoven.com.*

Camping y caravaning – La Junta de Andalucía *(ver Bibliografía-Turismo)* edita una completa guía de camping y caravaning en la que se detallan las instalaciones que posee cada uno de los establecimientos citados. La acampada libre está permitida en algunas zonas: consulte en los Ayuntamientos.

Vida práctica

Descuentos

Jóvenes – Información en el **Instituto de la Juventud de Andalucía**, c/ Muñoz Olivé, 1, 3º, 41001 Sevilla, ☎ 955 03 50 00, fax 955 03 50 41, www.junta-andalucia.es/iaj.
El **Carnet Joven EURO<26** que facilitan el Instituto de la Juventud y otros organismos análogos de 27 países, proporciona a los jóvenes de 14 a 25 años toda una serie de descuentos en transportes, servicios culturales, etc.
El **Carnet de estudiante** también da derecho a numerosos descuentos; la edad mínima para obtenerlo es de 12 años.

Tercera Edad – Los mayores de 65 años tienen derecho a importantes reducciones en transportes, entradas a monumentos y espectáculos. Se les aplica un descuento de hasta el 50% en muchos museos y pueden acceder gratuitamente a los monumentos de Patrimonio Nacional.
En Renfe los mayores de 60 años con tarjeta dorada tienen derecho a diversos descuentos que varían en función de la época del año y del destino.

Conviene saber

Urgencias de todo tipo – ☎ 902 50 50 61

Bancos – El horario de los bancos es de lu-sá de 8.30 a 14; en verano de lu-vi.

Tárjetas de crédito – En caso de robo o pérdida, contacte lo antes posible con los siguentes teléfonos: **Visa/Mastescard** ☎ 91 362 62 00; **American Express** ☎ 91 572 03 03; **Eurocard** ☎ 91 519 60 00; **Diners Club** ☎ 91 574 40 00.

Correos – El horario de las oficinas de correos es de lu-vi de 8.30 a 14.30 y sá de 9.30 a 14.

Teléfonos – **Información telefónica general** ☎1003; **información telefónica internacional** ☎025. Existen dos tipos de cabinas de teléfonos: las que funcionan con monedas y las que lo hacen con tarjetas (telefónicas o de crédito). Las tarjetas telefónicas se venden en estancos y Oficinas de correos.

Compras – El horario de apertura de las tiendas es, en general, de 10 a 14 y de 17 a 20.30, aunque cada vez es mayor el número de establecimientos (grandes almacenes y tiendas de cadenas importantes) que no cierra a mediodía. El día de cierre semanal es el domingo pero también hay tiendas que no abren el sábado por la tarde.

Dónde pasar las vacaciones

El extenso litoral de Andalucía ofrece la particularidad de que está bañado por el Océano Atlántico y el Mar Mediterráneo. Este hecho y la existencia de 25 espacios naturales protegidos a lo largo de la costa confieren a sus playas una diversidad y unas características únicas en todo el territorio nacional.

Costa Atlántica

También conocida como **Costa de la Luz**, se extiende desde la frontera con Portugal hasta el Estrecho de Gibraltar. Tiene una longitud total de 330 km, repartidos entre las provincias de Huelva y Cádiz. En general son playas de carácter familiar, frecuentadas en gran parte por españoles. El agua del mar es relativamente fría, los días calurosos y las noches muy frescas.
Las quince **playas de Huelva** se caracterizan por sus arenas doradas, sus aguas limpias, aunque con frecuencia revueltas por el oleaje, y por la presencia de numerosas dunas y grandes pinares. Junto a zonas dotadas de todo tipo de modernos equipamientos deportivos, como **Isla Canela**, hay zonas salvajes y solitarias a las que se puede acceder andando desde los grandes centros turísticos. Entre las playas más conocidas destacan **Isla Cristina**, de larga tradición marinera; **La Antilla**, de 22 km de longitud y próxima a Lepe; **El Rompido**, con enormes dunas y pinares desde los que se divisa un bonito panorama; **Punta Umbría**, con un destacado puerto deportivo; **Mazagón**, respaldada por un gran acantilado; y la célebre **Matalascañas**, la playa del Rocío y del Parque Nacional de Doñana.
La **costa de Cádiz**, la más meridional de la Península, tiene una extensión total de 200 km. Junto a sus playas de arena fina y dorada hay poblaciones de larga tradición histórica (Sanlúcar, Rota, El Puerto de Santa María, Cádiz...), de modo que en esta zona es muy

fácil combinar el descanso con el turismo cultural. Pasada la playa de **Bajo de Guía**, escenario de carreras de caballos en verano, se encuentran las cuatro playas de **Chipiona**, ricas en yodo y frecuentadas desde hace muchos años. El Puerto de Santa María, en cuyas proximidades se encuentra el lujoso **Puerto Sherry**, cuenta con excelentes playas como las de **La Puntilla** y **Valdelagrana**, mientras que a los pies de Cádiz capital se extienden **La Victoria**, **La Caleta** y **Cortadura**. En Chiclana destaca el complejo turístico de **Sancti Petri**, de reciente creación. A partir de Conil se sucede una serie de playas paradisíacas que permanecen al margen del turismo de masas: **Caños de Meca**, **Zahara de los Atunes**, **Bolonia**... El único inconveniente de esta zona es la presencia de fuertes vientos que, por otra parte, hacen las delicias de los aficionados al windsurfing.

Costa Mediterránea

En este litoral se distinguen varias zonas de características geográficas diferentes pero con un clima muy similar, seco y caluroso. Las aguas son tranquilas, templadas y transparentes.

Costa del Sol – El litoral perteneciente a la provincia de Málaga constituye el principal destino turístico de Andalucía *(ver p. 184)*. En el sector occidental, que llega hasta la capital malagueña, se concentra más del 50% de la oferta hotelera de la costa andaluza, 13 puertos deportivos, instalaciones de ocio y deportivas de todo tipo así como infinidad de servicios complementarios. Paradójicamente, las playas son en su mayoría pedregosas. El sector oriental, también conocido como La Axarquía *(ver p. 125)*, presenta un desarrollo turístico menos importante, con mayor número de apartamentos que de plazas hoteleras. Entre los núcleos más destacados se encuentran **El Rincón de la Victoria**, **Nerja** y **Torre del Mar**. Las playas son cortas y abundan los acantilados.

Costa Tropical – El litoral granadino recibe este sobrenombre porque disfruta de un microclima subtropical gracias a la protección que le ofrecen las altas cumbres de Sierra Nevada. Las playas son muy variadas, desde pequeñas calas protegidas por altísimos acantilados hasta playas inmensas como las de **Almuñécar**. El turismo se concentra en esta última población; en Salobreña, con dos grandes playas, la turística del **Peñón** y la salvaje de **La Guardia**; en Motril (playa de **Poniente** y playa de **Granada**), en Castell de Ferro y en La Rábita.

Costa de Almería – El litoral almeriense representa la cuarta parte del litoral andaluz. La mayor parte de la oferta turística se encuentra en la zona comprendida entre Adra –en cuyas proximidades destacan las playas arenosas e inmensas de **Balanegra** y **Balerma** y el complejo de **Almerimar**– y Aguadulce. Desde esta última localidad hasta la capital se suceden los acantilados. Al este de la ciudad de Almería se extiende el Parque Natural de Cabo de Gata, con magníficas playas entre las que sobresalen la de **Morrón de los Genoveses** y la del bello pueblecito de **San José**.

Itinerarios de viaje

Para los que deseen realizar un circuito en coche de algunos días, hemos preparado los siguientes recorridos, que aparecen recogidos en el **Mapa de Itinerarios de viaje**, p. 13. Tenga también en cuenta los itinerarios del **Mapa de Lugares más interesantes**, cuya descripción encontrará en el capítulo Ciudades, pueblos y parajes.

1 Renacimiento en tierras de olivares

Circuito de 225 km desde Jaén – Este trayecto por tierras jienenses discurre por colinas alfombradas de olivos y paisajes serranos, y atraviesa bellas e históricas localidades con importantes edificios renacentistas.
Después de visitar **Jaén**, vigilada por el Castillo de Santa Catalina, antigua fortaleza árabe, su catedral renacentista y los magníficos baños árabes, póngase en camino hacia **Baeza** y **Úbeda**. Estas preciosas ciudades vecinas conservan dos de los más bellos y mejor conservados centros monumentales de Andalucía. Desde Úbeda, acérquese a **Sabiote** para pasear por sus callejuelas con elegantes casonas y ver el castillo. El recorrido continúa hasta **Torreperojil**, en cuyo centro destaca la iglesia gótica de la Asunción. Tras pasar por **Villacarrillo** y visitar su iglesia renacentista, el itinerario continúa hasta **Cazorla**, pintoresco pueblo serrano dominado por un castillo, punto de partida ideal para visitar el espectacular **Parque Natural de las Sierras de Cazorla, Segura y las Villas**. En el trayecto de vuelta a Jaén se pasa por **Jódar**, donde se encuentra el centro de Interpretación de **Parque Natural de Sierra Mágina**.

Iglesia de Santa María, Úbeda

2 Paisajes trogloditas

Circuito de 272 km desde Guadix – Entre Sierra Nevada y las sierras de Cazorla y Segura se extienden unas tierras de hoyas y sierras de gran riqueza arqueológica. Los pueblos esconden en sus terrenos arcillosos numerosas casas-cuevas.

El itinerario parte de **Guadix**, que cuenta en la zona más elevada del pueblo con uno de los mejores conjuntos de hábitat troglodita de la zona. **Purullena** es un singular pueblo en el que las casas-cuevas y las tiendas de cerámica se alinean a ambos lados de la carretera. El itinerario discurre paralelo al río Farbes hasta **Baños de Alicún** y posteriormente desciende por el valle del río Gor. En el término municipal de **Gorafe** se hallan casi 200 dólmenes de época neolítica. El pequeño pueblo también tiene numerosas casas-cuevas. Tras un tramo de autopista, la ruta se dirige hacia la sierra. **Zújar**, situada al pie del monte Jabalcón y cerca del embalse de Negratín, es conocida desde la Antigüedad por sus baños. El itinerario se interna hacia el Norte, linda el Sur del Parque Natural de las Sierras de Cazorla, Segura y las Villas y llega a **Castril**, un pintoresco pueblo serrano, protegido por una impresionante peña, que se halla emplazado junto al bello **Parque Natural de la sierra de Castril**. En **Huéscar** destacan la plaza mayor y la Colegiata de la Encarnación. La ruta inicia el descenso hacia el Sur. **Galera**, además de una necrópolis ibérica y un poblado argárico, conserva en su parte alta un barrio de tipo morisco y casas-cuevas. Muy cerca, en un impresionante paisaje agreste se halla **Orce**, pueblo que se hizo famoso a principios de los años 80 por el descubrimiento de los restos de un niño de 1,5 millones de años de antigüedad. La última parada del recorrido, antes de iniciar el camino de vuelta a Guadix, es **Baza**, un importante asentamiento íbero en el que se encontró la famosa Dama homónima. La localidad, que domina la hoya del mismo nombre y está muy cerca del Parque Natural de la Sierra de Baza, tiene un interesante patrimonio artístico en el que sobresalen unos baños árabes de época califal y la Colegiata de Santa María de la Encarnación.

3 Desierto y playas en Almería

Circuito de 254 km desde Almería – Bajo un limpio y luminoso cielo azul, el itinerario discurre por sorprendentes paisajes desérticos, bellas y solitarias playas, inesperados vergeles, mares de plástico que protegen cultivos, localidades de veraneo y pintorescos pueblos del interior.

Almería, vigilada por su magnífica alcazaba árabe, es el punto de partida de este recorrido que le llevará en su primera etapa al **Parque Natural de Cabo de Gata**, en el que podrá admirar la belleza de sus playas, de sus dunas y de sus arrecifes. Tras visitar **Níjar**, en el interior, pueblecito blanco que se asienta en la falda de una montaña en torno a la iglesia parroquial, y de vuelta a la costa, la carretera entre **Agua Amarga** y Mojácar ofrece bellas vistas del litoral, en el que se alzan antiguas torres de vigilancia. **Mojácar**, que se halla situado a 2 km del mar sobre un promontorio rocoso, es uno de los pueblos almerienses de mayor encanto y que conserva un indudable sabor árabe en sus calles y casas. El recorrido se interna en el desierto almeriense, caracterizado por un paisaje roqueño muy árido con numerosos cerros. Tras dejar a la derecha el **Paraje Natural de Karst en Yesos**, en el que la erosión del agua sobre el yeso ha formado miles de cuevas, se llega al pueblo de **Sorbas**, que domina desde un escarpe arcilloso un meandro del río Aguas. Un poco más adelante se encuentran **Tabernas**, que descansa a los pies de la antigua alcazaba árabe, y **Mini-Hollywood**, decorado cinematográfico de un pueblo del Oeste americano en el que se rodaron famosos *spaghetti-westerns*. Antes de regresar a Almería, puede acercarse a visitar **Los Millares**, el yacimiento de la Edad del Cobre más importante de Europa.

4 Pueblos en el Parque Natural de la Subbética

Circuito de 175 km desde Lucena – Colinas recubiertas de olivos, pequeños pueblos colgados en las laderas de las montañas y dominados por castillos roqueros, bellas localidades y singulares miradores jalonan esta ruta por la sierra Subbética cordobesa.
Tras visitar **Lucena** y su iglesia de San Mateo, le recomendamos que suba al **Santuario de la Virgen de Araceli**, desde donde se domina un amplio panorama. De vuelta a Lucena, inicie el recorrido que pasa por **Rute**, famoso por sus anisados, y que posteriormente ofrece vistas del embalse de **Iznájar**. El pintoresco pueblo homónimo domina el embalse desde lo alto de una loma. La siguiente parada es **Priego de Córdoba**, bellísima y sorprendente localidad, capital del barroco cordobés. Tras pasar por **Carcabuey**, protegido por un castillo, y por Luque, diríjase hacia **Zuheros**, encantador pueblecito que se apiña en torno a un castillo roquero. Una bella carretera panorámica le conducirá a la cercana **Cueva de los Murciélagos**, con sus magníficas salas de estalactitas y estalagmitas y sus restos de pinturas y grabados neolíticos. De vuelta a Zuheros, el trayecto continúa hasta **Baena**, importante ciudad olivarera, que conserva interesantes iglesias. La siguiente parada del itinerario es **Cabra**, apacible localidad que se asienta en la falda de la sierra del mismo nombre. Desde allí, y antes de regresar a Lucena, no dude en acercarse a la **ermita de la Virgen de la Sierra**, situada en un privilegiado paraje, desde donde se dominan amplias vistas de la Sierra Subbética y de la campiña cordobesa.

5 El Guadalquivir en la campiña cordobesa

241 km desde Montoro – El Guadalquivir atraviesa a su paso por la provincia de Córdoba las tierras de la campiña. En sus aguas se miran pintorescos pueblos, algún altivo castillo y ruinas evocadoras además de la preciosa capital cordobesa.
El recorrido se inicia en **Montoro**, un señorial y bonito pueblo enclavado en un meandro del río, para, tras abandonar el curso del Guadalquivir, dirigirse a **Adamuz**, situado entre extensos olivares. Por una pequeña carretera que corre paralela al río, se llega a **Córdoba**. Sólo por visitar la mezquita y pasear por la Judería merece la pena viajar hasta esta ciudad de arte e historia, repleta de plazas recoletas y patios floridos que rebosan encanto. Tras la emoción que sin duda provoca la visita de la capital, puede sosegar su espíritu acercándose a **Las Ermitas**, emplazadas en un bello paraje serrano, desde donde se domina un amplio panorama sobre la campiña. La siguiente parada es **Medina Azahara**; los magníficos restos de esta ciudad palaciega, construida a finales del s. X y arrasada a principios del s. XI, constituyen uno de los mejores ejemplos de arquitectura civil hispanomusulmana. El trayecto continúa hasta **Almodóvar del Río**, que se asienta, junto al río, a los pies de un cerro sobre el que se alza su majestuoso castillo. Antes de llegar a Palma del Río, puede hacer una parada en **Moratalla** para visitar unos bellos jardines. **Palma del Río**, que extiende su blanco caserío entre el Guadalquivir y el Genil, conserva lienzos de murallas de época almohade y diversas iglesias de interés. Tras volver a Córdoba y enlazar con la autovía camino de Montoro, se pasa junto a **El Carpio**, que se escalona sobre una colina vigilada por un sólido torreón mudéjar.

6 Arte e historia en la campiña sevillana

Circuito de 278 km desde Sevilla – Esta ruta, que discurre principalmente por las autovías N IV-E 5 y A 92, le dará la oportunidad de conocer algunas de las más bellas localidades de la campiña sevillana. Pueblos señoriales con espléndidas iglesias que alzan bellísimas torres hacia el cielo, y en los que la azarosa historia de la zona ha dejado también magníficos monumentos civiles.
El recorrido parte de **Sevilla**, capital de Andalucía y ciudad llena de encantos y atractivos, para dirigirse hasta **Carmona**, una histórica localidad. En ella destacan, además de su monumental casco antiguo, el Alcázar y la Necrópolis romana. El camino continúa hasta **Écija**, salpicada de palacios y de iglesias, cuyas torres barrocas se cuentan entre las más bellas de Andalucía. Al Sur se encuentra **Osuna**, otra histórica población, con una bella zona monumental renacentista en lo alto de la colina, heredera de su rico pasado como ciudad ducal, y con su casco urbano repleto de casas señoriales, palacios e iglesias, fundamentalmente barrocos. **Estepa**, la siguiente parada, conserva, además de restos de un recinto amurallado de origen árabe en lo alto del cerro, diversos monumentos de interés. De vuelta a Osuna, el trayecto continúa hasta **Marchena**, que esconde entre los muros de su iglesia de San Juan Bautista magníficas obras de arte y el sorprendente Museo Zurbarán. Tras pasar por **Paradas**, que debe su nombre a las antiguas caravanas que aquí se detenían, se llega a **El Arahal**, un bonito pueblo de origen árabe que cobija edificios neoclásicos y barrocos. Poco antes de llegar a Sevilla se pasa por **Alcalá de Guadaira**, que se asienta a los pies de una importante fortaleza almohade.

7 Caballos, toros y vino

Circuito de 216 km desde Cádiz – Este itinerario por la mitad occidental de la provincia gaditana, que atraviesa bellas ciudades y pintorescos pueblos del interior y de la costa, evoca estampas de feria y de caballos cartujanos, días de corridas, ecos de guitarras y olor a bodega.
Cádiz, ciudad luminosa y marinera y punto de partida de este circuito, conserva interesantes edificios barrocos y neoclásicos y plazas y calles llenas de encanto. En la bahía homónima se sitúa **El Puerto de Santa María**, animado centro de veraneo y agradable

ciudad con cuidados edificios de los ss. XVIII y XIX. El itinerario continúa hasta **Sanlúcar de Barrameda**. En la patria de la manzanilla, situada en la misma desembocadura del Guadalquivir, destaca el barrio alto: antiguo, monumental y repleto de bodegas. En las fértiles tierras de la campiña se encuentra **Jerez de la Frontera**, ciudad elegante y señorial con un núcleo medieval en el que se construyeron diversas iglesias tras la Reconquista; la catedral, el cabildo, la iglesia de San Miguel, el Museo de Relojes, la Real Escuela Andaluza de Arte Ecuestre y, por supuesto, las emblemáticas bodegas, son algunos de sus principales atractivos. La ruta se adentra por el interior hasta **Arcos de la Frontera**, bellísimo pueblo blanco de calles estrechas y empinadas, que desde un espectacular emplazamiento domina el valle del río Guadalete. En el trayecto hacia el Sur se pasa por **Medina Sidonia**, que, desde lo alto de una colina, domina un extenso panorama de la campiña. Además de un interesante conjunto arqueológico romano, destaca la parte vieja, con la iglesia de Santa María la Mayor y los restos del alcázar. Cerca ya de la costa se halla **Vejer de la Frontera**, un precioso pueblo blanco emplazado sobre una colina. En el camino de vuelta a Cádiz se pasa por **Chiclana de la Frontera**, que se asienta junto a las salinas y que es una concurrida y afamada localidad de veraneo gracias a la magnífica y extensa playa de la Barrosa –situada a 7 km– y a los complejos turísticos de Sancti Petri y Novo Sancti Petri. La última parada del recorrido, ya muy cercana a la capital, se realizará en **San Fernando**, una localidad unida desde el s. XVIII a la Marina española.

8 Tierras de bandoleros

Circuito de 256 km desde Algeciras – Esta ruta se interna por espectaculares y recónditos paisajes serranos en los que se sitúan pintorescos pueblos que fueron refugio de bandoleros legendarios, para posteriormente bajar junto al mar y pasar por algunas de las más famosas localidades de la Costa del Sol.

Tras disfrutar de la magnífica vista del Peñón de Gibraltar, que se divisa desde la ciudad portuaria de **Algeciras**, póngase en camino hacia **Castellar de la Frontera**, un precioso pueblo-fortaleza de origen árabe situado en el Parque Natural de los Alcornocales y que domina el embalse de Guadarranque. La siguiente parada del recorrido es **Jimena de la Frontera**, que tiende su blanco caserío sobre la ladera de una colina. Al igual que Castellar, como bien indican sus nombres, fue testigo de las luchas entre moros y cristianos. El itinerario se interna por la Serranía de Ronda y, tras pasar por **Gaucín**, enclavado sobre un cerro, discurre por una alta vertiente rocosa hasta llegar a **Ronda**. Esta ciudad, romántica donde las haya, cuna de la tauromaquía y de celébres bandoleros, tiene uno de los emplazamientos más impresionantes que se puedan imaginar, en lo alto de un farallón rocoso cortado a pico por el Tajo del río Guadalevín que divide en dos la localidad. El trayecto hasta San Pedro de Alcántara, realmente espectacular, desciende bruscamente hasta el mar pasado el puerto de Alájar. **San Pedro de Alcántara** es una conocida localidad de veraneo que conserva interesantes vestigios arqueológicos. Muy cerca se hallan **Puerto Banús**, el puerto deportivo más famoso de la Costa del Sol, y **Marbella**, la localidad más cosmopolita y lujosa, punto de reunión de la *jet set* internacional. De vuelta a San Pedro de Alcántara y continuando el camino hacia Algeciras, se pasa por **Estepona**, otro conocido centro estival, por **La Duquesa**, un moderno puerto deportivo y junto a **Sotogrande**, un complejo de lujosas urbanizaciones en torno a un famoso campo de golf.

9 Vinos y jamón

Circuito de 338 km desde Huelva – Este recorrido por la provincia de Huelva discurre al principio por la costa para atravesar posteriormente localidades vitivinícolas y ascender hacia la sierra de Aracena, donde se produce el mejor jamón español, una verdadera exquisitez.

El itinerario parte de **Huelva**, que se halla situada entre las desembocaduras de los ríos Tinto y Odiel. La primera parada es el **Monasterio de la Rábida**, cuyo nombre está indisolublemente unido al de Cristóbal Colón y a la gesta del Descubrimiento de América. El recorrido continúa por la costa, jalona la larga playa de fina arena de **Mazagón**, para llegar a **Matalascañas**, animado y concurrido centro de veraneo. Se deja atrás el mar para acercarse a **El Rocío**, situado junto a las marismas del **Parque Nacional de Doñana**. Esta pequeña aldea acoge el primer fin de semana de Pentecostés la romería más importante y multitudinaria de España. Las siguientes poblaciones –**Almonte**, **Bollullos par del Condado**, **La Palma del Condado**– son tranquilas y señoriales localidades vitivinícolas que producen vinos blancos y dulces amparados bajo la D.O. Condado de Huelva. Camino de la sierra se pasa por **Zalamea la Real**, conocida por sus anises. La carretera serpentea por estribaciones montañosas hasta **Minas de Riotinto**, situada en un singular entorno marcado desde la Antigüedad por la actividad minera. El Parque Minero con sus espectaculares explotaciones a cielo abierto y el barrio "inglés" de Bellavista son los mayores atractivos de la localidad. Por una bella carretera serrana, que se adentra en el **Parque Natural de la Sierra de Aracena y Picos de Aroche**, se llega a **Aracena**, precioso pueblo vigilado por un castillo, en el que hay que visitar la Gruta de las Maravillas, una espectacular cueva que hace honor a su nombre. El recorrido continúa por el interior del Parque, entre poblados bosques, y pasa por pintorescos pueblos, como **Jabugo**, célebre por sus jamones, **Cortegana**, importante centro artesanal en el que destaca su castillo medieval, y **Almonaster la Real**, que conserva una mezquita del s. X. En el camino de vuelta hacia Huelva, se encuentran **Valverde del Camino**, famoso por sus botos, y **Niebla**, magnífico pueblo medieval amurallado.

Salobreña

10 Recuerdos nazaríes

Circuito de 330 km desde Granada – Esta ruta por tierras del antiguo reino nazarí de Granada atraviesa estribaciones montañosas, bellas poblaciones y recorre parte de las costas malagueña y granadina.

Tras visitar **Granada**, capital del reino nazarí y, por supuesto la Alhambra, uno de los monumentos más bellos del mundo, inicie el trayecto que, tras pasar por **Santa Fé**, donde los Reyes Católicos le firmaron a Colón las famosas capitulaciones, le lleva a **Loja**, que desde un pequeño promontorio domina la fértil vega del río Genil. La siguiente parada es **Archidona**, que se asienta entre verdes olivares, en la falda de una sierra y cuyo principal atractivo es una singular plaza ochavada. A menos de 20 km se halla **Antequera**, una ciudad de casas blancas y ventanas enrejadas, que conserva diversos monumentos de interés y una alcazaba árabe, y que es el punto de partida ideal para descubrir los encantos naturales de la zona. Una bella carretera entre escarpes montañosos la une a **Málaga**. La capital de la Costa del Sol tiene un interesante patrimonio artístico, consecuencia de su importancia desde época romana. Los restos de Gibralfaro y la alcazaba son las principales muestras que quedan de la Malaka árabe. El trayecto continúa por la costa de la **Axarquía**, en el que, además de las localidades de veraneo, se pueden visitar la **Cueva del Tesoro**, de origen marino (cerca de Rincón de la Victoria), y la espectacular **Cueva de Nerja**. Desde **Nerja**, animado centro turístico, no deje de acercarse a **Frigiliana**, un pintoresco pueblo blanco del interior con una encantadora y cuidada arquitectura popular que conserva un indudable aire morisco. La carretera en cornisa ofrece bellas vistas de la recortada costa. Después de pasar por las localidades granadinas de **Almuñecar** y **Salobreña**, precioso pueblo situado en una colina y dominado por un castillo, se inicia el camino de vuelta hacia Granada. Si se desvía de la carretera principal encontrará pueblos pintorescos como **Guajar de Faragüit** y, pasada la entrada a Las Alpujarras, **Nigüelas**.

El Legado andalusí

El Legado Andalusí es una fundación de la Junta de Andalucía y del Gobierno de España que nació para recuperar y divulgar la civilización hispanomusulmana y su patrimonio artístico y cultural. Pretende también dar a conocer el papel de Andalucía como puente cultural entre Oriente y Occidente. Entre otras actividades, articula y fomenta una propuesta viajera por Andalucía, Las Rutas de al-Andalus.

Las Rutas de al-Andalus

Constituyen una iniciativa de turismo cultural, promovida por la Consejería de Turismo y Deporte de la Junta de Andalucía, que incluyen numerosas localidades andaluzas a través de unos recorridos específicos fuera de los circuitos turísticos habituales. Estos itinerarios ayudan a descubrir no sólo el patrimonio histórico, artístico y arquitectónico de una de las civilizaciones más brillantes de la historia, sino también su gastronomía y su artesanía, y dan la posibilidad de conocer esta cultura a fondo y la impronta que ha dejado hasta nuestros días.
Las Rutas de al-Andalus fueron designadas en 1998 por el Consejo de Europa **Itinerario Cultural Europeo**. Esta distinción se otorga a los itinerarios que impulsan el turismo cultural y que invitan a recorrer y profundizar en los caminos que han contribuido a la formación de la identidad europea.

En la actualidad son tres las rutas que el viajero puede recorrer, completamente señalizadas y con todo tipo de información disponible sobre ellas:

La Ruta del Califato – Comunica Córdoba y Granada, las dos capitales más importantes de la historia hispanomusulmana y los dos polos sobre los que bascula el inmenso legado cultural, político y social que supuso la existencia de al-Andalus. Entre ambas se extiende un territorio de leyendas, castillos y pueblos notables.

Recorrido: Córdoba, Fernán Núñez, Montemayor, Montilla, Aguilar de la Frontera, Lucena, Cabra, Priego de Córdoba, Espejo, Castro del Río, Baena, Zuheros, Luque, Alcaudete, Castillo de Locubín, Alcalá la Real, Moclín, Pinos Puente, Colomera, Güevejar, Cogollos Vega, Alfacar, Viznar y Granada.

La Ruta de Washington Irving – El itinerario revive, poco más o menos, el camino que hizo en 1829 el escritor romántico norteamericano que da nombre a la ruta, fascinado por el exotismo y la exuberancia de los vestigios árabes de Andalucía. Enlaza las ciudades de Sevilla y Granada por un camino histórico que, en la Edad Media, sirvió de importante vía de comunicación entre el reino nazarí de Granada y los dominios cristianos.

Recorrido: Sevilla, Alcalá de Guadaira, Carmona, Marchena, Écija, Osuna, Estepa, La Roda de Andalucía, Fuente de Piedra, Molina, Humilladero, Antequera, Archidona, Loja, Moraleda de Zafayona, Alhama de Granada, Huétor Tájar, Montefrío, Illora, Chauchina, Fuente Vaqueros, Santa Fe y Granada.

La Ruta de los Nazaríes – Este itinerario por tierras jienenses y granadinas está dedicado a los protagonistas del capítulo final de la Reconquista y es el epílogo de la rica historia del Islam en España. La ruta se inicia en los puertos de Sierra Morena por donde irrumpió el avance cristiano. En las Navas de Tolosa, junto a Despeñaperros, se libró la batalla (1212) que abriría Andalucía a la Cristiandad y que finalizaría con la toma de Granada en 1492.

Recorrido: Navas de Tolosa, La Carolina, Baños de la Encina, Bailén, Mengíbar, Andújar, Arjona, Porcuna, Torredonjimeno, Martos, Torredelcampo, Linares, Baeza, Úbeda, Mancha Real, Jódar, Jimena, Jaén, La Guardia de Jaén, Cambil, Huelma, Guadahortuna, Piñar, Iznalloz, Deifontes, Albolote, Maracena y Granada.

Para más información – El Legado Andalusí, c/ Mariana Pineda, Edif. Corral del Carbón, 2ª planta – 18009 Granada. ☎ 958 22 59 95, fax 958 22 86 44, www.legadoandalusi.es, correo electónico: turismo@legadoandalusi.es

Parques Nacionales y Naturales

La Junta de Andalucía está llevando a cabo un gran esfuerzo para la protección del medio ambiente. La comunidad cuenta actualmente con dos Parques Nacionales, más de veinte Parques Naturales y numerosos espacios protegidos.

Parques Nacionales	Provincias	Ha	☎ información	Ver p.
Doñana	Huelva-Sevilla-Cádiz	50.720	95 529 95 20	*197*
Sierra Nevada	Granada-Almería	86.208	95 876 02 31	*338*

Parques Naturales				
Cabo de Gata-Níjar	Almería	33.663	95 025 12 52	*138*
Sierra María-Los Vélez	Almería	22.500	95 025 12 52	*356*
La Breña y Marismas de Barbate	Cádiz	3.797	95 627 48 42	*354*
Bahía de Cádiz	Cádiz	10.000	95 627 48 42	
Los Alcornocales	Cádiz-Málaga	170.025	95 627 48 42	*249*
Sierra de Grazalema	Cádiz-Málaga	51.695	95 671 60 63	*289*
Sierra de Cardeña y Montoro	Córdoba	41.245	95 723 25 04	*281*
Sierra de Hornachuelos	Córdoba	67.202	95 723 25 04	*286*
Sierras Subbéticas	Córdoba	31.568	95 723 25 04	*141*
Sierra de Baza	Granada	52.337	95 824 83 02	*135*
Sierra de Castril	Granada	12.265	95 824 83 02	*231*
Sierra de Huétor	Granada	12.428	95 824 83 02	
Sierra de Aracena y Picos de Aroche	Huelva	184.000	95 511 04 75	121
Despeñaperros	Jaén	6.000	95 322 31 54	*195*
Sierras de Andújar	Jaén	60.800	95 322 31 54	114
Sierras de Cazorla, Segura y Las Villas	Jaén	214.336	95 372 01 25	*156*
Sierra Mágina	Jaén	19.900	95 322 31 54	*240*
Montes de Málaga	Málaga	4.762	95 204 11 48	*262*
Sierra de las Nieves	Málaga	16.564	95 204 11 48	*303*
Sierra de Tejeda y Almijara	Málaga/Granada	40.600	95 204 11 48	*126*
Sierra Norte de Sevilla	Sevilla	164.840	95 425 50 96	*341*

Para más información:

Consejería de Medio Ambiente (Junta de Andalucía), Av. Manuel Siurot, 50, 41013 Sevilla ☎ 95 500 34 00/35 00, fax 95 500 37 77. **En Internet:** *www. cma.junta-andalucia.es.*

Biblioteca de la Consejería de Medio Ambiente: Av. de la Palmera, 19, Edificio Winterthur, 2-3ª planta, 41071 Sevilla ☎ 95 500 30 54. E-mail: biblioteca@cma.junta-andalucia.es

Deportes y ocio

En Andalucía se puede disfrutar plenamente del aire libre durante todo el año. Además, como la región andaluza reúne los paisajes más diferentes que se puedan imaginar, los aficionados al deporte encontrarán aquí un auténtico paraíso.

DEPORTES NÁUTICOS

De la vela al submarinismo, pasando por el esquí náutico y el **windsurf**, deporte rey en las playas de Tarifa, Andalucía ofrece infinitas posibilidades para practicar e iniciarse en las actividades náuticas.

Federación Andaluza de Vela: Av. de la Libertad, s/n Puerto Sherry, 11500 El Puerto de Santa María (Cádiz) ☎ y fax 95 687 48 05.

Federación Andaluza de Esquí Náutico: Pl. de San Miguel, 13-1º A, 29620 Torremolinos (Málaga) ☎ 95 244 42 34.

Puertos deportivos

La vocación marinera de Andalucía, ampliamente demostrada a lo largo de los siglos, se plasma actualmente en una magnífica dotación de puertos deportivos. En los 836 km de costa atlántica y mediterránea se suceden más de 30 puertos marítimos a los que hay que sumar los dos puertos fluviales de Sevilla.
La mayoría de los puertos cuenta con escuelas de vela, buceo y windsurf y algunos incluso con escuela de remo y piragüismo.
En la guía *Náutica* y en el folleto *Puertos Deportivos*, editados por la Junta de Andalucía *(ver Bibliografía-Turismo)* se incluye una relación de todos los puertos andaluces con detalles sobre sus instalaciones.
Más información en *www.puertosdeandalucia.com.*

B. Kaufmann/MICHELIN

La Duquesa (Costa del Sol)

Buceo

Además de las escuelas instaladas en los distintos puertos deportivos hay seis clubes turísticos de buceo para los más experimentados.
Tenga en cuenta que las zonas de buceo del Atlántico y del Mediterráneo son muy diferentes. Las aguas del Océano son relativamente frías, la visibilidad oscila entre 15-20 m y casi nula, y además hay corrientes peligrosas, por lo que se aconseja bucear acompañado de un instructor local. Las aguas del Mediterráneo son templadas, de visibilidad alta y, en general, muy tranquilas.
Más información en *www.andalucia.org* y en la **Federación Andaluza de Actividades Subacuáticas:** Playa de las Almadrabillas, 10, 04007 Almería ☎ 95 027 06 12, fax 95 027 62 99.

PESCA FLUVIAL

Jaén y Granada son las dos provincias andaluzas con mayor número de cotos de pesca. En las aguas de sus ríos y embalses abundan sobre todo las truchas y, en algunas zonas, también los ciprínidos y los cangrejos. En general la temporada comienza el 15 de marzo y finaliza el 15 de agosto aunque Jaén posee varios cotos abiertos todo el año. En todos los casos es imprescindible estar en posesión de la correspondiente licencia de pesca.

Federación Andaluza de Pesca: Apartado de Correos 71, 14080 Córdoba ☎ 95 725 30 59, fax 95 726 16 54.

ESQUÍ

La estación de Sierra Nevada, una de las más frecuentadas de España, dispone de las mejores comunicaciones tanto en coche (a 30 min de Granada por la carretera más alta de Europa) o en autobús (líneas locales y línea diaria Madrid-Sierra Nevada) como en tren (estación de ferrocarril a 33 km) y en avión (aeropuertos de Granada, Málaga y Sevilla). Tiene 61 km de pistas balizadas y todas las instalaciones complementarias exigibles a una estación de primer orden.

Oficina Central de Cetursa: Plaza de Andalucía s/n, 18196 Sierra Nevada, Monachil Granada. ☎ 95 824 91 00, fax 95 824 91 22. *www. cetursa.es*, e-mail: *agencia@cetursa.es.*

Federación Andaluza de Deportes de Invierno: Av. de la Constitución, 27-1°A, 18014 Granada ☎ 95 813 57 48, fax 95 813 57 49.

HÍPICA

El caballo está ligado a la cultura andaluza desde siempre. Y nunca dejará de estarlo porque en toda la región se mantienen las tradiciones más antiguas, como las concentraciones que se celebran en la aldea del Rocío y en el Parque Natural de Doñana ("saca de las yeguas" el 26 de junio), los concursos de acoso y derribo de toros en Villamanrique y Sevilla (en abril) o las carreras de Sanlúcar de Barrameda. En este apartado no podemos dejar de citar las exhibiciones de enganches (carruajes tirados por caballos o mulas) que se realizan en las principales plazas de toros andaluzas con motivo de las distintas Ferias.

Entre las competiciones internacionales destacan el concurso internacional de saltos denominado Trofeo del Sol, que se celebra en invierno en distintas localidades de la Costa del Sol, y los Torneos de Polo de Sotogrande (Cádiz) en julio y agosto.

La Feria del Caballo de Jerez (en mayo) y el SICAB, salón internacional que se celebra en noviembre en Sevilla, constituyen las dos muestras más importantes del universo del caballo andaluz.

Para los que no se conforman con ser meros espectadores, Andalucía es un paraíso donde se puede andar a caballo por parajes de increíble belleza y sin pisar el asfalto durante varias jornadas. En todo el territorio andaluz hay muchas empresas que organizan rutas de varios días de duración, estancias hípicas en cortijos, casas de campo y hoteles rurales, cursos de doma vaquera o clásica.

Más información en el folleto *El Caballo (ver Bibliografía-Turismo)*, en las Oficinas de Turismo y en las siguientes direcciones:

Federación Hípica Andaluza: O'Donnell, 16-3°, 41001 Sevilla ☎ 95 421 81 46, fax 95 456 16 33, www.federacionhipicaandaluza.com.

Asociación de Empresas de Turismo Ecuestre y Rural de Andalucía: Isla de la Cartuja s/n, 41092 Sevilla ☎ 95 448 89 00, fax 95 448 89 11.

CAZA

Las monterías andaluzas dejarán un recuerdo imborrable en los aficionados a la caza. No hay muchos sitios en Europa con tanta variedad de animales: jabalíes (Doñana), machos monteses (Cazorla, Sierra Nevada, Ronda), gamos, corzos (Serranía de Cádiz), arruis y muflones (introducidos en fincas cercadas)... Naturalmente, a la caza mayor hay que añadir el tradicional "correr liebres" de la campiña, acompañada de cazadores a caballo y excelentes galgos, y el ojeo de exquisitas perdices y codornices. Más información en el folleto *La Caza (ver Bibliografía-Turismo)*, en las Delegaciones Provinciales de la Consejería de Agricultura y Pesca y en las Federaciones Provinciales de Caza.

Federación Andaluza de Caza: Los Morenos s/n 29300 Archidona (Málaga) ☎ 95 271 48 71/65 y *www.fac.es.*

SENDERISMO Y BICICLETA DE MONTAÑA

B. Kaufmann/MICHELIN

Senderismo en Las Alpujarras

Hay quien dice que si algo le sobra a Andalucía es naturaleza y sol. Seguramente es cierto y por eso los amantes de estos dos deportes que visiten esta Comunidad sólo tendrán un problema: escoger la ruta o rutas que más se ajusten a sus preferencias. En los libros *Bicicleta, Andalucía Natural* y *Senderismo*, editados por Publicaciones de Turismo Andaluz *(ver Bibliografía-Turismo)*, así como en *www. andalucía.org*, se detallan 200 rutas para recorrer a pie y 120 rutas para realizar en bicicleta.

Federación Andaluza de Ciclismo: Edificio La Compañía 4, 11403 Jerez de la Frontera (Cádiz) ☎ 95 634 88 12, fax 95 634 86 17.

J.-D. Dallet/PIX

Golf en la Costa del Sol

GOLF

Los aficionados al golf que viajen a Andalucía atraídos por el buen tiempo se encontrarán con la agradable sorpresa de una amplísima oferta de la máxima calidad. En toda la comunidad hay cerca de 70 campos, situados en su mayoría en la Costa de la Sol –uno de ellos, el Valderrama, acogió la Ryder Cup de 1997– aunque tampoco faltan en las proximidades de algunas capitales importantes como Sevilla, Huelva, Cádiz, Granada y Almería.
Información detallada de las características de cada campo en el libro *Golf (ver Bibliografía-Turismo)*.

Federación Andaluza de Golf: Sierra de Grazalema, 33 – 5 – 1°B, 29016 Málaga. ☎ 95 222 55 99, fax 95 222 03 87 y www.fga.org.

TURISMO DE SALUD

Los 11 balnearios existentes en Andalucía ofrecen la posibilidad de combinar descanso, turismo y salud en hermosos parajes naturales. Cuatro de ellos están situados en la provincia de Granada, dos en la de Málaga, dos en la de Almería, dos en la de Jaén y uno en la de Cádiz. Además hay cinco Curhoteles (cuatro en Málaga y uno en Almería) de alta categoría y máximo confort en los que se aplican las técnicas más modernas de puesta a punto.

Asociación de Balnearios de Andalucía: ☎ 95 016 02 57.
Más información en la guía *Balnearios y Curhoteles (ver Bibliografía-Turismo)* y en *www.andalucia.org*.

PARQUES ACUÁTICOS, DE ATRACCIONES, ZOOLÓGICOS...

Cerca de las ciudades más importantes, en diversos puntos de la Costa del Sol, en algunos Parques Naturales y en muchas otras zonas, abundan las instalaciones destinadas al ocio y el tiempo libre. Para las vacaciones familiares, nada mejor que unas horas en un parque acuático, un zoológico, un acuario, un parque de atracciones o un jardín botánico. Información en las Oficinas de Turismo y en la guía *Andalucía sólo hay una (ver Bibliografía-Turismo)*.

Productos típicos

Puede aprovechar su viaje por Andalucía para adquirir algún producto típico de la amplísima variedad que ofrece la artesanía andaluza. Aunque las características varían según las zonas, sobre todo en el caso de la alfarería y la cerámica, muchas de las tradiciones son comunes a la mayoría de las provincias. En los últimos años se ha realizado un gran esfuerzo para recuperar técnicas y motivos decorativos casi perdidos. Desgraciadamente, algunas artes ornamentales, como el tejido de la seda, que tan altas cotas alcanzó en tiempos de los árabes, ya se han perdido para siempre.

Alfarería y cerámica – En este campo la gama de productos es casi infinita pues abarca desde piezas ya caídas en desuso (cántaros, orzas, lebrillos) y utilizadas únicamente como elementos decorativos hasta la incomparable loza artística de Pickman-La Cartuja de Sevilla, de gran calidad y con bellos motivos en tonos grises, rosas y verdes.
Los hornos almerienses de Albox, Níjar y Sorbas son prácticamente idénticos a los que utilizaron los árabes en otros tiempos. En la provincia de Granada hay muchos hornos de leña del s. XIX y en Guadix los tornos siguen empotrados en el suelo como siempre.
El barrio sevillano de Triana conserva numerosos talleres de cerámica y azulejería (en tonos azules, amarillos, naranjas y morados) al tiempo que Sanlúcar la Mayor está realizando una gran labor de recuperación de diseños hispano-árabes de cerámica con reflejos metálicos.
En Jaén, tierra de alfareros, destaca la cerámica azul y blanca de Andújar. En Córdoba se ha recuperado la cerámica califal decorada con formas geométricas, vegetales y animales.

M. Raurich/STOCK PHOTO

Artesanía en un pueblo blanco

Madera – Junto a talleres con varios siglos de tradición, como los de los imagineros sevillanos inspirados en las creaciones de Martínez Montañés y Pedro Roldán, la fabricación de muebles es característica de Andalucía.
En el s. XIX, tras la llegada de varios bodegueros ingleses, los gaditanos (Sanlúcar de Barrameda y San Fernando), expertos en la fabricación de toneles y barricas de madera, no tuvieron ningún problema en desarrollar la ebanistería de estilo inglés y empezaron a crear muebles de caoba tallados y ensamblados a mano. Ronda destaca por la fabricación de muebles rústicos.
Por su parte, los artesanos granadinos son famosos por su dominio de la técnica de la taracea (marquetería con incrustaciones de hueso, nácar, ámbar o marfil) y del dorado. Algunos pueblos de la provincia han adquirido con el tiempo otras especialidades, como los muebles de línea mudéjar en Capileira y los de estilo renacentista en Baza.
Las llamadas "sillas sevillanas", de colores vivos y decoradas con motivos florales, se fabrican en varios pueblos de la provincia de Huelva (Valverde, Galorza, Zalamea).

Labores de piel – El mundo de los caballos, tan importante en Andalucía, ha dado lugar a una importante industria de guarnicionería que fabrica sillas de montar, zahones, zurrones y todos los complementos necesarios para la equitación y la caza. Entre los centros más importantes se encuentran Jerez de la Frontera, Alcalá de los Gazules y Villamartín (Cádiz); Almodóvar del Río (Córdoba) y varias localidades de Huelva, en particular Almonte y Zalamea la Real.
Ubrique y Prado del Rey (Cádiz) se han convertido en las capitales de la marroquinería por sus numerosos talleres que elaboran todo tipo de complementos (bolsos, cinturones, guantes) para primeras firmas de todo el mundo.
En el campo del calzado hay que mencionar los botos de Valverde del Camino (Huelva) y los zapatos realizados a mano en Montoro (Córdoba).
Para completar el panorama es preciso citar los magníficos cordobanes (cuero repujado) con decoración tradicional y moderna que se llevan a cabo en los talleres de la capital cordobesa.

Forja y trabajos de metal – En muchas localidades se sigue trabajando el hierro al modo tradicional, con la fragua y el yunque, para fabricar rejas, cerramientos y escaleras. En Cádiz destaca la zona de Arcos de la Frontera y en Jaén la de Torredonjimeno. Además algunos pueblos de Málaga, como Arroyo de la Miel, Cártama y Estepona, se han especializado en la producción de cerrajería artística.
Junto a estas actividades hay que citar los imaginativos faroles de hojalata y cristal de Úbeda y, como nota curiosa, los cencerros de Cortegana (Huelva), así como los carruajes de Bollulos del Condado en los que se combina la forja y la ebanistería.

Otros – A todas estas actividades hay que sumar productos específicos de algunas provincias como los mármoles de Macael y las jarapas de Níjar (Almería), las mantas de Grazalema (Cádiz), las alfombras hechas a mano de Málaga, Marbella y Estepona, la cestería de Lanjarón, la joyería de Córdoba, los abanicos, mantones y peinetas de Sevilla, los trajes regionales de Antequera (Málaga) y las guitarras de Granada, Córdoba y Jaén (Marmolejo).

Fiestas y festivales

Prácticamente todos los días del año se conmemora algo en algún pueblo de Andalucía. En este cuadro facilitamos únicamente algunas de las fiestas más representativas al tiempo que aconsejamos confirmar las fechas en las Oficinas de Turismo.

2 de enero

Granada .... Conmemoración de la Toma de Granada.

Semana anterior al Miércoles de Ceniza (entre el 5 de febrero y el 4 de marzo)

Cádiz capital y provincia Isla Cristina y Ayamonte (Huelva) .... Fiestas de Carnaval

2 de Febrero

En muchas poblaciones . Procesiones de La Candelaria

Semana Santa

En toda Andalucía, sobre todo en Sevilla, Málaga, Córdoba y Granada .... Procesiones

Abril (después de la Semana Santa)

Sevilla .... Feria de Abril

Último domingo de abril

Andújar (Jaén) .... Romería de la Virgen de la Cabeza

Primera quincena de mayo

Granada .... Festival Internacional de Teatro

7-11 de mayo

El Puerto de Sta. María. Feria de Primavera y del Vino Fino

10-17 de mayo

Jerez .... Feria del Caballo

19-24 de mayo

Sanlúcar de Barrameda . (Cádiz) Feria de la Manzanilla

Mayo (a lo largo de todo el mes)

Córdoba .... Cruces de mayo, Patios, Feria. Concurso Nacional de Arte Flamenco (trianual)

Pentecostés (mayo o junio)

Almonte (Huelva) .... Romería del Rocío

Corpus Christi (junio)

Granada .... Procesión
Festival de flamenco (el más antiguo de España)

Junio-julio

Granada .... Festival Internacional de Música y Danza

16 de julio (Virgen del Carmen)

Muchas localidades ...... de la costa, en particular de Almería Procesiones marineras

22-27 de julio

Nerja (Málaga) .... Festival de las Cuevas de Nerja.

Tercera semana de julio

Bailén (Jaén) .... Fiestas conmemorativas de la batalla de Bailén

Julio-agosto

Huelva .... Fiestas Colombinas

Agosto

Sanlúcar de Barrameda . Carreras de Caballos en la playa

Priego de Córdoba .... (Córdoba) Festival Internacional de Música y Danza

22-31 de agosto

Almería .... Fiestas de la Virgen del Mar

13-21 de agosto

Málaga .... Feria

Penúltimo domingo de agosto

Bubión (Granada) .... Fiestas de Moros y Cristianos

4-8 de septiembre

Chipiona (Cádiz) .... Feria de Nuestra Señora de Regla

B. Kaufmann/MICHELIN

Cruz de mayo

Y. Travert/PHOTONONSTOP

En la Feria de Sevilla

rimer domingo de septiembre

lontilla (Córdoba)........ Fiestas de la Vendimia

de septiembre

ora del Río (Sevilla) .... Romería de la Virgen de Setefilla

rimera semana de septiembre

onda (Málaga)............ Corridas goyescas. Festival de Cante Grande

egunda quincena de septiembre y primera quincena de octubre

erez (Cádiz) .... Fiestas de Otoño (Vendimia y Semana del Caballo)

ctubre

aén .... Feria de San Lucas

8 de diciembre

lálaga .... Fiesta de los Verdiales

Bibliografía

Arte

Imágenes e ideas en la pintura española del s. XVII, de Jonathan Brown. Alianza Editorial.

El Islam, de Córdoba al mudéjar, de Gonzalo M. Borrás. Editorial Sílex.

Historia

Historia de Andalucía, de Manuel Moreno Alonso. Editorial Cajasur. 1995.

Rebelión y castigo de los moriscos. Editorial Arguval. Málaga, 1991.

Andalucía, historia de un pueblo, de José Manuel Cuenca Toribio. Editorial Espasa-Calpe. Madrid, 1984.

Los judíos en la España moderna y contemporánea, de Julio Caro Baroja. Editorial Istmo.

Viajes

La Andalucía de los libros de viajes del s. XIX, de Manuel Bernal Rodríguez – Biblioteca de la Cultura Andaluza. Editoriales Andaluzas Unidas, S.A. Sevilla, 1985.

A través del Islam, de Ibn Battuta, traducido por Serafín Fanjul y Federico Arbós Editora Nacional. Madrid, 1981.

Campos de Níjar, de Juan Goytisolo. Editorial Seix Barral.

Tartessos, de Juan Maluquer de Motes. Ediciones Destino.

Al sur de Granada, de Gerald Brennan, traducción de E. Chamorro. Editorial Tusquets 1997.

Novela

El manuscrito carmesí, de Antonio Gala. Editorial Planeta, 1990.

Cuentos de la Alhambra, de Washington Irving. Editorial Everest. Madrid, 1995.

Gárgoris y Habidis, una historia mágica de España, de Fernando Sánchez Dragó. Editorial Planeta.

Guadalquivir, de Juan Eslava Galán. Editorial Planeta.

Más allá del jardín, de Antonio Gala. Editorial Planeta.

Poesía

Humorismo, fantasías, apuntes y *Nuevas Canciones*, de Antonio Machado. Varias ediciones.

Romancero gitano y *Llanto por Ignacio Sánchez Mejías*, de Federico García Lorca. Varias ediciones.

El collar de la paloma, de Ibn Hazm. Alianza Editorial.

Cancionero andalusí, de Ibn Quzmán. Editorial Hiperión.

Poemas arabigoandaluces. Varios autores. Editorial Espasa-Calpe.

Teatro

La casa de Bernarda Alba, de Federico García Lorca. Ediciones Cátedra. Madrid, 1990.

Bodas de sangre, de Federico García Lorca. Varias ediciones.

Fuente Ovejuna, de Pedro Calderón de la Barca. Varias ediciones.

Tradiciones y costumbres

Costumbres andaluzas, de José María de Mena. Editorial Everest. 1992.

Tradiciones y leyendas sevillanas, de José María de Mena. Plaza y Janés Editores. 1994

Andaluz, selección de textos de Antonio Gala realizada por Carmen Díaz Castañón. Editorial Espasa Calpe, S.A. 1994.

Sevilla, siglo XVI, el corazón de las riquezas del mundo. Edición española dirigida por Carlos Martínez Shaw. Alianza Editorial. 1993.

Estudios sobre la vida tradicional española, de Julio Caro Baroja. Editorial Península.

Un pueblo en la sierra: Grazalema, de Julian Pitt-Rivers. Alianza Editorial. Madrid 1989.

Turismo

La editorial **Publicaciones de Turismo Andaluz, S.A.** tiene un amplio catálogo de libros folletos turísticos (en varios idiomas) que se pueden adquirir en las principales Oficinas de Turismo de Andalucía y a través de *info@andalucia.org*.

Lista del Patrimonio Mundial

En 1972, la Organización de las Naciones Unidas para la Educación, la Ciencia y la Cultura (UNESCO) llegó a un acuerdo para la protección del patrimonio cultural y natural mundial. Actualmente, más de 150 "Estados Partes" forman esta organización internacional, que ya cuenta con más de 600 bienes incluidos en su Lista de patrimonio mundial. Cada año, un comité formado por 21 de estos países y asistido por organizaciones técnicas (ICOMOS - Consejo Internacional de Monumentos y Lugares de Interés Artístico e Histórico-; UICN -Unión Internacional para la Conservación de la Naturaleza y sus Recursos-; ICCROM -Centro Internacional de Estudios para la Conservación y Restauración de los Bienes Culturales, el Centro de Roma) evalúa las nuevas propuestas que optan a esta lista. Estas candidaturas son seleccionadas y presentadas por sus respectivos países.

La consideración de **patrimonio cultural** puede recaer en un monumento aislado (obras arquitectónicas, esculturas, sitios arqueológicos, etc.); en un conjunto arquitectónico (comunidades religiosas, ciudades antiguas); o en parajes de excepcional belleza o especial interés para la historia del hombre (asentamientos humanos, paisajes espectaculares, espacios relevantes culturalmente). Los enclaves naturales considerados **patrimonio natural** deben ser un testimonio del pasado, desde el punto de vista de la evolución geológica de la tierra, o de la evolución cultural de la Humanidad, y constituir el hábitat de especies protegidas.

Los miembros de la Organización se comprometen a cooperar en la preservación y protección de estos lugares, considerados una valiosa herencia que debe ser compartida por toda la humanidad, y a contribuir al **Fondo del Patrimonio Mundial** creado para promover las investigaciones necesarias, los planes de conservación o la restauración de los monumentos.

Algunos lugares que el Comité del Patrimonio Mundial ha inscrito hasta ahora son: el Mont-Saint-Michel (1979), la Gran Barrera de Arrecifes de Australia (1981), los Parques de las Montañas Rocosas de Canadá (1984), la ciudad de Toledo (1986), la Gran Muralla de China (1987), el Kremlin (1990), los monasterios de Yuso y Suso en San Millán de la Cogolla (1997), la ciudad de Alcalá de Henares (1998), las iglesias del valle del Boí (2000) o el paisaje cultural de Aranjuez (2001).

En Andalucía, los lugares del Patrimonio Mundial inscritos en la Lista de la Unesco son:

Centro histórico de Córdoba

Alhambra, Generalife y Albayzín de Granada

Catedral, Alcázar y Archivo de Indias de Sevilla

Parque Nacional de Doñana

Casares

B. Kaufmann/MICHELIN

Introducción al Viaje

Y en el Sur, Andalucía

La Comunidad Autónoma más meridional de España tiene una extensión total de 87.300 km^2 (como Portugal o Suiza), cifra que representa el 17,3% de la superficie total del país. Más de 7 millones de personas (el 18% de la población española) viven en esta región histórica, puente entre Europa y África y entre Oriente y Occidente.

Las tierras andaluzas, que maravillaron durante siglos a sus sucesivos colonizadores, se extienden desde Sierra Morena, que las separa de las Comunidades de Extremadura y Castilla La Mancha, hasta la costa meridional española y desde el río Guadiana, que constituye la frontera natural con Portugal, hasta la Comunidad de Murcia.

ANTECEDENTES GEOLÓGICOS

Desde el punto de vista geológico, Andalucía es una región joven que sustituyó al gran mar situado entre las masas continentales de Eurasia y Goswana. Las Cordilleras Béticas, que surgieron como consecuencia de los movimientos alpinos de la Era Terciaria, y la acción del Guadalquivir, con su lenta actividad de sedimentación, cerraron el mar y dejaron exclusivamente un paso de 14 km de anchura, el estrecho de Gibraltar, que, con excepción del canal de Suez, es la única puerta del Mediterráneo.

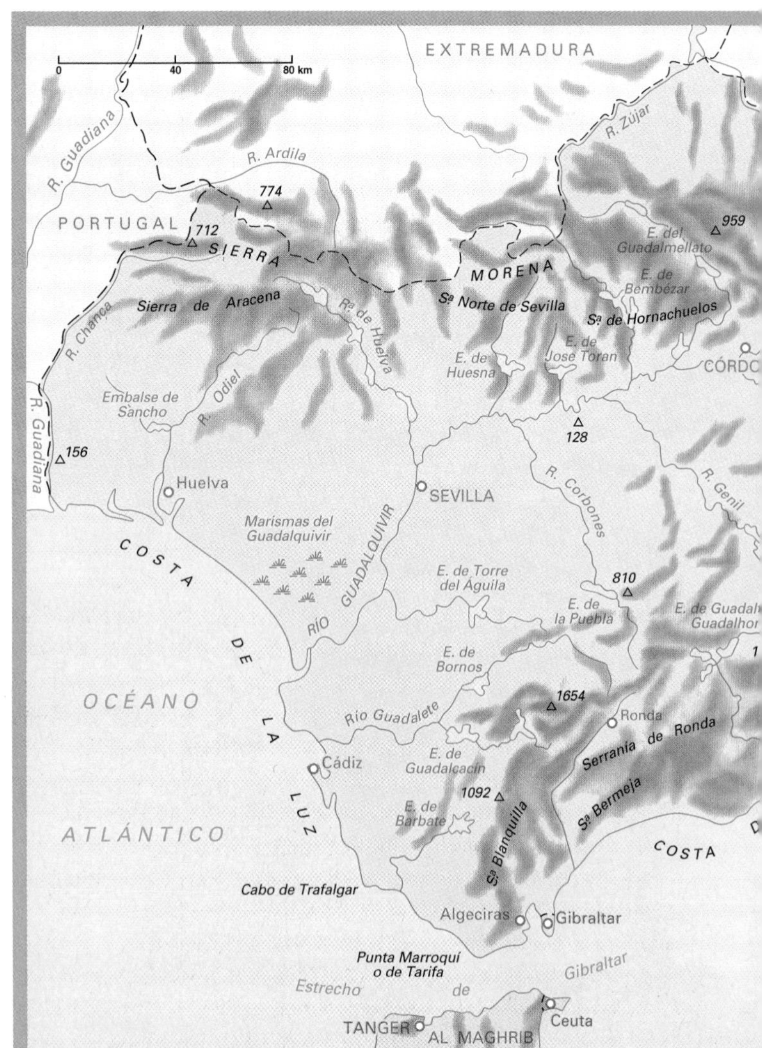

PAISAJES

> **El décimo trabajo de Hércules**
> Para conmemorar su victoria sobre Gerión, un monstruo propietario de un inmenso rebaño de bueyes, Hércules levantó dos gigantescas columnas en los confines del río Océano. Una de ellas –Abila– se alzaba sobre el actual promontorio de Ceuta, la otra –Calpe– dominaba el peñón de Gibraltar.

Al contrario de lo que se piensa habitualmente, Andalucía es una tierra de grandes contrastes, tanto de climas como de paisajes. El fértil valle del Guadalquivir, que siempre ha sido la zona más representativa, está comprendido entre dos cadenas montañosas de gran altura, Sierra Morena al Norte y la Cordillera Bética al Sur. Dos grandes mares, el Océano Atlántico y el Mar Mediterráneo, bañan la zona costera, que presenta un aspecto muy variado.

Sierra Morena

Su propio nombre es un enigma pues hay quien piensa que procede de una evolución de Sierra Mariana (de Mario, un prétor de la Hispania romana), aunque existe también la teoría de que hace alusión al color oscuro de sus tierras, en las que predominan las pizarras. Por otra parte, a pesar de su aspecto quebrado y montañoso, no es una auténtica sierra o cordillera, sino el borde meridional de la meseta castellana, que se desploma bruscamente sobre la depresión del Guadalquivir. Comienza en el Norte de Jaén, donde alcanza su máxima altura (Sierra Madrona – 1.323 m) y se prolonga hacia el Oeste formando la Sierra de Hornachuelos en Córdoba, la Sierra Norte en Sevilla y la Sierra de Aracena en Huelva.

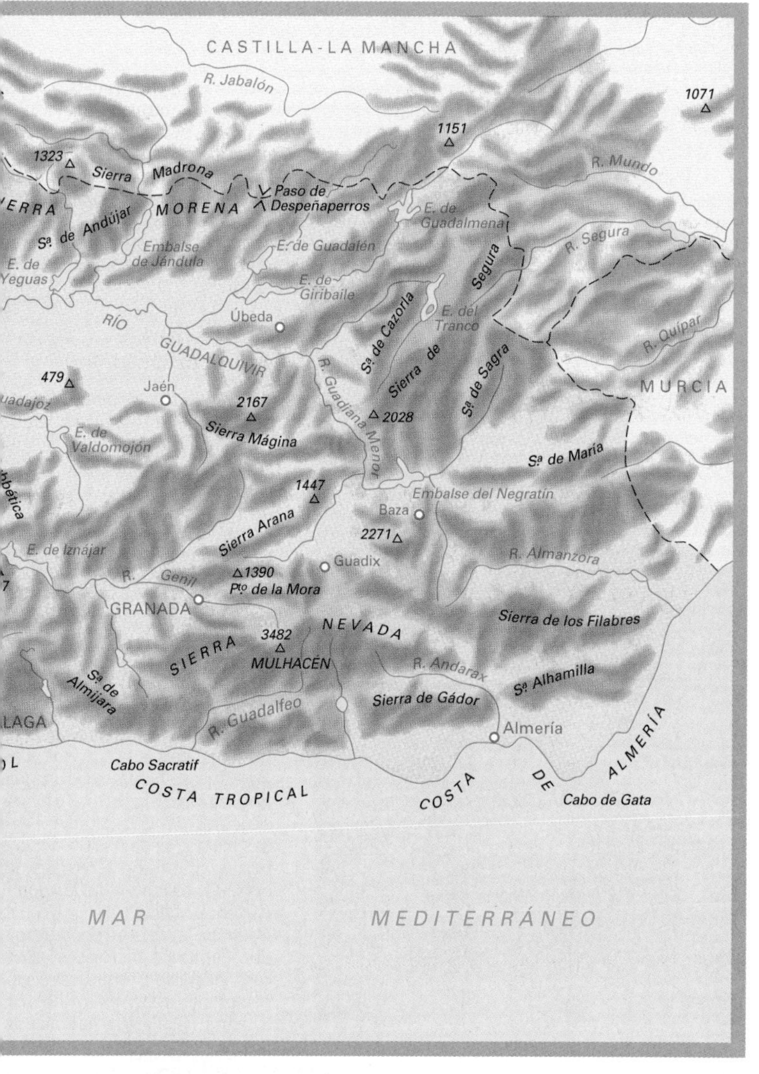

Bandoleros en Sierra Morena

Cuando se observa el accidentado perfil de Sierra Morena se comprende perfectamente que durante mucho tiempo fuera refugio de gentes perseguidas por la ley. Los escritores románticos, en particular los ingleses y los franceses, se sintieron profundamente atraídos por los proscritos de los ss. XVIII y XIX y les dedicaron numerosos relatos. Así nació la imagen del bandolero andaluz, justiciero y defensor de los oprimidos, bastante alejada de la realidad. Aunque es cierto que en ocasiones los campesinos los consideraban héroes capaces de enfrentarse a la autoridad establecida, las más de las veces los protegían por temor. Dos personajes históricos protagonizan la historia del bandolerismo español.
El primero fue **Diego Corrientes** (1757-1781), especializado en el robo de caballos en haciendas y cortijos, que murió ajusticiado en Sevilla. El segundo, y quizá el más célebre, fue **José María el Tempranillo** (1805-1835). Tras matar a un hombre en defensa de su honor, se unió a la famosa banda de los Niños de Écija y se dedicó a cobrar tributos a los viajeros que transitaban por Sierra Morena, además de ayudar esporádicamente a liberales exiliados. Atendiendo la petición popular, el rey perdonó sus crímenes poco antes de que el joven héroe falleciera de muerte natural.

A lo largo del tiempo, la entrada a Andalucía desde la Meseta se ha efectuado por el paso de **Despeñaperros**, un desfiladero que excavó el río del mismo nombre en una zona de asombrosas formaciones geológicas cubierta de alcornoques, encinas y quejigos. Gracias a las obras realizadas en los últimos años, la carretera que atraviesa el paso es mucho más cómoda que antes, pero casi tan espectacular como la que trazó en 1779 el arquitecto francés Le Maur.
Junto a zonas de gran valor cinegético en las que abundan los ciervos y jabalíes, en Sierra Morena hay una riquísima fauna protegida: lobo, lince meloncillo, águila imperial, buitre negro, buitre leonado, alimoche.
En Sierra Morena hay tres parques naturales. Dos de ellos se encuentran en la provincia de Jaén, **Despeñaperros** y las **Sierras de Andújar**, y el tercero en el Norte de Huelva. Este último, que recibe el nombre de **Sierra de Aracena y Picos de Aroche**, es uno de los más extensos de la región andaluza (184.000 ha). Esta comarca serrana, de vegetación muy variada, incluye 28 municipios con una población total de 41.000 habitantes. Todos ellos son comunidades prósperas que viven de la explotación de alcornocales, de los que obtienen el corcho, de la cría de cerdos retintos y negros (en Jabugo, Cortegana y Cumbres Mayores se producen los mejores jamones de España) y, en los último años, también del turismo rural (procedente de Sevilla en su mayoría), cada vez más extendido por la zona.
El parque natural de las Sierras de Andújar ocupa el corazón de Sierra Morena y es un excelente ejemplo de ecosistema mediterráneo. La vegetación es muy abundante y variada, con grandes masas forestales y matorral mediterráneo.

Ch. Sappa/HOA QUI

El Guadalquivir en tierras cordobesas

Depresión del Guadalquivir

Es la columna vertebral de Andalucía y está comprendida entre Sierra Morena y las cordilleras Béticas. El antiguo hogar de la civilización tartésica forma un triángulo de tierras llanas cuyo vértice se encuentra al Este, en la provincia de Jaén, y cuya base se extiende a lo largo del golfo de Cádiz por el que penetra la influencia atlántica.
Todo el valle, que representa el 65% de la región, es una zona densamente poblada y eminentemente agrícola debido a la fertilidad de sus profundos suelos negros, favorecidos por la aportación de agua de los afluentes del Guadalquivir. Vegas plantadas de frutales y hortalizas, grandes extensiones de cereales, olivos y viñedos comparten el valle.
Además la depresión alberga dos capitales históricas –**Córdoba** y **Sevilla**– y uno de los espacios naturales más ricos de Europa, el **Parque Nacional de Doñana**.

El río Guadalquivir

Los romanos lo llamaron Betis y los árabes Gran Río (Guad-al-Quivir) pero con uno u otro nombre siempre fue el alma de Andalucía. Es el único gran curso de agua peninsular (670 km de longitud) que fluye exclusivamente por el territorio de la Comunidad. Como consecuencia del empuje de los poderosos afluentes de las Cordilleras Béticas su lecho se ha desplazado progresivamente, de modo que actualmente el río fluye a los pies mismos de Sierra Morena.

El Guadalquivir nace en la **Sierra de Cazorla** (Jaén), a 1.600 m de altitud, y después de un breve trayecto montañoso se adentra en la Depresión Bética, por la que discurre descendiendo suavemente desde los 100 m de altitud de Córdoba hasta los 10 m de Sevilla. En las proximidades de esta última se hace navegable tras recibir las aguas del Genil, y desemboca en el Océano Atlántico formando una enorme zona de marismas (Doñana) que los romanos bautizaron con el nombre de Lacus Ligustinus.

Los afluentes que recibe de Sierra Morena (Viar, Bembézar, Guadiato) son de curso corto y de fuerte poder erosivo, mientras que los procedentes de las Cordilleras Béticas, entre los que destacan el Guadiana Menor y el Genil, tienen un caudal mucho mayor.

Los ríos andaluces

Además de la cuenca del Guadalquivir, la red hidrográfica andaluza cuenta con una amplia variedad de ríos cuyo caudal, en muchos casos, varía sensiblemente de unas estaciones a otras. Los embalses construidos durante la segunda mitad del s. XX han permitido regularizar su régimen y aumentar la extensión de las zonas cultivadas.

Los ríos atlánticos de importancia, como el Guadiana, el Tinto, el Odiel y el Guadalete, son largos, de caudal relativamente importante y desembocan formando estuarios y barras arenosas.

Los ríos de la vertiente mediterránea (Guadiaro, Guadalhorce, Guadalfeo, Adra, Almería, Almanzora) descienden de las Cordilleras Béticas. Son de curso corto y por lo general forman deltas en las desembocaduras. En las provincias de Granada y Almería durante el estiaje quedan al descubierto las **ramblas**, surcos de gran anchura y profundidad que en realidad son cauces de ríos secos. Con frecuencia, cuando llevan mucho tiempo sin agua, la gente las aprovecha para sembrar o incluso para construir. No es necesario decir que los años de fuertes lluvias el agua que desciende por las ramblas arrastra todo lo que encuentra a su paso, provocando grandes pérdidas materiales e incluso humanas.

Para completar el panorama hay que señalar que Andalucía cuenta con varios humedales de importancia (ría del Tinto-Odiel, bahía de Cádiz, Adra y, por supuesto, Doñana), marismas y albuferas, acuíferos subterráneos y áreas endorreicas salpicadas de lagunas, como la de Fuente de Piedra (Málaga).

Las Cordilleras Béticas

La región más escarpada de la Comunidad Andaluza separa la depresión del Guadalquivir de la costa. Ocupa casi la totalidad de la Andalucía Oriental y está formada por dos series de montañas de tipo alpino –la Cordillera Subbética al Norte y la Cordillera Penibética al Sur– entre las que se extiende un corredor interno que recibe el nombre de **Depresión Penibética**.

Esta última se ensancha hacia el Este formando la depresión de **Granada**, regada por el Genil, y a continuación las hoyas de **Guadix y Baza**, para bifurcarse después a ambos lados de la **Sierra de Filabres**, formando el valle del Almanzora y las depresiones almerienses.

El trazado del **Sistema Subbético**, que conecta hacia el Este con Sierra Morena, está muy poco definido. La zona más alta está constituida por las **sierras de Cazorla, Segura y Las Villas** (de 600 a 2.100 m de altura), declaradas Parque Natural. Aquí, entre encinas, madroños y sabinas, abundan las aves rapaces, las cabras monteses y diversas especies cinegéticas.

La **Cordillera Penibética**, más alta que la anterior, se extiende paralela a la costa, desde la **Serranía de Ronda**, al Oeste, en la provincia de Málaga, hasta la Comunidad Murciana. En las inmediaciones de Granada se encuentra el núcleo de mayor altura, **Sierra Nevada**, que cuenta con 14 cumbres de más de 3.000 metros, entre ellas los montes **Veleta** (3.392 m) y **Mulhacén** (3.482 m), el pico más alto de la Península Ibérica. En la ladera Sur se asienta la histórica comarca de las **Alpujarras**, agreste y de difícil acceso. Hacia el Este, ya en la provincia de Almería, tras las **Sierras de Filabres y Gádor** hay una gran zona volcánica de paisajes espectaculares que contrastan con el azul intenso del mar; se trata del espacio natural de **Cabo de Gata-Níjar**.

La costa

Los casi 900 km del litoral andaluz constituyen una zona privilegiada desde el punto de vista turístico. Las playas donde desembarcaron los mercaderes orientales y los guerreros africanos de la Antigüedad acogen ahora pacíficos visitantes nacionales y extranjeros que sólo quieren pasar unas agradables vacaciones al sol o disfrutar de los años de jubilación lejos del frío del Norte de Europa.

Playa almeriense

Desde la frontera portuguesa hasta el estrecho de Gibraltar se extiende la llamada **Costa de la Luz**, sometida a la influencia del Océano Atlántico. Hasta hace poco tiempo estas playas inmensas y cubiertas de arena fina permanecieron desiertas salvo en algunas zonas donde se concentraba el turismo familiar español y en particular el procedente de Sevilla (La Antilla y Matalascañas, en Huelva). Desde hace unos años varios complejos urbanísticos de importancia atraen también a turistas extranjeros (Zahara de los Atunes, Caños de Meca y Tarifa, esta última colonizada por los surfistas).
Las playas mediterráneas no son tan largas ni tan abiertas como las atlánticas pero son mucho más famosas, seguramente porque aquí el buen tiempo está garantizado durante casi todo el año. Las playas de la zona de Marbella, capital de la célebre **Costa del Sol**, no son tan buenas como la del Rincón de la Victoria, también en Málaga, pero el lujo y las instalaciones deportivas marbellíes compensan a muchos de cualquier otro inconveniente. En la granadina **Costa Tropical** el litoral es rocoso y las aguas transparentes son perfectas para la práctica del submarinismo. Los defensores del medio ambiente encontrarán en la **Costa de Almería** playas protegidas y alejadas del bullicio, como la de Los Genoveses o las del Cabo de Gata.

CLIMA, VEGETACIÓN Y FAUNA

Clima

En líneas generales el clima andaluz es de tipo mediterráneo –la temperatura media anual es de 16,8º C– con veranos secos y calurosos e inviernos relativamente templados en los que se concentra la mayor parte de las precipitaciones que, por otra parte, suelen ser escasas e irregulares.
Naturalmente, debido a la gran extensión de la Comunidad Andaluza y a la presencia de grandes sistemas montañosos junto a un extenso litoral abierto a dos mares, si analizamos el clima andaluz con más detalle observaremos que entre unas zonas y otras hay grandes diferencias. Así, mientras el valle del Guadalquivir presenta un clima que podríamos calificar de típicamente mediterráneo, en las zonas de montaña las temperaturas son más bajas y las precipitaciones más importantes. En cuanto a la costa, existe asimismo un marcado contraste entre las playas mediterráneas, de aguas cálidas y tranquilas, y las atlánticas, abiertas, de aguas más frías y sometidas con frecuencia a la acción de fuertes vientos, sobre todo en los alrededores de Tarifa (estrecho de Gibraltar), paraíso del windsurfing, donde alcanzan una velocidad media de 30,6 km/h.
Si nos referimos a zonas concretas observaremos con más facilidad las grandes diferencias climáticas existentes en el seno de la región. En el eje Andújar-Córdoba-Sevilla, donde en verano se superan los 40º C de temperatura, la primavera es una época privilegiada que comienza a finales de febrero. Las áreas montañosas más occidentales de Sierra Morena, así como las Sierras de Cádiz y Málaga, en las Cordilleras Béticas, son las zonas más lluviosas debido a la acción de los vientos atlánticos, hasta el punto de que en la Sierra de Grazalema se registran precipitaciones superiores a los 4.000 litros anuales (la máxima pluviometría de todo el territorio español). En Sierra Nevada se alcanzan las temperaturas más frías, la nieve permanece en las cumbres durante todo el año y las pistas de esquí suelen estar abiertas hasta el mes de mayo. Muy cerca de aquí, en la provincia de Almería, las tierras del Campo de Níjar presentan un aspecto árido y volcánico que resulta sobrecogedor.

Vegetación

La gran variedad de especies vegetales existentes a lo largo del territorio andaluz es otra de las sorpresas que ofrece esta tierra de contrastes.
El paisaje natural más representativo es el monte mediterráneo, constituido por arbustos de pequeño tamaño como jaras, lentiscos y enebros; plantas aromáticas (tomillo, lavanda, romero) y árboles del género Quercus, al que pertenecen las encinas, los quejigos y los alcornoques productores de corcho.
Junto a estos últimos, y según las zonas, crecen también castaños, algarrobos y acebuches, olivos silvestres que llegan a alcanzar un gran tamaño.
Los pinos son protagonistas en las zonas más altas y también en las proximidades de las zonas costeras. Los hay de muchos tipos, desde el piñonero en forma de parasol hasta el marítimo, utilizado para fijar las dunas en la costa atlántica, y el resistente pino carrasco, pasando por el laricio. Muchos de ellos, al igual que los numerosos eucaliptos, son fruto de repoblaciones efectuadas en una época en la que no se tenían en cuenta las características de la vegetación autóctona. No hay que olvidar el **pinsapo**, un tipo de abeto considerado una reliquia del periodo terciario, que crece formando bosques únicos en Grazalema (Cádiz), en la Sierra de las Nieves y en la Sierra Bermeja (ambas en la provincia de Málaga)
Junto a los ríos, arroyos y lagunas de gran tamaño crecen bosques de ribera compuestos por fresnos, sauces y chopos, mientras que los humedales están poblados de carrizos, cañas, tarajes y bayuncos, que ofrecen las mejores condiciones para la nidificación de las aves acuáticas.
En las numerosas zonas naturales protegidas crece una variedad inimaginable de especies vegetales (robledales de Sierra Quintana, cerca de Andújar; alcornocales de Cádiz), muchas de ellas endémicas y ya desaparecidas en el resto del continente europeo.

Olivo

Pino piñonero

M. Janvier/MICHELIN

Fauna

Al igual que ocurre con la vegetación, la fauna andaluza no sólo es rica y variada sino que además cuenta con numerosas especies protegidas, algunas ya extinguidas o en vías de extinción en el resto del mundo, como la foca monje que habita en las islas Chafarinas (Almería) o el pato malvasía que tiene su hábitat en algunas lagunas de la sierra Subbética cordobesa.
Junto a animales de gran valor cinegético, como el jabalí, el ciervo, el corzo, la cabra montés y el muflón (muy abundante en la Sierra de Cazorla y Segura) hay grandes poblaciones de **linces** y **meloncillos**, que son objeto de una protección muy especial.
La avifauna merece un tratamiento aparte puesto que se han contabilizado 184 especies diferentes que anidan en la Comunidad y casi 50 que pasan aquí el invierno para dirigirse después a otras zonas. Entre las aves acuáticas, las más numerosas, destacan los **flamencos rosados**, que sólo se crían en Fuente de Piedra (Málaga) y en la Camarga francesa, y el morito que únicamente se puede encontrar en esta región. Las rapaces, que habitan en las zonas más inaccesibles, están muy bien representadas por magníficos ejemplares de **águilas imperiales**, alimoches y buitres negros.

ESPACIOS NATURALES PROTEGIDOS

A pesar de que el hombre lleva varios milenios interviniendo en el paisaje andaluz, explotando sus riquezas mineras, agrícolas y ganaderas, aunque a lo largo del s. XX se han llevado a cabo muchas actuaciones desafortunadas en el medio ambiente, hoy el conjunto de espacios protegidos dentro de la Comunidad Andaluza abarca el 18% de su superficie (más de millón y medio de hectáreas), cifra que la sitúa en cabeza de la media europea. Cada uno de estos 104 espacios, de tipologías muy diferentes, es un paraíso natural en el que con frecuencia el hombre comparte la tierra con especies animales y vegetales protegidas. Como en otros países, todavía se dan casos de atentados ecológicos más o menos graves, pero la mayor parte de los andaluces ya es consciente de que su supervivencia y su desarrollo dependen del equilibrio medioambiental de su tierra.
Ver relación de Parques Nacionales y Naturales en p. 30

Andalucía hoy

POLÍTICA Y ADMINISTRACIÓN

R. Corbel/MICHELIN

Una vez restaurada la democracia a la muerte de Francisco Franco, Andalucía fue la cuarta comunidad reconocida en el Estado español, hoy formado por 17 comunidades autónomas.
El Estatuto de Autonomía, aprobado en 1981, respondía al deseo del pueblo andaluz manifestado en el referéndum del 28 de febrero de 1980.

Oganización política – La **Junta de Andalucía** es el órgano ejecutivo autonómico que coordina y dirige la administración de la Comunidad. Su Presidente cuenta con la colaboración del Consejo de Gobierno, formado en la actualidad por 13 consejeros encargados de los distintos departamentos.
Las funciones legislativas corresponden al **Parlamento de Andalucía**, cuya sede se encuentra en Sevilla. Sus 109 miembros se eligen por sufragio universal cada cuatro años.
La instancia judicial más elevada es el **Tribunal Superior de Justicia** de Andalucía, con sede en Granada. La Administración Central está representada por la figura del Delegado del Gobierno para Andalucía, con sede en Sevilla, del que depende la red de Subdelegados provinciales.

Organización administrativa – Desde el punto de vista territorial, la Comunidad Autónoma comprende ocho provincias: Almería, Cádiz, Córdoba, Huelva, Jaén, Granada, Málaga y Sevilla. Sus respectivos límites no han variado desde que la reforma administrativa de Javier de Burgos los estableció a mediados del s. XIX y cada una de ellas está regida por su respectiva Diputación. La unidad territorial básica es el Municipio, cuyo máximo órgano de gobierno es el Ayuntamiento. Algunos municipios con problemas económicos o sociales comunes se han unido para formar Mancomunidades que les permiten obtener mejores prestaciones de servicios y con un coste más reducido.

Blas Infante (1885-1936)

Durante la II República este político destacó como líder del movimiento andalucista. Participó en la elaboración del Anteproyecto de Bases para el Estatuto de Andalucía (1933) y presidió la Asamblea constituida para conseguir el reconocimiento del Estado Andaluz Confederal. Autor, entre otras obras, de *El ideal andaluz* (1915), fue fusilado poco tiempo después de iniciarse la Guerra Civil.

Los tres símbolos de Andalucía, la bandera, el escudo y el himno

Aunque aprobados definitivamente por una Ley del Parlamento Andaluz en la etapa democrática, los tres símbolos andaluces por excelencia no son de nueva creación. De hecho, el Estatuto de Andalucía (1982) estableció claramente que el himno, el escudo y la bandera verdiblanca serían los definidos por la Asamblea de Ronda de 1918 y por las Juntas Liberalistas de Andalucía de 1933.

R. Corbel/MICHELIN

En la actualidad, el pueblo andaluz ya ha asumido plenamente las "insignias de Andalucía", según la expresión de Blas Infante, creador de la trilogía.
La bandera consta de tres franjas horizontales de color verde, blanco y verde.
El **escudo**, inspirado en el de la ciudad de Cádiz, presenta a Hércules entre dos columnas y sujetando a dos leones. Sobre él figura la inscripción latina "Dominator Hercules Fundator" y a sus pies la leyenda "Andalucía, por sí, para España y para la Humanidad". Blas Infante transformó en "por sí" el "para sí" original de la leyenda, que podía interpretarse como introvertido e incluso insolidario.
El himno, el tercer símbolo de la nacionalidad andaluza, recoge las reivindicaciones tradicionales del pueblo, reafirma su amor por la paz y apuesta por un futuro en el que los andaluces reconquisten el lugar privilegiado que ocuparon en el pasado.

ECONOMÍA

Cuando quiso transmitir su admiración ante las enormes riquezas naturales de Andalucía, el geógrafo griego Estrabón la comparó con los Campos Elíseos. ¿Cómo es posible que más tarde los campesinos llegaran a pasar hambre y se vieran obligados a emigrar?

La decadencia de la agricultura comenzó con la expulsión de los musulmanes. Las tierras quedaron abandonadas y los nuevos pobladores, menos numerosos que los que se habían marchado, se mostraron más interesados por las guerras y por la colonización de América que por el trabajo agrícola. Más tarde, los caciques, los grandes propietarios y los gobernantes no hicieron nada por mejorar la situación. Sin embargo, hay quien afirma que el "tradicional" subdesarrollo de Andalucía es en realidad un fenómeno relativamente nuevo que comenzó en la segunda mitad del s. XIX. De hecho, a principios de ese siglo la distribución de la riqueza era bastante uniforme en todo el territorio español. La formación de la sociedad capitalista hispana afectó muy negativamente a las tierras meridionales, de modo que en 1935 la renta per cápita andaluza era de 4,31 € mientras que en el resto de España ascendía a 7,86 €. Los problemas se agravaron durante la posguerra, hasta el punto de que las clases más desfavorecidas se vieron obligadas a emigrar a otras regiones españolas (en particular Cataluña y el País Vasco) y a distintos países europeos (Alemania, Francia y Suiza). En la década de los 60 más de 900.000 andaluces abandonaron su tierra.
En los años 70 la situación empezó a mejorar lentamente aunque siguieron sin resolverse los problemas endémicos de la región: desigual distribución de la tierra (latifundios), baja inversión industrial y escasa formación profesional de los trabajadores. Durante la segunda mitad de los 80 se inició otro tímido despegue de la región y en particular de las provincias de la costa mediterránea.
El año 1992 fue clave en el desarrollo económico de Andalucía. La Exposición Universal, que recibió 40 millones de visitantes, reportó grandes beneficios a Sevilla y a las ciudades del litoral, pero también tuvo una influencia muy positiva en el resto de las provincias, puesto que con tal motivo se mejoraron las comunicaciones de toda la región con la construcción de una autovía entre Sevilla, Córdoba, Granada y Málaga y con la creación de una línea ferroviaria de alta velocidad (AVE) entre Madrid y Sevilla pasando por Córdoba.
Después de la euforia del 92 se presentó una nueva crisis industrial, a la que se sumaron los problemas derivados de la sequía, los incendios forestales y el paro.
En los últimos años el crecimiento de Andalucía ha sido similar al de la media del país y la tasa de paro registrado, aunque la más alta de la nación, se ha reducido sensiblemente.

Agricultura – Es el sector fundamental de la economía andaluza. La producción de cereales se concentra en Sevilla (la primera provincia cerealista española), Cádiz, Almería y Granada. Las frutas (cítricos en particular) y hortalizas se producen fundamentalmente en la vega de Granada, el olivo en Jaén y Granada, la vid en Jerez, Montilla y Málaga, el algodón en Córdoba y Sevilla. Desde hace unos años Huelva y Almería se han cubierto de mares de plástico utilizados para proteger cultivos tempranos y productos de invernadero.

Ganadería – La mayor parte se concentra en las dehesas de Sierra Morena, la Sierra de Cádiz y la Cordillera Subbética. Las dehesas son terrenos acotados y despojados de matorrales bajos y de parte de su vegetación original de encinas y alcornoques. Constituyen un sistema agroforestal único en Europa, en el que además de criar ganado se obtiene leña, corcho y miel.
La ganadería tradicional, de tipo extensivo, aprovecha los pastizales naturales para criar razas selectas, y en muchos casos exclusivamente andaluzas, como el caballo cartujano, la oveja merina, el cerdo ibérico y el toro de lidia.

Industria – Andalucía es una región poco industrializada en la que las plantas transformadoras se encuentran en las proximidades de las grandes capitales. La provincia de Huelva destaca por sus industrias químicas y petroquímicas en la zona de La Rábida, próxima al puerto. Sin embargo, el subsector de la alimentación merece mención aparte debido a la gran producción y a la excelente calidad de los vinos y aceites andaluces. Los caldos de Cádiz (la zona de Jerez en particular), Córdoba y Málaga son famosos en todo el mundo mientras que en ninguna otra provincia española se produce tanto aceite como en Jaén.

Minería – A pesar de que todavía se sigue extrayendo plomo en Jaén, Almería y Córdoba; pirita y manganeso en Huelva y hierro en Granada, Sevilla y Almería, las minas andaluzas están ya muy lejos de lo que fueron. Basta con recordar que Tartesos se enriqueció en tiempos de los fenicios gracias a sus yacimientos metalíferos y que, a finales del s. XIX, la compañía inglesa que adquirió las minas de Riotinto (Huelva) tenía más de 10.000 trabajadores.

Pesca – Los grandes puertos de Algeciras, Huelva y Cádiz hacen de Andalucía la segunda región pesquera española, con un total anual de 68.000 toneladas de peces (túnidos y sardinas en particular), 12.600 toneladas de moluscos (almejas, berberechos) y 3.200 toneladas de crustáceos (gambas, langostinos).

Turismo – Los más de quince millones de turistas que visitan anualmente la región andaluza se concentran principalmente en la Costa del Sol. Comparada con las restantes Comunidades de la península, es el tercer destino turístico de los viajeros extranjeros y el primero para el turismo nacional.

Algunos hechos históricos

Los fenicios

A finales del II milenio, coincidiendo con la llegada de las primeras tribus indoeuropeas a los Pirineos, unos navegantes del extremo oriental mediterráneo desembarcaron en las costas meridionales. Cuando descubrieron las riquezas del Sur de la Península (plata, oro, cobre y estaño) los **fenicios** empezaron a establecer sus primeras colonias.

1100 a. C. Fundación de Gadir (Cádiz), la colonia fenicia más importante del Mediterráneo occidental. Desde aquí se exportan los minerales extraídos de las minas de Riotinto y Aznalcóllar.

s. VIII-VII a. C. Apogeo del reino de Tartessos, que comercia con los pueblos fenicios y griegos instalados en el Sur de la Península.

El reino de Tartessos (s. XIII?-VI a.C)

Este reino legendario, que antiguamente se identificó con el Tarsis bíblico e incluso con la Atlántida, alcanzó su apogeo en los ss. IX y VIII a. C. y se extinguió en el s. VI a. C., víctima de la invasión cartaginesa o, simplemente, como consecuencia de la grave crisis que sufrió el Mediterráneo después de que Nabucodonosor tomara la ciudad de Tiro (573 a. C.). Sus riquezas deslumbraron a los griegos y fenicios de la época y siguen asombrando a los arqueólogos de nuestro siglo, que han descubierto numerosos vestigios de su civilización en Huelva, Sevilla y Córdoba.
Los autores grecolatinos situaron el origen mítico de Tartessos hacia el año 1200 a. C. Según dichas fuentes la monarquía tartésica tuvo dos dinastías diferentes. La primera fue fundada por Gerión –un ser dotado de tres cabezas y tres cuerpos–, que hubo de someterse a Hércules. La segunda estuvo encabezada por Gárgoris y su hijo Habis, inventores de la agricultura.
Los investigadores modernos estiman que la civilización de Tartessos fue el resultado de la evolución de la cultura megalítica del Sur de la Península. Alcanzó tal desarrollo que llegó a disponer de sus propias leyes escritas, de una sólida estructura compuesta por siete grupos sociales y de un excelente dominio de las técnicas de transformación de los metales. El único rey histórico de la monarquía fue Argantonio, que gobernó durante el s. VII y mereció las alabanzas de Herodoto, Anacreonte y Plinio. A pesar de los numerosos hallazgos arqueológicos, todavía no se ha podido establecer con certeza el emplazamiento de su capital, aunque es muy probable que se encontrara en las proximidades de Sanlúcar de Barrameda (Cádiz).

Los cartagineses

s. VI-IV a. C. Los **pueblos íberos**, muy diferentes entre sí, siguen habitando y evolucionando en la Península. Andalucía es el espacio más homogéneo. Los **cartagineses** se establecen progresivamente en el Sur de la Península en sustitución de los fenicios. Cádiz se convierte en un puerto de primera magnitud y en una ciudad próspera mientras la costa mediterránea de Andalucía experimenta un desarrollo creciente.

264-241 a. C. **Primera Guerra Púnica**. Roma derrota a Cartago y reduce sensiblemente su libertad de movimientos así como sus fuentes de ingresos en el Mediterráneo.

237 a. C. El general cartaginés **Amílcar Barca** desembarca en Cádiz, pacta con los íberos y establece en el Sur de la Península su base de operaciones contra los romanos. Le sucede **Asdrúbal**, que consigue dominar los territorios más ricos y asienta su capital en Carthago Nova (Cartagena, Murcia). Los cartagineses mejoran las técnicas agrícolas y el valle del Guadalquivir se convierte en el granero del Norte de África. Los pesqueros cartagineses surcan las costas andaluzas y se crea una floreciente industria de salazón.

218-201 a. C. **Segunda Guerra Púnica**. Roma vence de nuevo y los cartagineses se ven obligados a renunciar a sus bases en España.

La dominación romana

197 a. C. Los romanos conquistan Cádiz, la última posición cartaginesa en la Península.

83-45 a. C. Hispania es escenario de la guerra civil que enfrenta a Sertorio y Sila y, más tarde, de las guerras pompeyanas, que se saldan con la victoria de César en Munda (Montilla) en el año 45.

40 a. C. Cayo Octavio **Augusto** es designado emperador de Roma. Comienza la integración de Hispania en la política romana.

La romanización – Con la llegada al poder de Julio César, Roma establece una auténtica política colonizadora y empieza a fundar y a revitalizar ciudades. Augusto divide la península en tres grandes provincias: Tarraconense, Lusitania y **Bética** (Andalucía). Debido a su mayor grado de romanización, esta última pasa a depender del Senado al tiempo que las otras dos provincias permanecen bajo el control imperial. Tal vez para resarcirlas de las sangrías padecidas en años anteriores, así como para alojar a los veteranos de las guerras civiles, numerosas ciudades de la Bética reciben un trato especial: Corduba (la capital), Gadir, Hispalis (Sevilla), Itálica... La romanización avanza rápidamente; los soldados romanos reciben tierras, se convierten en agricultores y se casan con mujeres íberas. Para facilitar el desplazamiento de las tropas y el comercio con la metrópoli (metales, vino, aceite y productos de salazón) se construyen varias calzadas; una de ellas es la Vía Augusta, que discurre paralela a la costa mediterránea y cruza la Bética de Este a Oeste. Andalucía vive un largo periodo de paz.

14-37 Durante el mandato de Tiberio varios patricios hispanos obtienen concesiones de ciudadanía y se trasladan a Roma. Entre ellos se encuentran varios béticos que se harán célebres, como el filósofo **Séneca**, nacido en Córdoba en el año 4 a. C., y su sobrino el poeta **Lucano** (nacido en el año 39). Ambos se suicidarán en la ciudad imperial, en el año 65, por orden de Nerón.

74 **Vespasiano** concede el derecho de ciudadanía a los hispanos en agradecimiento al papel desempeñado por la Península durante la crisis que siguió al asesinato de Nerón.

98-117 Gobierno de Marco Ulpio **Trajano**, nacido en Itálica en el año 53, el primer emperador no romano ni itálico.

117-138 Gobierno de **Adriano**, también originario de Itálica. La Bética y el resto de Hispania alcanzan su apogeo.

s. III Llegada del cristianismo, con toda probabilidad desde el Norte de África.
Roma desplaza su eje comercial hacia el Este y comienza la lenta decadencia de Hispania.

300-314 Concilio de los obispos hispanos en Elvira (Granada).

395 Muere **Teodosio**, el último gran emperador romano, nacido seguramente en Itálica.

La despensa de Europa

Mientras permanecieron en Hispania los romanos explotaron las minas de Sierra Morena y Riotinto (Huelva), así como las canteras de mármol de Macael (Almería), y favorecieron el desarrollo agrícola de la Bética. Los vinos de Cádiz se exportaban a distintas zonas del Imperio (en particular Italia y el Sur de Francia), el aceite se vendía en los mercados de Roma, Galia, Germania y Britania y el ganado se multiplicaba en el Norte de Huelva y en las marismas del Guadalquivir. Finalmente, la salazón de pescado en las almazaras de Hispalis y Córdoba alcanzó un desarrollo desconocido hasta entonces gracias a las numerosas especies marinas de las costas andaluzas. A pesar de su riqueza, tanto la Bética como el resto de la península fueron meras colonias exportadoras que sólo transformaban productos para el consumo local.

La dominación visigoda

411-425 Los vándalos silingos y los alanos ocupan Andalucía pero por poco tiempo, ya que los visigodos, aliados de Roma y bajo la dirección de Ataúlfo, consiguen expulsarlos hacia el Norte de África.

441 El rey suevo Rekhila conquista Sevilla.

484-507 La ocupación visigoda de Andalucía se consolida durante el reinado de **Alarico II**.

522 El emperador bizantino **Justiniano** constituye la provincia bizantina del Sureste de la Península, que reconquistarán más tarde los visigodos.

568-586 Durante el reinado de Leovigildo, Andalucía apoya la sublevación de **Hermenegildo** contra su padre.

589 III Concilio de Toledo y conversión de los godos al catolicismo.

615 **Sisebuto** lleva a cabo el primer intento estatal de erradicar el judaísmo de la Península Ibérica.

s. VII En este periodo, bajo el impulso de **San Leandro** (m. 600) y **San Isidoro** (m. 636), que dedica sus *Etimologías* al rey Sisebuto, la Bética es el único núcleo cultural de importancia en la cristiandad latina. Los mercaderes sirios y griegos comercian con el Sur de la Península.
Los judíos empiezan a instalarse en Córdoba, Sevilla y Málaga. Abandono del Derecho Romano. Obispos y jueces suceden a los patricios.

710 Muere el rey **Witiza**. Ante las pretensiones al trono de los partidarios de **Don Rodrigo**, duque de la Bética, los witizianos recurren a la ayuda extranjera.

Al-Andalus (s. VIII-XV): los musulmanes en Andalucía

En los primeros años del s. VIII el Califato Omeya de Damasco conquista los territorios bereberes del Norte de África. La Península Arábiga se les ha quedado pequeña y la guerra santa les permite desahogar su agresividad. Las tribus dominadas se adhieren enseguida a la fe islámica y se integran en las poderosas fuerzas musulmanas.

711 Un ejército de 7.000 hombres bajo el mando del bereber **Tarik-ibn-Zeyad**, gobernador de Tánger, cruza el Estrecho, derrota a Don Rodrigo junto al río Guadalete, o en las lagunas de La Janda, y avanza hacia el Norte hasta conquistar Toledo, capital del reino visigodo. Comienza la dominación musulmana en España.

712 Desembarco de 18.000 soldados encabezados por el gobernador Muza, jefe de Tarik.

Damasco se engrandece con las conquistas árabes. Los califas respetan los gobiernos locales establecidos en los territorios conquistados. En el año 719 las tropas califales intentan conquistar el Sur de Francia pero Carlos Martel las detiene definitivamente en Poitiers. Los árabes se instalan en el valle del Guadalquivir y ceden a los bereberes las tierras menos productivas de Castilla, León y Galicia.

740-750 Enfrentamientos entre los distintos grupos étnicos de religión musulmana que ocupan la Península.
En Arabia la dinastía Abasí asesina y sustituye en el poder a los Omeya.

El Emirato de Córdoba (756-929) – Se crea el reino andalusí, que llegará a abarcar la casi totalidad de la Península Ibérica. Aunque en teoría están sujetos a la autoridad de Bagdad, la nueva capital abasí, los emires andaluces son prácticamente independientes.

755 Abderramán, superviviente de la familia Omeya, desembarca en el Sur de España y en poco tiempo consigue aglutinar a la gran masa musulmana. Un año después se instala en Córdoba y se autoproclama emir: **Abderramán I** sienta las bases del reino andalusí.

784 Comienza la construcción de la mezquita de Córdoba.

788-929 A la muerte de Abderramán I se ponen de manifiesto todas las tensiones aparentemente aplacadas y se suceden los conflictos internos que enfrentan a las distintas comunidades (árabes, bereberes, judíos, muladíes y mozárabes). El emirato se debilita y los reinos cristianos del Norte asestan más de un golpe importante al ejército andalusí.

Santiago Matamoros

En el año 834 el monarca Alfonso II encargó la construcción de un templo para conmemorar el hallazgo de la tumba del apóstol Santiago en la diócesis de Iria (Galicia). En pocos años el santo se convirtió en patrono de las tropas cristianas con el sobrenombre de Santiago Matamoros, sobre todo después de que se divulgara su milagrosa intervención de ayuda a los cristianos en la llamada batalla de Clavijo (¿844?), cuya existencia pone en duda la mayoría de los historiadores.

El Califato de Córdoba (929-1031) – El nuevo Califato, que rompe definitivamente todos los lazos con Bagdad, se convierte en el reino occidental más poderoso y su corte en la más culta y refinada. España recupera su vocación mediterránea y comerciante. Las razzias musulmanas y cristianas se suceden en la Península y se construyen redes de castillos vigías para controlar al enemigo.

929 Comienza el gobierno de **Abderramán III** (912-961), que se autoproclama Califa y Príncipe de los Creyentes, pacifica su reino y refuerza las marcas militares de Toledo, Badajoz y Zaragoza.

936 Se inicia la construcción de la ciudad de Medina Azahara.

978 El general **Almanzor** toma el poder, se erige en primer ministro y el Califa pasa a ser una figura simbólica.

1002 La muerte de Almanzor en Calatañazor y los primeros conatos de guerra civil desestabilizan el Califato.

1031 Fin de la dinastía Omeya. Rebelión de los notables cordobeses y destrucción de Medina Azahara. Las provincias y ciudades se independizan. Se crean diversos reinos autónomos.

Primeros Reinos de Taifas y dominio almorávide (1009-1110) – Los Reinos de Taifas (en árabe, grupo o facción) que surgen a principios del s. XI se organizan en función de criterios étnicos. Así los bereberes dominan la costa desde el Guadalquivir hasta Granada, los eslavos se hacen fuertes en el Sudeste (Almería y las provincias levantinas) y los árabes en Córdoba y Sevilla. Al principio los Reyes de Taifas hacen y deshacen alianzas con sus vecinos, pero al mismo tiempo no tienen inconveniente alguno en pactar con los cristianos cuando les parece necesario: en ocasiones hasta aceptan pagar impuestos para permanecer en sus tierras.
Los monarcas cristianos aprovechan la debilidad de sus enemigos y consiguen conquistar varias plazas de importancia.

1042 Empieza a construirse el Alcázar de Sevilla.

1064 Se inician las obras de la Alcazaba de Málaga.

1085 **Alfonso VI** de Castilla y León conquista Toledo. Duras campañas cristianas contra Sevilla y Badajoz.
Al-Mutamid, rey de Sevilla, se siente amenazado y pide ayuda a los **almorávides** que, en aquel momento, dominan el Norte de África. Yusuf ben Tasfin atiende la llamada de auxilio, cruza el estrecho y en poco tiempo consigue dominar todos los Reinos de Taifas.

1118 Las expediciones de **Alfonso I** el Batallador en Andalucía ponen de manifiesto la debilidad de los almorávides.

Segundos Reinos de Taifas (1144-1170) y dominio de los almohades – Durante un breve periodo de tiempo surgen de nuevo los Reinos de Taifas, que desaparecerán una vez más, en esta ocasión como consecuencia de la invasión almohade dirigida por Abd al-Mumin (el Miramamolin de las crónicas cristianas).

1147 Las tropas almohades ocupan Marrakech, Tarifa y Algeciras. Venciendo la resistencia cristiana y la de algunos reyes andalusíes, los almohades consiguen dominar todo el Sur de la Península.

1163 Sevilla, capital de al-Andalus.

Almorávides y almohades

El movimiento religioso **almorávide** nació a principios del s. XI cuando el jefe de una tribu bereber de Mauritania fundó un monasterio destinado a preparar a los soldados para la guerra santa contra los infieles. Esta institución fue el origen de un gran imperio que se extendió a lo largo del Atlántico y de la costa Norte de África. Tras ocupar Fez, fundaron Marrakech (1070), ciudad que convirtieron en la capital de sus dominios.
El imperio **almohade** fue fundado por Abd al-Mumin (1130-1163), seguidor de un religioso bereber que llevó a cabo una profunda reforma jurídica y religiosa basada en la estricta observancia de las prescripciones coránicas. A mediados del s. XII los dominios almohades se extendían desde el Atlántico hasta Libia y desde el Tajo hasta el Sáhara.

1184 Comienzan los trabajos de construcción de la Mezquita mayor de Sevilla, cuyo alminar se conocerá más tarde como la Giralda.

1195 La batalla de Alarcos (Ciudad Real), en la que Al-Mansur vence al rey castellano **Alfonso VIII**, es el último gran triunfo del ejército almohade. A partir de ese momento empieza la decadencia de los invasores bereberes.

1212 **Batalla de las Navas de Tolosa**. Los ejércitos de Castilla, Aragón y Navarra vencen definitivamente a los almohades.

El reino Nazarí (1232-1492) – Durante la fase de debilitamiento del poder almohade, Muhammad I, de la dinastía Banu Nasr o Nasríes (nazaríes), consigue aglutinar los territorios de Granada, Málaga y Almería para crear un reino que durará dos siglos y medio. Al principio, para afianzar su poder, no tuvo problemas en reconocerse vasallo de los reyes de Castilla, colaborando incluso con ellos en la conquista de Sevilla. Pero enseguida aprovechó el éxodo de los andalusíes expulsados por los cristianos para constituir un reino de gran densidad de población y alto nivel productivo.
Los veintitrés monarcas nazaríes estuvieron siempre enfrentados en interminables luchas fratricidas; la caída del reino nazarí fue consecuencia de las violentas disputas entre zegríes y abencerrajes.

1313 Se inician las obras del Generalife.

1248 La **conquista de Sevilla** por las tropas cristianas establece una frontera que permanecerá inamovible hasta el s. XV.

1410 Don Fernando, el infante regente castellano, toma Antequera.

1462 **Enrique IV** conquista Gibraltar y Archidona. Los nazaríes solicitan ayuda a distintos países musulmanes pero no la consiguen.

1464-1482 Gobierno de **Muley Hacén** (Abu l-Hasan en árabe), que se granjea la enemistad de la población al imponer tributos muy elevados.

1482-1492 **Boabdil**, hijo de Muley Hacén, depone a su padre y ocupa el trono. Decide atacar Lucena pero cae prisionero de los Reyes Católicos, que le dejan en libertad a cambio de que siga enfrentándose a su padre. Muley Hacén muere y le sucede su hermano, El Zagal. Las derrotas nazaríes se suceden sin interrupción.

1492 Boabdil capitula y se retira al señorío de las Alpujarras que los vencedores ponen a su disposición. Poco después se traslada al Magreb y se instala en Fez.

La Reconquista (s. XII-XV)

El desmembramiento del Califato y la proclamación de los Reinos de Taifas debilitan el poder andalusí. Las tropas musulmanas de los distintos reinos consagran su energía a disputarse territorios en lugar de detener el avance cristiano.

1158-1214 Reinado de **Alfonso VIII**. Comienzan las campañas cristianas en Andalucía. Castilla se apodera de Sierra Morena. Derrota de los almohades en Las Navas de Tolosa.

1217-1252 **Fernando III el Santo**, rey de Castilla, da un paso decisivo en la reconquista andaluza al apoderarse primero de la Andalucía Oriental, que culmina con la entrada en Córdoba en 1236, y a continuación de la Andalucía Occidental (incluida Sevilla en 1248).

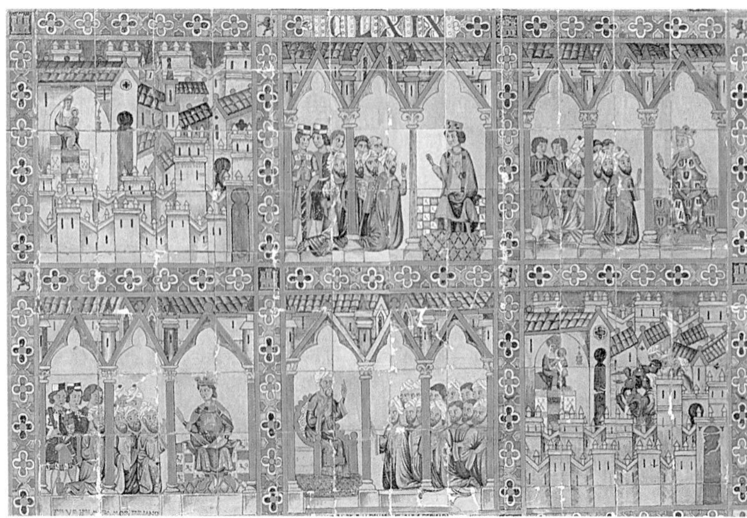

Panel de azulejos de la Plaza de España (Sevilla)

1252-1284 **Alfonso X el Sabio**, hijo de Fernando III, conquista el reino de Niebla (Huelva), consolida el dominio castellano en la Baja Andalucía, reprime las sublevaciones de Cádiz y Jerez.

1284-1469 La Reconquista avanza muy lentamente e incluso permanece estancada desde mediados del s. XIV hasta principios del s. XV. En este último siglo se suceden las victorias cristianas durante los reinados de Juan II y Enrique IV.

1469 Matrimonio de **Isabel de Castilla** y **Fernando de Aragón**, a los que el Papa valenciano Alejandro VI concederá el título de Reyes Católicos en 1496. Comienza la unificación de los reinos cristianos.

1481 La Inquisición lleva a cabo el primer auto de fe en Sevilla.

1482-1492 Los **Reyes Católicos** inician la gran ofensiva contra el reino nazarí de Granada. Las ciudades musulmanas caen en poder de los cristianos una tras otra: Ronda (1485), Málaga (1487), Baza (1489), Almería y Guadix (1489).

2 de enero de 1492 **Boabdil** entrega las llaves de la ciudad de Granada a los Reyes Católicos. En las capitulaciones los monarcas vencedores se comprometen a respetar la religión, las leyes y las costumbres de los que deseen permanecer en el país.

Consecuencias de la Reconquista

A lo largo del s. XIII la repoblación de Andalucía se efectuó en dos fases, la primera durante el reinado de Fernando III y la segunda durante el de Alfonso X. Los andalusíes que se resistieron a la ocupación cristiana tuvieron que emigrar; se calcula que entre 1240 y 1270 más de 300.000 musulmanes huyeron de su lugar de residencia para instalarse, casi todos, en Granada. A raíz de la sublevación de 1262 y de la subsiguiente expulsión de musulmanes, la mano de obra quedó sensiblemente reducida y el latifundismo empezó a propagarse.
La Reconquista del reino de Granada tuvo consecuencias muy parecidas. Sin embargo, en este caso la mayor parte de los habitantes permaneció en su lugar de origen puesto que en las capitulaciones firmadas se prometió respetar sus costumbres. El incumplimiento de los compromisos por parte de los cristianos provocó las dos rebeliones de las Alpujarras, reprimidas violentamente. En 1570 los moriscos tuvieron que dispersarse por Castilla. La expulsión definitiva se dictó en 1609.

El siglo de oro andaluz

El comercio con **América** enriquece Sevilla y todo su entorno, incluidas Córdoba y Málaga. La capital hispalense se convierte en la mayor ciudad española y en paraíso de poderosos comerciantes, aventureros y marginados. En el resto de Andalucía la situación es desigual. La llegada de nuevos productos procedentes de las Indias (cochinilla, añil) transforma parcialmente la industria textil tradicional mientras que la sedera (Granada), productora de rasos, terciopelo y damasco, se ve gravemente dañada por la austeridad vestimentaria que imponen los Austria en el Imperio español. Córdoba se especializa en la producción de guarniciones y cordobanes realizados con pieles americanas; el mercurio de las minas de Almadén, utilizado en la producción de amalgama de plata, se hace imprescindible para la explotación de los filones argentíferos de México y Perú. Por otra parte, el aumento incesante de los impuestos y la demanda imparable de productos agrícolas provoca el principio del proceso de concentración de tierras en manos de los más poderosos.

1492 **Cristóbal Colón** se embarca en el puerto de Palos de la Frontera (Huelva). El 12 de octubre llega a la isla Guanahani (Bahamas).
Expulsión de los judíos no convertidos al cristianismo. Más de 150.000 personas se ven obligadas a abandonar Sefarad (España). La mayoría se instala en países mediterráneos, donde constituyen comunidades sefarditas que siguen conservando vivo el castellano de aquella época.

1499-1501 **Primera rebelión de las Alpujarras**. La intransigencia del Cardenal Cisneros provoca el levantamiento de los musulmanes del Albayzín granadino, que pronto se extiende a la comarca de Las Alpujarras, la Sierra de los Filabres y la Serranía de Ronda.

1502 Publicación de una Pragmática (Decreto) que obliga a los sublevados musulmanes a convertirse al cristianismo o a abandonar el país. La mayoría opta por bautizarse. A partir de ese momento reciben el nombre de **moriscos**.

1503 Se crea la Casa de Contratación de Sevilla, que monopoliza el mercado colonial.

1516 **Carlos I**, futuro emperador con el nombre de Carlos V, hereda el trono de España a la muerte de su abuelo Fernando el Católico.

1556 Carlos V abdica en su hijo **Felipe II**.

1568-1571 **Segunda rebelión de las Alpujarras**. Ante el temor de que los moriscos se alíen con turcos y bereberes, Felipe II decreta la prohibición de utilizar la lengua árabe y de practicar la religión islámica. Sublevaciones en toda la región. Dispersión de los moriscos granadinos por toda España.

1599 Nace en Sevilla el pintor **Diego Velázquez**, que trabajará en su ciudad natal hasta 1622.

La Inquisición española

El Tribunal de la Inquisición se creó en 1468 para castigar a los judíos conversos que seguían practicando su religión en secreto, aunque enseguida empezó a utilizarse también para reprimir cualquier tipo de desviación moral o herética. Su extensa y compleja organización estaba constituida por un consejo de la Suprema Inquisición e inquisidores locales, fiscales y familiares. Cualquier método era bueno para obtener la confesión del acusado pero, una vez condenado, el reo era entregado al brazo secular para el cumplimiento de la condena. Durante sus cuatro siglos de existencia –las Cortes de Cádiz la abolieron en 1813– fue un eficaz medio de represión al servicio del Estado y de la Iglesia, sobre todo hasta el s. XVIII.

La larga crisis de los ss. XVII y XVIII

En la primera mitad del s. XVII comienza la decadencia de la región andaluza. Una de las causas es la disminución del número de habitantes, diezmado por cuatro grandes pestes (en la de 1649 la población de Sevilla quedó reducida a la mitad) y por la expulsión definitiva de los moriscos, cuyo trabajo era clave en el sector agrícola. En los años siguientes la situación del campo andaluz prosigue su incontenible deterioro. La mayor parte de la tierra pertenece a grandes propietarios. Más del 80% de los agricultores son jornaleros y sólo el 7% de la tierra pertenece a los que la trabajan. Poco a poco los caciques crean una poderosa oligarquía rural muy vinculada a la administración municipal que domina completamente la vida de los pueblos. La industria sevillana, estrechamente ligada al comercio marítimo, se derrumba tras la formación de la barra de Sanlúcar que impide la navegación de barcos de gran calado por el Guadalquivir.

1609 **Decreto de expulsión** de la población morisca.

1621 Ascenso al trono de **Felipe IV**.

1641 Motines urbanos en las principales ciudades andaluzas provocados por el descontento de la población ante la pésima situación económica.

1680 Cádiz se convierte en puerto de las mercancías atlánticas en sustitución de Sevilla.

1700 Muere en Madrid **Carlos II**, el último monarca de la Casa de Austria.

1702 Comienza la **Guerra de Sucesión Española** entre Felipe V y Carlos de Habsburgo. En el transcurso de la contienda, los británicos, que apoyan al archiduque Carlos, toman **Gibraltar**. El Tratado de Utrecht (1713) ratifica el dominio inglés del peñón.

1767 **Carlos III** inicia la repoblación de Sierra Morena.

1788 El monopolio colonial de Cádiz queda abolido.

Los conflictos sociales del s. XIX

A principios de siglo el desarrollo industrial andaluz es relativamente reducido. A mediados de siglo se empiezan a explotar de manera racional los recursos mineros, aunque en 1868 se ceden a monopolios extranjeros. Al mismo tiempo se impulsa la construcción naval en Cádiz, se empiezan a comercializar los productos agrarios y se construyen los tramos más importantes de la red ferroviaria. El comercio colonial, que se mantiene hasta 1898, facilita los intercambios con varios países europeos. Gracias a estos contactos, en las principales ciudades se crean grupos burgueses de ideología liberal.

1808 El ejército francés entra en España. Comienza la **Guerra de la Independencia**. El 19 de julio el general Dupont es derrotado en **Bailén**.

1812 Durante la invasión francesa se celebran las **Cortes de Cádiz**, que elaboran una Constitución de corte liberal.

1814 Fin de la Guerra de la Independencia.

1820 El militar **Rafael del Riego** se subleva en Andalucía y obliga al rey Fernando VII a jurar la Constitución liberal de 1812.

1835-1837 El ministro Mendizábal decreta la desamortización de los bienes de la Iglesia y de los Municipios.

1840 Los campesinos andaluces, víctimas del liberalismo y la desamortización, se organizan para mejorar sus condiciones de vida.

1863 El veterinario Pérez del Álamo inicia un gran levantamiento republicano que se extiende por Málaga, Granada, Jaén y Almería.

1873 Proclamación de la **I República**. Tímidos ensayos de repartos de tierras. El general Pavía reprime varios intentos de proclamación de los cantones de Sevilla, Cádiz, Granada y Jerez.

1875 **Restauración** de la Monarquía (Alfonso XII).
El anarquismo andaluz evoluciona hacia el terrorismo y se multiplican las huelgas.

S. XX

1900-1931 Proceso ininterrumpido de huelgas y luchas sociales encabezadas por los sindicatos, en particular la CNT y la FAI.

1931 Proclamación de la **II República** y pequeñas tentativas de Reforma Agraria que no satisfacen a los agricultores andaluces, acosados por el hambre y el paro.

enero 1933 Sucesos de **Casas Viejas** (Cádiz). La huelga general revolucionaria iniciada en esta población termina trágicamente cuando la Guardia Civil y la Guardia de Asalto incendian la casa donde se habían refugiado los dirigentes anarquistas. Este hecho provoca la derrota de los socialistas en las elecciones del mismo año.

1936-1939 En los primeros días de la **Guerra Civil** la mayor parte de Andalucía queda en manos de las guarniciones militares de la ciudades (Cádiz, Granada, Córdoba y Sevilla) mientras que el Este de la región permanece fiel a la República.

1960 Durante esta década se intensifica la **emigración** de andaluces a las regiones más industrializadas de España (País Vasco y Cataluña) y a distintos países europeos (RFA, Francia y Suiza).

1975 Muerte de Francisco Franco. **Juan Carlos I** es proclamado rey.

1977 El Partido Socialista Obrero Español (PSOE) gana las elecciones en Andalucía.

1978 El gobierno de Adolfo Suárez aprueba el régimen preautonómico de la región y se constituye la Junta de Andalucía.

1980 Aprobación en referéndum de la autonomía andaluza.

1982 Entra en vigor el **Estatuto de Autonomía de Andalucía**.
Primeras elecciones para el Parlamento Andaluz. **Rafael Escudero**, primer presidente de la Junta.

1984 Presidencia de Juan Rodríguez de la Borbolla.

1990 Presidencia de Manuel Chaves.

1992 Exposición Universal de Sevilla. Inauguración del tren de alta velocidad (AVE) Madrid-Sevilla.

1996 Campeonato del Mundo de Esquí en Sierra Nevada (Granada)

Agosto 1999 Campeonato del Mundo de Atletismo en Sevilla.

P. Rondeau/VANDYSTADT

Campeonato del Mundo de Atletismo

Arte

Prehistoria y Antigüedad

Pocas regiones europeas poseen tantos vestigios prehistóricos como Andalucía. Algunos de ellos se han descubierto recientemente (en los años 50), por lo tanto es fácil que en el futuro puedan encontrarse muchos más. La mayoría de los yacimientos, utilizados en otros tiempos como santuarios, se encuentran en zonas de difícil acceso, en las serranías de Córdoba, Granada, Cádiz, Málaga y Almería.

Del **Paleolítico** (30.000 - 9.000 a. C.) destacan la **cueva de La Pileta** (Benaoján, Málaga), con kilómetros de galerías decoradas mediante representaciones de animales y dibujos esquemáticos –estos últimos bastante posteriores– y las cuevas de Nerja (Málaga), que han sido objeto de una protección especial. Por su parte el friso decorado y grabado en una pared de la cueva de Ambrosio (Vélez Blanco, Almería) constituye un curioso ejemplo de santuario al aire libre.

En el **Neolítico** las figuras antropomorfas y zoomorfas se hacen muy esquemáticas y junto a ellas aparecen dibujos de soles, ídolos y distintos símbolos. A esta época pertenecen las cuevas del Tajo de las Figuras (Cádiz), La Graja (Jaén) y Los Letreros (Vélez Blanco, Almería).

B. Kaufmann/MICHELIN

Dolmen de Menga

En el III milenio, con la llegada de pueblos procedentes del Mediterráneo, se inició la **cultura megalítica**, que alcanzaría su máximo desarrollo en el II milenio y cuyo mejor exponente es el poblado de **Los Millares** (Gádor, Almería). En este gran conjunto de murallas y sepulcros colectivos se pone de manifiesto que el pueblo que lo construyó no sólo sabía trabajar los metales sino que además poseía amplios conocimientos de cerámica, cestería y elaboración de tejidos. Mención especial merecen los monumentos megalíticos del II milenio a. C., entre los que destacan los **dólmenes de Antequera** (sepulcros colectivos de Menga, Viera y Romeral), Valencina de la Concepción y Trigueros (dolmen del Soto - s. IV-III a. C.). Todos ellos constituyen el conjunto más importante de España, tanto por su tamaño como por el elevado nivel cultural que reflejan.

La influencia oriental

Fenicios – El arte oriental llegó a Andalucía a través de los fenicios que, tras fundar Gades (Cádiz), se establecieron a ambos lados del estrecho de Gibraltar para avanzar después a lo largo de las costas mediterráneas. Los restos más antiguos detectados son los del yacimiento de Morro de Mezquitilla (Málaga), fechados en el s. IX a. C. Junto a ellos hay que destacar los abundantes vestigios localizados en las provincias de Cádiz, Málaga (tumbas de Trayamar) y Almería (necrópolis de Sexi).

Griegos – Cádiz y Huelva son las provincias más ricas en restos de cerámica griega, a pesar que ninguna de las dos acogió asentamientos helenos de importancia. Es muy probable que muchas de ellas fueran obsequios que los fenicios entregaron a los nativos para ganarse su amistad.

Tartesos – El reino de Tartesos (s. IX-IV a. C.), que mantuvo estrechas relaciones con los fenicios, produjo obras de bronce y cerámicas (jarras, aguamaniles, vasijas), así como delicadas piezas de orfebrería (diademas, cinturones, pendientes) realizadas en oro y decoradas con distintos motivos. Aunque todavía no está clara su función, los arqueólogos las relacionan con el culto a alguna divinidad.

Íberos – Las primeras manifestaciones de la **escultura** íbera datan del s. V a. C. y muestran influencias evidentes del arte griego fenicio (las figuras son rígidas y están representadas de frente). Por lo general son de carácter funerario y estaban destinadas a proteger a los difuntos, cuyos restos se quemaban y posteriormente se depositaban en urnas o sarcófagos dispuestos en grandes mausoleos de piedra, como los de La Toya (Jaén), Baza (Granada) y Villaricos (Almería). El apogeo del arte escultórico local llegaría en los s. V y IV a. C., durante los cuales se produjeron obras de clara influencia helénica, como la magnífica **Dama de Baza**. Por su parte, la **cerámica** íbera incorporó también las características más destacadas de los pueblos extranjeros instalados en Andalucía, sobre todo el barniz rojo fenicio y los vasos griegos. Los motivos, muy variados, evolucionaron desde las bandas y circunferencias primitivas hasta complejos dibujos de hojas y flores enlazados con motivos geométricos.

El arte oriental en los museos – En la actualidad los hallazgos arqueológicos más importantes se exponen en los museos de las distintas capitales andaluzas. El de **Granada** conserva los ajuares más ricos de las tumbas fenicias de Almuñécar, así como alabastros egipcios, vasos griegos y fenicios. En el de **Cádiz** se pueden ver espléndidos sarcófagos egipcios, una valiosa estatuilla del dios Melkart y varios sarcófagos antropomorfos de origen fenicio. El reino de Tartesos está magníficamente representado en el museo de **Huelva**, aunque el de **Sevilla** posee la colección más completa de esta mítica civilización, con conjuntos tan extraordinarios como los tesoros del Carambolo, Ebora y Mairena. Finalmente, el arte íbero es protagonista en el museo de **Jaén**, donde se expone el excelente conjunto de Porcuna (anterior al s. V a. C.), constituido por esculturas que representan guerreros, hombres y mujeres con trajes de ceremonia, sacerdotes, etc.

El arte romano (ss. I a. C. - s. IV d. C.)

Siguiendo su costumbre, los romanos que llegaron a Hispania en el s. II a. C. impusieron desde el primer momento el arte oficial de la capital del Imperio, realizado por artistas que acompañaban a las tropas de ocupación. Aunque con el paso del tiempo muchas obras se terminaron o incluso se hiceron íntegramente en España, no puede hablarse de arte propiamente hispanorromano, sino simplemente de arte romano ejecutado en Hispania.

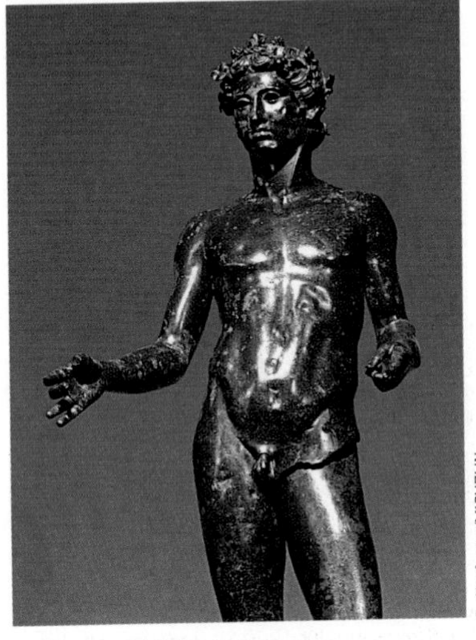

B. Kaufmann/MICHELIN

Efebo de Antequera

La Bética, que fue la región más avanzada de la Península Ibérica durante la dominación romana, se llenó de ciudades de trazado ortogonal, a imitación de Roma, sobre todo a lo largo del río Guadalquivir (el Betis romano). Córdoba, la capital de la provincia, no consiguió igualar el esplendor de **Itálica**, que alcanzó su máximo desarrollo en tiempos de los emperadores Trajano y Adriano, ambos de origen andaluz. Junto a ellas, **Hispalis** (Sevilla), **Carmona**, y **Acinipo** (Ronda la Vieja) contaron con ricas mansiones patricias y grandes edificios públicos construidos con mármoles procedentes de Macael (Almería).

En el campo de la **escultura** fueron habituales las representaciones de los emperadores y de sus familias (Trajano, Adriano, Vespasiano), así como de los distintos dioses y diosas protectores (Venus de Itálica).

La decoración de las mansiones patricias también fue imitada de Roma. Los **mosaicos** multicolores repetían los temas preestablecidos y alusivos a la función de los espacios donde estaban situados. Pequeñas figuras de bronce reproducían los trabajos que desempeñaban los esclavos traídos de África (portabandejas, candelabros) mientras que las estatuillas de los dioses domésticos (lares) presidían las actividades cotidianas.

Finalmente, no podemos pasar por alto la importancia que tuvieron las **villas agrícolas**, auténtica creación romana en cuya disposición se inspiraría la arquitectura popular andaluza.

La cerámica hispanorromana

La exportación de productos agrícolas a la Península Itálica favoreció el desarrollo de la industria cerámica bética, que se especializó en la fabricación de ánforas hoy conocidas como Dressel 20. Hasta el momento, en el valle bajo del Guadalquivir se han localizado más de 70 hornos dedicados a su fabricación. Otros talleres, siempre situados fuera de las ciudades para evitar la propagación de incendios, se consagraron a producir un tipo de cerámica doméstica que alcanzó gran difusión y que recibe el nombre de ***sigillata hispánica***. Las piezas eran de color rojo claro y estaban decoradas con motivos vegetales o faunísticos.

El arte hispanovisigodo (ss. VI- VIII)

Los visigodos que llegaron a España en el s. V eran tribus nómadas que carecían de arquitectura propia, de modo que la tradición paleocristiana, que ya había incorporado las influencias bizantinas y orientales, permaneció viva en todo el territorio de la Bética romana hasta finales del s. VI.

Para muchos autores la celebración del III Concilio de Toledo (589), que proclamó la unidad del reino, marcó el punto de partida de nuevas formas arquitectónicas que se consolidarían hasta adquirir una unidad indiscutible.

En los edificios religiosos la planta basilical clásica, ligeramente modificada (Alcalá de los Gazules), evoluciona hasta convertirse en cruciforme. Las naves se dividen mediante columnas o pilares que sustentan **arcos de herradura**. Las bóvedas son generalmente de medio cañón y las naves presentan **armaduras de madera**. La decoración de los muros, impostas y capiteles refleja una marcada **influencia oriental** con predominio de los **motivos geométricos** frente a los vegetales y pocas figuras humanas. Exteriormente los templos visigodos están desprovistos de contrafuertes.
Dado que casi todos los templos visigodos fueron reformados posteriormente, hoy sólo se pueden reconocer las plantas de los edificios primitivos, como en San Pedro de Alcántara (Málaga), El Germo (Córdoba) y Gerena (Sevilla).
La manifestación más conocida del arte visigodo es la **orfebrería**, que alcanza un alto grado de perfección en el s. VII y produce dos tipos de piezas: litúrgicas (cruces procesionales y objetos votivos como las célebres coronas) y de uso personal (fíbulas, pulseras, collares, pendientes). Algunas de las obras que hoy se exponen en los museos formaban parte de tesoros enterrados ante el avance de los musulmanes, como el de **Torredonjimeno** (Jaén).

Arte hispanomusulmán (ss. VIII-XV)

La invasión musulmana, que pudo parecer en un primer momento una auténtica tragedia, fue en realidad el principio de una época espléndida en la que los andaluces manifestaron toda su vitalidad tras entrar en contacto con las ideas estéticas del Islam. Durante los ocho siglos de presencia musulmana en España el arte andalusí conservó siempre una serie de características básicas que lo diferencian claramente de cualquier otra corriente artística de la época.

B. Kaufmann/MICHELIN

Arcos – En los primeros tiempos se utiliza sobre todo el **arco de herradura**, de influencia visigoda u oriental, en el que frecuentemente se juega con la bicromía de las dovelas: rojas (ladrillo) y blancas (enlucidas con cal). Los arcos se utilizan no sólo como elementos de sustentación sino también como elementos decorativos, por ejemplo formando franjas de arquillos ciegos. La evolución de las hileras entrecruzadas de arquillos de herradura dará lugar al arco de herradura apuntado, que será el más utilizado a partir del s. XII.
Con el paso del tiempo, los **arcos lobulados**, ya presentes en la macsura de la mezquita de Córdoba, se transformarán en **arcos polibulados** de gran complejidad.
El **alfiz**, o recuadro en torno al arco, es otro de los motivos recurrentes del arte árabe que tendrá posteriormente una gran influencia en el arte mudéjar.

Bóvedas, armaduras y artesonados – Las bóvedas hispanomusulmanas recogen la influencia del arte islámico oriental. A diferencia de las utilizadas en el arte cristiano (de arista, de crucería), los nervios que las forman no se cruzan en el centro. Quizá uno de los mejores ejemplos de este sistema constructivo se encuentra en las bóvedas que preceden al mihrab de la mezquita de Córdoba.
Pero por singulares que sean las bóvedas andalusíes, son sin duda las armaduras de madera, las más utilizadas, los elementos que muestran un mayor dominio técnico y estético. Las cubiertas de madera van desde sencillas armaduras de par y nudillo hasta los más sofisticados artesonados, decorados con estrellas que forman bellísimas lacerías.

B. Kaufmann/MICHELIN

Ataurique

La decoración: materiales y motivos – Ocultos tras la austeridad de los muros externos, los interiores de los palacios andalusíes eran de una belleza extraordinaria. En algunas épocas los revestimientos que los cubrían completamente enmascaraban la pobreza de los materiales constructivos.
El fino sentido estético de los hispanomusulmanes consiguió aunar técnicas tan dispares como los **azulejos** y **alicatados** (maravillosos zócalos de reflejo metálico), los paneles de piedra o yeso tallado, los mosaicos de influencia oriental, la madera labrada formando celosías y los riquísimos artesonados para crear conjuntos de un lujo sorprendente.

Los motivos utilizados en la decoración se pueden clasificar en tres grandes grupos:
Geométricos, utilizados fundamentalmente en la decoración de los zócalos de cerámica vidriada y en la ornamentación de la madera (puertas, celosías y artesonados). Las líneas se quiebran componiendo polígonos y estrellas.

Vegetales, que reciben el nombre de **atauriques**, y se utilizan para decorar paneles murales de piedra tallada o yeso. A lo largo del tiempo los motivos (hoja de palma, vid) se van estilizando hasta componer formas muy complejas. Uno de los elementos más utilizados será la estilización del árbol de la vida, decoración vegetal ordenada en torno a un eje vertical. Los **mocárabes**, elementos decorativos a modo de estalactitas, decoran arcos y cúpulas.

Epigráficos, que desempeñan la misma función informativa que las imágenes en otros estilos arquitectónicos. La **escritura cúfica**, de rasgos mayúsculos y angulosos, y la **escritura nesjí**, de caracteres más libres, fueron las más utilizadas.

Las artes aplicadas – Las artes decorativas andalusíes produjeron objetos muy variados y ricos que pueden clasificarse en dos grandes grupos: las producciones utilitarias y las producciones suntuarias, creadas para satisfacer la demanda de una clase dirigente muy refinada que concedía la mayor importancia a la decoración interior y que se complacía en obsequiar a los visitantes extranjeros con piezas magníficas y únicas.

En el campo de la **cerámica** destacaron la loza **«verde y manganeso»**, la llamada cerámica **«de cuerda seca»** (azulejos) utilizada para decorar las paredes y la loza dorada o cerámica de **reflejo metálico**. Esta última, que se empezó a fabricar en el s. IX en Córdoba, alcanzó su máximo esplendor durante el periodo nazarí en los centros productores de Málaga.

Después de Córdoba, donde Abderramán II fundó la Casa del Tiraz, o Manufactura Real de Tejidos de Seda, Almería se especializó en la realización de **tejidos** lujosos y muy elaborados. En los ss. XIV y XV los talleres granadinos produjeron impresionantes telas de seda con hilos de oro; por lo general eran de colores intensos y estaban decoradas con inscripciones y motivos arquitectónicos.

Los **orfebres** nazaríes sintieron especial predilección por las espadas de gala, cuyas empuñaduras y guardas decoraron con combinaciones extraordinarias de marfil, filigrana y esmaltes polícromos.

Para completar el amplio panorama de la artesanía hispanomusulmana, no podemos dejar de citar las delicadísimas **tallas de marfil**, características del Califato, las **taraceas** (madera con incrustaciones de marfil y maderas de otros colores) que decoraban el mobiliario nazarí, y los trabajos en cuero (**cordobanes** de piel de cabra y **guardamecíes** de piel de carnero).

Muchas de estas piezas han llegado hasta nosotros gracias a que los cristianos las valoraron sobremanera. De hecho, los cofres y cajas de marfil tallado que las mujeres musulmanas utilizaron para guardar joyas y perfumes se usaron más tarde para conservar reliquias de santos.

Periodo cordobés (ss. VIII-X)

La mezquita aljama de Córdoba y el palacio de Medina Zahara, los dos grandes monumentos de esta época, contienen todos los elementos característicos del primer arte hispanomusulmán, que se desarrolló durante los tres siglos en que Córdoba fue la capital de al-Andalus.

Siguiendo su costumbre de asimilar la cultura de los pueblos conquistados, los musulmanes recién llegados utilizaron técnicas y elementos del arte visigodo y romano, que combinaron hábilmente con las tradiciones orientales de la Península Arábiga.

Las grandes aportaciones del arte califal son el **arco lobulado** y el **alfiz** o moldura que enmarca el arco de herradura. En cuanto a la decoración, los primeros motivos geométricos formados por cuadros y rombos se convierten progresivamente en motivos florales (hojas de vid, racimos de uva, acantos, palmetas y rosetas) de inspiración omeya que, más adelante, son reemplazados a su vez por dibujos florales inscritos en formas acorazonadas de inspiración abásida.

B. Kaufmann/MICHELIN

Capitel califal

La prosperidad económica del califato queda reflejada en los materiales empleados (sillares de piedra y revestimientos de mármol labrado) y en la riqueza de los **mosaicos bizantinos** de reflejo metálico realizados por artesanos extranjeros.

Otras construcciones califales

A la época califal pertenecen los alminares de San Juan y de Santa Clara, (Córdoba), el de El Salvador (Sevilla), el de San José (Granada), las fortificaciones de Tarifa y el puente de Pinos (Granada).

Periodo de los reinos de taifas (s. XI)
Paradójicamente, a pesar de la dispersión política que caracterizó los reinos de taifas, el arte andalusí de esta época mostró una gran unidad, ya que Andalucía quedó aislada del resto del Islam y, por lo tanto, al margen de las influencias orientales. Los artistas del desaparecido Califato de Córdoba emigraron a las distintas cortes taifales en las que perpetuaron la tradición cordobesa.
La decadencia económica provocó el abandono de los materiales nobles (piedra sillar en los muros y mármol en las columnas y pilares) y a partir de ese momento se generalizaron el **ladrillo**, el **yeso** y la **argamasa**. En compensación, los **motivos decorativos** adquirieron una espectacularidad inusitada (epigráficos, lacerías y vegetales) y se combinaron **arcos** de los tipos más variados (**lobulados**, **mixtilíneos**, de herradura semicircular y apuntada, entrecruzados...) para formar los característicos arabescos.
En este periodo la arquitectura religiosa tiene menos importancia que la civil –se construyen numerosos **baños públicos** como el llamado Bañuelo de Granada– y la militar (alcazabas de Málaga, Granada y Almería).

Periodo almorávide (s. XII)
Tras la llegada de las tribus almorávides a la Península el arte andalusí se extendió por todo el Magreb. Marrakech y Sevilla se convirtieron en las capitales del nuevo reino a uno y otro lado del Estrecho de Gibraltar y poco a poco se pusieron de manifiesto nuevas tendencias, resultado de las influencias mutuas entre los pueblos de los dos continentes.
Los arcos se complican aún más que en el periodo anterior, al igual que las **cúpulas**, algunas de ellas caladas y otras decoradas con mocárabes. Comienza la decoración geométrica en forma de red de rombos (decoración de **sebka**) y se enriquecen las combinaciones epigráficas y de lacería.
Casi todas las construcciones andaluzas de este periodo han desaparecido o se encuentran enmascaradas por las aportaciones almohades, aunque los expertos creen reconocer características del estilo almorávide en el mihrab de una de las mezquitas de Almería (hoy iglesia de San Juan).

Periodo almohade (s. XIII)
Los principios religiosos de los almohades, basados en la pureza y la austeridad, quedaron reflejados en la **sencillez** y la **monumentalidad** de sus edificaciones, la mayor parte de carácter defensivo, como el Alcázar y la Torre del Oro de Sevilla. Este tipo de construcción fortificada, de puertas acodadas y torres defensivas (albarranas) independientes del recinto fortificado, sería más tarde adoptado por los cristianos como modelo de castillo español.
Los recién llegados construyeron con los mismos materiales que sus predecesores, es decir con ladrillo, argamasa, yeso y madera pero optaron por una **decoración mucho más sobria**, con grandes espacios vacíos y **adornos geométricos** en sustitución de los vegetales. El arco de herradura tradicional quedó prácticamente abandonado, salvo en casos excepcionales, para utilizar en su lugar el **arco de herradura apuntado** y el lobulado.
Sin duda el monumento más representativo de este periodo es la Giralda de Sevilla, que en su día fue el alminar de la mezquita mayor de la capital del reino almohade.

Periodo nazarí (ss. XIII-XV)
Para muchos especialistas esta etapa representa el gran momento del arte andalusí. Durante mucho tiempo, los especialistas destacaron en el arte nazarí la pobreza de los materiales empleados frente a la abundancia de decoración. Hoy se sabe que la función del edificio era determinante a la hora de escoger los materiales a emplear. Así, mientras en las fortalezas –como la Alcazaba de Granada– y en los baños se utilizó la piedra

Arquería del Patio de los Leones de la Alhambra

sillar, el ladrillo y la argamasa (que incluía la arcilla de característico color rojo), en los palacios –como la Alhambra– no faltaron el **mármol** en los suelos y en las columnas, la **cerámica vidriada** (azulejos) en las zonas expuestas al roce, los **revestimientos de yeso y estuco** muy elaborados, así como las **bóvedas y artesonados de madera** y las **bóvedas de mocárabes.**
En cuanto a los **capiteles**, suelen ser de dos tipos. El primero presenta una base cilíndrica decorada con hojas lisas que soporta un paralelepípedo adornado con hojarasca. Al segundo tipo pertenecen los capiteles de mocárabes derivados del arte oriental.

Las inscripciones epigráficas nazaríes

En las construcciones granadinas hay tres tipos de inscripciones: las de carácter informativo sobre el origen del edificio; las religiosas, que recogen citas del Corán; y las literarias y poéticas.

Aunque ahora poco apreciable debido al paso del tiempo, el **color** fue otra de las características importantes de la arquitectura nazarí, cuyos interiores debieron de parecer en su día un cuadro puntillista. Además de los zócalos de azulejos, los revestimientos de yeso y madera estaban policromados en tonos rojos, azules, verdes y oro, al tiempo que en los capiteles y columnas se solían emplear mármoles de distintos colores. Si el actual aspecto de la Alhambra nos impresiona por su delicadeza, aturde pensar cómo sería en su momento de máximo esplendor.

El agua en la arquitectura andalusí

En todo el reino de al-Andalus, el agua, siempre escasa, desempeña un papel fundamental en la arquitectura por su triple función práctica, religiosa y estética. Práctica porque es necesaria para vivir (hay que regar las huertas y abastecer los baños); religiosa porque el Corán establece que antes de la oración hay que efectuar una serie de abluciones; y estética porque el agua almacenada en albercas y estanques refleja la elegante decoración de paredes y techos mientras que la que corre por surtidores, fuentes y acequias produce un rumor relajante al tiempo que refresca el ambiente. Además el agua permite crear jardines tan integrados en la arquitectura que es difícil decir dónde termina la naturaleza y dónde comienza la obra creada por el hombre.

El arte medieval andaluz

Arte mudéjar (ss. XIII-XVI) – Tras la conquista de Córdoba y Sevilla en la primera mitad del s. XIII, en la zona incorporada a Castilla se imponen los modelos cristianos pero se confía su realización a los hábiles constructores musulmanes. Así nace el arte mudéjar, típicamente español y resultado de la fusión del arte islámico con el occidental.
La arquitectura mudéjar evoluciona a lo largo de los siglos y se adapta a la tipología dominante en cada zona, de modo que el mudéjar andaluz es distinto al de otras regiones españolas. A pesar de las diferencias, se puede decir en general que se muestra fiel a la tradición musulmana en los materiales (yeso, ladrillo, madera), las técnicas constructivas (aparejo de los muros, arco de herradura, techumbres de madera) y la decoración (bellos artesonados, utilización del alfiz, complicadas labores de yeserías).
Las iglesias sevillanas (San Marcos, San Pablo, Santa Marina) se construyen generalmente con ladrillo, presentan artesonados y se decoran mediante elementos de tradición almohade.
En el campo de la arquitectura civil, donde predominan las cubiertas a dos y cuatro aguas, destacan el palacio de los Alcázares de Sevilla, que Pedro I reconstruyó en 1366, la torre de Don Fadrique (Sevilla), la torre de El Carpio (Córdoba), el castillo de San Romualdo (San Fernando, Cádiz) y la Casa de Pilatos (Sevilla).

Arte gótico (ss. XIII-XV) – El primer arte gótico andaluz, inspirado en el modelo cisterciense (grandes rosetones en las fachadas, nave central con dos naves laterales de menor altura y bóvedas ojivales), produjo obras tan interesantes como las llamadas iglesias fernandinas de Córdoba (Santa Marina, San Miguel, San Lorenzo).
En 1401 da comienzo la construcción de la Catedral de Sevilla, el gran edificio gótico andaluz y una de las últimas catedrales góticas españolas. Los artis-

B. Kaufmann/MICHELIN

Rosetón de San Lorenzo (Córdoba)

tas flamencos que intervienen en esta ambiciosa obra aportan una serie de innovaciones que serán imitadas en otros templos andaluces, como la planta rectangular, la cabecera plana con un pequeño ábside, esbeltos pilares fasciculados, complejas bóvedas estrelladas y abundante decoración.

Coincidiendo con el reinado de Isabel la Católica surge el llamado **estilo isabelino**, a medio camino entre el arte gótico y el renacentista, en el que se combinan con exuberancia los elementos flamígeros y mudéjares. La Capilla Real de Granada, obra de **Enrique Egas**, es el mejor exponente del isabelino andaluz.

Los artistas extranjeros que acuden a Sevilla en el s. XV aportan a la escultura andaluza la influencia flamenca, caracterizada por su profundo realismo. **Lorenzo Mercadante**, nacido en Bretaña, es uno de los escultores más destacados del gótico andaluz. Trabajó sobre todo en la catedral de Sevilla e introdujo la técnica del barro cocido, que sería posteriormente utilizada por numerosos artistas locales. Entre los españoles hay que mencionar a Pedro Millán, autor de la Virgen del Pilar, también en la catedral hispalense.

El Renacimiento (s. XVI)

Arquitectura – La llegada del Renacimiento a España coincide con un nuevo periodo de esplendor en Andalucía: Sevilla, que monopoliza las relaciones comerciales con el Nuevo Mundo, Córdoba y Granada se convierten en destacados centros culturales y artísticos.

En un primer momento el esplendor del gótico final y la tradición mudéjar frenan la plena adopción de los modelos renacentistas. De hecho, durante las tres primeras décadas del siglo se impone el **estilo plateresco**, así llamado porque los motivos que cubren totalmente la fachada recuerdan el trabajo de los plateros. El arco de medio punto, los elementos almohadillados, las balaustradas, los capiteles clásicos y la presencia de medallones y escudos en las fachadas son los elementos más característicos de esta corriente, magníficamente representada por el Ayuntamiento de Sevilla, obra de Diego de Riaño.

O. Torres/MARCO POLO

Patio del palacio de Carlos V

A medida que avanza el siglo se concede mayor importancia a las proporciones que a la ornamentación y se abandonan definitivamente todas las formas góticas. Predominan las bóvedas de cañón, las ovaladas y las vaídas; se utiliza casi exclusivamente el arco de medio punto y los motivos decorativos aumentan de volumen al tiempo que se concentran en determinados puntos para dejar grandes espacios libres.

Tres nombres protagonizan la arquitectura renacentista andaluza. **Diego de Siloé** (1495-1563) terminó la catedral de Granada reformando el proyecto gótico de Enrique de Egas. Esta obra, una de las más significativas de la época, serviría de modelo a las catedrales de Málaga y Guadix. **Pedro Machuca** (m. 1550), arquitecto y pintor, permaneció siempre fiel a su formación italiana. El palacio de Carlos V en la Alhambra, su realización más destacada, es una construcción absolutamente innovadora y mal comprendida en su época. **Andrés Vandelvira** (m.1575), que trabajó en estrecha colaboración con Diego de Siloé, dejó patente su audacia constructiva en la catedral de Jaén y en varios edificios de la provincia, sobre todo en Úbeda (iglesia del Salvador) y Baeza.

En Sevilla las figuras más destacadas fueron **Martín Gaínza** (Capilla Real de la catedral) y **Hernán Ruiz**, autor del revestimiento y del remate de la Giralda.

En el último tercio del s. XVI irrumpe con fuerza en España el **estilo herreriano**, creado por **Juan de Herrera** en el monasterio de El Escorial. Sevilla cuenta con una obra del arquitecto favorito de Felipe II: el Archivo de Indias que, con su fachada sobria y rectilínea contiene todos los elementos característicos del arte de la Contrarreforma.

Escultura – El realismo y la expresividad son las notas dominantes en la escultura de este periodo, que anuncia ya la imaginería barroca. Dado que la mayoría de los encargos procede de la Iglesia, predominan las figuras de tema religioso. Además, hay que tener en cuenta que en el último tercio del siglo se inicia la Contrarreforma, de la que Felipe II será gran defensor. La inmensa mayoría de las obras se realiza en madera policromada. El mármol, el alabastro y la piedra se utilizan en las escasas figuras profanas así como en el arte funerario y en el arte monumental ligado a la arquitectura. Al igual que en la época gótica, abundan los altares decorados con retablos de grandes dimensiones.

Entre los numerosos artistas italianos que trabajan en Andalucía destacan **Domenico Fancelli** (1469-1518), autor de las tumbas de los Reyes Católicos en la Capilla Real de la catedral de Granada, **Jacobo Florentino** (1476-1526), que realizó el *Entierro de Cristo* expuesto en el Museo de Granada y **Pietro Torrigiano**, cuyo *San Jerónimo penitente* (Museo de Bellas Artes de Sevilla) ejercerá gran influencia en los escultores barrocos sevillanos. El borgoñón **Felipe Vigarny** (m. 1543) trabaja sobre todo en Castilla en colaboración con Berruguete pero realiza en Granada una de sus mejores obras, el retablo de la Capilla Real.
A pesar de que muere en plena juventud, el escultor español más importante es **Bartolomé Ordóñez** (m. 1520), formado en Italia y fallecido en Carrara mientras realizaba los sepulcros de Juana la Loca y Felipe el Hermoso (Capilla Real de Granada).

Pintura – Como en el campo de la escultura, los temas religiosos priman sobre los profanos. Puede decirse que en toda Andalucía sólo escapa a esta regla Sevilla, donde algunas familias de gran fortuna decoran sus mansiones con temas profanos, mitológicos y alegóricos (Casa de Pilatos). Durante las primeras décadas del siglo sigue vigente la influencia flamenca con su característico gusto por lo concreto. Poco a poco el manierismo toscano y el clasicismo de Rafael se abren paso y preparan la llegada de la pintura veneciana.
El mejor representante del primer Renacimiento sevillano es **Alejo Fernández** (1475 ?-1546), de origen alemán aunque adoptó el apellido español de su esposa. Siguiendo la línea de los pintores flamencos, se sintió primero atraído por los efectos de perspectiva y por la ordenación del espacio; en esta etapa, que coincide con su estancia en Córdoba, realizó su famosa *Flagelación* (Museo del Prado de Madrid) y el *Cristo atado a la columna* que se expone en el Museo de Córdoba. Cuando se instala en Sevilla, su interés se traslada a la figura humana; junto a la *Virgen de la Rosa* (iglesia de Santa Ana), su obra más conocida de esta época es la *Virgen de los Mareantes* del Alcázar de Sevilla.
El sevillano **Luis de Vargas** (1506-1568), formado en Italia con un discípulo de Rafael, se inspiró en el manierismo de Vasari y en la delicadeza de Correggio. Su obra más conocida es la *Generación temporal de Cristo* (catedral de Sevilla), que recibió el sobrenombre de «la gamba» por la belleza de la pierna (en italiano, gamba) de Adán. El extremeño **Luis de Morales** (1520 ?-1586 ?), muy vinculado a Andalucía, es para muchos el pintor más interesante de su época. En su obra, muy personal, coexisten la influencia flamenca y la italiana. La dulzura de sus figuras femeninas y la expresividad de sus Cristos dolientes (*Ecce Homo* de la Academia de San Fernando de Madrid) le convirtieron en el artista más admirado por el público e imitado por sus compañeros.
Durante el s. XVI Sevilla acoge a muchos pintores flamencos, que acuden atraídos por la riqueza de la ciudad hispalense y por la posibilidad de conseguir trabajo en América. Entre ellos hay que citar al vigoroso Peter Kempeneer, conocido como **Pedro de Campaña** (1503-1563), autor del gran *Descendimiento* de la catedral de Sevilla, y a Hernando Sturbio (m. 1577), que realizó el *Retablo de los Evangelistas* en el mismo templo.

Cerámica italiana en Andalucía

La cerámica vidriada y pintada de origen italiano, que coexistió con la de tradición mudéjar, llegó a Andalucía a principios del s. XVI. Su introductor fue el pisano Francisco Niculoso, autor de dos interesantes obras sevillanas: la fachada de la iglesia del convento de Santa Paula y el retablo del oratorio del Alcázar. Este tipo de decoración está inspirado en el estilo de los Della Robbia.

El barroco (ss. XVII-XVIII)

En el panorama del barroco español, Andalucía brilla con luz propia en todos los campos.

Arquitectura – Durante la primera mitad del s. XVII permanece viva la influencia del estilo herreriano. Las iglesias presentan una planta rectangular muy sencilla, motivos ornamentales de yeso y a veces fachadas decoradas con paneles de azulejos (Hospital de la Caridad de Sevilla). Luego la austeridad se suaviza y los edificios empiezan a cubrirse de motivos ornamentales; sin embargo las estructuras siguen siendo muy simples y muchas cúpulas son fingidas, es decir que están constituidas por una armadura de madera enlucida de yeso en lugar de estar realizadas en piedra. A mediados de siglo **Alonso Cano**, arquitecto, escultor y pintor, realiza la catedral de Granada.
En torno a 1700, coincidiendo con la llegada de los Borbones al poder, el barroco andaluz inicia su época de máximo esplendor; la desbordante imaginación de los artistas no tiene límites. Las estructuras cóncavas y convexas confieren movimiento ondulatorio a las fachadas y los motivos decorativos (roleos, sartas florales, columnas salomónicas..) cubren todas las superficies.
Bajo el denominador común de la exuberancia, los arquitectos se sienten libres para interpretar el barroco según sus preferencias. La influencia árabe y la fantasía colorista son las notas más destacadas en el fastuoso sagrario de la Cartuja de Granada, obra de **Francisco Hurtado** (1669-1725). **Vicente Acero**, artífice de la Real Fábrica de Tabacos, se inspira en la catedral renacentista granadina de Siloé para realizar en Cádiz la última gran catedral española (1722-1729).

El sevillano **Leonardo de Figueroa** (1650-1730), autor de obras civiles tan importantes como el palacio de San Telmo (hoy sede de la Junta de Andalucía) y el Hospital de Venerables, realiza también dos iglesias bellísimas, la del Salvador y la de San Luis de los Franceses; en esta última, de planta central y columnas salomónicas demuestra su gran habilidad para combinar el ladrillo, la cerámica y el enlucido de color.

Escultura – Mientras en Italia y Francia proliferan las estatuas de mármol y bronce inspiradas en temas alegóricos y mitológicos, en Andalucía como en el resto de España la escultura sigue al servicio de la Contrarreforma, con el realismo como nota dominante.

A comienzos del s. XVII la región andaluza se convierte en un foco fundamental de la escultura religiosa. Son tiempos difíciles y la gente busca en la religión la solución a sus problemas. Se crean Cofradías y Hermandades que multiplican los encargos de imágenes y grupos, tanto para venerarlos en los altares como para sacarlos en procesión por las calles (pasos de Semana Santa). Las obras, cada vez más realistas y expresivas, se siguen haciendo de madera policromada pero los colores pretenden conseguir mayor naturalidad. En muchos casos se emplean tejidos que cubren todo el cuerpo, de modo que sólo se hacen de talla la cara y las manos, e incluso se añaden ojos y lágrimas de cristal.

En Sevilla el representante más destacado del apogeo de la escultura andaluza es **Juan Martínez Montañés** (1568-1648), maestro de una gran generación de artistas. Más renacentista que sus contemporáneos, imprimió siempre en los rostros de sus figuras una gran serenidad. Además de numerosos retablos de inspiración manierista (Santos Juanes de la iglesia de San Leandro), realizó bellísimas Inmaculadas de aspecto ensoñador (catedral de Sevilla), incontables imágenes de Cristos y santos (su mejor obra es el Cristo de la Clemencia de la catedral de Sevilla) e incluso pequeñas figuritas de marfil. Entre los discípulos de Montañés, de personalidades muy diferentes, hay que mencionar al cordobés **Juan de Mesa** (1583-1627), mucho más dramático que su maestro y autor del venerado *Jesús del Gran Poder*.

La escuela granadina está encabezada por el polifacético **Alonso Cano** (1601-1667), también arquitecto y pintor, que se forma asimismo junto a Martínez Montañés. Sus figuras, sencillas y delicadas, serán más tarde reinterpretadas por sus numerosos discípulos, como Pedro de Mena, autor de la sillería del coro de la catedral de Málaga y José de Mora, cuyo desequilibrio psicológico –murió loco– quedó plasmado en algunas de sus imágenes.

A mediados del s. XVII, y sobre todo a principios del XVIII se pone de manifiesto la influencia italiana inspirada en el estilo de Bernini. La agitación, el movimiento y el sentido dramático de las escenas son las notas dominantes de esta corriente a la que se adhieren los artistas andaluces. Junto a José de Arce (m. 1666), introductor de la nueva moda, sobresalen **Pedro Roldán** (1624-1670), que trabajó sobre todo en Sevilla (grupo de *El Entierro de Cristo* del Hospital de la Caridad), y Pedro Duque Cornejo, autor de muchas obras para los cartujos sevillanos.

La interminable lista de autores barrocos de la escuela granadina se cierra con Torcuato Ruiz del Peral, que realizó cabezas muy expresivas de santos degollados y la sillería de la catedral de Guadix.

Los Nacimientos de la Roldana

La tradición de los Nacimientos, que al parecer inició San Francisco de Asís, ha tenido siempre numerosos seguidores en España. En tiempos del barroco muchos imagineros crearon, o inspiraron con sus esculturas, una amplia variedad de figuras populares, hechas de barro cocido policromado, que pasaron a formar parte del patrimonio cultural del país. La Roldana, hija de Pedro Roldán, fue una de las mejores representantes de la escuela andaluza.

Pintura – El XVII es sin duda el siglo de oro de la pintura andaluza, que comienza fiel a la tradición flamenca imperante en el s. XVI para hacerse después opulenta y luminosa. A partir de mediados de siglo Sevilla y Madrid son las capitales indiscutibles de la pintura española.

La fama de los pintores sevillanos de las primeras décadas, entre los que se cuentan Francisco Pacheco, suegro de Velázquez, ha quedado oscurecida por el brillo de tres maestros indiscutibles: Velázquez, Zurbarán y Murillo.

Diego Velázquez desarrolló la mayor parte de su vida profesional en Madrid como pintor de la Corte. Sin embargo, ni la fama ni la influencia de los pintores italianos que tanto admiró, en particular Tiziano, consiguieron hacerle olvidar su formación sevillana. Durante aquella etapa (1617-1623) realizó fundamentalmente obras de temática religiosa y costumbrista (*Adoración de los Reyes*, Museo del Prado de Madrid). El extremeño **Francisco de Zurbarán** (1598-1664), gran pintor de la vida monástica y autor de excelentes bodegones, representa la realidad del modo más sencillo posible. Su taller fue uno de los más importantes de Sevilla y el que más exportó a los países americanos. **Bartolomé Murillo** (1617-1682), cuyas obras de temática religiosa *(Inmaculada, Niño Jesús)* se han reproducido hasta la saciedad, fue el autor español más famoso en su época. La delicadeza y la amabilidad de su pintura no pueden ocultar las cualidades

P. Feria Fernández/MUSEO DE BELLAS ARTES DE SEVILLA

San Hugo en el refectorio, Zurbarán (Museo de Bellas Artes de Sevilla)

de un pintor extraordinario que domina la técnica y el colorido. En el extremo opuesto se halla **Juan Valdés Leal** (1662-1695), que centra su interés en la expresión y se complace en tratar temas tétricos, como *Las Postrimerías* (Hospital de la Caridad de Sevilla). En Granada, el ya citado **Alonso Cano** (1661-1667), gran amigo de Velázquez, es el más clásico de los pintores barrocos. Su obra más destacada es el conjunto de lienzos que representa la Vida de la Virgen (Catedral de Granada), con grandes influencias de los maestros venecianos, cuya pintura tuvo ocasión de conocer mientras trabajó bajo la protección del Conde-Duque de Olivares.

SS. XIX y XX

Tras varios siglos de esplendor artístico, la creatividad andaluza parece agotarse con la llegada del s. XIX. La profunda crisis económica que vive la región se refleja en la falta de encargos y en la ausencia de proyectos de envergadura. A pesar de todo, algunas figuras aisladas procedentes de Andalucía destacan en el panorama español.

Pintura – En el campo de la pintura romántica hay que citar a los sevillanos Antonio Martínez Esquivel, José Gutiérrez de la Vega y Valeriano Domínguez Bécquer. Este último, hermano del poeta Gustavo Adolfo Bécquer, realizó sobre todo escenas costumbristas llenas de alegría y muy alejadas de su triste experiencia personal. El caso de **Manuel Rodríguez de Guzmán** reviste especial interés por el gran éxito que alcanzaron sus excelentes dibujos de escenas andaluzas; su visión amable de la vida en el Sur de España, muy apreciada por los extranjeros, contribuyó a crear el mito romántico de Andalucía.

En el último cuarto del s. XIX nació en Córdoba **Julio Romero de Torres** (1880-1930), pintor realista especializado en la representación de mujeres andaluzas de gran belleza y contenida sensualidad *(Naranjas y limones)*. Su obra, aunque criticada por algunos sectores, se hizo tan popular que poco después de su muerte se creó un museo en su casa natal.

Muy diferente de Romero de Torres fue el malagueño Pablo Ruiz **Picasso** (1881-1973), sin duda una de las figuras más destacadas del arte contemporáneo. Aunque pasó la mayor parte de su vida en Francia nunca permaneció ajeno a lo que ocurría en su país y mantuvo viva su afición por la fiesta de los toros.

También a caballo entre los ss. XIX y XX vivieron Daniel Vázquez Díaz (1882-1969), pintor de inspiración cubista y autor de los frescos del Monasterio de la Rábida (Huelva) y Rafael Zabaleta (1907-1960), que destacó por su expresionismo estilizado y rústico. Posteriores a estas grandes figuras son Luis Gordillo (1934) y Guillermo Pérez Villalta (1948), que se han incorporado al movimiento de recuperación de la figuración, Alfonso Fraile, Vicente Vela, Alfonso Albacete, Carmen Laffon, Chema Cobo y el granadino José Guerrero.

Escultura – **Mateo Inurria** (1869-1924), autor de la estatua del Gran Capitán en la capital cordobesa, y **Jacinto Higueras** son los los escultores más sobresalientes de la primera mitad del s. XX. **Miguel Berrocal** (1933), que se mostró abstracto en sus inicios, evolucionó posteriormente hacia formas figurativas.

Arquitectura – Los grandes cambios que tienen lugar en la arquitectura tardan bastante en llegar a Andalucía. El Modernismo sólo produce algunos ejemplos curiosos en el entorno burgués (interiores de viviendas y pequeños comercios), sobre todo en la provincia de Cádiz. Simultáneamente, e inspirado en el llamado Costurero de la Reina (Sevilla, 1893) nace el movimiento historicista o revivalista que se institucionaliza en la Exposición Iberoamericana de 1929. Además de los pabellones de esta muestra internacional hay que citar algunos edificios oficiales, como el Palacio Provincial de Jaén y varios cines y teatros como el Falla de Cádiz y el Aliatar de Granada.
La arquitectura de las últimas décadas, incorporada sin reservas a las nuevas tendencias, es un fiel reflejo de la positiva evolución de la economía andaluza. Desde los años sesenta, época en la que se crea la Escuela de Arquitectura de Sevilla, se han construido numerosos edificios públicos, complejos turísticos y bloques de viviendas proyectados por los mejores arquitectos andaluces y del resto del país (Saénz de Oiza, Moneo, de La-Hoz, García de Paredes, Cano Lasso...).
Las realizaciones urbanísticas y arquitectónicas que se llevaron a cabo con motivo de la Exposición Universal de 1992 constituyen la mejor prueba del renacimiento que está experimentando Andalucía.

Puente de la Barqueta (Sevilla)

ALGUNOS TÉRMINOS ARTÍSTICOS

Ábside: parte de la cabecera de una iglesia en la prolongación de su capilla mayor. Puede ser semicircular, poligonal o de herradura.

Albarrana: torre exterior, para proteger un lugar estratégico. Unida al recinto amurallado mediante un muro.

Alcazaba: recinto militar fortificado.

Alcázar: palacio real árabe.

Alicatado: técnica cerámica de origen persa que consiste en cortar a pico de una pieza mayor otras más pequeñas para formar motivos ornamentales.

Almohadillado: muro con los sillares biselados o rehundidos.

Arabesco: término romántico utilizado para expresar el efecto ornamental del arte islámico.

Arquivolta: cada una de las molduras concéntricas que forman la cara externa de un arco abocinado.

Atalaya: torre de vigilancia

Ataurique: ornamentación vegetal estilizada inspirada en la hoja de acanto, característica del arte árabe.

Azulejo: cerámica vidriada

Barbacana: antemuro exterior, más bajo que la muralla, desde el que se impide la aproximación de las máquinas de guerra.

Cabecera: la parte más noble de un templo cristiano, en la que se sitúa la capilla mayor.

Camarín: capilla pequeña situada en el primer piso, detrás del altar, en la que se venera generalmente una imagen de la Virgen lujosamente vestida.

Chapitel: remate en punta, cónico o piramidal, de una torre.

Cimborrio: construcción en forma de torre que se eleva sobre el crucero.

Coracha: muro que une una torre exterior o albarrana con la muralla principal.

Crestería: antepecho, generalmente calado, que corona una arquitectura.

Cuerda seca: técnica de cerámica vidriada en la que los colores se separan mediante una línea de materia grasa que luego se volatiliza en la cocción.

Cúfico: de la ciudad de Kufa, escritura árabe de rasgos mayúsculos y angulosos.

Enjutas: todo arco puede considerarse inscrito en un rectángulo; los dos triángulos con un lado curvo que quedan entre el arco y el rectángulo imaginario son las enjutas o albanegas.

Estípite: soporte con su base menor en la parte inferior (tronco de pirámide invertido).

Geminado: dícese de los vanos, ventanas o columnas unidos de dos en dos.

Grutesco: decoración típica del Renacimiento que combina elementos vegetales, seres fantásticos y animales enlazados formando un todo.

Lacerías: decoración geométrica formada por una serie de líneas entrecruzadas que componen figuras estrelladas y poligonales. Características del arte árabe.

Linterna: cuerpo que se alza en lo más alto de una cúpula para que entre la luz del exterior.

Madraza: universidad o academia religiosa árabe.

Matacán: parapeto en voladizo de un castillo, sostenido por ménsulas.

Mihrab: nicho abierto en el muro de la quibla, lujosamente decorado.

Minarete: torre de la mezquita, desde la cual el muezzin llama a los fieles a la oración.

Mocárabes: motivo decorativo de la arquitectura musulmana en forma de estalactita; se emplea en techos, capiteles, arcos y cornisas.

Modillón: pieza saledeiza destinada a sostener una cornisa, el arranque de un arco, etc.

Mozárabe: cristiano que vive en territorio musulmán antes de la Reconquista.

Mudéjar: musulmán que vive en territorio cristiano después de la Reconquista.

Pechina: cada uno de los cuatro triángulos curvilíneos sobre los que se sustenta una cúpula. Sirven para pasar de la planta cuadrada a la circular.

Presbiterio: espacio que circunda al altar mayor y que está separado de la nave por unas gradas o un cancel.

Quibla: en la mezquita, muro orientado hacia la Meca, al cual se dirigen los musulmanes al rezar.

Sebka: motivo ornamental, difundido por el arte almohade, formado por una retícula de rombos de trazos lobulados o mixtilíneos.

Tambor: elemento arquitectónico cilíndrico o poligonal sobre el que se eleva una cúpula semiesférica. Cada una de las piezas cilíndricas que forman el fuste de una columna (cuando no es monolítica).

Tímpano: superficie interior de un frontón. Espacio, generalmente decorado, delimitado por las arquivoltas y el dintel en las portadas de las iglesias.

Trompas: bovedillas semicónicas con el vértice hacia abajo que sirven para transformar una planta cuadrada en octogonal y sustentar así una cúpula.

Yamur: remate del alminar formado por varias bolas de diámetro decreciente ensartadas mediante un vástago vertical.

Yesería: decoración esculpida realizada en yeso.

Al-Andalus

ANDALUSÍES

Los habitantes de al-Andalus eran de distintas procedencias y por lo tanto poseían rasgos diferentes. A lo largo de los años la distinción entre autóctonos y foráneos fue disminuyendo porque los extranjeros impusieron sus estructuras en los dominios conquistados. Los autóctonos eran hispanorromanos-visigodos, tanto cristianos como judíos, de cultura latina y organizados en una sociedad feudal. Los foráneos eran árabes y bereberes, de religión musulmana y cultura árabe.

R. Corbel/MICHELIN

Los procesos de islamización y arabización impulsados desde el poder dieron origen a una sociedad andalusí araboislámica bastante uniforme. En los primeros tiempos estaba formada por dos grandes clases: la alta (jassa) y la baja (amma), con grandes diferencias que llegaban incluso al ámbito jurídico, pues no se castigaba igual a un noble que a un plebeyo. Hacia el s. XI surgió una clase media que se haría cada vez más amplia. Los pobres (miskin) sobrevivían gracias a esporádicos trabajos como braceros para la labranza y la recolección. Los clientes o maulas, eran servidores libertos y personas ligadas a un patrono del que podían tomar el apellido. Los esclavos más abundantes fueron los pertenecientes al grupo siqlabi (eslavos), adquiridos en el mercado internacional o hechos prisioneros en las guerras; generalmente trabajaban al servicio de los grandes señores. Los esclavos negros (abid), que servían sobre todo en el ejército, procedían del mercado africano.

¿QUIÉNES ERAN?

Árabes – Llegaron a la península en dos grandes oleadas, la primera en el s. VIII y la segunda en el s. XII en época almohade, y ocuparon siempre los puestos dirigentes. Desde el primer momento intentaron islamizar a los autóctonos. Más tarde, para ser árabe bastaría con llevar el apellido adecuado, que se podía adquirir con relativa facilidad si se disponía de los contactos oportunos.

Bereberes – El primer gran contingente de esta etnia norteafricana cruzó el estrecho en el s. VIII bajo la dirección de los generales Tarik y Muza. En la segunda mitad del s. X y principios del s. XI numerosos correligionarios siguieron sus pasos y llegaron a dominar varias taifas, entre ellas la de Granada. Aunque muchos consiguieron ocupar puestos de responsabilidad, la gran mayoría desempeñó labores agrícolas, ganaderas y artesanales.

Mozárabes – Los cristianos designaron con este nombre a los cristianos arabizados que permanecieron en sus tierras y fieles a su religión tras la llegada de los musulmanes. Los árabes les llamaron nazarenos (naara).

Muladíes – Cristianos convertidos al islamismo que, en muchos casos, llegaron a alcanzar puestos destacados. Durante el s. XI modificaron su genealogía para crearse un supuesto linaje árabe que les permitiera conservar el lugar privilegiado que ocupaban en la sociedad.

Judíos – Muy maltratados por parte de los visigodos, recibieron con alegría la llegada de los musulmanes. Se integraron perfectamente en la cultura islámica y no tuvieron problemas mayores hasta la invasión almohade.

¿CÓMO VIVÍAN?

En la ciudad

Los musulmanes transformaron profundamente el territorio hispanovisigodo, muy ruralizado como consecuencia de un largo periodo de decadencia. La cultura islámica, eminentemente urbana, creó numerosas ciudades, algunas de gran tamaño; por ejemplo Córdoba, la mayor urbe europea de su época, tanto en número de habitantes como en actividad cultural. Como rasgo singular hay que destacar que las ciudades andalusíes contaban con red de alcantarillado, alumbrado público y diversos servicios comunes. En suma, poseían muchas más comodidades que las ciudades cristianas de la misma época.

La **medina** (al-Madinat) andalusí, núcleo originario y amurallado de la ciudad, estaba muy organizada dentro del caos de callejas y callejones que la constituían, consecuencia de la falta de normas municipales. Los barrios (harat) estaban constituidos por artesanos del mismo gremio o por familias de la misma religión (juderías y mozarabías). En el interior de la medina había mercados que hoy conocemos como zocos (del árabe suq), baños públicos (hamam), mezquitas, fondas e incluso una universidad o madraza en el caso de grandes ciudades.

En torno a la medina se extendían los llamados **arrabales** (al-Rabad), barrios más modernos que con el tiempo también se amurallaban. Fuera del recinto se encontraban el **cementerio** (maqbara), junto a los caminos de acceso, y la **sa'ría**, una gran explanada que en ocasiones se utilizaba como campo de entrenamiento militar (musalla), a veces como centro de reunión de los fieles (musara) para celebrar el fin del Ramadán o Pascua musulmana y, en las ciudades pequeñas, en sustitución de la mezquita mayor. En tiempos de los cristianos estas explanadas se utilizaron para trillar los cereales y recibieron el nombre de eras.

Las autoridades civiles y militares, así como la tropa y sus respectivas familias, residían en la **alcazaba** (al-Qasaba), una ciudadela independiente, amurallada y dotada de servicios propios que no siempre estaba integrada en la ciudad.

LA CASA

Por lo general en cada casa andalusí sólo vivía una familia conyugal. Los ricos podían permitirse el lujo de tener varias mujeres pero en el resto de la población predominaban los matrimonios monógamos. La superficie de las casas andalusíes excavadas por los arqueólogos es muy variable, desde los 50 hasta los 300 m^2.

La búsqueda de privacidad es la característica más destacada de la vivienda andalusí. Cada uno se construía su casa como podía, pero siempre aislándola de la calle para evitar el ruido. Los judíos solían edificar casas agrupadas en forma de corrala, con una entrada común situada al final de un adarve (callejón sin salida). Protegidas tras una fachada muy sobria, con escasos huecos cubiertos mediante celosías, las casas andalusíes estaban organizadas en torno a un patio al que se accedía a través de un zaguán. Todas contaban con su correspondiente letrina, cocina y una o más habitaciones, así como con un establo. El agua se almacenaba en una alberca o se sacaba del pozo situado en el patio. Las chimeneas no eran habituales porque las casas se calentaban con braseros y las mujeres cocinaban sobre recipientes de barro en los que depositaban la lumbre.

El ajuar doméstico era sencillo: utensilios de cerámica y barro, arcones, alfombras, tapices y cojines; estos últimos estaban realizados en algodón, lana o seda según el nivel económico de cada familia.

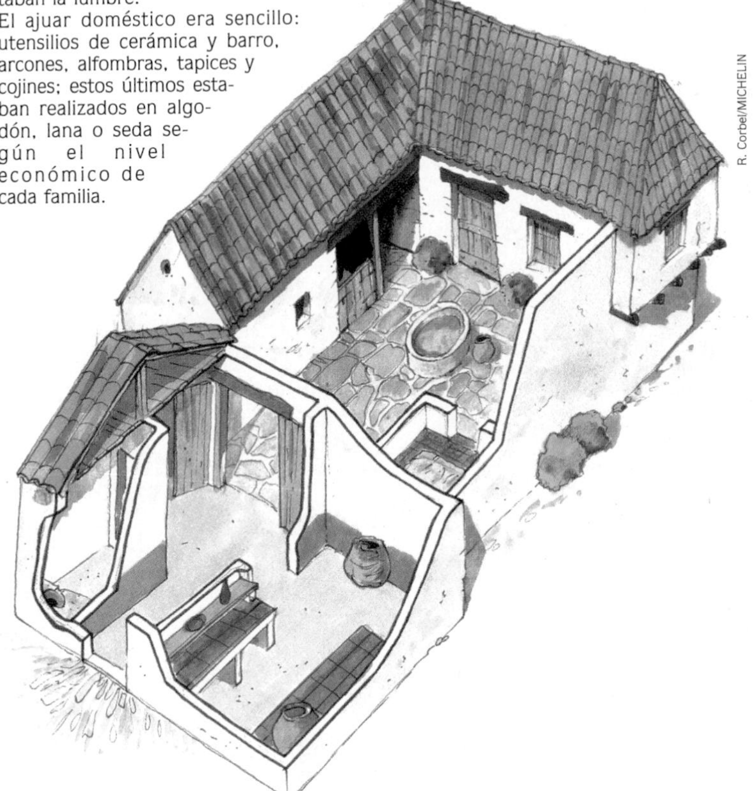
R. Corbel/MICHELIN

EL MERCADO O ZOCO

Aunque también existía en zonas rurales, el zoco era sobre todo urbano. Las ciudades contaban con zocos especializados en los que se vendían e incluso se manufacturaban los productos traídos del campo. Los de mayor calidad y valor se comercializaban en mercados especiales que recibían el nombre de **alcaicerías**. Estas últimas eran además centros exportadores hacia tres grandes circuitos: el mediterráneo, el islámico y el magrebí-africano. El almotacén controlaba la actividad comercial, regulada hasta el más mínimo detalle, para evitar abusos y prácticas ilegales.
Las **alhóndigas** se utilizaban para almacenar productos y para alojar a los mercaderes. Su nombre en árabe (funduq) evolucionaría hasta convertirse en fonda. El Corral del Carbón de Granada es una antigua alhóndiga reconstruida.

LOS BAÑOS

En las ciudades andalusíes había baños públicos (hamam) en todos los barrios (al parecer la Córdoba califal llegó a contar con más de seiscientos) para atender la fuerte demanda de un pueblo enamorado del agua y deseoso de cumplir con los preceptos islámicos de limpieza corporal y espiritual. Además de centros de higiene eran lugares de encuentro y descanso que contaban con personal especializado. Los hombres acudían por la mañana mientras que las tardes estaban reservadas a las mujeres y los niños.
Exteriormente estaban cubiertos mediante bóvedas con pequeños lucernarios que difundían una luz tenue y muy agradable. El interior, revestido de azulejos estaba dividido en cuatro zonas principales cuya temperatura aumentaba progresivamente. En la primera, tras recoger las toallas y los preceptivos zuecos de madera, los clientes se desnudaban. A continuación pasaban a una segunda sala fría donde se encontraban las letrinas y después iniciaban el proceso del baño propiamente dicho. Éste se llevaba a cabo en otras dos salas, una caliente y la otra templada. En la primera se descansaba mientras se abrían los poros y en la segunda se efectuaban los masajes. Los hombres aprovechaban su estancia en los baños para arreglarse el cabello y la barba; por su parte, las mujeres se aplicaban todo tipo de afeites, desde la pasta depilatoria hasta el perfume de jazmín, pasando por la henna para teñir el cabello y el kohol para hacer más profunda la mirada.

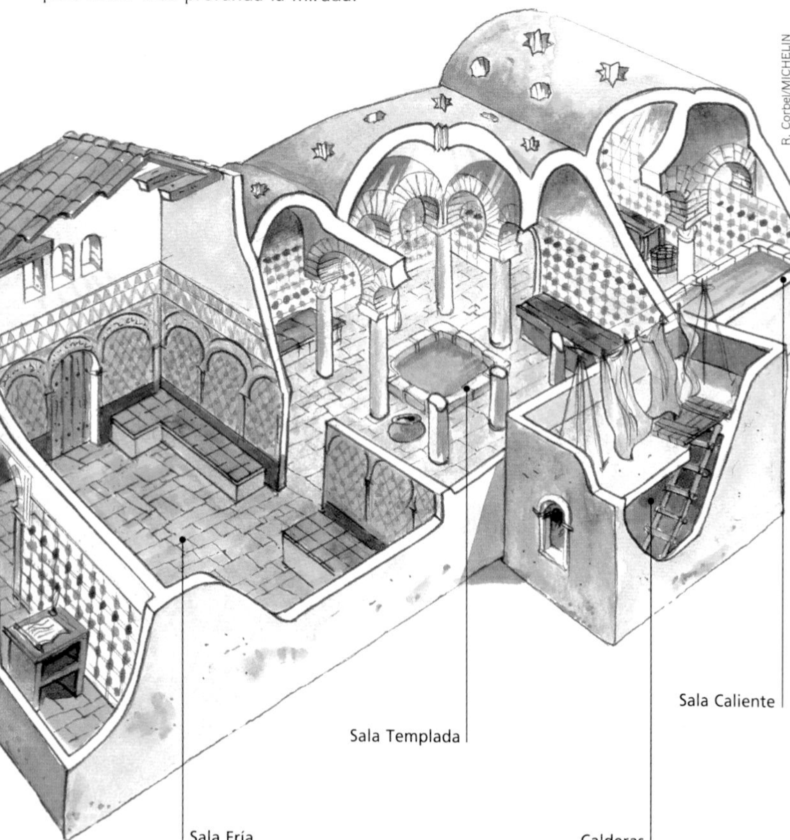

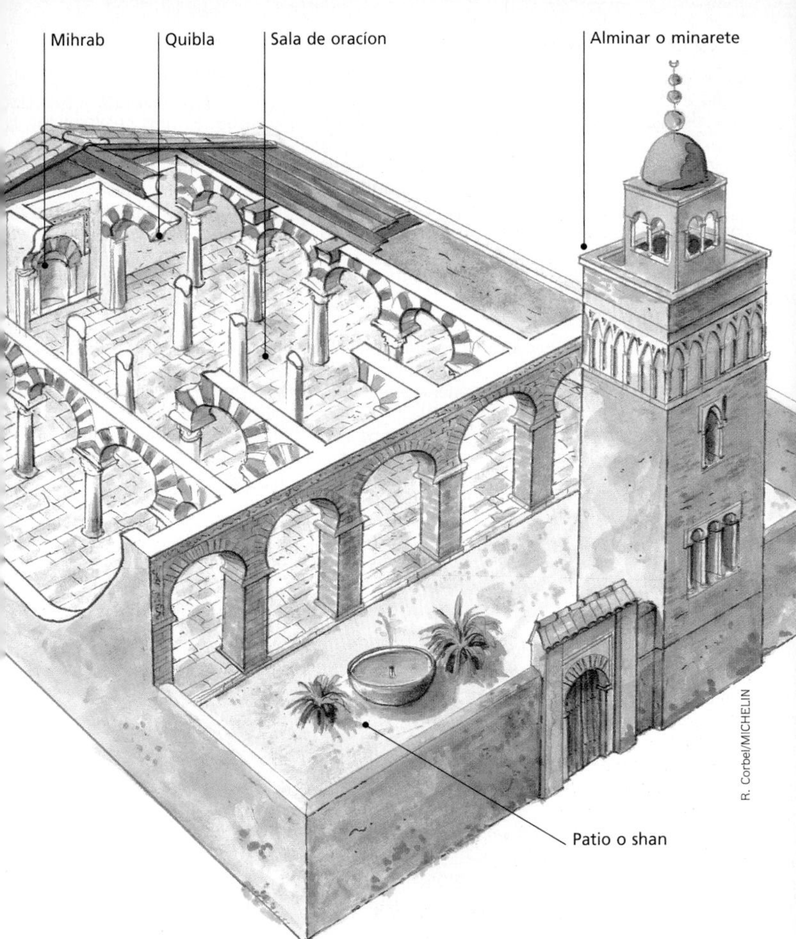

LA MEZQUITA

La mezquita no es un templo habitado por Dios, sino una casa de oración en la que los musulmanes mayores de 16 años tienen que rezar obligatoriamente la plegaria de los viernes a mediodía. En al-Andalus había mezquitas de barrio, de pequeñas dimensiones, y mezquitas mayores, o aljamas, como la de Córdoba. Al igual que en otros territorios del mundo islámico, la mezquita andalusí se utilizó también como gran centro cívico, a semejanza del foro romano o de la plaza pública medieval. Allí se leían los documentos de interés para la comunidad y se bendecían los estandartes antes de cada expedición militar. En los primeros tiempos servía incluso como centro de enseñanza y casa del tesoro público.

La estructura de la mezquita está inspirada en la casa de Medina donde el profeta Mahoma vivió e impartió sus enseñanzas. Por eso, como la vivienda tradicional, consta de dos espacios claramente diferenciados: la **zona cubierta** o sala de oración (haram), con el suelo revestido de esteras, y el **patio** (shan) dotado de una fuente o estanque (sabil) para efectuar las abluciones rituales. Otros elementos característicos son:

-La **quibla**, o muro principal de la sala, orientada hacia La Meca. Curiosamente las mezquitas andalusíes estaban orientadas al Sur en lugar de al Sudeste, como les hubiera correspondido dada la posición de Andalucía con respecto de La Meca. Hay quien piensa que fue debido a la influencia Siria, mientras otros autores consideran que era para indicar que el Sur era el camino a tomar para peregrinar a La Meca.

-El **mihrab**, un nicho vacío situado en el centro de la quibla que recuerda el lugar donde se situaba Mahoma para orar.

-La **maqsura**, en las mezquitas aljamas, recinto rodeado de celosías y situado ante el mihrab. Parece que era el espacio reservado al califa.

-El **mimbar**, en las mezquitas aljamas, una especie de púlpito de madera donde se coloca el imam para dirigir la oración de los viernes (jutba).

-El **alminar** o minarete, símbolo islámico por excelencia, es la torre adosada a uno de los muros del patio. El almuédano se sitúa en la parte superior para llamar a los fieles a la oración. Los alminares andalusíes solían estar coronados con tres esferas doradas (yamur) de tamaño decreciente y rematadas mediante una flor de lis.

En el campo

En las afueras de las grandes ciudades había fincas de recreo. Recibían el nombre de **almunias** y eran mansiones lujosas dotadas de jardines y huertos, estanques y fuentes, cuya belleza rivalizaba con la de los palacios reales. Una de las más célebres fue la almunia de al-Rusafa, situada al Noroeste de Córdoba.
Aunque los soberanos y los grandes señores eran propietarios de inmensas extensiones de terreno cultivadas por braceros, en al-Andalus también hubo muchos agricultores y ganaderos independientes. Vivían agrupados en poblados que recibían el nombre de **alquerías**, generalmente protegidas por un castillo. Las alquerías incluían casas, construcciones auxiliares, tierras de labor y granjas. Las de mayor tamaño estaban rodeadas de fortificaciones y poseían servicios comunes semejantes a los de las ciudades.

LA AGRICULTURA

Las elaboradas técnicas hidráulicas andalusíes consiguieron modificar el ecosistema mediterráneo de Andalucía. Aunque alguna de estas técnicas es de origen romano, como las norias fluviales, nadie puede negar a los andalusíes su habilidad para aprovechar el agua del subsuelo y conducirla a través de canalizaciones que regaban grandes extensiones de huertas. De hecho, el idioma español conserva numerosos arabismos relacionados con la agricultura: además de noria, acequia, alberca, aljibe, azud...
Junto con los cultivos en terrazas los musulmanes introdujeron en España las norias de tracción animal y un sistema de regadío de origen oriental que consistía en horadar varios pozos hasta localizar un venero; una vez encontrado éste, los pozos servían para controlar la presión del agua que, al aflorar, se canalizaba hasta las zonas deseadas.

R. Corbel/MICHELIN

La ley islámica regía el aprovechamiento del agua, considerada un bien común. El zabacequia dirimía los conflictos y establecía los turnos y horarios del riego, que se respetaban escrupulosamente. Si un agricultor no aprovechaba su turno, éste pasaba a otras tierras pero nadie tenía derecho a regalar, vender o cambiar el agua.
Además de los recursos tradicionales de la zona (olivo, cereales, vid), los andalusíes cultivaron otros productos importados de Oriente como el arroz, la granada, el algodón y el azafrán, así como algunas variedades consideradas de lujo (especias, moreras para la alimentación de los gusanos de seda, etc.). Las riquísimas huertas rebosaban de productos de gran calidad, muchos de ellos introducidos por los árabes, como la berenjena, la alcachofa, la endibia y el espárrago. Los jardines, inseparables de la cultura andalusí, estaban llenos de alhelíes, rosas, madreselvas y jazmines.

LA GANADERÍA

Los andalusíes fueron grandes criadores de ganado de monta, tracción y consumo. Los **caballos andaluces**, herederos de los árabes, se harían célebres en todo el mundo. La industria del cuero fue una de las más florecientes de toda la región y hay constancia de que los rebaños de ovejas estaban constituidos por un gran número de cabezas. Curiosamente, a pesar de la prohibición islámica de comer carne de cerdo, se han hallado textos que hacen referencia a este animal e incluso a la remuneración de sus criadores. Las principales zonas ganaderas fueron las marismas del bajo Guadalquivir y la comarca situada al Este de Córdoba.

¿CÓMO SE DEFENDÍAN?

Tanto para defenderse como para atacar a los cristianos y a sus propios correligionarios, los andalusíes edificaron numerosas instalaciones militares. Muchas de ellas, reutilizadas después de la Reconquista, aún permanecen en pie.

Además de las alcazabas, ya citadas al hablar de la ciudad, las construcciones más típicas fueron los **castillos** construidos en tierras fronterizas. Generalmente eran grandes fortalezas orientadas de Este a Oeste y constituidas por dos zonas claramente diferenciadas: el alcázar de la autoridad, organizado en torno a un patio central, y una gran explanada en la que se levantaban las instalaciones de la tropa. En los alrededores del castillo central, y dependientes de él, había una serie de fortalezas menores y en constante comunicación con diversas **torres de vigilancia**.

Las **murallas** estaban reforzadas mediante torres, utilizadas como guarnición y como punto estratégico para hostigar al enemigo, y almenas rematadas en forma de pirámide. La circulación interior se efectuaba a través del adarve o camino de ronda que recorría toda la muralla.

En el s. XI se construyeron las primeras **barbacanas**, muros defensivos situados delante de las murallas, y los primeros fosos inundables. Más tarde, en tiempos de los almohades, hicieron su aparición las **torres albarranas** (Torre del Oro de Sevilla), independientes del recinto fortificado principal pero conectadas a éste mediante un muro con adarve que recibía el nombre de **coracha**.

Al principio las puertas de las murallas se reforzaron mediante planchas metálicas y cuero; en el s. XI empezaron a abrirse en las torres al tiempo que se acodaba su acceso desde el exterior y, finalmente, se protegieron con **matacanes** y cadalsos consistentes en pequeñas estructuras voladas realizadas en la cara exterior de la muralla.

Como es lógico, las técnicas constructivas variaron a lo largo de los siglos. Durante el Califato de Córdoba se utilizó sobre todo la piedra sillar pero después, por su alta resistencia, fue más habitual el mortero de arcilla, arena, cal y gravilla, fabricado en moldes y enlucido posteriormente en color claro para deslumbrar al enemigo.

R. Corbel/MICHELIN

SABIOS, POETAS, FILÓSOFOS...

Durante ocho siglos al-Andalus fue un importante foco cultural en el que brillaron tanto las ciencias como las letras. Mientras en el resto de la Península los soberanos vivían en lúgubres castillos y rodeados de señores interesados únicamente en la guerra, los emires, califas y reyes andalusíes habitaban lujosos palacios desde los que favorecían el desarrollo de la cultura. Científicos, filósofos, poetas y artistas fueron los mejores embajadores del poder y del refinamiento de los dirigentes andalusíes. No hay que olvidar que las grandes figuras de la cultura andaluza no fueron personajes aislados sino que realizaron su trabajo con la ayuda de colaboradores en el seno de la corte, en grandes bibliotecas, como la de Al-Hakam II que llegó a tener más de 300.000 volúmenes, o en las madrazas (universidades) creadas con este fin.

A partir del s. IX el árabe fue el idioma más utilizado en todo el territorio. Los cristianos y los judíos conservaron sus propias lenguas pero utilizaron el árabe tanto en la vida diaria como en sus producciones científicas y literarias. Otro de los rasgos característicos de la cultura andalusí fue el intercambio permanente con otras zonas, desde el Islam oriental –con ocasión de los viajes a La Meca– hasta las regiones del Norte de África, sobre todo en tiempos de los almorávides y los almohades.

Gran parte de los conocimientos de los andalusíes, muy valorados por el mundo occidental durante todo el Renacimiento e incluso después, se conservó gracias a la labor de Alfonso X. Con la colaboración de mozárabes y judíos, el monarca cristiano hizo que se copiaran y corrigieran los manuscritos árabes conseguidos tras sus propias conquistas y las de su padre, Fernando III el Santo.

LAS CIENCIAS

Los sabios andalusíes no se desinteresaron de ningún aspecto de la ciencia. Los **alquimistas** estudiaron el comportamiento de los cuerpos metálicos y describieron paso por paso los procedimientos seguidos; los agrónomos escribieron numerosos tratados de agricultura en los que incluyeron apartados dedicados a la cría de palomas mensajeras, el medio de comunicación más rápido y efectivo en aquella época; los **naturalistas** crearon parques zoológicos con especies extrañas y los **matemáticos**, como Avempace que también fue un gran astrónomo, destacaron en el campo de la trigonometría.

La **medicina** alcanzó un nivel asombroso para la época y contó con grandes especialistas que plasmaron sus conocimientos en obras enciclopédicas. Gracias a ellas se ha podido saber que eran capaces de realizar intervenciones quirúrgicas de cierta complejidad y que ya conocían enfermedades como la hemofilia. Junto al médico más célebre, **Averroes**, que también fue un gran filósofo, hay que citar las cinco generaciones de la familia **Avenzoar**. La ciencia médica estaba estrechamente ligada a la **botánica**, otro campo en el que se consiguieron avances espectaculares. Por mencionar un ejemplo, recordemos al malagueño Ibn –al Baytar, autor de un compendio en el que recogió mil cuatrocientos medicamentos de origen vegetal y mineral y que ejerció una gran influencia durante el Renacimiento.

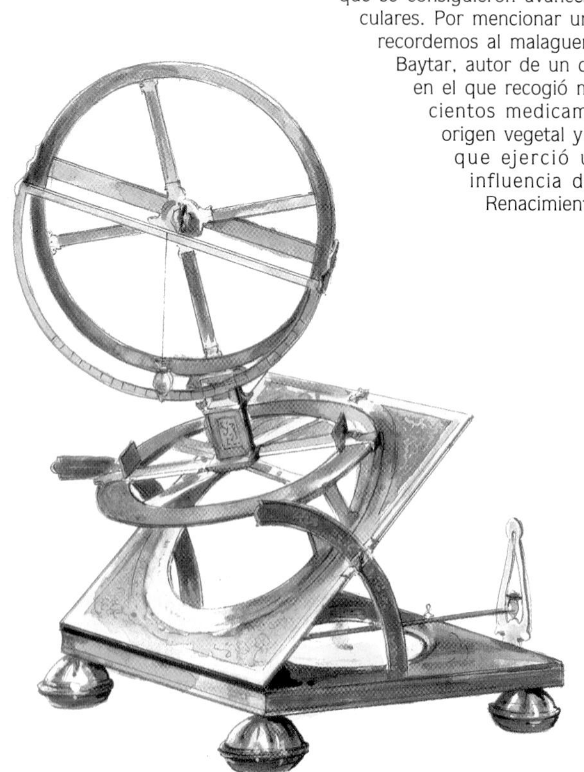

R. Corbel/MICHELIN

Los profundos conocimientos científicos de los sabios andalusíes se tradujeron en **inventos** que fueron revolucionarios en su tiempo, desde la construcción de astrolabios y cuadrantes, fundamentales para la navegación, hasta sistemas de refrigeración, juegos de luces conseguidos mediante piletas de mercurio, relojes anafóricos (movidos por agua) –muy útiles para fijar las horas de la oración– e incluso juguetes mecánicos. También adoptaron las técnicas chinas de producción de papel, que empezó a fabricarse en Córdoba en el s. X, e introdujeron en la Península los llamados **numerales árabes**; de hecho las palabras guarismo y algoritmo derivan del nombre del matemático al-Juwarizmi.

LAS LETRAS

En la literatura árabe la poesía fue mucho más importante que la prosa. Los autores árabes repentizaban, es decir componían las poesías de viva voz, y en muchas ocasiones obligaban a sus esclavas a aprender poemas de memoria para venderlas más caras.

Los divanes (poemarios) de los primeros tiempos estaban constituidos exclusivamente por **casidas**, poesías árabes clásicas, monorrimas, que constaban de tres partes: evocación de la amada, descripción de un viaje y elogio del destinatario. A finales del s. IX un poeta de Cabra inventó la **moaxaja**, con una parte escrita en árabe clásico y otra escrita en romance (jarcha). Las coplillas romances que aparecen como **jarchas** en las moaxajas árabes son las expresiones más antiguas de la poesía lírica europea. El **zéjel**, al parecer inventado por **Avempace** fue el otro tipo de composición poética frecuente en al-Andalus. Estaba escrito en lengua vulgar y generalmente era de carácter narrativo. **Al-Mutamid**, rey de Sevilla en tiempos de las taifas, fue uno de los mayores poetas andalusíes, aunque el más alabado por los críticos fue el cordobés **Ibn Zaydun**, enamorado de Wallada, una princesa omeya que también brilló como poetisa.

En cuanto a la prosa literaria, en tiempos del Califato la obra más importante fue *El collar único*, de Abd al-Rabbini, también autor de numerosas epístolas. Sin embargo el escritor más conocido en la actualidad es el jurisconsulto y polígrafo **Ibn Hazm**, al que debemos *El collar de la paloma sobre el amor y los amantes*, traducido a infinidad de idiomas. En él se narran diversas aventuras amorosas ocurridas en la corte de Córdoba, pero siempre con afán ejemplificador y moralizante. En el s. XIV el poeta más famoso fue **Ibn Zamrak**, cuyos versos figuran grabados en los muros de la Alhambra.

Es muy probable que la filosofía griega, y en particular la aristotélica, no hubiese llegado hasta nosotros sin **Averroes** (Ibn Rusd), heredero intelectual de Avicena. Este gran cordobés (1126-1198), que llegó a ser cadí de Sevilla y Córdoba e incluso médico de la corte, se basó en los textos de los pensadores griegos para elaborar una filosofía propia desde los supuestos de la religión islámica. Médico, músico, astrónomo, matemático y poeta, Averroes fue la personalidad más completa de la cultura andalusí.

Religiones

La religión musulmana – Los dirigentes Omeyas que desembarcaron en España en el s. VIII se caracterizaron por su tolerancia con las restantes religiones, lo que no impidió que intentaran islamizar desde el primer momento a los autóctonos ofreciéndoles distintas ventajas, como por ejemplo la exención del impuesto religioso. Parece ser que en el s. X el 50% de los andalusíes era de religión musulmana, porcentaje que aumentó hasta el 90% en el s. XII. El reino andalusí de las tres religiones sólo lo fue realmente durante los cuatro primeros siglos, después los no-musulmanes fueron minoría.

La religión cristiana – Los autóctonos que optaban por conservar su religión entraban en la categoría de tributarios (dimmí). Poseían sus propias jerarquías pero estaban sometidos a la autoridad musulmana y tenían que pagar un impuesto especial (yizya).

La crisis del cristianismo andalusí comenzó con la llegada de los almorávides. A partir de ese momento empezaron las conversiones obligadas, las emigraciones a territorios cristianos e incluso las deportaciones a distintas zonas del Magreb.

La religión judía – Al igual que los cristianos, los judíos pudieron seguir practicando su religión después de la llegada de los musulmanes a cambio del pago de un tributo. Generalmente vivieron agrupados en enclaves dentro de las ciudades. Tras el decreto de conversión o expulsión dictado por el primer rey almohade, muchos de ellos se marcharon hacia otras comunidades judías del Magreb o Egipto. Los que se convirtieron y permanecieron en al-Andalus fueron obligados a llevar signos distintivos (gorro amarillo y cinturón especial).

Arquitectura popular

La arquitectura popular andaluza es tan variada como diferentes son los paisajes que componen su geografía. A pesar de todo, se puede decir que muchos pueblos poseen rasgos comunes, como calles estrechas, fachadas encaladas, hornacinas con santos o vírgenes, ventanas con rejas, y galerías, balcones, solanas y secadores. Traspasada la puerta, el acceso a la casa se efectúa a través de un zaguán comunicado con un patio, de modo que las dos piezas crean un sistema de circulación del aire que mitiga las altas temperaturas veraniegas. En la planta inferior se encuentran la cocina y la zona de estar, en la de encima los dormitorios y en la superior el sobrado o "soberao", utilizado como almacén y secadero de embutido. Los más afortunados disponen de habitaciones duplicadas; las inferiores para el verano y las superiores para el invierno. Las cubiertas varían de unas zonas a otras, y son tan frecuentes las planas (terrazas), típicas de Almería, como las de teja construidas a dos aguas.

Plantas, flores y más flores

En ninguna casa andaluza faltan las flores y las plantas, como tampoco faltan en los patios, los balcones y las terrazas; ni siquiera en las calles y las plazas, que en primavera huelen a azahar y en verano a jazmín.
En las casas señoriales, los patios que se divisan a través de las puertas entreabiertas de los zaguanes están repletos de macetas con plantas de todo tipo, desde helechos frondosos hasta jacintos, gladiolos, nardos y violetas. En las más sencillas, la humildad de los corrales de vecinos se oculta tras unas blanquísimas paredes encaladas cubiertas de geranios de todo tipo –sencillos, dobles, de olor, colgantes o gitanillas–, claveles, jazmines...
La selección de las plantas más adecuadas en cada momento del año y su disposición en el suelo y en las paredes constituyen todo un arte que las mujeres andaluzas dominan como nadie. En las zonas oscuras nada mejor que una aspidistra (o pilistra) mientras que a pleno sol lo más adecuado es un geranio; los claveles, y otras plantas poco vistosas cuando no tienen flor, se dejan crecer en las terrazas y no se bajan al patio hasta que empiezan a florecer. Por lo general, las plantas no se compran sino que se *roban*, es decir que se piden esquejes y semillas a vecinos y amigos, y luego se cultivan en cualquier tipo de recipiente, que puede ser desde una lata de conservas hasta un magnífico tiesto de cerámica.

En la campiña de Córdoba y Sevilla, zona en la que predominan los latifundios, son frecuentes los cortijos, haciendas de olivar y lagares, es decir explotaciones agrícolas y ganaderas que se han venido considerando erróneamente como prototipo de "casa andaluza". A grandes rasgos, estos conjuntos rurales suelen constar de un gran patio rodeado por caballerizas, almacenes y viviendas de los encargados y algunos trabajadores, y de un patio menor en torno al cual se ordena la vivienda de los propietarios. Hasta el s. XIX las ciudades estaban constituidas por casas individuales adosadas pero la emigración procedente de los pueblos obligó a construir alojamientos de nueva tipo-

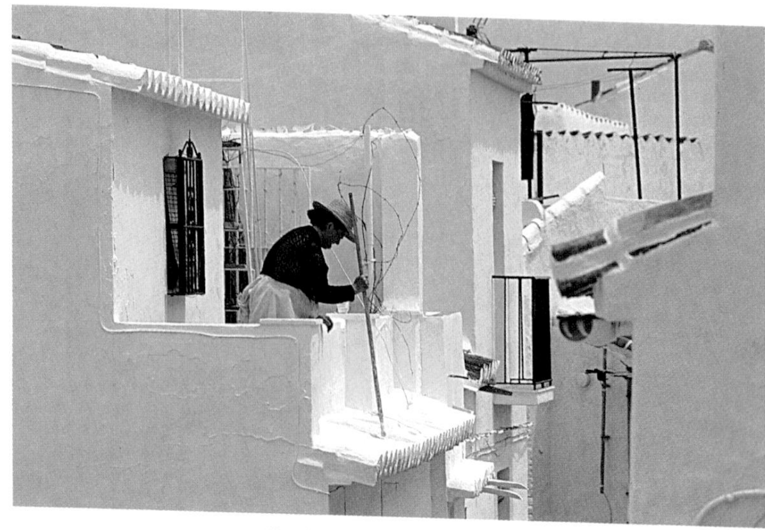

Encalando una casa en Frigiliana

logía. Así nacieron los llamados "corrales de vecindad", creados en algunos casos en antiguos conventos abandonados. Hoy, tras una profunda rehabilitación, algunos corrales se han convertido en viviendas señoriales que se disputan artistas y profesionales de alto poder adquisitivo. Los bloques de viviendas, que aquí reciben el nombre de "casas de pisos", se empezaron a construir a principios del s. XX.

Hasta aquí, los rasgos comunes, pero una vez señalados no podemos pasar por alto otros hábitats realmente especiales como las cuevas de Granada y Almería y en particular las de Guadix; los ranchos de Doñana, construidos con entramado de madera y cubierta de juncos; las casas alpujarreñas (Granada y Almería), herederas directas de la arquitectura morisca; los pasadizos y arquillos de los pueblos de la Axarquía (Málaga); la estética incomparable de los Pueblos Blancos de Cádiz y Málaga.

Andalucía, fuente de inspiración

Andalucía ha producido incontables figuras que han destacado en el mundo de la cultura. Desde el filósofo **Séneca** hasta escritores galardonados con el premio Nobel de Literatura, como **Juan Ramón Jiménez** o **Vicente Aleixandre**, pasando por **Luis de Góngora**, la lista de celebridades andaluzas es interminable. Unos permanecieron en su tierra o muy vinculados a ella y otros desarrollaron su actividad lejos de la región en la que nacieron; pero también hubo y sigue habiendo gente de otros lugares que se ha sentido profundamente atraída por el alma de esta nación compleja y llena de contrastes. Por eso nos limitaremos a citar aquí algunos de los grandes nombres de la cultura que encontraron en Andalucía su fuente de inspiración.

En la literatura

Tirso de Molina (1579-1684), probable autor de *El burlador de Sevilla*, situó a orillas del Guadalquivir las andanzas de Don Juan Tenorio. Junto a Don Quijote y Fausto, el gran conquistador se convertiría en uno de los mayores mitos de la literatura universal gracias a José Zorrilla. Este prolífico escritor romántico fue contemporáneo de un puñado de autores extranjeros que hallaron en Andalucía el exotismo y el misterio que buscaban. Escritores británicos como **Richard Ford** y George Borrow, franceses como **Théophile Gautier**, Victor Hugo y Latour, norteamericanos como **Washington Irving** e italianos como Edmundo d'Amicis fueron los primeros turistas extranjeros que viajaron por el Sur de España. Entre todos crearon el mito de la Andalucía de bandoleros, toreros, gitanas sin corazón y gente despreocupada, que poco tenía que ver con la realidad de la región pero que alcanzó un gran éxito. Mientras tanto, en España, el poeta sevillano **Gustavo Adolfo Bécquer** escribía sus famosas *Rimas* que algunos autores han considerado como la perfecta conjunción del lied alemán y las siguiriyas y el fandango andaluces.

En las primeras décadas del s. XX la poesía andaluza alcanza sus cotas más altas de la mano de varios miembros de la generación del 27. **Antonio Machado** (1875-1939), autor de *Cantares* y *Coplas elegidas* y siempre nostálgico de su infancia en un patio de Sevilla, y su hermano **Manuel Machado**, autor de *Cante jondo*, reflejaron el auténtico sentir de Andalucía. Por su parte, **Federico García Lorca** (1898-1936), hombre de fuerte personalidad, llevó el lirismo andaluz a su cumbre con el *Romancero gitano* y el *Llanto por Ignacio Sánchez Mejías*. **Rafael Alberti** (1902-1999), pintor y poeta, heredero de Góngora y Bécquer, de Juan Ramón Jiménez y de Antonio Machado, se caracterizó por su poesía personalísima y popular, graciosa y muy andaluza *(Marinero en tierra)*.

En la segunda mitad del s. XX la literatura andaluza cuenta con nombres tan destacados como **Félix Grande**, **José Caballero Bonald**, **Antonio Muñoz Molina** y, sobre todo, **Antonio Gala**, el gran autor cordobés que ha reflejado como nadie la realidad de la Andalucía actual y la grandeza de su pasado.

En la música

Al margen de la música popular pero directamente inspirados por ella, tres grandes compositores españoles de música clásica reflejaron el alma andaluza en sus composiciones. Uno de ellos era hijo del Sur pero, curiosamente, los otros dos eran catalanes. **Manuel de Falla** (1876-1946), nacido en Cádiz, es seguramente el compositor español más ilustre del s. XX. Estudioso de la etnografía musical pero sin concesiones al folclorismo pintoresco, la pasión del cante jondo y la brillantez del flamenco están presentes en sus dos ballets más conocidos, *El amor brujo* y *El sombrero de tres picos*. El geronés **Isaac Albéniz** (1860-1909), gran representante del movimiento nacionalista español, dedicó a Andalucía algunas de sus mejores obras como *Caprichos andaluces* y gran parte de la suite *Iberia*. Otro catalán universal, **Enrique Granados** (1867-1916), consagró a Andalucía una de sus tres Danzas españolas.

En el apartado musical no se puede olvidar dos grandes óperas: *Carmen* de Bizet y *Don Giovanni* de Mozart.

En el cine

Desde sus orígenes el cine hispano se inspiró en temas andaluces, considerados los más representativos de España. Esta tendencia, que caricaturizó Berlanga en su inolvidable *Bienvenido Mr. Marshall*, desaparecería progresivamente hasta que la maestría de Carlos Saura puso de nuevo de actualidad el folclore andaluz con obras como *Bodas de sangre*, *Flamenco* y *Sevillanas*.
Recientemente, tras el éxito conseguido con *Solas*, la crítica ha visto en **Benito Zambrano** al primer representante del nuevo cine andaluz.

Tradiciones populares

Los andaluces tienen un sentido muy especial de la fiesta y la viven de un modo muy particular, integrándose en ella para disfrutar colectivamente. A lo largo del año en toda la comunidad se celebran más de tres mil actos festivos, la mayoría de inspiración religiosa (procesiones y romerías) aunque tampoco faltan las célebres ferias, los carnavales y las fiestas de moros y cristianos.

La Feria

Las ferias andaluzas, llenas de color, música, baile y alegría, tienen su origen en las tradicionales ferias de ganado de primavera y otoño que se crearon en Andalucía, como en toda España, durante la Edad Media. Con el paso del tiempo y la evolución de los mercados, perdieron su primitivo significado y se convirtieron en fiestas sociales a las que todo el mundo acude con sus mejores galas, caballos, carruajes y, sobre todo, con ganas de divertirse. Aunque cada feria tiene sus peculiaridades, todas poseen numerosos rasgos comunes.

B. Morandi/PHOTONONSTOP

Feria de Abril

Curiosamente, la feria de Sevilla, la más conocida en todo el mundo y que serviría de modelo a otras ferias actuales de importancia, como las de Córdoba, Málaga o Jerez, es relativamente reciente ya que se creó en 1847.
El recinto de la Feria es un terreno acotado al que se accede por una gran puerta decorada con infinidad de bombillas de colores. En el interior hay varias zonas diferenciadas: la llamada **Calle del Infierno**, del **Recreo** o de los **Cacharritos**, en la que se instalan las atracciones típicas (noria, montaña rusa, casetas de tiro, tómbolas...), el sector comercial propiamente dicho, o Rastro, (sólo en los pueblos) y el **Real** de la Feria. En este último se suceden las **"casetas"**, frágiles y efímeras construcciones de madera y lona, decoradas con farolillos, cuadros y mobiliario más o menos lujoso, diseñadas exclusivamente para comer, cantar y bailar a lo largo del día y de la noche. Hay casetas privadas, de acceso rigurosamente limitado, y casetas públicas de acceso libre.
Aunque no sea evidente para los que asisten por primera vez, y al igual que en otras celebraciones tradicionales andaluzas, el programa de la Feria está rigurosamente establecido. A mediodía (hasta las cuatro de la tarde aproximadamente) todo el mundo acude al Real vestido con el traje típico. Las casetas se llenan de música y mientras unos bailan otros pasean por las calles a pie, a lomos de magníficos caballos enjaezados, o en carruajes descubiertos conocidos con nombres tan evocadores como "charré" o "bric". Después de la siesta o la corrida de toros, los niños son los reyes de la Feria. Por la noche la gente acude a cenar al recinto ferial, pero ya sin el traje típico, y dispuesta a divertirse hasta el amanecer. Así transcurre la Semana de la Feria, durmiendo poco, trabajando durante una gran parte del día y aguantando como se puede.

La Semana Santa

D. Lerault/PHOTONONSTOP

Procesión

Mantos bordados de oro que brillan a la luz de las velas, imágenes bellísimas iluminadas por la luna que se deslizan entre naranjos, redobles de tambores, saetas cantadas desde un balcón al paso de la Virgen y de su Hijo... No hay duda de que la Semana Santa es la fiesta más importante de Andalucía. Málaga, Sevilla y Granada, todas las ciudades y todos los pueblos andaluces conmemoran la Pasión y la Muerte de Cristo sacando en procesión magníficas obras de arte realizadas por escultores ilustres como Alonso Cano, Martínez Montañés o Pedro de Mena. Imágenes que se colocan sobre los **pasos** (Sevilla) o **tronos** (Málaga), elaborados con ricas maderas talladas y con plata cincelada y adornados con multitud de flores. Debajo, ocultos por faldones de terciopelo, los portadores o **costaleros** avanzan lentamente transportando un peso cercano a las tres toneladas, de modo que cada uno de ellos soporta aproximadamente ochenta kilos. Este gran esfuerzo exige un entrenamiento previo que se lleva a cabo durante los tres meses comprendidos entre Navidad y Semana Santa. Durante ese tiempo los cofrades más jóvenes hacen el recorrido de la procesión cargados con una estructura de peso semejante a la del paso. En Andalucía hay cerca de mil **Cofradías o Hermandades de Pasión** que costean la realización y el mantenimiento de los pasos. Las aportaciones individuales y la organización de rifas proporcionan los ingresos necesarios para que los pasos presenten un aspecto impecable y cada día más lujoso. No hay que olvidar que las imágenes de la Virgen disponen de un amplio vestuario que la "santera" o "camarista" elige según la ocasión. Mientras las procesiones discurren por la ciudad, la gente se desplaza a distintos puntos para admirar cómo sortean los costaleros las dificultades del recorrido o el magnífico espectáculo de un paso iluminado avanzando por una calle oscura. Con este incesante ir y venir, las calles y las terrazas de los bares se llenan de gente y de un bullicio que puede sorprender a más de uno. No hay que intentar comprender, es un aspecto más de la religiosidad andaluza.
¡"Al cielo con Ella"! El paso se levanta y la procesión se pone en camino.

Las romerías

La devoción a la Virgen es seguramente la característica más destacada de la religiosidad andaluza, hasta el punto de que se dice que "Andalucía es la tierra de María Santísima". En toda la región hay innumerables santuarios en los que se veneran Vírgenes de todas las advocaciones posibles: de la Cabeza, de la Bella y de la Regla, del Sol y de la Luna, de la Peña y de la Sierra...
Cada una de las romerías tiene sus propias peculiaridades, algunas realmente curiosas, pero en general consisten en una peregrinación hasta la iglesia –muchas veces con carretas engalanadas y caballos–, un acto religioso con procesión y después comida y cena en el campo con cante y baile hasta el amanecer o hasta el día siguiente.
La romería andaluza más famosa es la de la **Virgen del Rocío** (Huelva), excepcional acontecimiento religioso y social en el que participa casi un millón de peregrinos agrupados en hermandades procedentes de todos los rincones de España e incluso de varios países europeos *(ver p. 297)*.

Las cruces de mayo

La fiesta de las Cruces, que tiene lugar el 3 de mayo, se celebra con motivo de la festividad religiosa de la Invención de la Santa Cruz. Según la tradición, en el s. IV de nuestra era, la madre del emperador Constantino descubrió la cruz (Lignum crucis) donde murió Jesucristo y la dividió en pequeños fragmentos que distribuyó por todo el mundo cristiano.
La Cruz de Mayo se celebra en toda Andalucía pero no del mismo modo en todas las zonas. En algunas poblaciones las cruces son fijas y se veneran durante todo el año (La Palma del Condado, Huelva) y en otras se montan expresamente para la celebración (Conil, Cádiz). En todos los casos las cruces se adornan con ramas de romero y flores, se organizan actos piadosos y después se canta y se baila hasta bien entrada la noche. Las Cruces de Mayo de la capital cordobesa, instaladas en numerosos puntos de la ciudad, son un alarde de imaginación y belleza.

El carnaval

En la mayor parte de las capitales andaluzas las fiestas de carnaval tienen una larga tradición, que inició Sevilla en su época de esplendor pero que Cádiz desarrolló como ninguna otra población andaluza. Los carnavales son un derroche de imaginación y alegría y también el resultado de muchos meses de ensayo y costura para preparar las actuaciones y el vestuario. Los protagonistas son las **comparsas**, grupos de gente vestida de manera similar, que recorren las calles cantando coplillas irónicas y humorísticas relacionadas con hechos políticos o sociales del momento.
Las poblaciones más próximas a la Meseta celebran carnavales más sobrios en los que se concede mayor importancia al llamado "entierro de la sardina", en alusión al pescado que se comía en tiempos de Cuaresma.
Prescindiendo de particularidades, el carnaval más espectacular es, con mucho, el de **Cádiz** porque los sevillanos prefieren dedicar sus energías a la Semana Santa y a la Feria.

El flamenco

El flamenco, la manifestación más genuina del arte andaluz, nació hacia mediados del s. XIX como resultado de la combinación de una serie de formas musicales preexistentes en Andalucía, entre las que se suelen incluir las judías, bizantinas, árabes e incluso hindúes. A estas alturas los especialistas siguen sin ponerse de acuerdo sobre la influencia de cada una de estas formas musicales, pero sí parece claro que el flamenco nació en la Baja Andalucía (Jerez, Utrera, Lebrija, Cádiz...) en el seno de varias familias que transmitían su arte de padres a hijos. También se admite que, aunque el flamenco no es gitano, los gitanos le han aportado su propia personalidad y su gran capacidad interpretativa.
Considerado durante mucho tiempo como algo propio de gentes de "mal vivir" –postura alentada por varios miembros de la generación del 98 como Azorín, Baroja y Unamuno– las iniciativas de Demófilo (padre de los hermanos Machado) y de García Lorca y Manuel de Falla (creadores del "mito fundacional") elevaron el flamenco a la categoría de manifestación cultural del pueblo andaluz.
Desde entonces, el **cante** ha contado con nombres míticos (Antonio Mairena, Fosforito, la Niña de la Puebla...) a los que en tiempos más recientes se sumaron otras grandes figuras como el inmenso **Camarón de la Isla** y grandes intérpretes del **toque** (Paco de Lucía) y del **baile** (Cristina Hoyos).
Las nuevas generaciones han demostrado que el flamenco sigue vivo y que, por lo tanto, es capaz de evolucionar y de asimilar nuevos ritmos. Los puristas no están de acuerdo pero grupos como Ketama y Navajita Plateá, tocaores como Raimundo Amador y bailaores como Joaquín Cortés y Antonio Canales están dispuestos a demostrar que el flamenco tiene capacidad suficiente para buscar nuevas vías.
Bulerías, peteneras, siguiriyas, cantes de ida y vuelta, fandangos, soleás... los distintos palos del flamenco no son siempre fáciles de comprender para los no andaluces. "Se necesitan muchos amaneceres".

B. Gardel/HEMISPHERES

J. Malburet/MICHELIN

El mundo de los toros

La fiesta de los toros, que suscita encendidas pasiones entre partidarios y detractores, es un aspecto más de un universo consustancial con la cultura andaluza. Un universo que nadie que visite Andalucía debe ignorar.
Sin la Fiesta no existirían las **ganaderías** de reses bravas de tan larga tradición como Miura, Pablo Romero o Concha Sierra, ni se criarían tantos y tan excelentes **caballos**, necesarios en los cortijos y en las grandes fincas.
¿Y qué hubiese sido de la poesía y la canción andaluzas sin la existencia de **toreros** que inspiraron composiciones ya clásicas, desde el *Llanto por la muerte de un torero* de García Lorca hasta pasadobles y canciones que han pasado a formar parte de la cultura de la región y de todo el país?
Toreros, ídolos de la iconografía popular, elevados a la categoría de dioses y convertidos en protagonistas de leyendas de jóvenes sin más patrimonio que su valor. Aunque ahora las cosas han cambiado –por ejemplo, ya existen las escuelas de tauromaquia– siguen despertando casi tanta admiración como en tiempos de Joselito, cuya muerte fue tan sentida que hasta la Virgen sevillana de la Macarena se vistió de luto.
Sin los toros no existirían **plazas** tan magníficas como la de Ronda, ni sastres especializados en hacer **"vestidos" de torear** (término más correcto que el de traje de luces) cubiertos de bordados en oro y seda de vivos colores, ni **pintores cartelistas** que en ocasiones realizan auténticas obras de arte.

Trajes típicos

Cada una de las provincias andaluzas posee su propio traje regional, muy diferente de unas zonas a otras. Por ejemplo, el traje de **"verdiales"**, de Málaga, en el que lo más llamativo es el sombrero masculino totalmente cubierto de flores naturales y cintas de colores; o el vestido de **"piconera"** de Cádiz, con falda de raso, blusa blanca, delantal negro y redecilla de madroños en la cabeza; o el traje de las Alpujarras (Granada) con falda de rayas de colores, blusa de manga larga y mantoncillo de flores...
Sin embargo, a pesar de toda esta variedad, se suele considerar que el traje andaluz por excelencia es el que se ha llevado tradicionalmente en Córdoba y Sevilla y que durante la segunda mitad del s. XX ha sufrido diversas transformaciones. De hecho, el llamado traje andaluz es seguramente el único en el mundo que tiene su propia moda, diferente de un año a otro en cuanto a colores, número y longitud de los volantes, forma de las mangas, etc.

Variaciones aparte, el **traje de faralaes** o flamenca favorece a las mujeres tanto por sus vivos colores como por su diseño ajustado que resalta la figura; el escote amplio y los volantes que rematan la parte inferior completan su atractivo. A veces se acompaña con un mantoncillo de flecos. El atuendo se completa con pendientes (zarcillos) y pulseras del mismo tono que el traje y con flores naturales o artificiales en la cabeza. Para montar a caballo se utiliza el traje campero, con falda de amazona, blusa con pechera de encaje y chaquetilla negra.
El traje de los hombres, de color negro, gris o marrón oscuro, está compuesto por una chaqueta corta, camisa blanca sin corbata, pantalones ajustados y botines de piel o botos de piel vuelta. La cabeza se cubre con el llamado sombrero cordobés, de ala ancha, o el sevillano, de copa un poco más baja que el anterior.

Gastronomía

La presencia árabe, que marcó profundamente la cultura andaluza, ejerció una influencia decisiva en la gastronomía local. Las nuevas técnicas agrícolas, basadas en el aprovechamiento máximo del agua, permitieron cultivar tierras que hasta entonces permanecían sin explotar y disponer durante todo el año de frutas y hortalizas. Así surgieron nuevos cultivos (arroz, berenjenas, alcachofas, espárragos) y especias desconocidas hasta entonces en el mundo occidental (pimienta, canela, comino). Por otra parte, los árabes establecieron también un orden en la presentación de los platos que, anteriormente, se colocaban en la mesa todos al mismo tiempo.
A pesar de su importancia, la gastronomía árabe no desplazó la tradicional cocina mediterránea de la vid y del olivo, que permanece viva en nuestros días. De hecho, los vinos andaluces se saborean en todo el mundo y los distintos tipos de aceite de oliva, con dos Denominaciones de Origen –Baena (Córdoba) y Sierra de Segura (Jaén)–, disfrutan de un momento excelente *(ver p. 129)*.
En la gastronomía andaluza actual hay que distinguir dos zonas claramente diferenciadas: las **tierras costeras**, en las que predomina la cocina del mar, y las **tierras del interior**, mucho más frías, en las que se prepara la cocina serrana protagonizada por los potajes de legumbres y verduras y los guisos de caza.
Por frecuente que sea el "pescaíto frito" en los bares de las localidades costeras, la cocina andaluza no se basa en las frituras sino en los **guisos**. El cocido andaluz, también llamado olla o puchero, se prepara en todas las provincias con variaciones en función de los productos locales. Se realiza cociendo carne de cerdo o gallina con verduras y garbanzos o habichuelas (judías). El conjunto de la carne y el tocino, que se toma aparte, constituye la llamada **"pringá"**, muy habitual como tapa en los bares sevillanos.

El gazpacho

Esta sopa fría, refrescante y de gran valor alimenticio, es el plato andaluz más conocido en todo el mundo. Tomates, pepinos, pimientos, aceite, vinagre, ajo y sal son los ingredientes fundamentales aunque hay gente que añade miga de pan para espesar, cebolla o incluso huevo duro picado. Las proporciones también varían ligeramente según los gustos de cada familia. A pesar de que tienen un sabor muy diferente, el salmorejo (pan machacado con tomate, ajos, aceite, vinagre y sal) y el ajo blanco (parecido al anterior pero con almendras en lugar de tomate y servido con uvas o melón) se suelen considerar variantes del gazpacho, tal vez porque también se toman fríos.

Mimo/STOCK PHOTO

En las zonas serranas del interior los sabrosos guisos de caza mayor y menor aportan todas las calorías necesarias para combatir el frío. En la costa los diferentes tipos de **pescado** se preparan de todas las maneras imaginables: cocidos o a la plancha (langostinos y gambas de Sanlúcar), guisados (guisos marineros de Cádiz), fritos (boquerones, acedías, chocos...), asados (sardinas de Málaga o espetones).

Y para desayunar...

En la mayoría de los bares y cafeterías tendrá ocasión de degustar el típico desayuno andaluz: media barrita o una barrita entera de pan con aceite de oliva o con manteca "colorá". Es una auténtica delicia. Si prefiere los churros, recuerde que el nombre varía según las zonas: calentitos, tejeringos, jeringos...

Andalucía, tierra de contrastes, no podía dejar de serlo en el campo de la gastronomía. Por eso, junto a una amplia variedad de frutas y verduras, siempre frescas y de excelente calidad, dispone también de una exquisita gama de **derivados del cerdo**. El **jamón**, el morcón y la caña de Jabugo (Huelva), la tierra por excelencia del cerdo ibérico alimentado con bellotas, la morcilla de Ronda (Málaga) y los embutidos y jamones de Trevélez (Granada) hacen las delicias de los aficionados a los embutidos.

Los **quesos** andaluces, poco conocidos fuera de la región, están elaborados en general con leche de cabra o de oveja y rara vez con leche de vaca. Son de sabor fuerte y nunca se toman como postre sino en el aperitivo, acompañados de vinos de manzanilla, finos u olorosos. Se producen principalmente en los montes de Almería y Granada, en la Serranía de Ronda (Málaga) y en la Sierra de Grazalema (Cádiz).

La influencia árabe y judía es muy evidente en la **repostería** andaluza, deliciosa y variada hasta unos límites inimaginables. De Estepa (Málaga) proceden los polvorones y mantecados que se consumen en Navidad en toda España; los exquisitos tocinos de cielo se crearon en Jerez de la Frontera; roscos de todo tipo; milhojas; pestiños... En la actualidad muchos de estos dulces se elaboran en conventos de religiosas de acuerdo con recetas de larga tradición. Quizá por eso tienen nombres tan evocadores como huesos de santo, cabello de ángel, suspiro de monja y tocino de cielo.

Las tapas

El tapeo, costumbre inseparable de la gastronomía española y célebre fuera de nuestras fronteras, es un invento andaluz y más concretamente sevillano. Aunque en principio las tapas (una pequeña loncha de jamón, un langostino, un trocito de tortilla) se crearon para acompañar un vaso de buen vino, con el paso del tiempo fueron aumentando de tamaño hasta el punto de que hoy se puede comer exclusivamente a base de tapas en muchos bares andaluces.

R. Mattès/MICHELIN

Vinos andaluces

Con más de 86.000 hectáreas de viñedos, la Comunidad Andaluza es una zona vitivinícola cuyos productos son famosos en todo el mundo. Casi todos ellos están adscritos a alguno de los consejos reguladores existentes.

Los caldos andaluces se elaboran fundamentalmente con dos variedades de uva blanca, la Palomino, protagonista en Jerez y Sanlúcar, y la Pedro Ximénez, utilizada en los vinos dulces de Jerez, en algunos de Málaga y en los de Montilla-Moriles.

En Andalucía hay cuatro denominaciones de origen: Jerez, Montilla-Moriles, Condado de Huelva y Málaga. Cada una de ellas produce sobre todo vinos generosos aunque en los últimos tiempos –la diversificación llega a todos los ámbitos– también se están elaborando vinos jóvenes de mesa, ligeros y de suave sabor afrutado.

J. Malburet/MICHELIN

Bodega González Byass

D.O. Jerez (Cádiz) – Son los más conocidos y prestigiosos. Bajo esta denominación se incluyen los finos y manzanillas (estos últimos producidos en Sanlúcar de Barrameda); los olorosos dulces y secos; los dulces como el Moscatel y el Pedro Ximénez; y los amontillados, sometidos a una larga crianza oxidativa *(ver p. 246)*.

D.O. Montilla-Moriles (Córdoba) – Vinos de alta graduación criados en zonas del interior y por lo tanto muy diferentes de los de Jerez a pesar de que se clasifican siguiendo los mismos criterios *(ver p. 277)*.

D.O. Málaga – Hasta hace cien años los vinos dulces de Málaga estuvieron presentes en todas las grandes mesas europeas. Hoy, aunque relegados a un segundo puesto debido al cambio de gustos, siguen siendo los vinos más adecuados para acompañar un buen postre o una merienda *(ver p. 258)*.

D.O. Condado (Huelva) – Los blancos jóvenes, pálidos y afrutados, se elaboran con uvas de variedad Zalema. Los generosos son de dos tipos, el Condado Pálido, que recuerda a los finos de Jerez o a la manzanilla, y el Condado Viejo, en la línea de los grandes olorosos, que puede alcanzar los 23 grados de alcohol.

Además de estas grandes regiones vinícolas, Andalucía cuenta con otras comarcas de producción reducida cuyos caldos son muy difíciles de encontrar fuera de la región. Entre ellas se encuentran las de Aljarafe y Los Palacios (Sevilla); Villaviciosa de Córdoba (Córdoba); Bailén, Lopera y Torreperogil (Jaén); Costa-Albondón (Granada) y Laujar (Almería).

¿Cómo se beben? – Los vinos generosos andaluces, que por su especial sistema de crianza gozan de una calidad uniforme a lo largo de los años, se toman siempre en catavinos, unas copas estrechas y de tallo muy largo.
Cada una de las variedades se bebe a una temperatura diferente:
–el fino debe tomarse entre 8 y 10°C de temperatura. Además, una vez abierto ha de consumirse cuanto antes ("botella abierta, botella muerta").
–el amontillado estará en perfectas condiciones entre 12 y 14°C.
–los olorosos expresan todas sus propiedades en torno a los 18°C.

... y licores

La calidad de los vinos andaluces no puede hacernos olvidar la importancia del mercado de licores. El anís, el brandy y el ron producidos en Andalucía se consumen en todo el país y en muchas ocasiones también se exportan.

Los **anisados** nacieron en Ojén (Málaga) junto al primer alto horno de España, cuando se creía que el anís tenía efectos beneficiosos para las vías respiratorias afectadas por la minería y la siderurgia. En la actualidad los centros productores más importantes se encuentran en Montilla (Córdoba), donde se elaboran anisados de alta graduación y suave aroma; en Cazalla y Constantina (Sevilla), de donde procede el cazalla, duro y fuerte; y en Zalamea la Real y Alosno (Huelva), que se caracterizan por su aguardiente de sabor fuerte y seco.

De las bodegas andaluzas procede la mayoría de los **brandys** que se consumen en España. Sólo las comarcas de Jerez de la Frontera, Sanlúcar de Barrameda y Puerto de Santa María están adscritas al Consejo Regulador del Brandy, aunque este licor se elabora también en Rute y Montilla (Córdoba), así como en la ciudad de Málaga y en La Palma del Condado (Huelva).

Al hablar del **ron**, la famosa bebida antillana, conviene recordar que el producto básico para su elaboración –la caña de azúcar–, al igual que las técnicas de destilación y elaboración, llegaron a Cuba exportadas por los españoles. Siglos después, cuando Fidel Castro ocupó el poder en la isla, algunos productores cubanos optaron por trasladarse a Andalucía. Hoy, Málaga y Granada, las únicas zonas europeas donde se cultiva la caña de azúcar, son los principales centros productores de ron andaluz.

Patio de los Leones, Alhambra (Granada)

B. Kaufmann/MICHELIN

Ciudades, pueblos y parajes

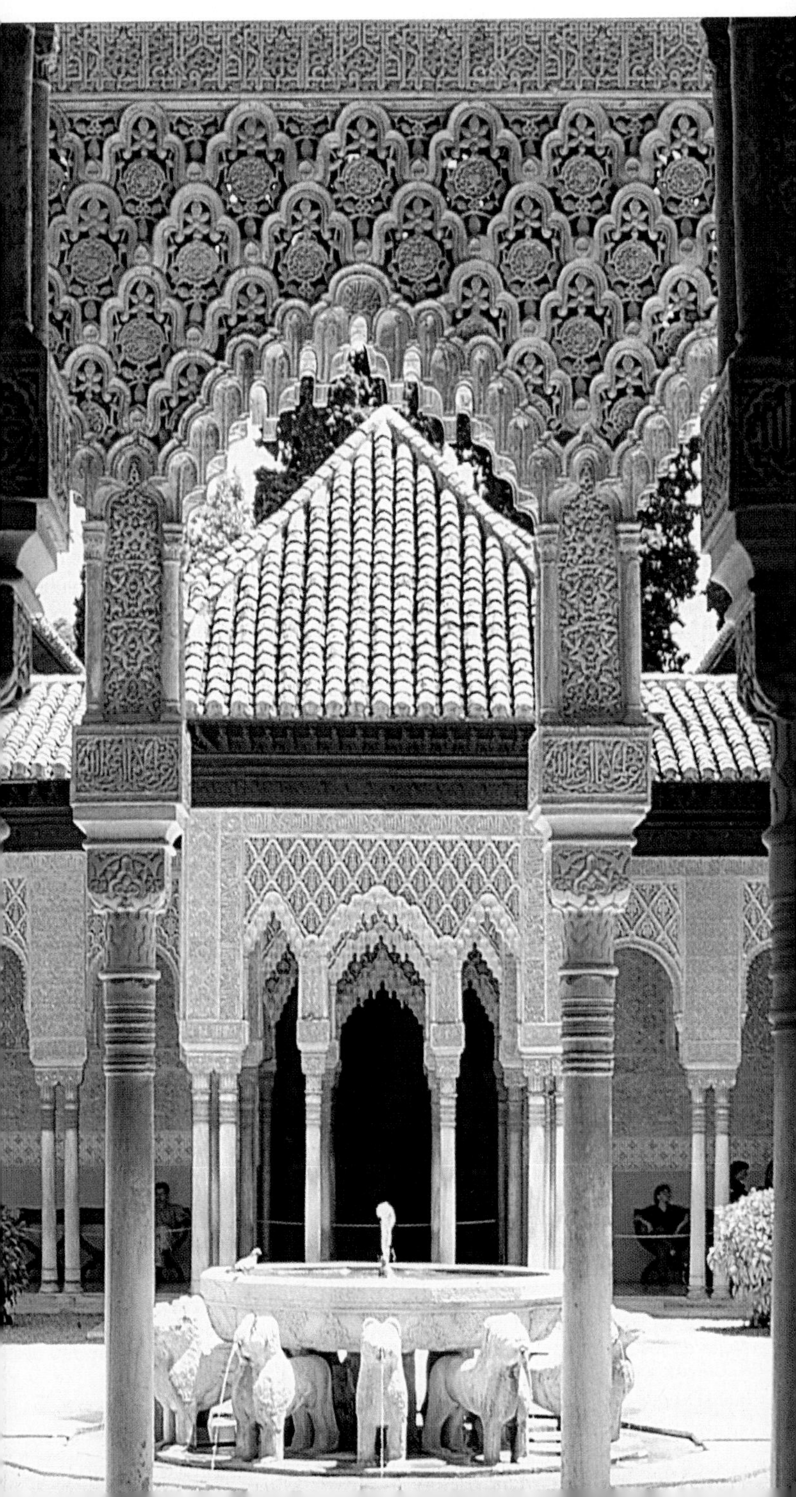

AGUILAR DE LA FRONTERA★

Córdoba – 13.397 habitantes

Mapa Michelin nº 446 T 16

El pueblo, que se extiende sobre una pequeña loma, forma una alargada mancha blanca sobre el verde tapiz de los viñedos que lo rodean.
Tras la Reconquista en el s. XIII, la Bulay musulmana pasó a llamarse Aguilar y poco después se le añadió de la frontera por su proximidad con los límites del reino de Granada. Su historia está íntimamente ligada a la familia Fernández de Córdoba desde que en 1370 sus miembros fueran nombrados señores de Aguilar.

Deje el coche en el Llano de las Coronadas, junto al Paseo de Vicente Aranda, verde jardín en el corazón del pueblo. Diseminadas por sus calles se conservan numerosas casas señoriales e iglesias barrocas que embellecen el casco antiguo. En la **Calle Arrabal** se pueden ver algunas mansiones de los ss. XVII y XIX (nºs 5, 11 y 13).

Llegue a la Placilla Vieja y desde allí suba la Cuesta de Jesús.

Dulce, dulce...

como los risaos (almendras, azúcar, yemas de huevo y raspadura de limón) y las merengas de café o fresa, que son deliciosos. Pruébelos.

★ **Parroquia de Nuestra Señora de Soterraño** ⓥ – Es la iglesia principal del pueblo y está dedicada a la patrona. El templo actual se construyó en el s. XVI gracias a Catalina Fernández de Córdoba.
Exterior – Presenta dos portadas de piedra en la fachada. La de la izquierda es barroca y procede de una iglesia desaparecida. Este tipo de portada es característico del s. XVII y hay varias similares en el pueblo. La de la derecha, plateresca, presenta una decoración finamente labrada.
Interior – Sorprende por la riqueza de sus capillas. Las tres naves, separadas por arcadas ojivales, descansan en pilares cruciformes. Tiene una triple cabecera recta, como es habitual en estas tierras. La nave central se cubre con una techumbre mudéjar de par y nudillo, en la que se conserva parte del artesonado, y la capilla mayor con una bóveda de crucería gótica. Un gran retablo barroco con siete tallas, presidido por la imagen de la patrona, ocupa el presbiterio.
Un facistol y una bonita **sillería** de nogal, ambos del s. XVIII, se sitúan al fondo de la nave central. Cada respaldo tiene un medallón octogonal con una figura en relieve: santos, apóstoles, Vírgenes, etc. de una gran expresividad a pesar de mostrar un cierto primitivismo técnico.
La **capilla del Sagrario**★ y la **Capilla de la Inmaculada** *(a izquierda y derecha de la Capilla Mayor)* destacan por la riqueza de sus yeserías (s. XVII). En la del Sagrario llama la atención el curioso **altorrelieve de la Última Cena**.
A los pies de la iglesia, en la nave de la Epístola, está la **Capilla de Jesús Nazareno**★. Este conjunto barroco de gran importancia, fechado a mediados del s. XVIII, alberga la venerada imagen de Jesús Nazareno. La capilla se cubre con una cúpula gallonada totalmente recubierta de yeserías. En la parte posterior se halla el camarín con una decoración exuberante.

Detrás de la iglesia, sobre el pequeño cerro, se hallan los escasos restos que nos han llegado del Castillo de Poley.

Desde el Llano de las Coronadas, tome la calle Santa Brígida

Iglesia del Hospital de Santa Brígida – El templo es del s. XVI aunque sufrió importantes reformas en los siglos XVII y XVIII. Destaca su curiosa fachada con una torre central flanqueada por dos sencillas portadas barrocas. Por su sentido armónico, ya del gusto neoclásico, la torre (s. XVIII) es diferente de las torres barrocas de otras iglesias de la localidad.

Vuelva al Llano de las Coronadas y tome la calle Moralejo.

Convento de las Carmelitas (Monasterio de San José y San Roque) – El monasterio fue fundado en 1668 y su construcción duró hasta 1761. El interior de la iglesia *(abierta únicamente en horas de culto)* es de una riqueza sorprendente y está considerado como la joya del barroco aguilarense. La decoración recubre todo el espacio combinando retablos, óleos y yeserías de hojarascas, volutas y angelitos, formando un conjunto que mantiene una gran unidad de estilo.
En la calles Moralejo y Carrera se conservan numerosas casas señoriales.

Desde Moralejo, continúe por la calle Granada o la calle Mercaderes.

★ **Plaza de San José** – Sorprende esta gran plaza neoclásica, terminada en 1810, a la que se accede por cuatro arcos abovedados. Presidida por el Ayuntamiento, es uno de los pocos ejemplos de plaza octogonal que hay en España. El encanto del conjunto reside en su sencillez y unidad.

Salga de la Plaza de San José por la calle Don Teodoro.

★ **Torre del Reloj** – Esta torre barroca (s. XVIII) que se alza majestuosa en la plaza de los Desamparados nunca perteneció a una iglesia; fue construida para uso civil aunque sigue el modelo de las torres-campanarios andaluzas de esa época. La remata una cúpula con azulejería y una torrecilla.

B. Kaufmann/MICHELIN

Detalle de la Torre del Reloj

La calle del Carmen – Se llega a ella por la calle Desamparados. Sus casas enmarcan una sorprendente perspectiva sobre los viñedos de los alrededores. En la **placita del Carmen**, presidida por la iglesia del mismo nombre, hay un pequeño Cristo de los Faroles que repite la disposición del de Córdoba.

Regrese a la calle Moralejo y siga por Vicente Núñez. En el nº 2 destaca la curiosa **casa señorial del caballo de Santiago**, que recibe su nombre del Santiago a caballo que hay sobre el balcón central.

ALREDEDORES

Laguna de Zóñar – *Salga a la carretera de Puente Genil, la A 309.* En el km 75,800 está el **Centro de visitantes de zonas húmedas El Lagar**. Una exposición explica las características geográficas y de fauna y flora de estos ecosistemas formados por tres lagunas. En el km 76,600 está el **Centro de visitantes Zóñar** Ⓥ en el que se muestra una exposición interactiva sobre la laguna. Desde el mirador se ve esta laguna en la que vive el **pato malvasía**, una especie protegida que hace algunas décadas estuvo a punto de desaparecer.

Puente Genil – *18 km por la A 309.* Este luminoso pueblo de la campiña recibe su nombre del río Genil, en cuyas orillas se asienta, y del puente del s. XVI que lo cruza, proyectado por Hernán Ruiz. Un agradable paseo mirador corre junto al río. La localidad es conocida por su famosa carne de membrillo; aproveche para comprarla. En el núcleo urbano se conservan varias casas señoriales, sobre todo en la calle Don Gonzalo, y un pequeño **Museo Arqueológico y Etnográfico** Ⓥ, con piezas de los yacimientos de la zona. Tiene algunas iglesias interesantes: **Nuestra Señora de la Concepción** (s. XVII), con portada entre torres y retablo mayor de yeso policromado; la **iglesia de la Purificación**, con bella torre-campanario (s. XIX), rematada con un chapitel, y una Inmaculada de Pedro Duque Cornejo; la **iglesia del Convento de San Francisco**, con bellas imágenes (Ntra. Sra. de los Ángeles, de La Roldana); y la **iglesia de Jesús Nazareno**, decorada con pinturas de artistas locales del s. XIX, que alberga una venerada imagen de Jesús Nazareno, patrón de la villa.

Una peculiar Semana Santa

Cuando pasee por Puente Genil, quizá le llamen la atención los curiosos letreros de algunas casas: Imperio Romano, Cien Luces, Los Levitas... Son los cuarteles o casas donde se reúnen, a lo largo del año, las 65 corporaciones bíblicas que acompañan a las Cofradías durante las procesiones de Semana Santa. Lo más característico de las procesiones son estos desfiles de personajes del Antiguo y Nuevo Testamento.

ALCALÁ LA REAL★

Jaén – 21.493 habitantes

Mapa Michelin nº 446 T 18

Situada al Sur de la provincia, sobre una comarca montañosa de suaves lomas onduladas y geométricos olivares, Alcalá la Real es una ciudad fronteriza, de origen prehistórico que, por su emplazamiento estratégico, se convirtió en uno de los principales escenarios de las luchas entre cristianos y musulmanes. Durante la dominación árabe, que duró más de seiscientos años, la antigua *Qalat* –población fortificada en lengua andalusí– alcanzó su máximo esplendor. Alfonso XI la conquistó en 1341.
En la actualidad esta hermosa villa es un activo centro agrícola y comercial, con numerosos locales que se concentran en la calle San Fernando. Entre su oferta gastronómica destaca el típico "pollo a la secretaria".
En Alcalá nacieron el gran poeta Juan Ruiz, conocido como el **Arcipreste de Hita**, y los imagineros medievales **Juan Martínez Montañés** y **Pablo de Rojas**.

La fortaleza de la Mota domina Alcalá la Real

★★ **Fortaleza de la Mota** – Se yergue sobre la colina del mismo nombre, desde la que se divisan fantásticas **panorámicas★** del pueblo y sus alrededores. Las peñas y rocas se engarzan con la muralla, que conserva las siete puertas de acceso –fíjese en la Puerta de la Imagen, muy parecida a la Puerta de la Justicia de la Alhambra de Granada.
La fortaleza está dividida en dos recintos de diferentes épocas: la alcazaba árabe y las iglesias abaciales. El primero es un castillo que posee un patio de armas con tres torres: Mocha, de la Campana y del Homenaje. En el interior del castillo, sobre los vestigios de la antigua mezquita, se halla la **iglesia de Santo Domingo★**, templo gótico-mudéjar mandado construir por Alfonso XI que conserva la torre del antiguo minarete -una de las imágenes más populares de Alcalá-, así como un bello retablo del s. XV. En una explanada de la fortaleza aparece la **iglesia de Santa María la Mayor**. Muy deteriorada durante la Guerra de la Independencia, esta construcción en la que trabajó Diego de Siloé posee una hermosa **fachada** renacentista plateresca. Además, este conjunto monumental acoge el interesante **Museo Arqueológico** ⓥ, situado en el interior de la torre del Homenaje, que exhibe colecciones procedentes de Alcalá y su comarca.

Iglesia de Nuestra Señora de las Angustias – Esta notable construcción de planta octogonal, levantada por Ventura Rodríguez en el s. XVIII, guarda un excepcional conjunto de **tablas medievales★** y la pila donde fueron bautizados los artistas Martínez Montañés y Rojas.

El Paseo de los Álamos

Esta agradable travesía es un lugar ideal para descansar después de una intensa jornada de viaje. En sus bares de "tapeo" y sus terrazas, donde suelen contarse los "chismes" de la villa, se puede disfrutar tranquilamente de una copa bien fresca del vino de la región.

Alojamiento

CORRECTO

Río de Oro – *Abad Moya, 2 – ☏ 953 58 03 37 – 9 hab. – 18,03/30,05€.* Hotel familiar situado en el centro de la población. Las habitaciones son correctas y algunas tienen un balcón que da a la placita y al parque. Buena relación calidad/precio.

Torrepalma – *Conde de Torrepalma, 2 – ☏ 953 58 18 00 – fax 953 58 17 12 – 38 hab. – 39,07/48,08€.* Hotel moderno sin ninguna característica especial. Habitaciones amplias y confortables. Su único inconveniente es que está situado junto a la calle más comercial y ruidosa de la población.

Restaurante–Tapas

El Curro – *Ramón y Cajal, 6 – ☏ 953 58 30 50 – 15,03/18,03€ – cerrado mi.* Lo primero que se ve al entrar en el establecimiento es un bar popular frecuentado por la gente del pueblo. Aunque hay un salón-restaurante (de aspecto anodino), los clientes habituales cenan en una sala más típica, de techo bajo y con chimenea. Especialidades: carne a la parrilla y jamón.

Ayuntamiento – El actual consistorio, en uno de los laterales de la agradable **Plaza del Arcipreste de Hita**, ocupa un hermoso edificio barroco (s. XVIII) flanqueado por dos torres. Enfrente se encuentra el **reloj lunar★** de Fernando Tapia, pieza de gran valor artístico.

Palacio Abacial – Frente a la bonita fuente de los Álamos, desde donde parte un paseo muy concurrido durante los períodos estivales, se halla este sobrio edificio neoclásico, cuya fachada presenta un balcón de inspiración renacentista y una elegante portada con relieves y escudos nobiliarios.

ALREDEDORES

Castillo de Locubín – *12 km al Norte por la J 2340.* La carretera serpentea hasta culminar en un puerto donde se ubica esta pequeña y blanca población, desde la cual se divisan fantásticas **panorámicas★** del río de San Juan y del embalse de Víboras. Aconsejamos visitar los vestigios de su **antiguo castillo árabe**, que formaba parte, junto a los de Alcaudete y Alcalá la Real, del sistema defensivo de la frontera con el reino moro.

EXCURSIÓN

Alcaudete – *26 km al Noroeste por la N 432.* Se encuentra en las faldas de un pequeño promontorio, escondida entre campos de olivares. Fue conquistada en 1408 por el infante don Fernando de Antequera y, desde entonces, se convirtió en uno de los principales puntos de la frontera con el reino moro de Granada. Es una población muy popular por sus dulces, "hojaldrinas", empanadillas de cidra y roscos de vino, que elaboran las religiosas del convento de Santa Clara.

Ruinas del castillo – Levantada en el lugar de una antigua fortaleza romana, esta alcazaba árabe conserva algunos vestigios de sus murallas y de la torre del homenaje.

Iglesia de Santa María – A los pies del castillo se halla la silueta solemne de este templo gótico con portada lateral plateresca. En el interior destacan el bello **artesonado** de casetones, las rejas renacentistas del altar mayor y las puertas de la sacristía.

Iglesia de San Pedro – Se trata de un templo mudéjar del s. XVI presidido por un interesante retablo.

Plaza Mayor – Está situada en el centro de un conjunto de calles estrechas con comercios, bares y otros locales dedicados al ocio ciudadano. Tras cruzar el Arco de la Villa aparece el Ayuntamiento (s. XVIII).

ALGECIRAS

Cádiz – 101.972 habitantes

Mapa Michelin nº 446 X 13

Algeciras ha sido siempre uno de los puertos más importantes de la Península. Los árabes la bautizaron con el nombre de "al-Yazirat al-jadra", que significa "isla verde", y ya desde los comienzos de la ocupación musulmana fue uno de los principales puntos de desembarco de las tropas moras. Hoy en día es el puerto español con más tráfico de pasajeros. Su época de mayor esplendor coincidió con la dominación árabe (711-1344). Durante este periodo fue una de las dos coras del territorio gaditano. En el s. XVIII, tras la toma de Gibraltar por los ingleses, recuperó su importancia estratégica, aumentó su población y se convirtió en el contrapunto español al dominio británico del Estrecho. En 1906 fue sede de la Conferencia de Algeciras, en la que las potencias europeas confirmaron el reparto de Marruecos en zonas de influencia.
Algeciras no es la más bonita de las ciudades andaluzas pero al visitante le agradará descubrir una ciudad alegre y llena de vida. No encontrará grandes monumentos, pero el bullicio y la animación de sus calles le compensarán sobradamente.

Museo Municipal ⓥ – Está instalado en una casona dentro del bonito parque de las Acacias. En su interior se exponen numerosos materiales de época romana como ánforas y anforiscos (tapones), testigos de la importancia comercial de las aguas de la Bahía de Algeciras. También son interesantes las piezas relativas al **Cerco de Algeciras** (1342-1344), durante el cual las tropas de Alfonso XI desplegaron ingeniosas técnicas de guerra como fosos marinos y utilizaron las primeras armas de fuego llamadas truenos.

Mercado – Situado en la plaza Palma es una estructura de hormigón y hierro diseñada por el ingeniero español **Eduardo Torroja** en los años 50. Tiene la peculiaridad de que la cubierta se apoya sólo sobre cuatro puntos, lo que supuso en aquel momento un gran desafío técnico.

Plaza Alta – Es el centro de la ciudad y su imagen más característica. En ella destaca una fuente de los años 30 de azulejo y ladrillo, de estilo neomudéjar, rodeada de palmeras. En esta plaza se alzan la **iglesia de Nuestra Señora de la Palma** del s. XVIII, mezcla de estilo barroco y neoclásico, y la **iglesia de Nuestra Señora de la Aurora**, pequeño templo barroco.

Baños Meriníes – En el año 1999 el Ayuntamiento trasladó al **Parque María Cristina** los restos de los baños del s. XIII pertenecientes a la residencia meriní de Algeciras. Se han reconstruido una noria y un pozo para ilustrar su funcionamiento.

ALREDEDORES

Carretera hasta Tarifa – Este pequeño tramo de apenas 21 km, que separa Algeciras de Tarifa, es la carretera más meridional de Europa. Desde aquí se disfruta de espectaculares **vistas★★★** de la rocosa costa africana. Los coches pueden detenerse en el **Mirador del Estrecho** (a 13 km) aunque las vistas son mejores algo más cerca de Algeciras. A la derecha de la carretera, sobre el monte Ahumada, llama la atención el quijotesco paisaje de los modernos **molinos de viento**.

La Línea de la Concepción – *17 km al Oeste de Algeciras.* Su origen se remonta al s. XVIII, por lo que es una de las poblaciones más jóvenes de España. Tras la invasión británica de Gibraltar surgió la necesidad de establecer una línea defensiva que entonces se llamó Línea de Gibraltar. Poco a poco, junto a los baluartes militares, fue surgiendo una pequeña población que adquirió estatuto de pueblo en 1870 y que pasó a llamarse La Línea de la Concepción, en honor de la Inmaculada, entonces patrona del Ejército.
La ciudad ofrece poco al turista. El centro, muy deteriorado urbanísticamente, se organiza alrededor de la calle Real y la iglesia de la Inmaculada Concepción, de 1879.

Alojamiento

AC La Línea de la Concepción – *Los Caireles, 2 – ☎ 956 17 55 66 – fax 956 17 15 63 – 80 hab. – 74,20€.* Hotel instalado en un edificio moderno que se halla situado frente a la bahía y con vistas al Peñón de Gibraltar. Habitaciones cómodas y funcionales con terrazas asomadas a la Roca o a la piscina.

★Gibraltar

20 km al Este. Territorio británico. Para entrar hace falta el carnet de identidad.
Gibraltar es ante todo su Peñón, una fabulosa roca caliza que se eleva apenas 500 m sobre el nivel del mar y que, sin embargo, es visible desde cualquier punto de la Bahía. Según nos vamos aproximando, adquiere unas dimensiones y una belleza tales que deja en segundo plano cualquier otra consideración sobre la Roca, sea ésta urbanística, histórica o política.

Vista del Peñón de Gibraltar

La historia de Gibraltar está íntimamente ligada a su posición estratégica. Aquí desembarcó, en el año 711, **Tarik-ibn-Zeyad** al mando de las tropas moras que conquistaron la Península. Llamada en la antigüedad Calpe, el nombre actual deriva del árabe "Djebel Tarik" que significa el "monte de Tarik". Durante el s. XIV, Gibraltar fue escenario de enconadas luchas entre musulmanes y cristianos y en 1462 fue definitivamente conquistada por el duque de Medina Sidonia. Después, la plaza fue cayendo en el olvido hasta que en el s. XVIII, durante la **Guerra de Sucesión**, fue invadida por los ingleses. Felipe V y Carlos III intentaron infructuosamente reconquistarla.

Antes de entrar infórmese sobre la situación en la aduana. Hay momentos en los que la salida del Peñón supone para los automovilistas cerca de una hora de espera. En estos casos merece la pena dejar el coche en territorio español y cruzar a pie.

Museo de Gibraltar ⓥ – Situado en el centro de la ciudad, muy cerca de la Oficina de Turismo, es un buen lugar para comenzar la visita. Está instalado en una sencilla casa colonial construida sobre unos **baños árabes★** del s. XIV. Se exponen diversos materiales que trazan la historia del Peñón, desde el famoso **cráneo de Gibraltar**, correspondiente a una mujer neandertal (*descubierto en 1848*), hasta el papel de Gibraltar en la Segunda Guerra Mundial. No hay que dejar de ver la enorme **maqueta★** de 1865.

Los llanitos

Así se denomina a los habitantes de Gibraltar, mezcla extraña entre ingleses y andaluces, capaces de alternar perfectamente entre un inglés que parece de Oxford y un español lleno de dejes andaluces.

Main Street – Es la calle principal de Gibraltar, donde se reúnen casi todos los comercios y tiendas. Aunque los precios ya no son tan baratos como antes, merece la pena darse una vuelta. En casi todos los establecimientos aceptan los euros. En esta calle se encuentran, entre otros, la **Catedral Católica de Santa María la Coronada**, levantada sobre la antigua mezquita mayor musulmana, y el **Convento**, residencia del Gobernador desde 1728. Aquí, varias veces al día, tiene lugar el cambio de guardia.

En el extremo Sur del Peñón se encuentra el **Faro de Punta de Europa**, desde el que se disfruta de buenas **vistas de África**. En las cercanías están la capilla de Nuestra Señora de Europa, patrona de Gibraltar, y la Mezquita de Ibrahim-al-Ibrahim.

Alojamiento

Cannon – *9 Cannon Lane* – ☎ *350 517 11* – *fax 350 517 89* – *18 hab.* – *25,60 €*. Muy cerca de Main Street. Hotel de habitaciones correctas, sin televisión ni teléfono. El desayuno inglés se sirve en un pequeño patio.

Restaurante

Bunters – *College Lane, 1* – ☎ *9567 704 82* – *26,73/38,07€* – cerrado *fest. en ago y Nav.* En una callecita perpendicular a Main Street abre sus puertas este restaurante muy acogedor y regentado por un inglés absolutamente "british".

Visita de la parte alta del Peñón ⓥ – Esta zona del Peñón, declarada **Reserva Natural**, esconde los rincones más atractivos de Gibraltar. Entre sus moradores destacan los famosos monos de Gibraltar, que fueron traídos por las tropas inglesas desde el Norte de África a finales del s. XVIII.

El **funicular** ⓥ que sube desde la parte baja es un buen medio para acceder a este pequeño reducto natural.

Castillo árabe – Está situado en una posición estratégica desde la que se vigila la bahía. La construcción actual data del s. XIV aunque seguramente la fortaleza tenga su origen en un castillo construido en el s. VIII. La parte más destacable del conjunto es la torre del homenaje.

The Great Siege Tunnels – Se ha acondicionado la visita al impresionante conjunto de galerías (cerca de 60 km) conocido como **los túneles del gran asedio**, que construyeron los ingleses para defender el Peñón durante el Gran Asedio (1779-1783).

St. Michael's Cave – La tradición decía que esta cueva no tenía fondo y que de ella salía un túnel que comunicaba el Peñón con la costa africana. En realidad se trata de una cueva calcárea que alcanza los 62 m en su parte más profunda, y en la que las estalactitas y estalagmitas dan lugar a caprichosas formaciones. La sala principal se ha acondicionado como sala de conciertos y representaciones teatrales.

ALHAMA DE GRANADA★

Granada – 5.894 habitantes

Mapa Michelin nº 446 U-V 18

Uno de los pueblecitos más bellos de Andalucía. Literalmente colgado de una impresionante garganta, su romántico emplazamiento ha inspirado a poetas y viajeros de todos los tiempos. Sus casas blancas y sus estrechas callejuelas evocan historias legendarias. Los árabes lo bautizaron con el nombre de Al-Hamma, que significa fuente caliente, debido a los manantiales de aguas termales allí existentes. Su fama era tal que, en tiempos de la Reconquista, los cristianos pagaban enormes sumas por su disfrute.

★UN PASEO POR EL BARRIO ÁRABE

Alhama conserva un interesante barrio árabe que merece la pena recorrer a pie. Lo mejor es comenzar en el mirador situado detrás de la **iglesia del Carmen**, desde donde se disfruta de una impresionante **panorámica**★ sobre el famoso tajo del río Alhama. Rodee la iglesia por la espléndida capilla barroca de Jesús Nazareno para dejar, a la izquierda, lo que una vez fuera alcazaba árabe y que hoy no es más que un pastiche decimonónico, y ascienda por la calle Baja de la Iglesia hasta sorprenderse con la imponente torre de la **Iglesia de la Encarnación**, que surge entre los muros encalados de las casas.

★ **Iglesia de la Encarnación** – Este templo, cuyo nombre simboliza la encarnación de la fe cristiana sobre el Islam, está construido sobre la mezquita aljama cuyos sillares aún se distinguen en la fachada Sur. La portada barroca que hoy contemplamos esconde la primitiva fachada gótica decorada con cardinas y animales fantásticos. El interior, de una sola nave, es bastante sobrio y está cubierto con una bóveda de crucería de diferente complejidad. En la sacristía se ha instalado un pequeño museo donde destaca un conjunto de ternos del s. XVI de extraordinario valor.

Alojamiento

CORRECTO

El Ventorro – *A 3 km de Alhama de Granada en dirección a Jatar por la GR 141 – ☎ 958 35 04 38 – 19 hab. – 42€ (desayuno incluido)*. A orillas del río. Hotel de habitaciones pequeñas, sobrias y rústicas pero decoradas con gusto. La cocina del restaurante no es refinada pero sí muy sabrosa.

UNA BUENA OPCIÓN

Hotel Balneario – *ctra. del Balneario, s/n. Se encuentra situado apenas a 1 km en dirección a Granada – ☎ 958 35 00 11 – fax 958 35 02 97 – 116 hab. – 51,40/69,42€ – abre de may-oct.* De origen romano, adquirió gran fama en época califal. El edificio actual es del s. XIX. La parte más espectacular es el precioso **aljibe árabe**★ donde brota la fuente termal a una temperatura de 47ºC. Es una sala construida sobre un basamento romano y cubierta con una bóveda octogonal esquifada sostenida mediante arcos califales del s. XI. En la misma zona los propietarios poseen otro hotel, el **Baño Nuevo**, con habitaciones a 30,05€. Clientela mayor.

B. Kaufmann/MICHELIN

Aljibe árabe en el interior del balneario

Saliendo de la iglesia, a la derecha, se encuentra la **Casa de la Inquisición**, un edificio de estilo gótico isabelino que fue demolido y posteriormente reconstruido en los años 50. Al otro lado de la torre se encuentra la encantadora plaza de los Presos donde se alza, a la derecha, la antigua **cárcel** del s. XVII, y, enfrente, la bien conservada fachada del **pósito** o almacén de grano del s. XVI. La calle Vendederas conduce al que fuera el primer hospital de sangre del Reino de Granada, construido en 1485, y que hoy alberga la **Oficina de Turismo**.

Rodee el edificio y tome la calle Caño Wamba. Aquí se encuentra una curiosa fuente del s. XVI y un poco más allá las ruinas de la **iglesia de las Angustias**.

Baje por la calle de la Mina. Se llega hasta las llamadas **mazmorras árabes**, unas curiosas cavidades excavadas en la roca, utilizadas antiguamente como silos y seguramente también a modo de prisión.

¡Ay de mi Alhama!

Rezaba el romance que cantó la toma de Alhama por las tropas del castellano **Ponce de León** en 1482. Este hecho supuso el principio de la **Guerra de Granada**, que finalizó con la toma de la capital nazarí en 1492. Su emplazamiento privilegiado, casi inexpugnable, los fértiles campos que la rodeaban y, sobre todo, los baños de aguas medicinales, conocidos desde época romana, habían convertido Alhama en una de las joyas de la corona nazarí; por eso su pérdida fue tan lamentada.

ALMERÍA

168.025 habitantes

Mapa Michelin nº 446 V 22

Almería se extiende a los pies de su alcazaba, en una zona de tierras áridas, frente a un horizonte azul intenso en el que cielo y mar se confunden. Capital de una provincia históricamente aislada, con el mar casi como única vía de comunicación, ha visto cambiar su destino con la apertura de modernas infraestructuras y con el desarrollo de una avanzada tecnología agrícola que la ha colocado a la cabeza de la agricultura española. El turismo, que se beneficia de su magnífico clima, es el otro sector en el que se ha apoyado el desarrollo de esta zona.

ALGO DE HISTORIA

La provincia almeriense tuvo importantes asentamientos prehistóricos que dieron lugar a las culturas de El Argar y Los Millares y, posteriormente, colonias fenicias, cartaginesas y romanas.

La ciudad árabe – Almería fue fundada en el s. IX por Abderramán II. Un siglo después, Abderramán III construyó la alcazaba y las murallas y convirtió la ciudad en uno de los puertos más importantes de al-Andalus. Tras la caída del Califato (s. XI), fue la capital de un reino taifa gobernado por Jairán, que hizo de ella una gran ciudad comercial con una importante industria textil (llegó a tener más de 10.000 telares). Como su creciente pujanza amenazaba el dominio del reino de Aragón en el Mediterráneo, los aragoneses realizaron algunas incursiones contra la ciudad. En una de ellas, Alfonso VII logró conquistarla. Tras ser reconquistada por los árabes, formó parte del reino nazarí de Granada, hasta su reconquista definitiva por los Reyes Católicos en 1489.

El declive – En el s. XVI se inició la decadencia de Almería: a los ataques berberiscos se unieron diversas calamidades, como los terremotos de 1512, 1522 y 1550, que diezmaron fuertemente la población. El de 1522 destruyó casi por completo la ciudad. La expulsión definitiva de los moriscos contribuyó a agravar la ya penosa situación.

El resurgir – Este periodo oscuro se prolongó hasta el s. XIX en el que, gracias a la explotación los abundantes recursos mineros de la zona, Almería vivió un nuevo florecimiento. Con el desarrollo económico la ciudad creció, se derribaron las antiguas murallas y se construyeron nuevos barrios. La I Guerra Mundial supuso un duro golpe para el sector minero y en consecuencia para la ciudad, puesto que se retiraron las compañías explotadoras, la mayoría de capital extranjero. Tras superar el bache provocado por esta crisis, Almería mira con optimismo al futuro, apoyado en el sector turístico y en una moderna explotación agrícola.

Fiestas

Aunque Almería no tenga la fama de otras capitales andaluzas, también celebra solemnemente su **Semana Santa**, en la que destacan las sobrecogedoras saetas que se cantan al paso de las procesiones.
El 3 de mayo se conmemoran las **Cruces de Mayo** y se colocan cruces adornadas con flores en las calles.
En la **noche de San Juan** (noche del 23 al 24 de junio) se encienden en la playa las tradicionales hogueras y se canta y se baila en torno a ellas.
La **Feria** se celebra a finales de agosto en honor de su patrona: la Virgen del Mar.

★ALCAZABA Ⓥ

Desde su privilegiado emplazamiento, en lo alto de un cerro, domina Almería y su bahía. Abderramán III mandó construir esta fortaleza en el s. X para defender la ciudad; posteriormente fue ampliada por Almotacín, que edificó un bello palacio moro, y por los Reyes Católicos que, tras la reconquista de la ciudad, levantaron un alcázar cristiano. La alcazaba sufrió graves desperfectos durante el terremoto de 1522.
Se accede por un arco y una rampa escalonada que conduce a los tres recintos amurallados orientados de Este a Oeste.
En el **primer recinto**, ocupado actualmente por bellos jardines, se halla el aljibe. El muro de la Vela, coronado por una espadaña, separa el primer recinto del segundo. La campana servía para avisar a la población de los ataques de los piratas. Al Norte se ven las murallas que unen la alcazaba al cerro de San Cristóbal.

Almería entre el cielo y el mar

Alojamiento

La céntrica placita de Flores es el mejor sitio para encontrar alojamiento puesto que cuenta con tres hoteles de distinta categoría (**Torreluz**, **Torreluz II** y **AM Torreluz**), un restaurante y un bar de tapas.

CORRECTO

Nixar – *Antonio Vico, 24 – ☎ y fax 950 23 72 55 – 37 hab. – 22,40/37,65€.* Pequeño hotel sin ningún encanto especial y sin ascensor. A pesar de todo, las habitaciones son correctas para dormir a precio razonable. Aconsejamos las que dan a la calle porque tienen balcón y son menos oscuras.

UNA BUENA OPCIÓN

Torreluz II – *pl. Flores, 6 – ☎ 950 23 43 99 – fax 950 28 14 28 – 64 hab. – 38,82/57,28€.* Hotel moderno con habitaciones amplias. Justo al lado, y perteneciente a la misma empresa, se halla el hotel Torreluz, de calidad inferior.

Costasol – *Paseo de Almería, 58 – ☎ y fax 951 23 40 11 – 55 hab. – 59,10/73,92€.* Está situado en la calle comercial más importante de la ciudad, en un típico edificio de los años 60. Las habitaciones son amplias, cómodas y algunas disponen de balcón. Aparcamiento privado.

Torreluz IV – *pl. Flores, 5 – ☎ y fax 950 23 49 99 – 105 hab. – 60,63/103€.* Hotel de lujo en pleno centro de Almería. Tiene garaje privado, piano-bar, restaurante, piscina y sala de musculación.

Restaurantes

UNA BUENA OPCIÓN

Balzac – *Gerona, 29 – ☎ 950 26 61 60 – 15/24€ – cerrado sá, do y en ago.* Un restaurante distinto, tanto por su decoración medieval (rejas, armaduras y espadas) como por su cocina mediterránea elaborada por un marsellés. Cenas amenizadas.

La Gruta – *5 km al O: ctra. N 340, km 436 – ☎ 950 23 93 35 – 19,82/27,73€ – sólo cenas; cerrado do y 15 oct-15 nov.* Las enormes grutas de una antigua cantera son el marco singular en el que se halla instalado este restaurante especializado en carnes a la brasa. Una opción diferente para disfrutar de una cocina sencilla realizada con productos de calidad.

Tapas

Casa Puga – *Jovellanos, 7 – ☎ 950 23 15 30 – Cerrado do y fest (exc. Semana Santa), 25 ago-11 sep.* En Almería abundan los lugares de tapas y Casa Puga pasa por ser el establecimiento más antiguo de la ciudad. Ofrece una extensísima variedad de tapas, buenos vinos y embutidos.

Las Botas – *Fructuoso Pérez, 3 – ☎ 950 26 22 72.* Local presidido por una cabeza de toro, con toneles en lugar de mesas y con fotos de corridas de toros en las paredes. Buenas tapas y clientela local. El restaurante **Valentín**, de la calle Tenor Iribarne, pertenece a los mismos propietarios.

El **segundo recinto** contenía una ciudad palaciega. Se conservan algunas construcciones: el aljibe califal (sala de exposiciones), una ermita mudéjar, una vivienda musulmana reconstruida, una alberca y los baños de la tropa. La gran explanada era el patio de armas del palacio de Almotacín. En una esquina se hallan los baños privados de la reina.

El **tercer recinto**, situado en el sector más occidental, lo ocupa el castillo que mandaron construir los Reyes Católicos. Preside el gran patio de armas una sólida torre del homenaje con portada gótica.

Disfrute del **panorama★** que se domina desde los adarves: la ciudad y el puerto entre las áridas colinas y el resplandeciente mar. Fíjese en el popular barrio de **La Chanca**, con sus sencillas casas trogloditas pintadas de colores.

EL CENTRO DE LA CIUDAD

★**Catedral** Ⓥ – Esta singular catedral con más pinta de fortaleza que de templo se construyó en el s. XVI sobre la antigua mezquita. Los frecuentes ataques de piratas berberiscos explican su aspecto externo con torres almenadas y sólidos muros jalonados de grandes contrafuertes. En el lateral, en el que se abre la puerta principal, sobresale del cuerpo del edificio una gran torre (s. XVII) con campanas coronada por una pequeña espadaña.

La bella **portada principal★**, de estilo renacentista, contrasta con la austeridad de la fachada. Su riqueza decorativa no enmascara las líneas clásicas. En el frontón de la puerta se sitúa el escudo del obispo fundador y, en el piso superior, el de Carlos I con el águila bicéfala; en los medallones, San Pedro y San Pablo. La puerta de los pies, del mismo estilo, es más sencilla que la principal.

Antes de entrar, no deje de echar un vistazo al relieve del curioso **sol de Portocarrero★** –sol animado, símbolo de la ciudad– que hay en la cabecera.

ALMERÍA

Alcalde Muñoz . . . . BCY
Las Alfarerías . . . . BY
Alfarero (Rambla de) . . . . . . BY
Almedina . . . . AZ
Almería (Pas. de) . . . . BYZ 2
Altamira . . . . CYZ
Amatisteros (Rambla de) . . . CY
América . . . . CZ
Andalucía . . . . CZ
Antonio Vico . . . . BY
Arquímedes . . . . AY
Arapiles . . . . BZ 6
Artes de Arcos . . . . CZ
Azorín . . . . CZ
Barranco Bolas . . . . AY
Belén (Rambla de) . . . . . BCYZ
Cabo de Gata (Av. del) . . . . CZ
Cámaras . . . . BY
Caridad (Pas. de la) . . . . BY
Castro . . . . CZ
Catedral (Pl. de la) . . . . BZ 7
Calvario . . . . BY
Cervantes . . . . BYZ 8
Ceuta . . . . AY
Conde Ofalia . . . . BZ 10
Constitución (Pl. de la) . . . . BY 12
Las Cruces . . . . BY

Doctor Carracido . . . . CY
Doctor Gregorio Marañón . . CZ
Doctor Paco Pérez . . . . BY 14
Eduardo Pérez . . . . BZ 16
Emilio Pérez (Pl.) . . . . BZ 18
España (Pl.) . . . . CZ
Estación (Av. de la) . . . . CZ
Flores (Pl.) . . . . BY 20
Federico García
Lorca (Av.) . . . . BCYZ

Fuentecica (La) . . . . AY
Gen. Luque . . . . AZ
Gen. Segura . . . . BZ
Gen. Tamayo . . . . BZ
Los Genoveses . . . . AY
Gerona . . . . BZ
Granada . . . . BCY
Guadalquivir . . . . CY
Guatemala . . . . CZ
Hermanos Machado . . . . . BZC

Hermanos Pinzón . . . . CYZ
Humilladero . . . . CY 25
Javier Sanz . . . . BCZ
José Morales Abad . . . . CZ
Juan Lirola . . . . BCY
Largo Caballero
(Camino de) . . . . ABY
María Auxiliadora . . . . CY
Marina . . . . CZ
Marítimo (Paseo) . . . . BCZ
Méndez Núñez . . . . BZ
Mercurio . . . . CY
Murcia . . . . CY
Navarro Rodrigo . . . . BY
Nicolás Salmerón
(Parque) . . . . ABZ 28
Nuestra Señora
de Montserrat (Av. de) . . CZ
Obispo Orbera (Rambla) . . BCY
Pablo Iglesias (Av. de) . . . . . BY
Pablo Ruiz Picasso . . . . CY
Padre Méndez . . . . CY
La Palma . . . . BY
Pedro Jover . . . . AZ
Poeta Paco Aquino . . . . CY 33
Purchena (Pta de) . . . . BY 35
Ramos . . . . BY
Real del Barrio Alto . . . . CY
Real . . . . BYZ
Reducto . . . . AY
Regocijos . . . . BY
Reina Regente . . . . BZ
Restoy . . . . BY
Ronda (Carret. de) . . . . . . BCZ
Rueda López . . . . BZ
Sagunto . . . . CZ
San Juan Bosco (Av. de) . . . CY
San Leonardo . . . . BCY
Santa Isabel (Av. de) . . . . . . CY
Santos Zárate . . . . CY
Séneca . . . . BZ
Silencio . . . . CY
Tenor Iribarne . . . . BY 45
Tiendas . . . . BY 47
Trajano . . . . BZ 49
Vichez (Av. de) . . . . BY 52
Zagal . . . . CY

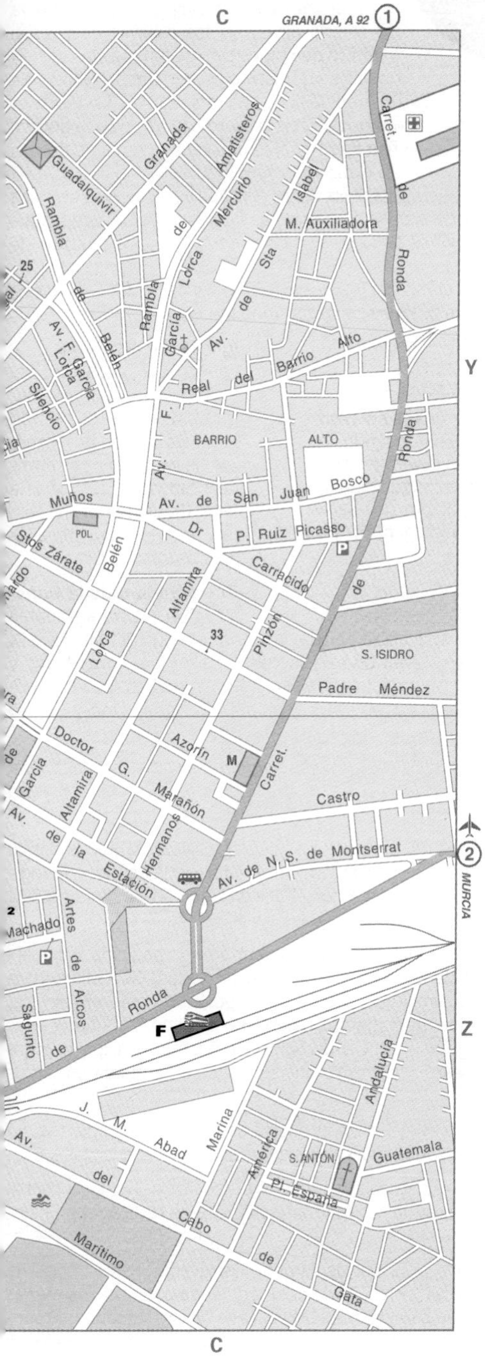

Alcazaba . . . . AY
Aljibes árabes . . . . BY A
Archivo Histórico . . . . BZ M[1]
Ayuntamiento . . . . ABY H
Basílica de Nuesta
Señora del Mar . . . . BZ
Biblioteca Villaespesa . . . . CZ M[2]
Cable Inglés . . . . BZ C
Catedral . . . . ABZ
Delegación
del Gobierno de la Junta BZ E
Estación de Tren . . . . CZ F
Hospital Real . . . . ABZ
Iglesia de las Claras . . . . . BY
Iglesia de las Puras . . . . . ABZ
Iglesia de San Juan . . . . . . AZ
Iglesia de San Pedro . . . . . BY
Iglesia de Santiago . . . . . . BY
Parque de Nicolás
Salmerón . . . . ABZ
Teatro Cervantes . . . . BZ T

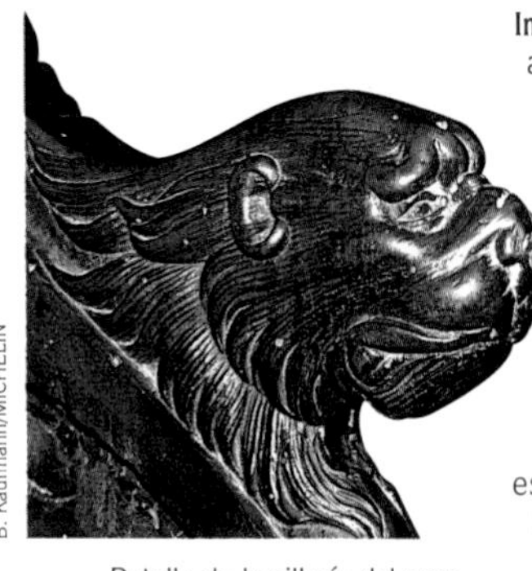

Detalle de la sillería del coro

Interior – Las tres naves góticas, de la misma altura, se cubren con bóvedas estrelladas que descansan en pilares fasciculados. La capilla mayor, que conserva la bóveda gótica, fue remodelada en el s. XVIII (tabernáculo, retablo, arcos de la girola).

Merece la pena fijarse en la sillería renacentista del **coro**, en los singulares medallones con caras de perfil de la sillería alta y en los relieves de cuerpo entero que muestran mucho movimiento. El trascoro de mármoles de varios colores, de estilo neoclásico, fue diseñado por Ventura Rodríguez. En el crucero hay una puerta góticoflamígera que comunicaba antiguamente con el claustro.

La **girola** tiene tres capillas: la axial es de traza gótica y alberga al venerado Cristo de la Escucha; las laterales son renacentistas. San Indalecio, patrón de Almería, se sitúa en la de la derecha y varias pinturas de Alonso Cano en la de la izquierda.

En la **Plaza de la Catedral** se hallan el Palacio Episcopal, de finales del s. XIX, y la Iglesia de las Puras, perteneciente a un antiguo convento fundado en el s. XVI.

Santo Cristo de la Escucha

Cuenta la leyenda que este Cristo no cesó de repetir la palabra "escucha" cuando le emparedaron para evitar que cayera en manos de los árabes. Una vez reconquistada la ciudad, al oír esta misma palabra que salía de una pared, se recuperó la imagen; de ahí su curioso nombre.

Iglesia de las Puras – La iglesia y la torre son del s. XVII. En la portada barroca destaca un escudo flanqueado por dos cabezas de león y unos jarrones decorados con el sol y la luna. En el interior, retablo barroco con una Inmaculada de Alonso Cano.

Plaza Vieja o de la Constitución – Esta agradable plaza porticada, que preside el **Ayuntamiento**, debe su configuración actual al s. XIX aunque ya en época árabe había aquí una plaza con edificios administrativos y bazares. La columna conmemorativa del centro, conocida con el curioso nombre de "pingurucho de los coloraos", recuerda a los caídos por la libertad y contra el despotismo en 1824.

Iglesia de las Claras – Tras una sencilla pero elegante portada, se halla esta pequeña iglesia (s. XVII) en la que destaca la cúpula del crucero decorada con yeserías y escudos.

Iglesia de San Pedro – Aunque fundada por los Reyes Católicos, la iglesia actual se construyó en el s. XVIII, en estilo neoclásico. En el interior, la sensación longitudinal de su larga nave central se acentúa por el balcón que corre bajo la bóveda de cañón con lunetos.

Iglesia de Santiago – Esta iglesia del s. XVI se encuentra en la pequeña y comercial calle de las Tiendas, una de las más antiguas de la ciudad. Su bella **portada renacentista★** muestra evidentes similitudes, tanto en disposición como en técnica, con las de la catedral. La preside un magnífico relieve de Santiago Matamoros. Los símbolos del santo titular, conchas y cruces de Santiago, decoran el espacio entre las columnas. A los pies de la iglesia sobresale una sólida torre horadada por arcos en su cuerpo inferior.

Muy cerca, en la calle Tenor Iribarne, si tiene la suerte de encontrarlos abiertos, no deje de echar un vistazo a los antiguos **aljibes árabes** del s. XI que abastecían la ciudad.

Puerta de Purchena – Esta plaza, situada en una encrucijada de calles, es el centro neurálgico de la ciudad. Gran parte de sus señoriales edificios se realizaron a finales del s. XIX.

Paseo de Almería – En la calle principal de Almería conviven construcciones de principios del s. XX con modernas torres. Toda clase de tiendas, bancos, cafeterías y bares le confieren su animación característica. Destaca el **Círculo Mercantil**, que conserva parte de la decoración de 1920 (techos, escayolas pintadas, zócalo de azulejería). A su espalda se sitúa el **Teatro Cervantes**, toda una institución en la ciudad, que se inauguró en 1921. La cercana **Basílica de Nuestra Señora del Mar** acoge la venerada imagen de la patrona de Almería; su bello claustro (s. XVIII) alberga la **Escuela de Artes y Oficios**.

Vuelva al Paseo de Almería. El nº 64 es un edificio del s. XIX, antiguo casino, que alberga en la actualidad la **Delegación del Gobierno de la Junta**. Tiene un patio central y salones señoriales. Al final de la calle, junto a la Plaza Emilio Pérez, sorprende una curiosa construcción de estilo montañés (característico del Norte de España), la Casa Montoya.

Parque de Nicolás Salmerón – Un agradable eje de verdor con fuentes y estanques discurre paralelo al puerto, en una zona antiguamente ocupada por almacenes portuarios.

Hospital Real – Aunque se fundó en el s. XVI, la fachada y la portada de este gran edificio son de estilo neoclásico (s. XVIII).

Iglesia de San Juan – Su exterior, con una sobria portada de columnas anilladas, frontón y escudo, parece más propio de una construcción civil que de una iglesia. En el interior nos aguardan otras sorpresas ya que la iglesia se edificó sobre los restos de una antigua mezquita del s. X, de la que se conservan el mirhab (s. XII) y el muro de la quibla.

OTRAS CURIOSIDADES

Museo de Almería – En espera de la construcción del nuevo museo, parte de los fondos del antiguo se exponen en la Biblioteca Villaespesa y en el Archivo Histórico.

Biblioteca Villaespesa ⓥ – Exhibe muestras de los yacimientos arqueológicos de la provincia. Destacan las de las culturas de El Argar y Los Millares.

Archivo Histórico ⓥ – Situado en el antiguo palacio de los Vizcondes de Almansa (s. XIX), expone una selección de piezas de las civilizaciones que tuvieron colonias en Almería: cerámica griega y romana, mosaicos, sarcófagos, etc.

Estación de tren – Bonita construcción de finales del s. XIX realizada en ladrillo visto con decoraciones cerámicas y hierro forjado.

Cable inglés – Así se denomina a la prolongación de la vía férrea que se construyó a principios del s. XX desde la estación hasta el embarcadero para poder trasladar las cargas. Consta de un puente de piedra por el que discurre la vía y de una estructura de hierro utilizada para cargar.

ALREDEDORES

★ **Los Millares** ⓥ – *12 km por la A 32, y 7 km por la A 348 (Caseta de recepción en el km 42).* Este yacimiento de la Edad del Cobre, el más importante de Europa tanto por su extensión como por sus restos, es una visita obligada para los amantes de la arqueología. Se creó en torno al 2700 a. C. y se abandonó hacia el 1800 a. C. En este poblado vivían de 1.000 a 1.500 habitantes lo que denota una sociedad que avanzaba ya hacia el modelo urbano. Sus pobladores fueron agricultores y ganaderos; trabajaron el cobre y desarrollaron una cerámica ritual con características propias. La meseta sobre la que se asienta, que domina el valle del Andarax, era un lugar privilegiado en aquella época: disfrutaba de un clima mediterráneo más húmedo y de un paisaje menos árido que los actuales y contaba con fértiles campos para el cultivo, abundante caza y minas de cobre en la cercana Sierra de Gádor.
Hay restos de un complejo sistema defensivo con varias murallas y fortines. La muralla exterior es la más larga que se conoce de esta época y presenta torres semicirculares a intervalos irregulares. Las casas eran cabañas circulares de 4 a 7 m de diámetro. Especial relevancia tienen los restos de la **necrópolis**, con casi un centenar de tumbas colectivas. En una de ellas, que se ha conservado, se ve perfectamente la estructura de estas construcciones: atrio, corredor con varios tramos separados por losas de pizarra perforadas y cámara circular cubierta con falsa cúpula, es decir, por aproximación de hiladas; todo ello recubierto al exterior por un túmulo de tierra.

Castillo de ALMODÓVAR DEL RÍO★★

Córdoba

Mapa Michelin nº 446 S 14

Almodóvar viene del árabe al-Mudawwar, que significa el redondo, en clara alusión al cerro sobre el que se levanta su castillo. En el s. VIII, bajo la dominación musulmana, ya había una gran fortaleza. Almódovar perteneció a varios reinos de taifas y fue finalmente reconquistado por Fernando III en 1240.

Rodee el pueblo por la carretera hasta llegar a la altura del castillo. Puede subir en coche hasta la fortaleza por una carretera sin asfaltar.

El **castillo** ⓥ actual se erigió en el s. XIV en estilo gótico y es uno de los más importantes de Andalucía tanto por su conservación como por su belleza. Fue restaurado a principios del s. XX y en ese momento se construyó en su interior una mansión neogótica. El pueblo se asienta a sus pies, en el lado Sur, junto al río Guadalquivir.
Desde el castillo se contemplan magníficas **vistas**★ del río y de la campiña cordobesa.

Castillo de ALMODÓVAR DEL RÍO

La construcción consta de dos recintos amurallados –uno en forma de barbacana– y de ocho torres de distintas proporciones; la mayor, conocida como la **torre del homenaje**, es en realidad una torre albarrana. En su interior el adarve, las torres y el patio de armas son merecedores de un paseo que le trasladará a un mundo evocador.

Según cuenta la leyenda...

cada 28 de marzo, una dama vestida de blanco aparece gimiendo en una de las torres. Dicen que es el espectro de la princesa Zaida, apresada por los almorávides, que murió de pena en las mazmorras del castillo al enterarse de la muerte de su marido en una batalla.

ALREDEDORES

Embalse de la Breña – *A 5 km. Vuelva hacia el pueblo y tome un desvío señalizado a la izquierda.* Por una carretera que discurre entre colinas con olivares se llega al embalse de la Breña, en cuyas aguas se pueden ver los barquitos del Club Náutico de Córdoba *(privado)*. En el camino de vuelta, tras una curva, magnífica vista de la majestuosa silueta del castillo de Almodóvar.

ALMUÑÉCAR

Granada – 20.997 habitantes

Mapa Michelin nº 446 V 18

Los romanos bautizaron este antiguo asentamiento fenicio como Sexi Firmun Julium. Su nombre actual proviene del árabe Hins-al-Monacar, o "ciudad fortaleza", que hace referencia a su estratégico emplazamiento en lo alto de una colina. Su situación en el fértil valle del río Verde, protegida del frío por la cadena montañosa que bordea la costa y templada por los vientos cálidos del Norte de África, la convierten en un buen destino durante todo el año. Este clima cálido es también el responsable de la proliferación de los cultivos en plásticos, que son visibles a lo largo de toda la costa y que constituyen, junto con el turismo, la base de su economía.

VISITA

Palacete de la Najarra: Oficina de Turismo – Este palacete de estilo neo-árabe, que alberga la Oficina de Turismo, es un buen lugar para comenzar la visita de Almuñécar. Fue construido en el segundo tercio del s. XIX y en su interior hay un exótico jardín.

★ **Castillo de San Miguel** Ⓥ – Fortaleza de origen romano, su aspecto actual es un fiel reflejo de los sucesivos moradores que la habitaron: omeyas, almorávides, almohades, nazaríes y cristianos. La guerra contra los franceses en 1808 provocó grandes daños y sumió la fortaleza en un gran abandono que ha durado hasta

Alojamiento

UNA BUENA OPCIÓN

Casablanca – *pl. San Cristóbal, 4 – ☎ 958 63 55 75 – fax 958 63 55 89 – 35 hab. – P – 42,20/60,20€.* ¡Déjese transportar a otro mundo!. La cúpula y la fachada de color frambuesa con arquerías imitan la arquitectura de los palacetes marroquíes. En las habitaciones el mármol y las arañas de cristal crean un ambiente oriental de buen gusto. No olvide reservar con antelación.

Restaurantes

UNA BUENA OPCIÓN

Vizcaya – *Paseo de las Flores, s/n (Playa de San Cristóbal.) – ☎ 95 863 57 12 – 15/29€ – cerrado 15 oct-15 feb.* Aunque prefiera las playas de arena, acérquese hasta esta bonita playa de piedras y tendrá ocasión de conocer las paellas y las parrilladas de carne y de pescado del Vizcaya. De día tiene mucho ambiente y por la noche es romántico.

Antonio – *Bajos del Paseo, 12 – ☎ 958 63 00 20 – 26/35,02€.* Restaurante especializado en pescados y mariscos que goza de sólida reputación desde hace 30 años. En palabras de su propietario: "Aquí no hay nada congelado; todos los productos son frescos". Lo mejor: la langosta, el pez espada y el jamón de Jabugo.

tiempos recientes. Durante la época nazarí sirvió de palacio a los monarcas de Granada. En su interior se conservan aún una mazmorra y una casa de este periodo mientras que los torreones de la entrada pertenecen al reinado de Carlos V. En el pequeño museo hay interesantes **maquetas** de la zona de Almuñécar.

Cueva de los Siete Palacios: Museo Arqueológico ⓥ – En este museo, instalado en un sótano de origen romano, se exponen diversas piezas halladas en las necrópolis fenicias de Laurita y Puente Noy. Lo más destacable es una **urna funeraria★** egipcia de Apofis I en mármol gris que constituye el documento escrito más antiguo hallado en la Península.

Parque "El Majuelo" – Este pequeño parque botánico cuenta con un estupendo repertorio de plantas subtropicales entre las que destacan más de 400 especies de palmeras. En su interior se encuentran las ruinas de una antigua **factoría fenicia** de salazón, industria que adquirió en época romana tanta reputación que personajes como Estrabón y Galeno citan el "**garum**" *(ver p. 346)* aquí elaborado entre los más celebres del momento.

Direcciones útiles

La Herradura se ha convertido en un importante destino para los aficionados al submarinismo. Existen varios centros de buceo donde se organizan cursos:

Buceo La Herradura: *Puerto deportivo de Marina del Este – ☎ 958 82 70 83.*

Granada Sub: *Paseo Andrés Segovia, 6 – ☎ 958 64 02 81.*

La Herradura – *A 8 km al Oeste de Almuñécar.* Esta espectacular bahía se encuentra situada entre La Punta de la Mona y **Cerro Gordo**, dos verdaderas atalayas que protegen la **playa de La Herradura**. Aquí, como en toda la costa granadina, la montaña, arrugada sin duda por los años, busca en el mar su descanso creando un paisaje de extraordinaria belleza. En la Punta de la Mona se encuentra el **Puerto Deportivo Marina del Este**. La carretera continúa hacia Cerro Gordo desde donde se disfruta de estupendas **vistas panorámicas**.

ALREDEDORES

La Costa Tropical – Así se denominan los algo más de 100 km de la costa granadina, desde La Herradura hasta La Rábita. Es un litoral escarpado, con montañas que llegan hasta el mar y que dan lugar a preciosas calas de difícil acceso. A partir de **Motril**, la carretera discurre paralela al mar y atraviesa las poblaciones de Torrenueva, **Carchuna**, **Calahonda**, Castell de Ferro. Las playas en esta zona son más largas y anchas que las de Almuñécar. A lo largo de todo el recorrido se observan varias torres vigías de época medieval (Torre de Carchuna, Torrenueva y la Rábita). Desde la población de La Rábita se puede hacer una excursión hasta **Albuñol** *(a 5 km)*, pequeño pueblo blanco de la Sierra de la Contraviesa.

★**Salobreña** – *15 km al Este de Almuñécar.* Situado en lo alto de una colina coronada por un imponente **castillo**, a orillas de un mar de profundo color añil, y rodeado de cultivos de caña de azúcar y árboles frutales, Salobreña es, probablemente, el

Alojamiento

Salobreña – *ctra. Málaga–Almería, km 323: a 3 km de Salobreña en dirección a Málaga* – ☎ *958 61 02 61 – fax 958 61 01 01 – 130 hab.* – 🅿 – *90€.* Complejo turístico constituido por varios edificios modernos. Las habitaciones dan al mar o a la costa rocosa. Jardín con piscina y vistas del Mediterráneo. Como la carretera está bastante alejada, sólo se oye el ruido de las olas.

pueblo más bonito de la costa granadina. Su blanco caserío cubre totalmente la colina sobre la que se asienta, y en sus estrechas y empinadas calles abundan las buganvillas. Entre sus monumentos destacan el castillo y la **iglesia de la Virgen del Rosario**. Salobreña cuenta también con buenas playas como la **playa de El Peñón**.

Castillo Ⓥ – *La mejor perspectiva del castillo se disfruta desde la carretera de Almuñécar.* Aunque existen fuentes que señalan ya la existencia de esta fortaleza en épocas tan tempranas como el s. X, su época de esplendor coincidió con el s. XIV cuando los monarcas nazaríes la convirtieron en una lujosa residencia que sirvió también como prisión real.
Se accede al interior por una puerta en recodo que nos conduce hasta un primer recinto defensivo. Tras éste se encuentra la alcazaba, verdadero centro del castillo y donde podemos ver dos silos y la torre del homenaje.

Motril – *21 km al Este de Almuñécar.* Hoy en día, con una población de más de 50.000 habitantes, es la localidad más importante de la Costa Tropical. Sin embargo, no siempre fue así. Hasta el s. XVIII en el que comenzó la explotación de la caña de azúcar, que le valió el apelativo de la "Pequeña Cuba", Motril era un pueblecito sólo conocido como residencia de la madre de Boabdil. Ofrece, sin embargo, pocos atractivos para el turista. Casi todos los hoteles se encuentran alrededor de la **playa de Poniente** *(a unos 4 km al Sudoeste).*

Un castillo de leyenda...

Cuenta **Washington Irving** que en este suntuoso palacio vivieron encerradas durante años las princesas Zaida, Zoraida y Zorahaida, hijas del rey granadino Muhammad IX, que temeroso por el augurio de sus astrólogos decidió apartar a sus hijas de los peligros mundanos, confinándolas en esta fortaleza. Aquí vivieron las tres princesas, rodeadas de infinitas atenciones y lujos, hasta que su padre decidió llevarlas a su palacio de la Alhambra. El destino quiso que encontraran el anunciado peligro en el camino a Granada, cuando la comitiva tropezó con tres prisioneros cristianos de los cuales cayeron enamoradas las jóvenes musulmanas.

Las ALPUJARRAS★

Granada – Almería

Mapa Michelin nº446 V-19-20-21

Último reducto nazarí tras la conquista de Granada, foco de la rebelión de los moriscos en 1568, olvidadas después durante tres siglos y finalmente redescubiertas por los viajeros románticos en el s. XIX, las Alpujarras se han convertido hoy en uno de los mayores destinos turísticos de Andalucía. A pesar de la afluencia de visitantes, mantienen muchos de sus encantos, costumbres y tradiciones. Pequeños pueblecitos de blanca arquitectura, escarpadas montañas y valles frondosos conforman esta comarca situada entre las provincias de Granada y Almería, y limitada al Sur por la **Sierra de la Contraviesa** y la **Sierra de Gádor**, y al Norte por el **Parque Nacional de Sierra Nevada**.

Historia – Los primeros pobladores de estos valles llegaron con la conquista árabe en el año 711. Eran tribus beréberes acostumbradas a los terrenos montañosos y difíciles del Norte de África que se dedicaron a la agricultura del olivo y la vid y a la cría de gusanos de seda. Su momento de mayor prosperidad coincidió con el periodo nazarí, entre los siglos XIII y XV. Las Alpujarras quedaron divididas administrativamente en Tahas *(ver Pitres)*, hubo un aumento de población y prosperaron industrias como la textil. Tras la conquista de Granada, los Reyes Católicos cedieron estas tierras a la corte de Boabdil. Poco a poco fue creciendo la intolerancia religiosa contra la población musulmana y en 1499 se produjo la primera revuelta de las Alpujarras. En 1569 tuvo lugar un nuevo levantamiento dirigido en este caso por Fernando de Válor, conocido más tarde como **Abén Humeya**. La guerra y la posterior expulsión de los moriscos tuvieron consecuencias negativas en toda la comarca, que entró en un periodo de decadencia.

Informaciones prácticas

Oficina de Información del Legado Andalusí – **Lanjarón** – *Av. de Madrid s/n – ☎ 958 77 02 82.*

Centro de Interpretación del Parque Nacional de Sierra Nevada (NEVADENSIS) – **Pampaneira** – *Pl. de la Libertad s/n – ☎ 958 76 33 01.* Organiza actividades como rutas a pie por Las Alpujarras, ascensiones a Sierra Nevada, rutas a caballo y descenso de barrancos.

Centro de Información del Puerto de la Ragua – *Ctra del Puerto de la Ragua, km 1 – ☎ 958 76 02 31.* Se pueden practicar, entre otras actividades, el esquí de fondo y el trineo con perros. *www.laragua.net*

Rustic Blue – **Bubión** – *Barrio la Ermita ☎ 958 76 33 81.* Empresa privada dedicada al turismo rural en Granada. Ofrecen alojamientos y organizan actividades.

Alojamiento

BUBIÓN

Villa Turística de Bubión – *Barrio Alto, s/n – ☎ 958 76 39 09 – fax 958 76 39 05 – 43 apart. – 57,70/72,12€.* Apartamentos sencillos y tradicionales con cocina, salón, cuarto de baño y dormitorio. El restaurante es uno de los mejores de la zona. Especialidades: cabrito, trucha y embutidos de elaboración local.

BUSQUÍSTAR

Alcazaba de Busquístar – *ctra GR 421: a 4 km de Trevélez en dirección a Juviles – ☎ 958 85 86 87 – fax 958 85 86 93 – 43 hab. – 30/60,10€.* Construcción y decoración inspiradas en la arquitectura local: cubiertas de lascas de piedra, suelos de barro cocido y paredes encaladas. Las habitaciones son amplias y disponen de terraza con vistas de la Sierra.

CÁDIAR

Alquería de Morayma – *ctra. A 348: a 2 km de Cádiar en dirección a Torvizcón – ☎ y fax 958 34 32 21 – 13 hab., 5 apart. – 37/47€.* Pequeño hotel rural con vistas de la Sierra y del pueblecito de Cádiar. Tiene bar, restaurante y bodega decorada con toneles de barro. Buena relación calidad/precio.

LANJARÓN

España – *av. de la Alpujarra, 44 – ☎ y fax 958 77 01 87 – 36 hab. – 41/56€.* En el centro de la población. Hotel de principios del s. XX que ha contado con huéspedes tan ilustres como García Lorca y Manolete. Habitaciones de techos muy altos.

Hidalgo-Lopesino/MARCO POLO

Secadero en Trevélez

TREVÉLEZ

La Fragua – *Barrio Medio, San Antonio, 4 – ☎ 958 85 85 73 – fax 958 85 86 14 – 14 hab. – 54€.* En una callecita empinada que discurre entre casas encaladas. Aunque sencillas, todas las habitaciones cuentan con teléfono y cuarto de baño; algunas tienen terraza asomada al pueblo y a la Sierra.

Compras

Jarapas – Se pueden comprar en toda la comarca. En Pampaneira existen un par de telares donde se hacen a mano:

Hilacar – *Pampaneira – c/ Viso – ☎ 956 76 32 26.*

La Rueca – *Pampaneira – c/ José Antonio, 4 – ☎ 958 76 30 27.*

Jamones – El mejor lugar para comprarlo es el pueblo de Trevélez, que cuenta con varios secaderos.

★★1 LA ALPUJARRA GRANADINA

De Lanjarón a Bayárcal

100 km – alrededor de 2 días.

Lanjarón – Es la entrada natural desde Granada y uno de los pueblos más accesibles de toda la comarca. Famoso por sus aguas minero-medicinales, se ha convertido en un gran pueblo hotelero que atrae anualmente a una gran cantidad de visitantes. Además de sus aguas lo más interesante es el **castillo** del s. XVI situado en un emplazamiento inmejorable, sobre una elevación que vigila la entrada al valle.

La carretera A 348 ofrece estupendas vistas de la Sierra de Lújar, con un paisaje árido e imponente.

A 9 km de Lanjarón, antes de llegar al pueblo de Órgiva, tome la GR 421 que recorre la vertiente Norte de las Alpujarras. Se trata de una estrecha carretera de montaña por lo que hay que extremar las precauciones.

Antes de llegar a Pampaneira la carretera pasa por tres pequeños pueblos, **Cañar**, desde el que se disfruta de buenas vistas, Carataunas y Soportújar, bastante olvidados por el turismo.

★★ **Pampaneira** – *Deje el coche en el aparcamiento a la entrada del pueblo y recórralo a pie.* Es el primero de los tres pueblos que conforman el **Barranco de Poqueira★★**. Aunque recientemente invadido por el turismo, es uno de los que mejor ha conservado la arquitectura tradicional. La calle principal, jalonada con tiendas de productos de la región, conduce hasta la **plaza de la Libertad**, donde se alza la iglesia barroca de la Sta. Cruz (s. XVII). La mejor manera de descubrir el encanto de estos pueblos es perderse por sus callejuelas. En Pampaneira todavía existen varios telares donde se siguen haciendo las jarapas a mano y que es posible visitar. Cuenta con un **Centro de Visitantes** Ⓥ que organiza excursiones.

Continúe por la carretera GR 421 y, a 2 km, tome el desvío a Bubión (3 km) y Capileira (4 km).

Bubión – Situada a 1.296 m de altitud, la villa de Bubión se hizo famosa durante la revuelta de 1569 cuando su torre se convirtió en un importante centro de resistencia morisca. Como los otros pueblos del barranco, sus casas, de rugosas paredes encaladas y tejados planos, nos transportan al Norte de África.

Capileira – Es el situado a mayor altitud de los tres, a 1.436 m. Su iglesia parroquial (s. XVI) conserva un bonito retablo barroco, y en una de sus casas se ha instalado el **Museo Alpujarreño de Artes y Costumbres Populares** Ⓥ, que recrea la vida alpujarreña en el s. XIX.

B. Kaufmann/MICHELIN

Callejuela de Pampaneira

Regrese al desvío de la GR 421.

Mecina Fondales – Desde Fondales es posible hacer excursiones a lo largo del valle formado por el río Trevélez. Desde aquí sale una carreterita que termina en el pueblo de Ferreirola, nombre que hace referencia a la abundancia de hierro en toda la comarca.

La carretera discurre ahora por un paisaje de extraordinaria belleza y penetra poco a poco en el bonito valle del río Trevélez.

Pitres – Es el pueblo más importante de los siete que conforman la **Taha**, antigua organización territorial árabe que agrupa a las poblaciones de Pitres, **Capilerilla**, Mecina, Mecinilla, Fondales, Ferreirola y Atalbéitar.

Pórtugos – Es famoso por su **Fuente Agria**, manantial de aguas ferruginosas situado detrás de la ermita de Nuestra Señora de las Angustias, a la salida del pueblo. La tradición dice que el agua que sale de cada uno de los cinco caños tiene un sabor diferente. Lo mejor es hacer la prueba uno mismo. Enfrente, unas escaleras nos conducen hasta el **Chorreón**, una cascada teñida de color rojizo que delata el origen ferroso del terreno.

Busquístar – Este tranquilo pueblo, de estructura mozárabe, es el primero del espectacular **valle del río Trevélez★**. Desde aquí la carretera asciende por la margen izquierda del valle hasta la población que da nombre a todo el valle. Sus casas, de una blancura casi hiriente, son menos interesantes que las de sus vecinos de Poqueira.

★ **Trevélez** – Trevélez, formado por tres barrios a diferente altura, es el municipio español situado a mayor altitud: 1.600 m en el barrio alto. Sus casas encaladas y sus sinuosas y estrechas callejuelas se extienden por la ladera como si se tratara de enormes manchas de nieve. Detrás, en actitud vigilante, el pico **Mulhacén**, que con sus 3.482 m de altitud es el más alto de la Península.

A 6 km de Trevélez, a la derecha, sale la GR 413, una pequeña carretera que, tras dejar a un lado las abandonadas minas del Conjuro, enlaza con la localidad de Torvizcón y con la carretera A 348, que recorre la parte Sur de la Alpujarra.

Si por el contrario decide continuar hacia la parte más oriental de la Alpujarra, debe seguir por la GR 421 hasta la localidad de Juviles.

Juviles – En este punto el paisaje cambia radicalmente, el verdor de los dos valles precedentes da paso a un terreno mucho más agreste. La **iglesia de Santa María de Gracia** (s. XVI) es una de las más bonitas de la Alpujarra granadina.

La casa alpujarreña

Es quizá la mejor muestra del pasado árabe de esta región. Cualquiera que haya visitado el Norte de África se sorprenderá con las fuertes similitudes. Son casas orientadas hacia el Sur, siguiendo muchas veces la orografía del terreno y buscando el calor del sol. Se distribuyen a diversas alturas, formando terrazas escalonadas y conformando calles estrechas y de fuertes pendientes por las que circula el agua. Suelen tener dos plantas y sus paredes están totalmente cubiertas de cal. Su rasgo más característico son los tejados planos, llamados **terraos**, hechos de grandes vigas de castaño y tablas (alfarjías), sobre los que se echa una capa de arena gris llamada **launa**, que al contacto con el agua queda compacta e impermeabiliza las casas. Estas terrazas planas se utilizaban antiguamente como lugares de reunión. Hoy todavía es posible ver a las mujeres colgar la colada o utilizarlas como secadero y despensa.

Mecina Bombarón – Aquí el paisaje es todavía más seco y aparece un tipo de vegetación más mediterránea, como la vid. No en balde al Sur encontramos la comarca de la **Contraviesa**, famosa por sus vinos. El pueblo, llamado antiguamente, Mecina Buenvarón, está atravesado por pequeños barrancos que separan sus barrios. A la salida, al lado del puente moderno, se encuentra un puente romano sobre el río Mecina.

Yegen – Este anodino pueblo debe su fama a que aquí vivió en los años 1920 el hispanista inglés **Gerald Brenan**, autor de la novela *Al Sur de Granada*, estupenda recopilación de las tradiciones y costumbres de la comarca alpujarreña. Una placa indica la casa en la que Brenan pasó 7 años entre 1923 y 1934.

Válor – Es el pueblo más grande de esta parte de la Alpujarra granadina. La **iglesia de San José**, del s. XVI, es de estilo mudéjar como la mayoría de las de la comarca. En la plaza destaca una fuente de finales del s. XVIII. En Válor nació y vivió, Don Fernando de Válor, conocido como **Abén Humeya**, cabecilla de la rebelión de los moriscos en 1568.

Laroles – *A 11 km de Válor por la GR 421*. Situado a los pies del puerto de la Ragua, en él destaca la curiosa torre de su iglesia parroquial. Hacia el Sur se encuentran las pequeñas poblaciones de Picena y Cherín.

A 2 km una estrechísima carretera comunica la Alpujarra granadina con Bayárcal, el primer pueblo de la Alpujarra almeriense.

Jamón, jamón

Desde que la reina **Isabel II** alabara las excelencias de sus jamones en el s. XIX, el nombre de **Trevélez** se identifica con sus estupendos embutidos. El secreto de sus secaderos reside en las especiales condiciones climáticas (frío y seco) y en el empleo exclusivo de sal marina. Son jamones de cerdo blanco, grandes (10 kg) y algo redondos.

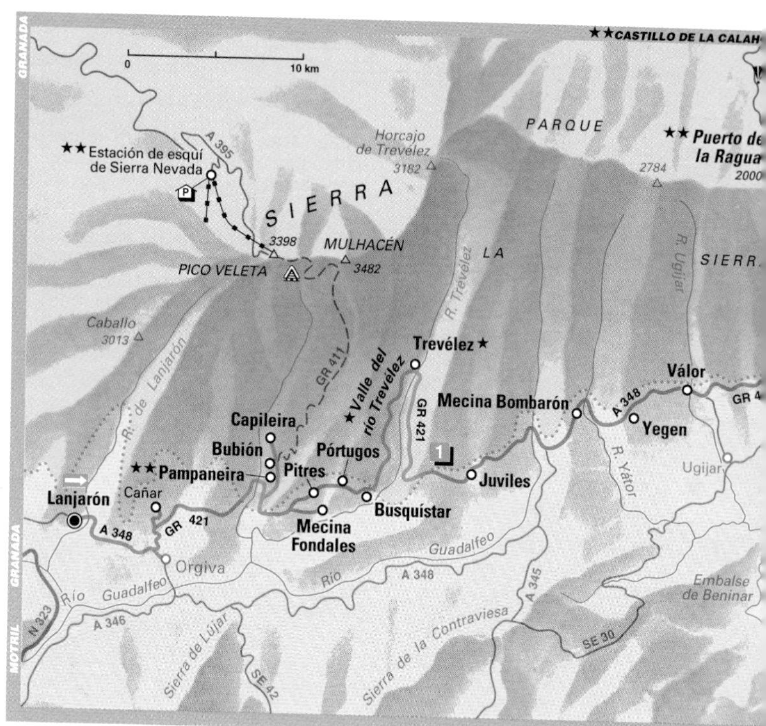

★★ **Puerto de la Ragua** – Desde Laroles sale la única carretera que comunica las dos vertientes de Sierra Nevada. Hasta el puerto de la Ragua (2.000 m) la carretera asciende en suave pendiente y el paisaje va adquiriendo las características de la alta montaña. Pasado el puerto, la carretera, ahora más estrecha y con mayor pendiente, desciende hacia la altiplanicie de Guadix ofreciendo unas magníficas vistas del **castillo de La Calahorra** ★★ *(ver p. 228)*.

★ 2 LA ALPUJARRA ALMERIENSE

De Bayárcal a Alhama de Almería

73 km - alrededor de 3 h.

Bayárcal – Colgada en la ladera, es la población de Almería situada a mayor altitud (1.275 m). Su encinar es uno de los mayores de la provincia. Merece la pena dar un paseo por el pueblo y disfrutar de las extensas vistas. La **iglesia de San Francisco Javier**, mudéjar del s. XVI, alberga algunas tallas interesantes: San Francisco Javier, patrón del pueblo, una Inmaculada de Alonso Cano y un *Ecce Homo*.

Paterna del Río – *7 km al Oeste*. El pueblo, situado en plena sierra, está rodeado de castaños, encinas y álamos. En su caserío sobresale la **iglesia de San Juan Bautista**, que conserva un artesonado mudéjar.

Laujar de Andarax – Laujar, capital de la Alpujarra almeriense, está situado junto al nacimiento del río Andarax, con Sierra Nevada al Norte y la Sierra de Gádor al Sur. Adornan sus calles algunas casas señoriales de los ss. XVI y XVII y numerosas fuentes.

Alojamiento

LAUJAR DE ANDARAX

Almirez – *ctra. Laujar–Órgiva, km 1,6: a la salida de la ciudad en dirección a Alcolea – ☎ y fax 950 51 35 14 – 20 hab. – 23,47/35,36€.* Pequeño hotel con restaurante sin ningún detalle particular pero adecuado para dormir sin gastar demasiado.

Villa Turística de Laujar – *Camino del Caleche – ☎ 950 51 30 27 – fax 950 51 35 54 – 31 apart. – 50,48/68,52€ (desayuno incluido).* Complejo hotelero situado a la salida del pueblo. Apartamentos de 1 a 6 personas. Carece de encanto particular pero las habitaciones son muy confortables.

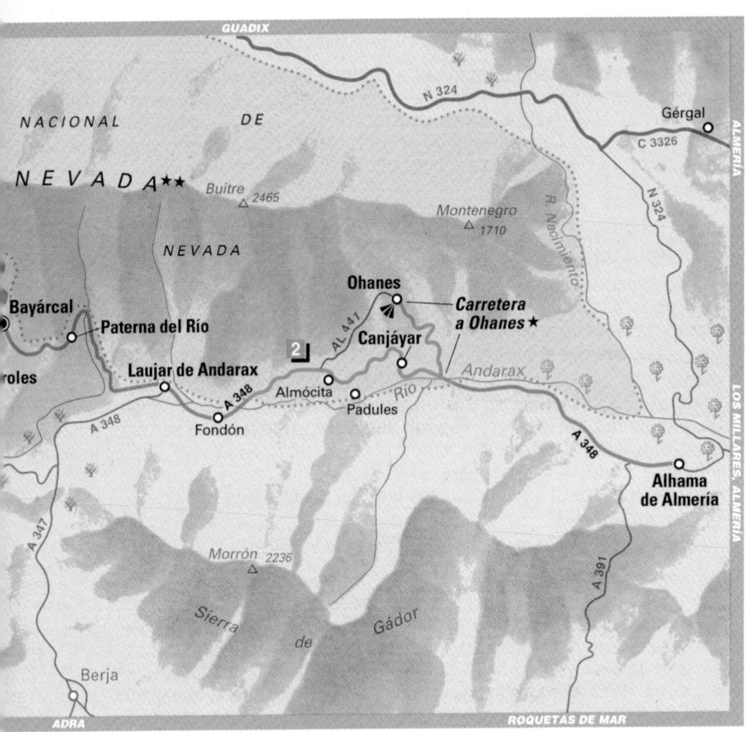

Aquí nació el escritor **Francisco Villaespesa** (1877-1936), admirador y divulgador de Rubén Darío en España. Dos placas le recuerdan: una en el mirador de la Vega, junto a la plaza de la Alpujarra, y la otra en su casa natal.

Iglesia parroquial de la Encarnación – Iglesia de ladrillo del s. XVI que tiene un campanario en la cabecera. El interior, de una sola nave, posee un bello retablo barroco en el altar mayor, con una Inmaculada atribuida a Alonso Cano.

Ayuntamiento – s. XVIII. Construido en ladrillo, muestra una gran sobriedad y equilibrio en su fachada. A la izquierda se encuentra el **Pilar de los Cuatro Caños**, una bonita fuente pública de piedra del s. XVII.

Un hecho histórico

El cabecilla morisco de la sublevación de la Alpujarra de 1568, **Abén Humeya**, fue asesinado en Laujar por otros jefes de la revuelta el 20 de octubre de 1569. Tras el fin de la sublevación, en 1571, los moriscos fueron expulsados del reino de Granada.

Nacimiento del Andarax – *A 1,5 km. Siga la señalización "Nacimiento", a la izquierda de la plaza.* En este agradable paraje con frondosos pinares nace el río Andarax, que recorre el valle al que se asoman todos los pueblos de la Alpujarra almeriense. Se ha acondicionado un área recreativa con mesas y barbacoas.

Tome la A 348

Carretera de Laujar a Canjáyar – Recorre la fértil vega del Andarax entre bancales con naranjos, chumberas y algunos parrales que proporcionan la cotizada uva de Almería.

En los 20 km que separan Laujar de Andarax de Canjáyar, se pasa por **Fondón**, y **Almócita**, típicos pueblos alpujarreños de blancas casas y bonitas iglesias parroquiales. La carretera ofrece una hermosa vista de **Padules**, con una iglesia del s. XVI que domina el pueblo asentado en una loma.

Canjáyar – A los pies de la ermita de San Blas, sobre un cerro, se despliega el pueblo con sus calles blancas, que guardan un cierto aire morisco, y su iglesia parroquial de la Santa Cruz.

Continúe por la A 348 y a 3 km tome el desvío a Ohanes.

En Laujar se produce un vino rosado o clarete. Hay varias bodegas particulares y una ecológica, situada en las afueras, llamada el Cortijo del Cura.

Una curiosa devoción

En muchas poblaciones como Laujar, Fondón, Ohanes o Canjáyar podrá ver unas pequeñas ermitas, situadas a la entrada o salida de los pueblos; se llaman Ánimas. Estas capillitas tienen un altar con un cuadro en el que se representa a la Virgen del Carmen sacando de las llamas a las ánimas con la ayuda de los ángeles. La puerta de acceso tiene una mirilla para ver el interior.

★ **Carretera a Ohanes** – La carretera de ascenso al pueblo de Ohanes (958 m) se ciñe a la montaña y por un recorrido sinuoso ofrece espectaculares **vistas★** según vamos ganando altura. Ningún pueblo ni signo de civilización rompen el encanto que produce la belleza del paisaje. La amplitud del panorama que se disfruta es sorprendente: a lo lejos se ven las formaciones montañosas de la Sierra de Gata. Tras una curva aparece el pueblo.

Ohanes – Situado en un privilegiado **emplazamiento★**, domina desde lo alto el valle del Andarax. Sus casas forman una mancha blanca sobre el verde tapete de la ladera de la montaña. La iglesia parroquial, de piedra, pone la pincelada ocre a este bello cuadro. Las calles estrechas y empinadas, colgadas en el vacío, resaltan sobre el intenso azul del cielo almeriense.
Toda la ladera de la montaña, a los pies del pueblo, está cubierta de parrales cultivados en terrazas.

Regrese a la A 348 por el mismo camino o por Beires.

Alhama de Almería – *A 19 km de Canjáyar, en dirección a Almería.* Merece la pena fijarse en el contraste de paisajes que rodea la villa: por una parte el desierto de Tabernas y el valle del Andarax; por otra, la Sierra de Gádor. Posee un balneario con aguas minero-medicinales que tienen una temperatura de unos 46 °C, varias casas señoriales y un antiguo café, el Tertulia, de principios del s. XX. En Alhama nació, en 1838, **Nicolás Salmerón**, presidente de la I República, que dimitió de su cargo para no firmar una sentencia de muerte. No deje de probar las sabrosas rosquillas de esta localidad.

Vista del pueblo de Ohanes

ANDÚJAR★

Jaén – 35.803 habitantes

Mapa Michelin nº 446 R 17

Considerada el primer centro olivarero de España, la antigua Isturgis íbera, por la que pasaron los romanos y, más tarde, los árabes –que construyeron una monumental muralla (s. IX)– fue reconquistada definitivamente por Fernando III en 1225. Esta población sobria y atractiva ha recibido la visita de ilustres viajeros, como Francisco de Quevedo, que preparó en la ciudad un viaje del rey Felipe IV; Cosme de Médicis, cuya comitiva atravesó la villa en su regreso a Italia desde Córdoba; y posteriormente, en los ss. XVIII y XIX, Joseph Towsend –célebre viajero británico–, Leandro Fernández de Moratín y Prosper Merimée, entre otros.

Actualmente Andújar es un importante centro agrícola e industrial, cuyo casco antiguo conserva tortuosas callejuelas empedradas y edificios vetustos. A todo ello se añade el atractivo entorno paisajístico de la población, presidido por el **Parque Natural Sierra de Andújar**, una espectacular zona de bosques y riachuelos que acoge el popular Santuario de la Virgen de la Cabeza. Finalmente, hemos de resaltar la conocida cerámica andujareña (ceniceros, cuencos, platos, etc.) y la suculenta oferta gastronómica, con recetas tan apetitosas como el "ajo blanco", los "espárragos esparragaos" y los "flamenquines".

Iglesia de Santa María – Situado en la bella plaza del mismo nombre, este edificio se comenzó a finales del s. XV y no se terminó hasta el s. XVII, por lo que presenta un interesante eclecticismo arquitectónico. Su interior, cubierto con bóvedas de crucería, circulares y vaídas, guarda obras tan notables como la *Asunción de la Virgen* de Pacheco (*absidiolo izquierdo*), una Inmaculada de Guiseppe Cesari, un manuscrito autógrafo de San Juan de la Cruz y, sobre todo, el ***Cristo en el huerto de los olivos***★★, de El Greco, situado en una capilla de la izquierda, cerrada por una hermosa **reja**★ del maestro Bartolomé (s. XVI). Este gran lienzo, que ha sido fuente de las más diversas leyendas e interpretaciones, muestra a Cristo ataviado con una elegante túnica roja e iluminado por una luz que, como un foco, cae del cielo, aislándole de los otros personajes: un ángel vestido de blanco y los apóstoles San Pedro, Santiago y San Juan que parecen dormitar a sus pies.

Alojamiento

CORRECTO

Don Pedro – *Gabriel Zamora, 5 – ☎ 953 50 12 74 – fax 953 50 47 85 – 29 hab. – 24/36€.* Hotel céntrico, sin atractivos especiales pero con habitaciones correctas y modernas dotadas de teléfono, televisor, aire acondicionado y cuarto de baño. Patio con terraza y bar en verano.

Restaurantes-Tapas

CORRECTO

Las Perolas – *Serpiente, 6 – ☎ 953 50 67 26 – 14€.* Ana Domínguez, la propietaria, es un personaje local muy conocido por la calidad de su cocina. Para comprobarlo basta con oler el delicioso aroma de sus guisos de cerdo, conejo y toro, que sirve en "perolas" sobre el mostrador. Ambiente familiar.

El Mesón – *Isidoro Miñón, s/n – ☎ 953 51 17 69 – 15,03€.* Céntrico bar de tapas, con terraza, frecuentado sobre todo por gente joven. Su especialidad es el serranito (montadito de lomo con jamón y pimiento).

Ayuntamiento ⓥ – Este edificio de mediados del s. XVII conserva en su interior el antiguo Corral de Comedias, donde se ofrecían representaciones teatrales.

Iglesia de San Miguel – Su imponente silueta preside la plaza de España o del Mercado. El interior, decorado con curiosos murales de los ss. XVII y XVIII, posee un singular coro y un bonito cancel, adornados ambos con relieves sabiamente tallados.

Palacio de Los Niños de don Gome ⓥ – Se trata de una construcción elegante (s. XVI) en la que destaca la sobria torre con decoración de influencia indiana. En el interior hay un bonito patio porticado y las caballerizas, que conservan los pesebres antiguos.

Iglesia de San Bartolomé – Obra de finales del s. XV, su principal atractivo reside en la fachada, con tres **portadas góticas**★ en las que, por su elegancia y minuciosidad, los elementos ornamentales adoptan el aspecto de verdaderos encajes de bolillos realizados en piedra.

Torre del Reloj – Junto con un pequeño tramo en la calle Silera y los torreones de la Fuente Sorda y de Tavira, esta antigua atalaya es uno de los pocos vestigios que quedan de la muralla árabe.

Los encinares

A pesar de que el paisaje de Jaén tiene en el olivo a su gran protagonista, no deben pasarse por alto los hermosos encinares, que se encuentran especialmente en la sierra de Andújar. Las encinas son árboles de una gran belleza plástica, que adoptan una fisonomía distinta según la luz que los ilumina. De ahí proviene, seguramente, una famosa leyenda local según la cual las encinas bailan durante la noche hasta que los primeros rayos de sol las petrifican: por eso, cuando se hace de día, es imposible reconocerlas.

ALREDEDORES

Villanueva de la Reina – *14 km al Sudeste por la JV 2310.* Situado a orillas de río Guadalquivir, este tranquilo pueblo permite observar el contraste entre los perfiles montañosos de la sierra y el paisaje horizontal de la meseta. En el núcleo antiguo se conserva la **iglesia de Nuestra Señora de la Natividad** (s. XVIII).

★ **Parque Natural Sierra de Andujar** ⓥ – *Salga de la población por la J 5010 en dirección Norte.* La carretera, en cornisa, asciende a través de un impresionante paisaje de encinas, alcornoques, acebuches y madroños, proporcionando magníficas **vistas**★★. Situado en las primeras estribaciones de Sierra Morena, sobre el valle del Guadalquivir, sus 60.800 ha ofrecen una gran variedad paisajística, en la que se alternan las dehesas abiertas, habitadas por reses bravas, y los barrancos sombríos, donde la tupida vegetación constituye un hábitat ideal para ciervos, gamos, linces y jabalíes. Los ríos Jándula y Yeguas, muy caudalosos, aportan al parque el atractivo de la actividad pesquera, mientras que para los amantes del senderismo existen numerosas rutas que permiten atravesar los extraordinarios encinares y jarales, así como los sensuales mantos de jazmines silvestres y lentiscos.

Santuario de la Virgen de la Cabeza ⓥ – Se encuentra en el corazón del parque, cerca del magnífico **Coto Nacional de Lugar Nuevo**, a unos 32 km de Andújar. Según la tradición, la Virgen se apareció en este alto montañoso en forma de cabeza. Para conmemorar el hecho milagroso se construyó un santuario que se completaría más tarde con un monasterio desaparecido durante la Guerra Civil. Actualmente es uno de los principales centros de peregrinación mariana de Andalucía y el punto de destino de una inmensa multitud que celebra el último domingo de abril una popular **romería**.

Alojamiento en la Sierra de Andújar

La Mirada – *Santuario Virgen de la Cabeza: a unos 30 km de Andújar – ☏ 953 50 21 11 – 15 hab. – 55€.* En el corazón del Parque Natural de Andújar. Habitaciones correctas, limpias y modernas que llegan a multiplicar su precio por diez los días de la célebre romería de la Virgen de la Cabeza. Una buena dirección a precio moderado el resto del año.

Bailén – *23 km al Nordeste por la N IV.* Esta población es famosa por la **batalla** que tuvo lugar en sus inmediaciones en 1808 y que enfrentó al ejército francés, dirigido por Dupont, y a las tropas españolas, bajo el mando del general Castaños. Esta contienda supuso el principio de la derrota francesa en territorio español.
El pueblo presenta un trazado urbano típicamente andaluz, con casas encaladas y plazas agradables. Su principal monumento es la **iglesia de la Encarnación**, templo gótico-renacentista (s. XVI) que guarda la tumba del general Castaños.

ANTEQUERA★

Málaga – 40.239 habitantes
Mapa Michelin nº 446 U 16

Conocida por los romanos como *Antikaria* –ciudad antigua– esta milenaria población se extiende a los pies de la sierra del Torcal, frente a la Peña de los Enamorados, en el corazón de la provincia de Málaga. Conquistada por don Fernando de Aragón en 1410, vivió su época de mayor esplendor entre los ss. XVI-XVIII, como atestigua la gran cantidad de edificios religiosos y civiles construidos durante esta época. El tipismo de sus callejuelas adoquinadas, la blancura de sus casas bajas, adornadas con flores en los balcones y rejas, así como la monumentalidad de sus iglesias y paseos conviven en armonía con otras construcciones más modernas. Actualmente es un importante centro industrial y agrícola gracias, sobre todo, a la riqueza que le proporcionan las fértiles tierras del valle donde se asienta. Su **Semana Santa**, muy popular por su emotividad y la belleza de sus pasos, tiene uno de sus momentos culminantes en la noche del Viernes

Alojamiento

CORRECTO

Nuevo Infante – *Infante D. Fernando, 5 – ☎ 952 70 02 93 – fax 952 70 00 86 – 12 hab. – 24,04/36,06€.* Hotelito situado en una calle comercial. Las habitaciones dan a un patio interior. Recepción en la segunda planta.

UNA BUENA OPCIÓN

Parador de Antequera – *García del Olmo, s/n – ☎ 952 84 02 61 – fax 952 84 13 12 – 55 hab. – 66,20/82,76€.* Parador de construcción moderna que se alza fuera de la ciudad y dominando el valle. Habitaciones amplias.

Restaurantes

CORRECTO

El Escribano – *pl. de los Escribanos, 11 – ☎ 952 70 65 33 – 15€ – abre de 11 a 24; cerrado lu.* En la zona más alta de la población. Restaurante y bar con terraza que da a la Colegiata de Santa María.

La Espuela – *pl. de Toros – ☎ 952 70 34 24 – 12€ – abre de 12 a 24.* Este restaurante que se encuentra en los bajos de la plaza de toros ofrece una variada gastronomía tanto local como nacional.

UNA BUENA OPCIÓN

Lozano – *av. Principal, 1 – ☎ y fax 952 84 27 12 – 16,80/23,30€.* Aunque su emplazamiento en una zona industrial carece de atractivo, es uno de los mejores restaurantes de la ciudad. Especializado en carnes y pescados que se sirven en una sala grande y ruidosa. Dispone también de habitaciones (47/57€).

Santo, cuando se celebra, en la plaza de San Sebastián, una hermosa "despedida" entre las hermandades de la Santa Cruz de Jerusalén y del Dulce Nombre de Jesús, fundadas ambas en el s. XVI. Finalmente, conviene destacar la rica gastronomía local, con platos tan suculentos como la "porra antequerana" (variante del salmorejo), las manos de cerdo con garbanzos y, para los postres, el "bienmesabe", un dulce de almendras de origen árabe.

Alcazaba 🕐 – Se accede a través de un paseo que atraviesa frondosos setos y proporciona bonitas **vistas★** de la sierra del Torcal, de la vega de Antequera, con la Peña de los Enamorados al fondo, y del núcleo urbano, del que se divisan los hermosos tejados pintados y las esbeltas torres de las iglesias. Ésta fue la primera fortaleza del reino de Granada conquistada por los cristianos (1410), aunque pronto cayó de nuevo en poder de los árabes. Sus murallas (s. XV), construidas con materiales de época romana reutilizados, acogen una agradable zona ajardinada, ideal para pasear o para sentarse a disfrutar del silencio que envuelve esta parte de la ciudad. De las torres que se conservan destacan la de la Estrella, la Torre Blanca y, sobre todo, la del Homenaje, llamada popularmente Papabellotas, que está coronada por un templete donde se encuentra la popular campana de Antequera.

Hidalgo-Lopesino/MARCO POLO

Antequera al anochecer

Peña de los Enamorados

Este hermoso peñón que se encuentra en mitad del camino que une Antequera y Archidona es muy popular gracias a una leyenda romántica. Cuenta ésta que Tagzona, hija del mandatario árabe de la zona, se enamoró perdidamente de Tello, joven cristiano que estaba prisionero en una localidad cercana a Antequera. Ambos decidieron fugarse juntos pero fueron descubiertos por los guardianes del padre de Tagzona, quienes les persiguieron hasta lo más alto de una peña que se hallaba en la afueras de la ciudad. Ya sin escapatoria, con los arqueros árabes apuntando al corazón de Tello, los dos enamorados se cogieron de las manos y se lanzaron al vacío para sellar por siempre su amor.

★ **Colegiata de Santa Maria** – Situado en la plaza del mismo nombre, a los pies de los jardines del castillo, este edificio del s. XVI constituye un bello ejemplo de primer Renacimiento, estilo que se alterna en algunas partes con elementos góticos anteriores. Se accede a través del **Arco de los Gigantes** (s. XVI), que conserva vestigios de lápidas y esculturas romanas halladas en los alrededores de la ciudad. La colegiata es un monumental templo de tres naves cubiertas con bóvedas mudéjares y separadas por arcos de medio punto que descansan sobre columnas jónicas. Conviene resaltar la bonita **fachada**, inspirada en los arcos de triunfo romanos y rematada por esbeltos pináculos, así como la capilla mayor, de planta rectangular y bóveda gótico-mudéjar. Durante el Siglo de Oro fue sede de la Cátedra de Gramática y Latinidad, alrededor de la cual se agruparon importantes poetas antequeranos.

Iglesia del Carmen – Es el único vestigio de un antiguo convento de carmelitas. Levantada entre los ss. XVI-XVII, consta de una sola nave de amplias proporciones cubierta con un hermoso **artesonado** mudéjar. El interior, profusamente decorado a base de pinturas y yeserías policromadas, guarda un bello **retablo** en el altar mayor. Esta espléndida pieza del s. XVIII, obra de Antonio Primo realizada en madera sin policromar, alberga en su parte central un camarín decorado con pinturas.

Museo Municipal – Situado en el **Palacio de Nájera**, un edificio del s. XVII con una bella torre-mirador, contiene una notable colección de piezas arqueológicas, entre las que destaca el **Efebo de Antequera★**. Esta hermosa escultura en bronce de época romana (s. I) representa a un adolescente desnudo, cuyas manos aparecen en actitud de portar algún objeto hoy desaparecido. Fíjese en la ligereza de la obra, así como en su bella expresión contenida.

Convento de San José – Su fachada es un interesante ejemplo de barroco antequerano. Se trata de un conjunto de gran originalidad, compuesto por una portada con un arco de medio punto que descansa sobre estípites y decoración a base de figuras que, a modo de ménsulas, sostienen una cornisa con formas vegetales pulcramente labradas y máscaras grotescas. El interior acoge una interesante colección de pintura antigua.

Convento de la Encarnación – La iglesia (s. XVI), de una sola nave y capilla mayor elevada, presenta similitudes con el modelo arquitectónico de algunos templos granadinos mudéjares. La portada de la calle Encarnación está formada por un arco de medio punto en cuyas enjutas se sitúan las figuras del Ángel y la Virgen, formando una Anunciación. Conserva interesantes esculturas del s. XVIII.

Iglesia de San Sebastián – Construida en el s. XVI, su portada principal es un interesante ejemplo de estilo plateresco; está rematada por una esbelta torre del s. XVIII con cuatro cuerpos, una de las imágenes emblemáticas de Antequera. Ya en el interior destacan, entre las numerosas obras de arte antiguas, la talla de la Virgen de la Esperanza (s. XV) y diversas pinturas del manierista Antonio Mohedano.

"Salga el sol por Antequera..."

Corrían los inicios del s. XV, Antequera se hallaba bajo el dominio árabe y las tropas cristianas venían del Norte de la Península para reconquistar estas tierras. El infante don Fernando de Aragón dudaba de cuál debía ser su estrategia militar, así que, una noche mientras dormía, se le apareció una hermosa joven rodeada de leones que le dijo: "Mañana, salga el sol por Antequera y que sea lo que Dios quiera". Al día siguiente, el 16 de septiembre de 1410, las tropas cristianas tomaron la ciudad de Antequera, que fue consagrada a Santa Eufemia, virgen y mártir calcedonense que inspiró de forma mágica al infante don Fernando, también llamado "el de Antequera". Desde entonces esta frase se ha convertido en un dicho muy socorrido, una especie de conjuro que sirve para armarse de valor y afrontar cualquier peligro que nos aceche.

Iglesia de San Agustín – Construido por Diego de Vergara, quien levantó la catedral de Málaga, este edificio del s. XVI posee una sola nave cubierta con bóveda de crucería gótica y una bonita torre de los ss. XVII-XVIII. La portada, manierista, es un arco de medio punto con un balcón sobre el que aparecen hornacinas con imágenes religiosas. En el Altar Mayor hay interesantes lienzos que narran la vida de San Agustín, obra de Mohedano.

Palacio Municipal – Este antiguo convento de monjes Terceros Franciscanos presenta una singular fachada neobarroca realizada en 1953. Su principal atractivo es el claustro, formado por dos elegantes galerías, la inferior de arcos de medio punto y bóvedas de arista, y la superior con ventanales rematados por frontones partidos. La escalera que comunica ambos pisos es una pieza barroca cubierta por una bóveda con yeserías y decoración en mármol policromado.

Convento de Nuestra Señora de los Remedios – La iglesia del s. XVII, dedicada a la patrona de Antequera, posee planta de cruz latina con dos capillas laterales y suntuosa ornamentación centrada en temas franciscanos y motivos vegetales. El altar mayor está presidido por un bello retablo dorado que acoge un camarín decorado con yeserías en cuyo interior se halla la Virgen de los Remedios (s. XVI).

Real Convento de San Zoilo – Esta construcción gótica tardía (s. XVI) presenta una rica decoración interior a base de yeserías policromadas que dibujan motivos vegetales y formas geométricas. Destacan el artesonado mudéjar, un retablo compuesto por tablas renacentistas (s. XVI) y el llamado Cristo Verde, una imagen renacentista atribuida a Pablo de Rojas.

Convento de Belén – Se trata de un edificio del s. XVIII con tres naves profusamente decoradas. La nave central está cubierta por bóveda de cañón con lunetos, mientras que las laterales, distribuidas a modo de capillas, están separadas por arcos de medio punto. A ambos lados del crucero, que se cubre con una cúpula semicircular, aparecen dos altares; el del lado de la Epístola, presidido por un camarín decorado con yeserías, acoge una imagen de Cristo obra de José Mora. Las monjas que habitan el convento elaboran y venden unos dulces deliciosos.

★ **Dólmenes de Menga y Viera** ⓥ – *A la izquierda de la salida de Antequera por la A 354, dirección Granada.* Estas enormes tumbas colectivas, situadas a los pies del Cerro de la Cruz, pertenecen a la Edad del Bronce y se construyeron aprovechando el desnivel de un montículo; haciendo gala de una avanzada técnica constructiva, sus autores abrieron una zanja lateral para deslizar las losas. El **dolmen de Menga** (2500 a. C.) es una especie de cueva artificial que presenta una amplia cámara ovalada precedida por una galería de casi 25 m de largo, 7 de ancho y 2,70 de alto, con diez monolitos en sentido vertical y cinco en sentido horizontal. Esta cámara, cubierta por una enorme losa, posee siete grandes monolitos a cada lado y una piedra en la cabecera. Fíjese en el tercer monolito vertical del lado izquierdo de la galería, donde aparecen esquemáticas representaciones humanas y símbolos solares. El **dolmen de Viera** (2200 a. C.) está compuesto por una larga galería al final de la cual se halla la cámara sepulcral, que forma una especie de cubo compuesto por cuatro monolitos verticales y una gran losa como cubierta.

ALREDEDORES

★ **Dolmen de El Romeral** ⓥ – *4 km al Nordeste. Salga de Antequera por la A 354. En un cruce señalizado, gire a la izquierda y tome la N 331.* De arquitectura más compleja que los dólmenes de Menga y Viera, la cueva de El Romeral (1800 a. C.) posee muros de sillarejo en saledizo, dos cámaras circulares y una galería cubierta con losas de caliza. La primera cámara se cubre con una falsa bóveda y está cerrada por una gran losa monolítica; tras ella aparece una puerta labrada que da acceso a la segunda estancia, con una especie de altar para ofrendas.

★★ **Parque Natural de El Torcal** – *14 km al Sudeste. Tome la C 3310 dirección Villanueva de la Concepción, gire a la derecha en un desvío señalizado hasta el* ***Centro de Recepción del Parque*** ⓥ. Con una extensión de más de 12 ha, este parque posee uno de los paisajes kársticos más impresionantes de la península. La erosión del viento y la lluvia cargada de anhídrido carbónico ha producido simas, obeliscos y corrales donde pueden admirarse formas naturales que recuerdan las más variadas figuras. La flora (escila española y ombligo de venus) aporta al parque, sobre todo en primavera, un colorido y un olor singulares. Se trata de un lugar donde conviene dejar volar la imaginación y dejarse fascinar por una naturaleza escarpada y extrema. Para no perderse, diríjase al centro de recepción y siga cualquiera de los dos itinerarios señalizados. El más corto *(1 h a pie, ida y vuelta)* discurre por la vereda de la Losa hasta la torca de la Maceta y tiene en el mirador de las Ventanillas uno de sus puntos culminantes; desde este último se divisan excepcionales **panorámicas**★★. El itinerario más largo *(3 h a pie, ida y vuelta)*, atraviesa la sima del Chamorro, el peñón del Pizarro y la vereda de los Topaderos.

Archidona – *19 km al Nordeste. Salga de Antequera por la A 354. Tras la Peña de los Enamorados, enlace con la A 92 y en un cruce señalizado gire a la derecha.* Situada en la falda de la sierra de Gracia, a los pies del pico del Conjuro, sobre un paisaje de ondulados campos de olivares, aparece esta población que conserva numerosos vestigios árabes esparcidos por su núcleo antiguo.

★ **Plaza Ochavada** – Llamada así por estar edificada sobre un polígono de ocho lados, es uno de los símbolos más populares de Archidona. Fue construida en el s. XVIII por los arquitectos Francisco Astorga y Antonio González, quienes combinaron elementos inspirados en el urbanismo francés con motivos característicos del urbanismo andaluz. Las fachadas de los edificios que componen la plaza alternan el ladrillo rojo de los arcos y pilastras con la mampostería pintada de blanco y los floridos balcones típicamente andaluces. Antiguamente se celebraban en su interior corridas de toros.

Ermita de la Virgen de Gracia – Se halla en la parte más elevada de la ciudad, en el interior del antiguo castillo árabe, del que sólo quedan algunos lienzos amurallados, la torre del homenaje, vestigios de un aljibe y la restaurada Puerta del Sol. El edificio es un pequeño templo de tres naves, cúpula semiesférica y casquete elíptico con decoración de yeserías (s. XVIII), que conserva diversos elementos ornamentales pertenecientes a la mezquita musulmana anterior. Desde su emplazamiento se divisan bonitas vistas de Archidona y el paisaje de los alrededores.

Iglesia de Santa Ana ⓥ – Esta construcción gótica con elementos barrocos, como la bella fachada del s. XVIII, posee una despejada torre de base triangular, rematada por un pináculo en forma de pirámide con tejas vidriadas verdes y blancas, así como interesantes obras de arte en su interior.

Convento de las Mínimas – El principal elemento de este antiguo cenobio (s. XVIII) es su portada barroca, flanqueada por una torre poligonal de ladrillo rojo y decoración de cerámica vidriada.

Iglesia de las Escuelas Pías ⓥ – Guarda en su interior una venerada imagen de Jesús Nazareno.

★ **Laguna de la Fuente de Piedra** – *22 km al Noroeste. Salga de Antequera por la A 354 y enlace con la A 92 dirección Sevilla. Gire a la derecha en la salida 132 y tome la MA 701 hasta Fuente de Piedra. Una vez en el pueblo siga las indicaciones.* Se trata de una gran laguna salina con variadas especies vegetales (sosa, suaeda vera, juncales, etc.) y una compleja comunidad faunística, entre la que destaca la importante colonia de flamencos –una de las mayores de Europa–, así como cigüeñuelas, gaviotas reidoras, grullas y pagazas piconegras. El espectáculo que proporcionan estas aves surcando el cielo y agrupándose sobre la superficie del agua, como si de manchas de color se tratara, es impresionante, sobre todo al atardecer.

★VALLE DEL GUADALHORCE

De Antequera hasta la Cueva de doña Trinidad Grund

70 km al Sudoeste – calcule 1/2 día.

El río Guadalhorce va labrando un camino tortuoso y de gran belleza a través de la serranía de Ronda y los Montes de Málaga hasta llegar al embalse del Guadalteba-Guadalhorce. Su valle es un paraje que combina entornos naturales muy diversos, con campos de olivares y cultivos de secano que separan la vega de la sierra, y con colinas donde se alternan las huertas salpicadas de caseríos blancos y las inaccesibles paredes rocosas, que deparan maravillosas **vistas**.

Salga de Antequera por la Avenida de la Legión. En un cruce señalizado, gire a la derecha por la A 343 dirección Álora. La **carretera** se adentra sinuosa por paisajes muy bellos y, tras el valle de Abdalajís, discurre en cornisa hasta Álora.

★ **Álora** – La patria de la malagueña, uno de los palos más sentidos del cante jondo, se alza sobre una pendiente situada a orillas del Guadalhorce, a los pies del monte Hacho. Presidiendo el núcleo urbano, formado por callejuelas estrechas y laberínticas, con pequeñas casas bajas encaladas, se alza el castillo, desde el que se contemplan bonitas vistas del paisaje circundante.

★★ **Desfiladero de los Gaitanes** – *A la salida de Álora, en un cruce señalizado, tome la MA 444 dirección El Chorro.* La **carretera**★ atraviesa en cornisa bellos parajes montañosos hasta llegar a la Garganta del Chorro. Este excepcional desfiladero es el principal atractivo del Parque de Ardales. Aconsejamos dejar el coche en el camping El Chorro y continuar caminando por una pista asfaltada *(1/2 h ida y vuelta)* que sube hasta un puente metálico

Una advertencia

Dada la peligrosidad del itinerario por el Desfiladero de los Gaitanes, le recomendamos que finalice su visita en el puente de metal suspendido sobre la garganta de El Chorro pues, en caso contrario, se expone a riesgos innecesarios.

desde el cual se dominan unos **panoramas★★★** sobrecogedores. Suspendido sobre este magnífico lugar se tiene la sensación de estar en mitad del cielo, sobre el bello lecho que forman las aguas del río encajonándose a través de agrestes perfiles rocosos de gran altura. Al final del puente comienza una especie de escalera de madera y cuerda en muy mal estado, conocida como caminito del Rey, que recorre las paredes montañosas hasta llegar a otro puente mucho más rudimentario y prácticamente destruido.

Ruinas de Bobastro – *Regrese a la MA 444 y siga en dirección a Ardales; en un cruce señalizado, gire a la izquierda por una pista.* Esta **pista asfaltada★★**, tras atravesar en cornisa silenciosos parajes montañosos, finaliza en el embalse Tajo de la Encantada.

Deje el coche en la carretera y siga un sendero señalizado; calcule 30 min. ida y vuelta. En la antigua Bobastro estableció su cuartel general Omar Ben Hafsun, muladí descendiente de un noble visigodo que unió a mozárabes y otros grupos islámicos para defender la vida campesina en contra de la organización estatal omeya. Desde estas inaccesibles cumbres, conocidas como Mesas de Villaverde, el intrépido caudillo encabezó la rebelión contra el Emirato de Córdoba para, más tarde, abrazar la fe cristiana. Actualmente quedan de Bobastro las ruinas de las murallas del alcázar, algunas cuevas y, sobre todo, una iglesia inacabada (s. X) de planta basilical con tres naves, crucero y tres ábsides. Excavado en un peñasco de arenisca, este templo evidencia una particular síntesis arquitectónica entre el arte hispanorromano, visigodo y musulmán.

★ **Embalse del Guadelteba-Guadalhorce** – *Vuelva a la MA 444 y siga hasta las zonas de acampada y los Puntos de Información del Parque de Ardales ⓥ, situados frente al embalse del Conde de Guadalhorce.* Situado en el corazón del Parque de Ardales, una bella zona con bosques sombríos, peñascos de piedra clara y amplias zonas de acampada, este embalse constituye, junto con los de Gaitejo, Tajo de la Encantada y del Conde de Gualhorce, un fantástico lugar para practicar el turismo rural. Atraviesan este bello espacio natural numerosos senderos que discurren paralelos a las aguas cristalinas o se adentran por parajes donde aún no se percibe la impronta humana. El silencio sobrecogedor que recorre estas tierras, especialmente en invierno, es, quizás, su principal atractivo, al que hay que añadir la pureza del aire y el extraordinario clima que permite su visita practicamente todo el año. Las vistas desde las lomas que rodean el embalse son muy bonitas.

★ **Cueva de doña Trinidad Grund** ⓥ – *Desde el embalse del Conde de Guadalhorce tome la MA 444 hasta Ardales. Para realizar la visita hay que pedir las llaves en el Ayuntamiento.* Esta cueva, situada a unos 3 km al Sudeste del pueblo en dirección Carratraca, es un yacimiento arqueológico de 1.600 m de recorrido con restos materiales que indican su ocupación desde el Paleolítico hasta la Edad del Bronce. Su principal atractivo son las pinturas rupestres (54 representaciones de animales y 130 símbolos), que constitituyen un singular ejemplo de arte del Cuaternario. En este variado repertorio iconográfico hay que destacar la llamada gran cierva, una esquemática pintura en la que se han señalado de color rojo vivo las patas y el corazón del animal.

ARACENA★

Huelva – 6.500 habitantes

Mapa Michelin nº 446 S 10

Emplazada en el corazón de la sierra de Aracena, la localidad parece trepar sobre un pequeño montículo, en cuya cumbre quedan vestigios del castillo de los Templarios. El núcleo urbano está formado por un bonito conjunto de casas bajas, de una blancura que contrasta con el empedrado de las calles. Conserva numerosas casonas cuyos portales sombríos, adornados mediante refinadas rejas de hierro forjado, son un magnífico refugio contra el calor veraniego. El **Museo al Aire Libre de Escultura Contemporánea**, que se esparce por sus calles y plazas, aporta un toque de modernidad a esta pintoresca villa. La población posee una gran cantidad de mesones donde se puede probar la gastronomía local, en la que el **jamón serrano** ocupa un lugar privilegiado.

★★★ **Gruta de las Maravillas** ⓥ – Situada en el centro del pueblo, esta espectacular formación geológica -escenario de la película *Tarzán y las minas del rey Salomón*- permite un verdadero viaje de más de 100 metros de profundidad al interior de la tierra. El recorrido, amenizado con un tenue hilo musical, transcurre entre salas labradas por estalagmitas y estalactitas que adoptan tonalidades verdes, azules y rosas, debidas a los óxidos metálicos. Excepcionales lagos interiores, en cuyas aguas se reflejan techos calcáreos de una belleza singular, completan el itinerario. Los principales puntos de la visita son el "salón de los órganos"; "la sala de la catedral", con una formación que se asemeja a la figura de una Virgen con un niño en brazos; el "lago de las esmeraldas"; el "baño de la sultana"; el "salón de los brillantes", en el que el techo está cubierto por una infinidad de puntos de luz; "la sala de los desnudos" y, por último, el **"Salón de la Cristalería de Dios"★★**, donde las reverberaciones

El espectacular interior de la gruta

de luz producen un efecto verdaderamente prodigioso. Acoge, también, el **Museo Geológico Minero** Ⓥ, con una interesante colección de minerales, rocas y fósiles.

Castillo Ⓥ – Su silueta domina el pueblo y el paisaje de los alrededores desde el punto más elevado de un promontorio cercano. Los majestuosos castañares se esparcen a lo lejos y, como rodeando el edificio, abundan los pinares sombríos. Alzada sobre los restos de una fortaleza almohade anterior, se trata de una construcción del s. IX que alberga una iglesia gótica y una **torre de estilo mudéjar**, antiguo minarete, en cuyo lado Norte aparecen paños de sebka semejantes a los de la Giralda de Sevilla.

Iglesia de Nuestra Señora del Mayor Dolor – Levantada entre los s. XIII y XIV en un extraordinario emplazamiento desde donde se divisan fantásticas **panorámicas★★**. Acoge la imagen de la Virgen, patrona de la ciudad, y la escultura yacente de Pedro Vázquez.

Plaza Alta – Este tranquilo espacio urbano, verdadero centro neurálgico de la vida local, posee notables edificios, como la iglesia de Nuestra Señora de la Asunción y el Cabildo Viejo.

Iglesia de Nuestra Señora de la Asunción – De estilo renacentista (s. XVI-XVII), es un templo solemne, de cuidado aspecto exterior, en cuya fachada se observan bonitos detalles decorativos y ventanales refinados.

Cabildo Viejo – El antiguo almacén municipal y sede del ayuntamiento (s. XV), alberga un **Centro de información del Parque Natural Sierra de Aracena y Picos de Aroche** Ⓥ en el que se muestra la evolución histórica de la comarca y de su entorno geográfico.

Alojamiento

CORRECTO

Los Castaños – *av. de Huelva, 5 – ☎ 959 12 63 00 – fax 959 12 62 87 – 33 hab. – 36/54€.* Ubicado en el centro de la población, en un edificio moderno de tipo andaluz, ofrece habitaciones funcionales y bien cuidadas. Algunas dan a un gran patio interior. Tiene restaurante.

UNA BUENA OPCIÓN

Finca Valbono – *ctra. de Carboneras (a 1,5 km de la ciudad) – ☎ 959 12 77 11 – fax 959 12 76 79 – 6 hab., 20 apart. – 54,08/67,61€.* Complejo hotelero situado en pleno campo. Tiene piscina, centro ecuestre, cancha de balonmano, bicicletas de alquiler y terraza desde la que se divisan grupos de cerdos de "pata negra". Hay habitaciones, bungalows e incluso casas individuales para ocho personas.

Restaurante

UNA BUENA OPCIÓN

La Despensa de José Vicente – *av. de Andalucía, 53 – ☎ 959 12 84 55 –cerrado vi y 15-30 jun – 18,15/26,75€.* Uno de los mejores restaurantes de la provincia en el que "sólo se comen productos frescos", en palabras de su propietario. La carta de este pequeño restaurante (y bar), cuidadosamente decorado, incluye setas cogidas en la zona y derivados del cerdo.

Tapas

Casino de Arias Montano – *pl. del Marqués de Aracena.* En la plaza principal de Aracena se alza este magnífico edificio de 1910 con columnas en la fachada y salones de techos altos. Los jubilados suelen reunirse aquí para charlar.

Parque Natural Sierra de ARACENA Y PICOS DE AROCHE★★

Huelva

Mapa Michelin nº 446 S 9-10

La visita a este maravilloso entorno natural y a sus pintorescas poblaciones constituye un auténtico placer para los sentidos. Las vastas superficies de bosques se ven apenas interrumpidas por peñascos puntiagudos, desde los que se divisan singulares **panoramas**. En esta orografía de vivos contrastes el sonido de los ríos se mezcla con los silbidos que emiten los vientos al cruzar estas tierras, peinando a su paso las frondosas copas de los árboles e introduciéndose en mitad de estas pulcras poblaciones montañeras.

Puntos de información

–El del **Castillo de Aroche** Ⓥ se dedica al buitre negro, especie en peligro de extinción que tiene en estas tierras una de las colonias de cría más importantes de España.
–El del **Castillo de Cortegana** Ⓥ muestra la evolución de la arquitectura defensiva en las poblaciones del parque.
–En el **Ayuntamiento de Almonaster** Ⓥ se ofrece información sobre las actividades y excursiones que pueden realizarse dentro del parque.
–El **Cabildo Viejo de Aracena** Ⓥ exhibe una exposición con paneles explicativos sobre la evolución histórica de la comarca y su entorno geográfico.

DE AROCHE A ARACENA

64 km – calcule 1 día.

Aroche – Es una de las poblaciones más antiguas de la sierra, como atestiguan las llamadas **Piedras del diablo**, un conjunto de dólmenes situado 3 km al Sudoeste por la H 9002, cerca de la Ermita de San Mamés, en mitad de un bello entorno paisajístico. Sus callejuelas tortuosas, con hermosas casas señoriales, edificios vetustos y pequeños talleres especializados en la elaboración de sillas de montar, componen un trazado laberíntico que parece encaramarse hasta el **castillo**★ Ⓥ, en cuyo interior se encuentra la plaza de toros. Esta sobria construcción del s. XII, refugio del rey Sancho IV el Bravo, acoge un punto de información del Parque. Aconsejamos visitar también la despejada **iglesia de Nuestra Señora de la Asunción** (s. XIII) y el **convento de los Jerónimos**.

14 km al Sudeste por la N 433.

Cortegana – Rodeada de un entorno natural de singular belleza, esta agradable población es uno de los centros neurálgicos de la industria y la artesanía serrana. Sus productos cárnicos, sus fábricas de corcho, sus romanas -instrumentos para pesar- hechas a mano, así como su interesante alfarería han convertido a Cortegana en un activo núcleo comercial, al cual acuden numerosos visitantes. Los edificios más importantes de la villa son la **iglesia del Salvador**, elegante construcción de estilo gótico mudéjar (s. XVI), la **iglesia de San Sebastián**, gótica-renacentista, y, sobre todo, el **castillo** Ⓥ medieval. Esta monumental fortaleza, levantada a finales del s. XIII, desde la que se divisan bonitas **panorámicas** de la ciudad y de los parajes aledaños, acoge un punto de información del Parque.

7 km al Sudeste por la A 470.

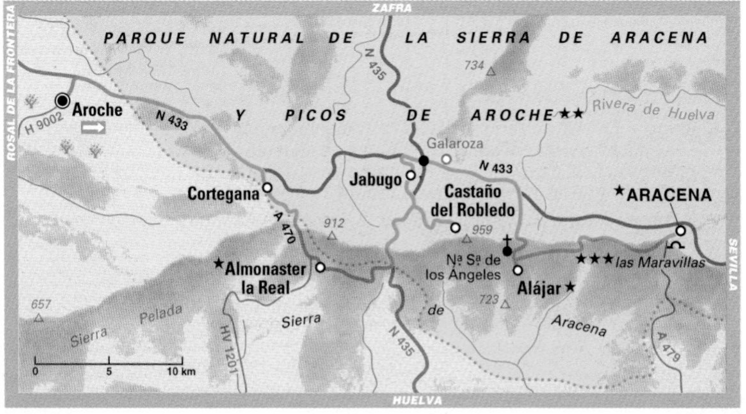

Alojamiento

EL REPILADO

Posada de Cortegana – *ctra. N 433* – ☎ *959 50 33 01 – fax 959 50 33 02 – 40 hab. – 46,58/58,60€*. En El Repilado se concentran varias industrias jamoneras. La Posada, en plena naturaleza y a la sombra de los árboles, está constituida por varios bungalows. El acceso se efectúa por un camino de tierra *(1 km aproximadamente)* junto al que pastan rebaños de ovejas y piaras de cerdos "pata negra".

GALAROZA

Galaroza Sierra – *ctra. N 433 Sevilla-Lisboa, km 69,5* – ☎ *959 12 32 37 – fax 959 12 32 36 – 22 hab., 7 apart. – 24€*. A escasa distancia de Jabugo, hotel moderno y tranquilo con 22 habitaciones, 7 bungalows y un restaurante.

★ **Almonaster La Real** – Almonaster es una pequeña sorpresa escondida en un tupido paisaje de castaños, eucaliptos, alcornoques y encinas que cubren las peñas de los alrededores. Su arquitectura blanca se extiende en este **emplazamiento** singular, dejando entrever un trazado urbano formado por calles silenciosas, casonas de aire colonial y vestigios de antiguos cortijos donde el tiempo parece haberse detenido. La gastronomía, con productos del cerdo, y el folclore -el visitante no debe perderse las fiestas de la Cruz de Mayo- completan la oferta de esta atractiva población. En el **Ayuntamiento** hay un **punto de información del parque** ⓥ.

★ **Mezquita** ⓥ – Situada en el interior de un recinto amurallado, se trata de uno de los escasos ejemplos de arquitectura califal (s. X) que se conservan en la zona. Sus muros rojizos, apoyados sobre la roca viva, presiden desde su hermoso emplazamiento el nítido y silencioso cielo de la sierra. A su lado se encuentra una peculiar plaza de toros y, también intramuros, aparece el castillo-fortaleza, desde donde se divisan hermosas **vistas** del pueblo.

Iglesia de San Martín – Sobrio edificio en el que se mezclan los estilos gótico y mudéjar.

Hidalgo-Lopesino/MARCO POLO

Interior de la Mezquita

12 km al Nordeste. Tome la A 470 y siga por la N 435.

Castaño del Robledo – Su bello enclave geográfico ha convertido esta localidad en uno de los lugares predilectos de los aficionados al senderismo. Pasear por los bosques de castaños, detenerse en cualquiera de los promontorios, divisar a lo lejos el vuelo acompasado de grupos de aves es, sin duda, el principal aliciente que ofrece la villa.

6 km al Norte por la N 435.

Jabugo – Es una población pequeña y tranquila, oculta en un paraje solitario de la sierra onubense pero célebre en todo el mundo. El motivo de esta popularidad se debe exclusivamente al prestigio de sus cotizados **jamones** y **embutidos**, que pueden adquirirse en cualquiera de las numerosas factorías que hay en el pueblo.

13 km al Sudeste. Tome la N 433 hasta Fuenteheridos y gire a la derecha.

Jornadas Medievales en Cortegana

Del 9 al 12 de agosto miles de personas acuden a estas jornadas durante las cuales el pueblo bulle de animación. Las representaciones teatrales, los pasacalles, las cenas medievales, las escenificaciones de la vida cotidiana del Medievo y los conciertos de música sacra y andalusí hacen las delicias de niños y mayores.

★ **Alájar** – Este pintoresco pueblo blanco, de construcciones bajas que se ciñen a los pies de la iglesia, con su campanario en forma de punta, se halla en un enclave natural muy hermoso. Auténtico paraíso para los senderistas, las tierras que envuelven a Alájar ofrecen al visitante un completo compendio de los atractivos del parque: sombríos bosques de alcornoques y encinas, peñascos escarpados, vistas espectaculares, etc.

El pata negra

Comparable, por su mítica celebridad, al Chanel nº 5 o a los Ferrari, el jamón de Jabugo pata negra es, igualmente, inimitable. Su característico sabor, el aroma que desprende, la extraordinaria atención que se le presta y, cómo no, su precio, hacen de él un manjar exquisito.

Peña Arias Montano – Se trata de un paraje natural situado varios kilómetros al Norte del núcleo urbano, desde donde pueden observarse extraordinarias **vistas panorámicas**★★. Debe su nombre al sabio y erudito Benito Arias Montano, maestro del rey Felipe II, bibliotecario del monasterio de El Escorial, diplomático y supervisor real de la edición de la *Biblia Políglota*, quien después de una agitada vida intelectual decidió retirarse a estas tierras para cultivar la contemplación. Sobre un pequeño recodo se alza la **ermita de Nuestra Señora de los Ángeles**, a la que acuden numerosos visitantes durante los fines de semana.

12 km al Este por la A 470.

★ **Aracena** – *Ver p. 119.*

ARCOS DE LA FRONTERA★★

Cádiz – 27.897 habitantes

Mapa Michelin nº 446 V 12

Arcos disfruta de uno de los **emplazamientos**★★ más bellos de toda Andalucía. Situado en lo alto de una escarpada colina, sus casas parecen a punto de precipitarse sobre el impresionante tajo que forma el río Guadalete. Esta estratégica situación, dominando el valle, hizo que el lugar fuera elegido por numerosos pueblos como lugar de asentamiento. Su nombre actual proviene de la colonia romana de Arx-Arcis, que significa fortaleza en altura, aunque la leyenda lo hace derivar de Arcobrigán, el arco de Brigo, el nieto de Noé. Arcos fue una importante villa musulmana, cabeza de un reino taifa en el s. XI, que tras una primera incursión de Fernando III fue finalmente conquistada por Alfonso X en 1264.

Vistas

Desde la carretera de Jerez de la Frontera (A 382) se disfruta de una bonita **vista**★★ del pueblo. La A 372, desde Grazalema, también ofrece **vistas**★ del emplazamiento.

Alojamiento

UNA BUENA OPCIÓN

El Convento – *Maldonado, 2 – ☎ 956 70 23 33 – fax 956 70 41 28 – 11 hab. – 48,08/72,12€.* Hotel lleno de encanto instalado en un antiguo convento del s. XVII, en una calle estrecha del centro de la ciudad. Habitaciones tranquilas; la mayoría con vistas del valle.

Marqués de Torresoto – *Marqués de Torresoto, 4 – ☎ 956 70 07 17 – fax 956 70 42 05 – 15 hab. – 50,28/67,29€.* Antiguo palacio del s. XVII situado en el corazón histórico de la ciudad. Posee una capillita barroca y un bonito **patio porticado**. Muebles de época en las habitaciones.

Restaurante

UNA BUENA OPCIÓN

El Convento – *Marqués de Torresoto, 7 – ☎ 956 70 32 22 – 22,24/30,67€.* Frente al hotel Marqués de Torresoto y en el mismo edificio que el hotel homónimo pero con entrada independiente. Decoración tradicional y patio con columnas. Especialidades: sopa de espárragos, faisán al paraíso y perdiz en salsa de almendras.

Tapas

Alcaraván – *Nueva, 1.* En la muralla del castillo y fácilmente identificable por los numerosos tiestos que adornan la fachada. Podrá saborear carnes a la parrilla, pimientos rellenos y estofado de cordero mientras escucha música flamenca. Alcaraván es el nombre de un premio de poesía que se otorga desde hace 50 años en Arcos de la Frontera.

VISITA *2 horas*

Como en otros pueblos de similar estructura, la mejor manera de disfrutar de su visita es pasear entre sus calles. Lo más cómodo es dejar el coche en la parte baja del pueblo (Paseo de Boliches) y realizar la visita a pie.

Tome la cuesta de Belén que comunica el Arcos del s. XIX, bullicioso y comercial con la zona alta, núcleo de la ciudad medieval, caracterizado por sus estrechas callejuelas de fuerte pendiente y sus casas encaladas. Aquí se encontraba la puerta de Jerez, una de las tres puertas de acceso a la ciudad árabe amurallada. Pasado el **callejón de Juan del Valle**, se encuentra, a la derecha, la **fachada★** gótico-mudéjar (s. XV) del **palacio del Conde del Águila**, con una magnífica portada enmarcada por un alfiz decorado con finas tracerías y rematado por dos figuras humanas y, sobre ésta, una bella ventana con parteluz. *Continúe, a la derecha, por la calle Nueva, que corre paralela al muro del castillo.*

Plaza del Cabildo – Dominada por la imponente torre de la **iglesia de Santa María**, esta plaza es el centro del viejo Arcos. Aquí se encuentran también el **Ayuntamiento**, el Parador, que ocupa la antigua casa del Corregidor, y el Castillo (privado). En el lado Oeste se abre una terraza desde la que se disfruta de una estupenda **vista★** del tajo y de la iglesia de San Pedro.

★ Iglesia de Santa María de la Asunción – Esta iglesia, construida hacia 1530 sobre un templo primitivo del s. XIV, porta el título de basílica menor desde 1993. Está construida en el solar que ocupaba la antigua mezquita mayor musulmana. Su **fachada occidental★**, obra de D. Alonso de Baena, es un extraordinario ejemplo de arte plateresco. El acceso al interior se realiza por la fachada Sur, de estilo neoclásico. El interior es de planta basilical con tres naves, separadas por robustas columnas que sostienen bóvedas estrelladas con terceletes. En el altar mayor destaca un **retablo** del s. XVII, obra de Jerónimo Hernández y Juan Bautista Vázquez, que representa la Ascensión de la Virgen. Detrás, se encuentra oculto el ábside poligonal de la primitiva iglesia mudéjar. Los **frescos★** (*Coronación de la Virgen*) que decoraban el primitivo altar mayor fueron trasladados al muro de la nave del evangelio *(a la izquierda del altar)* en los años 60.

Siga el paseo rodeando la fachada occidental, por el evocador callejón de las Monjas. Los arbotantes se levantaron en el s. XVII para contrarrestar el empuje de Santa María. Deje a un lado la **fachada renacentista★** del Convento de la Encarnación y continúe por la calle del Marqués de Torresoto donde, en el nº 4, destaca el patio clasicista (s. XVII) de la **casa-palacio del Marqués de Torresoto**. Al final de la calle, en la plazuela Boticas, se encuentra el **Convento de las Mercedarias Descalzas** *(clausura, se pueden comprar dulces)* y la inacabada casa de los jesuitas (s. XVIII), hoy mercado de la villa.

Por la calle Boticas y la calle Nuñez de Prado se accede al otro núcleo importante de Arcos.

Alrededor de la iglesia de San Pedro se sitúan la **capilla de la Misericordia**, con un arco apuntado ciego, y el **Palacio del Mayorazgo**, actual conservatorio de música, cuya estrecha fachada termina en una bonita logia renacentista.

Iglesia de San Pedro – Se construyó a principios del s. XV. Durante muchos años rivalizó con Santa María en antigüedad e importancia. En su fachada destaca la imponente torre-campanario neoclásica. El interior es de planta de salón con una sola nave cubierta mediante bóveda de crucería con terceletes.

En el nº 7 de la calle San Pedro, tras una fachada plateresca se oculta una tienda de cerámica.

Tome la calle Cadenas.

Aquí se encuentran dos interesantes muestras de palacio noble. A la izquierda,

Hidalgo-Lopesino/MARCO POLO

Fachada del Palacio del Mayorazgo

en la calle Juan de Cuenca, la casa palacio del mismo nombre y un poco más adelante, en la recoleta plaza del Cananeo, el antiguo palacio de los Marqueses de Torresoto.

Continúe por la calle Bóvedas.

En la esquina con la calle Boticas está la Casa de los Gamaza. Para volver a la plaza del Cabildo lo mejor es que tome la calle Boticas y, desde la plazuela de Boticas, la encantadora calle de los Escribanos, con balcones de hermosa rejería.

OTRA CURIOSIDAD

★**Convento de la Caridad** – Está situado en la plaza de la Caridad, extramuros de la villa medieval, en el llamado barrio bajo. Este convento, levantado a mediados del s. XVIII, emana un fuerte sabor colonial. La entrada de la iglesia está precedida de un bonito atrio.

Los armaos

Así se llama a los hombres que, ataviados como romanos, desfilan el **Viernes Santo** por las calles de Arcos. En este curioso desfile no falta ningún detalle: cascos, estandartes, lanzas y armaduras tiñen de colorido las procesiones de Semana Santa.

La AXARQUÍA★

Málaga

Mapa Michelin nº 446 V 17–18

La comarca de la Axarquía ocupa el extremo oriental de la provincia de Málaga. Sus tierras descienden por la vertiente meridional de la Sierra de Almijara hasta el mar. Desde el final de la Reconquista y hasta el s. XVIII, estas costas sufrieron numerosos ataques berberiscos, lo que obligó a los habitantes de la zona a edificar sus pueblos en las montañas cercanas y a construir torres-vigía en el litoral para observar el mar; muchas de estas torres todavía se conservan. Los modernos y animados centros turísticos de la costa contrastan con los tradicionales y tranquilos pueblos del interior. En esta comarca, agraciada con un clima espléndido, se cultivan la vid (vinos y pasas), el olivo y frutas y plantas subtropicales (caña de azúcar, aguacates, chirimoyos, etc.). Ya aparecen aquí los invernaderos, mares de plástico, tan característicos de la provincia de Almería *(p. 97)*.

DE MÁLAGA A NERJA

99 km con los desvíos

Málaga – *Ver p. 253.*

A 12, 5 km de Málaga por la N 340 – E 15.

Rincón de la Victoria – Esta población costera es fundamentalmente una localidad de veraneo con numerosos edificios de apartamentos y hoteles. Tiene una extensa playa de arena de más de 3 km.

★**Cueva del Tesoro o del Higuerón** Ⓥ – *Después de la primera salida de Rincón de la Victoria, salida señalizada.* Cuenta la tradición que en esta cueva se escondió en época árabe un importante tesoro, que a lo largo del tiempo se ha intentado encontrar en vano. La cueva es de origen marino y se formó por la erosión de las aguas; posteriormente la zona emergió, quedando en la situación actual. Sus salas son grandes oquedades de perfiles curvos. La espectacularidad y belleza de la cueva tiene algo de artificial y de onírico. Sus formas redondeadas por la erosión marina podrían haber sido una fuente de inspiración para Gaudí (Casa Milà de Barcelona).

Vuelva a la N 340 – E 15 y continúe 18 km.

Torre del Mar – Esta localidad costera es en realidad la playa de Vélez-Málaga. Importante centro turístico, tiene un cuidado paseo marítimo que bordea su larguísima playa.

A 4 km hacia el interior.

B. Kaufmann/MICHELIN

La playa de Rincón de la Victoria

Rincón de la Victoria

ALOJAMIENTO

Molino de Santillán – *ctra. MA 106 en dirección a Macharaviaya, km. 8 – ☎ 902 12 02 40 – fax 952 40 43 79 – 10 hab. – 87,70/113,80€.* Al final de un camino rural, la tranquilidad y la paz están garantizadas en este cortijo situado en pleno campo. Aconsejamos llegar de día porque no es fácil de localizar.

Torrox-Costa

ALOJAMIENTO

Cortijo Amaya – *☎ y fax 952 53 02 45 – 14 hab. – 39,07/60,10€.* Un antiguo cortijo, situado sobre una loma, acoge este hotel rural desde el que se divisan el mar y los invernaderos de plástico. Las habitaciones son sencillas y confortables. Cuidado jardín con piscina y pistas de tenis.

RESTAURANTE

En el Paseo Marítimo abundan las tiendas, los bares y los restaurantes. Entre estos últimos destaca **Antonio**, especializado en pescados y mariscos.

Vélez-Málaga – Capital de la Axarquía, aparece dominada por la torre del homenaje de su antigua alcazaba, que fue destruida por las tropas de Napoleón. El **Barrio de la Villa**, de origen morisco, es un privilegiado mirador sobre la vega. Se despliega a los pies del torreón por la ladera del cerro, con sus calles escalonadas y empinadas, sus casas blancas y su iglesia mudéjar de Santa María (s. XVI) en la que destaca la bella torre-campanario. Se accede al barrio desde la plaza de la Constitución en la que se alza la iglesia de San Juan Bautista, también con una vistosa torre-campanario, y donde se conservan unos lienzos y baluartes de la antigua muralla.
En el centro urbano se encuentra el Palacio de los Marqueses de Beniel (s. XVII), de sobria y elegante fachada, que alberga en la actualidad el Ayuntamiento.

Regrese a la N 340 - E 15, a 3,5 km tome el desvío a la izquierda y siga 3,5 km más.

Algarrobo – Típico pueblo de estructura árabe que alza sus casas blancas en un monte a 190 m sobre el mar. Sus callejuelas tortuosas ascienden hasta la parte más alta, en la que se encuentra la ermita de San Sebastián con sus cuidados jardines desde donde se divisa la costa.

Al volver hacia la N 340 - E 15, poco antes del cruce, tome el desvío a la izquierda que señaliza la Necrópolis de Trayamar.

Necrópolis de Trayamar – Entre los restos de esta importante necrópolis hay tumbas púnicas y fenicias, algunas de las cuales datarían de los ss. VIII y VII a. C.

Vuelva a la N 340 y continúe 9 km. En el trayecto se ven dos torres vigía.

Torrox – En **Torrox Costa** estuvo emplazada una ciudad romana y en la playa, muy cerca del faro *(siga señalización faro)*, se han excavado unas piletas de esa época que se utilizaban para la elaboración del "garum" *(ver p. 346)* y algunas de las cuales se aprovecharon para sepulturas. Cuenta con buenas playas.
El pueblo se encarama sobre una colina *(4 km al interior)*, desde donde se dominan la costa y los cultivos de olivos en terrazas.

Carretera de Torrox a Cómpeta – *14,5 km.* La carretera sinuosa asciende por las estribaciones de la sierra de la Almijara. Pueblos y cortijos motean de blanco los montes. Desde una curva se tiene una bella panorámica de Cómpeta, que extiende sus blancas casas sobre una ladera, en cuyo centro se alza la torre de ladrillo de la iglesia parroquial.

Regrese a la N 340 - E 15 y siga 8 km.

Parque Natural de las Sierras de Tejeda y Almijara

Las sierras de Tejeda y Almijara forman una alineación de escarpes rocosos que constituye la barrera natural entre las provincias de Málaga y Granada y que alcanza su mayor altitud en el Pico Maroma (2.068 m). Las 40.600 ha de este parque, que se sitúa al Sur de Alhama de Granada, se extienden por gran parte de La Axarquía.
Empinadas laderas cubiertas de pinos, crestas puntiagudas, profundos barrancos y arroyos tortuosos caracterizan los bellos paisajes de estas ásperas montañas, por las que trepan las cabras montés. En estas tierras de leyendas y contrabandistas, los pueblos conservan un marcado sabor morisco. Cómpeta, Frigiliana y Nerja se sitúan junto al límite más meridional del parque.

B. Kaufmann/MICHELIN

Paseando por Frigiliana

★ **Nerja** – *Ver p. 281.*

★★ **La Cueva de Nerja** – *Ver NERJA.*

6,5 km hacia el interior desde Nerja.

★ **Frigiliana** – Precioso pueblo blanco que se despliega en las laderas meridionales de la Sierra de la Almijara. Conserva en su parte más alta el **barrio morisco-mudéjar**★★, un magnífico ejemplo de arquitectura popular, cuidada con esmero, en la que la sencillez del blanco, contrastando con los azules luminosos del cielo, y las notas de color de las flores componen un cuadro encantador. Calles peatonales de suelos empedrados, empinadas o con tramos escalonados, ascienden por la ladera entre casas blancas con bellas entradas, rincones pintorescos y miradores sobre la llanura. En los muros de las calles unos paneles de azulejos rememoran las batallas entre moros y cristianos.

AYAMONTE★

Huelva – 17.000 habitantes

Mapa Michelin nº 446 U 7

Su posición geográfica constituye el primer atractivo de esta villa que se sitúa en la desembocadura del Guadiana, frente a tierras portuguesas de las que la separa un moderno y transitado puente de hierro. Ayamonte es una localidad de vivos contrastes, con una personalidad abierta y dinámica marcada por la presencia del puerto, donde el trasiego de los barcos y la algarabía de las subastas de pescado se mezclan con las animadas tertulias al aire libre y la música de las terrazas que pueblan el Paseo de la Ribera, frente a la dársena. Más allá de la zona portuaria, encaramándose hacia lo alto de una colina aparece el núcleo urbano, formado por callejuelas estrechas y empinadas, modestas casas encaladas con elegantes balcones enrejados y soportales donde resguardarse del calor veraniego. Además, Ayamonte posee numerosas plazas salpicadas de encantadores detalles decorativos (bellas farolas, fuentes elegantes, hornacinas que albergan motivos religiosos, etc.), así como coloristas viviendas de aire colonial, construidas por los indianos que se instalaron en la ciudad a finales del s. XIX.
Finalmente, hay que resaltar la oferta gastronómica local, en la que destacan los pestiños y la famosa coca ayamontina.

Iglesia de las Angustias – Encajada entre pequeñas casas antiguas, este edificio de aire colonial (s. XVI) destaca por su amplio interior de tres naves y por su torre, cuya silueta se recorta sobre el limpio cielo de Ayamonte.

Restaurante

Casa Barberi – *pl. de la Coronación – ☎ 959 47 02 89 – 21€ – cerrado ma.* Este restaurante, uno de los mejores de la ciudad, se encuentra en la plaza principal. Desde 1917 lo regenta la misma familia. Especialidades: pescado y paella. En la misma plaza hay varios restaurantes más.

El Carnaval de Ayamonte

Es la fiesta ayamontina más concurrida; donde los habitantes de la villa y los de las poblaciones vecinas vibran con el divertido espectáculo de comparsas, chirigotas, bailes de disfraces y pasacalles que se alarga hasta altas horas de la madrugada.

Convento de San Francisco – Esta construcción renacentista (s. XVI) posee como elementos más interesantes una elegante espadaña y un magnífico interior, con un hermoso artesonado mudéjar de madera policromada, columnas decoradas con inscripciones antiguas y un retablo de proporciones considerables en el altar mayor.

Iglesia del Salvador – El actual edificio (s. XIII) se alza en el emplazamiento de una antigua mezquita. La puerta y la torre, con adornos y detalles decorativos realizados en yeso, son sus principales atractivos.

Muelle de Portugal – Desde esta moderna dársena parten diferentes trayectos turísticos que recorren el río hasta llegar a Portugal y a la cercana localidad de Sanlúcar de Guadiana.

ALREDEDORES

Isla Cristina – *14 km al Sudeste. Tome la N 431 dirección Lepe y, antes de E Empalme, gire a la derecha por la H 412.* Esta localidad posee un núcleo antiguo formado por casas bajas decoradas con azulejos y un frente marítimo con puerto deportivo, un conjunto de marismas declaradas Paraje Natural y playas tan atractivas como Punta del Caimán, Playa Central, del Hoyo, Casita Azul y La Redondela.

Isla Canela – *7 km al Sudeste por la H 410.* Se trata de uno de los puntos turísticos más frecuentados de Huelva. Alrededor de su amplia playa de arena muy fina se aglutinan diversos complejos de apartamentos y un club de golf.

Punta del Moral – *9 km al Sudeste por la H 410.* Esta pequeña población resulta ideal para los amantes de la pesca y para quienes deseen disfrutar de la gastronomía marinera que se ofrece en los numerosos chiringuitos y restaurantes.

Alojamiento

Sol y Mar – *Playa central, Isla Cristina – ☎ 959 33 20 50 – 16 hab. – 39,07/72,12€.* Hotel sin demasiadas comodidades ni encanto especial, pero las habitaciones tienen terrazas que dan al mar. Junto a él hay otros dos hoteles (**Paraíso Playa** y **Los Geranios**), de más calidad aunque más lejos de la playa.

Restaurantes

Acosta – *pl. de las Flores, 13, Isla Cristina – ☎ 959 33 14 20 – 18,03€.* En una bonita plaza, restaurante familiar especializado en pescados y mariscos. Mientras disfruta de la comida se olvidará de la decoración.

Casa Rufino – *av. de la Playa, Isla Cristina – ☎ 959 33 08 10 – 30,05€ cerrado en ene; dic-jun, abre sólo a mediodía; Sem. Santa y jul-ago, abre a mediodía y por la noche.* A dos pasos del mar, restaurante de pescados y mariscos que ofrece a sus clientes el llamado "Tonteo", un menú compuesto por ocho platos de pescado (para 4 personas: 60€). Clientela turística.

BAENA

Córdoba - 20.057 habitantes

Mapa Michelin nº446 T 17

Sus casas visten de blanco una loma, desplegándose hasta el llano, en medio de un paisaje de suaves ondulaciones cubiertas de olivos que dan ese dorado y preciado líquido que es el aceite de oliva virgen de Baena. La localidad tiene dos partes bien diferenciadas: el barrio alto, la zona más antigua, en el que despunta la torre de la parroquia de Santa María la Mayor, y el Llano, que es la parte más moderna y comercial.
El **tambor**, símbolo del pueblo, es el gran protagonista de la peculiar y sonora Semana Santa baenense.

Hijos ilustres – Juan Alfonso de Baena (s. XVI), famoso trovador que compiló el *Cancionero de Baena* y la familia de los Ríos: José Amador, escritor y político, y Demetrio, arquitecto, que inició la restauración de la catedral de León.

Baena huele a aceite

¡Verá como no exageramos! Numerosos estudios médicos han demostrado en los últimos tiempos los efectos beneficiosos para la salud del aceite de oliva, uno de los elementos fundamentales de la dieta mediterránea. El aceite de oliva virgen andaluz goza de una merecida fama, que se remonta a la época romana, y el de Baena (con Denominación de Origen) es uno de los mejores. Realizado con una variedad de aceituna denominada picuda, es excelente y sabroso tanto para utilizar en crudo como en frituras y guisos.

BARRIO ALTO

Se corresponde con el antiguo barrio musulmán y está formado por calles estrechas y empinadas. En él se encuentran restos de murallas y torreones que pertenecieron al recinto amurallado que rodeaba la ciudad árabe.

Iglesia de Santa María la Mayor – Se levanta sobre la antigua mezquita y data del s. XVI aunque ha sufrido numerosas reformas. Lo más destacable es la portada del Ángel, de estilo plateresco; una red de cuadrícula que enmarca la puerta, tres escudos y dos columnas torsas constituyen sus sencillos pero elegantes elementos decorativos. La torre-campanario, ligeramente inclinada, es el antiguo alminar elevado con dos cuerpos barrocos y rematado por un chapitel de azulejería verde y azul.

Iglesia del Convento de la Madre de Dios ⓥ – El convento es de clausura *(no se visita)*. Fue fundado a principios del s. XVI por D. Diego Fernández de Córdoba, quinto señor de Baena. La iglesia se inició en estilo gótico y se terminó en estilo renacentista. En el interior, de una sola nave, destaca la zona de la **cabecera★**, en la que intervino Hernán Ruiz II, aunque las trazas se deben a Diego de Siloé. Una hermosa reja plateresca cierra la capilla mayor. El ábside es poligonal y presenta pinturas del taller de Bassano en el Altar Mayor. Destaca la media cúpula que lo cubre con decoración escultórica de apóstoles y ángeles entre gallones.
En el exterior conserva una bella portada perteneciente al gótico tardío. Fíjese en las cornisas, con restos de pintura mural.

EL LLANO

Casa del Monte – Situada en la plaza de la Constitución o Coso, es un imponente edificio de 1774, con una larga fachada de tres pisos. El Ayuntamiento preside la plaza.

Iglesia de Guadalupe – *Junto a la plaza de España.* Construida en el s. XVI, destaca su cuadrada Capilla Mayor, que se cubre con un bello **artesonado mudéjar★** y que alberga un retablo barroco del s. XVIII. En el lado del Evangelio, a los pies de la iglesia, se abre **la capilla de la Virgen de Guadalupe**, con altar barroco y cubierta, también, con un artesonado mudéjar. La Virgen, pintada al fresco a finales del s. XV, se trasladó a este lugar en 1617.

Antiguo convento de San Francisco – *Actualmente es un asilo. A la salida del pueblo en dirección Córdoba, nada más pasar una gasolinera, gire a la izquierda por una calle en hondonada.*
Iglesia barroca ⓥ del s. XVIII con planta de cruz latina que se cubre mediante bóvedas de cañón con lunetos. Tiene la peculiaridad de que sobre el crucero se alza una cúpula oval dispuesta transversalmente. Los muros están cubiertos de pinturas al fresco. Las pinturas del techo sólo se conservan en los brazos del crucero. Preside la cabecera un retablo barroco.
En el lado del Evangelio hay un venerado **Cristo nazareno** (s. XVIII) que, según se cuenta en una lápida, fue tiroteado once veces durante la Guerra Civil sin sufrir ningún impacto.

Zuheros sobre un mar de olivos

ALREDEDORES

★ **Zuheros** – *A 17 km por la CV 327.* Este pintoresco pueblo goza de un magnífico **emplazamiento**★★. La belleza de su silueta, recostada sobre rocas calizas en la ladera de la sierra y dominada por el altivo castillo roquero que se asoma al precipicio, le sorprenderá gratamente. El encanto de la arquitectura popular queda patente en sus cuidadas calles blancas, estrechas y empinadas, y en sus rincones floridos.

La plaza de la Paz – Es un amplio mirador natural *(622 m de altura)* desde el que se disfrutan extensas **vistas**★★ sobre colinas cubiertas de olivares, con Baena al fondo. A la izquierda, en un murete a los pies de la imponente masa rocosa sobre la que se alza el castillo, hay una piedra prerromana.

Museo Arqueológico ⓥ – Muestra piezas halladas en la Cueva de los Murciélagos que datan desde la Prehistoria hasta la época romana.

Castillo ⓥ – En este mismo lugar erigieron una fortaleza los romanos. Los restos actuales corresponden a dos períodos diferentes: el torreón cuadrado y almenado es de origen árabe *(se puede subir por dentro)* y los restos del lado contrario datan del s. XVI y corresponden a un palacio renacentista. Desde el patio de armas se ven las murallas y otro torreón aislado que también formó parte, en su época, del recinto amurallado.

Cueva de los Murciélagos ⓥ – *A 4 km de Zuheros por una carretera indicada que sale del pueblo.* El trayecto de ascenso hasta la Cueva proporciona extensas **vistas**★★. La cueva, un entorno natural de gran belleza en el que destacan algunas salas con estalactitas y estalagmitas, contiene un importante yacimiento arqueológico del neolítico en el que han aparecido pinturas esquemáticas y grabados, un interesante enterramiento y toda clase de útiles de trabajo, adornos y cerámica. Los restos encontrados se fechan entre 4300 y 3980 a. C.

Alojamiento en Zuheros

Zuhayra – *Mirador, 10 – 957 69 46 93 – fax 957 69 47 02 – 18 hab. – 38/52 (desayuno incluido).* Típico hotel con habitaciones rústicas. La vista desde la torre en ruinas es tan bonita que la gente no se cansa de admirar el paisaje de olivos y tierras rojas, blancas y grises. Buena relación calidad/precio.

Luque – *A 5 km de Zuheros por la CO 240.* El pueblo se extiende a los pies de una elevación rocosa que corona una fortaleza de origen árabe, transformada posteriormente. *Deje el coche en la plaza.* Allí se alza la **parroquia de la Asunción** (s. XVI) de estilo renacentista, atribuida a los Hernán Ruiz II y III. Destaca su elegante torre dotada de un cuerpo de campanas adornado con columnas y una cubierta cónica con remate de bolas. En el interior, la Capilla Mayor alberga un retablo barroco del s. XVIII presidido por una Asunción.
Detrás del Ayuntamiento sobresale el peñasco con los **restos del Castillo**. Se puede subir por una escalera hasta el pie de la muralla. Desde el camino, bonitas vistas del pueblo y los alrededores.

BAEZA★★

Jaén – 17.691 habitantes

Mapa Michelin nº 446 S 19

Se halla en el centro de la provincia de Jaén, sobre la margen izquierda del Guadalquivir, en una colina de suaves pendientes -La Loma- poblada por hermosas praderas de cereales y olivos, las mismas que inmortalizó el poeta Antonio Machado: "Campo de Baeza, soñaré contigo cuando no te vea". Ciudad apacible y monumental, con un pasado intenso en acontecimientos, actualmente es un importante centro económico y cultural. Conviene visitar la villa en **Semana Santa** y en el **Corpus Christi**, cuando tienen lugar solemnes procesiones. También resulta imprescindible probar la gastronomía biacense, en especial el bacalao al estilo de Baeza, el cocido mareado y los típicos "ochíos", realizados con masa de pan y aceite y pintados con pimentón.

Un poco de historia – Su origen se remonta hasta la Edad del Bronce, aunque es en época romana cuando alcanza la categoría de ciudad, adoptando el nombre de *Biatia*. Durante el dominio visigodo (en el s. VII) fue sede episcopal y, más tarde, capital de un reino de Taifas que abarcaba desde el Guadalquivir hasta Sierra Morena; así se convirtió en una villa de intensa actividad comercial y gran importancia política. Reconquistada por Fernando III el Santo en 1227, Baeza ocupó un papel destacado en la cristianización de al-Andalus, lo que le valió el apelativo de "Nido Real de Gavilanes". Entre los ss. XVI y XVII la ciudad vivió su etapa de mayor esplendor. Se construyeron entonces los bellos edificios renacentistas que forman el centro histórico de la villa y se creó la prestigiosa Universidad, activo foco cultural cuyas actividades perdurarán hasta el s. XIX. En esta época (ss. XVI y XVII) visitaron la villa importantes intelectuales, arquitectos y poetas, entre los cuales hay que destacar a San Juan de Ávila, Andrés de Vandelvira y, sobre todo, a San Juan de la Cruz, quien concluyó en Baeza su célebre ***Cántico Espiritual***. Entre 1912 y 1919, el escritor Antonio Machado impartió clases de francés en la Universidad, tras solicitar el traslado desde Soria a causa de la muerte de su esposa Leonor.

★★CENTRO MONUMENTAL *visita: 1/2 día*

Ver itinerario de visita en el plano.

★**Plaza del Pópulo** – En el centro de este bello espacio se alza la llamada **fuente de los Leones**, una de las imágenes más populares de Baeza. Construida con elementos procedentes de las ruinas de la vecina Cástulo, preside el conjunto una figura que, según parece, representa a Imilce, esposa de Aníbal. La plaza está enmarcada por los edificios de la Antigua Carnicería y la Casa del Pópulo. En el ángulo de uno de sus laterales aparece el **Arco de Villalar**, erigido para conmemorar la victoria de Carlos V sobre los comuneros y, continuando éste, la **Puerta de Jaén**, que fue levantada con motivo del paso del emperador por la ciudad cuando se dirigía a Sevilla para contraer matrimonio con Isabel de Portugal. Este vestigio amurallado se apoya sobre la Casa del Pópulo mediante un pequeño balcón, en el cual tuvo lugar la primera misa cristiana tras la conquista de Baeza.

Antigua Carnicería – Este edificio renacentista (s. XVI) posee un aspecto señorial y elegante. El piso superior, donde estuvo el antiguo Tribunal de Justicia, tiene en su fachada un gran escudo de Carlos V.

Alojamiento

ƆRRECTO

Patio – *Conde de Romanones, 13 – ☎ 953 74 02 00 – 29 hab. – 12,02/33,03€.* Hostal ı poco antiguo, oscuro y, como indica su nombre, con patio. A pesar de todo, como las ıbitaciones son sencillas y limpias, es un buen sitio para dormir sin gastar mucho dinero.

NA BUENA OPCIÓN

otel-Palacete Santa Ana – *Santa Ana Vieja, 9 – ☎ 953 74 07 65 – fax 953 74 16 57 www.palacetesantana.com – 13 hab. – 39,07/60,10€.* Un palacete del s. XVI, situado pleno centro histórico, alberga este hotel singular con coquetos patios y elegantes ıbitaciones.

ɔspedería Fuentenueva – *Paseo Arca del Agua – ☎ 953 74 31 00 – fax 953 74 32 00 12 hab. – 86/98€.* La antigua cárcel de mujeres es hoy un pequeño hotel de habitaciones ɔdernas. Es una lástima que esté alejado del centro de la ciudad, en la carretera de Úbeda.

Restaurante

IA BUENA OPCIÓN

ıdrés de Vandelvira – *San Francisco, 14 – ☎ 953 74 81 72 – 21/24€ – cerrado do ches y lu.* Elegante establecimiento que ocupa una parte del monasterio de San Franco (s. XVI). La entrada se efectúa a través de un impresionante claustro. El comedor encuentra en la primera planta.

BAEZA

Aguayo . . . . Y 2
Barbacana . . . . Z 3
Cardenal Benavides (Paseo) . . . . Y 5
Compañía . . . . Z 6
Conde Romanones . . . Z 7
Córdoba (Puerta de) . . . Z 9
Gaspar Becerra . . . . . . Y 12
General Cuadros . . . . . Y 13
José M. Cortés . . . . . . Y 15
Magdalena . . . . Y 16
Obispo Mengíbar . . . . . Z 17
Sacramento . . . . Z 20
San Andrés . . . . Y 21
San Felipe Neri (Cuesta) . . . . Z 23
San Francisco . . . . Y
San Gil (Cuesta de) . . . Z 25

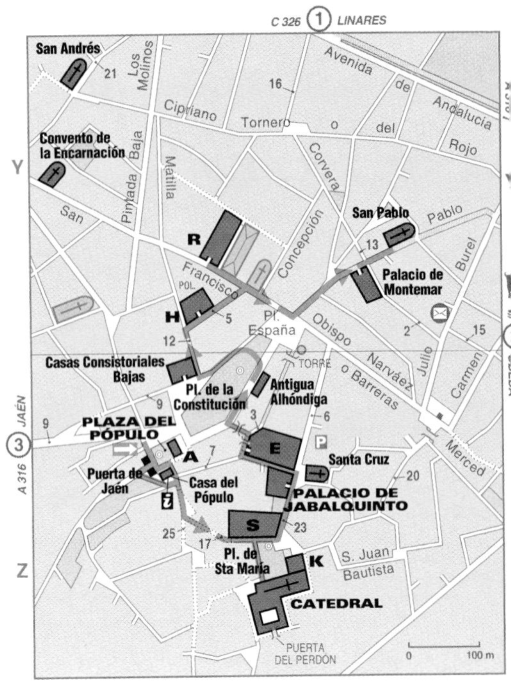

Antigua Carnicería . . . . Z A
Antigua Universidad . . Z E
Ayuntamiento . . . . Y H
Casas Consistoriales Altas . . . . Z K
Ruinas de San Fransisco (Auditorio) . . . . Y R
Seminario de San Felipe Neri . . . . Z S

Casa del Pópulo – Antigua sede de la Cofradía de los Caballeros Hijosdalgos de Baeza y de la Audiencia Civil -antes en la primera planta-, el edificio que actualmente aloja la **Oficina de Turismo** es una construcción de proporciones armoniosas y refinados detalles decorativos. En su fachada, adornada con medallones y ventanales, se abren seis puertas, tantas como escribanías públicas hubo en su día.

Plaza de Santa María – Está presidida por una gran **fuente** de Ginés Martínez decorada con cariátides y atlantes. En un lado se encuentra el **seminario de San Felipe Neri** (s. XVII), en cuya sobria fachada aún pueden leerse los vítores que los estudiantes escribían con sangre de toro tras aprobar los estudios, y, a la izquierda, el edificio de las **Casas Consistoriales Altas** o Casa Cabrera, que posee dos bonitas ventanas ajimezadas entre las cuales se hallan los escudos de Juana la Loca y Felipe el Hermoso.

B. Kaufmann/MICHELIN

Detalle del púlpito

★**Catedral** Ⓥ – Mandada construir por Fernando III sobre una antigua mezquita, su silueta deja tras de sí una estela de solitarias callejuelas de piedra, donde las fachadas de las construcciones adoptan, a media tarde, un aspecto misterioso y desafiante.

Exterior – La fachada principal, renacentista, contrasta con la del lado Oeste, donde se conservan los elementos más antiguos, como la Puerta de la Luna, gótico-mudéjar (s. XIII), y el gran rosetón gótico (s. XIV). En el muro Sur se abre la Puerta del Perdón (s. XV).

★★**Interior** – Este maravilloso espacio, en el que se unen la severidad de la arquitectura castellana con la espectral luz de Andalucía, fue reconstruido en el s. XVI según un proyecto de Andrés de Vandelvira, quien cubrió las tres naves con bóvedas vaídas. Entre sus numerosas capillas conviene destacar la

Dorada, junto a la pila bautismal, de inspiración italiana; la de Santiago, en el lado izquierdo; la de San José, decorada con cariátides y, sobre todo, la bella **capilla del Sagrario**, al fondo a la derecha, donde se guarda una **custodia** barroca de plata que se saca en procesión el día del Corpus. También resultan interesantes la puerta plateresca de la sacristía, en la que aparecen delicados relieves, el **púlpito** de metal repujado y policromado del crucero (1580), el retablo barroco del altar mayor y la singular **reja** del maestro Bartolomé, que cierra el primer tramo de la nave. En el claustro se conservan cuatro capillas mudéjares adornadas con atauriques e inscripciones árabes.

★ **Palacio de Jabalquinto** Ⓥ – La antigua residencia de Juan Alfonso de Benavides, conocido como el Capitán de Lorca, es una bella muestra de arquitectura gótica flamígera. Su excepcional **fachada★★**, atribuida a Juan Guas y a Enrique Egas, es un auténtico prodigio decorativo que adquiere las más bellas tonalidades cuando cae la tarde. Manifiesta el gusto de la nobleza de la época por la profusión de elementos ornamentales (típicos salientes en forma de pirámide, florones de piedra, ligeros pináculos, escudos suntuosos, etc.). En el interior pueden observarse un airoso patio renacentista con columnas corintias de mármol y una monumental escalera barroca.

B. Kaufmann/MICHELIN

Detalle de la bella fachada del Palacio de Jabalquinto

Iglesia de Santa Cruz – Este pequeño templo románico tiene una capilla gótica y pinturas murales en el ábside.

Antigua Universidad Ⓥ – Se llega tras cruzar el Arco del Barbudo, único vestigio, junto a la Puerta de Jaén, del recinto amurallado. Fundada en el s. XVI por Rodrigo López y Juan de Ávila, en 1875 dejó de ser universidad y se convirtió en instituto de enseñanza media. La fachada, con un medallón de la Santísima Trinidad, esconde un hermoso **patio** interior renacentista, en el que Antonio Machado escribió algunos de sus poemas más melancólicos.

Plaza del Mercado Viejo o de la Constitución – Rodeada por los edificios de la Alhóndiga o Pósito y de las Casas Consistoriales Bajas, es el centro neurálgico de la ciudad. Bajo sus pórticos aparecen algunos bares animados y cafés con sabor antiguo.

Antigua Alhóndiga – Se trata de un edificio de tres pisos que fue casa de contratación y de venta de grano durante el s. XVI.

Casas Consistoriales Bajas – Los miembros del Concejo contemplaban desde el elegante balcón de la fachada de este edificio barroco (s. XVIII) los espectáculos de toros, cañas y fuegos artificiales.

★ **Ayuntamiento** – Antiguo Palacio de Justicia y cárcel, es un monumento plateresco formado por dos pisos separados mediante una cornisa acanalada. En la fachada pueden observarse cuatro balcones entre los que aparecen los escudos de la ciudad, de Felipe II y del corregidor Juan de Borja.

Ruinas de San Francisco – Este convento renacentista, severamente castigado por las catástrofes naturales y el pillaje, fue considerado en su tiempo una de las obras cumbres de Vandelvira. La monumentalidad del crucero y el ábside, sus columnas fasciculadas desiguales, así como los suntuosos retablos de piedra permiten imaginar el impresionante aspecto original que debía de tener este edificio. Actualmente, se utiliza como **auditorio**.

Palacio de Montemar (o de los Condes de Garcíez) – Es una construcción del s. XVI con ventanales góticos y patio interior plateresco con doble arcada.

Los patios de Baeza

Toda Baeza es un gran monumento. Recorrer esta ciudad supone ir de sorpresa en sorpresa, del palacio más elegante al pequeño detalle decorativo, de la iglesia más monumental al rincón urbano con más encanto. Sin embargo, los patios de Baeza ocupan un lugar muy destacado en la visita a esta notable población. A ellos suele accederse tras franquear bonitas rejas de hierro y constituyen un auténtico remanso de paz, escondidos en el corazón de numerosos edificios. Conviene visitarlos en verano, cuando el calor aprieta; o en primavera, para ver sus adornos florales; o en invierno, para observar la brillantez de su arquitectura; o en otoño, cuando los baña una luz muy clara.

Iglesia de San Pablo – Tras su fachada renacentista se esconde un interior formado por tres amplias naves que se apoyan sobre pilares góticos. Guarda algunas tablas pintadas y la imagen del *Cristo de la Expiración*.

OTRAS CURIOSIDADES

Iglesia de San Andrés – Tras la Reconquista, Fernando III creó en esta iglesia de portada plateresca la "Compañía de los Doscientos Ballesteros del Señor Santiago", una institución militar formada por caballeros de Baeza que sólo obedecían al rey y que no podían residir a más de seis leguas de la villa. En la **sacristía** se exhibe una interesante colección de nueve **tablas góticas**★, cuyos coloridos manifiestan la destreza técnica adquirida por la pintura renacentista andaluza.

Convento de la Encarnación – Este edificio de transición entre el Renacimiento y el Barroco, ocupado por carmelitas descalzas, es célebre porque en él acabó San Juan de la Cruz su *Cántico Espiritual*.

BAZA

Granada – 20.113 habitantes

Mapa Michelin nº 446 T 21

El origen de Baza se remonta al s. IV a. C. cuando el pueblo íbero de los bastetanos estableció, a 2 km de la ciudad actual, el asentamiento de Basti, en cuyas excavaciones se encontró la famosa **Dama de Baza**, escultura sedente de una diosa íbera. Los árabes fundaron, en el emplazamiento actual, la ciudad de Madinat Bastha. Desgraciadamente de su prolongado pasado árabe (713-1489) sólo se han conservado unos baños. Con la expulsión de los moriscos a finales del s. XVI, la ciudad entró en un periodo de decadencia. Hoy sufre las consecuencias de un fuerte proceso desindustrializador.

Plaza Mayor

CURIOSIDADES

★**Colegiata de Santa María de la Encarnación** – Es un edificio sobrio y recio, casi una fortaleza que se resguarda detrás de un sorprendente muro de contrafuertes. Está construida sobre la mezquita mayor musulmana. Al entrar nos encontramos con una perfecta iglesia de salón: tres naves de la misma altura y sin crucero.

En la **Plaza Mayor** se halla el edificio renacentista del antiguo ayuntamiento, que alberga actualmente el **Museo Municipal** Ⓥ y en cuyo interior hay una reproducción *(el original se encuentra en el Museo Arqueológico de Madrid)* de la Dama de Baza.

Salga de la Plaza Mayor por el Arco de la Magdalena, al lado del campanario (s. XVIII), y tome, a la izquierda, la calle Zapatería que lleva hasta el que fuera barrio morisco de Baza.

Entre las estrechas callejuelas, herencia de su pasado morisco, se encuentran la **iglesia de San Juan Bautista**, de estilo mudéjar, el **convento de la Merced** que guarda la *Virgen de la Piedad*, y una casa con una bonita balconada de madera típica del s. XVII.

Vuelva al Arco de la Magdalena y baje por la calle Zapatería. A la izquierda se encuentra el edificio de las **Antiguas Carnicerías**, fechado en 1568. *Continúe hasta la plaza de Santo Domingo.*

En la plaza se alza el **Convento de Santo Domingo**, en un estado de ruinoso abandono. Se ha conservado algo mejor el claustro del s. XVII, oculto en el interior de un edificio de principios del s. XX que una vez sirvió como teatro.

Tome la calle Dolores. La **iglesia de los Dolores** (ss. XVII-XVIII) presenta una sorprendente portada barroca enmarcada entre dos potentes columnas salomónicas.

Continúe por la calle Dolores y tome a la izquierda la calle del Agua. Baje hasta la calle Caniles.

El Cascamorras

El origen de esta curiosa fiesta se remonta al s. XV cuando, según cuenta la leyenda, un vecino de Guadix que estaba trabajando en una antigua ermita mozárabe en las cercanías de Baza descubrió una bella imagen de la Virgen. Pronto surgió la polémica por saber qué pueblo se la quedaba. El conflicto se resolvió en los tribunales, que dictaminaron que la Virgen se quedaría en la ciudad de Baza aunque su fiesta se celebraría una vez al año en Guadix. Cuando llegado el momento de hacer valer su derecho los accitanos, encabezados por el primer Cascamorras, reclamaron la Virgen, fueron expulsados de Baza a palos. Al volver a Guadix, los vecinos enfadados por su fracaso los recibieron también a golpes. Ahora, cada **6 de septiembre**, un vecino de Guadix, ataviado con un atuendo de paños viejos de distintos colores intenta llegar hasta la **iglesia de la Merced**. En el camino los vecinos de ambos pueblos zarandean al desdichado Cascamorras.

★ **Baños árabes** Ⓥ – *Barrio de Santiago, en la calle Caniles.* Están situados en la antigua judería, al lado de la iglesia de Santiago. De época califal (s. X), estos sencillos baños son de los más antiguos de Europa. La sala principal está dividida mediante arcos de herradura que descansan sobre finas columnillas de mármol. Las bóvedas primitivas, que se iluminaban mediante lumbreras estrelladas, no se han conservado. El conjunto se completa con dos salas rectangulares probablemente destinadas a vestuario y caldera.

ALREDEDORES

Parque Natural de Sierra de Baza Ⓥ – *15 km por la A 92 dirección Guadix. Siga las indicaciones del Parque. Desde la desviación de la autovía, 5 km hasta el Centro de Visitantes en Narváez.*
De reciente creación y todavía con pocas infraestructuras, ofrece, sin embargo, buenas posibilidades para los amantes del senderismo. La Sierra de Baza es sorprendentemente montañosa, situándose varias de sus cimas por encima de los 2.000 m. Las especies arbóreas más abundantes son las encinas y los pinares, que en algunas partes todavía son pinos silvestres. En cuanto a la fauna, destaca la colonia de rapaces.

BELALCÁZAR

Córdoba – 3.879 habitantes

Mapa Michelin nº 446 Q 14

Pequeño pueblo del Norte de la provincia de Córdoba que en el s. XV cambió el nombre de Gaete por el actual, derivado de Bello Alcázar en clara referencia a su castillo. Unida al linaje de los Sotomayor, poseedores del Condado de Belalcázar, fue cuna de un ilustre conquistador, **Sebastián de Belalcázar**, que fundó la ciudad de Quito y conquistó Nicaragua.

Deje el coche en la Plaza de la Constitución.

Iglesia Parroquial de Santiago Ⓥ – Se alza en un extremo de la Plaza de la Constitución. Edificada en los ss. XVI y XVII, su fachada pertenece a la última etapa de construcción. Una torre-campanario sin acabar se eleva en su eje central. El conjunto, enteramente de granito, es de una gran austeridad. Sorprenden los laterales de la iglesia jalonados por gruesos contrafuertes que le dan un cierto aspecto de fortaleza.

La romería de "La Chiquinina"

El último fin de semana de abril se celebra la romería de Ntra. Sra. de Gracia de la Alcantarilla, patrona de Belalcázar, apodada "La Chiquinina". El sábado por la mañana la gente va a la ermita que se halla a 20 km del pueblo y regresa con la imagen el domingo antes de que salga el sol. Si no lo hicieran así el pueblo de Monterrubio de la Serena (Badajoz) se quedaría con la Virgen.

El **interior** está concebido como iglesia de predicación: una sola nave con capillas laterales entre los contrafuertes. La parte de la cabecera es nueva ya que la primitiva fue destruida durante la Guerra Civil. La techumbre actual de la nave, que se realizó tras hundirse la original, mucho más elevada, aprisiona las ventanas rompiendo el equilibrio de las proporciones arquitectónicas. Aun así, el interior conserva parte de su atractivo con una cantería muy cuidada y bellamente decorada en algunos arcos de ingreso a las capillas.

Ayuntamiento – Este edificio de granito (s. XIX) preside la agradable plaza. Un frontón con un reloj en el tímpano realza el cuerpo central.

Tomando la calle Sebastián de Belalcázar, a la derecha de la iglesia, se llega a la **fuente del Pilar** (1570) con un depósito de agua que se utilizaba antiguamente como abrevadero y desde donde se tiene una estupenda vista del castillo.

★ **Castillo** – Situado sobre un montículo al Norte de la población, su construcción data de la segunda mitad del s. XV. En este lugar se piensa que ya hubo una fortaleza romana. El castillo tiene disposición cuadrangular con torres en las esquinas y en el centro de los muros. Una línea de modillones recorre los muros y las torres en su parte más alta.
Especial atención merece su imponente torre del homenaje que, por sus proporciones, atrae todas las miradas y domina el conjunto. El cuerpo superior de la torre tiene unas garitas cilíndricas decoradas con unos enormes escudos con bandas taqueadas que representan las armas de los Sotomayor, señores del castillo. Estos cuerpos semi-cilíndricos reposan sobre pequeñas repisas gótico-flamígeras.

Belalcázar cuenta con algunas mansiones señoriales como la Casa Grande y la Casa de la Administración de los Osuna y, en las afueras, un puente por el que pasaba la calzada romana.

Los amantes de la repostería...

deben de aprovechar la visita al convento de las Clarisas, que han conseguido una merecida fama en este campo. Entre sus numerosas especialidades, las más apreciadas son las flores de almendra y los "repelaos" (generalmente de encargo). *Horario de venta: de 9.30 a 13.30 y de 16.30 a 18.30.*

Convento de Santa Clara ⓥ – *A la salida del pueblo, en dirección a Hinojosa del Duque, por una desviación señalizada a la izquierda, a 0,8 km.* Monasterio fundado en 1476 y creado originalmente para una comunidad de varones que en 1483 se convirtió en un convento de monjas, lo que obligó a la comunidad masculina a fundar el cercano **convento de San Francisco**, actualmente en ruinas. Construido en estilo gótico tardío, es uno de los principales conjuntos conventuales de toda la provincia de Córdoba.
La iglesia, de una sola nave, presidida por un *Cristo de la Columna*, cubre su cabecera con una bóveda estrellada con pinturas al fresco en la plementería. Al exterior presenta una portada con arco rebajado. Sobre él las tres esculturas mutiladas, que representarían a Cristo, la Magdalena y Santa Clara, están enmarcadas por un arco trilobulado.

ALREDEDORES

Hinojosa del Duque – *8,5 km al Sur.* En este pueblo de la sierra cordobesa brilla con luz propia la Parroquia de San Juan Bautista, el monumento más importante del Norte de la provincia de Córdoba.

Siga las indicaciones Catedral de la Sierra.

★ **Parroquia de San Juan Bautista** ⓥ – Conocida comúnmente como "Catedral de la Sierra", se construyó en los ss. XV y XVI y es obra de los arquitectos cordobeses Hernán Ruiz I, Hernán Ruiz II y Juan de Ochoa.

La **fachada Noroeste★**, que es la principal, presenta una bella portada renacentista enmarcada por columnas corintias. A la derecha de la portada sobresalen la **sacristía**, coronada por una magnífica **crestería**, y las tres ventanas que forman un conjunto bellamente decorado con blasones, veneras, casetones, etc. A la izquierda de la portada hay una curiosa **ventana** que, gracias al juego de columnas y casetones, produce un efecto de marcada profundidad. A los pies de la iglesia se alza la **torre-campanario** (1590) en la que cada año se dan cita las cigüeñas.
En el **interior**, la piedra de los arcos, los pilares y los nervios de las bóvedas contrastan con los muros encalados dando realce a la arquitectura. La nave central se cubre con un bello artesonado mudéjar, las laterales con bóvedas de crucería y la capilla mayor con una bóveda estrellada, decorada con pinturas al fresco.
En la plaza, a la derecha de la fachada de la iglesia, se ve entre viviendas la **iglesia de la Virgen del Castillo**, actualmente sala de exposiciones.

Convento de las Madres Concepcionistas – Convento de clausura construido en el s. XVI en el que destaca su sobria **fachada Sur**, formada por una sucesión de recios contrafuertes entre arcos y coronada con una fina espadaña donde anidan las cigüeñas.

BUJALANCE

Córdoba – 8.204 habitantes

Mapa Michelin nº 446 S 16

Este bonito pueblo de la Campiña cordobesa, rodeado de olivares, guarda el sabor de la arquitectura popular andaluza, realzada por sus numerosas casonas blasonadas que se levantaron en su mayoría en el s. XVII. El recuerdo árabe está presente en los restos de su alcazaba y en su toponimia: Bujalance viene de Bury al-Hansh que significa torre de la serpiente.

Siga la indicación centro ciudad y aparque junto a la Plaza Mayor.

Plaza Mayor – En esta plaza rectangular en pendiente, festoneada de naranjos, sobresale, tras las casas, la torre de la iglesia de la Asunción. El **Ayuntamiento** (s. XVII), con decoración heráldica, cierra la plaza por la parte superior junto a un arco abovedado que le une a la iglesia de la Asunción.

Iglesia de la Asunción – *Entrada por la sacristía: saliendo de la Plaza Mayor por el arco, la primera casa de la izquierda.*
Hubo una iglesia anterior, pero la actual pertenece al s. XVI. La planta sigue el mismo modelo de la mayoría de las iglesias cordobesas de esa época: tres naves sin crucero y con triple cabecera recta. Las naves laterales mantienen la techumbre de madera, no así la central que se cubrió con una bóveda en el s. XVIII. La cabecera tiene bóvedas góticas: estrellada en la Capilla Mayor y de terceletes en las laterales. Destacan entre sus obras de arte el retablo renacentista de talla y pintura del presbiterio (s. XVI) y el retablo barroco de la capilla de la derecha de la cabecera.
En el exterior se alza una bella **torre** barroca (s. XVIII) que, con sus 55 m de altura, es la más alta de la provincia.

Alcazaba – *Entrada al recinto a la izquierda de la fachada principal de la iglesia.* En estado ruinoso, se pueden ver torreones y lienzos de muralla que formaban el recinto exterior de la alcazaba. Construida durante el reinado de Abderramán III, fue reformada tras la Reconquista. Tuvo siete torreones que dieron origen al escudo de la localidad.

Iglesia de San Francisco – *Desde la Plaza Mayor, baje por la calle E. Sotomayor a la calle Ancha de Palomino.* La iglesia actual es nueva, salvo la portada. La antigua, que era una joya del barroco cordobés, fue destruida durante la Guerra Civil; lo que no se destruyó fue su bella torre barroca.

Ermita de Jesús – *En las afueras del pueblo. Baje toda la calle San Antonio, a la izquierda de la fachada de San Francisco.* Está situada en el Parque de Jesús, en lo alto del promontorio desde donde la vista sobre los olivares se pierde en el horizonte. Su estilo corresponde al de las obras que se realizaron en el s. XVIII, aunque su fundación es anterior. La portada de los pies, de estilo barroco, está decorada con estípites y abundante decoración menuda.

Parque Natural de CABO DE GATA-NÍJAR★★

Almería

Mapa Michelin nº 446 V 23

El **Parque Natural marítimo terrestre de Cabo de Gata-Níjar** le dará la oportunidad de disfrutar de parajes solitarios y playas salvajes. Ocupa el extremo Sur de la Sierra volcánica del Cabo de Gata, que se extiende paralela a la costa con dirección S.O. – N.E. y que configura un litoral de abruptos acantilados alternados con bellas calas y playas. La aridez del paisaje sólo se ve mitigada por chumberas, pitas y algunas otras especies propias de este clima que cuenta con el nivel pluviométrico más bajo de España.

Submarinismo

Aguas tranquilas y cristalinas, temperaturas suaves y unos bellísimos fondos hacen del Parque Natural de Cabo de Gata una de las reservas marinas más importantes de Europa y un auténtico paraíso para los amantes del submarinismo. Gracias a las características de la zona (buena visibilidad, gran riqueza biológica, cuevas laberínticas, columnas basálticas) hay diversos lugares para elegir: Cala San Pedro, Playazo de Rodalquivar, Cala del Embarcadero (en Los Escullos)...
Informaciones prácticas – La pesca submarina está prohibida. Para practicar el buceo a pulmón no hay que solicitar ningún permiso; para el buceo autónomo sí es necesario: se tramita en la Consejería de Medio Ambiente de la Junta de Andalucía. Se recomienda contactar con las escuelas de buceo de la zona.

NÍJAR

Fuera de los límites del Parque, al Norte.

Bonito pueblo de origen árabe que se asienta al Sur de la Sierra de Alhamilla, en la falda de un cerro, y a cuyos pies se extiende una llanura agrícola, el **Campo de Níjar**, sobre la que tiene excelentes vistas. Esta comarca, tradicionalmente muy árida, se ha convertido en una zona fértil gracias al regadío. Níjar, con sus casitas blancas, sus calles estrechas y empinadas, llenas de recoletos rincones, es una bella muestra de arquitectura popular.

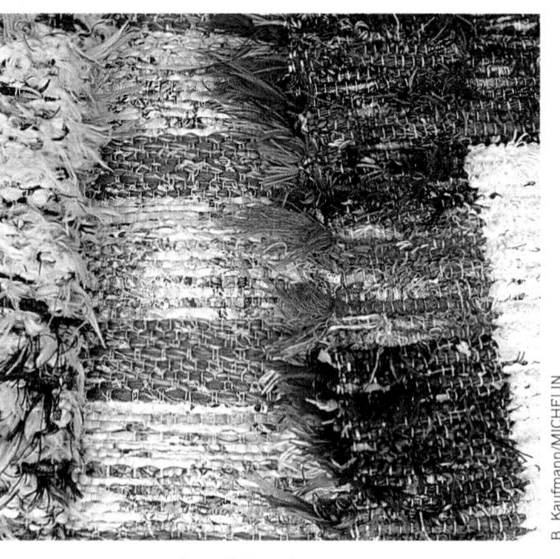
B. Kaufmann/MICHELIN

Las típicas jarapas

Artesanía – Níjar conserva una importante tradición artesana. Su **cerámica** azul o verde, realizada con arcillla y marga y con un baño de caolín, es muy apreciada. Pero quizá, lo más característico sean sus **jarapas**, hechas con tiras multicolores de algodón o lana.

Iglesia Parroquial – Se alza junto a la plaza. Construida en el s. XV, en su torre-campanario puede verse el escudo con el águila bicéfala de Felipe II. El interior, cubierto con una techumbre de madera, conserva, a los pies de la iglesia, un bonito artesonado mudéjar.

Torre-vigía – Suba andando desde la plaza de la iglesia a la plaza del mercado, donde hay una fuente de cerámica del s. XIX y cuatro olmos centenarios, y entre las casas tome un sendero pedregoso y empinado *(los últimos metros son de difícil acceso)*. Sobre el cerro, dominando el pueblo, se yergue la torre. Desde este lugar se divisa un extenso **panorama** que abarca todo el campo de Níjar, con el Cabo de Gata y el mar al fondo.

★★ RECORRIDO POR EL PARQUE NATURAL

90 km – calcule 1 día.

Desde Níjar, tome la E 15 dirección Almería y salga en el kilómetro 467. Antes de llegar a Retamar, tome una carretera al Sudoeste.

Se atraviesa un paisaje plano y desértico, con el mar a la derecha y las suaves ondulaciones de la sierra al fondo.

Al llegar a un desvío, tome a la derecha.

Junto al mar se sitúa el pequeño pueblo de **San Miguel de Cabo de Gata**.

Salinas – Al Sudeste del pueblo, a lo largo de 4,5 km, se extienden paralelas a la costa las salinas del Cabo de Gata, que ocupan una superficie de unas 300 ha. Son una reserva de alta protección ecológica de aves limícolas. En ellas se reúnen miles de aves migratorias; conviene llevarse unos prismáticos para poder observarlas.

Cabo de Gata – La carretera asciende sinuosa hasta el faro, dando la oportunidad de admirar en las cristalinas aguas caprichosas formaciones rocosas de origen volcánico, como las conocidas por los nombres de "**el dedo**" y "**las sirenas**", que surgen junto al litoral. Al lado del faro se hallan el Mirador de las Sirenas y un punto de información.

M. Raurich/STOCK PHOTOS

Arrecife de las sirenas

Vuelva al desvío y tome la carretera de la izquierda.

Centro de Visitantes Amoladeras ⓥ – Muy cerca se halla este centro que muestra una exposición temática sobre el parque. También tiene una librería.

En esta carretera del interior pueden verse algunos de los cultivos cubiertos de plástico, tan característicos de la provincia de Almería. A la derecha está el **CEMA** (Centro de Experiencias Michelin de Almería) en cuyas pistas se lleva a cabo una constante labor de ensayo del neumático.

A unos 13 km tome el desvío a Los Escullos.

Los Escullos – *A 5 km.* Pequeño pueblo marinero situado junto a una preciosa playa, muy amplia, que conserva, en un extremo, una torre-vigía del s. XVIII, llamada Calahiguera, y la batería costera de San Felipe, de la misma época.
En la carretera a Rodalquilar se encuentran la cala de **Isleta del Moro** y el **mirador de las Amatistas** desde el que se contemplan buenas vistas sobre esta zona de la costa (Los Escullos y la Isleta del Moro).

Las Salinas

ALOJAMIENTO

Las Salinas de Cabo de Gata – *Las Salinas* – ☎ *950 37 01 03 – fax 950 37 12 39 – 14 hab. – 60,10/96,16€ – cerrado oct.* Se halla ubicado en un tranquilo paraje del parque natural. Las habitaciones, todas exteriores, ofrecen vistas de las blancas salinas o de la playa.

San José

ALOJAMIENTO

Puerto Genovés – *Balandro, s/n* – ☎ *y fax 950 38 03 20 – 18 hab. – 42,7€ (54,9€ en ago).* A 200 metros del mar, pequeña pensión familiar con habitaciones impecables y modernas pero sin teléfono. Bar con billar.

RESTAURANTES

En el puerto de San José hay varios restaurantes de pescado y marisco. Destaca el **Mesón El Tempranillo**, que ofrece excelentes paellas para dos personas.

Rodalquilar – Era un pueblo minero que fue abandonado en los años 60. En la zona más alta se ven las antiguas instalaciones mineras.
Por la pista de tierra que lleva a **Playa del Playazo** se pueden ver algunas construcciones típicas: una noria, la torre de Rodalquilar o de las Alumbreras (s. XVI) y, ya en la costa, la batería costera de San Román (s. XVIII).

Regrese al desvío de Los Escullos y tome dirección San José. Muy cerca, en el Pozo de los Frailes hay un punto de información.

Bodas de Sangre

En 1928, en el Cortijo del Fraile, cerca de Rodalquilar, ocurrió el trágico suceso que inspiraría a **Federico García Lorca** el argumento de este famoso drama rural. Una novia decidió fugarse con un primo suyo el mismo día de su boda; la huida de la pareja acabó con el asesinato del primo.

San José – Pequeña población costera de veraneo en torno a una agradable playa; las blancas casas ascienden por la falda del monte. Fíjese en las cúpulas semi-esféricas de algunas de estas casas, que son características de la arquitectura popular almeriense y que sirven para refrescar el ambiente de la sala o habitación central. Tiene un pequeño puerto deportivo.

Playas – En su término municipal, pero alejadas del casco urbano, se encuentran dos bellísimas playas: la de los Genoveses y la de Monsul. A la entrada del pueblo una señalización nos indica el camino. A unos 2 km, por una carretera sin asfaltar pero transitable, se ve, a la izquierda, la **playa de los Genoveses**★ en una amplia bahía, en la que se tarda en perder pie. A 2,5 km se encuentra la **playa de Monsul**★: precioso paraje de fina arena entre dos estribaciones montañosas que se introducen en el mar. La gran roca que emerge en el centro le confiere un encanto especial. A la izquierda hay una duna móvil y por la derecha se puede acceder a la ensenada de la Media Luna.

CABRA

Córdoba – 20.057 habitantes

Mapa Michelin nº 446 T 16

El pueblo, envuelto por un paisaje de suaves ondulaciones tapizadas de olivos, forma una mancha blanca en la falda de la Sierra del mismo nombre. Sobre una pequeña colina despuntan el castillo y la parroquia de la Asunción y Ángeles.

La Virgen de la Sierra – A lo largo del año se realizan varias romerías al Santuario de la Virgen de la Sierra para venerar a la patrona de la localidad, pero la fiesta más importante es la Feria de Nuestra Señora de la Sierra *(del 3-8 sep)* en la que la Virgen se baja al pueblo.

PLAZA ALTA

Desde la Plaza Vieja, una calle que sube entre cipreses y palmeras nos conduce a la explanada sobre la que se alzan la iglesia de la Asunción y Ángeles y los restos del castillo. En la subida, fíjese en los poyetes y muretes y verá que algunos tienen fósiles.

Parroquia de la Asunción y Ángeles – Es la iglesia principal del pueblo y se construyó sobre una antigua mezquita, de ahí probablemente la disposición de sus cinco naves. El edificio actual es el resultado de una serie de reformas iniciadas en el s. XVII por la cabecera y culminadas en el s. XVIII en las naves. En el exterior destaca la torre de ladrillo visto y la portada lateral de mármol, de estilo barroco, con estípites y columnas salomónicas. Los retablos marmóreos, la sillería y la tapa de la pila bautismal, obra de Benlliure, son los elementos más sobresalientes del interior.
En el lado contrario, la explanada se cierra con un lienzo de muralla almenado.

Torre del Homenaje – Pertenecía, al igual que la muralla, al castillo de los Condes de Cabra, una fortaleza de origen árabe que fue reconstruida tras la Reconquista. Actualmente la torre, que ha sido restaurada, forma parte del recinto del Colegio de las Madres Escolapias. Si quiere verla de cerca, puede entrar en el patio del colegio *(llame a la puerta de la verja)*. En el interior se acondicionó en 1887 un salón ochavado con decoración neomudéjar.

A los golosos...

les recomendamos que se acerquen al convento de las Madres Agustinas *(Plaza de San Agustín)* para comprar una caja de bizcotelas.

Barrio de la Villa – Se extiende por detrás de la parroquia, dentro del recinto almenado. La calle Villa termina en un jardín mirador ceñido por el adarve.

OTRAS CURIOSIDADES

Barrio musulmán "El Cerro"– *En torno a la Cuesta de San Juan.* Las calles blancas, estrechas, empinadas o curvas, algunas decoradas con arcos –**la Puerta del Sol**– nos hablan del pasado árabe de Cabra.

Iglesia de Santo Domingo – Pertenece a un convento que se fundó en el s. XV. La fachada, aunque reformada posteriormente, conserva dos interesantes portadas barrocas de mármol (s. XVIII). La principal tiene una estructura sencilla pero adornada con columnas salomónicas y abalaustradas.

Instituto Aguilar y Eslava – Una Inmaculada preside su elegante y clásica portada de mármoles rojos (s. XVII) con decoración heráldica. El patio se cubre mediante un armazón de vidriera con el escudo de los Condes de Cabra.
Enfrente se halla la **iglesia de la Virgen de la Soledad** (s. XVIII), con fachada de piedra coronada por una espadaña. En el interior, decoración de yeserías en la cúpula y en el camarín de la Virgen.

Un egabrense ilustre

En el nº 13 de la calle Solís, en el seno de una familia noble, vino al mundo el escritor **Juan Valera** (1824-1905). Este diplomático, culto y refinado, que frecuentó la alta sociedad madrileña de la época, es el autor de conocidas novelas: *Pepita Jiménez* y *Juanita la Larga.*

Casas señoriales – En las calles Priego y José Solís podrá ver algunas de las casas señoriales que se conservan en el casco urbano.

Museo Arqueológico ⓥ – *c/ Martín Belda.* Los fondos del museo están constituidos por piezas encontradas en los yacimientos de la zona. Muy bien presentado, la visita está adaptada para los invidentes.

Parque Alcántara-Romero – Este rectángulo de verdor, conocido como el Paseo, fue diseñado a mediados del s. XIX. Su frondosa vegetación lo convierte en un agradable lugar para el paseo o el descanso.

ALREDEDORES

★**Ermita de la Virgen de la Sierra** – *Tome la C 336, en dirección Priego de Córdoba, y a unos 5 km gire a la izquierda por un desvío indicado.* La carretera de subida *(7 km)* serpentea sinuosa y empinada por un terreno árido y pedregoso. ¡Cuidado con los rebaños de ovejas! El santuario se alza en un bello **paraje**★, en lo más alto de la sierra de Cabra (1.223 m), desde donde se dominan extensas **vistas panorámicas**★★ de las Sierras Subbéticas y de la campiña cordobesa. Mirador, a la izquierda de la ermita, al lado de la antena, con mesa de orientación.
La ermita fue reconstruida en el s. XVI aunque su origen se remonta a la Edad Media. El templo está presidido por un rico retablo (s. XVII) de mármoles con camarín que alberga la imagen de la patrona, suntuosamente vestida. El claustro se añadió en el s. XVIII.

Parque Natural de las Sierras Subbéticas – El parque se extiende por los términos municipales de Cabra, Carcabuey, Doña Mencía, Zuheros, Luque, Priego de Córdoba, Iznájar y Rute.

Centro de acogida Santa Rita – *En la A 340, km 57.* Se halla en el puerto de Mojón e informa sobre las rutas, zonas de acampadas y demás temas relativos al Parque.
Este bello espacio natural se caracteriza por un paisaje de media montaña con pronunciados cortados y pendientes. Se pueden distinguir tres zonas: el macizo de Cabra, el pasillo de Carcabuey y las Sierras de Rute y la Horconera.
El macizo de Cabra es un terreno calizo en el que se han desarrollado algunos modelados kársticos como los de Lapiaz de Las Lanchas, Los Hoyones, La Nava (al pie del picacho de la Ermita de la Virgen de la Sierra) y la **Cueva de los Murciélagos** *(ver p. 130)*. En el pasillo de Carcabuey, donde se asienta la mayoría de los pueblos, predomina el olivar, al igual que en las Sierras de Rute y la Horconera, pero únicamente hasta cierta altura. Estas sierras tienen los paisajes más espectaculares y las mayores alturas del parque, que culminan en el pico de La Tiñosa (1.570 m).

CÁDIZ★★

Cádiz – 143.129 habitantes

Mapa Michelin nº 446 W 11

Como una isla que busca en el mar su destino o un navío presto a partir, así surge Cádiz ante el viajero, luminosa entre las luminosas, marinera como ninguna otra, "salada claridad", como la definió con gran acierto Manuel Machado. Cádiz presume de abolengo, de origen mítico, de ser la primera entre las primeras. Es una ciudad tranquila que vive su casi insularidad con la serenidad de la que se sabe especial.

Mito e historia – La leyenda sugiere que Cádiz fue la primera ciudad del continente europeo. Sitúa su fundación hacia el año 1100 a. C, cuando los fenicios de Tiro, empujados por necesidades económicas y tras ensayos infructuosos en las costas de Granada y Málaga, arribaron a estas tierras y fundaron, en un islote rodeado de agua por tres de sus costados, la ciudad de Gadir (fortaleza). Este primer asentamiento se extendía desde el castillo de Santa Catalina hasta la isla de Sancti Petri. Durante cinco siglos Gadir fue un importante centro comercial, primero dependiente de Tiro y posteriormente de Cartago hasta que en el año 206 a. C. se incorporó a Roma. Durante la época romana Gades se convirtió en un destacado puerto de intercambio comercial entre la Bética y Roma. Después su historia se oscurece. Parece que ni en época visigoda ni durante la ocupación árabe tuvo mucha importancia. Fue conquistada en 1240 por Fernando III el Santo y ocupada (1262) de manera definitiva por su hijo, Alfonso X el Sabio, quien la transformó en un puerto de relativa importancia económica y estratégica. Esta primera ciudad ocupaba el actual barrio del Pópulo y estaba rodeada de una muralla de la que se conservan tres de las cuatro puertas originales (**Arco de los Blancos, Arco del Pópulo** y el **Arco de la Rosa**). En el s. XV, tras el descubrimiento de América, la ciudad experimenta un proceso de crecimiento expandiéndose más allá del Arco de los Blancos y surgiendo, en un primer momento, el actual barrio de Santa María. Este periodo de auge, favorecido por el comercio ultramarino, se verá frenado por el ataque del conde de Essex en 1596, que destruyó gran parte de la ciudad. Durante el s. XVII la villa crece considerablemente como atestiguan los múltiples ejemplos de arquitectura barroca que todavía hoy podemos contemplar. Pero es en 1717, con el traslado de la Casa de Contratación de Sevilla a Cádiz, cuando la ciudad experimenta su mejor momento, convirtiéndose en el puerto de entrada de todo el comercio atlántico.

La ciudad del ochocientos

La ciudad que hoy contemplamos, que nos sorprende con su serena arquitectura, defraudó a los viajeros del s. XIX. Cádiz estaba lejos de ser la ciudad romántica de excelso pasado que ellos habían imaginado. No quedaba nada de la fortaleza de Gerión, no había restos de cultura árabe, apenas unos indicios medievales; todo lo que se contemplaba parecía un pobre remedo de Londres o París. Hoy, sin embargo, su encanto reside en eso, en su planta dieciochesca, racional y ordenada, en sus altos edificios de vivos colores, de calles rectas, en sus múltiples plazas de exótica vegetación y sabor colonial.

1 ALREDEDOR DE SANTA MARIA Y DEL PÓPULO

Este paseo transita por dos de los barrios más característicos y singulares de Cádiz. Son barrios gitanos con el alma hecha a base de coplas y de flamenco, de guitarras y de baile. El del Pópulo coincide con la primitiva ciudad medieval y el de Santa María surgió como arrabal en el s. XV, más allá del Arco de los Blancos. Pese a su indudable belleza, son dos de las zonas más pobres y deterioradas de Cádiz. Afortunadamente en los últimos tiempos se están llevando a cabo importantes obras de rehabilitación y restauración en casas (muchas de ellas del s. XVII) y calles.

Plaza de San Juan de Dios – Antiguamente llamada de la Corredera, es, junto con la plaza de San Antonio, la más antigua de la ciudad pues existe desde el s. XVI. Su estratégica situación, abierta al puerto y al mar, ha hecho de este lugar un centro neurálgico de la ciudad; durante mucho tiempo aquí estuvo situado el mercado de Cádiz. En uno de sus lados se alza la fachada neoclásica del **Ayuntamiento**, obra de Torcuato Benjumeda en 1799 y, a su lado, la torre barroca de la **iglesia de San Juan de Dios**. Aquí se encuentra también la **Oficina de Turismo** (nº 11), instalada en una bonita casa de estilo neoclásico.

Tome la calle Sopranis, que sale a la izquierda de la iglesia de San Juan de Dios.

Calle Sopranis En esta calle encontramos algunos de los mejores ejemplos de arquitectura civil barroca. Destacamos las fachadas de los nºs 9-10 (conocida como la casa de las lilas por la decoración de la portada) y el patio de los nºs 17-19 que cuenta con una interesante escalera. Al final de la calle, a la izquierda, en la intersección con la calle Plocia se encuentra el edificio, en hierro y ladrillo, de la antigua **Fábrica de Tabacos** (alberga el Palacio de Congresos), estupendo ejemplo de la arquitectura industrial del s. XIX. Enfrente se halla el **convento de Santo Domingo**.

Alojamiento

CORRECTO

Fantoni – *Flamenco, 5 – ☎ 956 28 27 04 – 17 hab. – 42,07€ – no todas tienen cuarto de baño.* ¿Por qué gastar más cuando se puede dormir en este hostal agradable y sencillo? Aconsejamos las habitaciones con cuarto de baño que dan al callejón peatonal. En las calles próximas hay varios establecimientos del mismo tipo.

UNA BUENA OPCIÓN

Bahía – *Plocia, 5 – ☎ 956 25 91 10 – fax 956 25 90 61 – 21 hab. – 64/76€.* Hotel pequeño y muy bien situado en el centro histórico. Habitaciones modernas y limpias. Buena relación calidad/precio.

Francia y París – *pl. de San Francisco, 2 – ☎ 956 22 23 49 – fax 956 22 24 31 – 57 hab. – 50/63€.* Hotel enclavado en una recogida y evocadora plazuela del centro de la ciudad. Ocupa un edificio de principios del s. XX con habitaciones correctas.

Parador H. Atlántico – *av. Duque de Nájera, 9 – ☎ 956 22 69 05 – fax 956 21 45 82 – 141 hab., 8 suites – 73,55/91,94€.* Parador de construcción moderna pero de situación excepcional en uno de lo extremos del parque Genovés.

Restaurantes

UNA BUENA OPCIÓN

El Faro – *San Félix, 15 – ☎ 906 21 10 68 – fax 956 21 21 88 – 24/33€.* Restaurante y bar de tapas de alto nivel. Decoración moderna a base de madera y cocina cuidada. Los hijos del propietario regentan otros dos restaurantes con el nombre de "El Faro"; el primero en la carretera de San Fernando y el segundo en El Puerto de Santa María.

Terraza – *pl. de la Catedral, 3 – ☎ 956 28 26 05 – 25€ – cerrado do verano y lu resto del año.* Restaurante especializado en pescados y mariscos, situado en la peatonal plaza de la Catedral. Establecimiento sin pretensiones y de decoración sobria.

La Marea – *Paseo Marítimo, 1 – ☎ 956 28 03 47 – 24,04€.* Asomado a la playa de Cádiz (a dos pasos del hotel Meliá). Restaurante especializado en pescados y mariscos, que se venden al peso.

Tapas

Taberna Manteca – *Corralón de los Carros, 66 – ☎ 956 21 36 03.* Los carteles ennegrecidos por el paso del tiempo recuerdan que el propietario de este bar tradicional es un torero ya retirado. Si le gustan los embutidos, aquí encontrará una gran variedad de productos.

El Cañón – *Rosario, 49 – ☎ 956 28 50 05.* Pequeño bar tradicional del s. XIX con mostrador y tienda en la que se venden productos ibéricos y vinos locales. Muy cerca, en la acera de enfrente, **La manzanilla**, un lugar ideal para degustar los vinos de la tierra.

Joselito – *San Francisco, 38 – ☎ 956 28 28 25 – cerrado do en verano.* Aunque carece de encanto especial, es uno de los bares más conocidos, especializado en langostinos y otros tipos de marisco. Además de la barra, cuenta con una pequeña terraza en el paseo de Canalejas.

Aurelio – *Zorrilla, 1 – ☎ 956 22 99 08 – cerrado lu exc. jul-sep.* Situado junto a la céntrica plaza Mina, este pequeño establecimiento especializado en mariscos cocidos se ha convertido en uno de los clásicos del tapeo gaditano. La única pega es que se suele llenar enseguida.

Salir

Durante el invierno, **el centro** y, sobre todo, las calles y plazas de la zona comercial, concentran la mayor parte de los locales para salir. En verano, la animación se traslada a la **playa de la Victoria** y su **Paseo Marítimo**. En esta zona, la calle **General Muñoz Arenillas** concentra los bares destinados al público más joven. En el otro extremo de la ciudad, la **Punta de San Vicente** también reúne locales para jóvenes.

Café Parisien – *pl. de San Francisco, 1 – abre de 9 a 23.* Emplazado en una recoleta y clásica plaza, es un café antiguo al que acude gente de todas las edades. Muy concurridas las mesas situadas en la placita. Sirven también comidas.

El Café de Levante – *Rosario s/n – abre de 17 a 03 de la madrugada.* Situado en una de las calles clásicas del centro histórico, este tranquilo café decorado con gusto moderno reúne a un público ecléctico que acude a tomar una copa en un ambiente relajado, muy adecuado para la conversación. Los jueves por la noche suelen ofrecer conciertos variados.

La Mirilla – *pl. Asdrúbal, 8-9 – abre de 16 a 24 aproximadamente.* Es un local ideal para tomar una copa tranquila o un café de los muchos que ofrece su extensa carta mientras se disfruta de las vistas del Atlántico.

O´Conels – *Sagasta, junto a la plaza de San Francisco – abre de 13 a 03.30 de la madrugada.* Jóvenes gaditanos y extranjeros son los clientes habituales de este acogedor local decorado en el más típico estilo irlandés. Extensa oferta de cervezas y whiskys. Sirven comidas hasta la madrugada.

Yogui – *General Muñoz Arenillas, 9 – abre de 22 a 4 de la madrugada.* En la zona preferida por los jóvenes en verano, este local de decoración esmerada y público algo más maduro que el del resto de la zona, oferta 80 tipos de cerveza. Los jueves y los domingos, la diversión es el karaoke. Música española de los 80, clásicos para todos.

Tiendas y compras

La zona comercial con más sabor de Cádiz se concentra en algunas calles del centro histórico, vías largas y estrechas repletas de tiendas tradicionales o de las más modernas cadenas comerciales. Sirvan como ejemplo el cuadrado formado por las calles **San Francisco**, **Columela**, **Compañía** y **Pelota**, o la calle **Ancha** y la **plaza de San Antonio**.
En estas calles podemos encontrar también obradores de repostería genuinamente gaditana, como el **Horno Compañía** *(c/ Compañía, 7)*, un local tradicional donde encontramos productos típicos como el pan de Cádiz.

Mercadillos – También hay mercadillos artesanales como el que se sitúa los domingos junto al **Arco de Pópulo**, o el popularmente conocido como **"El Piojito"**, que desde los lunes temprano por la mañana impregna de su ambiente popular la avenida de la Bahía, y en el que se puede comprar prácticamente de todo.

Chirigotas del Carnaval de Cádiz

Ocio

Información – El Ayuntamiento edita **"Cádiz entre columnas"**, una guía mensual que informa de todas las actividades culturales que se programan en la ciudad, y que se distribuye gratuitamente en los centros culturales, Oficinas de Turismo, etc.
La vida cultural de Cádiz es constante tanto en invierno como en verano. El **Gran Teatro Falla** *(pl. Falla s/n)* mantiene una temporada de teatros y conciertos *(cerrado durante el verano)* y los cinco **centros culturales** con los que cuenta la ciudad (El Palillero, El Bidón, La Viña y La Lechera), proporcionan una variada oferta de exposiciones, talleres... destacando los conciertos de flamenco que suelen programarse en el **Baluarte de la Candelaria** *(Alameda de Apodaca s/n)*.

Transportes

Aeropuerto – El aeropuerto de Jerez de la Frontera se encuentra a 30 min por la A 4. ☎ *956 15 00 00/83.*

Trenes – La estación de ferrocarril se sitúa en la plaza de Sevilla junto al centro de la ciudad y el puerto comercial. Comunica Cádiz con las principales ciudades españolas y con las localidades más importantes de la provincia mediante trenes que salen aproximadamente cada media hora. Las principales líneas parten a Sevilla, Madrid y Barcelona. ☎ *956 25 43 01(estación) ó 902 24 02 02 (RENFE).*

Autobuses interurbanos – Hay tres puntos de salida:

-**Transportes Generales Comes** *(pl. de la Hipanidad, 1)* realiza desplazamientos a toda la provincia y a Sevilla. ☎ 956 21 17 63.

-**Transportes Los Amarillos** *(av. de Ramón de Carranza, 31)* viaja principalmente a las provincias de Sevilla y Málaga. ☎ *956 28 58 52.*

-**Secorbus** *(pl. Elios, 1)* trayectos a Sevilla y Madrid. ☎ *956 25 74 15.*

Autobuses urbanos – Las principales paradas de autobuses municipales se encuentran en la plaza de España y muy cerca del puerto. El billete univiaje cuesta 0,70€ y el bono de 10 viajes 5,17€. ☎ 956 21 31 47

Taxis – ☎ *956 21 21/22/23 ó 956 28 69 69.*

Coches de caballos – En los días de verano es posible dar un paseo de aproximadamente una hora en coche de caballos por toda la zona turística. El precio es de unos 25€ y la parada se encuentra en la plaza de San Juan de Dios.

Tome la calle Botica hasta la calle Concepción Arenal.

★**Cárcel Real** – Es el primer edificio neoclásico gaditano y uno de los ejemplos más importantes de este estilo en toda Andalucía. Fue construido en 1792 por el arquitecto local Torcuato Benjumeda. La fachada, de un solo cuerpo, tiene su eje en un antecuerpo a modo de arco triunfal, con cuatro grandes columnas adosadas de estilo toscano y rematado por dos leones que flanquean el escudo de la Monarquía Española. El interior, rehabilitado en 1990 para albergar los juzgados, se articula alrededor de un gran patio central y dos laterales.

Tome la calle Santa María hasta la iglesia del mismo nombre.

Iglesia de Santa María – Perteneciente al antiguo convento de Santa María, esta iglesia que da nombre a todo el barrio data del s. XVII. Su fachada surge encajonada al final de la calle homónima. De estilo manierista con ciertas reminiscencias herrerianas, es obra de Alonso de Vandelvira, hijo del famoso arquitecto renacentista Andrés de Vandelvira *(ver p. 238)*. Está rematada por una torre-campanario coronada con un chapitel del s. XVIII decorado con azulejos. En el interior llama la atención el retablo barroco de gran dinamismo y los **azulejos de Delft** (Holanda) que recorren el zócalo de la capilla del Nazareno.
En el nº 11 de la calle Santa María se encuentra la **Casa Lasquetty**, ejemplo de arquitectura civil barroca construida a comienzos del s. XVIII en mármol.

Cruce la calle Félix Soto hacia el **Arco de los Blancos** que nos introduce en el popular barrio del Pópulo. Antiguamente conocida como puerta de Tierra, es una construcción del s. XIII. *Atraviese el umbral y continúe por la calle Mesón Nuevo hasta la plazuela de San Martín.*

Casa del Almirante – Esta casa, construida por el almirante D. Diego de Barrios a finales del s. XVII, es un buen ejemplo de palacio barroco. Como en la mayoría de ellos, el elemento más importante lo constituye la **portada**★★ de dos cuerpos, en mármol genovés, en la que se combinan las columnas toscanas (inferior) y las salomónicas (superior).

Tuerza a la izquierda por la calle Obispo José María Rancés hasta la pequeña plaza de Fray Félix, centro religioso de la ciudad desde antaño, como atestigua el hecho de que en el solar que hoy ocupa la iglesia de Santa Cruz se encontrara la mezquita musulmana.
En el nº 1 de la plaza de Fray Félix se encuentra la casa barroca de Estopiñán.

★**Iglesia de Santa Cruz** – Conocida por los gaditanos como la catedral vieja, fue la segunda catedral de la ciudad, construida a finales del s. XVI sobre el solar que ocupara la primera. La sobriedad del exterior sólo se ve alterada por la cerámica vidriada que cubre sus cúpulas de paraguas. El interior, de bellas proporciones, está articulado en tres naves separadas por robustas columnas de estilo toscano.

★**Casa de la Contaduría: Museo Catedralicio** ⓥ – Se trata de un conjunto de cuatro edificios que han sido admirablemente restaurados para albergar en su interior el museo catedralicio. La parte más destacada del edificio es un **patio mudéjar**★ del s. XVI.

Fachada de la Catedral

En el museo se pueden observar objetos litúrgicos, ternos y diversos documentos como una carta autógrafa de Santa Teresa de Jesús. Las piezas más destacables son la **Custodia del Cogollo★** (s. XVI), atribuida a Enrique Arfe, elaborada en plata sobredorada, y la llamada **Custodia del Millón** (s. XVIII), nombre que se debe al número de piedras preciosas que la componen.

Teatro Romano Ⓥ – Situado justo detrás de la Iglesia de Santa Cruz, conserva en buen estado parte del graderío y algunas de las galerías subterráneas.

Desde la plaza de Fray Félix tome el evocador callejón de los Piratas hasta la plaza de la Catedral.

★★ **Catedral** Ⓥ – La catedral de Cádiz es diferente. Su luz y el movimiento de sus líneas no pueden dejar a nadie impasible. Fue comenzada en 1722 en un estilo barroco muy depurado y terminada, tras muchos problemas, en 1883. La fachada es un juego de superficies cóncavas y convexas flanqueadas por dos torres con templetes que parecen observatorios astronómicos. En 1844 se terminó la gran cúpula de media naranja que cubre el crucero y que en días brumosos parece flotar ingrávida sobre la ciudad. El interior, de planta de cruz latina con girola, nos sorprende por su amplitud y luminosidad.

Para reponer fuerzas...

Dos buenas opciones en la plaza de San Juan de Dios son el clásico **Novelty Café** y **La Caleta**, con su barra en forma de barco.

La popular calle de la Pelota le lleva de nuevo hasta la plaza de San Juan de Dios.

2 DESDE SAN JUAN DE DIOS HASTA LA CATEDRAL

Inicie este recorrido por la calle Nueva y tome, a la izquierda, la calle Cristóbal Colón.

Casa de las Cadenas – Se construyó a finales del s. XVII siguiendo la moda barroca del momento. La **portada★**, toda de mármol, fue realizada en Génova. Muy similar a la Casa del Almirante, el elemento más llamativo, que además la distingue de esta última, es el par de columnas salomónicas que enmarcan la puerta.

Continúe por la calle Cristóbal Colón, gire a la derecha en la calle Cobos y luego a la izquierda por la calle Nicaragua hasta la plaza de la Candelaria.

Plaza de la Candelaria – Entre sus edificios destacan el nº 6, construido en hierro y cristal a finales del XIX, y el palacete isabelino del nº 15. Al lado, la casa natal del político español Emilio Castelar, cuyo busto preside el centro de la plaza.

Desde aquí, siga por la calle Santo Cristo hasta volver a la calle Nueva. Continúe hasta la plaza de San Agustín.

Plaza de San Agustín – Aquí se encontraba el convento de San Agustín. De los edificios conventuales sólo se conservan la iglesia barroca y el bonito **patio** neoclásico que hoy forma parte de un instituto.

Desde aquí, tome la calle Rosario.

★ **Oratorio de la Santa Cueva** ⓥ – Esta pequeña joya neoclásica es una verdadera exaltación decorativa. La parte superior, de planta elíptica, cuenta con una cúpula iluminada mediante lunetos y sostenida por columnas de orden jónico. Goya pintó en 1795 tres **lienzos★★**, recientemente restaurados, para decorar esta capilla.

Plaza de San Francisco – En un lateral de esta animada plazuela se alza la **iglesia de San Francisco**, de sencilla fachada en la que sobresale, separada del cuerpo central, la torre del s. XVIII. El interior, aunque originalmente del s. XVI, fue reformado en el s. XVIII en estilo barroco con yesos y rocallas. Bajo la cúpula falsa sobre pechinas podemos contemplar dos ángeles lampareros, en arriesgado escorzo, atribuidos a Pedro Roldán.

En la esquina de la calle Sagasta y el callejón del Tinte, un **elegante edificio** de origen barroco reformado en el s. XIX en estilo isabelino con bonitos ventanales y, continuando por el callejón del Tinte, en el nº 2, un buen ejemplo de arquitectura neoclásica. Enfrente un impresionante drago milenario.

★ **Plaza de Mina** – El s. XIX supuso para Cádiz la apertura de varias plazas sobre los terrenos expropiados a las órdenes religiosas. Una de las primeras fue la plaza de Mina, que se creó en 1838 en el huerto del vecino convento de San Francisco. Hoy es una de las plazas con más encanto, de fuerte aspecto colonial debido a su frondosa vegetación y rodeada de buenos ejemplos de arquitectura isabelina, como las casas de los nºs 11 y 16.

★ **Museo de Cádiz** ⓥ – Está instalado en un palacete de sobria fachada, construido en estilo neoclásico a mediados del s. XIX. Dentro de la colección de arqueología, montada con claros criterios didácticos, destaca de manera especial la sección dedicada al mundo fenicio, en la que sobresalen dos magníficos **sarcófagos antropoides★★** de mármol blanco del s. V a. C, que imitan modelos egipcios y que fueron ejecutados seguramente por artesanos griegos. El realismo de rostros y manos era la mejor manera de asegurar la inmortalidad al difunto. En la sección de Bellas Artes no podemos dejar de ver el sobrecogedor conjunto de 9 **tablas★** que Zurbarán pintó entre 1638 y 1639 para el sagrario de la Cartuja jerezana y donde podemos admirar la maestría del pintor en el manejo de luces y sombras.

Plaza de San Antonio – Esta plaza, amplia y desornamentada, es una de las más antiguas de Cádiz. En el s. XVII fue el lugar elegido por la burguesía gaditana para instalarse y ya en el s. XIX estaba considerada como la plaza principal de Cádiz. Aquí han tenido lugar desde corridas de toros hasta proyecciones de cine. En unos de sus laterales destaca la fachada barroca de la **iglesia de San Antonio**. Cuenta con elegantes edificios decimonónicos. Destaca, en el nº 15, el Casino de Cádiz con un impresionante patio neomudéjar.

Siga por la calle San José hasta la plaza San Felipe Neri. En el nº 34 de la calle San José, un bonito ejemplo de arquitectura Art Nouveau.

Oratorio de San Felipe Neri ⓥ – Esta iglesia barroca es uno de los pocos ejemplos andaluces de planta elíptica. Su construcción se prolongó entre 1688 y 1719 aunque la cúpula sufrió importantes daños en el terremoto de Lisboa de 1755 y fue restaurada en 1764. El interior es de dos cuerpos. En el inferior se abren ocho capillas ricamente decoradas. El retablo del altar mayor está presidido por una **Inmaculada de Murillo** que tiene la particularidad de ser morena. El pintor murió durante la ejecución de esta obra, víctima de un accidente. Un segundo cuerpo, de orden toscano y a modo de tribuna corrida, sostiene una cúpula encamonada de doble casquete. El oratorio ha pasado a la historia del liberalismo porque fue aquí donde se reunieron las Cortes de Cádiz en 1812, tras la invasión de San Fernando por las tropas francesas.

Tome la calle Santa Inés hasta la calle Sagasta.

Iglesia de San Lorenzo – Sobria iglesia de estilo barroco. Cuenta con una torre poligonal decorada con los típicos azulejos blancos y azules.

Vuelva a la calle del Hospital de Mujeres

Cádiz en 1777

En 1777 Carlos III encarga al ingeniero militar Alfonso Ximénez, por medio de la intervención del ubicuo Sabatini, la realización de una **maqueta★** a escala 1/250 de la ciudad de Cádiz. Este aparente capricho real cobra todo su sentido si pensamos que nos encontramos en una época de afianzamiento del Estado, como es el s. XVIII, en la que se realizan catastros para contar los habitantes, se mide y se traza el territorio y se normalizan, entre otras cosas, lengua y leyes. El resultado es una pequeña joya de 25 m^2 realizada en caoba, ébano y marfil, de una precisión tal que hasta los más pequeños detalles están representados. Se puede reconocer gran parte de los edificios de la Cádiz actual y seguir la evolución de algunos espacios como la plaza de Mina o la plaza de la Catedral. Dónde: **Museo Iconográfico e Histórico de las Cortes y Sitio de Cádiz** ⓥ – *c/ Santa Inés, 9.*

★ **Hospital de Mujeres** ⓥ – Es uno de los edificios barrocos más importantes d Cádiz. Para superar el problema de falta de espacio, el arquitecto proyectó un fachada estrecha y gran desarrollo hacia el interior. El edificio se articula en torn a dos patios que quedan unidos mediante una extraordinaria **escalera**★★ de tip

Torres-mirador

En un entramado urbano como el gaditano, de calles estrechas y edificios altos, ha sido constante el anhelo de altura en busca de luz, espacio y vistas, que estaban vedados a la mayoría de la población. Durante los ss. XVII y XVIII los comerciantes de Cádiz levantaron más de 160 torres para vigilar la llegada de sus navíos pero, sobre todo, como símbolos de prosperidad y prestigio. Su tipología es variada pero se las diferencia por el remate final.

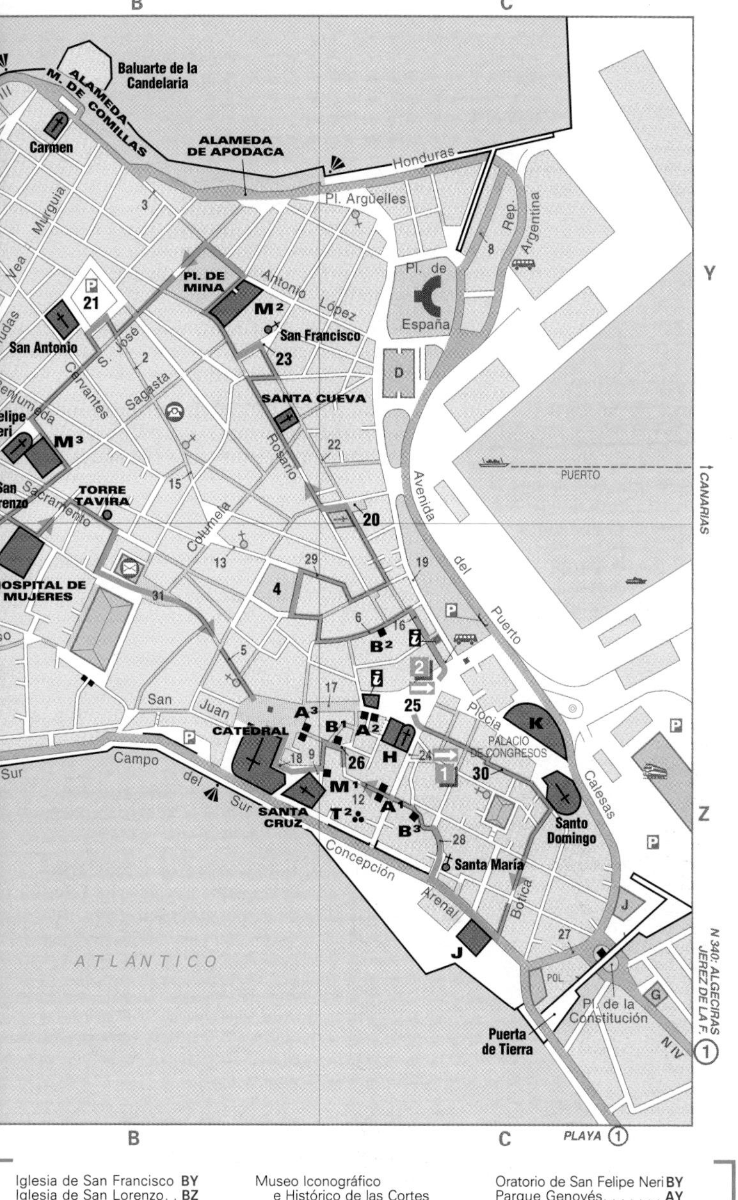

Iglesia de San Francisco BY
Iglesia de San Lorenzo. . BZ
Iglesia de Santa Cruz. . BCZ
Iglesia de Santa María . . CZ
Museo de Cádiz . . . . . . BY M²
Museo Iconográfico e Histórico de las Cortes y Sitio de Cádiz . . . . . . BY M³
Oratorio de la Santa Cueva . . . . . . BY
Oratorio de San Felipe Neri BY
Parque Genovés. . . . . . . AY
Playa de la Caleta. . . . . AYZ
Teatro Romano . . . . CZ T²
Torre Tavira . . . . BY

imperial, cubierta con una bóveda encamonada. En el patio destaca un *Vía Crucis* de azulejo trianero del s. XVIII. En la iglesia *(pregunte en la portería)* se guarda un ***San Francisco*** de El Greco.

★**Torre Tavira** ⓥ – Su situación, en la parte más alta de la ciudad, hizo que en 1778 fuera designada torre vigía oficial. Desde aquí se controlaba, mediante un complejo sistema de banderas, la entrada y salida de los buques. Aquí se instaló en 1995 la primera **cámara oscura** de España. Un ingenioso dispositivo de espejos y lentes que nos dan una imagen real y en movimiento de la ciudad.

Baje a la plaza del Mercado. Detrás del edificio de ladrillo de Correos se encuentra la plaza de las Flores.

Plaza de las Flores – Así es como se conoce popularmente a la plaza Topete. Los numerosos puestos de flores y plantas, los cafés y los comercios convierten a esta plaza en uno de los lugares más animados de Cádiz. De aquí salen algunas de las calles más comerciales como las calles Columela y Compañía.

Una recomendación

El verano es la época de la caballa. En el barrio de la Viña es habitual ver pequeños vendedores ambulantes de este sabroso pescado azul. Un buen lugar para probarlo es el sencillo bar que se encuentra en la **plaza del Tío de la Tiza**.

OTRAS CURIOSIDADES

Barrio de la Viña – Este popular barrio es uno de los más típicos y tradicionales de Cádiz. Surgió a principios del s. XVIII como un barrio humilde y popular, alejado del puerto y los comercios y sujeto a las inclemencias del tiempo. Hoy es mundialmente conocido por ser aquí donde tienen lugar, cada febrero, los **Carnavales de Cádiz★★**, sin duda los de más colorido y animación de la Península.

Iglesia de la Palma – Construida a principios del s. XVIII en estilo barroco y con planta circular, pronto se convirtió en la iglesia del barrio. En sus aledaños abundan los bares de tapeo donde se pueden degustar buenos pescados.

Playa de la Caleta – En otro tiempo puerto natural de la ciudad, hoy es la playa del casco antiguo. En uno de sus extremos, sobre una pequeña isla unida al litoral por un brazo de tierra, y donde la tradición sitúa el templo de Cronos, encontramos el **castillo de San Sebastián**, construido en el s. XVIII y todavía de uso militar. En medio de la playa se construyó en 1925 el **Balneario de la Palma**, recientemente rehabilitado.

Castillo de Santa Catalina ⓥ – Situado en el otro extremo de la Caleta. Este baluarte militar de planta estrellada fue construido por Cristóbal de Rojas en 1598 tras el saqueo del Conde de Essex. Actualmente se encuentra en proceso de rehabilitación.

★**Parque Genovés** – Este lugar era conocido antiguamente como el paseo del Perejil. Hoy, se ha convertido en el pulmón verde de la ciudad, un lugar tranquilo donde poder disfrutar de un agradable paseo. Enfrente se encuentran los antiguos cuarteles de Carlos III, que se han rehabilitado como sede de la Universidad de Cádiz.

B. Kaufmann/MICHELIN

Espadaña de la iglesia del Carmen

Baluarte de la Candelaria – Levantado en el s. XVII, formaba parte de la muralla que rodeaba y cerraba Cádiz por tres de sus costados. En un principio fue construido como una plataforma cañonera. En el s. XIX sufrió importantes reformas, sobre todo en su fachada interior, que le confirieron su actual aspecto neoclásico.

Iglesia del Carmen – Es la más americana de las iglesias de Cádiz y prueba evidente de las ricas influencias recíprocas entre metrópoli y colonia. Construida a mediados del s. XVIII, el interés se centra en su **fachada barroca★**. La sobria portada de mármol está enmarcada por dos exuberantes espadañas decoradas con volutas, estípites y roleos.

ALREDEDORES

San Fernando – *9 km al Sudeste por la N IV.* San Fernando y Cádiz son como dos hermanas siamesas, fuertemente dependientes una de la otra y unidas por un fino cordón umbilical. Aunque de origen legendario y mítico, San Fernando empezó a cobrar relevancia como asentamiento militar y comercial en el s. XVIII coincidiendo con el periodo de mayor crecimiento de Cádiz. En 1766 Carlos III trasladó aquí el Departamento de Marina y desde entonces la ciudad ha permanecido indisolublemente unida a la Marina y a la Armada. Entre 1810 y 1811, acogió a los diputados españoles que promulgaron la primera Constitución española y Fernando VII, en reconocimiento por su lucha contra los franceses, le concedió el título de ciudad y el nombre de **San Fernando**.

La ciudad se articula alrededor de la calle Real donde se encuentran el edificio del Ayuntamiento, **la iglesia del Carmen** y el **Museo Histórico Municipal** Ⓥ. Muy cerca, en la plaza de la Iglesia, se encuentra la **iglesia Mayor**, edificio neoclásico dedicado a los santos Pedro y Pablo, y el Teatro de las Cortes donde se reunieron los diputados en 1811.
El edificio civil más importante de San Fernando es el **Observatorio Astronómico de la Marina** Ⓥ, edificio neoclásico fundado por Jorge Juan en 1753 y precedente del observatorio de Madrid.
A la salida de San Fernando se encuentra el **puente de Suazo**, de origen romano, que fue hasta tiempos recientes el único nexo de unión entre San Fernando y el resto de la Península.

Chiclana de la Frontera – *25 km al Sudeste por la N IV.* Rodeada de salinas y campo es, sin embargo, una de las localidades de playa más importantes de Cádiz. La solución a esta paradoja se encuentra a apenas 7 km, en la **playa de la Barrosa★★**, que con sus 8 km de fina arena es una de las mejores del litoral andaluz. La Barrosa cuenta con todo tipo de servicios turísticos y una amplia oferta hotelera y de ocio en los complejos de **Sancti Petri** y **Novo Sancti Petri**. En Chiclana no hay que dejar de ver la plaza Mayor, dominada por la imponente iglesia neoclásica de **San Juan Bautista**, obra de Torcuato Cayón.

CARMONA★★

Sevilla – 25.326 habitantes

Mapa Michelin nº 446 T 13

Encaramada sobre un despejado altozano desde el que se domina una amplia y fértil vega regada por el río Corbones, Carmona es una de las ciudades más antiguas de Andalucía. Fue fundada por los cartagineses y, durante el Imperio Romano, se convirtió en un importante municipio que participó activamente en el ámbito político. Esta relevancia continuó en la época árabe y, más tarde, con la dominación cristiana. El rico pasado de la población se concentra en su casco antiguo, una zona monumental donde el visitante descubrirá palacios elegantes, casas señoriales y edificios religiosos de gran solemnidad.
Finalmente, conviene destacar el popular **Carnaval**, famoso en toda la provincia por su tono burlesco, y la **Semana Santa**, una buena ocasión para contemplar la belleza de las procesiones recorriendo las callejuelas silenciosas del barrio viejo.

Alojamiento

CORRECTO

Pensión Comercio – *Torre del Oro, 56 – ☎ 954 14 00 18 – 23 hab. – 48,08€.* Desde hace cuatro generaciones la misma familia se ocupa de este establecimiento instalado en una casa del s. XVI que tiene un bonito patio. Habitaciones sencillas y correctas.

UNA BUENA OPCIÓN

Parador de Turismo de Carmona – *En el Alcázar ☎ 954 14 10 10 – fax 954 14 17 12 – 63 hab. – 90,72/113,40€.* En una antigua residencia de los Reyes Católicos, magnífico hotel con vista panorámica de la vega del Corbones. Aunque no se aloje en él, no se pierda su restaurante, uno de los más bonitos de la red de Paradores. Especialidades: espinacas de Carmona y cartuja de perdiz.

UN CAPRICHO

Casa de Carmona – *pl. de Lasso, 1 – ☎ 454 19 10 00 – fax 954 19 01 89 – 31 hab., 1 suite – 270/300€.* En el centro histórico de la ciudad. Precioso palacio del s. XVI que perteneció a Lasso de la Vega (gobernador de Chile). Grandes salones aristocráticos, patio, fuente y jardín árabe.

Restaurante-Tapas

La Almazara – *Santa Ana, 33 – ☎ 954 19 00 76 – 18,03€.* Bar instalado en un antiguo molino de aceite. Decoración acogedora con bóvedas y techo de madera. Especialidades: espinacas, perdiz y cochinillo.

La Puerta de Sevilla

★CASCO ANTIGUO *visita: 1/2 día*

Deje el coche en la parte baja de la ciudad, cerca de la Puerta de Sevilla.

Murallas – La **Puerta de Sevilla★**, de doble arco de herradura, uno de los escasos restos del antiguo Alcázar de Abajo, sirve de entrada al casco antiguo. Dispersos por diferentes puntos de Carmona pueden admirarse vestigios de las imponentes murallas construidas por los cartagineses y reforzadas por los romanos. Uno de los sectores más espectaculares es el formado por la **Puerta de Córdoba★**, donde se observan dos magníficos torreones octogonales de origen romano y una puerta añadida en el s. XVII.

★**Iglesia de San Pedro** ⓥ – Situado en el elegante Paseo del Estatuto, este edificio del s. XV, muy reformado durante la época barroca, posee una bella **torre-campanario★** que se asemeja a la Giralda de Sevilla, por lo que se la conoce con el nombre de "Giraldilla". En el interior destaca la suntuosa **capilla del Sagrario**, con notables detalles decorativos, así como una extraordinaria **pila bautismal** (s. XVI) realizada en cerámica de color verde.

Convento de la Concepción – Sus principales elementos son el precioso **claustro** y la iglesia de estilo mudéjar.

Traspase la Puerta de Sevilla.

Iglesia de San Bartolomé – El templo, de origen gótico, fue reconstruido en los ss. XVII-XVIII. Posee planta basilical y airosa torre neoclásica. En el interior guarda una interesante capilla cubierta por azulejos renacentistas *(a la izquierda del altar mayor).*

★**Iglesia de San Felipe** – Bello ejemplo de arquitectura mudéjar (s. XIV) con una despejada torre, un artesonado interior donde aparece el escudo de los Hurtado de Mendoza y una capilla mayor recubierta de coloristas azulejos del s. XVI.

Plaza Mayor o de San Fernando – Apacible espacio urbano encuadrado por elegantes mansiones mudéjares y renacentistas.

Ayuntamiento ⓥ – Este interesante edificio barroco, ubicado en el corazón del casco antiguo, conserva en su tranquilo patio interior un hermoso **mosaico** romano.

Iglesia del Salvador ⓥ – En la bonita plaza de Cristo Rey se sitúa este gran edificio barroco con planta de cruz latina, construido entre los ss. XVII y XIX sobre los restos de un templo anterior de la Compañía de Jesús. Alberga un excelente **retablo** churrigueresco y una interesante colección de pinturas, retablos y piezas de orfebrería religiosa de los ss. XVII y XVIII.

★**Iglesia de Santa María la Mayor** ⓥ – Este gran templo gótico (s. XV) se alza en la animada calle San Ildefonso sobre el emplazamiento de una antigua mezquita. Aunque reformado en estilo renacentista y barroco, conserva el Patio

de los Naranjos, perteneciente al edificio árabe y algunos arcos de herradura de gran belleza, así como un **calendario visigodo** (s. VI), situado en el fuste de una de las columnas.
El interior, de tres naves, está presidido por un monumental **retablo plateresco★** que representa escenas de la Pasión cinceladas con un inusual preciosismo escultórico. Las capillas laterales guardan retablos de gran belleza -como la del Cristo de los Martirios-, que aparecen tras **rejas platerescas** (s. XVI) labradas según un minucioso programa iconográfico. En la sacristía, que acoge una valiosa colección de piezas de orfebrería, destaca una custodia procesional renacentista, obra de Alfaro.

> **Los dulces de los conventos**
>
> Una de las "obligaciones" al visitar Carmona es adquirir sus populares dulces, que se elaboran en los numerosos conventos de la ciudad. Son deliciosos los bizcochos marroquíes, los roscos almibarados, las tortas y los bollos de aceite.

★ **Convento de las Descalzas** – Magnífico ejemplo de barroco sevillano (s. XVIII) con planta de cruz latina y torre con doble campanario y decoración de azulejos.

Convento de Santa Clara ⓥ – Este cenobio fundado a mediados del s. XV posee dos agradables claustros y una bonita iglesia mudéjar que conserva diversas pinturas de Valdés Leal, así como una buena colección de retratos de mujeres que remiten al estilo de Zurbarán.

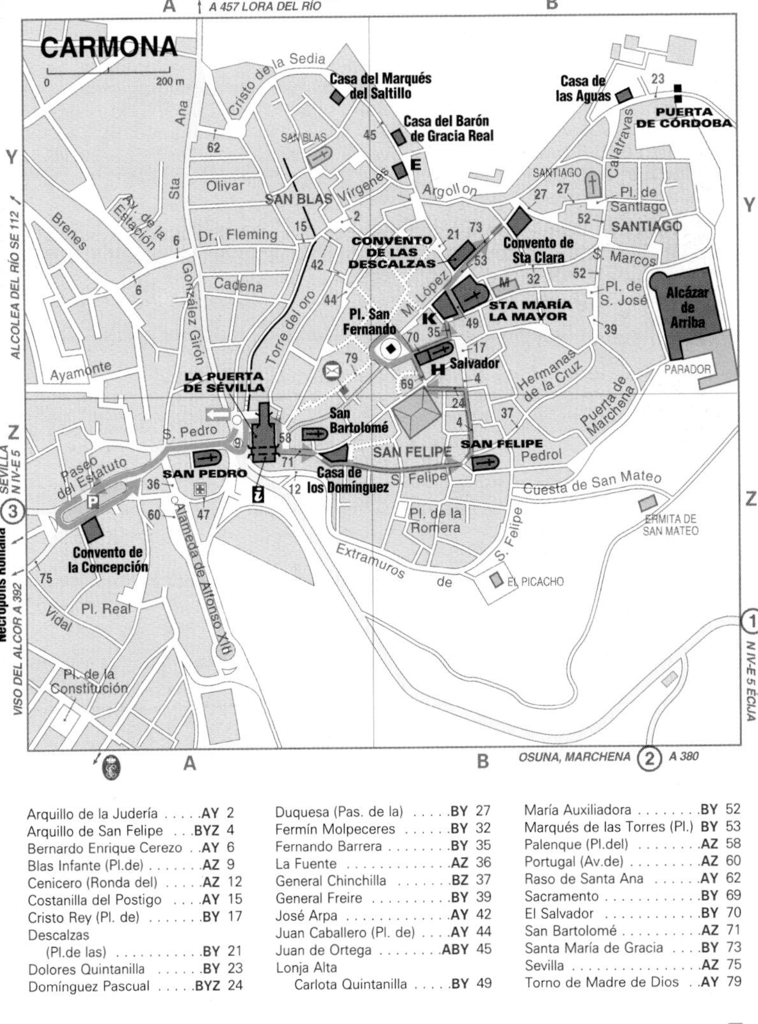

Arquillo de la Judería . . . . . AY 2
Arquillo de San Felipe . . BYZ 4
Bernardo Enrique Cerezo . . AY 6
Blas Infante (Pl.de) . . . . AZ 9
Cenicero (Ronda del) . . . . . AZ 12
Costanilla del Postigo . . . . AY 15
Cristo Rey (Pl. de) . . . . BY 17
Descalzas (Pl.de las) . . . . BY 21
Dolores Quintanilla . . . . . . BY 23
Domínguez Pascual . . . . . BYZ 24
Duquesa (Pas. de la) . . . . . BY 27
Fermín Molpeceres . . . . . . BY 32
Fernando Barrera . . . . BY 35
La Fuente . . . . AZ 36
General Chinchilla . . . . BZ 37
General Freire . . . . BY 39
José Arpa . . . . AY 42
Juan Caballero (Pl. de) . . . . AY 44
Juan de Ortega . . . . ABY 45
Lonja Alta Carlota Quintanilla . . . . . BY 49
María Auxiliadora . . . . BY 52
Marqués de las Torres (Pl.) BY 53
Palenque (Pl.del) . . . . AZ 58
Portugal (Av.de) . . . . AZ 60
Raso de Santa Ana . . . . . . AY 62
Sacramento . . . . BY 69
El Salvador . . . . BY 70
San Bartolomé . . . . AZ 71
Santa María de Gracia . . . . BY 73
Sevilla . . . . AZ 75
Torno de Madre de Dios . . AY 79

[Casa de los Lasso . . . . BY E Casa de los Rueda . . . . BY K]

Conjunto de casas señoriales – Esparcidas por las plazas de la ciudad aparecen numerosas residencias de los ss. XVII y XVIII, entre las cuales destacan las de los **Rueda**, los **Domínguez**, el **Barón de Gracia Real**, el **Marqués del Saltillo**, los **Lasso** y la **Casa de las Aguas**. Estas elegantes construcciones aportan a Carmona un aire refinado y señorial que contrasta con los vetustos edificios situados en el corazón del barrio antiguo.

OTRAS CURIOSIDADES

Alcázar de Arriba – Esta antigua fortaleza romana, que depara fantásticas **vistas**★ del paisaje que rodea Carmona, fue ampliada por los almorávides y, más tarde, se convirtió en el palacio de Pedro I. Sólo se conservan del edificio primitivo algunos lienzos de muralla, varias torres y la plaza de armas, en cuyo interior se ha instalado un **Parador de turismo**.

★ **Necrópolis romana** ⓥ – *Acceso señalizado por la carretera de Sevilla, al final de la calle Jorge Bonsor.* Datado en el s. I d.C. este notable yacimiento arqueológico es uno de los más importantes de Andalucía. Posee más de 300 tumbas, mausoleos y quemaderos que adoptan la disposición de cámaras funerarias abovedadas, en cuyos nichos se colocaban las urnas mortuorias. Son importantes la **tumba del elefante**, con tres comedores y una cocina, cuyo nombre proviene de la estatua de un elefante que se encontró en su interior; la **tumba de Servilia**, excavada en la roca y tan grande como una casa patricia; la tumba columbario y un gran mausoleo circular. En el mismo recinto de la necrópolis se hallan los restos de un anfiteatro, así como un pequeño museo donde se exhibe una interesante colección de vestigios encontrados en este emplazamiento.

ALREDEDORES

Viso del Alcor – *12 km al Sudoeste por la A 392.* Localidad de origen celta, Viso se encuentra en la parte más elevada de los Alcores. En su patrimonio artístico destaca la **iglesia de Santa María del Alcor**, excelente ejemplo de mudéjar tardío con tres naves cubiertas por bóvedas de crucería y sobria cúpula renacentista en el presbiterio. Acoge la imagen de Santa María del Alcor y una interesante colección de pinturas pertenecientes a la escuela veneciana del s. XVII. También es importante la **iglesia de la Merced** (s. XV), que guarda una singular colección de retablos pictóricos y escultóricos de los ss. XVII y XVIII.

Mairena del Alcor – *16 km al Sudoeste por la A 392.* Esta tranquila población de calles silenciosas y construcciones blancas se encuentra en un pequeño llano, protegido por los vestigios del castillo musulmán del que sólo se conservan algunos torreones y una puerta de acceso. Su principal atractivo es la **iglesia de la Asunción**, de estilo mudéjar excesivamente remodelado. Conserva en el interior un hermoso **retablo mayor** (ss. XVII-XVIII) y diversas pinturas barrocas, expuestas en la sacristía.

Alcolea del Río – *17 km al Norte. Tome la SE 112 hasta Guadajoz y enlace con la SE 129.* Situada a orillas del Guadalquivir, entre los perfiles de Sierra Morena y el paisaje llano de la campiña sevillana, Alcolea posee dos molinos, el de la Aceña y el de la Peña de la Sal, que atestiguan su vocación fluvial. En el interior de la villa se alzan las iglesias del Cristo, edificio barroco del s. XVIII, y la de **San Juan Bautista**, bello ejemplo de arquitectura mudéjar (s. XV) que alberga la imagen de la Virgen del Consuelo, patrona de la localidad, y donde fue bautizada la famosa cantaora La Niña de los Peines.

La CAROLINA

Jaén – 14.674 habitantes

Mapa Michelin nº 446 R 19

Situada 10 km al Sur del **Parque Natural de Despeñaperros**★ *(ver p. 195)*, debe su nombre al plan de repoblación de Sierra Morena llevado a cabo por Carlos III (1767), quien convirtió la ciudad en capital de un conjunto de localidades dispersas por la sierra. Sus calles perpendiculares y amplias, con un trazado de gran regularidad, manifiestan el gusto por el orden tan típico del urbanismo de la Ilustración. El místico y poeta **San Juan de la Cruz** residió en La Carolina durante algún tiempo, como recuerda la estatua conmemorativa que se alza en la Plaza del General Moscardó.

Iglesia de la Inmaculada Concepción ⓥ – Construida sobre los vestigios del antiguo convento de La Peñuela, donde pasó una temporada San Juan de la Cruz, su sencilla portada da paso a un interior de proporciones amplias que acoge una bella imagen de la Virgen de los Dolores (s. XV) y el *Martirio de Santo Domingo*, obra de la escuela de Ribera.

Palacio del Intendente Olavide – Este edificio que perteneció a don Pablo de Olavide, quien había dirigido la colonización de la comarca, tiene una monumental fachada neoclásica rematada por un gran escudo real.

Antigua cárcel – En esta construcción neoclásica estuvo prisionero el general Riego antes de ser trasladado a Madrid para su ejecución (1823).

CAZORLA★

Jaén – 8.527 habitantes

Mapa Michelin nº 446 S 20

La antigua Carcesa romana, poblada más tarde por los árabes, parece asomarse entre los escarpados perfiles de la peña de los Halcones, sobre un fantástico **emplazamiento★** en el verde corazón del **Parque Natural de las Sierras de Cazorla, Segura y Las Villas★★★** *(ver p. 156)*. Sus calles cuidadas con casas blancas y balcones repletos de flores constituyen un marco perfecto para pasear tranquilamente, deteniéndose en cualquier comercio artesanal o en cualquiera de las bellas plazas que jalonan la ciudad. En las noches estivales Cazorla es una villa muy animada, cuyas terrazas y bares de "tapeo" se llenan de visitantes.

La noche del **14 de mayo**, con motivo de la romería de San Isicio, se iluminan las fachadas de las casas con las típicas "caracoladas", conchas de caracol rellenas de aceite que, a modo de llantias, se pegan con arcilla a los muros, formando hermosos dibujos geométricos de luz.

Castillo de la Yedra ⓥ – *Se accede en coche, a través de una calle que trepa paralela al río Cerezuelo.* Situada en el punto más elevado de Cazorla, esta antigua fortaleza de origen romano fue reformada primero por los árabes y de nuevo en el s. XIV. Desde su torre del homenaje se observan bonitas **vistas** de la villa y los alrededores. En una capilla se conserva un Cristo románico-bizantino de tamaño natural, rodeado por doce pinturas que representan a los Apóstoles.

Plaza de Santa María – Este agradable espacio, núcleo del barrio antiguo, tiene en su centro la monumental **Fuente de las Cadenas**, de estilo renacentista. En uno de los laterales aparecen las ruinas de la iglesia de Santa María, gran templo realizado por Vandelvira que, actualmente, se utiliza como auditorio.

Ayuntamiento – El antiguo convento de la Merced es un regio edificio de mampostería y ladrillo, con gran arcada en la planta baja y esbelta torre.

Iglesia de San Francisco – Se trata de un templo que perteneció a un antiguo convento franciscano (s. XVII). Alberga la imagen del Santísimo Cristo del Consuelo, muy venerada en la localidad.

Alojamiento

CORRECTO

Guadalquivir – *Nueva, 6 – ☎ y fax 953 72 02 68 – 11 hab. – 27,65/37,26 €.* Hotel pequeño y céntrico pero sin ninguna otra característica especial. Todas las habitaciones disponen de cuarto de baño, teléfono y televisor.

Molino La Fárraga – *A 150 m de las ruinas de Sta. María, al final de la calle de la Torre camino del Ángel – Apdo. de Correos, 1 – ☎ y fax 953 72 12 49 – 8 hab. – 30,05/54,66 € (desayuno e IVA incluidos).* Un jardín atravesado por un pequeño arroyo, una piscina con vistas al castillo y a la sierra, componen el marco de este rústico hotel, instalado en un molino de aceite del s. XVIII.

UNA BUENA OPCIÓN

Villa Turística de Cazorla – *Ladera de San Isicio, s/n – ☎ 953 71 01 00 – fax 953 71 01 52 – 32 apart. – 50/68 €.* Frente al pueblo de Cazorla. Apartamentos con cocina, cuarto de baño, salón y dormitorio. Tiene restaurante, piscina y jardín con árboles frutales, nogales y granados.

Restaurante

UNA BUENA OPCIÓN

La Sarga – *pl. del Mercado – ☎ 953 72 15 07 – 22,54/27,65 € – cerrado ma y en sep.* En el centro del pueblo se halla este cuidado y acogedor establecimiento con amplias vistas de la sierra. Cocina regional, elaborada con buenos productos, y servicio muy amable.

Tapas

La Montería – *Corredera, 20 – ☎ 953 72 05 42.* Bar lleno de gente a cualquier hora y decorado con cabezas disecadas de enormes piezas de caza. Lo más típico: jamón, queso y carne de ciervo.

Parque Natural de las sierras de CAZORLA, SEGURA Y LAS VILLAS★★★

Jaén

Mapa Michelin nº 446 S 20-21-22 R 20-21-22 Q 21-22

El mayor Parque Natural de España se enmarca entre las sierras de Cazorla, Segura y Las Villas, importante cadena montañosa que actúa como bisagra entre Sierra Morena y la Cordillera Bética, cerrando por el Este la depresión del río Guadalquivir. Sus 214.300 ha están situadas entre los 600 y los 2.017 m de altitud, en mitad de un paisaje abrupto, donde las montañas, separadas por profundos tajos, son atravesadas por un auténtico tejido nervioso de ríos y arroyos. Además, el parque cuenta con un gran número de pequeñas localidades que conservan importantes rasgos de la cultura serrana, así como bellas muestras del arte local.
La importancia del Parque reside en la increíble belleza de sus paisajes. Atravesando estas peñas escarpadas el visitante tendrá una sensación extraña, como de encontrarse en un lugar perdido, en el que sólo rompe el silencio la sonoridad de los arroyos y el ruido lejano de algunos animales, mientras que la luz, esa luz sombría de Sierra Morena, baña las tupidas laderas de los promontorios, transmitiendo una atmósfera intensa e inquietante.

Y la flora y la fauna...

La singular hidrografía del parque ha favorecido el crecimiento de una vegetación exuberante, entre la cual destaca la hermosa violeta de Cazorla, especie endémica que salpica los bosques de pinos laricios, encinas, avellanos, robles melojos y acebos. También resulta muy importante la fauna autóctona, con especies como el jabalí, el ciervo, la cabra montés o el gamo –que pueden cazarse durante las respectivas temporadas en el Coto Nacional de Caza de Cazorla–, depredadores como la gineta, la garduña, el gato montés o el zorro, ejemplares de fauna acuática como la nutria, así como numerosas truchas, barbos y cangrejos. En cuanto a las aves, existe un variado conjunto de rapaces (águila real, halcón, milano, quebrantahuesos, etc.).

La visita – Debido a su gran extensión, el parque cuenta con numerosos accesos por carretera, aunque una vez en el interior conviene dirigirse a algún **punto informativo**, desde donde se realizan atractivos itinerarios que permiten admirar la extraordinaria belleza de estas tierras. El más importante es el situado en la Torre del Vinagre, aunque existen otros (**Cazorla** ⓥ, Segura de la Sierra, Siles). Además de las carreteras locales, hay numerosas pistas forestales, senderos señalizados y rutas para realizar en bicicleta o a caballo.

Proponemos aquí dos posibles itinerarios aunque, dada la accesibilidad del parque, cada cual puede establecer los recorridos que más le interesen.

SIERRAS DE CAZORLA, LAS VILLAS Y EL POZO

1 De Tíscar al embalse del Tranco de Beas

92 km – calcule 1 día

La siguiente ruta pretende unir la importancia artística de poblaciones como Cazorla o Quesada con los bellos parajes naturales de las estribaciones de Sierra Morena.

★ **Tíscar** – El **santuario de Tíscar** ⓥ se encuentra en un bello emplazamiento, encajado entre rocas, donde el sonido del agua parece mezclarse, a lo lejos, con los cantos de los pájaros que habitan en las grutas. Bajo este centro de peregrinación que acoge la imagen de la Virgen aparece la hermosa **Cueva del Agua**★, cavidad natural en la que un aparatoso chorro salta a través de los roquedos.

20 km al Noroeste por la C 323.

Quesada – Asentada en el cerro de la Magdalena, sus casas encaladas forman una mancha blanca en medio del sombrío olivar. Patria natal del pintor Rafael Zabaleta (1907-1960), el **museo** ⓥ que lleva su nombre exhibe numerosas obras de este artista que tan bien supo captar la bella luminosidad de la villa y el carácter amable de sus gentes. Acoge en su término municipal la **Cañada de las Fuentes**, paraje situado a unos 1.400 m de altitud donde se encuentra el **Nacimiento del río Guadalquivir** *(acceso por una pista que sale de la A 315, al Norte de Quesada)*.
En Cerro Vitar y en la cueva del Encajero, a escasa distancia de la localidad, pueden admirarse hermosas pinturas rupestres de época paleolítica.

23,5 km al Nordeste. Tome la A 315 en dirección a Peal de Becerro y, en un cruce señalizado, gire a la derecha por la A 319.

★ **Cazorla** – *Ver p. 155.*

1,5 km al Nordeste por la A 319, gire a la derecha en el desvío señalizado.

B. Kaufmann/MICHELIN

El castillo de La Iruela y la sierra de Cazorla

La Iruela – Fundada por los cartagineses en el s. III a. C. esta pequeña población posee, en su punto más elevado, restos de un castillo templario desde el que se observan fantásticas **vistas★★** del valle del Guadalquivir. En el interior del núcleo urbano conviene resaltar la iglesia de Santo Domingo, edificio renacentista realizado por Vandelvira.

★ **Carretera de La Iruela al embalse del Tranco** – Los primeros 17 km de este trayecto por la A 319 serpentean en cornisa ofreciendo **espectaculares panorámicas★★**. Al Parador de **El Adelantado** se llega por un desvío *(8 km)* muy sinuoso que sube entre pinares hasta este lugar frecuentado por cazadores.

Retome la A ***319****, que discurre paralela al río.*

Torre del Vinagre – Desde su **Centro de Interpretación** ⓥ parten numerosas rutas que se adentran en el Parque. Acoge un museo de caza, con trofeos valiosos e imágenes de la historia de este deporte, y un jardín botánico que cuenta con todas las especies autóctonas. En el museo no debe dejar de ver los cuernos de dos ciervos que murieron enzarzados en una lucha, como se ve en la fotografía que muestra cómo fueron encontrados los animales.

Continuando por la A 319 *(a unos 15 km)* se encuentra el **Parque Cinegético de Collado del Almendral** ⓥ, desde cuyos miradores se pueden observar con prismáticos, a primera hora de la mañana, diversas especies de animales (ciervos, muflones, cabras montesas y gamos).

Embalse del Tranco de Beas – Es el primer remanso del río Guadalquivir desde su nacimiento. En los alrededores se han creado numerosas áreas de acampada libre y hoteles que, junto a la oferta de deportes acuáticos, han convertido este pantano en una de las zonas más turísticas del parque. En medio de las aguas se hallan la isla de Cabeza la Viña y la **isla de Bujaraiza**, donde se alzan las ruinas de un antiguo castillo árabe; frente a ellas el fantástico **mirador Rodríguez de la Fuente**.

Alojamiento

LA IRUELA

Sierra de Cazorla – *ctra. de la Sierra, s/n: a la salida de la ciudad, en dirección al Parque de Cazorla – ☎ 953 72 00 15 – fax 953 72 00 17 – 57 hab., 2 suites – 42,07/57,01€.* Aunque el edificio es moderno su mantenimiento deja bastante que desear y las habitaciones están anticuadas. Sin embargo, las vistas de la Sierra son magníficas. Piscina al aire libre.

SIERRA DE CAZORLA

Parador de Cazorla – *Sierra de Cazorla – ☎ 953 72 70 75 – fax 953 72 70 77 – 33 hab. – 73,55/91,94€.* En pleno corazón del Parque de Cazorla (guarda-barreras 23 km más abajo), junto a un antiguo refugio de caza. Sus magníficas instalaciones son ideales para los aficionados a pasear en plena naturaleza.

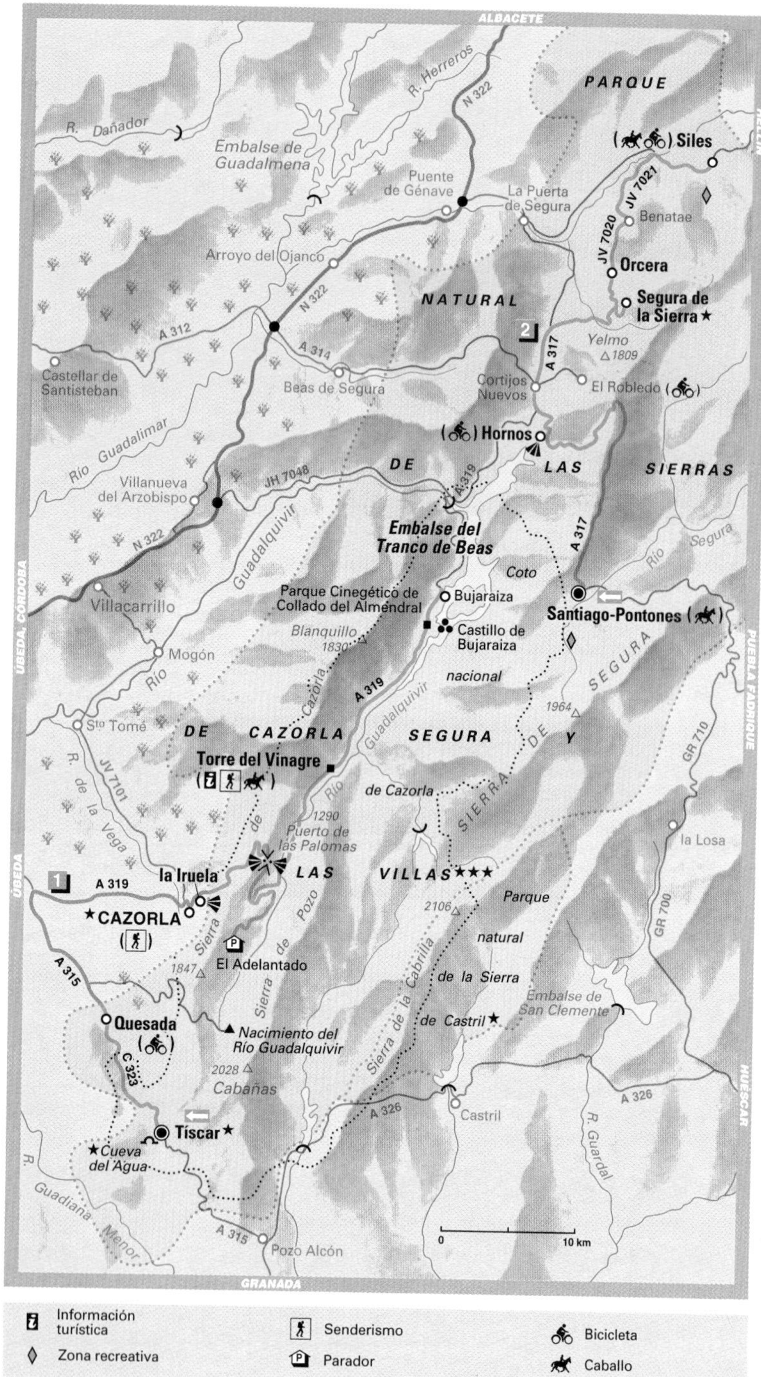

Félix Rodríguez de la Fuente

El nombre del naturalista, realizador y presentador de programas de televisión Félix Rodríguez de la Fuente aparece unido para siempre al Parque Natural de Cazorla. Numerosos episodios de su serie *"El hombre y la tierra"*, que enseñó a varias generaciones a amar y respetar el entorno natural, fueron rodados en estos hermosos parajes.

SIERRA DE SEGURA

2 De Santiago-Pontones a Siles

79,5 km – calcule 1/2 día

Este itinerario se adentra a través de varios pueblos blancos, situados alrededor de Segura de la Sierra, donde puede advertirse la huella dejada por la cultura árabe.

Santiago-Pontones – Este municipio reúne un conjunto de aldeas diseminadas por la sierra. En su término abundan los yacimientos arqueológicos, como los de la **cueva del Nacimiento**, con una antigüedad de 9.000 años, y las pinturas rupestres de las **cuevas de Engalbo**.

Desde Pontones, 27 km al Noroeste por la A 317.

Hornos – Este verdadero pueblo-fortaleza posee un bonito conjunto de calles empinadas que se integran perfectamente en el trazado de las murallas. En lo alto de un acantilado rocoso aparecen los restos del castillo, que proporcionan extraordinarias **vistas**★ del embalse del Tranco y el valle del Guadalquivir. El primer sábado de mes tiene lugar en Hornos un pintoresco zoco en el que pueden adquirirse productos artesanales realizados en la sierra.

24 km al Nordeste. Tome la A 317 y gire a la derecha en un cruce señalizado.

★ **Segura de la Sierra** – La patria de Jorge Manrique es una hermosa población que se asienta en un cerro de 1.240 m de altura, al abrigo de su **castillo-mudéjar**, cuya silueta parece vigilar la ciudad desde lo alto. Esta fortaleza árabe conserva el patio de armas, la capilla de Santa Ana y, sobre todo, la torre del homenaje, desde la que se divisan espectaculares **panorámicas**★★ de la Sierra de Segura.

Ya en el núcleo urbano conviene resaltar las silenciosas callejuelas de la villa, plagadas de casas bajas y edificios monumentales, entre los que destacan el **Ayuntamiento**, con bella portada plateresca, y la **iglesia parroquial**, donde se guarda una hermosa Virgen gótica de alabastro policromado y un Cristo yacente atribuido a Gregorio Hernández. También son importantes la curiosa plaza de toros, de forma cuadrada; la fuente imperial, blasonada con el escudo de Carlos V, y, sobre todo, los **Baños Árabes**, con tres naves longitudinales divididas por dobles arcos de herradura y cubiertas con bóveda de cañón y claraboyas estrelladas.

7,5 km al Noroeste por la JV 7020.

Orcera – Destaca la Plaza del Ayuntamiento, de forma pentagonal, donde se alzan la iglesia de Nuestra Señora de la Asunción, con una sobria puerta renacentista, y la fuente de los Chorros (s. XVI). En las afueras de la población se encuentran los tres torreones de Santa Catalina, único vestigio de la antigua alcazaba árabe.

21 km al Nordeste. Tome la JV 7020 y, después de Benatae, la JV 7021.

Siles – Conserva algunos lienzos de la antigua muralla. En las proximidades se encuentra el paraje natural de Las Acebeas, hermoso espacio paisajístico situado cerca del nacimiento del arroyo de Los Molinos.

CÓRDOBA★★★

309.961 habitantes

Mapa Michelin nº 446 S 15

¿Quién no ha oído hablar de la mezquita de Córdoba, quién no ha visto una fotografía y no ha quedado impresionado por la belleza de su bosque de columnas? Pero Córdoba es mucho más que su mezquita, es una ciudad emblemática, cruce de culturas, que rebosa arte y encanto.

Córdoba se levanta a orillas del Guadalquivir, en el centro de su provincia, entre la Sierra, de vocación ganadera, y la Campiña, tierra de trigo y olivares. Su esplendoroso pasado ha dejado una huella imborrable en la ciudad, que mantiene todo el embrujo y la belleza que inspiraron a lo largo de la historia a numerosos artistas. Córdoba se ofrece como un regalo; se sabe poseedora de un tesoro e invita a sus visitantes a compartirlo.

Ya no es únicamente la "Córdoba callada" de la que nos hablaba Machado, pues, junto al núcleo histórico, se han ido construyendo las anchas y ruidosas avenidas que caracterizan a las urbes modernas. En el caso de Córdoba, la ciudad moderna envuelve la parte más antigua como si la protegiera de la ajetreada vida actual. Es una ciudad próspera, centro de una importante región agrícola e industrial.

En mayo...

Córdoba se pone más guapa que nunca: se adorna y engalana, para vivir intensamente las numerosas festividades que tienen lugar a lo largo de este mes, en el que la ciudad vibra de animación.

Las fechas que se indican son orientativas, para precisar las de cada año, consulte en la Oficina de turismo.

Concurso de cruces – Tiene lugar los primeros días del mes. Grandes cruces, realizadas con flores, son las protagonistas de este tradicional concurso, en el que participan cofradías, asociaciones de vecinos, etc. Embellecen las plazas y rincones donde se sitúan y a ellos acuden los cordobeses para admirarlas.

Concurso de patios – Se celebra durante la primera quincena, tras las cruces. Numerosos patios de casas de vecinos y señoriales, fundamentalmente del casco antiguo y del barrio de San Basilio, se engalanan para participar en este tradicional concurso. Los visitantes podrán disfrutar de estos encantadores lugares, pequeños universos floridos en los que reinan el color y la sensibilidad.

Patio cordobés durante el concurso de patios

oncurso Nacional de Arte Flamenco – Se celebra cada tres años *(el próximo en ?003)*. Cantaores, bailaores, guitarristas acuden a este prestigioso concurso. Si tiene a oportunidad, no pierda esta ocasión de acercarse al buen flamenco.

a Feria – A finales de mes. En las casetas, pertenecientes a instituciones públicas, mpresas, peñas y cofradías, se bailan sevillanas, se tapea, se bebe buen fino hasta ltas horas de la madrugada. Diversión garantizada para todo el que esté dispuesto a umarse a la fiesta. Como es costumbre, los carteles de las corridas de toros que se rganizan con motivo de la feria acogen a importantes figuras del toreo.

PUNTES HISTÓRICOS

u historia rica y azarosa tiene varios periodos determinantes. Durante la dominación omana fue capital de la Bética y como tal una de las ciudades más importantes de la 'enínsula Ibérica. Tras la conquista árabe se convirtió en la ciudad más cosmopolita y efinada de Occidente. La Reconquista introdujo importantes cambios tanto en la vida omo en la arquitectura de la ciudad.

a ciudad romana

:n el 152 a. C. Córdoba se convirtió en colonia romana y hasta casi finales del Imperio ue la capital de la Bética. En este periodo se impulsó su desarrollo con la construcción de a vía Augusta y la ciudad se amuralló. Fruto de un ambiente profundamente cultural surieron figuras de tanta categoría como: **Séneca el Retórico** (55 a. C - 39 d. C.), su hijo el filóofo estoico y preceptor de Nerón, **Séneca** (4 a. C - 65 d. C), y el poeta **Lucano**, sobrino de éneca el Filósofo y compañero de estudios de Nerón, autor de la *Farsalia*, poema épico obre las guerras de César y Pompeyo. La Córdoba cristiana dio otra gran personalidad, i del **obispo Osio** (257-359), consejero del emperador Constantino y enemigo acérrimo del rrianismo en el Concilio de Nicea, que él mismo presidió.

a Córdoba árabe

:risol de culturas, Córdoba se va a convertir en este periodo en la ciudad más importante e todo el Occidente. Conquistada en 711, los emires residirán en la ciudad desde 719. .n 755 Abderramán I, único superviviente Omeya de la matanza ordenada por los Abasias, crea el **emirato independiente**, no reconociendo a Bagdad más que la supremacía reliiosa. La situación se estabiliza y se implanta una estructura jurídica. En el s. IX, durante el reinado de Abderramán II, habrá un gran florecimiento cultural en el que destaca como impulsor Ziryab, poeta iraquí que intervino en todos los campos del refinamiento cortesano.

B. Kaufmann/MICHELIN

El Califato – En el 929, Abderramán III proclama el Califato de Córdoba logrando la independencia total. El califa reunía todos los poderes en su persona. Córdoba era una ciudad eminentemente administrativa y centralista. El comercio, que se vio favorecido por una completa red de caminos, produjo un gran desarrollo de la economía urbana; la industria, la agricultura y la ganadería también crecieron fuertemente. Este s. X, marcado por la paz y la prosperidad, trajo un esplendor cultural sin precedentes. La tolerancia que reina permite a las tres culturas –judía, cristiana y musulmana– convivir pacíficamente y enriquecerse mutuamente. Córdoba se convierte en la gran capital de todo Occidente, uniendo el poder político, económico, artístico y cultural. Su población llegó a superar los 250.000 habitantes, algunos cronistas hablan incluso de cifras próximas al millón. Había unas 3.000 mezquitas, multitud de zocos y baños y una compleja red de alcantarillado. Tuvo una célebre universidad, numerosas bibliotecas -la que reunió el Califa Al-Hakam II es la mayor de la época- y suntuosas edificaciones. Su lujo y refinamiento, que sorprendían a todos los viajeros, fueron contados por los artistas de la época.

Alojamiento

CORRECTO

Séneca – *Conde y Luque, 7 – ☎ 957 47 32 34 – 12 hab. – 31,85/39,07€.* A dos pasos de la Mezquita, este tranquilo hostal destaca por su decoración andaluza y por su patio lleno de plantas. Conviene reservar con antelación porque suele estar lleno pese a que las habitaciones son sencillas y no todas tienen cuarto de baño.

Maestre – *Romero Barros, 4 y 6 – ☎ 957 47 24 10 – fax 957 47 53 95 – 26 hab. – 27/45€.* Dentro de la categoría standard es uno de los hoteles cordobeses con la mejor relación calidad/precio. Todo está nuevo, la decoración es correcta, las habitaciones son amplias y además está cerca de la plaza del Potro. Los propietarios poseen otro establecimiento, un hostal con patio que cuenta con 22 habitaciones (28,55€) y 7 apartamentos (48,08€).

UNA BUENA OPCIÓN

Marisa – *Cardenal Herrero, 6 – ☎ 957 47 31 42 – fax 957 47 41 44 – 28 hab. – P – 36,06/57,10€.* Hotel sencillo pero muy bien situado frente a la Mezquita. Diez habitaciones dan al monumento. Decoración de tipo castellano. Baños pequeños.

Mezquita – *pl. de Santa Catalina, 1 – ☎ 957 47 55 85 – fax 957 47 62 19 – 21 hab. – 34/66€.* Frente a la puerta principal de la Mezquita. Habitaciones amplias bien decoradas y con todo el confort necesario. Buena relación calidad/precio.

González – *Manríquez, 3 – ☎ 957 47 98 19 – fax 957 48 61 87 – 16 hab. – 33,96/65,21€.* Muy bien situado, en el triángulo que forman la Mezquita, la Judería y el Alcázar, este palacete del s. XVI acoge un hotel con habitaciones amplias y funcionales. En el patio, de inspiración árabe, hay un restaurante.

Albucasis – *Buen Pastor, 11 – ☎ 957 47 86 25 – fax 957 47 86 25 – 15 hab. – P – 45,08/69,12€.* Hotel sencillo instalado en una casa típica de la Judería cordobesa a la que se accede por un patio. Las habitaciones son amplias y correctas.

NH Amistad Córdoba – *pl. de Maimónides, 3 – ☎ 957 42 03 35 – fax 957 42 03 65 – 84 hab. – P – 111€.* Hotel de alta categoría situado junto a la muralla árabe y constituido por dos mansiones del s. XVIII. Entre las amplias zonas comunes destaca el gran patio mudéjar. Habitaciones cómodas, funcionales y decoradas con gusto.

Restaurantes

CORRECTO

Taberna los Faroles – *Velázquez Bosco, 1 – ☎ 957 49 29 64 – 12/24€ – cerrado do noche y lu.* Debe su nombre a los numerosos faroles que iluminan por la noche su bonito patio. En un marco de agradable frescor acentuado por los azulejos que recubren las paredes se degustan las especialidades locales (pisto, adobos, rabo de toro...).

UNA BUENA OPCIÓN

El Churrasco – *Romero, 16 – ☎ 957 29 08 19 – 30,06/33,06€ – cerrado ago.* Restaurante típico con un patio muy agradable y bar para tomar el aperitivo o incluso comer. Especialidad: carne a la brasa. El menú del día cuesta 21,05€.

La Almudaina – *Jardines Santos Mártires, 1 – ☎ 957 47 43 42 – 31,85€ – cerrado do (15 jun-ago) y do noche resto año.* Restaurante elegante y muy agradable con un precioso patio de madera cubierto. Especialidades andaluzas y platos internacionales.

Bodegas Campos – *Lineros, 32 (cerca de la Plaza del Potro) – ☎ 957 49 76 4. – 30,05/33,06€ – cerrado do noche.* Ocupa unas antiguas bodegas fundadas en 1908. Restaurante en torno a varios patios. A la entrada *(a la derecha)* taberna decorada con fotos de famosos.

El Caballo Rojo – *Cardenal Herrera, 28 – ☎ 957 47 53 75 – 25,23/31,55€.* Un clásico de la gastronomía local, situado junto a la mezquita y precedido de un pequeño patio de entrada. En el interior la decoración es bastante tradicional.

Tapas

En la Judería

Casa Salinas – *Puerta de Almodóvar, 2 – ☎ 957 29 08 46 – cerrado mi y en ago.* Bar tranquilo con barra, dos salas y un pequeño patio. Ambiente acogedor decorado con un zócalo de azulejos y fotos de gente famosa.

Taberna Guzmán – *Judíos,·9 (frente a la Sinagoga) – ☎ 957 29 09 60 – cerrado ju.* Taberna tradicional, llena de encanto, decorada con un zócalo de azulejos, motivos taurinos y preciosos carteles anunciadores de la Feria. Embutidos y quesos.

La Bacalá – *Medina y Corella (cerca de la Mezquita).* Bar con terraza en una agradable placita. Su especialidad es el bacalao y el flamenco siempre está presente como música de fondo.

Pepe "de la Judería" – *Romero, 1 – ☎ 957 20 07 44.* Inaugurada en 1928, conserva la barra de esa época. Cuenta con un bonito patio alrededor del cual se distribuyen varias salas para tapear. Restaurante en la planta superior. Cocina andaluza.

Zona Plaza de la Corredera – Plaza del Potro

Salinas – *Tundidores, 3 (junto a la Plaza de la Corredera) ☎ 957 48 01 35 – cerrado do y en ago.* Bonita taberna antigua, fundada en 1924. Patio cubierto con varias salas alrededor. Especialidades: revuelto de gambas y jamón, berenjenas fritas y rabo de toro.

Sociedad de Plateros – *San Francisco, 6 (cerca de la plaza del Potro) – ☎ 957 47 00 42 – cerrado lu.* La Sociedad de Plateros tiene varias tabernas. Ésta, que tiene más de un siglo (1872), es muy característica. Los domingos a mediodía está repleta de gente.

Zona Gran Capitán – Cruz Conde

San Miguel "El Pisto" – *pl. San Miguel, 1 (junto a la iglesia del mismo nombre).* Esta taberna típica e imprescindible, fundada en 1886, se halla situada junto a la iglesia del mismo nombre. Las paredes recubiertas de fotos y de carteles taurinos componen un marco perfecto para degustar sus tapas y raciones.

B. Kaufmann/MICHELIN

Taberna San Miguel "El Pisto"

La Canoa – *Ronda de Tejares, pasaje Cajasur.* Bar con grandes arcos situado en un pasaje comercial bastante lúgubre. Barriles de vino en lugar de mesas. Canoa es el nombre de un embudo que se utilizaba para rellenar los barriles.

Gaudí – *av. Gran Capitán, 22 – ☎ 957 47 17 36 – abre de 8-01 de la madrugada.* Cervecería con decoración modernista. Se puede desayunar, tomar el aperitivo o merendar. Gran variedad de tapas.

Salir

La mayoría de los locales para salir se encuentra en el centro, sobre todo alrededor de la Av. del Gran Capitán, y en la zona residencial de El Brillante.

Málaga Café – *Málaga, 3 – 957 48 63 13 – abre lu-ju 16-02 de la madrugada, vi-sá 16-04 de la madrugada, do 16-22.* En el centro de la ciudad, junto a la Plaza de las Tendillas, es un local tranquilo de decoración clásica, con cómodos sofás y butacones. Muy recomendable para pasar la tarde conversando mientras se toma un café o una copa.

Siena – *pl. de las Tendillas, s/n – abre 8-24.* Es un lugar de toda la vida en la plaza principal de la ciudad. El local cuenta con una de las terrazas más emblemáticas de Córdoba, perfecta para tomar algo tanto por la mañana como por la tarde.

Chato – *Alhakem II, 14 – abre 16-madrugada.* En la zona del Gran Capitán, es un local de moderno diseño muy frecuentado por gente guapa de todas las edades. Para tomar un café por la tarde, o copas en un ambiente más animado por la noche.

Sojo – *Benito Pérez Galdós, 3 – abre 8-04 de la madrugada.* Con una clientela de 25 años en adelante, es un local de diseño vanguardista que sirve desde desayunos a copas por la noche. Organizan eventualmente conciertos de solistas y exposiciones de pintura, fotografía, video-instalaciones... Muy recomendable a cualquier hora del día.

El Puentecillo – *Poeta Emilio Prados, s/n. Abre verano 21.30-05 de la madrugada. Durante el invierno, ju, vi y sá 24-05 de la madrugada.* Pequeño local situado en la subida a la zona de El Brillante. Tanto el pequeño patio como el interior están decorados de una forma cálida y acogedora. Es frecuentado por una clientela madura y tranquila. Perfecto para tomar una copa al principio de la noche.

Ocio

Córdoba es una capital de animada vida social y cultural. Durante el invierno, el **Gran Teatro** *(Av. Gran Capitán, 3; ☎ 957 48 02 37)* ofrece una temporada estable de conciertos y teatro. La Filmoteca de Andalucía también tiene sede en Córdoba *(c/ Medina y Corella, 5; www.cica.es/filmo)* y oferta una variada programación de ciclos cinematográficos.
El Ayuntamiento edita *Qué hacer en Córdoba*, una guía gratuita con las principales actividades culturales que se programan en la ciudad, y que se distribuye en Oficinas de Turismo, hoteles, etc.

Compras

Las populares calles comerciales de Córdoba se concentran alrededor de la Plaza de las Tendillas, destacando vías peatonales y bulliciosas como las calles José Cruz Conde o Conde de Gondomar. La Av. Ronda de los Tejares concentra comercios de gran superficie, como El Corte Inglés, en la esquina con la Av. de Gran Capitán. Otro gran centro comercial es Eroski, que se encuentra en la zona del Arcángel, junto al Estadio Municipal.
La plata y el oro, sobre todo la filigrana como forma de trabajarlos, es la actividad artesanal predominante en Córdoba, con numerosas tiendas donde comprar artículos muy elaborados. Destacamos, en la parte trasera del Alcázar La Purísima, joyería muy apreciada por los cordobeses.
En la c/ Judíos s/n se encuentra el Zoco Municipal (☎ 957 20 40 33), donde en torno a una placita y calles moriscas, en plena Judería, se reúnen tiendas de artesanos que trabajan allí mismo la cerámica, la piel, la alfarería.... (Abre de lunes a sábado de 10 a 20).
Casi todos los días hay **mercadillos** en diversas zonas de la ciudad, destacan el de la Plaza de la Corredera (sábados por la mañana) y el de la explanada junto al Estadio Municipal (domingos por la mañana).

Transportes

Aeropuerto – Av. Aeropuerto s/n. ☎ 957 23 23 00. El aeropuerto de Córdoba sólo cuenta con vuelos nacionales. Para vuelos internacionales el más cercano es el de Sevilla (☎ 954 44 90 00), a 140 km. Estas dos ciudades están muy bien conectadas tanto por tren como por autobús.

Reservas Nacionales: ☎ 901 333 111
Reservas Internacionales: ☎ 901 333 222
Teléfono de información: ☎ 957 21 41 00

Trenes – *Plaza de las Tres Culturas, s/n*; ☎ 957 49 02 02. Córdoba, junto con Sevilla, está conectada con Madrid mediante el tren de Alta Velocidad (AVE). Por lo que en algo menos de dos horas puede desplazarse a la capital. También cuenta con trenes de cercanías para conectar con las localidades de la provincia y con líneas regulares a muchos puntos de España.
RENFE – *Ronda de los Tejadores, 10* – ☎ 957 47 58 84.

Autobuses urbanos – AUCORSA: *c/ Artesanos, s/n; ☎ 957 76 46 76.* Córdoba tiene una amplia red de autobuses urbanos que cubre toda la ciudad. El precio de un viaje es de 0,80€; abono de 10 viajes 5,40€. con transbordo, abono de meses completos 32,50€.

Autobuses interurbanos – *Glorieta de las Tres Culturas, s/n*; ☎ 957 40 43 83. De ahí parten autobuses a todos los puntos de Andalucía y el resto de España.

Radio-Taxi – ☎ 957 76 44 44

Coches de caballos – Existe un servicio de coches de caballos que recorre toda la zona turística de la ciudad. Paradas en c/ Torrijos (junto a la Mezquita) y Campo Santo de los Mártires.

No deje de ver:

– la Mezquita iluminada por la noche
– la ciudad desde la azotea de la Torre de la Calahorra
– el alminar de la Mezquita desde la Calleja de las Flores

Jn Reino de Taifa – Los 30 primeros años del s. XI estuvieron marcados por intensas uchas que desembocaron en la disolución del Califato, en el año 1031. Las poderosas ciuades se declararon independientes, surgiendo los llamados Reinos de Taifas. En lo cultural artístico hay una continuidad con la tradición califal. Hasta su reconquista, en 1236, órdoba fue una Taifa más. Son numerosas las personalidades que destacan en este eríodo tanto en el campo de las ciencias (astronomía, matemáticas, medicina...) como en l filosófico, pero sin lugar a dudas los cordobeses Averroes (1126-1198) y Maimónides 1135-1204) se hallan en la cúspide de este peculiar olimpo intelectual. Los comentarios del musulmán **Averroes** sobre la obra aristotélica influyeron de una manera definitiva en el undo medieval occidental. El judío **Maimónides** destacó como filósofo y como médico. Su *uía de perplejos*, en la que establece una conciliación entre la fe y la razón, influyó no ólo en judíos y musulmanes, sino también en la escolástica cristiana, sobre todo en Santo omás de Aquino.

a ciudad cristiana

l 29 de junio de 1236, **Fernando III el Santo** reconquista Córdoba. La llegada de los ristianos va a dejar una gran impronta arquitectónica en la ciudad con la construcción de as 14 parroquias fernandinas.
'a en el **s. XV**, a Córdoba le cabe el orgullo de haber presenciado la primera entrevista de ristóbal Colón con los Reyes Católicos (1486), en la que les presentó su proyecto de viaje las Indias. Tras años difíciles, la Corona acabó apoyando el proyecto y en abril de 1492 e firmaron las Capitulaciones de Santa Fe (Granada) *(ver p. 221)*, que abrieron el camino le una aventura que cambiaría el devenir de la historia.

★★1 EL BARRIO DE LA MEZQUITA

★★ Mezquita-Catedral

La historia de una época fascinante nos ha dejado en la arquitectura de este monumento, único en el mundo, un bello testimonio de la fe de musulmanes y cristianos. Sobre la basílica visigoda de San Vicente se erigió, entre los ss. VIII y X, la mezquita que hoy conocemos. Tras la Reconquista, los cristianos injertaron una catedral gótica en el corazón de sus delicadas naves. Aljama y catedral nos hablan cada una de sus diferentes creencias, pero con el denominador común de la sensibilidad. Así, el visitante de hoy contempla un edificio heterogéneo formado por dos oratorios tan magníficos como distintos.

La Mezquita – Es sin duda una de las obras maestras del arte musulmán en el mundo. Su planta responde al esquema tradicional de mezquita árabe, que tiene su origen en la casa del profeta Mahoma en Medina: un recinto rectangular almenado, el patio de abluciones, la sala de oraciones y el minarete. En un principio los musulmanes compartieron con los cristianos la iglesia visigoda de San Vicente pero, como se quedó pronto pequeña, Abderramán I (756-788) compró la parte cristiana y hacia 780 inició la construcción de una espléndida mezquita, con 11 naves que se abrían al Patio de los Naranjos. En su construcción se utilizaron columnas de mármol y capiteles de otros edificios romanos y visigodos. Con el fin de elevar el conjunto se recurrió a la superposición de dos pisos de arcos y para ello se dispuso sobre las columnas un segundo piso con pilares. Esta solución es de una gran originalidad ya que no se encuentra en ningún otro sitio. Abderramán II (833-848) hizo la primera ampliación desplazando el muro de la quibla hasta la altura de la capilla de Villaviciosa; Al-Hakam II (961) volvió a desplazarlo y construyó el mihrab actual; y finalmente Almanzor (987) añadió 8 naves paralelas a las primeras *(se reconocen por el pavimento de color rojo)*, dándole las dimensiones definitivas.

El Patio de los Naranjos – Este amplio y encantador recinto, porticado en tres de sus lados, recibe su nombre de los naranjos que plantaron los cristianos tras la Reconquista y que le han dado su aspecto y aroma característicos. Al igual que la Mezquita, se fue agrandando según las necesidades. Los musulmanes, antes de iniciar sus oraciones, debían realizar abluciones en la fuente del patio para purificar simbólicamente sus cinco sentidos. Conserva varios surtidores, algunos mudéjares, y el **aljibe de Almanzor** (**1**), del s. X. El suelo está totalmente empedrado de guijarros.

La Mezquita: una arquitectura al servicio de la población

Durante la época árabe, Córdoba llegó a tener unas 3.000 mezquitas. La que actualmente contemplamos era la aljama, a la que acudían los musulmanes para la oración de los viernes. Las ampliaciones se realizaron en función del crecimiento de la población.
La mezquita tiene una estructura muy diferente de la de las iglesias cristianas y podía ampliarse mucho más fácilmente, sin que se viera afectado el conjunto arquitectónico. Su sencilla estructura, de naves paralelas, permitía que se añadieran nuevas naves sin que sufriera la unidad del edificio.

CÓRDOBA

0 200 m

A B Y Z

Las Ermitas
N 432 BADAJOZ, AL
N IV-E 5 SEVILLA
N 432 GRANADA
A 431 SEVILLA, HUELVA
Medina Azahara
N 437

PALACIO DE LA DIPUTACIÓN
Pl. de Colón
La Malmuerta
Santa Marina de Aguas Santas
PALACIO DE VIAN
Cristo de Los Faroles
PL. DE LOS CAPUCHINOS
SAN MIGUEL
S. Andrés
S. PABLO
Mausoleo romano
Pl. de las Tendillas
S. Nicolás de la Villa
Pl. S. Juan
Pl. de la Corredera
Sta Victoria
S. Francisco
Pl. del Potro
JUDERÍA
Pl. J. Páez
Calleja de Las Flores
Sinagoga
Zoco
MEZQUITA-CATEDRAL
Palacio de Congresos
Puerta del Puente
Puente Romano
Campo Santo de los Mártires
ALCÁZAR
Torre de la Calahorra
MOLINOS ARABES
GUADALQUIVIR
Plaza Sta Teresa
S. BASILIO

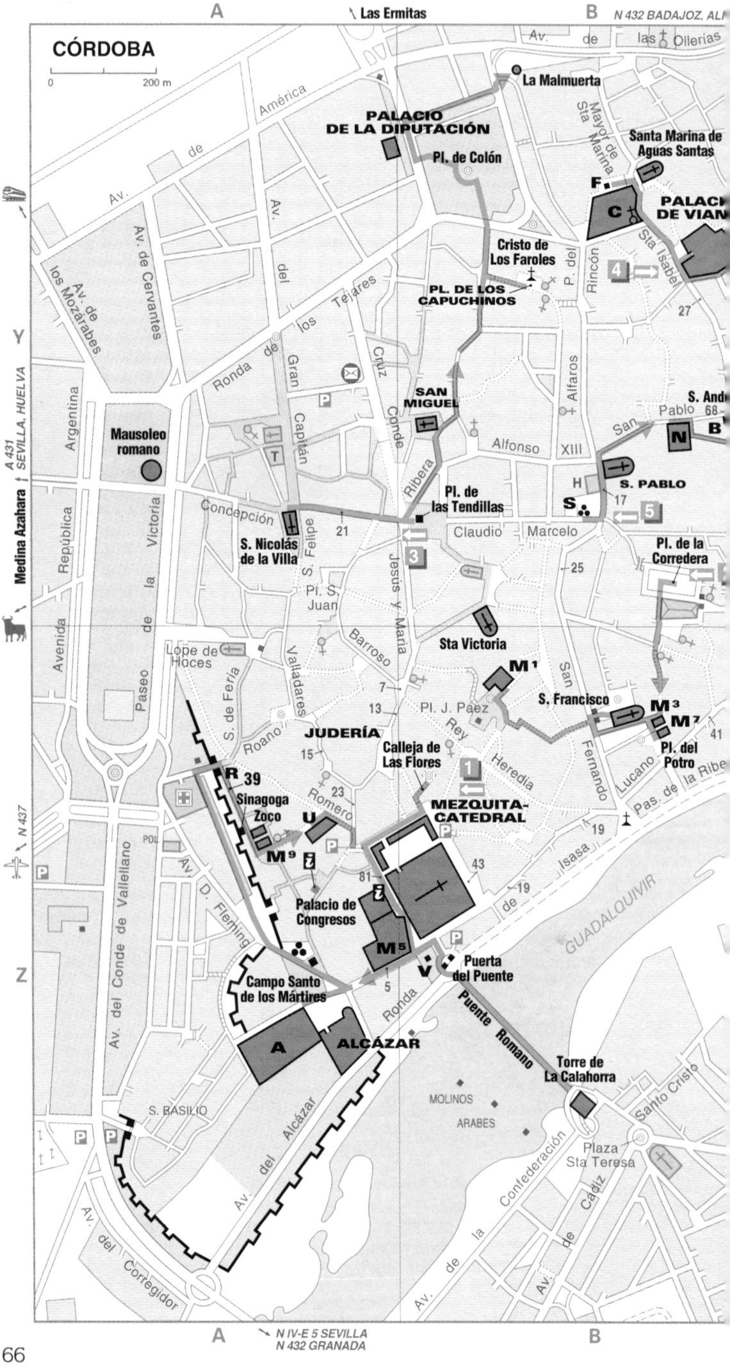

Lope de Hoces . . . . AZ
Lucano . . . . BZ
M. González Francés . . . . . . BZ 43
Madre de Díos
(Campo) . . . . CYZ
Manca (R. de la) . . . . CY
María Auxiliadora . . . . CY
Mártires (R. de los) . . . . CZ
Mayor de Sta Marina . . . . . BY
Montero . . . . CY
Mozárabes (Av. de los) . . . . AY
Muñices . . . . CY
Nuestra Señora de
la Fuensanta . . . . CZ
Ollerías (Av. de las) . . . . BY
Potro (Pl. del) . . . . BZ
Rabanales (Av. de) . . . . CY
Realejo (Pl.) . . . . CY 64
República Argentina
(Av.) . . . . AYZ
Rey Heredia . . . . BZ
Ribera (Pas. de la) . . . . BZ
Ribera . . . . BY
Rincón (Pta del) . . . . BY
Roano . . . . AZ
Romero . . . . AZ
Ruano Girón . . . . CY
San Andrés (Pl. de) . . . . BY 68
San Antón (Campo) . . . . CY
San Felipe . . . . AY
San Fernando . . . . BZ
San Juan (Pl.) . . . . AY
San Juan de Letrán . . . . CY 72
San Pablo . . . . BY
San Rafael (Pl. de) . . . . CY 74
Santa Isabel . . . . BY
Sánchez de Feria . . . . AZ
Santa María
de Gracia . . . . CY
Santa Teresa (Plaza) . . . . . . BZ
Santo Cristo . . . . BZ
Santo de los Mártires
(Campo) . . . . AZ
Tejares (R. de los) . . . . AY
Tendillas (Pl. de las) . . . . . . BY
Torrijos . . . . AZ 81
Valladares . . . . AYZ
Victoria (Pas. de la) . . . . . . AYZ

Alcázar de los Reyes
Cristianos . . . . AZ
Caballerizas Reales . . . . . . AZ **A**
Casa de los Luna . . . . BY **B**
Convento de Santa Isabel . BY **C**
Cristo de Los Faroles . . . . BY
Las Ermitas . . . . ABY
Facultad de Filosofía
y Letras . . . . AZ **U**
Iglesia de San Andrés . . . . BY
Iglesia de San Francisco . . BZ
Iglesia de San Lorenzo . . . CY
Iglesia de San Miguel . . . . BY
Iglesia de San Nicolás
de la Villa . . . . AY
Iglesia de San Pablo . . . . . BY
Iglesia de San Rafael . . . . CY
Iglesia de Santa Marina
de Aguas Santas . . . . . BY
Iglesia del colegio
de Santa Victoria . . . . . BY
Judería . . . . AZ
Mausoleo Romano . . . . . . AY
Medina Azahara . . . . AY
Mezquita-Catedral . . . . BZ
Monumento a Manolete . . BY **F**
Museo Arqueológico
Provincial . . . . BZ **M**[1]
Museo de Bellas Artes . . . BZ **M**[3]
Museo Diocesano
de Bellas Artes . . . . . . ABZ **M**[5]
Museo Julio Romero
de Torres . . . . BZ **M**[7]
Museo Municipal Taurino . AZ **M**[9]
Palacio de Exposiciones y
Congresos . . . . AZ
Palacio de la Diputación . . AY **D**
Palacio de Viana . . . . BY
Palacio de los Villalones . . BY **N**
Puente Romano . . . . BZ
Puerta de Almodóvar . . . . AZ **R**
Puerta del Puente . . . . BZ
Sinagoga . . . . AZ
Templo Romano . . . . BY **S**
Torre de La Calahorra
Museo vivo
de Al-Andalus . . . . BZ
Torre de la Malmuerta . . . BY
Triunfo de San Rafael . . . . BZ **V**
Zoco . . . . AZ

Interior de la Mezquita

El interior – *Entrada por la Puerta de Las Palmas.* El espectáculo es sorprendente: uno se ve inmerso en un verdadero bosque de columnas y arcos. El color y las sombras desempeñan un destacado papel. Los arcos, que son de herradura -herencia visigoda-, presentan una alternancia de dovelas rojas (ladrillo) y blancas (piedra enlucida). Esta bicromía se enriquece con las tonalidades de los fustes de las columnas, en los que predominan los tonos grises y rosáceos. Por último, la luz matiza y envuelve el conjunto, ayudando a crear esa atmósfera entre irreal y subyugadora que convierte la visita a la Mezquita en una experiencia difícil de olvidar. La **visita** se inicia por la zona más antigua de la construcción. La nave que se sitúa en el eje de la puerta es algo más ancha que el resto; era la nave central de la primitiva mezquita y, aunque no se ve, tiene al fondo el mihrab. Las naves corren perpendiculares al muro de la quibla, hacia donde se orienta el musulmán al orar. En todas las mezquitas este muro debe construirse mirando a la Meca; no se sabe exactamente el motivo por el que la "quibla" de la mezquita de Córdoba no sigue esta norma.

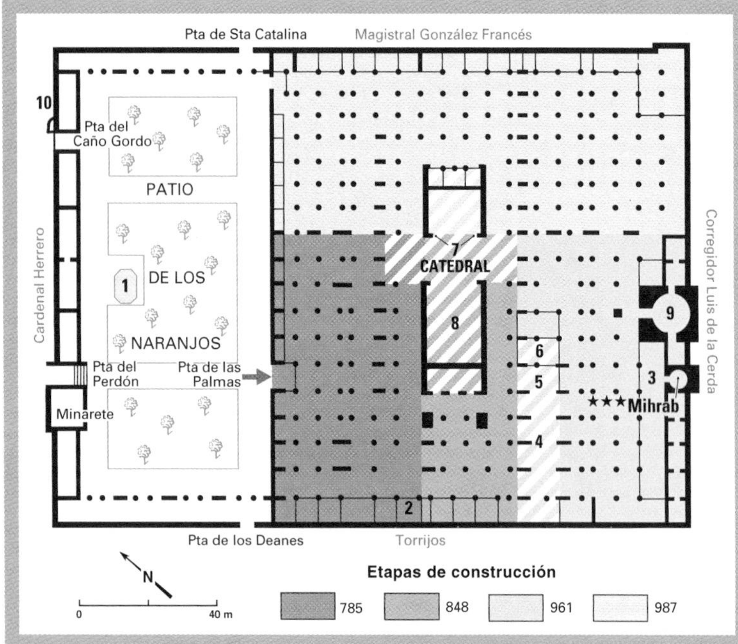

La decoración: todo menos la figura humana

Debido a sus preceptos religiosos, los musulmanes no podían representar la figura humana, lo que les llevó a desarrollar al máximo los elementos decorativos de inspiración vegetal o geométrica: paneles de mármol calados, lienzos de escayola tallados, estucos, mosaicos, configuran un esplendor ornamental difícil de igualar. La otra característica fundamental de la decoración del arte árabe, es la utilización de la escritura, dado el carácter sagrado de la Palabra –versículos del Corán–, del que se puede admirar un maravilloso ejemplo en el arco de entrada al mihrab, cuyo alfiz es recorrido por inscripciones en caracteres cúficos.

La construcción de **Abderramán I** llega hasta el muro de la Catedral. En la nave occidental se construyeron, tras la Reconquista, capillas cristianas entre las que destaca la de la **Purísima Concepción** (**2**), del s. XVII, totalmente recubierta de mármoles de distintos colores.

Abderramán II (833) derribó el muro de la quibla y prolongó las 11 naves hacia el Sur, hasta la Capilla de Villaviciosa. Continuó utilizando el mismo sistema de arquerías pero alcanzó un gran refinamiento en la decoración como demuestra el hecho de que en las obras que realizó Al-Hakam II se reutilizaran, en la zona del mihrab, elementos de esta época. En esta parte se construyó la catedral.

La ampliación de **Al-Hakam II** es la más suntuosa de todas. Prolongó las 11 naves hacia el Sur hasta sus límites actuales. Todas las columnas y capiteles fueron labrados para este edificio. Sorprende la riqueza ornamental que se centra en torno al **mihrab★★★**, auténtica joya de la mezquita. Para decorar este nicho octogonal, cubierto con una venera de yeso, se mandó llamar a artistas bizantinos que realizaron los maravillosos mosaicos que decoran su arco de entrada y la magnífica **cúpula★★** que lo antecede. Las tres cúpulas de la **macsura** (**3**) –espacio delante del mihrab reservado al califa– que reposan en una red de arcos polilobulados, no tienen nada que ver con las cúpulas del arte cristiano, puesto que los nervios se entrecruzan dejando un polígono en el centro, al contrario de lo que ocurre en el románico o en el gótico. Este tipo de cúpula es de origen oriental. La capilla Real siguió este mismo esquema en su cubierta.

Almanzor realizó la última ampliación, la más extensa de todas, aunque no ofreció ninguna novedad relevante. A causa de la proximidad del río, no se hizo hacia el Sur como las anteriores sino hacia el Este, añadiendo 8 nuevas naves.

Obras cristianas – Al pasar al culto cristiano se cerraron las naves por el lado del Patio de los Naranjos, con la única excepción de la Puerta de las Palmas. Para construir la **primera catedral** (**4**) se eliminaron algunas columnas y se cubrió este espacio con una techumbre de artesonado gótico sustentada por arcos apuntados. Alfonso X situó la capilla mayor en la llamada Capilla de **Villaviciosa** o **Lucernario** (**5**) y, al lado, construyó la **Capilla Real★** (**6**) (s. XIII) con la intención de que le sirviera de sepultura, decorada con estucos mudéjares que armonizaban con el resto del monumento.

La Catedral – En el s. XVI, aunque el cabildo se opuso, el obispo D. Alonso Manrique obtuvo la autorización necesaria para levantar una catedral en el centro de la mezquita. Pese al talento de los arquitectos Hernán Ruiz I, Hernán Ruiz II y Juan de Ochoa, y a la belleza y riqueza de la catedral, cuando Carlos V vio la obra no pudo evitar exclamar: "Habéis destruido lo que no existía en ninguna parte para construir algo que se puede hallar en cualquier lugar".

Los diferentes estilos de los s. XVI y XVII aparecen mezclados: arquerías y bóvedas hispano-flamencas, cúpula renacentista, bóveda del coro y altar mayor barrocos. Fíjese en los dos **púlpitos★★** (**7**) de Michel de Verdiguier, de caoba, mármoles y jaspe.

El **coro** (**8**) es espectacular. Destaca la bellísima **sillería★★** barroca, obra de Pedro Duque Cornejo (hacia 1750). Toda de caoba labrada, presenta un completo programa iconográfico: santos, escenas de la vida de Cristo y de la Virgen, y del Antiguo y del Nuevo Testamento. Preside en el centro la Ascensión de Cristo. Conserva dos imponentes órganos de los s. XVII y XVIII.

Tesoro de la Catedral – *A la izquierda del mihrab.* Se halla en la **Capilla del Cardenal** (**9**), realizada por el arquitecto barroco Francisco Hurtado Izquierdo, y en dos salas anexas. Entre diversos objetos litúrgicos destacan una monumental **custodia★** (s. XVI), obra de Enrique Arfe, y un espléndido Cristo crucificado de marfil, perteneciente al barroco español.

Detalle de las magníficas bóvedas de la Catedral

El exterior – El **alminar** de Abderramán III, desde donde el muezín llamaba a la oración, está englobado en una torre barroca de finales del s. XVI y principios del s. XVII. Al lado, dando a la calle, se abre la **Puerta del Perdón**, mudéjar del s. XIV, recubierta de placas de bronce repujado.

En el muro Norte se ha construido un pequeño altar enrejado, adornado con faroles, a la **Virgen de los Faroles** (**10**), muy venerada en Córdoba. Es una copia de una obra de Julio Romero de Torres. Su iluminación, por la noche, colabora al encanto de esta imagen tan típica.

Merece la pena rodear la mezquita para admirar la elegante decoración de las puertas, condenadas en su mayoría, entre las que se encuentran dos de la calle Torrijos: la Puerta de San Esteban, obra de Abderramán I, una de las primitivas puertas de la aljama que posteriormente fue modificada por Abderramán II y la Puerta de Palacio, que llama la atención por su riqueza decorativa.

Un rincón pintoresco: la callejita del Pañuelo

Esta callecita sin salida, a la que se accede por la Plaza de la Concha *(muy cerca de la Mezquita, por Martínez Rücker)*, es una de las más singulares de Córdoba. Aunque lleva el nombre de Pedro Jiménez, se la conoce como del Pañuelo porque en su parte más estrecha tiene la anchura de un pañuelo de hombre puesto en diagonal. Acaba en un pequeño ensanche, de indudable encanto, con un surtidor de agua, una bonita puerta y ventanas enrejadas.

Alrededor de la Mezquita

En las inmediaciones de la Mezquita hay lugares y monumentos que se pueden visitar dando un agradable paseo.

La calleja de las Flores – Calle típica de la Judería, estrecha, con arcos y adornada con gran cantidad de macetas, en el más puro estilo cordobés. No tiene salida y termina en una pequeña placita con una fuente, desde donde se observa una de las vistas más sugerentes de la torre de la Mezquita.

Palacio de Exposiciones y Congresos – Ocupa el edificio del antiguo Hospital de San Sebastián, que posteriormente fue Casa de Expósitos y que en la actualidad alberga la **Oficina de Turismo**.
Su **portada**★ es una obra de arte de principios del s. XVI con bellas esculturas en el tímpano y en las jambas. El muro está decorado con cenefas, calados, hojas de cardo y cordones. Tanto en la disposición de la fachada como en el trabajo, se ve el gusto y la calidad de las manos que los llevaron a cabo.
Conserva un sobrio patio enteramente de ladrillo, totalmente despojado de elementos decorativos.

Museo Diocesano de Bellas Artes ⓥ – *Junto al Palacio de Exposiciones y Congresos.* Se halla instalado en el Palacio Episcopal, que se construyó en el s. XVII sobre los restos del antiguo alcázar árabe. El edificio tiene un interesante patio y una escalera barroca de doble acceso de mármol negro, que se cubre con una bella cúpula decorada con estucos.
Las salas del museo, que se sitúan en la 2ª planta, muestran esculturas, pinturas, libros religiosos y tapices que se remontan al s. XIII. También se visita la Capilla barroca de Nuestra Señora del Pilar, muy restaurada *(entrada desde el patio, a la derecha de la escalera).*

San Rafael

La devoción al arcángel San Rafael está muy arraigada, desde hace siglos, en el pueblo cordobés; es rara la familia en la que alguno no lleva este nombre e incluso el campo de fútbol del equipo local se llama El Arcángel. Tiene su origen en el s. XVI, en una aparición de San Rafael, que se presentó como protector de la ciudad. En su honor se han levantado, en diversos lugares, unos originales monumentos que reciben el nombre de "triunfos".

Triunfo de San Rafael – El más monumental de todos los triunfos de la ciudad se erigió en la segunda mitad del s. XVIII. El arcángel, desde lo alto de la columna, preside este monumento que decoran varias figuras alegóricas.

Puerta del Puente – En la actualidad tiene aspecto de arco de triunfo, al haber perdido su función como puerta. Se construyó en el s. XVI y sigue un esquema clásico con grandes columnas estriadas de orden dórico, entablamento, friso y un frontón curvo con un escudo sujetado por dos guerreros. La decoración se presenta en el lado que da al río.

Puente Romano – Salva las aguas del Guadalquivir entre la Puerta del Puente y la Torre de la Calahorra. Se construyó en tiempos del emperador Augusto y ha sufrido varias reconstrucciones, la más importante en época árabe. A la derecha se ven los molinos del río, de origen árabe.
Hacia la mitad del puente, sobre un murete a modo de altarcillo, hay una imagen de **San Rafael**, que se colocó allí en 1651 tras una gran epidemia. Suele estar adornado con velas y flores, testimonio de la devoción popular.

La Torre de la Calahorra: Museo vivo de Al Andalus ⓥ – Situada en el extremo Sur del puente, esta fortaleza árabe estaba formada en un principio por dos torres unidas mediante un arco. En el s. XIV, Enrique II mandó ampliarlas y se cerró el arco. Posteriormente sufrió nuevas remodelaciones.
A lo largo de los siglos se le han dado diversos usos: prisión para nobles, cuartel e incluso escuela para niños.
Actualmente alberga un **museo audiovisual** que presenta la historia de la Córdoba califal con todo su esplendor cultural, artístico, filosófico y científico. Las grandes corrientes del pensamiento de los ss. XII y XIII están representadas por el rey cristiano Alfonso X el Sabio, el judío Maimónides y los musulmanes Averroes e Ibn-Arabi. Destaca la magnífica **maqueta**★ de la Mezquita, tal como era en el s. XIII. Desde la azotea se contemplan hermosas **vistas** de la ciudad.

Cruce el puente y tome la calle Amador de los Ríos hasta el Campo Santo de los Mártires.

En el Campo Santo de los Mártires pueden verse las excavaciones de unos **baños califales**.

★ **Alcázar de los Reyes Cristianos** ⓥ – Esta residencia-fortaleza fue construida en el s. XIV por Alfonso XI. Sus muros fueron testigos de una entrevista, en 1486, entre Cristóbal Colón y los Reyes Católicos y de las intrigas de la Inquisición, que tuvo aquí su sede hasta 1821.
Guarda un excepcional **sarcófago romano**★ del s. III, con un sobresaliente tratamiento de rostros y telas, y una interesante colección de **mosaicos**★, magníficamente expuesta –Salón de los Mosaicos y Sala del Océano–, que nos remite al esplendor de la Córdoba romana. También se visitan unos **baños** de estructura árabe pero de construcción cristiana *(nada más bajar la escalera, a la derecha, al fondo del corredor).*

Los jardines del Alcázar

Tras atravesar el patio mudéjar se sale a los bellos **jardines★** de estilo árabe. El paseo por las terrazas con estanques, surtidores, cipreses y flores de todos los colores es un goce para los sentidos.

Junto al Alcázar se encuentran las **Caballerizas Reales** que fundó Felipe II en el s. XVI. El edificio actual es del s. XVIII. No se visitan pero, si por casualidad, estuvieran abiertas, eche un vistazo.
Al fondo de la calle, tras el arco, se halla el **barrio de San Basilio**, famoso por sus bellos patios de casas populares. Uno de los de mayor encanto es el de la Asociación de Patios cordobeses, en el nº 50 de la calle San Basilio.

Un pulmón verde

En el centro de Córdoba no sólo hay calles estrechas y sinuosas, también hay un largo eje ajardinado, un remanso de verdor y tranquilidad, en medio del intenso tráfico que recorre las arterías que lo forman: la Avenida del Conde de Valledano, el Paseo de la Victoria y la Avenida de Cervantes.

★★La Judería

Es un barrio lleno de encanto y sabor. El tiempo parece haberse detenido en estas callejas blancas, puertas entreabiertas a patios floridos, ventanas enrejadas y tascas típicas. Pasee sin prisa dejándose atrapar por el ambiente.

Las murallas y la Puerta de Almodóvar – La calle peatonal Cairuán discurre paralela a las murallas de la Judería, que son una pequeña parte de las que protegían la primitiva ciudad. Es un conjunto en buen estado construido con sillares de piedra; los cipreses forman un tapiz de verdor que alegra la sobriedad de la piedra.
La Puerta de Almodóvar da entrada al barrio de la Judería. Es de origen árabe, pero sufrió una importante restauración a principios del s. XIX, momento en el que se le incorporó una portada interior adintelada. A la izquierda de la puerta está la estatua de Séneca. La iluminación nocturna realza el encanto de la zona.

Traspase la Puerta de Almodóvar y tome la calle Judíos.

La calle Judíos – Esta emblemática calle de la Judería corre paralela a las murallas. En el nº 7 se halla una taberna llena de encanto, la bodega Guzmán, y en el nº 12 se visita una **casa andalusí** ⓥ del s. XII que exhibe algunas piezas relacionadas con la elaboración del papel según el método árabe.

Sinagoga ⓥ – Con las dos de Toledo, es uno de los pocos ejemplos de sinagoga medieval conservados en España. Se construyó a principios del s. XIV. De pequeño tamaño, consta de una sala cuadrada a la que se abre, en el primer piso, la tribuna de mujeres. Sus muros, salvo en la zona inferior, aparecen totalmente recubiertos de bellas yeserías mudéjares e inscripciones hebreas. Los motivos decorativos son geométricos y vegetales.

Zoco – *Unos 25 m calle abajo.* Se accede pasando bajo los arcos rampantes de ladrillo de un callejón. Actualmente las tiendas que dan a sus dos encantadores patios ofrecen diversas muestras de la artesanía cordobesa.

Los judíos y Córdoba

Los judíos llegaron a la ciudad antes que los árabes y muy pronto se convirtieron en un sector influyente dedicado sobre todo al comercio y a la enseñanza de las ciencias. Mientras duró la ocupación musulmana, que fue bien recibida por su parte, se concentraron en este barrio, constituido por muchas de las calles cercanas a la Puerta de Almodóvar, y construyeron en la calle Judíos una bellísima sinagoga. Cuando Fernando III reconquistó la ciudad (1236), los judíos mantuvieron su influencia debido, en gran parte, al prestigio que habían adquirido sus academias. Pero poco a poco su vida se fue haciendo más complicada a causa de un creciente odio racial: a mediados del s. XIII se les mandó destruir su sinagoga y poco después se les obligó a pagar tributos para el mantenimiento de la iglesia católica. Se les llegó a culpar de cualquier epidemia o calamidad, hasta que en 1492 Isabel la Católica ordenó su expulsión de España.

Bajando por la calle Judíos unos 20 m, se pasa ante la pequeña plaza de Tiberiades donde se halla el **monumento a Maimónides**: judío universal que alcanzó merecida fama como filósofo y médico.

Museo Municipal Taurino ⓥ – *Plazuela de Maimónides.* Está instalado en la Casa de las Bulas, construida en el s. XVI. Se accede por dos bellos patios: el de la entrada, de influencia mudéjar, y el principal, de bellas proporciones, alrededor del cual se ordenan las salas del museo. En ellas se muestra una interesante colección de láminas sobre la lidia, carteles de feria, fotografías, trajes de luces y recuerdos de los más famosos diestros cordobeses: Lagartijo, Guerrita, Machaquito y Manolete. En la plaza, enfrente del museo, se conserva una bella casona y, a la derecha, el Hotel NH Amistad.

Tome la calle Cardenal Salazar. Esta típica y estrecha callecita, que sube ligeramente, desemboca en la Plazuela del Hospital del Cardenal.

Facultad de Filosofía y Letras – Ocupa el edificio del antiguo Hospital del Cardenal Salazar. Construido a principios del s. XVIII, presenta una portada barroca, de piedra, presidida por un escudo cardenalicio.
Desde la **calle Romero** *(al fondo de la Plazuela)* ya se ve la torre de la Mezquita. Esta calle, al igual que **Deanes**, a la que sale, y **Judería**, forma parte de la zona turística que rodea la mezquita, llena de toda clase de tiendas de *souvenirs.*

★ 2 PLAZAS Y MUSEOS: de la Plaza de la Corredera a la Plaza de Jerónimo Paéz

Plaza de la Corredera – Este amplio recinto rectangular porticado, al que se accede por pasos abovedados, puede recordar las plazas mayores castellanas. Fue durante siglos un importante lugar de reunión en el que se celebraron autos de fe, fiestas, ejecuciones, mercados y, hasta bien entrado el s. XIX, corridas de toros; todavía existe la **calleja del Toril**, estrecho callejón donde se encerraban los toros.
Esta sobria plaza es muy antigua pero ha sufrido diferentes reformas a lo largo de los siglos: la que vemos en la actualidad se debe a la que se llevó a cabo en el s. XVII. Los sábados la tranquilidad habitual de la plaza se ve rota por la gente que acude a rebuscar en los puestos del **mercadillo**.

Plaza del Potro – Esta alargada plaza recibe su nombre de la estatuilla que corona la fuente situada en uno de sus extremos. Esta última se realizó en el s. XVI pero hasta 1874 estuvo ubicada en el lado opuesto, en el que se alza actualmente un Triunfo de San Rafael. En otros tiempos la plaza estaba muy concurrida ya que en ella se vendía el ganado caballar y mular.
En la plazuela está emplazada la **Posada del Potro** ⓥ, que Cervantes describe en *El Quijote* y que en la actualidad es un centro cultural dedicado a exposiciones temporales. Frente a la fuente se halla la entrada común al Museo de Bellas Artes y al Museo Julio Romero de Torres, que comparten un patio ajardinado.

Museo de Bellas Artes ⓥ – *A la izquierda del patio.* Exhibe obras del s. XIV al s. XX, fundamentalmente de artistas locales. Está instalado en el antiguo hospital de la Caridad, fundado en el s. XV, y que ya en la segunda mitad del s. XIX fue sede del primitivo museo y de la Escuela de Bellas Artes. La escalera, que se cubre con un bello artesonado mudéjar, conserva pinturas murales de los ss. XVI y XVII.
De las obras expuestas, destacan una *Inmaculada* de Juan Valdés Leal, que preside la antigua iglesia, y la colección de arte moderno cordobés y español (segunda mitad del s. XIX y primera del s. XX) con pinturas de Ramón Casas, José Gutiérrez Solana, Rusiñol, Zuloaga, etc. y esculturas del cordobés Mateo Inurria.

★ **Museo Julio Romero de Torres** ⓥ – *A la derecha del patio.* La casa natal de este singular pintor (1880-1930) acoge una interesante colección de sus obras que tiene como principal protagonista a la mujer morena.

En la planta baja se exhiben algunos carteles de feria. En la planta superior se pueden admirar sus bellos retratos femeninos –*La chiquita Piconera*– en los que hay un magnífico tratamiento psicológico e intimista del mundo femenino, que cuida con especial esmero el tema de la mirada. También hay algunos cuadros de tema religioso, como *La Virgen de los Faroles*, cuya copia se venera en un altar en el exterior de la Mezquita.

Tome la calle San Francisco hasta la calle San Fernando. A la izquierda, y tras pasar por un arco (s. XVIII), se halla la **iglesia de San Francisco** perteneciente a un antiguo convento que llegó a tener gran importancia y del que únicamente queda, a la izquierda de la fachada, parte de un claustro.

Vuelva a la calle San Fernando. Por el Arco del Portillo, adéntrese en una zona peatonal. Tome la calle de Julio Romero de Torres que, tras varios quiebros, desemboca en la Plaza de los Páez.

★★ **Museo Arqueológico Provincial** – Es el museo arqueológico más importante de Andalucía. El **Palacio renacentista de los Páez**, obra de Hernán Ruiz (s. XVI), es el marco incomparable en el que se exponen los fondos de esta institución, constituidos por obras encontradas en la ciudad y su provincia. Tiene una interesantísima **fachada**★ con pajes, guerreros, escudos etc. Es una pena que la piedra caliza que se utilizó se haya deteriorado tanto con el paso del tiempo.

La visita, organizada en torno a elegantes patios, es particularmente agradable. En la **planta baja** se exhiben muestras prehistóricas, objetos ibéricos –esculturas zoomorfas– y restos visigodos. Alrededor de los patios, la **colección romana**★ prueba la importancia de Córdoba en esa época: esculturas togadas, relieves, sarcófagos, mosaicos, capiteles, tambores de columnas, etc.

La **planta alta** se dedica a la cultura hispano-musulmana. El material exhibido es interesante: cerámica, bronces –el **cervatillo**★ de Medina Azahara (s. X) decorado enteramente con motivos vegetales, la pequeña campana mozárabe del Abad Samson (s. X)– y una singular colección de brocales de pozo musulmanes y mudéjares. Entre los numerosos capiteles expuestos, llama la atención por su singularidad el **capitel de los músicos**, decorado con figuras humanas cuyas cabezas han sido mutiladas.

3 DE LA PLAZA DE LAS TENDILLAS A LA PLAZA DE COLÓN

Plaza de las Tendillas – Esta cuadrada plaza es el centro de la vida de la ciudad. La preside la estatua ecuestre de Gonzalo Fernández de Córdoba, el Gran Capitán, obra del cordobés Mateo Inurria. Los chorros de agua que surgen directamente del pavimento ayudan a refrescar los calurosos días estivales y hacen las delicias de los más pequeños, que se acercan hasta que el agua les salpica mientras en las terrazas se disfruta del espectáculo.

Iglesia de San Nicolás de la Villa – La construcción de la iglesia se remonta a finales del s. XIII y principios del s. XIV, tras la Reconquista. En su exterior destaca la peculiar **torre**★, de estilo mudéjar. Realizada en el s. XV, presenta una base cuadrada sobre la que apoya un octógono de gran altura que se adorna, en su parte superior, con un saledizo. Un pequeño cuerpo de campanas, moderno, remata la torre rompiendo la armonía de sus formas. En la unión de la base cuadrada y el cuerpo octogonal, sobre medias pirámides, hay unos pequeños relieves con personajes de medio cuerpo y la leyenda de paciencia y obediencia. La portada, muy sencilla, es de finales del s. XVI.

El interior presenta tres cortas naves de dos tramos; la central se cubre con una techumbre de madera y la cabecera conserva las bóvedas de crucería. La iglesia ha sufrido diversas reformas: a mediados del s. XVI se edificó la **capilla del Bautismo**, ricamente decorada, que cuenta con un relieve del bautismo y una cúpula ovalada.

Regrese a la Plaza de las Tendillas y tome V. Ribera y la calleja Barqueros.

★ **Iglesia de San Miguel** – Este templo fernandino se alza en el centro de la plaza de San Miguel, en la que se ponen terracitas con la llegada del buen tiempo. La belleza de su fachada románico ojival viene marcada por la sobriedad y el equilibrio de las formas. Dos contrafuertes enmarcan la calle central, que se anima con una portada de sencillas arquivoltas ojivales y un gran rosetón.

El interior consta de tres cortas naves. La central conserva una techumbre de madera. La capilla mayor tiene bóvedas de crucería con nervios decorados en dientes de sierra y un retablo de mármol rojo, obra del s. XVIII, presidido por una Inmaculada. La iglesia conserva algunos elementos mudéjares, sobre todo en la capilla del Bautismo *(nave de la Epístola)*.

Detrás de la iglesia se sitúa una las tabernas con más solera de Córdoba, la **Taberna San Miguel, el Pisto**. Si no quiere picar algo, aproveche por lo menos para echarle un vistazo; merece la pena.

Por la calle San Zoilo, que sale detrás de la iglesia, y por Conde de Torres.

★ **Plaza de los Capuchinos** – La impresionante imagen del **Cristo de los Faroles**, crucificado en la soledad de esta blanca plaza, es una de las estampas más típicas de Córdoba, como un paso de procesión abandonado. El Cristo, de mármol blanco, es de finales del s. XVIII y se colocó formando parte de un vía crucis que los Padres Capuchinos instalaron en la plaza. A ella se abren la iglesia de los Capuchinos y la iglesia del antiguo Hospital de San Jacinto, del s. XVIII, que alberga una venerada Virgen de Dolores, lujosamente vestida.

Salga por la calle Cabrera a la Plaza de Colón.

Plaza de Colón – Los jardines y la fuente que adornan esta gran plaza la convierten en un agradable lugar. El impresionante edificio barroco del Palacio de la Diputación domina su lado Oeste.

★ **Palacio de la Diputación** – Fue construido como convento de la Merced y, aunque la fundación del convento se remonta al s. XIII, el edificio actual se realizó a mediados del s. XVIII. En el s. XIX los franceses lo utilizaron como hospital durante la Guerra de la Independencia y después, durante algunos años, se destinó a hospicio.

La bella fachada, que sorprende por su tamaño, presenta un gran cuerpo central y dos alas más bajas. El conjunto aparece pintado imitando mármoles. La portada es de mármol blanco y se adorna con columnas salomónicas, un frontón y dos espadañas con campanas. En el interior destacan el patio *(entrada por la puerta de la izquierda)*, con decoración del mismo estilo que la fachada, la escalera de mármoles, y la iglesia barroca *(por la puerta central)*, decorada con yeserías.

Torre de la Malmuerta – Edificada en el s. XV, esta magnífica torre ochavada es en realidad una torre albarrana que conserva el arco que la unía a la muralla. Se utilizó como prisión para nobles y como observatorio astronómico. Su nombre procede de una antigua leyenda que cuenta que un caballero mató a su mujer por faltar a sus deberes de buena esposa. El rey, al enterarse de que se había tomado la justicia por su mano, condenó al caballero a levantar esta torre en memoria de su mujer, que había sido "mal muerta".

★ 4 BARRIO DE SANTA MARINA

★★ **Palacio de Viana** ⓥ – Es una bella casa señorial, que se fue ampliando con las viviendas contiguas y que permite apreciar la evolución de la arquitectura civil cordobesa desde el s. XIV hasta el s. XIX. Este conjunto, único y sorprendente, consta de unos 6.500 m², de los cuales más de la mitad lo ocupan sus doce patios y el jardín. No se visita solamente un museo, sino lo que fue, durante siglos, el hogar de una familia de la nobleza. En 1980 la Caja Provincial de Ahorros compró el palacio a los Marqueses de Viana.

Desde la plaza de Don Gome, se accede a través de una portada en ángulo constituida por dos cuerpos: una puerta adintelada con frontón partido y un balcón flanqueado por dos guerreros con los escudos de los Argote y los Figueroa. Corona el balcón el escudo de los Saavedra.

En el interior llaman la atención la escalera principal, renacentista del s. XVI, con un magnífico artesonado mudéjar del mismo siglo, y la armonía del mobiliario. Varias estancias conservan bellos artesonados: el comedor privado de la familia tiene uno renacentista del s. XVI, el salón principal uno mudéjar, al igual que la sala del escritorio de la marquesa.

Córdoba es famosa por sus **patios**, entre los que se cuentan los doce espléndidos ejemplos de este palacio, que ilustran de una manera brillante esta tradición enraizada en lo más profundo del pueblo. Tanto los patios, todos diferentes, como el jardín cautivan por sus colores y sus olores. Su encanto reside en la gracia y en la sensibilidad.

Tome a la derecha la calle Santa Isabel hasta la plaza de Santa Marina.

B. Kaufmann/MICHELIN

Entrada al Palacio de Viana

Colecciones del Palacio de Viana

En la planta baja:
- **Porcelanas** de los ss. XVII al XX, de distinta procedencia.
- **Arcabuces.**

En la planta alta:
- **Azulejos**, con 236 piezas de cerámica de los ss. XIII al XIX.
- **Cueros:** la más rica que existe, que reúne guadamecíes y cordobanes de los ss. XV al XIX.
- **Tapices:** flamencos, franceses, españoles –algunos sobre cartones de Goya.
- **Bandejas.**
- La **biblioteca** tiene más de 7.000 volúmenes de los ss. XVI al XIX.

Iglesia de Santa Marina de Aguas Santas – Edificada en el s. XIII, es una de las 14 parroquias que fundó San Fernando tras la Reconquista. Su austera **fachada★**, compartimentada por cuatro recios contrafuertes, representa la belleza y la fuerza de la piedra, de lo puramente arquitectónico, sin ningún tipo de concesión decorativa. La portada es abocinada, con molduras lisas y ligeramente apuntadas como corresponde al primitivo estilo ojival. El rosetón ha sufrido reformas y la torre fue rehecha en el s. XVI.

Frente a la iglesia, en la Plaza del Conde Priego, se halla el **monumento a Manolete** (Córdoba 1917 – Linares 1947), una leyenda del toreo que pasó su infancia en este barrio. El muro de la izquierda corresponde al **Convento de Santa Isabel**.

Vuelva y gire por la calle Rejas de Don Gome.

Se ve la imponente espadaña de la iglesia de San Agustín. *Recorra la calle y, por la calle Pozanco, salga a la Plaza de San Rafael.*

Plaza de San Rafael – En esta alargada plaza se yergue la **iglesia de San Rafael**, que presenta una gran fachada neoclásica.

Tome la calle situada a la derecha de la iglesia para ir a la Plaza de San Lorenzo.

Repostería artesanal

Las monjas del convento de Santa Isabel tienen fama de buenas reposteras. Lo podrán comprobar los que se acerquen hasta aquí para comprar cualquiera de sus especialidades: almendrados, coquitos, pastel cordobés, sultanas, cortadillos, etc. *(horario de venta: de 9 a 12.45 y de 17 a 19.15).*

★ **Iglesia de San Lorenzo** – El templo aparece aislado, como si fuera consciente de sus encantos y quisiera resaltarlos. Es, sin lugar a dudas, una de las iglesias más bellas de la ciudad. Pertenece al grupo de parroquias fernandinas. Se comenzó a construir a finales del s. XIII y principios del s. XIV, en estilo gótico primitivo. Su bella y original fachada presenta un pórtico, muy inusual por estas tierras, con tres arcos ligeramente apuntados y un magnífico **rosetón★** finamente labrado. La torre forma parte de la fachada y hasta la altura de la nave debió de pertenecer a un torreón antiguo; el resto es posterior y, si se fija, verá que está ligeramente desplazado. El tono de la piedra realza el encanto del conjunto.
El interior, sobrio y equilibrado, consta de tres naves con arcos apuntados que descansan en pilares cruciformes. Las naves se cubren con techumbres de madera y la capilla mayor con bóvedas góticas. Se ilumina con tres largas y estrechas vidrieras. En la cabecera quedan algunos restos de pinturas murales realizadas en el s. XIV.

5 LA CALLE CAPITULARES Y LA CALLE DE SAN PABLO

Templo Romano – *Calle Capitulares, esquina c/ Claudio Marcelo.* Las imponentes columnas que quedan de este templo del s. I se recortan majestuosas en el cielo, formando una imagen un tanto sorprendente. Todas las columnas son acanaladas y están coronadas con capiteles corintios. Por las investigaciones se sabe que el templo tenía un pórtico delantero, se levantaba sobre un podio y contaba con diez columnas a cada lado, siete de ellas adosadas a la cella. Estos restos nos remiten al esplendor de la Córdoba romana.

★ **Iglesia de San Pablo** – Pertenece al antiguo convento de San Pablo, fundado por Fernando III en conmemoración de la reconquista de Córdoba el 29 de junio de 1236, día de San Pablo.
La puerta exterior de la calle Capitulares se construyó en estilo barroco, en 1706. Presenta columnas salomónicas que flanquean el arco de entrada sobre el que figura una imagen de San Pablo. Pasada la puerta se encuentra el compás al que abre la fachada propiamente dicha. La iglesia tiene un carrillón en lugar de torre-campanario.

El interior consta de tres largas naves de bellas proporciones que, aunque han sido reformadas, conservan un estilo de transición del románico al gótico. Destacan los bellos **artesonados mudéjares★** que las cubren.
En la capilla que hay a la izquierda del presbiterio se halla la imagen de **Nuestra Señora de las Angustias** (s. XVII), obra del gran imaginero Juan de Mesa, autor también del sevillano Cristo del Gran Poder. La Virgen, lujosamente vestida y con el rostro cubierto de lágrimas, tiene en sus brazos el cuerpo de Cristo muerto.
A los pies de la iglesia, en la nave de Epístola, hay una **capilla mudéjar** (s. XV), cubierta con un artesonado y cuyas paredes se recubren totalmente de estucos sobre un zócalo de azulejería.

Baje por la calle de San Pablo y, a la derecha, por la calle Villalones.

Palacio de los Villalones – Esta bella casona de piedra tiene una interesante fachada coronada por una galería. La decoración de tipo plateresco se concentra alrededor de los vanos. Los muros del palacio encierran un misterio que recoge una triste leyenda: la bella hija de un corregidor desapareció en el s. XVII bajo los cimientos del caserón de una forma inverosímil y su padre, a pesar de realizar numerosas excavaciones, nunca consiguió encontrarla. Dicen que el espíritu de la joven recorre por las noches la casa.

Salga a la Plaza de San Andrés.

Plaza de San Andrés – En esta pequeña plaza, verdeada de naranjos y refrescada por una sencilla fuente, se encuentra la **Casa de los Luna**, también conocida como la de Fernán Pérez de Oliva. Construida en el s. XVI, tiene dos curiosas ventanas de esquina. Sobre la puerta, decorada con una orla de tipo plateresco, aparecen un escudo y una ventana sobriamente enmarcada.
A la izquierda se alza la **iglesia de San Andrés**, de fundación fernandina pero reedificada en el s. XVIII, de la que sobresale su gallarda torre de ladrillo.

OTRAS CURIOSIDADES

Mausoleo romano – En 1993, con motivo de unas obras, se descubrió en los jardines de la Victoria este mausoleo romano. Es una robusta construcción circular del s. I, época dorada de la Córdoba romana.

Iglesia del colegio de Santa Victoria – Al fondo de la Plaza de la Compañía se ve la fachada de la iglesia con sus monumentales columnas. Su construcción, de estilo neoclásico, data de la segunda mitad del s. XVIII y en ella tomó parte Ventura Rodríguez, que realizó la cúpula.

ALREDEDORES

★★ Medina Azahara ⓥ (Madinat al-Zahra)

Salga de Córdoba por la A 431 (Oeste del plano). A los 8 km, tome a la derecha un camino indicado. Una vez en el camino se ve en la montaña la gran mancha ocre del **Monasterio de San Jerónimo de Valparaíso** *(residencia privada; no se visita)*, fundado en el s. XV.
Medina Azahara fue una ciudad palaciega que mandó construir Abderramán III en 936. Las crónicas de la época recogen diversos testimonios del lujo y esplendor de esta ciudad, que dejaba asombrados a cuantos la visitaban. Tuvo una vida muy corta ya que fue arrasada e incendiada por los bereberes en 1013, durante la guerra que acabó con el Califato de Córdoba. Posteriormente sufrió el expolio de sus materiales, que se reutilizaron en otras construcciones, hasta que en 1911 se iniciaron las primeras excavaciones arqueológicas. Aunque las realizadas hasta la actualidad no suponen sino una pequeña parte de la extensión que tenía la ciudad –poco más del 10%– sirven para hacerse una idea de lo que debió de ser esta fastuosa urbe.
Medina Azahara está situada en la falda de un monte, lo que hizo se organizara en terrazas: en la superior se encuentra el Alcázar, que comprende la residencia del califa y de altos dignatarios así como dependencias administrativas y militares; la intermedia la ocupan jardines y el gran salón de recepción y, en la inferior, se situaban la mezquita (excavada) y las edificaciones de la ciudad.

Visita – *Itinerario señalizado.* Se inicia por el exterior de la muralla Norte, jalonada de torreones cuadrados. El acceso al interior se realiza por una puerta en codo, típica de la arquitectura defensiva islámica.

Terraza superior – Pasada la puerta, a la derecha, se encuentra el **sector residencial**. Los restos de las viviendas superiores se ordenan en torno a dos grandes patios cuadrados. Al Oeste, en la parte más elevada del Alcázar, se halla la Casa Real (Dar al-Mulk), en proceso de restauración *(no se visita)*.
A la izquierda de la puerta de entrada se encuentra el **sector oficial**. En él destacan la Casa de los Visires y el gran Pórtico. La **Casa de los Visires** (Dar al-Wuzara) es un conjunto de habitaciones que comprende un amplio salón basilical rodeado de varias dependencias y patios. En el salón se realizaban las audiencias civiles de los visires. El jardín de delante es moderno.

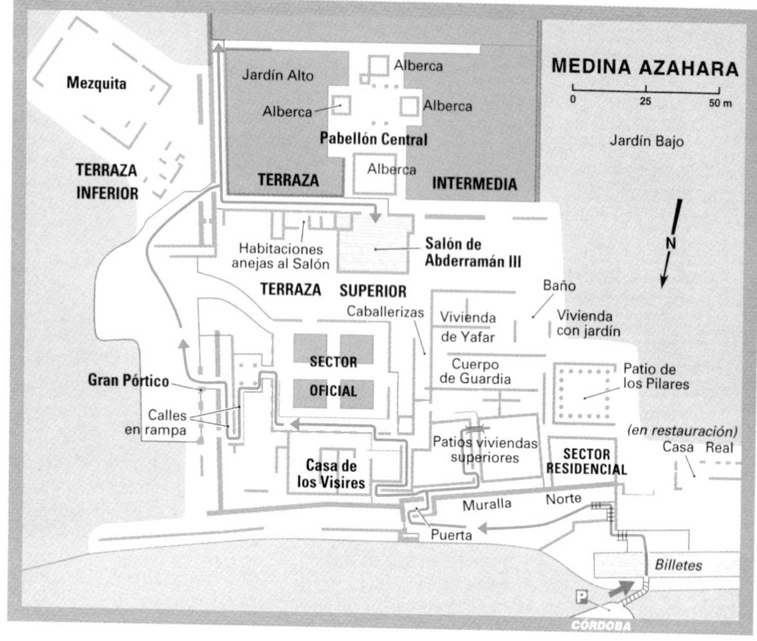

Por unas calles en rampa se llega al gran **Pórtico**, que era la fachada de una gran plaza de armas. Sólo queda en pie una pequeña parte de esta magnífica arquería, que estaba formada por 15 arcos y que constituía la entrada monumental al Alcázar, por donde accedían las embajadas.

Terraza intermedia – En el camino de bajada a esta terraza, se ven, a la izquierda, los restos de la **Mezquita**, construida en la terraza inferior. Se distinguen las cinco naves, perpendiculares al patio rectangular y, en el muro Noroeste del patio, la base del alminar.

En la terraza intermedia, dominando los jardines, se alza la joya de este yacimiento arqueológico: el **Salón de Abderramán III**. Antes de llegar hasta él, en las estancias anexas, pueden verse unos baños. La restauración de este salón de recepción, conocido como salón rico, nos da una idea de la magnificencia que debía de tener la ciudad en el s. X y del impacto que causaba en sus visitantes. Se utilizaron los mejores materiales para construir y decorar el pórtico de entrada y las tres naves que lo forman. Bellos arcos de herradura con alternancia de dovelas apoyan sobre columnas de mármol gris y azulado. El suelo está pavimentado con grandes losetas de mármol blanco. Merece la pena fijarse en los espléndidos paneles de piedra tallada que recubren los muros. Su decoración presenta motivos geométricos y vegetales; estos últimos son una estilización del tema del árbol de la vida, muy utilizado en el arte hispanomusulmán.

Frente a él, en el centro de los jardines y rodeado por cuatro albercas, se sitúa el **Pabellón central**, donde los visitantes esperaban antes de ser recibidos en audiencia por el califa.

Las Ermitas ⓥ

Desde Córdoba: a 13 km por la carretera del Brillante.

Desde Medina Azahara, a 10 km: tome en el primer cruce a la izquierda y en el siguiente, siga indicación Ermitas.

Cualquiera que sea el camino elegido, disfrutará de magníficas **vistas★** de la sierra y la campiña.

En un agreste paraje serrano se halla este conjunto formado por 13 ermitas y una iglesia. Su construcción data del s. XVIII, aunque la tradición eremítica de la zona se remonta muchos siglos atrás.

En el bello Paseo de los Cipreses, la **Cruz del Humilladero** nos recuerda, mediante una calavera y unos versos, la fugacidad de la vida y la necesidad de resistir al pecado. Pasada la cruz se hallan, a la izquierda, la **Ermita de la Magdalena** y el cementerio de los ermitaños y, al fondo, la iglesia. En el vestíbulo de la **iglesia** *(a la derecha)*, sentirá un escalofrío al ver la calavera que utilizaba como taza y plato un ermitaño. La riqueza de la iglesia –fruto de donaciones– contrasta con la austeridad exacerbada de las ermitas. Tras el altar mayor, en la sala que los ermitaños utlizaban como sala capitular hay un bonito zócalo de azulejos de reflejo metálico.

El resto de las ermitas se alza dispersa por la ladera del monte. De vuelta a la entrada, un camino lleva al **Balcón del Mundo**. Desde este gran mirador, dominado por un enorme Sagrado Corazón (1929), se disfruta de un **extenso panorama★★** de la campiña cordobesa y de la ciudad. Por la derecha, la vista alcanza hasta el Castillo de Almodóvar del Río, que se yergue sobre un cerro.

PRECIO **2'5 €uros** 120633

Córdoba Siglo XII, S.L.

قرطبة القرن الثاني عشر

PRECIO 2'5 €uros 120632

Córdoba Siglo XII, S.L.

قرطبة القرن الثاني عشر

COSTA DE ALMERÍA★

Almería

Mapa Michelin nº 446 V 20-24, U 24

Extensas playas y pequeñas calas de aguas cristalinas, pueblos de tradición marinera que se han convertido en agradables lugares de veraneo, cuidados complejos turísticos y singulares espacios naturales casi vírgenes son los principales atractivos de esta parte del litoral andaluz. A todo ello hay que añadir su magnífico clima, con escasas precipitaciones y un sol resplandeciente que brilla con una intensidad cegadora en uno de los cielos más limpios que se puedan imaginar.

1 DE ADRA A ALMERIA

117 km – calcule 1/2 día.

Adra – Villa costera situada en una fértil planicie. Esta colonia fenicia y romana fue la última población que abandonaron los árabes en su salida de la Península Ibérica. Cuenta con puerto pesquero y deportivo, una buena playa y algunas casas señoriales de los ss. XVII y XVIII. La iglesia de la Inmaculada Concepción alberga el *Cristo de la Expiración*, atribuido a Alonso de Mena. En la Torre de los Perdigones, de 45 m de altura, que pertenecía a una antigua fundición de plomo del s. XIX, se halla la Oficina de Turismo.

A 20 km por la A 347.

Berja – La antigua Virgi romana (vergel) es un pueblo del interior situado a los pies de la Sierra de Gádor. Tiene bellas casas blasonadas renacentistas y barrocas y numerosas fuentes. También quedan vestigios del anfiteatro romano.

Vuelva a la N 340 - E 15.

La carretera ofrece, a la izquierda, bonitas **vistas** de los montes de la Sierra de la Contraviesa, con el Cerrón (1.238 m) en primer término.

Tras una curva se observa una buena panorámica del "mar de plástico" que ocupa prácticamente todo el **Campo de Dalías**. Entre Adra y Almería, la N 340 – E 15, atraviesa estos invernaderos de plástico, tan característicos de la provincia almeriense, con los que se consiguen varias cosechas anuales y extratempranas de uvas, hortalizas y flores.

Pasado el pueblo de El Egido, tome el desvío señalizado a la derecha.

Almerimar – Moderno complejo turístico, constituido por chalets, apartamentos y hoteles, que cuenta con campo de golf y puerto deportivo. Este enclave costero ha cuidado especialmente la estética.

Regrese a la N 340 - E 15 y en El Parador desvíese a la derecha.

Roquetas de Mar – Pueblo marinero que, tras ser invadido por el turismo, se ha convertido en un animado centro veraniego. Junto al faro quedan restos del castillo. Tiene puerto pesquero y deportivo, campo de golf y un parque acuático.

La **urbanización Roquetas de Mar** *(a 3,5 km)* posee buenas playas de fina arena y un largo paseo marítimo con palmeras desde donde se contempla el golfo de Almería con el Cabo de Gata justo enfrente. La Av. del Mediterráneo, que sale al Paseo del Mar, está llena de tiendas y restaurantes.

B. Kaufmann/MICHELIN

Reflejos plateados en el mar de plástico

Almerimar

RESTAURANTE

Náutico – *Puerto deportivo Almerimar – ☎ 950 49 70 73 – fax 950 49 71 62 – 22,24/37,27€.* Célebre restaurante especializado en pescados y marisco. Terraza con vistas del puerto deportivo y de los veleros.

Roquetas de Mar

ALOJAMIENTO

Sabinal Hesperia – *av. Las Gaviotas, s/n – ☎ 950 33 36 00 – fax 950 33 35 33 – 417 habitaciones – P – 72/108€.* En el corazón de la zona de playa. Gran complejo hotelero con habitaciones amplias que dan al mar. En las proximidades hay varios hoteles de la misma categoría.

RESTAURANTE

Al-Baida – *av. Las Gaviotas, 94 – ☎ 950 33 38 21 – 25,23/40,25€ – cerrado lu, en ene y feb.* Un clásico especializado en pescados y marisco. Decoración muy sencilla y gran acuario con langostas y bogavantes vivos.

Aguadulce – Este importante pueblo turístico está situado a tan sólo 11 km de Almería en una zona de abundante vegetación. Animado lugar de veraneo con toda clase de servicios turísticos, tiene también un paseo marítimo. Al Sudeste se encuentra el paraje natural de Punta Entinas – Sabinar, formado por dunas litorales y marismas. En la vegetación predominan sabinas, entinas, juncos y cañaverales.

Trayecto de Aguadulce a Almería – La carretera discurre en cornisa junto al mar, tallada en altos acantilados, pasando por túneles excavados en la roca. Se divisan Almería, la bahía, el puerto y la alcazaba.

Almería – *Ver p. 97.*

2 DE ALMERIA A MOJACAR

132 km – calcule 1 día

Níjar – *Ver Parque Natural CABO DE GATA-NÍJAR.*

★★ **Parque Natural de Cabo de Gata – Níjar** – *Ver p. 138.*

★ **Mojácar** – *Ver p. 273.*

Garrucha – *Ver MOJÁCAR.*

Carretera de Mojácar Playa a Agua Amarga – *Ver MOJÁCAR.*

COSTA DE HUELVA★

Huelva

Mapa Michelin nº 446 U 7-8-9-10, V 10

La costa onubense está formada por una sucesión de playas luminosas y apacibles, cortadas por las desembocaduras de algunos ríos que finalizan aquí su extenso trayecto (Guadiana, Guadalquivir, Tinto, etc.). La llamada Costa de la Luz, que se extiende desde la frontera con Portugal hasta la punta de Tarifa, adopta a su paso por Huelva una singular fisonomía, donde el cielo parece tornarse más amplio y la perspectiva que ofrece la línea costera se pierde en el insondable horizonte del Atlántico.

1 DEL PARQUE NACIONAL DE DOÑANA A PALOS DE LA FRONTERA *49 km – calcule 1/2 día*

★★★ **Parque Nacional de Doñana** - *Ver p. 197.*

Desde el centro de información de El Acebuche, 4 km al Sur por la A 483.

Matalascañas – Para llegar a esta popular playa se atraviesa una hermosa zona incluida en el Parque Natural Entorno de Doñana. Matalascañas es uno de los enclaves turísticos más concurridos de Andalucía, con rascacielos de apartamentos, infinidad de discotecas, chiringuitos, terrazas abarrotadas y todo un sinfín de posibilidades para disfrutar durante el verano.

30 km al Noroeste por la A 494.

Mazagón – La **playa** de Mazagón, de arena finísima, se extiende a lo largo de diez kilómetros desde la desembocadura del río Tinto hasta la torre del Loro. Además de contar con campings bien acondicionados y un conjunto de pequeños chalets, este tranquilo paraje, donde no existen aglomeraciones de edificios, posee un moderno puerto deportivo en el que pueden practicarse diversas actividades. También conviene visitar el Parador de Mazagón, que ofrece bonitas **vistas** de esta zona costera.

13,5 km al Noroeste por la A 494.

Matalascañas

ALOJAMIENTO

El Cortijo – *Sector E, Parcela 15 – ☎ 959 44 87 00 – fax 959 44 83 75 – 51 hab, 2 suites – 115,75/135,08€.* Este hotel coronado por varias torres posee una gran piscina, dos restaurantes, un bar de estilo andaluz y habitaciones confortables. En verano hay actividades organizadas.

RESTAURANTES

En la plaza principal de la localidad hay muchos establecimientos para comer y cenar. Destacan en particular dos restaurantes contiguos de estilo andaluz: **Manolo León**, especializado en platos a base de carne, y **Manolo Vázquez**, que ofrece pescados y marisco.

Mazagón

ALOJAMIENTO

Una buena opción

Carabela Santa María – *av. Conquistadores – ☎ 959 53 60 18 – fax 959 37 72 58 – 73 hab. – 67,16/83,48€.* Al entrar en la población por la carretera de Huelva se ve enseguida este hotel de habitaciones correctas y modernas que, además, cuenta con bar y restaurante.

Parador de Mazagón – *Playa de Mazagón (a unos kilómetros del pueblo, camino de Matalascañas) – ☎ 959 53 63 00 – fax 959 53 62 28 – 42 hab. – 93,18/116,48€.* Parador de arquitectura moderna que domina la playa. Habitaciones con terraza y vista panorámica. Restaurante de cocina variada: pescado (lubina con langosta), marisco (langostinos y gambas) y carne (solomillo de cerdo).

RESTAURANTE

Una buena opción

El Remo – *av. de Conquistadores, 123 (a la salida de la población, en dirección a Matalascañas) – ☎ 959 53 61 38 – 18,02€.* Uno de los mejores restaurantes de la localidad, que cuenta con terraza (sillas tapizadas) y bar asomados a la playa. Especialidades: pescado, marisco y carnes a la parrilla.

Palos de la Frontera

ALOJAMIENTO

Correcto

Santa María – *ctra. Palos de la Frontera–La Rábida – ☎ 955 53 00 01 – 18 hab. – 24,04/39,07€.* A escasa distancia del monasterio de La Rábida. Pequeño hotel con un gran restaurante que da al estuario del río Tinto. Desgraciadamente, sólo hay una habitación doble con vistas del río.

Una buena opción

La Pinta – *Rábida, 79 – ☎ 959 35 05 11 – fax 959 53 01 64 – 30 hab. – 36,06/60,10€.* En el centro de la población se encuentra este pequeño hotel lleno de encanto, de trato agradable y habitaciones correctas.

Punta Umbría

ALOJAMIENTO

Real – *Falucho, 2 – ☎ 959 31 04 56 – fax 959 31 59 78 – 24 hab. – 37/63€.* En la zona peatonal de la localidad. Pequeño hotel con habitaciones muy sencillas y limpias.

Al lado, el **Hotel Emilio** (calle Ancha, 21) es de características muy similares.

Una buena opción

Ayamontino Ría – *av. de La Ría, 1 – ☎ 959 31 14 58 – fax 959 31 14 62 – 20 hab. – 59/83€.* Hotel sin encanto salvo en el caso de las habitaciones que dan al puerto. Si puede, solicite estas últimas.

Pato Amarillo – *Urbanización Everluz – ☎ 959 31 12 50 – fax 959 31 12 58 – 120 hab. – P – 63,02/83,60€.* Edificio con numerosas habitaciones orientadas al mar. Tiene jardín, piscina, bar y restaurante.

RESTAURANTES

Miramar – *Miramar, 1 – ☎ 959 31 12 43 – 18,03/24,04€ – abre comidas; cenas sólo sá, do y fest. y en verano todos los dias.* Restaurante de pescado y marisco situado al borde de la playa. No es un establecimiento de lujo sino un bar ruidoso, lleno de humo y de mesas con manteles de papel.

En la **Plaza del Mercado** hay muchos restaurantes y bares populares donde podrá saborear el pescado y el marisco más frescos.

El Rompido

RESTAURANTE

Caribe II – *c/ Nao, s/n – ☎ 959 39 90 27 – 24,04€ – abre de 11 a 17 (vi-sá también por la noche).* Un buen establecimiento para hacer un alto a mediodía. Terraza asomada al puerto pesquero. En este restaurante especializado en pescados y mariscos podrá degustar deliciosos calamares, salmonetes, langostinos y bogavantes.

★**Palos de la Frontera** – Patria chica de los hermanos Pinzones, esta pintoresca población se apiña en la margen izquierda del río Tinto. Sus casas encaladas, sus callejuelas estrechas y el ambiente alegre que se respira en cualquiera de sus plazas constituyen, por sí solos, el principal encanto de Palos, uno de los hitos en la ruta de los llamados "lugares colombinos", tal y como recuerdan los azulejos conmemorativos que se pueden ver en diferentes puntos de la ciudad.

Casa-Museo de Martín Alonso Pinzón Ⓥ – La antigua residencia del célebre marino de Palos alberga algunos de sus objetos personales (cartas autógrafas, utensilios de navegación, etc.), así como una sala donde se exponen fotografías, recortes de periódico y otros objetos relacionados con el primer vuelo transatlántico del hidroavión Plus Ultra, que en 1926 viajó desde Palos de la Frontera hasta Buenos Aires.

Iglesia de San Jorge Ⓥ – Situado en una bonita plazuela, este hermoso ejemplar de arquitectura gótico-mudéjar (s. XV) es famoso porque en él oró Cristobal Colón durante la madrugada anterior a su partida -el tres de agosto- y porque todos sus marineros salieron por la llamada "puerta de los novios", dirigiéndose hacia el embarcadero donde se encontraban las naves que habrían de llevarles al Nuevo Mundo. Detrás de la iglesia aparece La Fontanilla, fuente cubierta por un templete mudéjar de la que salió el agua con la que se aprovisionaron las tres carabelas.

2 DE HUELVA A AYAMONTE

77 km – calcule 1 día

★**Huelva** – *Ver p. 228.*

22 km al Sur por la A 497.

Punta Umbría – *Desde Huelva se puede llegar en un transbordador que realiza, durante los meses de verano, deliciosas travesías a través del Odiel.* Situada en el extremo meridional de la ría onubense, en mitad del Paraje Natural de las Marismas del Odiel, este antiguo centro de descanso de los mineros de Río Tinto es, actualmente, una popular zona turística con un pequeño puerto deportivo y hermosas playas de aguas cristalinas que se extienden bajo la sombra de espesos pinares. Además de la variada oferta lúdica y de ocio veraniego, conviene visitar las subastas de pescado que se realizan a primera hora de la madrugada y, sobre todo, asistir a la colorista procesión marinera de la Virgen (15 de agosto). A escasa distancia del núcleo urbano, en dirección a El Portil, se halla el **Paraje Natural de Enebrales de Punta Umbría**, un depósito arenoso de origen eólico marino poblado por distintas variedades de lagartijas y currucas y donde se mezclan sabinas, enebros, lentiscos y espinos.

7 km al Noroeste por la A 497.

La Flecha de El Rompido

El Portil – Su cercanía a la capital y su espléndida playa hacen de esta localidad uno de los centros veraniegos más frecuentados de la zona. Junto al pueblo se halla la **Reserva Natural de la Laguna de El Portil**, un área de singular belleza paisajística donde es posible observar garzas reales, somormujos y zampullines.

9 km al Noroeste por la HV 4111.

El Rompido – Este pequeño pueblo de pescadores cuenta con una bonita playa rodeada de dunas que, durante los períodos estivales, acoge a numerosos turistas. En sus proximidades, en dirección a La Antilla, se halla el **Paraje Natural Marismas del Río Piedras y Flecha de El Rompido★**, singular espacio formado por los sedimentos que el río arrastra hasta su desembocadura y donde habitan especies tan hermosas como la gaviota reidora, el ánade rabudo, el ostrero y la garceta común.

9 km al Norte por la HV 4111.

Cartaya – Es una población amplia y luminosa, cercana a los principales núcleos turísticos de la zona. En la **Plaza Redonda**, un bucólico lugar donde los naranjos y limoneros se mezclan con elegantes farolas de hierro, aparecen los edificios más importantes de la villa: la iglesia de San Pedro (s. XVI), con un bonito campanario decorado a base de azulejos, el Ayuntamiento y la señorial Casa de Cultura.

7 km al Sudoeste por la N 431.

Lepe – Esta localidad, fuente de un gran número de chistes que los lugareños aceptan con resignación y humor, es uno de los principales centros agrícolas de la comarca, famoso por sus extraordinarias fresas, sus higos y sus melones.

6 km al Sur por la HV 412.

La Antilla – La afluencia de visitantes que acude a sus hermosas playas no ha desvirtuado el encanto de esta apacible localidad, donde las casas antiguas se alinean al borde del mar. Además de Islantilla, moderna urbanización con bloques de apartamentos y un lujoso campo de golf, resulta imprescindible visitar el **puerto de El Terrón**, situado a las afueras del núcleo urbano, en la desembocadura del río Piedras. Este animado centro marinero, donde es habitual ver a los pescadores tejer sus redes tras la faena del día, posee numerosos restaurantes que ofrecen mariscos de excepcional calidad.

17 km al Noroeste. Regrese a Lepe y tome la N 431.

★ **Ayamonte** – *Ver p. 127.*

COSTA DEL SOL★★

Málaga

Mapa Michelin nº 446 V 14, W 14-15-16, X 14

Sol, playa y diversión son los atractivos que definen esta parte de la costa malagueña. Las poblaciones se extienden por una franja de territorio que discurre entre la montaña y el mar; unas apoyadas sobre las laderas, como si se tratara de miradores hacia el Mediterráneo, otras sobre la misma costa, como comiéndole terreno al mar. La mayoría de estos antiguos pueblos de pescadores sufrió una profunda transformación durante los años sesenta, con el desarrollo turístico español.
Se trata, por tanto, de una zona en la que el verano se vive de una manera especial, donde las playas aparecen abarrotadas, los chiringuitos alojan, hasta altas horas de la madrugada, a los más noctámbulos y donde las lujosas urbanizaciones y los campos de golf -tan numerosos que la costa del Sol recibe el sobrenombre de **"Costa del Golf"**- se llenan de personajes famosos que vienen aquí a pasar las vacaciones.

Un clima privilegiado – Durante el invierno, cuando el frío azota gran parte de España, es difícil de imaginar que se pueda tomar el aperitivo o comer a cuerpo en una terraza o en un chiringuito junto a la playa. Sin duda, uno de los mayores atractivos de esta zona es su extraordinario clima, con veranos calurosos e inviernos muy benignos, que permite disfutar de magníficas temperaturas durante gran parte del año.

DE TORREMOLINOS A SOTOGRANDE

234 km – calcule 2 días.

Torremolinos – Desde los años cincuenta, cuando comenzaron a frecuentar la población numerosos artistas e intelectuales, Torremolinos ha vivido un crecimiento espectacular que tuvo su momento culminante en los sesenta, con la definitiva expansión turística de España. Actualmente queda muy poco de su arquitectura tradicional, la cual se ha visto sustituida por un alud de bloques de apartamentos, hoteles y urbanizaciones que acogen grandes cantidades de turistas durante todo el año. Atraídos por un clima soleado, por las extensas playas, así como por las inagotables

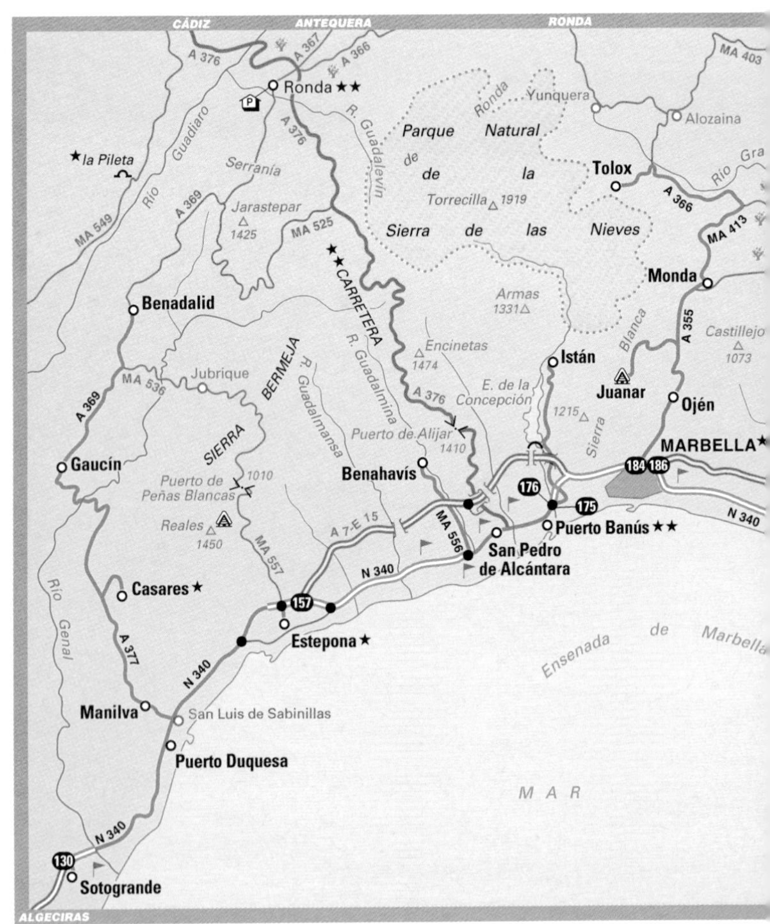

posibilidades de ocio, los visitantes que acuden a la localidad pueden disfrutar de un ambiente divertido y cosmopolita. En la **calle de San Miguel**, centro neurálgico de la vida comercial, se agolpan las tiendas y los establecimientos más bulliciosos. Aquí se encuentra el **molino de la Torre**, único vestigio de los numerosos molinos que dieron nombre a la villa. El **Paseo Marítimo**, una preciosa avenida arbolada que discurre paralela a la playa, acoge numerosos restaurantes donde se sirven sabrosos platos marineros. Finalmente, conviene destacar el llamado **pueblo andaluz**, un barrio de nueva construcción que imita el estilo arquitectónico tradicional, donde hay animadas tascas y bares de copas.

Benalmádena – *12 km al Sudoeste por la N 340.* Un poco antes de Benalmádena Costa se halla **Arroyo de la Miel**, centro costero donde aparece una vasta sucesión de apartamentos y hoteles.
Benalmádena es un importante centro veraniego situado entre las últimas estribaciones de la sierra de Mijas y el mar. El extraordinario clima hace que en Benalmádena el período estival se prolongue desde abril hasta noviembre, por lo cual la afluencia de turistas es constante durante todo el año. La oferta lúdico-deportiva de la ciudad resulta muy interesante, con buenas playas, modernos campos de golf, puerto deportivo e infinidad de restaurantes, discotecas, terrazas y bares.
El **casco antiguo**, situado varios kilómetros hacia el interior, conserva todo el encanto de las poblaciones andaluzas tradicionales, de calles alegres y festivas y casas engalanadas con flores en las ventanas. Entre los atractivos de este núcleo urbano destacan el **Museo Arqueológico** ⓥ, que expone una interesante colección de piezas precolombinas; el **castillo de Bil-Bil**, moderno edificio destinado a actividades culturales, y las **torres-vigía** de Torremuelle, Torrequebrada y Torrebermeja, del s. XVI.

8 km al Oeste; tome la N 340 y en la salida 217, la A 368.

★ **Mijas** – *Ver p. 269.*

13 km al Noroeste por la A 387.

Alhaurín el Grande – Este pueblo luminoso y elegante se alza sobre una colina de la sierra de Mijas, en medio de un paisaje de frutales, campos de hortalizas, cítricos y olivos. Su barrio viejo está formado por calles empedradas y viviendas blancas, con los típicos balcones floridos. Conserva, como monumentos antiguos, el **arco del Cobertizo**, puerta árabe que originariamente perteneció a un conjunto amurallado y la **ermita de la Vera Cruz**, un curioso edificio de estilo neogótico (s. XX).

8 km al Noroeste por la A 366.

Coín – Situado en mitad de una zona donde abundan las huertas de cítricos, la villa tiene como principal atractivo la **iglesia de San Juan** (s. XVI), de grandes proporciones, que guarda un bello retablo barroco y que presenta, en las enjutas y la cornisa, una bella decoración de azulejos. También son interesantes la **iglesia de Santa María de la Encarnación** (s. XV), levantada sobre una antigua mezquita, de la que se conserva el alminar; la **iglesia de San Andrés**, cubierta en el interior por un bonito artesonado; y la iglesia del Santo Cristo de la Veracruz, que perteneció a un convento de la orden de los Trinitarios.

22 km al Sur. Vuelva a Alhaurín el Grande y tome la MA 426.

Fuengirola – Es otro de los grandes complejos turísticos de la Costa del Sol. Posee 7 km de playas, con instalaciones deportivas, bloques de apartamentos, hoteles, restaurantes y zonas de ocio que atraen a numerosos visitantes durante todo el año.

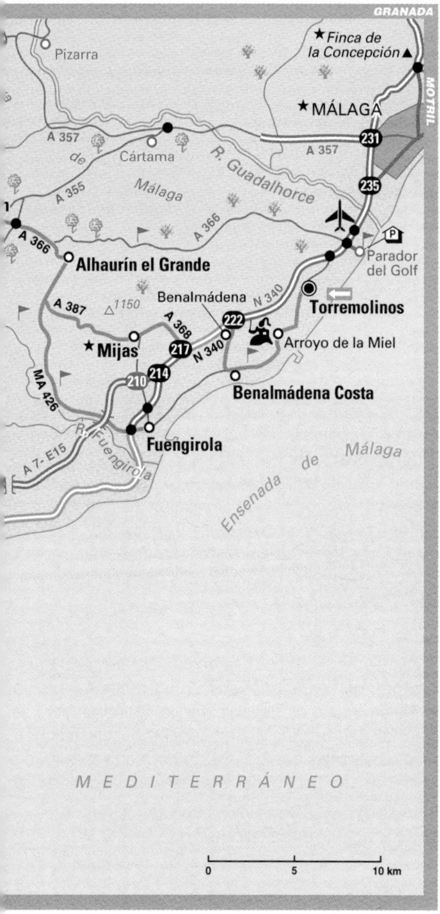

Vista aérea de la Costa del Sol

El **castillo de Sohail** domina la población desde un altozano. Debe su curioso nombre a que desde aquí descubrieron los árabes la estrella Sohail, que nosotros conocemos como Canopus. Conserva las torres almenadas del s. X y los muros originales. Hay que destacar, también, el **barrio de Santa Fe de los Boliches**, que contiene interesantes **vestigios arqueológicos** -unas termas (s. I) y restos de una villa romana- y el llamado **Museo Abierto**, museo de pintura al aire libre formado por murales de artistas conocidos (Sempere, Rafael Peinado, Elena Asins, etc.).

28 km al Sudoeste por la N 340.

★★ **Marbella** – *Ver p. 263.*

Excursión por el interior hasta Tolox – *Ver MARBELLA.*

Vuelva a la N 340.

★★ **Puerto Banús** – *Ver MARBELLA.*

9 km al Sudoeste por la N 340.

San Pedro de Alcántara – Situado en el término municipal de Marbella, este antiguo pueblo, donde residían los colonos que trabajaban en las plantaciones de algodón y caña de azúcar del marqués del Duero, es actualmente un importante núcleo turístico gracias, sobre todo, a la cercanía de Marbella. Posee cerca del mar notables vestigios arqueológicos, como **Las Bóvedas** ⌚, curiosa construcción termal del s. III de planta octogonal y estancias abovedadas, y la **basílica de Vega del Mar**, edificio paleocristiano (s. VI) de tres naves y dos ábsides contrapuestos donde se han hallado numerosas tumbas con valiosos ajuares funerarios. De San Pedro de Alcántara parte una sinuosa **carretera**★★ hasta **Ronda**★★ *(ver RONDA)*.

6 km al Norte por la MA 556.

Benahavís – Situado entre el mar y la sierra, el pueblo se encuentra junto al curso del río Guadalmina, cerca del bello cañón de Las Angosturas. Su nombre señala, ya, el origen árabe de la villa, que conserva vestigios del castillo de Montemayor, así como diversas torres vigías, testimonio del antiguo sistema defensivo musulmán. Llama la atención el gran número de **restaurantes** que tiene esta pequeña localidad y que son herederos de los que abrieron un grupo de ingleses en la década de los 80.

Regrese a San Pedro de Alcántara y siga 15 km al Sudoeste por la N 340.

★ **Estepona** – *Ver p. 202.*

Continúe por la N 340 hasta San Luis de Sabinillas y gire a la izquierda por la A 377.

Y. Arthus-Bertrand/ALTITUDE

Manilva – El caserío de la población se extiende por una suave loma rodeada de viñedos, a escasos kilómetros del mar. El principal atractivo de Manilva es la **iglesia de Santa Ana**, construida en el s. XVIII, que posee una original portada rematada por un curioso arco mixtilíneo.

Su **núcleo costero** está formado por interesantes playas (de la Paloma, del Salto de la Mora, playa Negra, etc.) que se hallan entre el municipio de San Luis de Sabinillas y Puerto Duquesa

15 km al Noroeste. Continúe por la A 377 y gire a la derecha por la MA 546

★ **Casares** – Este pequeño pueblo cuyas casas aparecen suspendidas en lo alto de una peña de la sierra Crestenilla, como escondidas en mitad de una vegetación frondosa y de gran belleza, fue uno de los últimos reductos árabes de la serranía malagueña. Tierra natal del padre del nacionalismo andaluz, **Blas Infante** (1855-1936) *(ver p. 48)*, se conserva su casa natal en el nº 51 de la calle Carrera.

Su **casco antiguo**★, de origen musulmán, muestra un trazado urbano laberíntico, con calles que se comunican entre sí y típicas casas bajas con tejados de color rojizo. En la plaza de España se alza la iglesia de San Sebastián, templo de una sola nave (s. XVII) y airosa torre barroca. Presidiendo todo el barrio viejo, sobre un promontorio, se encuentran los restos de la fortaleza árabe y, junto a éstos, la iglesia de la Encarnación, edificio del s. XVI muy dañado durante la Guerra Civil.

16 km al Noroeste. Vuelva a la A 377 y continúe al Norte.

Gaucín – Situada en plena serranía de Ronda, dentro de la ruta de los pueblos blancos, esta pequeña población posee un conjunto urbano con casas blancas y calles típicas que penden de un cerro rocoso. Conserva algunos restos del antiguo castillo, desde donde se divisan fantásticas **panorámicas**★. Gaucín es muy conocido, también, por su mosto y su aguardiente, ambos de fabricación casera.

Benadalid – *12 km al Nordeste por la A 369.* Este pueblo se eleva al abrigo de un saliente rocoso, rodeado por amplias extensiones de olivares y almendros. De claro origen árabe, las calles de Benadalid están adornadas con azulejos en los que se narran leyendas y anécdotas relacionadas con la historia local. Coronando el conjunto aparecen los restos de la antigua fortaleza musulmana, que conserva tres torres cilíndricas mochas.

Regrese a San Luis de Sabinillas para retomar la N 340.

Puerto Duquesa – *2 km al Sur.* Es un animado puerto deportivo con numerosos restaurantes, bares y terrazas que contrastan con la sobriedad del castillo de Sabinillas, situado en las inmediaciones.

Sotogrande – *12 km al Sur por la N 340.* Junto al popular campo de golf de Sotogrande, que albergó una de las ediciones de la prestigiosa Ryder Cup, hay un selecto conjunto de urbanizaciones de lujo y elegantes mansiones residenciales.

M. Raurich/STOCK PHOTOS

Casares

Oficinas de Información Turística

Benalmádena – av. Antonio Machado, 10. Benalmádena Costa. ☎ 952 44 12 95. www.benalmadena.com

Estepona – av. de San Lorenzo, 1. ☎ 952 80 09 13. www.pgb.es/estepona

Fuengirola – av. Jesús Santos Rein s/n. ☎ 952 46 74 57/ 76 25. www.pta.es/fuengirola

Marbella – Glorieta de la Fontanilla s/n, Paseo Marítimo. ☎ 952 77 14 42. www.pgb.es/marbella
Existen también oficinas en los arcos de entrada a la ciudad, en la autovía.

Torremolinos – pl. Blas Infante, 1 ☎ 952 37 11 59; Glorieta de las Comunidades Autónomas, Playa del Bajondillo. ☎ 952 37 19 09.

Transportes

Aeropuerto – El único aeropuerto de la Costa del Sol es el de Málaga, situado a 9,8 kilómetros de la ciudad.
Centralita ☎ 952 04 84 84/ 04.
Llegadas ☎ 952 04 88 38/ 44 – Salidas ☎ 952 04 88 04/ 42.
Una línea de autobuses (PORTILLO) lo conecta periódicamente con cualquier punto de la costa (haciendo algún transbordo). El tren de cercanías que une Málaga con Fuengirola es otra opción si se va a desplazar a algún punto entre estas dos ciudades *(ver Trenes)*. También existe el servicio de taxis.

Antes de hablar de los transportes entre las distintas poblaciones de la Costa del Sol, conviene señalar que lo ideal es utilizar el **coche**. Aunque los transportes públicos funcionan muy bien, hay horarios en los que no tienen servicio (por la noche, excepto taxis). Existen dos autovías que recorren la Costa del Sol, una de ellas de peaje (de reciente construcción), por lo que el desplazamiento por carretera de un lugar a otro, es muy rápido.

Trenes

Málaga – Para trenes de largo recorrido la única estación es la de Málaga (Explanada de la Estación s/n ☎ 952 36 05 60. RENFE Málaga ☎ 902 24 02 02). Existe una línea de trenes de cercanías que une Málaga con Fuengirola pasando por La Colina, Torremolinos y Benalmádena, que también tiene paradas en el Aeropuerto de Málaga y muchas de las urbanizaciones por las que pasa a lo largo de su recorrido. Tiene salidas cada 30 minutos desde las 6.33 de la mañana hasta las 23.15 de la noche. El recorrido completo tarda unos 45 minutos y su precio es de 2,05€ (de Málaga a Fuengirola).

Benalmádena – av. de la Estación, s/n. ☎ 952 12 80 84

Fuengirola – av. Juan Gómez "Juanito" s/n. ☎ 952 47 85 40

Marbella – c/ Strachan 2. ☎ 952 21 31 22

Torremolinos – av. de la Estación s/n. ☎ 952 12 80 85

Autobuses interurbanos

Es uno de los medios más utilizados para los desplazamientos a las distintas localidades de la costa. La empresa de autobuses **Portillo** proporciona un transporte rápido y cómodo. Tiene paradas en las principales poblaciones y periódicamente también se detiene en las urbanizaciones y playas que hay entre ellas. Además cada localidad tiene una estación principal desde donde parten los autobuses a distintos puntos de España e incluso a muchas capitales del extranjero.

Benalmádena – No existe una estación principal. Los autobuses **Portillo** unen las tres zonas de Benalmádena con Torremolinos desde las 7 de la mañana hasta las 22.30 de la noche aproximadamente. Tiene paradas en todo su recorrido. El precio está en torno a las 0,70€ dependiendo de la distancia del trayecto. Los billetes se pueden comprar en el propio autobús y en el quiosco que hay en la Avda. Antonio Machado (cerca de Mc Donald's).

Estepona – La estación se encuentra en la av. de España s/n. ☎ 952 80 29 54

Fuengirola – La estación se halla en la esquina de la av. Matías Sáenz de Tejada con la c/ Alfonso XIII. ☎ 952 47 50 66.

Marbella – De la estación (av. del Trapiche s/n, ☎ 952 77 21 92) salen autobuses a toda España y a las principales capitales europeas. Es, junto con la de Málaga, la principal estación de la Costa del Sol.

Taxis

Benalmádena – ☎ 952 44 15 45/11 00

Estepona – ☎ 952 80 29 00/04; 952 89 00 12

Fuengirola – ☎ 952 47 10 00

Marbella – ☎ 952 77 44 88/00 53

San Pedro de Alcántara – ☎ 952 77 44 88

Torremolinos – ☎ 952 38 06 00

utobuses urbanos

nformación general en el ☎ 92 236 72 00 (Empresa Malagueña de Transportes)

enalmádena – Hay una red de autobuses que une Benalmádena Costa, Benal-nádena Pueblo y Arroyo de la Miel, con abundantes paradas en los trayectos. l precio del viaje es de 0,75€.

orremolinos – Existen dos líneas de autobuses (L1 y L2) que se reparten y cubren oda la localidad. El precio del viaje es de 0,70€.

uengirola, Marbella y Estepona – No existe red de autobuses urbanos en estas loca-dades.

uertos deportivos – Todas las principales localidades cuentan con puertos eportivos para embarcaciones de recreo. Por su reputación, los principales son:

uerto Banús – Situado a 6 km del casco urbano de Marbella, cuenta con 915 uestos de atraque para barcos de 8 a 50 metros de eslora. Han dado y dan abida a algunas de las embarcaciones más lujosas del mundo. Se inauguró en 970 y desde entonces es uno de los mayores atractivos turísticos de la ciudad.

uerto Marina – Situado en Benalmádena y de más reciente construcción que uerto Banús, es otro puerto importante para las embarcaciones de recreo. uenta con 1.000 atraques.

ambién existen otros puertos deportivos en Estepona, Marbella y Fuengirola.

Benalmádena

LOJAMIENTO

a Fonda – *Santo Domingo de Guzmán – ☎ 952 56 86 25 – fax 952 56 86 84 - 26 hab. – 52/73€.* Hotel ideal para disfrutar del mar sin los inconvenientes e las zonas superpobladas. Es un establecimiento lleno de encanto situado en a Sierra de Castillejos y asomado al Mediterráneo. Habitaciones espaciosas, iscina interior, patios y terrazas con vistas de las colinas y del mar.

ESTAURANTE

l Bodegón del Muro – *Santo Domingo, 23 - ☎ 952 56 85 87 - Reserva acon-ejada - 19/33€.* Es uno de los sitios preferidos de las familias de la zona. El omedor abovedado, de elegante decoración rústica, se prolonga mediante una erraza con vistas al mar. Un buen sitio para degustar la cocina local.

ALIR

n Benalmádena la animación se centra en torno a Puerto Marina y la l. Solymar, situada a pocos metros. También se halla en algunos locales de la l. de la Mezquita de Arroyo de la Miel, pero el Puerto Deportivo se ha impuesto esde su creación, reuniendo locales para todos los gustos y ambientado durante as 24 horas del día.

enalmádena cuenta también con un casino, el **Casino Torrequebrada** ☎ 952 44 60 00). Es muy conocido el parque de atracciones de la ciudad, **ívoli World**, en la zona de Arroyo de la Miel (abre diariamente de abril a diciembre ☎ 952 57 70 16); en verano programa conciertos de artistas de primera fila.

laracas – *Puerto Marina – abre de 11-05 de la madrugada.* Es un local del uerto amplio y multifuncional, donde puede tomarse algo en la terraza, pasar l bar de copas o entrar de madrugada a bailar en la zona reservada para ello. on una cuidada decoración de inspiración tropical, es un local animado a cual-uier hora del día. Todo tipo de público y edades.

J. Malburet/MICHELIN

Puerto Banús

Monet – *Puerto Marina – abre de 10-04 de la madrugada.* Es café durante e día y pub por la noche. Tiene vistas al puerto y una amplia terraza llena de cómodos asientos de mimbre; muy agradable para tomar algo por la tarde. Po la noche, sirven copas en la barra exterior e interior, donde existe una animada pista de baile.

Tabú – *Puerto Marina – abre todos los días de 11-06 de la madrugada.* Est local con vistas al Puerto Deportivo es café, bar de copas y discoteca. Con una decoración esmerada de estilo caribeño, atrae por sus innumerables zumos y cócteles a un público variado desde los 25 hasta los 99 años. Los jueves y lo domingos hay clases de salsa para mujeres.

Disco Kiu – *pl. Solymar, Benalmádena Costa – abre de 00-07 de la mañana.* Se trata de una enorme discoteca típica de los años 80. Cuenta con varias salas dedicadas a salsa, música comercial y bacalao, y su público lo componen jóvene de todas las nacionalidades.

TIENDAS Y COMPRAS

En las tres zonas que se distinguen en esta localidad –Benalmádena Pueblo Arroyo de la Miel y Benalmádena Costa–, son esta última y su Puerto Deportivo de Puerto Marina los que tienen más peso y los que concentran una zona comercial más densa. Además, por las tardes, en las placitas y calles del interior de Puerto, se sitúan puestos de artesanos que venden sus productos. También aquí la Av. de Antonio Machado cuenta con una amplia oferta comercial. En la zona de Arroyo de la Miel, la calle de las Flores y sus circundantes se imponen en e sector comercial, con las tiendas más tradicionales del pueblo.
Los viernes por la mañana, en el aparcamiento del Tívoli Park, se instala un típico **mercadillo** que es itinerante por todas las localidades de la costa y donde se puede comprar de todo. Los domingos, en el mismo sitio, el mercadillo se centra en artículos de segunda mano.
Benalmádena Pueblo tiene menos oferta comercial, aunque destaca la Casa de Artesano, en la Pl. de España, donde los sábados se pueden ver artesanos de todos los campos tradicionales trabajando sus artículos.

Estepona

ALOJAMIENTO

Correcto

Hostal El Pilar – *pl. de las Flores, 10 - ☎ 952 80 00 18 - 21 hab. 36,06/42,07€.* El tiempo parece haberse detenido en esta bonita casa andaluza de la plaza principal. El interior está decorado con fotos familiares en blanco y negro y una escalera monumental conduce a las habitaciones, agradables pero sencillas.

Una buena opción

Santa Marta – *ctra. Cádiz–Málaga, km 167: a unos km de Estepona en dirección a Málaga – ☎ 952 88 81 77 – fax 952 88 81 80 – 37 hab. – 30/60€ – abre abr-oct.* Hotel con bungalows y habitaciones que dan al jardín. Piscina con cascadas, restaurante tailandés y bar asomado a la playa. Conviene reservar con bastante antelación porque las agencias de viajes disponen de la mayoría de las habitaciones.

RESTAURANTE – TAPAS

La Rada – *av. España y calle Caridad, Edif. Neptuno – ☎ 952 79 10 36.* Imprescindible para cualquiera que visite la zona. Ambiente agradable, buen pescado y buen marisco.

Los Rosales – *Damas, s/n – ☎ 952 79 29 45.* En una callecita de la pintoresca plaza de las Flores, bar especializado en pescado y marisco.

SALIR

La **calle Real**, en el centro del pueblo, y el **Puerto Deportivo** son el centro de la animación. Por las tardes el Puerto es un lugar tranquilo para pasear o tomar algo en una de sus terrazas. Al comienzo de la noche, la gente se concentra en los locales tranquilos de la calle Real y, si todavía hay ganas, en la madrugada hay que volver a los animados bares del Puerto.
En verano se organizan conciertos de pop y rock en la playa.

Jazz Pub – *Puerto Deportivo, torre de control. Abre todos los días de 16 a 3 de la madrugada.* Local muy tranquilo y acogedor, con cómodos sillones, frecuentado por un público maduro. Sirven todo tipo de cócteles, y los viernes y lo domingos por la noche dan pequeños conciertos de música tranquila y de calidad. También es muy agradable su terraza por la tarde.

Melodie Cool – *Real, 25 – abre de 18-03 de la madrugada.* Con una variopinta clientela, es un pequeño local de decoración pop y cibernética, con un diseño espectacular. Sirven copas, cafés y todo tipo de cócteles.

Chico Diez – *Puerto Deportivo, local 27 – abre de 22-05, todos los días en verano y los fines de semana en invierno.*

Ático – *Puerto Deportivo, planta alta – abre de 22-06, todos los días en verano y los fines de semana en invierno.*

Sirocco – *Puerto Deportivo, planta alta – abre de 21-05, todos los días. En invierno cierra los martes.*

Estos tres locales comparten un público entre los 20 y los 40 años, aunque los más maduros se inclinan por Chico Diez. Siempre con un ambiente animado, sobre todo en las abarrotadas noches de verano.

TIENDAS Y COMPRAS

La principal vía comercial de Estepona es la calle Real, una vía peatonal, sobre todo en el tramo que va desde la Av. Juan Carlos I hasta la calle Terraza. Ésta última y alguna de sus transversales (Valladolid, Granada, Córdoba, Valencia) también concentran muchos establecimientos comerciales.
Los miércoles de 9 a 14, en la Av. Juan Carlos I, se instala el **mercadillo** itinerante. Los domingos por la mañana en el Puerto Deportivo se sitúan puestos de artesanía.

Fuengirola

SALIR

La Plaza de la Constitución es el corazón de la ciudad y a su alrededor se concentra la mayor parte de los locales para salir. La calle Miguel de Cervantes, la calle Emancipación y el Paseo Marítimo Rey de España, todas cercanas, son también zonas muy animadas.
Entre julio y septiembre, el Ayuntamiento desarrolla una amplia oferta cultural que abarca exposiciones, conciertos y teatro.

Café La Plaza – *pl. de la Constitución, 9 – abre de lu-sá de 8-02 de la madrugada.* En la plaza principal del pueblo se encuentra este café, que ocupa las dos plantas de una casa antigua. En una decoración tradicional y agradable se mezcla un público de todas las edades, principalmente local. Sirven tapas y desayunos.

Pijama – *Cervantes, 14 – abre de 22.30-05 de la madrugada, todos los días en verano y sólo fines de semana en invierno.* Es un local en el que se advierte el interés por la decoración, para cuidar al máximo el ambiente. Los viernes de invierno hay conciertos de rumbas, sevillanas... y tocan algunos grupos de primera fila. El local no es muy grande, pero agradable. Con un público de 20 años en adelante, su mejor momento es entre las 24 y las 3 de la madrugada.

El Piso – *av. Condes de San Isidro, 24 (entrada por calle Estación) – abre de lu-sá de 22-03 de la madrugada.* Este establecimiento se encuentra en la primera planta de un edificio que da a la plaza principal de Fuengirola, por lo que disfruta de unas bonitas vistas. El local es tranquilo y acogedor, con decoración de sabor antiguo. Los martes, miércoles y jueves hay conciertos de flamenco, música latina, etc. Perfecto para la conversación relajada.

Mahama – *ctra. de circunvalación, km 9,9. Mijas Costa – abre todos los días en jul y ago; en sep, vi y sá, de 22-07 de la mañana.* Este enorme local se organiza en torno a un gran patio, casi como una hacienda andaluza. La decoración está muy cuidada, con abundante vegetación y agua, con zonas más tranquilas para charlar y una enorme pista de baile. Frecuentado por un público nacional de todas las edades, a medida que avanza la noche baja la media de edad. Por si aprieta el hambre, tienen un grill que permanece abierto toda la noche.

TIENDAS Y COMPRAS

El centro urbano de Fuengirola y su ajetreada vida comercial giran en torno a la Pl. de la Constitución, la Av. Matías Sáenz de Tejada y Ramón y Cajal, donde predomina el pequeño comercio de carácter más tradicional. La zona de Los Boliches cuenta con un comercio más moderno.
Los martes, en el Recinto Ferial se instala el mayor **mercadillo** de toda la costa. Los sábados por la mañana, en el mismo lugar, se sitúa un rastrillo de artículos de segunda mano.

Marbella

ALOJAMIENTO

Una buena opción

Lima – *av. Antonio Belón, 2 – ☎ 952 77 05 00 – fax 952 86 30 91 – 64 hab. – 69,55/86,94€.* A 60 metros de la playa y a 100 metros del centro histórico de Marbella.

Un capricho

El Fuerte – *av. del Fuerte – ☎ 952 86 15 00 – fax 952 82 44 11 – 261 hab., 2 suites – 102,17/150,25€.* A orillas del mar. Hotel de alta categoría con jardines tropicales y restos de las antiguas fortificaciones de la ciudad, que se remontan al s. XVI.

Terrazas en la Plaza de los Naranjos, Marbella

RESTAURANTE

Una buena opción

Bar Vori – *Aduar, 12 – ☎ 952 86 13 95 – 17/24€.* En este pequeño establecimiento de modesta fachada preparan de maravilla el pescado y el marisco. La terraza está en un callejón típicamente andaluz del casco antiguo, a dos pasos de la plaza de los Naranjos.

El Balcón de la Virgen – *Remedios, 2 – ☎ 952 77 60 92 – sólo cena – cerrado ma y 14 ene-13 feb – 21,55€.* En una pintoresca calle del casco antiguo, repleta de terrazas de restaurantes, se encuentra este establecimiento de cocina andaluza, sobre todo para turistas. Se identifica enseguida por la imagen de la Virgen que preside la fachada.

TAPAS

La Venencia – *av. Miguel Cano, 15 – ☎ 952 85 79 13.* A dos pasos del mar. Bar típico con toneles a modo de mesas colocados en la acera. Si tiene suerte, encontrará un hueco.

Altamirano – *pl. Altamirano, 3.* En una placita del núcleo antiguo de Marbella, restaurante sin pretensiones especializado en pescado y marisco. Mesas de plástico en la plaza y azulejos en la fachada.

SALIR

La capital de la costa es rica en oferta de ocio, tanto que el visitante despistado puede perderse fácilmente. Se distinguen varias zonas. En el **casco urbano** de Marbella, las calles y plazas recoletas y de un estilo muy andaluz esconden locales tranquilos y muy agradables, sobre todo alrededor de la Plaza de los Naranjos. En el **Puerto Deportivo de Marbella** se concentran los más jóvenes, entre 16 y 20 años de edad. La zona que reúne más locales de moda y con animación asegurada durante todo el día es **Puerto Banús**, donde hay sitios para todas las edades y gustos. No obstante, algunos de los establecimientos más conocidos se encuentran más alejados, distribuidos a lo largo de la Autovía de la Costa.
Sobre todo durante el verano, la oferta cultural que programa el Ayuntamiento de Marbella es variada y abundante. En el **Auditorio** situado en el Parque de la Constitución tienen lugar interesantes conciertos de todos los estilos y representaciones teatrales. En la **Galería Municipal de Arte** (pl. José Palomo s/n) y en el **Museo del Grabado Español Contemporáneo** (c/ Hospital Bazán s/n) son abundantes las exposiciones, sobre todo de pintura y fotografía. Por último, el **Casino de Marbella** (en el hotel Andalucía Plaza, ☎ 952 81 28 44 - *www.casinomarbella.com*), aparte de lo tradicional en este tipo de establecimientos, ofrece también espectáculos variados y exposiciones.

Sinatra Bar – *Puerto Banús – abre de 9-03 de la madrugada.* Con una agradable terraza y vistas de primera línea del Puerto Deportivo, en su clientela predominan los extranjeros, aproximadamente hasta los 40 años. Para tomar algo mientras se ven pasar coches y yates de lujo. También sirven desayunos y comidas.

La Abadía – *Pantaleón (junto a pl. de los Naranjos) – abre 15 may-15 sep y Sem. Santa, de 21-04 de la madrugada.* Se encuentra en un pequeño y bonito callejón de la zona peatonal del casco de Marbella. Es algo complicado llegar hasta él, pero merece la pena por el buen ambiente que hay. El ambiente de edades oscila entre los 20 y los 35 años, con buena música comercial. Un buen lugar para empezar la noche, entre las 00 y las 2 de la madrugada.

Café del Mar / The Club – *Hotel Puente Romano. Ctra. de Cádiz, Km 175. Café del Mar – abre de 22-04 y The Club de 00-6.30 de la madrugada.* Estos dos locales de lujo están pensados para empezar con la copa de después de cenar y terminar a altas horas de la madrugada en un ambiente de gente VIP muy cuidado. Su público empieza la noche en el café, un local con vistas al Mediterráneo. Más tarde, la gente se desplaza a The Club, donde abundan los famosos y la gente baila hasta el amanecer.

Olivia Valere – *ctra. de Istán, km 0.8 – abre de 21-07 de la mañana.* El sitio más lujoso y exclusivo de la costa. En un clima de palacio árabe, se suceden patios, terrazas y jardines que ofrecen distintos ambientes, desde la cena, la copa tranquila y la música en directo a la discoteca más abarrotada. Es punto de encuentro de famosos, VIP y la clásica jet-set marbellí.

Oh! Marbella – *Beach Hotel Don Carlos. Ctra. de Cádiz, km 192 – abre en jul, ago y Sem. Santa de 23-06 de la madrugada.* Esta conocida discoteca es un amplio y lujoso local, con una estupenda pista de baile y una agradable terraza con vistas al mar. A primera hora predomina la música latina y más tarde el *house* más comercial. Entre el público abundan los extranjeros, con una media de 20 a 40 años. Cobran en la entrada, aunque existen tarjetas de socio. Para noches desenfrenadas.

TIENDAS Y COMPRAS

La capital de la costa impone también su hegemonía en el aspecto comercial. Las principales marcas internacionales de todos los campos tienen tiendas aquí y no descuidan el turismo de alto poder adquisitivo que impera en la zona. Las boutiques de moda más exclusivas de Italia, Francia o USA, entre otras, atienden y miman a un público selecto. La mayoría de estas tiendas se concentra en Puerto Banús, formando un intenso conglomerado de establecimientos modernos e interesantes, y en el casco urbano de Marbella, en torno a la Av. Ricardo Soriano y Ramón y Cajal. En Puerto Banús se encuentra también el mayor centro comercial de toda la costa.
Los **mercadillos** tiene asimismo cabida en Marbella: los lunes junto al Estadio de Fútbol y los sábados por la mañana cerca de Puerto Banús, junto a la Plaza de Toros de Nueva Andalucía, se sitúa el gran mercadillo itinerante con toda clase de artículos.

San Pedro de Alcántara

ALOJAMIENTO

Medio

Breakerslodge – *av. Mimosas, 189 – ☎ y fax 952 78 47 80 – 6 habitaciones – 75/86€ – abre jun-oct.* En un barrio de chalets y a sólo 300 m del mar, agradable casa, propiedad de unos británicos, con seis habitaciones amplias y muy bien decoradas.

Torremolinos

ALOJAMIENTO

Correcto

Guadalupe – *Peligro, 15 – ☎ 952 38 19 37 – 10 hab. – 31/49€ (49/90€ en ago).* Hostal a sólo 50 m de la playa, en una callecita comercial. Habitaciones sencillas y limpias.

Una buena opción

Mediterráneo Carihuela – *Carmen, 43 – ☎ 952 38 14 52 – fax 952 05 19 74 – 33 hab. – 43/82€ (las hab. que no dan al mar son algo más baratas)).* En uno de los barrios más animados y bonitos de la localidad. Habitaciones correctas con terraza asomada al paseo marítimo.

Un capricho

Tropicana – *Trópico, 6 – ☎ 952 38 66 00 – fax 952 38 05 68 – 84 hab. – 101,30/135€.* Hotel de alta categoría y arquitectura exótica. Playa privada, jardín con piscina y restaurante (Mango).

RESTAURANTES-TAPAS

La Carihuela

Este barrio peatonal que se extiende a lo largo de la playa es la zona más pintoresca y comercial de la población. En sus calles hay varias decenas de bares, restaurantes, hoteles y tiendas de todo tipo. Entre los restaurantes destacan **Casa Juan**, especializado en pescado y marisco desde hace más de 30 años, y **El Roqueo**, un clásico con terraza que da a al paseo marítimo.

La Carihuela

SALIR

Tradicionalmente, el ambiente de Torremolinos se nutre bastante de público extranjero, que es constante durante todo el año, aunque la población aumente en verano considerablemente. Por esta razón, la oferta cultural y de ocio es permanente cualquiera que sea la temporada. El Ayuntamiento suele organizar espectáculos de distinto tipo en plazas de la ciudad. Lo mejor para estar al día es recoger en las oficinas del Ayuntamiento o de Turismo una hoja informativa con todas las actividades programadas.

La calle San Miguel, la Pl. Costa del Sol y la Av. Palma de Mallorca reúnen locales para salir de muy distinto tipo, aunque por la cercanía y la variedad de oferta, la mayoría de la gente se traslada a Puerto Marina en Benalmádena.

Lepanto – *San Miguel, 54 – abre de 9-22.* Con 35 años de antigüedad, pertenece a una cadena de cafeterías y pastelerías que posee también locales en Fuengirola y Málaga. Pastelería de calidad y salón de té cómodo y tradicional.

El Molino de La Torre – *Cuesta del Tajo, 8 – abre de 12-24.* Café restaurante cuyo único valor es la posibilidad de tomar algo contemplando unas espectaculares vistas en alto de la costa.

TIENDAS Y COMPRAS

La calle San Miguel, en el centro del pueblo, es una bulliciosa y animada arteria peatonal donde se agrupan todo tipo de tiendas. Este eje comercial continúa en la Av. Palma de Mallorca y las calles colindantes, con tiendas modernas y establecimientos más tradicionales, como el que se sitúa en la calle Isabel Manoja, 4, fundado en 1908, donde podemos comprar las típicas tortas de Torremolinos. En la Cuesta del Tajo, con unas espectaculares vistas en la bajada hacia el mar, se colocan puestos ambulantes de un comercio más tradicional y pintoresco.

Los jueves por la mañana, en El Calvario, se monta el **mercadillo** itinerante.

CUEVAS DE ALMANZORA

Almería – 9.114 habitantes

Mapa Michelin nº 446 U 23

Cuevas de Almanzora está situado en la proximidad del embalse del mismo nombre, en una zona muy rica en yacimientos mineros y arqueológicos. El pueblo vivió su etapa de esplendor durante el s. XIX debido al descubrimiento de un filón de plata en la cercana sierra de la Almagrera. Como testimonio de la riqueza de esa época quedan algunas mansiones en el casco urbano y la capilla del Carmen de la iglesia de Nuestra Señora de la Encarnación, construida por una sociedad minera. En los montes cercanos al pueblo se ven cuevas trogloditas.
En la carretera a Vera hay un parque acuático.

Castillo – Lo construyó en el s. XVI el Marqués de los Vélez y en el s. XVIII se amplió con un edificio neoclásico, la Casa de la Tercia, que alberga la biblioteca municipal. Conserva el recinto amurallado.

Museo Antonio Manuel Campoy Ⓥ – Está instalado en un pabellón restaurado y en el torreón. El que fuera conocido crítico de arte del periódico ABC donó a su muerte su colección privada de arte contemporáneo español (pinturas, dibujos y grabados), su colección de armas y numerosos recuerdos personales.

Museo de Arqueología Ⓥ – Está dedicado a la cultura del El Argar y recoge piezas encontradas en los yacimientos de la zona (Antas, Fuente Álamo, etc.)
Al salir del castillo, fíjese, a la izquierda, en las cuevas trogloditas.

ALREDEDORES

Vera – *6 km al Sudeste.* Preside la Plaza Mayor la **iglesia de la Encarnación** (s. XVI). Tiene un cierto aspecto de fortaleza con cuatro sólidos torreones cúbicos en las esquinas. A la izquierda, se halla el **Ayuntamiento** (s. XIX), con una sobria portada de piedra; en el salón de plenos se conserva un pendón que los Reyes Católicos regalaron al pueblo. A su lado se halla el **Museo Histórico Municipal** Ⓥ, con una sección dedicada a la arqueología e historia del pueblo y otra a la etnografía.
En la costa se halla el complejo naturista **Vera Natura**.

Huércal Overa – *25 km al Norte.* En las afueras del pueblo, en lo alto de un monte, se alza la cuadrada torre del antiguo castillo árabe. En la agradable plaza del Cura Valera se encuentra la **iglesia de la Asunción** (s. XVIII), que guarda un interesante retablo barroco y las tallas de los pasos procesionales, alguna de Salzillo. Durante las procesiones de **Semana Santa**, las tres cofradías de Huercal Overa –blancos, morados y negros– compiten en vistosidad.

Parque Natural de DESPEÑAPERROS★

Jaén

Mapa Michelin nº 446 Q 19

Paso natural entre Andalucía y el resto de España, este desfiladero labrado por el río Despeñaperros rompe, con su abrupto perfil, la uniformidad de Sierra Morena y se anticipa a los suaves relieves de la meseta manchega. Según la tradición, desde aquí arrojaron los cristianos a los árabes tras la batalla de Las Navas de Tolosa, lo que explicaría su curioso nombre. Posee una superficie de 6.000 ha, elevada a más de 1.000 m de altura, que constituye toda ella un fantástico mirador desde donde se divisan extraordinarias **panorámicas**★★★ de las tortuosas paredes de pizarra y de los profundos precipicios que cortan el parque. Para disfrutar de la belleza natural de Despeñaperros, de su impresionante orografía, conviene recorrer los **diferentes itinerarios** Ⓥ establecidos, algunos a pie y otros en coche. Se hallarán, entonces, hermosos bosques de encinas, alcornoques, quejigos y pinos piñoneros que despuntan sobre una tupida malla de madroños, lentiscos y mirtos. Esta singular vegetación sirve de perfecto marco biológico para especies tan diversas como el lobo, el lince, la garduña, la gineta, el ciervo

Despeñaperros a vista de pájaro

El paisaje de Despeñaperros resulta tan fascinante por su belleza como por la aspereza sobre la que parece sostenerse. Sus formas puntiagudas y áridas, donde cualquier tipo de vida se antoja imposible, sus parajes rocosos, que obsequian al visitante con formas inverosímiles, y, por último, las panorámicas que pueden divisarse desde los acantilados hacen de este lugar un sitio ideal para realizar fotografías de postal o, simplemente, para dejar volar la imaginación.

y el jabalí, así como el buitre leonado y la espectacular águila imperial. Desde el recorrido del Arroyo del Rey, que discurre entre cortados verticales y formas caprichosas producidas por la erosión y las abundantes lluvias, se accede al paraje de "Los Órganos", donde las rocas adoptan el aspecto de gigantescos tubos. También resulta interesante la zona de las Correderas, en la que pueden practicarse la caza y la pesca.

ALREDEDORES

Santa Elena – Esta pequeña población, en cuyo término municipal se halla el Parque, es punto de partida, junto a La Carolina, de selectas monterías a través de Despeñaperros.

Cerca de su núcleo urbano se encuentran el **Collado de los Jardines** *(5 km al Norte en dirección a Aldeaquemada)*, interesante santuario ibérico en plena sierra, y la **Cueva de los Muñecos** *(3 km al Oeste en dirección a Miranda de Rey)*, con pinturas rupestres muy valiosas; fíjese en el perfecto silueteado de los animales. A 4 km en dirección Noroeste se halla el **Paraje Natural de la Cascada de Cimbarra**, famoso por sus espectaculares cortinas de agua y por las bellas gargantas que horadó el río Guarrizas a su paso.

G. Torres/MARCO POLO

La cascada de Cimbarra

Parque Nacional de DOÑANA★★★

Huelva, Sevilla y Cádiz

Mapa Michelin nº 446 U 9,10,11 V 10,11

Con sus 50.000 ha, Doñana es uno de los mayores Parques Nacionales de Europa. Debe su nombre a doña Ana Gómez de Mendoza y Silva (s. XVI), esposa del séptimo duque de Medina Sidonia e hija de la famosa princesa de Éboli, quien primero convirtió estas tierras en su coto de caza personal y, más tarde, acabó retirándose en ellas.
El territorio de Doñana comprende las marismas de la orilla derecha del Guadalquivir, desde su desembocadura en Sanlúcar de Barrameda hasta Matalascañas. Esta gran zona húmeda, maravillosa en primavera y otoño, es el paraje escogido por más de 150 especies acuáticas para pasar el invierno. El espectáculo que producen estas hermosas aves detenidas como frágiles estatuas sobre el agua, sobrevolando a una velocidad increíble las masas de juncos o aterrizando en picado sobre alguna alfombra de nenúfares es un prodigio visual. La belleza de este baile multicolor atrae tanto a expertos en ornitología como a aquellos profanos que quieren observar con sus propios ojos este singular espectáculo.
Sin embargo, aparte de la contemplación de las aves, en Doñana puede disfrutarse de unos magníficos paisajes donde se dan cita los contrastes más inesperados. El parsimonioso movimiento de las dunas arrasa toda la vegetación que encuentra a su paso, por lo que no es extraño hallar, en mitad de una gran superficie de arena, la copa de un árbol sepultado por estos desérticos montículos. También resultan impresionantes los bosques, donde habitan ciervos, gamos, caballos y jabalíes.

Ecosistemas del Parque – Doñana tiene tres tipos de ecosistemas: las marismas, las dunas móviles y los cotos.
Las **marismas**, con 27.000 ha de extensión, constituyen un refugio excepcional para las aves que llegan a Europa durante el invierno. Estos territorios poseen un elevado índice salino y en ellos se distinguen diversos fenómenos geológicos, como los caños (depresiones formadas por el agua), los lucios (especie de lagunas que contienen agua durante todo el año), los paciles y las vetas (pequeñas elevaciones del terreno que sobresalen del agua y donde crece el almajo, una de las plantas más características de Doñana).

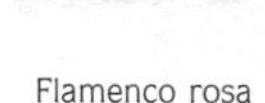

R. Corbel/MICHELIN

Flamenco rosa

Las **dunas móviles** se agrupan en formaciones paralelas a la costa. Los vientos marítimos las hacen avanzar hacia el interior a una velocidad de unos seis metros por año. Los terrenos que existen entre una duna y otra reciben el nombre de corrales y los árboles que son arrasados por estas montañas blancas, el de cruces.
Los **cotos** son zonas secas, de topografía ondulada, recubiertas de matorral (brezo, jaguarzo, romero y tomillo).
Junto a estos ecosistemas hay una parte de terreno que se conoce como la **vera** y que limita entre los bosques y las marismas. La forman estrechas franjas de tierra que recorren el centro del parque. Otro elemento a destacar son las **lagunas**, como la de Santa Olalla, lugar predilecto de patos, gansos y cisnes, o La Dulce, donde se desarrollan unos crustáceos que sirven de alimento a los flamencos rosas.

Parque Natural Entorno de Doñaña – En la periferia del Parque Nacional se halla este Parque Natural, una zona de 54.500 ha de semejantes características vegetales y animales que incluye las salinas de Sanlúcar y abarca territorios de las provincias de Huelva, Sevilla y Cádiz. Ésta es una tierra plana, cubierta de eucaliptos y pinares, que acoge marismas y algunas lagunas. A través de su territorio discurre una parte del camino del Rocío, por lo que es habitual encontrar en los troncos de los árboles pequeños letreros que sirven para guiar a los peregrinos.

CENTROS DE VISITANTES

Debido al frágil equilibrio ecológico de Doñana los accesos están sometidos a un riguroso control. Los recorridos por el interior del Parque parten de los siguientes cuatro centros de acogida situados en el mismo y duran alrededor de 3 h 1/2. Es imprescindible reservar plaza con antelación:

El Acebuche ⓥ – Aquí se centralizan las reservas. En el interior del edificio pueden verse un audiovisual y una exposición sobre la zona húmeda del Parque. Los senderos que parten desde este lugar conducen a unos observatorios donde se contemplan las aves acuáticas de la laguna.

La Rocina ⓥ – Situado a varios kilómetros del poblado de El Rocío, en la carretera que va desde Almonte a Matalascañas, este acceso es el punto de partida del popular **sendero Charca de la Boca** *(14 km a pie), que llega hasta una zona de descanso y varios observatorios de aves, entre ellos el conocido como "El Paraguas".*

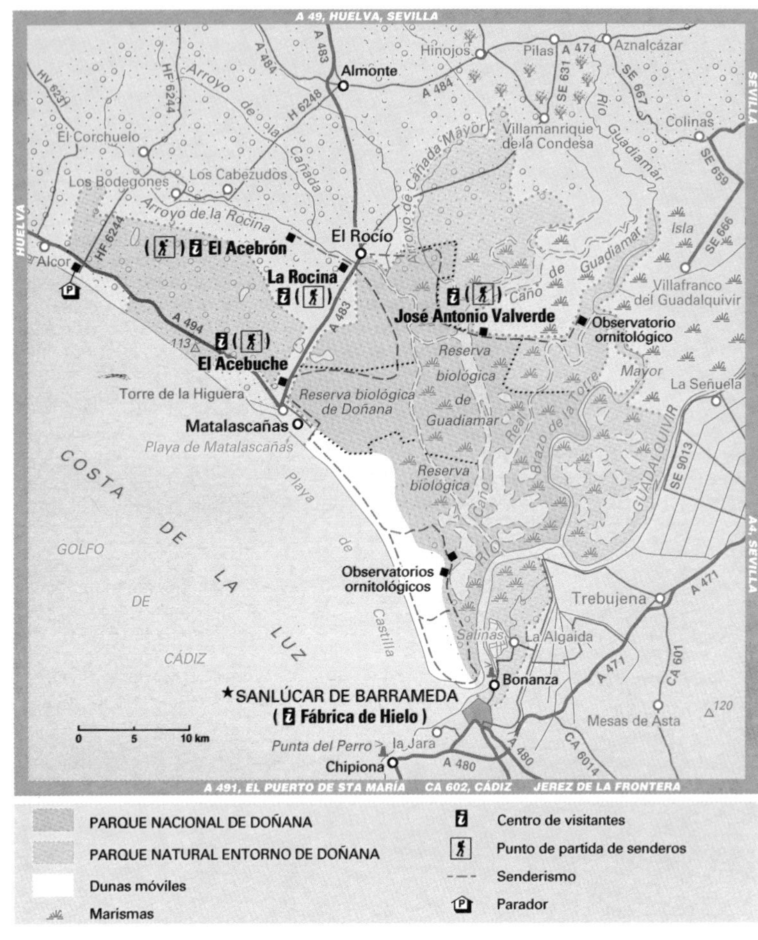

El Acebrón ⓥ – Instalado en un palacio de 1961, en él se exhibe la muestra "El hombre y Doñana", interesante documento que enseña la evolución del parque y la presencia humana en éste. Desde la planta superior del edificio se observan bonitas vistas. Desde aquí parte un sendero de 12 km que se adentra por un bello paisaje de bosques.

José Antonio Valverde ⓥ – Este centro inaugurado en 1994 se halla dentro del término municipal de Aznalcázar, en una zona conocida como La Gallega. Se trata de un moderno edificio con grandes cristaleras ubicado junto a una laguna, lo que permite contemplar las aves del entorno. En su interior se proyectan audiovisuales sobre el Parque. También hay una tienda donde comprar recuerdos de Doñana.

Fábrica de Hielo – *Ver SANLÚCAR DE BARRAMEDA.*

Excursiones por el Parque

A pie – Desde los diferentes centros de visitantes parten itinerarios a los que se puede acceder de forma gratuita y que permiten conocer la variedad paisajística de Doñana. Antes de escoger cualquiera de estas rutas conviene seguir el consejo de los responsables del Parque, quienes informan exhaustivamente del grado de dificultad y la duración. Es imprescindible ir con calzado cómodo.

En coche – Hay que reservar plaza. Se efectúan dos salidas diarias, una por la mañana y otra a media tarde. El recorrido se realiza en coches todoterreno, acompañados por el personal del Parque. Los itinerarios varían según las estaciones del año y las preferencias de los visitantes.

A caballo – Se trata de una alternativa muy interesante, que consiste en realizar diferentes excursiones a caballo o en coche de caballos. Cuando los grupos son amplios, el paseo incluye una comida campera. La duración depende del itinerario escogido.

En barco – Excursión desde Sanlúcar de Barrameda *(ver p. 304).*

ÉCIJA★

Sevilla – 37.113 habitantes

Mapa Michelin nº 446 T 14

La antigua Astigi romana está situada en la gran depresión penibética, junto a la orilla izquierda del río Genil. Su silueta está marcada por la verticalidad que le imprimen sus 11 torres. Como consecuencia de un creciente desarrollo económico, que alcanzó su cenit en el s. XVIII, Écija vio embellecidas sus calles con una proliferación de palacios, iglesias y conventos. Gracias a la belleza de sus torres y espadañas, el barroco ecijano creó una zona de influencia en los alrededores.

En esta localidad nació el escritor **Luis Vélez de Guevara** (1579-1644), autor de *El Diablo Cojuelo.*

> **"La sartén de Andalucía"**
>
> Así se conoce popularmente a Écija, ¿se imaginan porqué?. Los que no se lo imaginen lo comprenderán de inmediato si deciden visitarla durante el verano.

Fiestas – Septiembre es el mes festivo por antonomasia: el día 8 se celebra una solemne procesión en honor de la patrona, la Virgen del Valle; y en torno al 21 tiene lugar la Feria de San Mateo, con fiestas populares, corridas de toros, exhibiciones de caballos, etc. En el Festival de Cante Jondo actúan grandes figuras del flamenco.

VISITA

Siga indicaciones Centro Ciudad y deje el coche en la Plaza de España.

Plaza de España – Esta amplia y agradable plaza ajardinada, conocida popularmente como **"El Salón"**, es el centro de la vida urbana. En ella se sitúan la **iglesia de Santa Bárbara**, en la que destaca la sillería del coro, el **convento de San Francisco**, con casas adosadas a su iglesia, y el Ayuntamiento.

Ayuntamiento – En la sala capitular se pueden ver dos **mosaicos romanos★**. El artesonado que cubre la sala (s. XVI) se trasladó aquí desde el convento de San Pablo y Santo Domingo.

★Iglesias y conventos; torres y espadañas

★Torre de la iglesia de San Juan – Esta torre del s. XVIII es, sin duda, una de las más bellas de la localidad. Destaca la delicadeza de su decoración barroca, consecuencia del dominio en la utilización de la azulejería. El resultado es elegante y lleno de gracia.

★Iglesia de Santiago ⓥ – Combina distintos estilos: la portada que da paso al compás y la torre son barrocas; la iglesia es una construcción gótico-mudéjar con reformas posteriores. Consta de tres naves de armoniosas proporciones con cubiertas de madera, salvo la cabecera que se cubre con bóvedas góticas. El **retablo★** gótico del altar mayor representa la Pasión y Resurrección de Cristo.

Iglesia de Santa María ⓥ – Se alza en la Plaza de Santa María. El templo, construido en el s. XVIII, tiene una bella portada barroca cobijada por un gran arco, y una **torre**, también barroca, adornada con azulejería azul. En el claustro se expone una serie de piezas arqueológicas.

Convento de las Teresas – Está instalado en un palacio mudéjar (s. XIV-XV) que tiene una bella **portada** de piedra, con alfiz, decoración heráldica y una dinámica decoración de cuerda.

Iglesia de la Concepción ⓥ – Se accede por una sencilla portada renacentista de ladrillo rojo. En el interior se conservan bellos artesonados mudéjares.

Iglesia de los Descalzos ⓥ – Su sobrio exterior no hace sospechar la exuberancia decorativa que reina en el **interior★**. La iglesia es un magnífico ejemplo de barroco ecijano. Bellas **yeserías** recubren las bóvedas, la cúpula del crucero y los muros desde el arranque de los arcos.

Convento de los Marroquíes – Es famoso por su **espadaña★**, la más bella de la localidad según los ecijanos, y por los "marroquíes", bizcochos que elaboran y venden las monjas del convento.

Iglesia de Santa Cruz ⓥ – En la Plaza de la Virgen del Valle se alza este curioso conjunto. Al entrar se atraviesan unos espacios, a modo de patios, formados por muros y arcos de una iglesia anterior.

B. Kaufmann/MICHELIN

Torre de San Juan

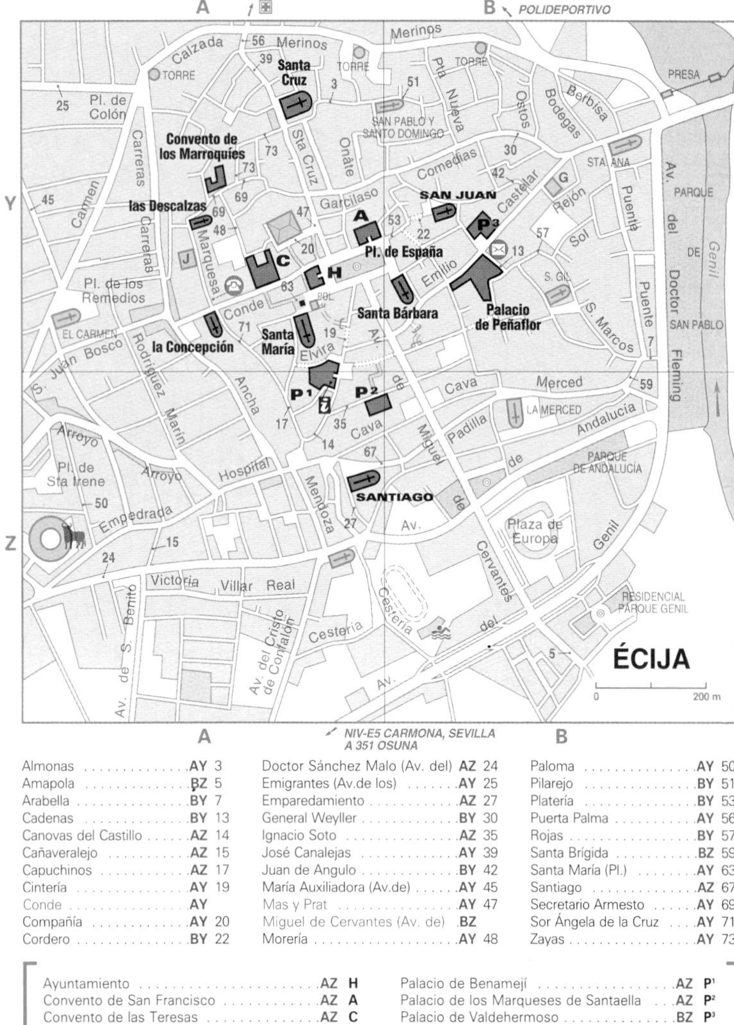

Almonas	AY	3	Doctor Sánchez Malo (Av. del)	AZ	24	Paloma	AY	50
Amapola	BZ	5	Emigrantes (Av.de los)	AY	25	Pilarejo	BY	51
Arabella	BY	7	Emparedamiento	AZ	27	Platería	BY	53
Cadenas	BY	13	General Weyller	BY	30	Puerta Palma	AY	56
Canovas del Castillo	AZ	14	Ignacio Soto	AZ	35	Rojas	BY	57
Cañaveralejo	AZ	15	José Canalejas	AY	39	Santa Brígida	BZ	59
Capuchinos	AZ	17	Juan de Angulo	BY	42	Santa María (Pl.)	AY	63
Cintería	AY	19	María Auxiliadora (Av.de)	AY	45	Santiago	AZ	67
Conde	AY		Mas y Prat	AY	47	Secretario Armesto	AY	69
Compañía	AY	20	Miguel de Cervantes (Av. de)	BZ		Sor Ángela de la Cruz	AY	71
Cordero	BY	22	Morería	AY	48	Zayas	AY	73

Ayuntamiento	AZ	H	Palacio de Benamejí	AZ	P¹
Convento de San Francisco	AZ	A	Palacio de los Marqueses de Santaella	AZ	P²
Convento de las Teresas	AZ	C	Palacio de Valdehermoso	BZ	P³

Destaca su armoniosa **torre renacentista**, con decoración de azulejería. La iglesia, de estilo neoclásico y planta de cruz griega, alberga la imagen de la **Virgen del Valle** (s. XIII), patrona de Écija. No deje de fijarse en uno de los altares: es un **sarcófago paleocristiano★** del s. V, con temas del Antiguo Testamento.

★ Palacios

En Écija no todo son iglesias con torres y espadañas; paseando por la ciudad se encuentra una interesante arquitectura popular, con columnas embutidas en las esquinas, casas blasonadas, patios y placitas llenos de encanto y bellas construcciones civiles.

Palacio de Peñaflor – En la actualidad es un Centro cultural. Tiene una original y larga **fachada★** ligeramente curva, con un balcón corrido de hierro, y decoración de pinturas al fresco. Destaca su bella portada de mármol rosa, con columnas dóricas y salomónicas y decoración heráldica.

Palacio de Valdehermoso – *c/ Caballeros.* En la parte inferior de su bella **fachada plateresca★** del s. XVI llaman la atención los grandes fustes de las columnas, que son de época romana.
A la izquierda de la fachada, se tiene una bonita vista de la **torre de la iglesia de San Juan**.

Palacio de Benamejí 🕓 – *c/ Cánovas del Castillo.* Elegante construcción barroca (s. XVIII) de ladrillo con decoración en mármol. Tiene dos pisos con torreones en las esquinas. La **portada★**, de mármoles, presenta un suave pero continuo juego de curvas, que puede verse en las molduras, el balcón y la propia disposición. No falta un gran escudo coronando el conjunto. Alberga el **Museo Histórico Municipal**.

Palacio de los Marqueses de Santaella – *En las proximidades del anterior. Es un club privado, pero se puede entrar pidiendo permiso al guarda.* Merece la pena traspasar su sencilla portada para echar un vistazo a la magnífica **cúpula pintada al fresco★** de la escalera.

ESTEPA★

Sevilla – 11.654 habitantes

Mapa Michelin nº 446 U 15

Este bello pueblo de la campiña sevillana se asienta en las laderas del Cerro de San Cristóbal, que coronan los restos de su castillo y la iglesia de Santa María de la Asunción. Ciudad púnica, romana, árabe, sede de los maestres de la Orden de Santiago en la Edad Media, ofrece al visitante numerosos atractivos.

★EL CERRO

Suba en coche hasta el cerro de San Cristóbal.

En la parte más alta del cerro, en una explanada rodeada de pinares, hay varios edificios de interés.

No deje de comprar...

los exquisitos polvorones, mantecados y dulces navideños que han dado merecida fama a esta localidad.

Recinto amurallado – Antiguamente las murallas rodeaban todo el cerro. Aunque de origen árabe, la línea de fortificación fue reconstruida en el s. XIII por la Orden de Santiago. Se conservan lienzos de murallas y torreones.

Torre del homenaje – Se construyó en el s. XIV en el antiguo castillo. La torre se alza, cuadrada y maciza, entre los restos de la alcazaba.

Iglesia de Santa María de la Asunción – *Junto a los restos del castillo.* Su fábrica se debe a los ss. XV y XVI y tiene el aspecto de una iglesia-fortaleza con sólidos muros que jalonan largos contrafuertes y un curioso torreón circular. La iglesia no tiene culto; sólo abre con motivo de algún acontecimiento excepcional y presenta un aspecto un poco abandonado.

Balcón de Andalucía – Desde la explanada que precede la iglesia y el castillo se disfrutan magníficas **vistas**★★ de la campiña. En primer término y dominando los tejados del caserío, que se escalona por la ladera, se yergue elegante la torre de la Victoria; tras ella la vista resbala por un paisaje ligeramente ondulado, casi llano, coloreado de verdes y ocres, hasta perderse en el horizonte.

Convento de Santa Clara – Es de clausura. Se levanta junto a la iglesia de Santa María. Fundado a finales del s. XVI, presenta una sencilla portada barroca con decoración heráldica. En su construcción se alternan la mampostería y el ladrillo.

OTRAS CURIOSIDADES

★**Torre de la Victoria** – Esta bella obra del s. XVIII se alza sola, sin ningún elemento que enturbie su esbeltez y su elegancia ya que han desaparecido la iglesia y el convento a los que pertenecía. Un podio de piedra sirve de base a la construcción de ladrillo, que está formada por cinco cuerpos. Fíjese en la **calle Torralba**, que sale a la derecha de la torre; estrecha, escalonada, enmarcada por un arco, es un ejemplo del encanto de algunas de las empinadas calles que suben por la ladera del cerro.

★**Iglesia del Carmen** – *c/ Mesones, junto a la Plaza del Carmen.* Esta construcción del s. XVIII cuenta con una interesante y original **portada**★ realizada en piedra y azulejería negra. Es una joya del barroco andaluz coronada por una bella espadaña.

B. Kaufmann/MICHELIN

Portada de la iglesia del Carmen

Casa-Palacio del Marqués de Cerverales – *c/ Castillejos. Residencia privada.* Es la más bella muestra de arquitectura civil de la localidad y se construyó en el s. XVIII. En su fachada la decoración se concentra en torno a la puerta y el balcón principal, con columnas salomónicas y abalaustradas, escudos y figuras. Los vanos se enmarcan con pilastras y en la planta superior tienen frontones truncados en cuyo centro se sitúa un elemento decorativo con una cara.
A la derecha del palacio se encuentra la **iglesia de la Asunción**, que alberga interesantes pinturas.

ESTEPONA★

Málaga – 39.178 habitantes

Mapa Michelin nº 446 W 14

Situado a los pies de Sierra Bermeja es uno de los grandes núcleos turísticos de la Costa del Sol. Durante los períodos estivales llega a triplicar su población, gracias, sobre todo, a su amplia oferta hotelera y a sus playas, que ocupan más de 20 km de costa. Estepona posee, también, un importante puerto deportivo y pesquero de 900 amarres, un campo de golf, un centro de submarinismo y, cómo no, un auténtico compendio de discotecas, bares nocturnos, tiendas prestigiosas y restaurantes de calidad en los que disfrutar de unas vacaciones llenas de diversión.
En la costa, siguiendo la línea de mar, aparece una serie de torres-vigías construidas en los ss. XV-XVI.

★**Casco antiguo** – Rodeado de urbanizaciones abigarradas, conserva el trazado y el encanto propio de las pequeñas villas andaluzas. Sus callejuelas estrechas y sus casas encaladas, con rejas y balcones rebosantes de flores, constituyen el principal encanto de este rincón de Estepona. Entre los principales vestigios destacan las **ruinas del castillo**, con las torres del Reloj y el Vigía, y la hermosa **Plaza de las Flores★**, uno de los lugares con más sabor de la ciudad.

¿Busca un hotel, un restaurante?, ¿quiere salir a tomar una copa o a bailar?, ¿desea información sobre las tiendas, etc.? Consulte la Agenda de direcciones en COSTA DEL SOL.

Iglesia de Nuestra Señora de los Remedios – Este templo, alzado en el s. XVIII en un estilo que denota la influencia de la arquitectura colonial, perteneció a un antiguo convento de franciscanos terciarios. Posee tres naves separadas por arcos de medio punto que descansan sobre pilastras, aunque su elemento más destacado es la **portada★★** barroca, con una curiosa decoración en la que están representados el sol, la luna y las estrellas. Sobre éstos aparece un escudo flanqueado por dos extraños rostros y, coronando el conjunto, una torre de cuatro cuerpos rematada por un chapitel piramidal de cerámica.

Plaza de Toros – Llama la atención por su curioso trazado asimétrico.

Paraje Natural de Sierra Bermeja

El color rojizo de sus formaciones rocosas y la presencia del curioso pinsapar, especie de abeto que sólo se encuentra en Andalucía, son los principales atractivos de este bello entorno natural que se halla a espaldas de Estepona, a la derecha de la carretera que va a Jubrique *(MA 557)*.

Sierra de Los FILABRES★

Almería

Mapa Michelin nº 446

La sierra de Los Filabres sorprende por su desnudez y por la majestuosidad de sus formas. Las carreteras sinuosas que la recorren ofrecen sorprendentes vistas de las impresionantes canteras que se han horadado en las montañas para extraer el preciado mármol de Macael. En las escombreras la acción del hombre imita a la naturaleza llegando a formar casi montañas con los bloques desechados tras la extracción de la piedra.

RECORRIDO POR LA COMARCA DEL MÁRMOL

79 km – calcule 2 h 1/2

Macael – Esta localidad da nombre a un mármol generalmente blanco que prolifera en toda la zona Este de la Sierra de Los Filabres. Es el centro económico de una comarca, formada por un conjunto de pequeños pueblos, que ha encontrado en este material su forma de subsistencia. El mármol de Macael es famoso desde tiempos remotos y se ha utilizado en multitud de edificios desde la Antigüedad hasta nuestros días; la Alhambra es un ejemplo entre otros muchos.

Cantoria – *14 km al Este.* A la entrada de este blanco pueblo, un mirador domina una fértil vega de hortalizas, frutales y olivos. Paseando por sus calles podrá ver la Casa del Marqués de la Romana y la iglesia de Nuestra Señora del Carmen. En las afueras, la antigua estación ferroviaria tal y como quedó después de que pasara el último tren en los años 1980.

En **Almanzora** *(a 5,5 km al Este)* se conserva el Palacio del Marqués de Almanzora: un conjunto residencial ordenado en torno a un patio central. También hay una estación de ferrocarril abandonada, similar a la de Cantoria.

Albánchez – *A 11,5 km de Cantoria por la C 3325.* El pueblo escalona sus blancas casas sobre una ladera de la sierra entre tomillos, retamas y albaidas.

Carretera a Cóbdar – *8 km al Sudoeste.* La carretera atraviesa un impresionante paisaje en el que la montaña y las explotaciones a cielo abierto de las canteras se dan la mano, hasta llegar a los pies del gran peñón marmóreo de Los Calares, donde se asienta **Cóbdar**. Destaca su iglesia y, sobre todo, el peñón para los aficionados a la escalada. Se puede dar un agradable paseo *(unos 3 km)* en busca de los restos de un molino y una alcazaba *(a la salida del pueblo, siga un camino paralelo al río).*

Chercos – *8 km al Oeste.* Este pueblo dedicado también a la cantería conserva en su parte más alta su barrio viejo, conocido como El Soto.
3 km al Sur, colgado en la ladera, está **Chercos Viejo★**. *Deje el coche a la entrada del pueblo.* Merece la pena dar un paseo a pie por sus tranquilas calles, estrechísimas y empinadas, coronadas por los restos de una alcazaba. En las afueras hay unas piedras labradas de época prehistórica.

Tahal – *9,5 km al Sudoeste.* En el trayecto se pasa por **Alcudia de Monteagud**, que conserva unas eras del s. XIX y los antiguos lavaderos públicos.
Tahal, situado en la confluencia de varios barrancos, es un pequeño y cuidado pueblo blanco en el que destaca su sólido castillo árabe del s. XV.

Regrese a Macael por la A 349; unos 19 km al Norte.

FUENTE OBEJUNA

Córdoba – 6.107 habitantes

Mapa Michelin nº 446 R 13

Una apacible carreterita entre árboles nos conduce hasta el pueblo, situado sobre una colina, cerca del nacimiento del río Guadiato. Un hecho histórico acaecido en el s. XV en Fuente Obejuna inspiró al genial Lope de Vega una de sus obras de teatro más famosas. Vale la pena dar un paseo por esta histórica villa que conserva algunas casas señoriales como exponente de su pasado.

Plaza Mayor – Situada en la parte más alta de la población, es una imponente plaza de planta irregular, solada de granito, a la que se abren el Ayuntamiento y la parroquia.

« ¿Quién mató al Comendador? Fuenteovejuna, señor »

Lope de Vega (1562-1635) inmortalizó este pueblo en su obra ***Fuenteovejuna***, en la que cuenta cómo los habitantes del lugar, hartos de las atrocidades cometidas por el Comendador Fernán Gómez de Guzmán, se rebelaron contra él y lo mataron. El juez enviado por los Reyes Católicos para investigar las circunstancias del suceso sólo consiguió esa respuesta a su pregunta «¿Quién mató al Comendador?». Los reyes, al enterarse de los desmanes cometidos por el Comendador, aprobaron la conducta del pueblo, que ha quedado como un ejemplo de unión y rebelión contra la tiranía.

Alojamiento

El Comendador – *Luis Rodríguez, 25 – ☎ y fax 957 58 52 22 – 13 hab. – 22/36€.* Hotel céntrico de habitaciones amplias y confortables, algunas con vistas del valle. Posee además uno de los pocos restaurantes de la ciudad.

Iglesia de Nuestra Señora del Castillo ⓥ– Su construcción data del s. XV y guarda en su interior interesantes obras de arte. Las tres naves góticas conservan algunos restos de pintura mural. En el presbiterio se sitúa un magnífico **retablo renacentista★** con altorrelieves que narran escenas de la Vida y Pasión de Cristo. Lo preside la Virgen del Castillo (s. XIV), que fue hallada en una hornacina de la antigua muralla.
En la capilla del Sagrario *(izquierda del presbiterio)*, que recorre un zócalo de azulejos, se puede admirar un **retablo gótico** (s. XVI), con siete tablas, dedicado a la vida de la Virgen. Otro retablo, de estilo barroco, presidido por la Virgen del Rosario, está situado en la capilla de la derecha del presbiterio. Al exterior presenta un pórtico con cuatro arcos de medio punto peraltados que descargan sobre tres columnas con capiteles de hojas de acanto de posible origen romano.

Casa Cardona – Llama la atención este curioso palacete modernista construido entre 1906 y 1911.

EXCURSIÓN

Carretera de Fuente Obejuna a Córdoba

96 km por la N 432 más 35 km (ida y vuelta a Obejo)

Belmez – La carretera discurre entre extensos campos de girasoles. El pueblo se asienta a los pies de un elevado cerro rocoso coronado por un **castillo** de origen musulmán que fue reconstruido tras la Reconquista.
Junto al Ayuntamiento (s. XIX) se halla el **Museo histórico de Belmez y del territorio minero** ⓥ, que ocupa el antiguo pósito. La tradición minera del pueblo se remonta al s. XVIII cuando se abrió un importante filón de carbón. En la actualidad, Belmez cuenta con una Escuela Universitaria de Minas.

Castillo – Se conserva parte de la torre del homenaje y las murallas con torreones cilíndricos y prismáticos. Para llegar hasta él, tome la calle que sale de la plaza, frente a la **iglesia parroquial** (s. XVIII); a unos 50 m a la derecha, se encuentra la **ermita de la Virgen del Castillo**, de donde sale una rampa que asciende hasta el pie de la muralla *(unos 5 min)*. Los más atrevidos pueden continuar la ascensión por un incómodo sendero entre piedras hasta el primer lienzo de muro. A la izquierda se ve un aljibe. Desde el patio unas escaleras llevan a una terraza tras un primer tramo. Si se continúa subiendo *(absténgase si tiene vértigo)*, se sale a la parte más alta desde donde se observan magníficas **vistas** del pueblo y sus alrededores.
Muy cerca del pueblo, en el **embalse de Sierra Boyera** se pueden practicar diversos deportes náuticos.

Vista de Belmez y su castillo

Espiel – Pintoresco pueblecito de calles empinadas y casas blancas, con un Ayuntamiento que ocupa el antiguo pósito, construido en 1792. También cuenta con una iglesia de finales del s. XVI: la parroquia de San Sebastián, en cuya torre-campanario anidan las cigüeñas.

El Vacar – A la derecha de la carretera, en lo alto de una loma se recortan las ruinas de una imponente fortaleza rectangular que domina un amplio panorama en el que se ve, al Oeste, el embalse de Puente Nuevo. Se puede acceder a la explanada, que permite contemplar los sobrios y descarnados muros de esta edificación del s. X, por cualquiera de los dos caminos de tierra que salen de la carretera, 100 y 200 m antes del pueblo.

Obejo – *Pasado El Vacar, tome a la izquierda la carretera a Obejo, 17,5 km tras abandonar la N 432.* La **carretera**★ atraviesa bellos paisajes serranos. Enseguida, al salir de una curva se observa una hermosa vista del valle del río Guadalbarbo. El trayecto descendente es muy sinuoso y no es raro encontrar rebaños de ovejas e incluso algún venado. Abundan los robles y la vegetación de retamas y jaras. Al llegar al río, que se cruza por un pequeño puente, se contempla un bello paraje, que adquiere especial encanto cuando florecen las adelfas que ponen unas pinceladas de color en la austera vegetación serrana. Pasado el puente se asciende por las montañas cuajadas de olivares. Tras una curva aparece en lo alto **Obejo**. A la izquierda se alza la **iglesia parroquial de San Antonio Abad** ⓥ (s. XIII), junto a los restos de una olvidada alcazaba. Esta iglesia, pequeña y llena de encanto, tiene tres naves separadas por arcos peraltados que descansan en pilares o columnas. Fíjese en estas últimas, las dos del lado izquierdo cuentan con sendos **capiteles**★ con decoración de ataurique que nos habla de su origen árabe. Algunas basas son capiteles invertidos. En el exterior destaca la torre mudéjar, muy rústica y sobria.

★★★**Córdoba** – *Ver p. 160.*

GÉRGAL

Almería

Mapa Michelin nº 446 U 22

El pueblo, situado en la falda de la Sierra de Los Filabres, aparece coronado por un castillo en perfecto estado de conservación. Para subir a la fortaleza *(propiedad particular: no se visita)*, a la salida del pueblo, tome a la derecha la carretera a las Aneas. El conjunto, formado por una torre cuadrada almenada con torrecillas cilíndricas adosadas, domina el blanco caserío que se despliega a sus pies y en el que destaca la gran iglesia parroquial, con artesonado mudéjar en la nave principal. El paisaje circundante es muy árido, como corresponde a esta zona de Almería.

EXCURSIÓN

★**Carretera de subida a Calar Alto** – *Calcule 1 h 1/2 sin visitar el Centro Astronómico. Tras 5 km por la C 3326, tome a la derecha la AL 872. 26 km hasta Calar Alto.*

La carretera asciende por la Sierra de los Filabres en un trayecto sinuoso hasta 2.168 m de altitud. Pasado Aulago, que se deja a la derecha, no se encuentra ningún otro pueblo en el resto de la subida. La vegetación varía según se gana altura y la aridez se va mitigando hasta llegar en la parte alta a una extensa zona de bosque, repoblada con pinos.

La carretera discurre por bellos parajes, que son privilegiados miradores naturales. Los **panoramas**★ que se contemplan a derecha e izquierda sorprenden por su extensión y belleza: la zona de Almería y Cabo de Gata al Sur, las cumbres de la Sierra Alhamilla al Sudeste, el valle del río Almanzora al Norte y las montañas de Sierra Nevada al Oeste.

En la cumbre de Calar Alto están instaladas las imponentes cúpulas del **Centro Astronómico** ⓥ *(se visita 1 día a la semana)*. Es el lugar idóneo para observar el firmamento ya que registra el mayor índice de luminosidad de Europa, con más de 200 noches al año de cielo totalmente limpio.

B. Kaufmann/MICHELIN

Cúpula del Centro Astronómico

GRANADA★★★

241.471 habitantes

Mapa Michelin nº 446 U 19

"Dale limosna, mujer, que no hay en la vida nada como la pena de ser ciego en Granada".

Este popular dicho, inscrito en un muro de la Alhambra, evoca la belleza de esta ciudad, de su privilegiado **emplazamiento**★★★ y de sus monumentos, entre los que brilla con luz propia la Alhambra, una de las más impresionantes joyas artísticas creadas por el hombre.
Granada, situada en una fértil vega que bañan los ríos Genil y Darro, asciende por las colinas del Albayzín, Sacromonte y Alhambra. La ciudad cristiana y moderna en el llano, la árabe en las colinas, como simbiosis perfecta de arte e historia, se nos muestran esplendorosas, protegidas por la silueta altiva y coronada de nieves de Sierra Nevada. Cuando uno ha vivido sus atardeceres, se ha perdido por sus callejuelas y placitas recoletas, ha paseado por las animadas calles del centro... cuando se ha sumergido en este universo de sensaciones, llega al convencimiento de que Granada no es sólo una hermosa ciudad, es una ciudad inolvidable.

FIESTAS

Toma de Granada – La primera gran fiesta del apretado calendario andaluz tiene lugar el 2 de enero en conmemoración de un hecho histórico: la rendición de Boabdil a los ejércitos cristianos. Ese día, una procesión cívica presidida por el pendón de los Reyes Católicos sube hasta la Torre de la Vela de la Alhambra para hacer sonar su campana. Según la tradición, las jóvenes granadinas que participan en la fiesta se casan antes de que finalice el año.

San Cecilio – El día de San Cecilio (1 de febrero), patrón de Granada, se celebra con una romería hasta el barrio del Sacromonte. Allí, junto a la abadía, el Ayuntamiento distribuye jarras de vino y habas al tiempo que la gente canta y baila sevillanas.

Semana Santa – A diferencia de otras ciudades andaluzas, Granada vive la Semana Santa con recogimiento y silencio. Desde el Domingo de Ramos hasta el Domingo de Resurrección, infinidad de procesiones recorren las calles empinadas y empedradas camino de la Carrera Oficial que desemboca en la Catedral.
Valiosas imágenes barrocas de Diego de Siloé, Pedro de Mena y Giacomo Fiorentino, así como otras de autores contemporáneos, ponen a prueba la habilidad de los costaleros, que se ven obligados a ponerse de rodillas para sacar los pasos a través de estrechas puertas ojivales.

Las Cruces – Se celebra el 3 de mayo en calles y patios decorados con cruces de flores.

Corpus Christi – Coincidiendo con la solemne procesión del Corpus, que recorre las calles de la ciudad cubiertas de flores y hierbas aromáticas, Granada celebra su semana grande durante la cual se suceden diversos actos festivos (corridas de toros, feria de casetas, etc.).

Festivales – Granada es sede de importantes actos culturales entre los que destacan el Festival Internacional de Teatro (mayo, en el teatro Manuel de Falla), el Festival Internacional de Música y Danza (junio-julio, en la Alhambra; www.granadafestival.org)) y el Festival Internacional de Jazz (octubre, noviembre).

APUNTES HISTÓRICOS

Granada no adquiere importancia hasta la llegada de los árabes, aunque sus orígenes son remotos y se conoce la existencia de asentamientos íberos y de la colonia que fundaron los romanos en la colina del Albayzín con el nombre de Iliberis.

La Granada árabe – En 713 las tropas de Tarik sometieron la ciudad. El núcleo originario se extendía por las colinas de la Alhambra y el Albayzín. Durante el Califato de Córdoba la ciudad dependió de él y cuando se disgregó, en 1013, se convirtió en la capital de un reino independiente (taifa), en el que se instaló la **dinastía Zirí**. Los ziríes fortalecieron las defensas de la ciudad y construyeron los baños El Bañuelo y el puente del Cadí.

En el 1090 la ciudad cayó en manos de los **almorávides** a los que les sería arrebatada por los **almohades** a mediados del s. XII. A pesar de las frecuentes luchas intestinas, durante este siglo y medio la ciudad creció, se realizaron obras de canalización y se reforzaron las fortificaciones.

El reino nazarí – La llegada de la dinastía nazarí al poder en 1238 inició la edad de oro de la ciudad. El acuerdo firmado entre Fernando III y Muhammad in Nasr, fundador de la dinastía, por el que el musulmán se reconocía vasallo del rey cristiano, propició una etapa de tranquilidad.

Además de la de Granada, el reino abarcaba las actuales provincias de Almería y Málaga y parte de las de Cádiz, Sevilla, Córdoba y Jaén. Durante este período, Granada, la capital, prosperó y se embelleció. Se extendió por la zona baja y se empezó a construir la Alhambra. Yusuf I (1333-1353) y Muhammad V (1353-1391), bajo cuyos reinados se edificaron los palacios nazaríes de la Alhambra, convirtieron a Granada en la ciudad más importante de la época.

El **s. XV** está marcado por las luchas internas, lo que facilitará la tarea de los cristianos que, poco a poco, irán reduciendo el reino nazarí. Tras un largo asedio, el 2 de enero de 1492 los Reyes Católicos toman la ciudad cerrando el capítulo de los ocho siglos de dominación musulmana en la Península.

STOCK PHOTOS

Alojamiento

CORRECTO

Los Jerónimos – *Gran Capitán, 1 – ☎ y fax 958 29 44 61 – 30 hab. – 49,85€.* Hotel correcto y con habitaciones modernas. La 502 tiene una terraza con vistas de la Alhambra y de parte de la ciudad. Buena relación calidad/precio.

Los Tilos – *pl. Bib-rambla, 4 – ☎ 958 26 67 12 – fax 958 26 68 01 – 30 hab. – 33,06/48,08€.* En una bonita plaza llena de quioscos de flores y a un paso de la catedral, que se ve desde algunas de sus habitaciones, se encuentra este hotelito sencillo pero con habitaciones confortables.

UNA BUENA OPCIÓN

Maciá Plaza – *pl. Nueva, 4 – ☎ 958 22 75 36 – fax 958 22 75 33 – 44 hab. – 41,47/62,51€.* Este sencillo hotel, recientemente renovado, se encuentra en una céntrica plaza, a los pies de la Alhambra. Ocupa un edificio de cuatro plantas y bonita fachada de balcones. Las habitaciones son normales y están amuebladas con mimbre y moqueta.

Palacio de Santa Inés – *Cuesta de Santa Inés, 9 – ☎ 958 22 23 62 – fax 958 22 24 65 – 13 hab. – 72/96€.* En el barrio del Albayzín, edificio del s. XVI con arquitectura de inspiración mudéjar. Algunas habitaciones tienen vistas de la Alhambra. En su delicioso patio con columnas todavía se distinguen restos de antiguos frescos renacentistas.

América – *Real de la Alhambra, 53 – ☎ 958 22 74 71 – fax 958 22 74 70 – 14 hab., 1 suite – 60,50/96,50€.* Una casa del s. XIX, situada en el interior del precioso recinto de la Alhambra, acoge este pequeño hotel familiar. El trato amable y el ambiente cálido y acogedor son las señas de identidad de este singular establecimiento. Agradable patio.

UN CAPRICHO

Carmen de Santa Inés – *Placeta de Porras, 7 – ☎ 958 22 63 80 – fax 958 22 44 04 – 9 hab. – 72/120€.* Si quiere desayunar bajo una pérgola disfrutando de maravillosas vistas de la Alhambra y dormir en habitaciones elegantes, todo ello en un ambiente acogedor, no dude en elegir este encantador hotel, instalado en un carmen del Albayzín.

Parador de San Francisco – *Alhambra, s/n – ☎ 958 22 14 40 –161,84/202,30€.* Espléndido Parador instalado en el que fue convento de San Francisco (s. XV), fundado por los Reyes Católicos. Se encuentra en el corazón de la Alhambra y es una auténtica maravilla. Si no se aloja en él, no pierda la ocasión de tomar una copa en la terraza que domina el Generalife.

Restaurantes

UNA BUENA OPCIÓN

Mariquilla – *Lope de Vega, 2 – ☎ 958 52 16 32 – 19,33/22,84€ – cerrado do noche, lu y del 16 jul-ago.* No se fíe de las apariencias: aunque la decoración no tenga nada especial es uno de los mejores restaurantes de la ciudad. Excelente relación calidad/precio.

Chikito – *pl. del Campillo, 9 – ☎ 958 22 33 64 – Reserva aconsejada – 18/24€ – cerrado mi.* Su historia y su animado ambiente hacen imposible ignorar este famoso restaurante convertido en punto de encuentro de granadinos y turistas. Artistas e intelectuales de los años 30, como García Lorca, se reunían aquí. Especialidades locales y magnífico jamón.

Mirador de Morayma – *Pianista Gracia Carrillo, 2 – ☎ 958 22 82 90 – 21/27€ – cerrado do noche.* Situado en el Albayzín, es uno de los restaurantes más románticos de la ciudad. Decoración rústica, terraza repleta de plantas y magníficas vistas de la Alhambra. Especialidades granadinas como habas con jamón y chuletas de cordero al monte.

La Ermita en la Plaza de Toros – *av. Doctor Olóriz, 25 (en la Plaza de Toros) – ☎ 958 29 02 57 – 25/31€.* Su original ubicación, en los bajos de la Plaza de Toros, y su cuidada decoración a base de ladrillo visto, mesas de madera, sillas de tipo rústico y motivos taurinos en las paredes hacen de este restaurante un marco ideal para disfrutar de la cocina tradicional andaluza. **Bar de tapas** en la planta baja y restaurante en la primera.

UN CAPRICHO

Ruta del Veleta – *En Cenes de la Vega, ctra. de Sierra Nevada, 50: a unos 8 km de Granada – ☎ 958 48 61 34 – 29,75/36,96€.* Restaurante muy frecuentado, elegante y decorado con numerosas jarras de cerámica colgadas del techo. Durante la temporada invernal los propietarios abren también el restaurante que poseen en la estación de esquí de Sierra Nevada.

Tapas

Bodegas Castañeda – *Almireceros, 1-3 – ☎ 958 21 54 64.* La barra y las mesas para tapear de esta típica bodega, situada a dos pasos de la Plaza Nueva, suelen estar abarrotadas. Infinidad de botellas decoran el establecimiento. Buenos productos ibéricos, quesos y ahumados.

Casa Enrique – *Acera del Darro, 8 – ☎ 958 25 50 08 – cerrado do.* Bar con buen jamón y excelente vino que se puede tomar por copas. El propietario, muy amable, presume de su gran bodega. El establecimiento está situado en una de las calles más comerciales de la ciudad, entre una sucursal bancaria y una joyería.

Los Diamantes – *Navas, 28 – cerrado do y lu.* Bar especializado en pescados y marisco; situado en una calle peatonal llena de bodegas y restaurantes. Productos de excelente calidad.

La Trastienda – *Placeta de Cuchilleros, 11.* Establecimiento fundado en 1836. Después de traspasar la pequeña puerta de entrada, se bajan dos escalones y se llega a una antigua tienda de ultramarinos que conserva el pequeño mostrador. Se puede tomar un excelente chorizo en la barra o sentarse a degustar raciones en la agradable salita del fondo.

Pilar del Toro – *Hospital de Santa Ana, 12 – ☎ 958 22 38 47.* Aunque sólo sea por curiosidad, este establecimiento, instalado en una casa de 1789, merece una visita. La puerta de la entrada da paso al bar con un pequeño mostrador a la izquierda y un gran patio andaluz a la derecha. Bonito restaurante en la planta de arriba.

Salir

Por el clima frío del invierno y la presencia de la Universidad, Granada cuenta con numerosos locales agradables para pasar una tarde tranquila, una amplia oferta de establecimientos animados y discotecas, que tienen buen ambiente todos los días de la semana. La gente más joven suele preferir los locales de la calle Pedro Antonio de Alarcón (de ambiente universitario), o la zona de la Carrera del Darro, junto a la Alhambra y el Albayzín.

Bohemia Jazz Café – *Santa Teresa, 17 – abre de 15-02 de la madrugada (fines de semana hasta las 03).* Es el sitio perfecto para ir a tomar algo tranquilo y charlar rodeado de decoración y música inspiradas en el jazz. Hay cuatro pianos de los cuales tres son auténticas piezas de coleccionista. En uno de ellos, varias veces a la semana, un músico toca jazz. Tiene siete variedades de café arábigo de gran calidad y todo tipo de público.

El Tren – *Carril del Picón, 22 – abre de 8-22.* Este curioso local, de ambiente acogedor, tiene una extensa carta de cafés, tés y tartas. Del techo cuelgan las vías de un tren eléctrico que circula por las alturas del café. El público varia dependiendo de las horas del día.

Las Teterías – La **calle Caldería Nueva**, entre el Centro y el Albayzín, traslada al visitante a una vía típica de cualquier ciudad árabe. Las teterías, pequeñas e íntimas, dan un ambiente acogedor a la calle. Destacan entre todos los locales **Pervane**, un curioso establecimiento, tranquilo y agradable, con infinidad de tipos de tés, cafés, batidos y tartas, y **Kasbah**, decorado con cojines y alfombras en el suelo al más puro estilo de cafetín moro.

La Fontana – *Carrera del Darro, 19 (junto al primer puente) - abre de 16-03 de la madrugada.* Situado en una casa antigua, al pie de las colinas de la Alhambra y el Albayzín, es un local acogedor, con algunas antigüedades, ideal para tomar una copa tranquila, en un ambiente de charla distendida. Gran variedad de cafés, infusiones y cócteles.

El 3er Aviso – *pl. de Toros, 1-18 – abre de 16-05 de la madrugada.* Por su situación, en la misma plaza de toros, es un lugar que sorprende por su amplitud y su moderna decoración muy cuidada y de buen gusto. Cuenta con varias plantas desde las que uno se puede asomar a las inferiores y que permiten distintos ambientes más tranquilos para charlar. Su música comercial es capaz de animar a todo el que pase a tomar una copa. El público, entre 25 y 45 años.

El Príncipe – *Campo del Príncipe, 7. En verano abre todos los días exc. lu. En invier, de mi-sá; de 23-06 de la madrugada.* En esta gran sala de fiestas se da cita la gente más VIP de Granada. Por su escenario pasan grupos de primera fila nacional y siempre está abarrotada de público de todas las edades.

El Camborio – *Sacromonte, 47 (en el Sacromonte) – abre de ma-sá (ambos incluidos) de 24 a 6 ó 7 de la mañana.* Es uno de los locales más antiguos y consolidados de Granada (30 años abierto ininterrumpidamente). Conviene ir en coche o taxi ya que la zona no es muy aconsejable. El sitio es distinto a todo lo visto: cuatro cuevas conectadas entre sí, con buena música bailable. Es un buen lugar para terminar la noche. Hay todo tipo de público aunque predominan los estudiantes.

Visita

Bonoturístico – Este interesante bono permite la visita de la Alhambra y el Generalife, la Catedral, la Capilla Real, la Cartuja, el Monasterio de San Jerónimo y el Parque de las Ciencias; también da derecho a 10 viajes en cualquiera de las líneas de autobús de la ciudad.
Se vende en las taquillas de la Alhambra, la Capilla Real, y la Caja de Ahorros de Granada (sucursales de la pl. de Isabel la Católica, 60 y del Centro Comercial Neptuno). En el momento de la reserva o adquisición del bono se debe de indicar el día y hora en el que se van a visitar los Palacios Nazaríes de la Alhambra.
El precio es de 33,66€ y el período de validez es de 7 días.
Información y reservas en la Caja General de Ahorros de Granada, ☎ 902 100 095 (lu-vi de 8.30 a 21, sá de 9 a 14).

Ocio

La tradición cultural de Granada continúa hoy en plena vigencia. El Teatro Alhambra (c/ Molinos 54, ☎ 958 22 04 47) programa una variada temporada de espectáculos teatrales. El Auditorio Manuel de Falla ofrece una temporada de conciertos de muy alta calidad.
Por lo demás, la oferta de espectáculos y exposiciones de Granada es muy variada y abundante. Para estar al día, se puede comprar en los quioscos una guía que se edita mensualmente y cuesta 0,75€. Además, la Diputación de Granada publica cada mes una guía con las actividades culturales que se van a llevar a cabo en toda la provincia, y que puede conseguirse en la propia Diputación y en las Oficinas de Turismo.

B. Kaufmann/MICHELIN
De compras en la Alcaicería

Tiendas y compras

La zona comercial de Granada abarca principalmente las grandes avenidas del centro de la ciudad y las calles peatonales anexas. Destaca el eje formado por la Gran Vía de Colón, la calle Reyes Católicos y la calle Recogidas, donde conviven las tiendas más tradicionales con los comercios más modernos y algún gran centro comercial, como el Neptuno, en la última calle citada.
En la misma zona, junto a la Catedral, se encuentra la Alcaicería, antiguo mercado de la seda en época musulmana, donde se reúnen tiendas de artesanos y de recuerdos turísticos en un ambiente de zoco árabe. Otra actividad típica en esta zona es pasear y comprar entre los puestos de flores de la plaza de Bibrambla, que dan gran colorido a dicho lugar.
Son típicos de Granada los artesanos que trabajan la taracea en pequeños objetos de madera, sobre todo cajitas y joyeros. En la Alcaicería se encuentran buenos ejemplos.
También por esta zona se encuentran numerosas pastelerías donde comprar los típicos "piononos", dulces clásicos de Granada. En la ciudad tienen justa fama los de la Pastelería Flor y Nata, en la calle Reyes Católicos.
Todos los domingos, en el Campo de la Feria (ctra. de Jaén), se instala un **mercadillo** donde se puede comprar de todo.

Transportes

Aeropuerto – Ctra. a Málaga, ☎ 958 24 52 00 – 958 44 64 11.
Información: ☎ 958 22 75 92
El aeropuerto se encuentra en las afueras de Granada. Existe un servicio de autobús Granada - Aeropuerto, salida desde el Palacio de Congresos. (☎ 958 27 86 77 ó 958 13 13 09)

Trenes – La estación se encuentra en la av. de Andalucía s/n, ☎ 958 27 12 72. Desde aquí se puede ir a muchos puntos de la provincia y al resto de España con líneas regulares.
Oficinas de Viajes de RENFE: c/ Reyes Católicos, 63. ☎ 958 22 31 19 ó 902 24 02 02.

Autobuses urbanos – Mediante este transporte se puede llegar a cualquier punto de la ciudad, tanto a monumentos como a los distintos barrios. Precio del viaje 0,85€; bono de 6 viajes 4€; bono de 21 viajes 10€; bono para 30 días 29€ (☎ 900 710 900).

Autobuses interurbanos – Ctra. de Jaén, s/n ☎ 958 18 50 10/1.
De esta estación parten autobuses a todas las capitales de Andalucía, muchas de las ciudades españolas y algunas capitales europeas.
Podemos destacar el servicio de autobuses Granada - Sierra Nevada (Paseo de Violón a la altura del puente de la Virgen. Bar "Ventorrillo". ☎ 958 27 31 00) con salidas todos los días.

Taxis – ☎ 958 15 14 61 – 958 28 06 54

Coches de caballos – Existe un servicio de coches de caballos que recorre toda la zona turística de Granada. La salida está en la Puerta Real.

ÍNDICE DE CALLES Y LUGARES DE INTERÉS DE GRANADA

Adelfas (Paseo de las) . . . DY
Agua . . . CV
Aire (Cuesta del) . . . CY
Alhacaba (Cuesta de la) . BCX
Alhamar . . . AZ
Alhóndiga . . . AY
Aliatar (Pl.) . . . CX
Ancha de Capuchinos . . . AV
Ancha de la Virgen . . . BZ 3
Ángel Ganivet . . . BZ
Antequeruela Baja . . . CDYZ
Arandas (Los) . . . AX
Belén . . . CZ
Bib-Rambla (Pl. de) . . . ABY
Bomba (Paseo de la) . . . CZ
Caidero (Cuesta del) . . . DZ
Calderería Nueva . . . BY
Camino Nuevo de S. Nicolás . . . CX
Campillo (Pl. del) . . . BZ
Capitan Moreno (Av.) . . . AV
Capuchinas . . . AY 12
Cárcel Alta . . . BY 13
Cárcel Baja . . . BY
Carmen (Pl. del) . . . BY 16
Casino (Acera del) . . . BZ
Ceniceros . . . BCX 20
Chapiz (Cuesta del) . . . DX
Cipreses (Paseo de los) . . DY
Colón (Gran Vía de) . . . BXY
Constitución (Av. de la) . . AV
Darro (Acera del) . . . BZ
Darro (Carrera del) . . . BCXY
Duende . . . BZ
Duquesa . . . AXY
Elvira . . . BXY
Escoriaza . . . CDZ
Escudo de Carmen . . . BY
Escuelas . . . AY
Gomérez (Cuesta de) . . . BCY
Gracia (Pl. de) . . . AZ
Gracia . . . AY
Gran Capitán . . . AXY
Horno de Abad . . . AY 36
Horno de la Charca . . . CX 37
Isabel la Católica (Pl. de) . BY 38
Isabel la Real . . . BX
Larga San Cristóbal . . . BCV
Lobos (Pl. de los) . . . AY
Lozano . . . BZ
Madrid (Av. de) . . . AV
Málaga . . . AY
Maria la Miel (Cuesta de) CX
Mariana Pineda (Plaza de) BZ
Marqués de Falces . . . BX 40
Mesones . . . AY
Molinos . . . CZ
Murcia (Carretera de) . . BCV
Navarrete . . . AX 44
Navas . . . BYZ
Nueva (Plaza) . . . BY
Nueva del Santísimo . . . AX 46
Nueva de San Antón . . . AZ 47
Obispo Hurtado . . . AY
Paco Seco de Lucena . . . CZ
Padre Manjón (Paseo del) . . . CDX
Pages . . . CV
Pavaneras . . . BY
Pedro Antonio de Alarcón AZ
Peña Partida . . . CY
Pescado (Cuesta del) . . . CZ
Picón (Carril del) . . . AY 52
Piedad . . . AY 53
Portón de Tejeiro . . . AZ
Príncipe (Campo del) . . . CZ
Puentezuelas . . . AY
Real . . . DY
Real (Puerta) . . . BYZ
Realejo (Cuesta del) . . . CY
Recogidas . . . AZ
Rector López Argüeta . . . AX
Reyes Católicos . . . BY
Sacromonte (Camino del) DX
Salón (Paseo del) . . . BCZ
San Antón (Pl. de) . . . AZ 61
San Antón . . . ABZ
San Antonio (Camino de) . . . BCV
San Antonio (Cuesta de) . BV
San Cristóbal (Veredilla de) . . . BVX
San Gregorio . . . CV
San Gregorio (Cuesta de) . . . BX
San Ildefonso (Acera de) . . . BVX
San Jacinto . . . BZ
San Jerónimo . . . AXY
San Juan de Dios . . . AX
San Juan de la Cruz (Plaza) . . . BY 63
San Juan de los Reyes . . CX
San Luis . . . CV
San Matias . . . BY
San Miguel Bajo (Plaza) . . BX
San Nicolás (Cuesta de) . CX 64
Santa Ana (Pl. de) . . . BY 66
Santa Bárbara . . . AX
Santa Escolástica . . . BY 67
Santa Paula . . . AX
Santiago . . . CZ
Santo Domingo (Callejón de) . . . BZ 68
Solares . . . CZ
Solarillo de Gracia . . . AZ
Tablas . . . AY
Tendillas de Santa Paula . AX 73
Tinajilla . . . AX 76
Tomasas (Carril de las) . . CX
Tovar (Pl.) . . . BY 77
Trinidad (Pl. de la) . . . AY
Triunfo (Pl. del) . . . ABX
Universidad (Pl. de la) . . . AX 78
Varela . . . BZ
Ventanilla . . . AX
Virgen (Carrera de la) . . . BZ
Vistillas de los Ángeles . . . DZ
Zenete . . . BX

Alcaicería . . . BY
Alcazaba . . . CY
Alhambra . . . DY
Arco de las Pesas . . . CX
Baños árabes (El Bañuelo) . . . CX
Capilla Real . . . BY
Carmen de los Mártires (Jardines) . . . DZ
Cartuja . . . BV
Casa del Chapiz . . . DX
Casa-Museo Manuel de Falla . . . DZ
Casa de Porras . . . BX **B[1]**
Casa de los Tiros . . . BY **B[2]**
Catedral . . . BY
Chancillería . . . BY
Colegio de San Bartolomé y Santiago . . . AX **C**
Convento de Santa Catalina de Zafra . . . CX
Convento de Santa Isabel la Real . . . BX
Corral del Carbón . . . BY
Curia eclesiástica . . . BY **F**
Generalife . . . DX
Hospital Real . . . AV
Hospital de San Juan de Dios . . . AX
Huerta de San Vicente . AZ
Iglesia del Sagrario . . . BY **K**
Iglesia de San José . . . BX
Iglesia de San Juan de Dios . . . AX
Iglesia de San Pedro . . CX
Iglesia de Santa Ana y San Gil . . . BY
Iglesia de Santo Domingo . . . BZ
Iglesia de los Santos Justo y Pastor . . . AX
Jardines del Triunfo . . . AV
Jardines y Torres de la Alhambra . . . DY
Madraza o Ayuntamiento Viejo . . . BY
Mirador de San Cristóbal CV **N[1]**
Mirador de San Nicolás CX **N[2]**
Monasterio de San Jerónimo . . . AX
Monumento a la Inmaculada Concepción . . . AV **R**
Museo Arqueológico . . CX
Palacio Arzobispal . . . BY **S**
Palacio de Carlos V . . . CY
Palacio de los Córdova DX
Palacios Nazaríes . . . CY
Parque de las Ciencias . . . BZ
Puerta de la Justicia . . CY
Sacromonte . . . DX
Universidad . . . AXY **U**

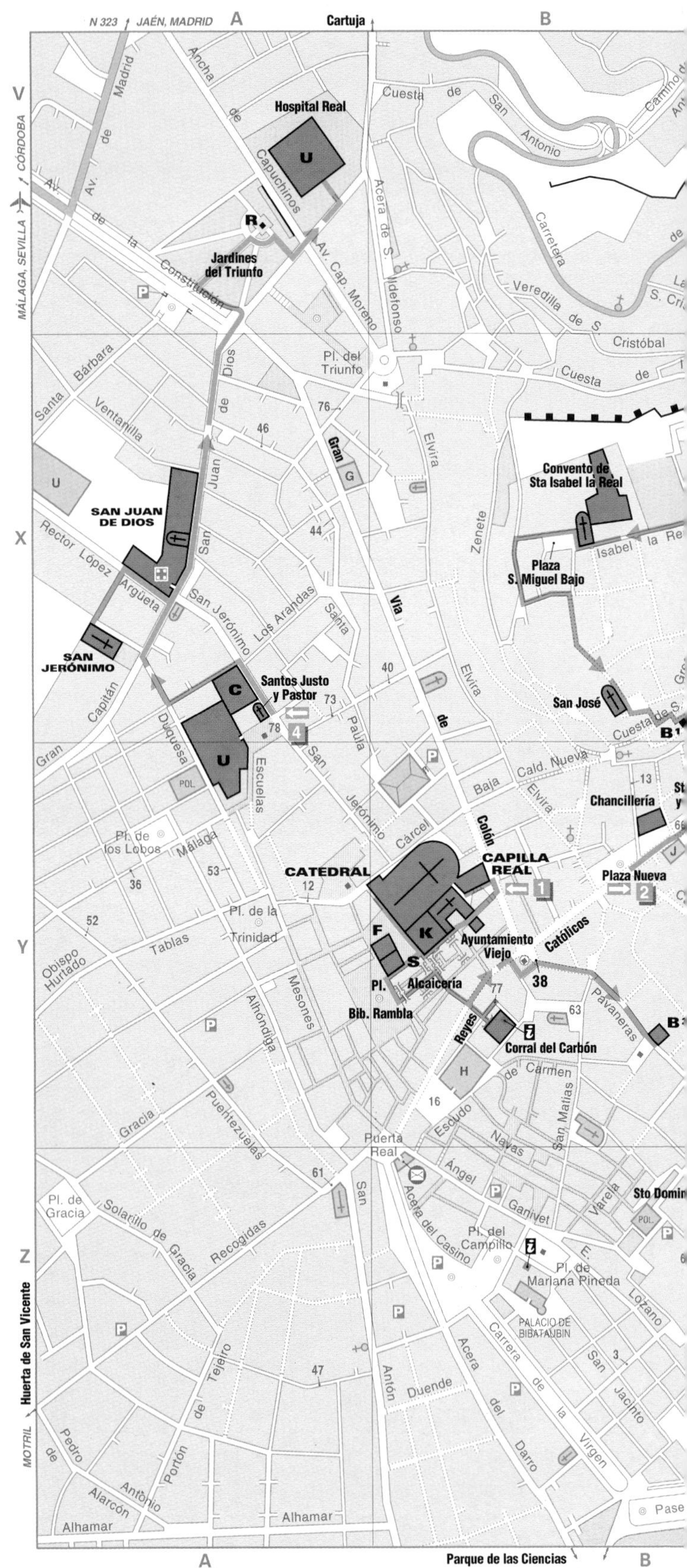

N 323 JAÉN, MADRID
Cartuja
MÁLAGA, SEVILLA
CÓRDOBA
Hospital Real
Jardines del Triunfo
Pl. del Triunfo
Convento de Sta Isabel la Real
Plaza S. Miguel Bajo
SAN JUAN DE DIOS
SAN JERÓNIMO
Santos Justo y Pastor
San José
Chancillería
CATEDRAL
CAPILLA REAL
Plaza Nueva
Ayuntamiento Viejo
Alcaicería
Pl. Bib. Rambla
Corral del Carbón
Pl. de los Lobos
Pl. de la Trinidad
Puerta Real
Pl. del Campillo
Pl. de Mariana Pineda
PALACIO DE BIBATAUBIN
Pl. de Gracia
Sto Domin
Huerta de San Vicente
MOTRIL
Parque de las Ciencias

D'après F. Chueca, la Sainte Cathédrale (ancienne Mosquée de Cordoue) est le premier monument de l'Occident islamique et l'un des plus extraordinaires au monde.

L'histoire archéologique de ce temple insigne témoigne de l'évolution architecturale et stylistique la plus variée, depuis le style hispano-musulman datant de son apogée jusqu'aux styles prédominants aux XVIè et XVIIè siècles: arcatures et voûtes hispano-flamandes, coupoles Renaissance, protobaroque, etc.

L'édifice actuel est issu d'une mosquée érigée initialement par Abd-el-Rahman I sur la basilique chrétienne de San Vicente, dont on récupéra les matériaux, puis agrandie par Abd-el-Rahman II, El Hakam II et Al Mansour. C'est au XVIè siècle que fut construit le transept de la Cathédrale, sur une partie des extensions d'Abd-el-Rahman II et d'Al Mansour.

Tour. L'ancien minaret est conservé à l'intérieur de la tour actuelle. Le minaret primitif fut érigé par Abd-el-Rahman III et la construction de la tour actuelle commença au XVIè siècle pour s'achever au siècle suivant.

Cour des Orangers. L'oeuvre d'Abd-el-Rahman III et d'Al Mansour fut remodelée par l'évêque Martín Fernández de Angulo (XVIè siècle), qui fit construire les cloîtres actuels sous la direction d'Hernán Ruiz I. En ce qui concerne l'ornementation botanique, on sait que la cour était plantée de palmiers au XIIIè siècle. Les orangers existent depuis le XVè siècle et furent accompagnés d'oliviers et de cyprès à partir du XVIIIè siècle.

Edifice principal. Abd-el-Rahman I (756-788) commença la construction de la première mosquée sur la structure de la basilique chrétienne de San Vicente, récupérant une grande partie des matériaux de celle-ci. Cette première partie fut terminée en sept ans. Elle possède onze nefs, marquées par des réminiscences de l'ancienne culture hellénistique, visibles dans les matériaux employés.

On remarquera la diversité des colonnes et des chapiteaux, superbe échantillonnage de tous les styles gréco-romains, égyptiens et wisigothiques. Les colonnes furent surmontées de pilastres les élevant à la hauteur désirée, puis donnant naissance aux arcatures superposées à l'aides de voussoirs de pierre et de brique. Plusieurs chapelles se trouvent dans la nef occidentale, parmi lesquelles celle de la Purísima Concepción, du XVIIè siècle.

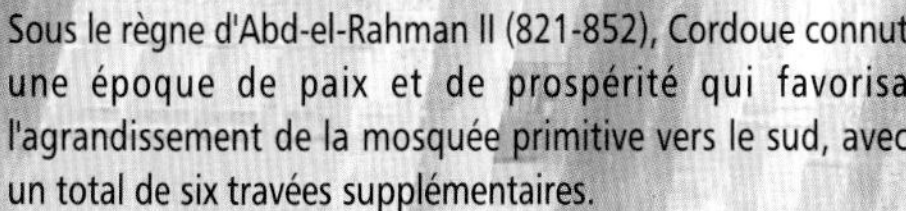

Sous le règne d'Abd-el-Rahman II (821-852), Cordoue connut une époque de paix et de prospérité qui favorisa l'agrandissement de la mosquée primitive vers le sud, avec un total de six travées supplémentaires.

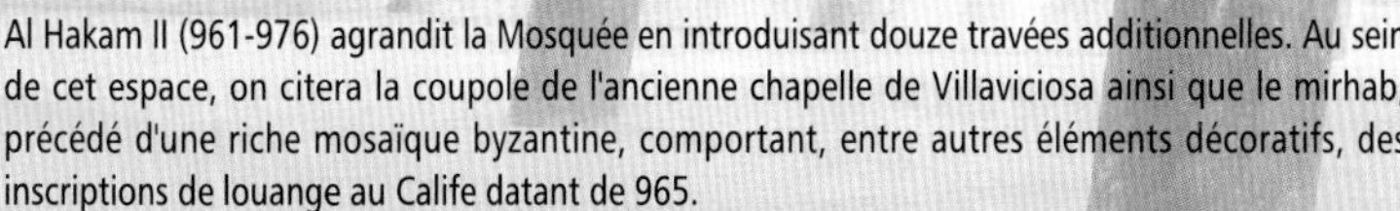

Al Hakam II (961-976) agrandit la Mosquée en introduisant douze travées additionnelles. Au sein de cet espace, on citera la coupole de l'ancienne chapelle de Villaviciosa ainsi que le mirhab, précédé d'une riche mosaïque byzantine, comportant, entre autres éléments décoratifs, des inscriptions de louange au Calife datant de 965.

L'agrandissement suivant, le dernier, fut réalisé par Al Mansour. Ce fut le plus important, peut-être pour symboliser le pouvoir politique de son commanditaire. A noter, au sud-est de cette partie, l'Eglise Paroissiale du Sagrario, ornée de peintures murales de l'Italien César Arbais, du XVIè siècle.

Transept de la Cathédrale. Les travaux débutèrent en 1523, sous les ordres de l'évêque don Alonso Manrique, qui dut vaincre une certaine résistance. Elle forme un ensemble reflétant tous les styles des XVIè et XVIIè siècles : arcatures et voûtes hispano-flamandes, coupole Renaissance, voûte du choeur et maître-autel protobaroques. Il fut achevé au début du XVIIè siècle. Les travaux furent dirigés par les architectes cordouans Hernán Ruiz I, Hernán Ruiz II, Hernán Ruiz III et Juan de Ochoa.

Les stalles du choeur, en bois d'acajou, furent réalisées par le sculpteur sévillan Pedro Duque Cornejo au XVIIIè siècle. Les peintures de l'autel sont l'oeuvre d'Antonio Palomino.

Trésor de la Cathédrale. Il abrite des pièces datant du XVè au XXè siècle, réalisées pour la plupart par des ateliers de Cordoue. On y remarquera également de magnifiques oeuvres italiennes. On y accède par la chapelle de Santa Teresa ou du Cardenal, construite par le célèbre architecte baroque Francisco Hurtado Izquierdo.

L'oeuvre la plus spectaculaire et la plus grandiose est l'ostensoir destiné à la procession de la Fête-Dieu, dont l'exécution fut confiée à l'orfèvre allemand Enrique de Arfe par l'évêque Martín Fernández de Angulo entre 1510 et 1516. Il fut exhibé en procession pour la première fois en 1518. Le professeur Sánchez Cantón a dit de lui qu'il s'agissait peut-être du plus bel ostensoir d'Espagne. Il a subi plusieurs restaurations et agrandissements en 1616, 1735, 1784 et 1967.

On peut également admirer deux reliquaires du XVè siècle, celui de San Bartolomé, comportant une coupe en cristal de roche et des ornementations de style gothique, ainsi que celui de Santa Ursula, qui représente le buste de la sainte donné à la Cathédrale par l'évêque don Fernando González Deza au début du XVè siècle.

On ne manquera pas de contempler le bénitier portatif en argent ciselé en forme de cratère, orné des écus épiscopaux et de billettes portant les dates de 1561 et 1562.

Finalement, on fera une halte devant les croix de procession, l'une d'elles attribuée à Enrique de Arfe, ainsi que devant le magnifique Christ crucifié en ivoire, splendide pièce du baroque espagnol.

Plan

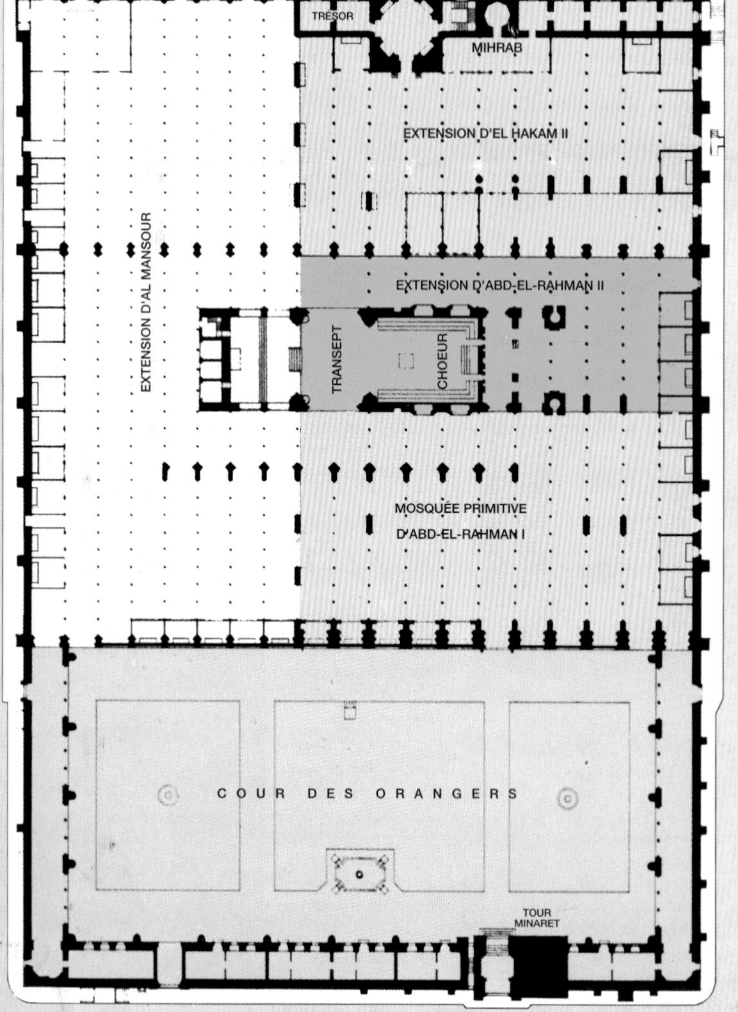

D. L. CO. 843/1998 - IMP. SAN PABLO, S. L. - CORDOBA

Petit guide de la Sainte Cathédrale

Ancienne Mosquée de Cordoue

OFFERT PAR

CajaSur

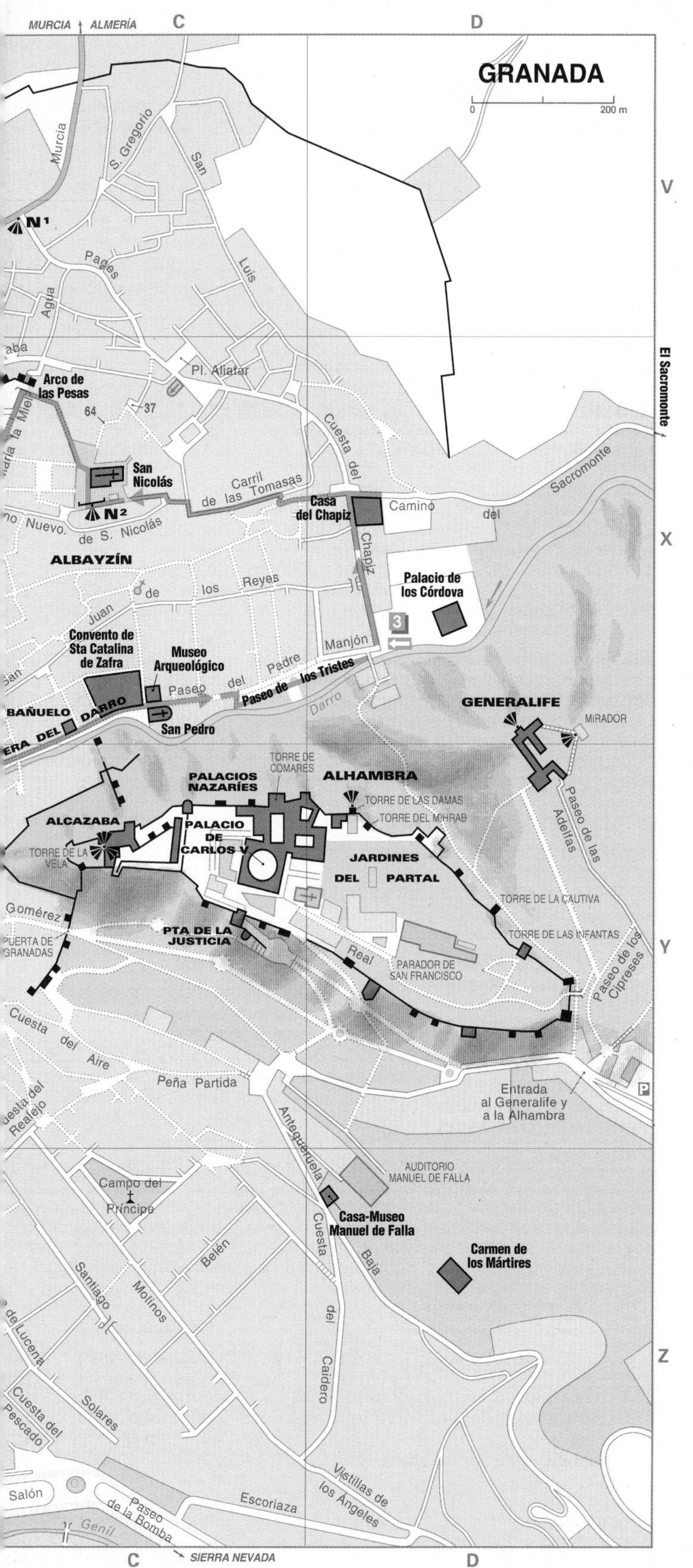

MURCIA
ALMERÍA
C
D
GRANADA
0
200 m
V
X
Y
Z
El Sacromonte
Murcia
S. Gregorio
San
N1
Pages
de S. Nicolás
Luis
Agua
Pl. Aliatar
Arco de las Pesas
64
37
Cuesta del
San Nicolás
N2
Carril de las Tomasas
Casa del Chapiz
Camino del Sacromonte
Nuevo
ALBAYZÍN
Chapiz
Palacio de los Córdova
de los Reyes
Juan
3
Manjón
Convento de Sta Catalina de Zafra
Museo Arqueológico
Paseo del Padre
Paseo de los Tristes
BAÑUELO
DARRO
San Pedro
Darro
GENERALIFE
MIRADOR
TORRE DE COMARES
PALACIOS NAZARÍES
ALHAMBRA
TORRE DE LAS DAMAS
TORRE DEL MIHRAB
ALCAZABA
PALACIO DE CARLOS V
TORRE DE LA VELA
JARDINES DEL PARTAL
Paseo de las Adelfas
TORRE DE LA CAUTIVA
Gomérez
PUERTA DE GRANADAS
PTA DE LA JUSTICIA
TORRE DE LAS INFANTAS
Real
PARADOR DE SAN FRANCISCO
Paseo de los Cipreses
Cuesta del Aire
Peña Partida
Entrada al Generalife y a la Alhambra
P
Cuesta del Realejo
Antequeruela
AUDITORIO MANUEL DE FALLA
Campo del Príncipe
Casa-Museo Manuel de Falla
Carmen de los Mártires
Belén
Cuesta Baja
Santiago
Molinos
del Caidero
de Lucena
Cuesta del Pescado
Solares
Salón
Paseo de la Bomba
Genil
Escoriaza
Vistillas de los Ángeles
SIERRA NEVADA

Las lágrimas de Boabdil

Tras entregar las llaves de Granada, Boabdil, último rey nazarí, inicia el camino hacia el exilio. En un lugar que ha pasado a la historia con el nombre de Suspiro del Moro, se detiene para echar una última mirada a su amada ciudad sin poder contener las lágrimas. Su madre le reprocha: "Llora como mujer lo que no supiste defender como un hombre". Pero, ¿quién no habría llorado en su lugar?

La Granada cristiana – Tras la conquista, la población morisca se concentró en el Albayzín. Ya a finales del s. XV surgen los primeros conflictos cuando se quiere obligar a los musulmanes a bautizarse. Con el paso de los años el problema se agrava hasta que estalla en 1568. El cabecilla de la revuelta, Aben Humeya, huye a las Alpujarras, donde es derrotado por D. Juan de Austria, al que había mandado llamar Felipe II. Tras este episodio los moriscos fueron expulsados de Granada.
Durante los **ss. XVI** y **XVII**, la ciudad sufre importantes transformaciones: se derriban calles del laberíntico trazado urbano musulmán, se crean plazas y vías más anchas y se construyen entre otros edificios la Catedral, la Capilla Real, el Palacio de Carlos V, la Lonja, el Hospital Real, la Chancillería y la Cartuja.
Ya en el **s. XVIII**, y sobre todo durante el **s. XIX**, Granada recibe la visita de numerosos viajeros que se enamoran de ella. El romanticismo forja el mito de esta ciudad, acostumbrada desde antiguo a escuchar toda clase de alabanzas. Su belleza, rodeada de un halo de misterio y exotismo, se convertirá en un tema literario sobre el que escribirán, entre otros, Victor Hugo, Alejandro Dumas y por supuesto Washington Irving en sus famosos *Cuentos de la Alhambra*.
Pero también durante el s. XIX llegaron unos visitantes menos amables: los franceses que, durante la ocupación de la ciudad, causaron diversos destrozos e incluso intentaron volar la Alhambra; gracias a Dios no lo consiguieron, aunque destruyeron algunas torres y lienzos de murallas.

Granada hoy – Capital de una provincia esencialmente agrícola y ganadera, Granada es, en cualquier época del año, una ciudad alegre y animada. En sus calles se cruzan los estudiantes de su concurrida universidad con los miles de turistas que acuden de todos los rincones del mundo –el turismo es su principal recurso económico. Los granadinos disfrutan de esta ciudad que conserva un tamaño a la medida del hombre, que tiene a un paso la montaña, en la que se puede esquiar gran parte del año bajo un luminoso sol, y la costa, a la que escaparse cuando el calor aprieta.

★★★LA ALHAMBRA Y EL GENERALIFE Ⓥ *visita: 1/2 día*

El acceso a la Alhambra y el Generalife se realiza desde la Plaza Nueva por la Cuesta de Gomérez. Franqueando el primer recinto por la Puerta de Granadas, construida por Machuca en tiempos de Carlos V, se entra en el frondoso **bosque★**.

★★★La Alhambra

La "Calat Alhambra" o castillo rojo es uno de los monumentos más emblemáticos de la arquitectura universal y el más bello de los palacios árabes que se conservan. Se asienta en lo alto de una colina alargada, la más alta de la ciudad, conocida en fuentes medievales como la Sabika.
"La Sabika es una corona sobre la frente de Granada... y la Alhambra (que Dios la proteja) es el rubí en lo alto de la corona" cantó el poeta Ibn Zamrak (1333-1393).
La Alhambra fascina por su refinamiento, por el embrujo de su arquitectura engalanada de agua y jardines, que plasma como ninguna la tradición del edén coránico. Su belleza está, sin embargo, llena de contradicciones. El lujo y la suntuosidad de sus construcciones contrastan con la pobreza de sus materiales. Sorprende que un poder político en decadencia construyera esta obra maestra y que los avatares de la historia la respetaran. Pese a sus dimensiones, la Alhambra está hecha a la medida del hombre.

¡Ojo!

Debido a la gran afluencia de público, le recomendamos que reserve o adquiera su entrada con antelación.
Tenga en cuenta la **hora de visita de los Palacios Nazaríes** que figura en su entrada para organizar su visita a la Alhambra y el Generalife.

★★★Palacios Nazaríes – Estos palacios son el núcleo central de las construcciones. Nada en su exterior hace presagiar su riqueza interna, la variedad y originalidad decorativa de sus bóvedas de mocárabes, cúpulas, zócalos y estucos, a las que se unen el agua y la luz utilizados como

Algunas fechas

La cronología más aceptada con respecto a las construcciones de la Alhambra y el Generalife es:
– finales del s. XIII: las murallas exteriores.
– **s. XIV**: a principios, el Generalife. Los palacios nazaríes: durante los reinados de Yusuf I (1333-1354) y Muhammad V (1354-1359 y 1362-1391).

elementos arquitectónicos, y que los convierten en una joya de valor incalculable.

Los palacios se organizan en torno a tres patios: el del Cuarto Dorado, el de los Arrayanes y el de los Leones. No existen las perspectivas y así el visitante, a través de pequeños pasillos, pasa de un modo sorpresivo de un maravilloso conjunto a otro. Es una arquitectura de la ilusión, en la que se asombra de continuo al espectador con visiones impactantes.

El Mexuar – La visita se inicia por el **Mexuar**, que es una habitación rectangular. En la parte de delante se sitúan cuatro columnas que sostienen un entablamento recubierto de yeserías. Un bello zócalo de azulejos y una banda epigráfica recorre los muros, decorados con escudos reales. Se piensa que esta sala tenía una función administrativa. Al fondo se abre un pequeño oratorio.

R. Mattès

Una decoración siempre delicada

El Patio del Cuarto Dorado (1) – Sorprende su bellísimo **muro Sur**, enteramente recubierto de una delicada decoración que constituye un compendio del arte nazarí. Azulejos con decoración geométrica, paneles con decoración vegetal, bandas epigráficas, un friso de mocárabes, uno de madera tallada y un gran alero, dispuestos en torno a dos puertas y cinco ventanas, configuran este singular muro-fachada.

En el lado contrario, al fondo del pórtico, se halla el Cuarto Dorado, sala alargada con zócalo de azulejería, finos estucos labrados y bella cubierta de madera. Desde sus ventanas se observa una magnífica **vista★** del Albayzín.

El Patio de los Arrayanes – Traspasando la puerta de la izquierda del muro Sur, por un pasillo en codo se accede al Patio de los Arrayanes. Este bellísimo patio rectangular tiene un estanque largo y estrecho, bordeado de mirtos, en el que se refleja la maciza **torre almenada de Comares**, que contrasta con la ligereza y el refinamiento de las arquerías de la galería. A continuación se halla la alargada **Sala de la Barca**, derivación de Barakha (bendición), que se cubre con una magnífica bóveda de madera, acabada en sus extremos en cuarto de esfera. Los muros, muy decorados, ostentan escudos de la dinastía nazarí e inscripciones epigráficas con el lema dinástico: "Sólo Dios es salvador". Desde ella se accede al **Salón de Embajadores**, espléndida sala cuadrada en la que estaría situado el trono real y que impresiona por la riqueza de su decoración, con un magnífico zócalo de azulejos de precioso reflejo metálico, delicadas yeserías con motivos vegetales y geométricos y numerosas bandas epigráficas con inscripciones religiosas y poéticas. Sobre un cuerpo de ventanas con celosías se eleva la maravillosa **cúpula** que cubre la sala, que cuenta con más de ocho mil piezas de madera de diferentes colores y que representa los siete cielos del Corán. La sala tiene en tres de sus lados nichos con celosías que tamizan la luz.

El Patio de los leones – Si piensa que es difícil superar lo que ya ha visto, espere a entrar en este maravilloso patio, zona del palacio con carácter de residencia privada, que data del reinado de Muhammad V. Alrededor de la antigua fuente adornada con doce rústicos leones (de procedencia desconocida, s. XI), corren unas esbeltas galerías arqueadas que dan paso a varias salas suntuosas. Dos elegantes templetes sustentados por columnas sobresalen en los lados Este y Oeste del patio. El conjunto sorprende por su delicadeza y su refinamiento estético.

La **sala de los Abencerrajes** -lado Sur- tiene una maravillosa cúpula de mocárabes sobre una estrella de ocho puntas, iluminada por 16 ventanas. Aquí, cuenta la leyenda, tuvo lugar la matanza de los Abencerrajes, cuyas cabezas se amontonaron en la fuente central.

La **sala de los Reyes** -lado Este- es rectangular y está formada por tres unidades cuadradas que se cubren con cúpulas de mocárabes, separadas por dobles arcos muy ornamentados. Tres alcobas abren al fondo de la sala. Destacan las pinturas de sus bóvedas (datan probablemente de finales del s. XIV) que representan escenas principescas. Su estilo es tan distinto del resto que bien pudieran ser de un artista cristiano que trabajó para el sultán o incluso ser posteriores a la Reconquista.

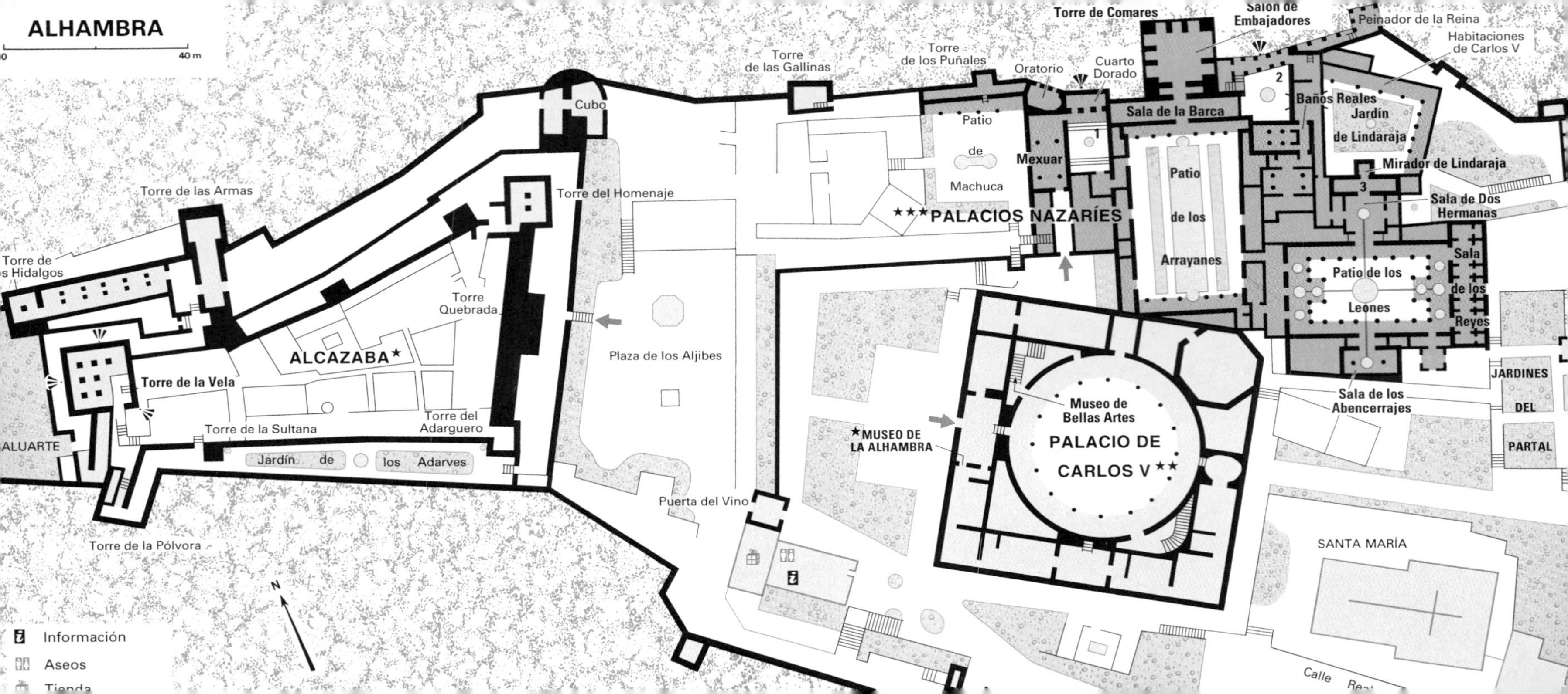

ALHAMBRA
0
40 m
Torre de Comares
Salón de Embajadores
Peinador de la Reina
Habitaciones de Carlos V
Torre de las Gallinas
Torre de los Puñales
Oratorio
Cuarto Dorado
Cubo
Sala de la Barca
2
Baños Reales
Jardín de Lindaraja
Patio de Machuca
Mexuar
1
Mirador de Lindaraja
3
Sala de Dos Hermanas
Torre de las Armas
Torre del Homenaje
★★★PALACIOS NAZARÍES
Patio de los Arrayanes
Torre de s Hidalgos
Torre Quebrada
Patio de los Leones
Sala de los Reyes
ALCAZABA★
Plaza de los Aljibes
Torre de la Vela
JARDINES DEL PARTAL
Sala de los Abencerrajes
Museo de Bellas Artes
Torre de la Sultana
Torre del Adarguero
★MUSEO DE LA ALHAMBRA
PALACIO DE CARLOS V★★
ALUARTE
Jardín de los Adarves
Puerta del Vino
Torre de la Pólvora
SANTA MARÍA
N
Información
Aseos
Tienda
Calle Real

La **sala de Dos Hermanas** -lado Norte- es una habitación cuadrada con cúpula de mocárabes sobre un octógono y bellos azulejos y yeserías. Recibe su nombre de dos grandes losas de mármol que flanquean la fuentecilla. También se atribuye su denominación a una leyenda romántica sobre dos hermanas que entre sus muros sufrieron cautiverio. De ella se pasa a la sala de los Ajimeces y al **mirador de Lindaraja**, también suntuosamente decorados; hubo un tiempo en que se podían admirar desde aquí los alrededores de Granada, pero desde que se construyeron las habitaciones de Carlos V la vista se limita a un jardincillo: el Patio de Lindaraja (s. XVI).
Por el corredor que sale de la sala de Dos hermanas se ven, a la izquierda, las cúpulas de los baños reales *(no se visitan actualmente)*. Tras pasar por la habitación de Washington Irving, se sale a una galería abierta que ofrece **vistas★** del Albayzín y se baja a los patios de la Reja (**2**) y de Lindaraja.

Cruce el patio de Lindaraja y salga a los jardines del Partal.

★ **Jardines y torres de la Alhambra** – Al Este de los palacios se extienden los **Jardines del Partal**, que descienden en terrazas hasta las torres de la muralla. La primera que vemos es la **torre de las Damas**, precedida por un gracioso pórtico con artesonado. Fue construida por Yusuf I a comienzos del s. XIV. A la derecha se conservan la torre del Mirhab y la antigua mezquita nazarí. Después, la torre de la Cautiva, de la época de Yusuf I, y la torre de las Infantas, ya tardía.

Del Partal se accede al Palacio de Carlos V.

★ **Palacio de Carlos V** – En 1526 el emperador Carlos V mandó construir este palacio que se financió con los impuestos de los moriscos. Se le encargó la obra a **Pedro Machuca**, que había estudiado en Italia con Miguel Ángel, y su realización es el exponente del más depurado clasicismo. La sencillez de su planta, un círculo inscrito en un cuadrado, y la armonía de líneas poseen una indudable y majestuosa belleza. Las fachadas constan de dos cuerpos: el inferior, almohadillado, y el superior, compartimentado por pilastras jónicas. En la portada principal destacan los medallones y los espléndidos bajorrelieves del cuerpo inferior, que representan el triunfo de la paz (los centrales) y batallas (los laterales). En el cuerpo superior se sitúa el escudo de España.
Lo más singular del palacio es el gran **patio circular** (31 m de diámetro), adintelado con columnas dóricas en la planta baja y jónicas en la alta. Su encanto reside en la belleza de sus proporciones y en su sobriedad, que lo convierten en una obra maestra del Renacimiento español.

Dentro del palacio hay dos museos:

★ **Museo de la Alhambra** – *Entrada: a la derecha del vestíbulo.* Este agradable museo dedicado por completo al arte hispanomusulmán reúne piezas en las que podrá admirar la maestría alcanzada por los artistas y artesanos en este período. Exhibe cerámicas, piezas de madera, paneles de azulejos y alicatados, yeserías, objetos de bronce, telas, etc. Entre las obras expuestas destacan la Pila de Almanzor, decorada con leones y ciervos, los leones surtidores de una alberca, el **Jarrón azul o de las gacelas★**, obra maestra del s. XIV de gran delicadeza, y, en otro aspecto, los curiosos juguetitos de cerámica que representan animales y réplicas de objetos de ajuar domestico.

Museo de Bellas Artes – *Entrada: planta superior del patio.* Exhibe pinturas y esculturas del s. XV al s. XX. En las colecciones correspondientes a los ss. XV al XVII se exhiben obras de temática religiosa de artistas de la talla de Sánchez Cotán, Siloé, Alonso Cano, Pedro de Mena. En medio de todas estas obras religiosas destaca una espléndida naturaleza muerta de Sánchez Cotán, ***Cardo y Zanahorias★★***, que plasma con increíble sobriedad la dignidad del objeto inanimado. Sólo Zurbarán fue capaz de igualar esta maestría; ambos representan la culminación de la tradición de la naturaleza muerta española, tan austera y tan diferente de los suntuosos bodegones holandeses y flamencos.
En las salas dedicadas a los ss. XIX y XX se muestran obras de Rodríguez Acosta, Muñoz Degrain, López Mezquita y Manuel Ángeles Ortiz (más vanguardista).

Puerta del vino – Esta puerta, construida por Muhammad V, podría tener carácter conmemorativo ya que al estar dentro del recinto no tiene función defensiva. Presenta decoración cerámica en las albanegas del arco de herradura y sobre él una ventana con ajimez flanqueada por paneles labrados.

Traspase la puerta para acceder a la Alcazaba.

★ **Alcazaba** - A la izquierda de la plaza de los Aljibes, en el extremo occidental, se levanta la Alcazaba, la parte más antigua de la Alhambra, con su apariencia de austera fortaleza dotada de torres y murallas. Tres torres dan a la plaza, la del Adarguero, la Torre Quebrada y la del homenaje. Desde el jardín de los Adarves –lado Sur–, se observan preciosas vistas del frondoso bosque de la Alhambra. En el interior, en la plaza de armas, quedan restos del barrio castrense, dominados por el recio volumen de la **torre de la Vela**, histórico baluarte en el que izaron sus banderas los Reyes Católicos tras reconquistar la ciudad. Desde lo alto de la torre se divisa un incomparable **panorama★★** de los palacios, el Generalife, el Sacromonte, Granada y Sierra Nevada. Desde aquí también se ve el conjunto de **Torres Bermejas** –en el Oeste–, que formaba parte del recinto defensivo de la vieja ciudad. Su realización se remonta a finales del s. VIII o principios del s. IX, aunque ha sido posteriormente reconstruido.

★ **Puerta de la Justicia** – Construida por Yusuf I, se abre en una torre de las murallas exteriores. En la parte de fuera tiene un gran arco de herradura, una puerta interior también con arco de herradura y sobre éste una inscripción y una extensa faja de bellos azulejos con una imagen de la Virgen y el Niño, de principios del s. XVI, encargada por los Reyes Católicos. La mano que hay sobre la clave del arco más externo y la llave con el cordón del arco interno tendrían una simbología que no ha sido aclarada.

B. Kaufmann/MICHELIN

Jardines de El Generalife

★★El Generalife

Su nombre viene de Yannat al-Arif al que se han dado dos interpretaciones posibles: el "jardín del Arquitecto" y "el más noble de los jardines". Es una residencia veraniega que ya estaba construida en 1319 y que por lo tanto es el precedente inmediato de los palacios de la Alhambra. Se compone de una sencilla zona palaciega rodeada de magníficos **jardines** en terrazas, en los que una vez más el agua juega un papel determinante. Tras dejar el paseo de los cipreses, se pasa por los jardines nuevos, donde se halla el auditorio que acoge las representaciones del Festival de Música y Danza.

El núcleo principal de las construcciones es el **patio de la Acequia**: un largo estanque con surtidores, rodeado de plantas, con dos pabellones en los testeros y una galería dotada de un mirador en el centro, con vistas de la Alhambra. En el pabellón del fondo, pasado el pórtico se halla la Sala Regia, decorada con bellas yeserías.

El patio de la Sultana, cerrado en uno de sus lados por una galería del s. XVI, debe su nombre al llamado "**ciprés de la sultana**".

Citas de enamorados

Cuenta la leyenda que junto al ciprés de la sultana se citaban la esposa del sultán Boabdil y un jefe abencerraje. Tras enterarse el sultán, ordenó la cruel y célebre matanza de los abencerrajes en la sala del palacio que lleva este nombre.

Por encima del palacio se encuentran los jardines altos, con la celebrada **escalera del agua**, un lugar lleno de encanto y que plasma el refinamiento en el gozo por la vida de esta cultura. Por los paseos de las Adelfas y de los Cipreses se abandona este remanso de verdor.

★★1 BARRIO DE LA CATEDRAL *visita: 2 h*

★**Catedral** ⓥ – *Entrada por la Gran Vía de Colón.* La catedral se empezó a construir en 1518 en el centro de la antigua medina musulmana y las obras duraron casi dos siglos. El proyecto inicial era una catedral gótica del tipo de la de Toledo. Diego Siloé, que sustituyó a Enrique Egas, dirigió las obras desde 1528 hasta su muerte en 1563, reformó el proyecto e introdujo el estilo renacentista.

El interior – *Entrada por la girola.* Tiene cinco naves, de gran amplitud y altura, con capillas laterales y girola. Enormes pilares cuadrados con medias columnas adosadas se alzan sobre elevados pedestales y sustentan grandes trozos de entablamento, con lo que se consigue aumentar considerablemente la altura. Las bóvedas de las cubiertas son de estilo gótico.

La **capilla mayor**★ está ricamente decorada. Es circular y muy alta, con dos órdenes gigantes superpuestos. Sobre los arcos abovedados, que comunican con la girola, se proyectaron inicialmente unos huecos para sepulturas reales que se cubrieron posteriormente con retratos de Doctores de la Iglesia. Las columnas inferiores tienen repisas con estatuas de Apóstoles y Santos. En el segundo cuerpo hay siete cuadros de Alonso Cano que plasman escenas de la vida de la Virgen; sobre ellos se sitúan las vidrieras (s. XVI) con escenas evangélicas, fundamentalmente de la Pasión. En el centro del presbiterio se halla el **tabernáculo de plata**.

Un gran **arco toral** une la capilla a las naves; en él se encuentran las estatuas orantes de los Reyes Católicos, de Pedro de Mena, y sobre ellas dos medallones con los bustos de Adán y Eva, de Alonso Cano. Entre los dos primeros pilares de la nave central destacan los **órganos** (s. XVIII).

En el brazo derecho del crucero se abre la magnífica **portada Norte de la Capilla Real★**, que preside la Virgen con el Niño. Fue realizada por Enrique Egas en estilo gótico florido. Sobre el arco cairelado, flanquean el escudo de los Reyes Católicos los emblemas del yugo y las flechas. A su izquierda se sitúa el gran retablo dedicado a Santiago, en cuyo centro destaca la estatua ecuestre del apóstol, obra de Alonso de Mena.

Dos capillas merecen especial atención: la de la **Virgen de las Angustias** y la de **Nuestra Señora de la Antigua**. El gran retablo de mármoles de la Virgen de las Angustias estuvo colocado en el trascoro hasta 1926. En el centro aparece la Virgen con el Cristo muerto en los brazos y acompañada por unos santos. La capilla de Nuestra Señora de la Antigua tiene una bella imagen de esta Virgen con el Niño, del s. XV, instalada en el centro de un magnífico retablo barroco (principios del s. XVIII), de Pedro Duque Cornejo. En la girola se expone una interesante colección de libros de coro (ss. XVI al XVIII).

En el **Museo catedralicio** destaca una pequeña imagen de la Virgen de Belén, un busto de San Pablo, de Alonso Cano, y un busto de la Virgen con el Niño, de Pedro de Mena.

En la **sacristía**, a los pies del Cristo, hay otra deliciosa imagen de la Virgen, de Alonso Cano.

El exterior – Bordee el ábside para salir a la calle Cárcel Baja, donde hay dos portadas en las que intervino Siloé. A su genio debemos el cuerpo inferior de la **Puerta del Perdón**, en el que aparecen recostadas sobre el arco las figuras de la Fe y la Justicia sujetando una cartela. En los contrafuertes hay dos magníficos escudos: el de los Reyes Católicos *(a la izquierda)* y el del emperador Carlos V *(a la derecha)*. La **portada de San Jerónimo** tiene un arco de medio punto entre pilastras platerescas y medallones con querubines en las enjutas del arco. Sobre él destaca el relieve de San Jerónimo penitente.

La monumental fachada principal, que da a la plaza de las Pasiegas, fue trazada por Alonso Cano (1667).

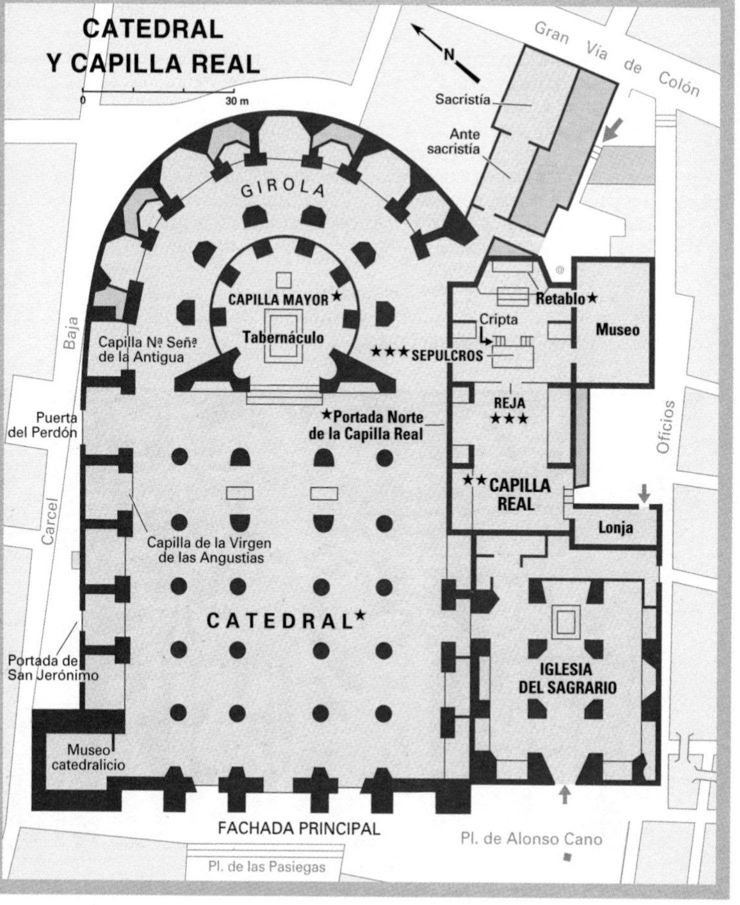

Madraza o Ayuntamiento Viejo – *En la calle Oficios, frente a la Capilla Real.* La Madraza o Universidad musulmana fue construida en el s. XIV por Yusuf I. Tras la Reconquista, los Reyes Católicos la cedieron para que se instalara allí el cabildo. Su fachada se realizó en el s. XVIII, cuando el edificio fue prácticamente reconstruido. Corresponde al estilo barroco final granadino. La decoración se concentra en torno a los grandes balcones de la planta superior. Entre balcón y balcón un escudo completa la labor decorativa.
En el interior, pasado el patio, se conserva, aunque muy restaurado en el s. XIX, el antiguo **oratorio** de la Madraza, con sus yeserías polícromas, sus bovedillas de mócarabes y su bella cubierta octogonal con linterna.

★★ **Capilla Real** – Los Reyes Católicos mandaron edificar esta capilla con el deseo de ser enterrados en la ciudad que tanta gloria les había dado. Se inició su construcción en 1506 y duró hasta 1521. Es una obra maestra del gótico isabelino tanto por su unidad estilística como por la riqueza de su ornamentación. Su artífice fue Enrique Egas.

Un santuario histórico

Aquí yacen para su reposo eterno los **Reyes Católicos**. La importancia de su reinado sobrepasa ampliamente los límites de la historia de España, ya que bajo su patrocinio tuvo lugar el descubrimiento de América, acontecimiento capital que haría variar el rumbo de los siglos venideros. Su reinado, por otra parte, fue determinante para nuestra historia puesto que con la unificación de los reinos de Castilla y Aragón y el final de la Reconquista se sientan las bases del futuro estado español y se entra en la Edad Moderna.

En el **exterior** destacan los bellos pináculos y la elegante **crestería** que corona los distintos volúmenes arquitectónicos. La crestería inferior está decorada con las letras F e Y, iniciales de los Reyes Católicos. La portada principal de la Capilla quedó englobada dentro de la Catedral al construirse ésta *(ver p. 219)*. El acceso se efectúa por la lonja.
La Lonja es un edificio plateresco (s. XVI) lleno de gracia. Tiene planta rectangular y dos pisos. Decorativas columnas, adornadas con bolas y cordones en espiral, sustentan los arcos. Entre los del cuerpo inferior se sitúan los escudos de la ciudad. La galería del piso superior presenta los emblemas de los Reyes Católicos y de Carlos V en los antepechos labrados.
El **interior de la Capilla Real** consta de una nave con capillas laterales. Pilares de baquetones sustentan bóvedas nervadas. Una franja azul con inscripción dorada recorre la parte alta de los muros. Pero lo más característico de la decoración es la profusión de elementos heráldicos; paredes y rejas se adornan con los escudos y emblemas de los Reyes Católicos.
Una espectacular **reja**★★★ (s. XVI) del maestro Bartolomé de Jaén cierra el crucero. En el centro lleva el escudo y el yugo y las flechas de los Reyes Católicos y, en la parte alta, escenas de la vida de Cristo.

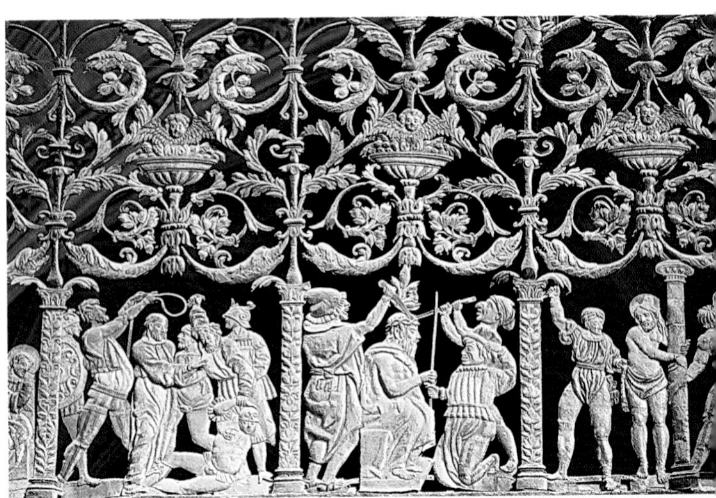

Detalle de la magnífica reja del maestro Bartolomé de Jaén

En el crucero hay dos **sepulcros★★★** dobles, el de los Reyes Católicos y el del matrimonio formado por la hija de éstos, la reina Juana "la Loca", y Felipe "el Hermoso". El primero, obra del toscano Domenico Fancelli, fue realizado en Génova en 1517 en mármol de Carrara. Tiene forma de tronco piramidal y está decorado con relieves de apóstoles y medallones; en los centrales, el Bautismo y la Resurección. En la parte alta reposan las esculturas de los reyes sobre ángeles que portan una guirnalda con escudos. A los pies, una cartela con el epitafio. El segundo, también muy bello, es obra de Bartolomé Ordóñez (1519). Sobre un pedestal con escenas religiosas, descansa el sarcófago exento con las estatuas yacentes de los reyes. Los cuerpos reposan en realidad en la cripta en sencillos ataúdes.
En el magnífico **retablo★** plateresco del altar mayor (1520-22), Felipe Vigarny supo dotar a sus figuras de enérgico movimiento, confiriéndoles una gran expresividad. Lo preside un Cristo crucificado acompañado por la Virgen y San Juan. En el sotabanco se representa la entrega de Granada y el bautismo de los moriscos. En los laterales, las estatuas orantes de los Reyes Católicos se atribuyen a Diego de Siloé.

Museo – *Se accede por el brazo derecho del crucero.* Está instalado en la sacristía y en él se pueden admirar objetos de incalculable valor histórico: la corona y el cetro de Isabel la Católica y la espada del rey Fernando. También se expone una extraordinaria colección de **tablas★★** de grandes maestros españoles (Bartolomé Bermejo, Pedro Berruguete), flamencos (Van der Weyden, Memling) e italianos (Perugino, Botticelli). Al fondo se sitúa el **Retablo del Tríptico de la Pasión** (las pinturas del cuerpo central son de Dierick Bouts) y dos esculturas orantes de los Reyes Católicos, de Felipe Vigarny.

Curia eclesiástica – La portada de este edificio plateresco del s. XVI tiene en el frontón semicircular un escudo arzobispal. A su izquierda se halla el **Palacio Arzobispal**, de gran sencillez.

Iglesia del Sagrario ⓥ – Se alza en el lugar donde estuvo situada la mezquita mayor de la ciudad. En su construcción (s. XVIII) intervino el arquitecto Francisco Hurtado Izquierdo.

Plaza Bib-Rambla – Gran plaza rectangular muy concurrida y agradable, con quioscos de flores, bellas farolas y una gran fuente central coronada por Neptuno.

Alcaicería – En época musulmana era el mercado de la seda. Hoy, tras ser reconstruido, se ha convertido en un mercado de "souvenirs" que conserva el sabor musulmán debido a sus callecitas estrechas, sus arcos de herradura y sus decoraciones de estilo árabe.

Corral del Carbón – Esta antigua alhóndiga es una construcción árabe del s. XIV. Tiene una armoniosa portada con arco de herradura enmarcado por alfiz y sobre él una inscripción y un ajimez flanqueado por dos paneles decorados con labor de sebka. Corona el conjunto un gran alero de madera. El pórtico se cubre con bóveda de mocárabes. En el interior destaca su sobrio patio. Tres pisos de galerías adinteladas, sustentadas por pilares de ladrillo con zapatas de madera, y una sencilla fuente en el centro forman un marco de indudable encanto. En él se encuentra la Oficina de Información Turística.

Casa de los Duques de Abrantes – *En la placeta Tovar, a la izquierda del Corral del Carbón.* Edificio del s. XVI con una sencilla portada de influencia gótica, con decoración heráldica.

Plaza de Isabel la Católica – Preside la plaza el Monumento a las Capitulaciones de Santa Fe (1892), obra de Mariano Benlliure, en el que se muestra a Colón presentando sus proyectos a la reina.

Las Capitulaciones de Santa Fe

El 17 de abril de 1492, en la cercana población de Santa Fe, los Reyes Católicos y Cristóbal Colón firmaron estas famosas capitulaciones. En ellas se concedían a Colón los títulos y prerrogativas de almirante, virrey y gobernador general de las tierras descubiertas.

Casa de los Tiros – Construida a mediados del s. XVI, tiene una curiosa fachada de piedra sin más decoración que cinco esculturas, casi de bulto redondo, de personajes con atuendos guerreros. Alberga la Hemeroteca.

★2 CARRERA DEL DARRO *visita: 1 h*

Esta calle llena de encanto, por la que discurre encajonado el río Darro, nace en la Plaza de Santa Ana y desemboca en el Paseo de los Tristes. Al empezar a pasear por la Carrera del Darro se deja atrás la ciudad moderna y el panorama cambia por completo: parece más propio de un pueblo que de una ciudad. La calle ciñe la margen derecha del río, cruzado por sencillos puentes de piedra que comunican las dos colinas míticas de Granada, la Alhambra y el Albayzín.

Antes de empezar a recorrer la carrera, aconsejamos observar dos edificios interesantes en la **Plaza Nueva** y en la **Plaza de Santa Ana**.

La Carrera del Darro con el río encajonado

Chancillería – Actualmente alberga el Tribunal Superior de Justicia de Andalucía. En la Plaza Nueva se alza este edificio del s. XVI en cuya fachada, de tipo clásico, se utilizan algunos elementos que por su variedad y mezcla ya presagian el barroco. Preside la portada de mármol un gran escudo de España. La balaustrada que corona el edificio es del s. XVIII. Merece la pena asomarse al bello y armonioso **patio★**, atribuido a Siloé.

Iglesia de Santa Ana y San Gil – En la plaza de Santa Ana, actualmente unida a la Plaza Nueva, se levanta esta pequeña iglesia del s. XVI, que se realizó según proyecto de Diego de Siloé. Su bella torre-campanario tiene decoración de azulejería en las albanegas de los arcos y en el cuerpo de remate. Decoran su portada tres nichos con Santa Ana y otras dos santas y un medallón de la Virgen con el Niño. En el interior destacan las cubiertas mudéjares de la nave y la capilla mayor.
En esta misma plaza se halla el **Pilar del Toro**, fuente del s. XVI atribuida a Siloé, con un escudo de la ciudad sobre el relieve de la cabeza de toro que le da nombre.

Tome la Carrera del Darro.

★ **Baños árabes (El Bañuelo)** ⓥ – Están situados frente a los restos del **Puente del Cadí** (s. XI), del que sólo quedan una parte del torreón y el arranque de un arco de herradura.
Los baños tienen la típica estructura árabe y pese a su antigüedad (s. XI) figuran entre los mejor conservados de España. Están formados por varias salas (vestuario, reunión y masaje, y baño). Destacan las bóvedas con tragaluces octogonales y en forma de estrellas y las arquerías de las dos últimas salas, con capiteles romanos, visigodos y califales.
A esta altura de la calle ya se empiezan a ver en lo alto las torres y murallas de la Alhambra.

Convento de Santa Catalina de Zafra – Es una construcción del s. XVI que tiene una portada de tipo renacentista, con arco de medio punto enmarcado por pilastras y medallones en las albanegas. Sobre él se sitúa el nicho con la santa flanqueada por dos escudos.

Museo Arqueológico ⓥ – Está instalado en la Casa Castril (1539), que muestra una bella **portada plateresca★**, profusamente decorada con elementos heráldicos, veneras, animales, ángeles, figuras, etc.
En los fondos expuestos destacan una interesante colección de vasos de alabastro (s. IX a. C.), procedentes de tumbas egipcias y encontrados en una necrópolis púnica de Almuñécar; un toro de Arjona y numerosos restos romanos y de artes decorativas de época árabe. Aunque sea una copia, hay que citar la Dama de Baza, cuyo original se halla en el Museo Arqueológico Nacional de Madrid.

Iglesia de San Pedro – *Enfrente del Museo.* Está situada en un bello lugar, en la orilla del Darro, vigilada desde lo alto por la torre de Comares. Se construyó en el s. XVI. Dos esculturas presiden su sencilla portada: San Pedro con las llaves y San Pablo con la espada.

Paseo de los Tristes – La Carrera del Darro desemboca en este paseo, desde el que se contemplan bellas **vistas★★** de la Alhambra, con sus torres y murallas emergiendo del verdor de la colina; por la noche las vistas de la Alhambra iluminada son preciosas. Hay terracitas para sentarse a tomar algo y disfrutar del panorama.

★★ 3 EL ALBAYZÍN *visita: 1 h 30*

Este barrio al que da nombre la colina sobre la que se asienta, privilegiado mirador de la Alhambra, es el más característico de la ciudad. En el Albayzín se construyó la primera fortaleza árabe de Granada, de la que sólo quedan restos de murallas. Un laberinto de callejas estrechas trepa por la colina, entre las vallas de los cármenes, creando placitas recoletas y rincones pintorescos. La visita debe hacerse a pie para captar todo el encanto de este barrio de trazado árabe.

Palacio de los Córdova – *Al principio de la Cuesta del Chapiz.* Atravesando el jardín por un paseo de cipreses se llega hasta la casa, en la que destaca la portada renacentista con decoración heráldica. Actualmente alberga el Archivo Municipal.

Casa del Chapiz ⏲ – *Entrada por Camino de Sacromonte.* Es la sede de la Escuela de Estudios Árabes. El conjunto está formado por dos casas árabes (s. XV-XVI) con sus correspondientes patios y galerías; los jardines ofrecen bellas **vistas★** de la Alhambra.

Adéntrese en el Albayzín por la Cuesta de San Agustín, que sube entre cármenes hasta ofrecer una primera vista de la Alhambra.

Mirador de San Nicolás – Desde la terraza que se extiende delante de la **iglesia de San Nicolás** se disfruta de una de las **vistas★★★** con más encanto que se puedan imaginar. La belleza del conjunto de la Alhambra coronando de ocres el verdor de su colina, con las cumbres de Sierra Nevada al fondo, es un espectáculo inigualable.

> **¿Cármenes?**
>
> Así se llama a las pequeñas fincas que se escalonan por el Albayzín. Son herederas de un tipo de residencia árabe que comprendía la casa y el huerto o el jardín.

Pase por delante de la iglesia y tome el callejón de San Cecilio, al final gire a la derecha y traspase el Arco de las Pesas.

Arco de las Pesas – Esta sencilla puerta (s. XI) se abre en las murallas de la antigua alcazaba, junto a la agradable Plaza Larga. Su estructura es típicamente musulmana, con acceso en forma de codo.

Vuelva a pasar bajo el arco y, desde la Plaza de Minas, baje por la Cuesta de María de la Miel y gire a la derecha por el Camino Nuevo de San Nicolás.

Convento de Santa Isabel la Real – Entre por la puerta de este monasterio, que fundó Isabel la Católica a principios del s. XVI, para ver la bella portada gótica de la iglesia: enmarcada por pináculos, la adornan el escudo y el emblema del yugo y las flechas de los Reyes Católicos. En el interior, bella armadura mudéjar.

Plaza de San Miguel Bajo – Un Cristo de los Faroles adorna esta plaza, en la que se levanta la iglesia que le da nombre.
Tome la calle que sale frente a la iglesia, al final de la cual se domina la ciudad baja.

Gire a la izquierda y de nuevo a la izquierda por la calle Bocanegra y a la derecha por San José.

Iglesia de San José – El templo se construyó en el s. XVI sobre una antigua mezquita de la que se conserva el alminar (s. X), convertido hoy en torre-campanario.

Continúe bajando y, tras un tramo escalonado, mire a la derecha.

> **Otra magnífica vista**
>
> Desde el **Mirador de San Cristóbal** *-en la carretera de Murcia-* se contempla una bella **vista★** del Albayzín con las murallas de la antigua alcazaba en primer término, los cármenes, la Alhambra al fondo y la ciudad baja a la derecha.

Casa de Porras – Tiene insertada una sencilla portada de piedra con decoración heráldica.
Enfrente se halla un precioso carmen, el de los cipreses; desde la calle se ven los espectaculares árboles que le dan nombre.

Baje las escaleras de la Cuesta del Granadillo y la de la estrechísima Cuesta Aceituneros para salir al principio de la Carrera del Darro, frente a la iglesia de Santa Ana y San Gil.

★4 DE LA UNIVERSIDAD AL HOSPITAL REAL *visita: 2 h*

Universidad – En la Plaza de la Universidad, presidida por la estatua de su fundador, Carlos V, se alza este edificio barroco al que se trasladó la Universidad en el s. XVIII. Actualmente alberga la Facultad de Derecho. La portada se adorna con columnas salomónicas.

Iglesia de los Santos Justo y Pastor – Situada en la misma plaza. Perteneció a la Compañía de Jesús hasta que fue expropiada. Su portada barroca (s. XVIII) presenta en el cuerpo inferior los relieves de San Francisco Javier y San Francisco de Borja; un escudo de la Compañía de Jesús, sobre el arco; y, en el cuerpo superior, un gran relieve con la conversión de San Pablo.
En el interior destacan las pinturas murales; fíjese en las de los santos situados entre las ventanas del tambor de la cúpula del crucero.

Colegio de San Bartolomé y Santiago – Es colegio desde 1621. Tiene una sencilla portada con columnas dóricas y esculturas de los santos titulares. A la izquierda se ve la gran cúpula de la iglesia de los Santos Justo y Pastor. Merece la pena asomarse a su elegante patio, con finas columnas dóricas y arcos carpaneles.

Desde la esquina de la calle de la Duquesa con Gran Capitán se ve el monumental **ábside** de la iglesia del Monasterio de San Jerónimo.

★ **Monasterio de San Jerónimo** Ⓥ – *Entrada por López de Argueta.* El monasteric comenzó a construirse en 1496 y en él tomaron parte dos insignes arquitectos, Jacobo Florentino, el Indaco, hasta 1526 y Diego Siloé posteriormente.
Tras pasar el compás, y antes de entrar en el edificio del monasterio, se ve la **fachada de la iglesia**. En su parte superior ostenta las armas de los Reyes Católicos y una bella ventana flanqueada por medallones y animales fantásticos.

B. Kaufmann/MICHELIN

Detalle de la fachada de la iglesia

Entre en el monasterio. Su gran **claustro**, embellecidc con un jardín de naranjos en el centro, ya estaba terminado en 1519. Robustos pilares con capiteles de follaje sustentan arcos de medio punto en el piso inferior y carpaneles en el superior, con antepechos calados de estilo gótico. Son numerosas las portadas platerescas y renacentistas que dan a este claustro. La mayor parte es obra de Diego de Siloé. Durante el recorrido por el patio se puede admirar el muro de la iglesia, en el que destacan una bella ventana plateresca y un magnífico y monumental escudo del Gran Capitán.

★★ **La iglesia** – Se sorprenderá cuando entre desde el claustro por una bella **portada plateresca** de Siloé. La riqueza decorativa de la iglesia es tal que han de pasar unos segundos hasta que la vista la puede asimilar: bóvedas y cúpulas con altorrelieves, un magnífico retablo mayor y pinturas en los muros.
El templo se comenzó a construir en estilo gótico pero el crucero y la cabecera se terminaron en estilo renacentista, una vez que se hizo cargo de las obras Siloé. La viuda de Gonzalo Fernández de Córdoba financió la construcción para que se convirtiera en el panteón de su marido, el Gran Capitán. Es una magnífica obra del renacimiento español.
Se entra por la zona de los pies y lo primero que llama la atención es la riqueza de la cabecera, soberbiamente iluminada por las ventanas del crucero, y el cimborrio. La bóveda de este último es de crucería y dotada de dobles arcos con casetones decorados a base de bustos; en las trompas, los cuatro evangelistas. Los brazos del crucero se cubren con bóvedas de casetones decoradas mediante altorrelieves de personajes bíblicos, angelitos, animales, etc. En el casquete de la bóveda de la capilla mayor, acompañan al Salvador apóstoles, ángeles y santos. El gran **retablo**★★ es una joya de la escuela granadina en el que intervinieron diversos artistas. Presenta santos, escenas de la vida de la Virgen y de Cristo y, en el ático, Dios Padre sobre unas nubes. A ambos lados del retablo están las estatuas orantes del Gran Capitán y su esposa. Al pie de la escalinata, una sencilla lápida marca el enterramiento de Don Gonzalo. Las pinturas murales que decoran la iglesia se realizaron en el s. XVIII.

Ya en la calle San Juan de Dios, se pasa ante el **Hospital de San Juan de Dios** (ss. XVI al XVIII), con sencilla portada presidida por el santo titular.

★ **Iglesia de San Juan de Dios** – Construida en la primera mitad del s. XVIII, es una de las principales iglesias barrocas de Granada. Tiene una bella **fachada★** ricamente adornada. La portada está encajada entre dos torres-campanarios, que se rematan con chapiteles. En los nichos del cuerpo inferior se sitúan los arcángeles Gabriel y Rafael. En el centro del cuerpo superior está el santo titular acompañado de relieves de San Ildefonso y Santa Bárbara.
El **interior**, al que se accede por un bello pórtico de madera de caoba tallada, consta de planta de cruz latina con capillas laterales, elevada cúpula sobre el crucero y coro alto en los pies. El conjunto es magnífico debido a su riqueza y a su unidad estilística. Preside la capilla mayor un monumental retablo churrigueresco que oculta el camarín cuyas puertas están normalmente cerradas. Al **camarín** se accede por una puerta, a la derecha del altar. Se compone de tres habitaciones, de gran exuberancia ornamental, en la línea del barroco más decorativo. En la central se halla el tabernáculo con la urna que contiene los restos del santo, fundador de la orden de los Hospitalarios, fallecido en Granada en 1550. Las paredes, forradas de maderas doradas, están llenas de reliquias de santos romanos.

Monumento a la Inmaculada Concepción – Está situado en los cuidados **Jardines del Triunfo**. Su realización se llevó a cabo en el s. XVII. La estatua de la Virgen coronada y rodeada de rayos, que se alza en lo alto de la columna, es obra de Alonso de Mena. Detrás se ven los muros laterales del Hospital Real.

Hospital Real – Actual Rectorado de la Universidad. Lo fundaron los Reyes Católicos a principios del s. XVI y Enrique Egas dirigió las obras en la primera etapa. Al igual que otros hospitales (Toledo y Santiago de Compostela) tiene planta de cruz inscrita en un cuadrado con cuatro patios interiores. En la fachada destacan las cuatro ventanas platerescas del piso superior. La portada (s. XVII) de mármol tiene un entablamento decorado con el yugo y las flechas y sobre él una Virgen con el Niño, a cuyos lados se sitúan las estatuas orantes de los Reyes Católicos. Las esculturas son obra de Alonso de Mena.
En el interior destacan los dos armoniosos patios del ala izquierda, decorados con elementos heráldicos. Por el primer patio de la derecha, suba a echar un vistazo a la Biblioteca central de la Universidad, que ocupa el gran crucero del primer piso; tiene bellas armaduras de par e hilera y, en el centro, una cúpula de madera sobre trompas, decorada con casetones.

OTRAS CURIOSIDADES

★ **Cartuja** ⓥ – El monasterio se empezó a construir a principios del s. XVI. Por una portada plateresca se entra al gran compás, al fondo del cual se alzan la iglesia y el resto de las dependencias del monasterio, a las que se accede por el claustro.
La fachada de la iglesia es muy simple, con el escudo de España en lo alto y un San Bruno presidiendo la portada. Algunas de las dependencias monacales tienen pinturas de Sánchez Cotán y Vicente Carducho, ambos cartujos de este monasterio.

Iglesia – Está profusamente decorada con estucos barrocos (1662) y pinturas. La nave está dividida en tres partes (para monjes, legos y pueblo). Las zonas de los monjes y los legos están separadas por un cancel dorado con ricas puertas y a los lados dos pinturas de Sánchez Cotán: *El Bautismo de Cristo* y *Descanso en la huida a Egipto*.
La Asunción que hay bajo el baldaquino del altar mayor es obra de José de Mora. Detrás se ve el **sagrario**, un camarín decorado a principios del s. XVIII por Francisco Hurtado Izquierdo en un barroco desbordado en cuanto a formas, policromías y materiales; una exuberancia decorativa tal que llega a ser agobiante.

B. Kaufmann/MICHELIN
La fastuosa sacristía de la Cartuja

★★ **Sacristía** – Realizada entre 1727 y 1764, es una de las obras maestras del barroco español. Los elementos arquitectónicos se disfrazan con una delirante decoración de estucos blancos, molduras mixtilíneas y cornisas que se quiebran infinidad de veces produciendo extraños efectos. La potente luz que pasa por las ventanas resalta los juegos de luces y sombras que crea este derroche de ornamentación. Sobre la cabecera, una cúpula ovalada, pintada al fresco, contrasta por su oscuridad con el blanco del resto del conjunto. Un zócalo de mármol de Lanjarón recorre toda la sala; también son de mármol los retablos de santos de la cabecera. La puerta y las cajoneras de cedro con incrustaciones de concha, marfil y plata, fueron labradas por el cartujo fray José Manuel Vázquez.

El Sacromonte – La colina del Sacromonte se eleva al lado del Albayzín, frente al Generalife. Este barrio troglodita de gitanos, en parte abandonado, conserva cuevas dedicadas a **espectáculos flamencos**.

Casa-Museo Manuel de Falla Ⓥ – El compositor Manuel de Falla (1876-1946), gran amante de esta ciudad que no conoció hasta pasados los 40 años, vivió en esta casa del s. XVI entre 1919 y 1939. La casa del autor de *El amor brujo* y de *El sombrero de tres picos*, se conserva tal y como estaba cuando él la habitaba. Su piano, su guitarra y sus muebles nos introducen en el universo personal de este excepcional músico.

Carmen de los Mártires Ⓥ – El carmen se halla situado en la colina de la Alhambra. Se visitan los frondosos **jardines**★ en varios niveles con vistas sobre la ciudad. Es muy agradable pasear por este hermoso conjunto romántico del s. XIX adornado con fuentes y esculturas. Junto a la casa hay un jardín y un pórtico de estilo árabe.

Iglesia de Santo Domingo – En la plaza del mismo nombre se eleva esta construcción del s. XVI, de estilo renacentista aunque conserva elementos góticos. La fachada presenta un esbelto pórtico de piedra con tres arcos de medio punto, cuyas enjutas se decoran con las iniciales de los Reyes Católicos, su escudo y el del emperador Carlos V. Sobre el pórtico hay una bella ventana geminada.

★ **Parque de las Ciencias** Ⓥ – Este gran complejo dedicado al mundo de la ciencia ha sido diseñado para ayudarnos a comprender mejor el mundo en el que vivimos. Además del museo interactivo tiene un planetario, un observatorio astronómico y un mariposario tropical.
Niños y mayores pueden pasar un rato divertido e instructivo mientras manipulan y experimentan por ellos mismos los más diversos fenómenos. Los más pequeños (niños de 3 a 7 años) tienen un área especialmente dedicada a ellos: Explora.

Huerta de San Vicente Ⓥ – Los admiradores de **Federico García Lorca** (1898-1936) disfrutarán de esta visita que les acercará al universo personal de uno de los grandes poetas y escritores españoles. La casa, situada en el parque García Lorca, que era hasta no hace mucho una fértil vega, se conserva tal y como estaba cuando Federico venía aquí a pasar el verano.

GUADIX★

Granada – 20.322 habitantes

Mapa Michelin nº 446 U 20

Ciudad sin límites, sin contornos definidos, ciudad sin fin que, sin embargo, está perfectamente enmarcada por los cerros de arcilla sobre los que se apoya y por las cumbres de **Sierra Nevada** que le sirven de inmejorable telón de fondo. Ciudad misteriosa que oculta sus secretos bajo tierra, solo en parte revelados por las blancas chimeneas que surgen por doquier a ras de suelo, testigos mudos de un mundo subterráneo casi infinito.
Lugar de paso entre el Oriente y el Occidente andaluz, la mítica **Acci** (de donde proviene el gentilicio de accitanos) ha visto instalarse en sus tierras una gran diversidad de pueblos que han marcado su actual caserío. Su mayor esplendor correspondió al periodo árabe, del que se conserva la alcazaba, aunque la mayoría de su patrimonio arquitectónico actual pertenece a los ss. XVII-XVIII.

CURIOSIDADES

Plaza de la Constitución – Bonita plaza porticada de los siglos XVI y XVII en la que destaca, en uno de sus flancos, el **Ayuntamiento**, construido en los primeros años del s. XVII durante el reinado de Felipe III.

★ **Catedral** Ⓥ – La obra, que comenzó en el año 1597 siguiendo las trazas de **Diego de Siloé**, se prolongó hasta 1715, fecha en la que se terminó su imponente torre barroca. Este hecho se evidencia nada más acceder al interior. El gótico de las naves de entrada da paso, tra

El nombre

Los musulmanes bautizaron este viejo campamento romano con el poético nombre de Guadh-Haix, que significa "río de la vida".

Alojamiento

CORRECTO

Comercio – *Mira de Amezcua, 3 – ☎ 958 66 05 00 – fax 958 66 50 72 – 24 hab. – 33,06/51,09€.* Bonita casa de principios del s. XX con habitaciones amplias y un buen restaurante cuyas especialidades son el cordero a la miel, la sopa de Guadix y el tocino de cielo.

Cuevas Pedro Antonio de Alarcón – *San Torcuato, s/n (en la salida hacia Murcia) – ☎ 958 66 49 86 – fax 958 66 17 21 – 20 cuevas – 54,69€.* Cuevas trogloditas muy bien decoradas y con calefacción central. Lástima que estén situadas junto a la autopista, a pesar de que su insonorización natural sea casi perfecta. Restaurante típico y piscina.

el crucero, a formas renacentistas que adquieren su máxima expresión en la inmensa cúpula con linternón que cubre el falso transepto. La **capilla de San Torcuato** *(2ª por la izquierda de la girola)* fue diseñada por Diego de Siloé y presenta un arco de entrada llamado de "cuerno de toro", porque su anchura disminuye a medida que se curva. La **fachada de la Encarnación★** (frente a la plaza), es un buen ejemplo de la teatralidad y el movimiento de la arquitectura barroca. Sus tres registros horizontales van incrementando su complejidad convergiendo hacia un punto imaginario.

Detrás de la Catedral, en la calle Santa María, se encuentran el **Palacio Episcopal** del s. XVI, el Hospital de la Caridad y el **Palacio de Villalegre** (1592), con una bonita portada renacentista flanqueada por dos sólidas torres de ladrillo.

★ Barrio de Santiago – Es uno de los más característicos de la ciudad con casas nobiliarias como el **Palacio de Peñaflor**, organizado alrededor de un bonito patio renacentista y en el que destaca un curioso **balcón** colgado de madera. Junto a él se encuentra el Seminario Menor, que da acceso a la antigua **Alcazaba** ⓥ árabe del s. XI. A pesar de su estado de abandono, desde sus torres se distinguen las mejores vistas de Guadix y del barrio de las cuevas. Volviendo a la calle Barradas, unas escaleras conducen hasta la plazuela de Santiago, en uno de cuyos extremos se encuentra la **Iglesia de Santiago** ⓥ, con una preciosa **portada★** plateresca rematada con el escudo de Carlos V reconocible por el águila bicéfala y el Toisón de Oro. Del interior llaman la atención las cubiertas mudéjares. De esta plaza sale la **calle Ancha**, con notables ejemplos de casas señoriales del s. XIX.

★ Barrio de las Cuevas – Está enclavado en la parte más elevada de Guadix, entre ramblas, cañadas y pequeños cerros de color pardo. Las cuevas ocupan distintos niveles, con la entrada de una sobre el techo de la anterior cuando están construidas en las laderas, o se alzan solas y orgullosas ocupando en exclusiva el espacio de un pequeño cerro.

Cueva-museo ⓥ – *En el barrio de las Cuevas (siga las indicaciones).* En su interior se ha reproducido la vida tal y como era en una cueva del s. XIX. En algunas dependencias se muestran los aperos de labranza y de pastoreo típicos de la comarca.

B. Kaufmann/MICHELIN

Barrio de las Cuevas

Museo de Alfarería ⓥ – *En el barrio mozárabe de San Miguel.* Está instalado en una cueva de origen árabe que conserva algunos indicios de su historia, como un pozo de 1650 hecho con ladrillos árabes o una tinaja de 1640 enterrada en el suelo y utilizada posiblemente para almacenar vino casero. En las distintas salas se muestra de una manera clara la rica tradición alfarera de la provincia de Granada, incluyendo las famosas **jarras accitanas**.

Barrio de Santa Ana – Es el viejo barrio morisco. Sus estrechas callejuelas dan cobijo a casas de blancas paredes que huelen a tiempos pasados, guisos y flores. En su centro se alza la **iglesia de Santa Ana**, construida en el s. XV sobre una mezquita. Junto a la fachada sobresale una fuente renacentista de 1567.

ALREDEDORES

Purullena – *A 6 km dirección Granada.* La **carretera**★★ desde Guadix atraviesa un bello paisaje de toba. Purullena es conocido por sus casas-cuevas y sus tiendas de cerámica, que se alinean a ambos lados de la carretera que cruza el pueblo. A 6 km se encuentra el **balneario de Cortes y Graena**. La carretera, que atraviesa un bello paisaje de pequeñas colinas de arcilla, continúa después hasta **La Peza** *(13 km)*.

Casas-Cuevas

Las especiales características del terreno arcilloso de la **Hoya de Guadix** han posibilitado esta curiosa forma de hábitat. La arcilla tiene la propiedad de ser blanda al pico pero también de endurecerse por el contacto con el aire. El resultado son cuevas impermeables y térmicamente aisladas que mantienen una temperatura constante (18 ºC) durante todo el año, convirtiéndose así en viviendas frescas en el caluroso verano y cálidas en los duros inviernos. Sólo en la ciudad de Guadix existe un censo de 2.000 cuevas habitadas y en toda la comarca existe uno de los conjuntos de casas-cuevas más importantes de Europa. Su origen es remoto e incierto aunque todo parece indicar que el momento de mayor eclosión se produjo tras la conquista cristiana y la progresiva segregación que sufrió la población morisca. En el caso de Guadix esta población fue lentamente expulsada del barrio de Santa Ana y ocupó la actual zona de cuevas.

★ **La Calahorra** – *18,5 km al Sudeste de Guadix por la A 92.* Agazapado detrás de las cumbres de Sierra Nevada, como una isla rodeada de un mar de almendros, el pueblo de La Calahorra conserva mucho de su histórico pasado. Una de las formas más sorprendentes de llegar es atravesando Sierra Nevada por el **Puerto de la Ragua**★★ *(ver p. 339)*. Es entonces cuando el contraste entre la Sierra y el Altiplano se muestra en toda su fuerza y belleza; el pueblo, coronado por una imponente fortaleza, se nos aparece insolente en su aislamiento, orgulloso como cuando fue la cabeza del Marquesado de Zenete.
En las cercanías *(4 km)* se halla el paisaje desolador de las Minas del Marquesado, explotación minera abandonada en 1997.

★★ **Castillo de la Calahorra** ⓥ – Oculto tras el aspecto de recia fortaleza militar que le confieren sus cuatro torres cilíndricas, se encuentra uno de los **patios renacentistas**★★ más bellos de España. Fue construido a principios del s. XV siguiendo las corrientes artísticas del *quattrocento* italiano. Se trata de un patio de planta cuadrada y dos cuerpos unidos mediante una rica **escalera**★★ de tres tramos. La decoración, sobre todo en puertas y capiteles, utiliza todo el repertorio clásico: molduras, candelabros, flores, columnas historiadas...

HUELVA★

Huelva – 150.000 habitantes

Mapa Michelin nº 446 U 10

Capital de la provincia más occidental de Andalucía, Huelva se halla entre las desembocaduras del Tinto y el Odiel, en una verdadera encrucijada de caminos que conducen a Portugal, Cádiz, Extremadura y Sevilla. La industria es la principal fuente de riqueza de la economía onubense, aunque también tienen importancia la pesca y la agricultura. Su clima muy benigno, así como la cercanía de hermosas playas y espacios naturales de gran belleza han convertido la ciudad en un lugar frecuentado durante los períodos estivales. Finalmente, hay que resaltar la interesante oferta comercial en las avenidas peatonales situadas alrededor de la iglesia de la Concepción, lúdica –sobre todo en la **calle Pablo Rada**– y gastronómica -el "picoteo" es una de las principales tradiciones de Huelva.

UN POCO DE HISTORIA

Poblada desde la Antigüedad gracias a su riqueza minera, al final de la Edad del Bronce llegaron a esta zona diversos pueblos del Mediterráneo oriental, entre ellos fenicios y griegos, que se fusionaron con las civilizaciones autóctonas, formando la mítica Tartessos. El origen de esta legendaria ciudad resulta confuso, sin embargo la mayoría de los estudiosos coinciden en situarla en las proximidades de los ríos Tinto y Odiel, en una zona próxima a Huelva, entonces llamada Onuba. Más tarde fue ocupada por los romanos y, ya en el s. VIII d. C., se convirtió en la Guelbar musulmana. Durante este período la población árabe introdujo en la ciudad novedosas técnicas de cultivo y desarrolló diversas artesanías, como la alfarería y el vidriado. Tras la reconquista llevada a cabo por Alfonso X el Sabio (s. XIII), Huelva vivió una compleja historia de cesiones entre nobles y familias acaudaladas hasta que, en el s. XV, pasó a manos de la casa de Medina Sidonia, quien inició su definitiva repoblación. En este mismo siglo llegó a la ciudad **Cristóbal Colón**, personaje que le otorgaría fama mundial. Desde entonces, el rastro del controvertido marino italiano y sus compañeros de viaje marcaron la vida de este tranquilo lugar, conocido como la cuna del Descubrimiento. En los siglos siguientes Huelva vivió un breve período de expansión comercial gracias a su enclave geográfico pero tras el devastador terremoto de Lisboa (1755) y, después, a causa de la Guerra de la Independencia, comenzó una época de franca decadencia. La historia moderna de la ciudad está marcada por su proximidad del Parque Nacional de Doñana, que la ha convertido en un lugar turístico, y por la construcción del Polo Químico, que ha impulsado definitivamente la industria onubense.

B. Kaufmann/MICHELIN

El puerto

Alojamiento

CORRECTO

Los Condes – *Alameda Sundheim, 14 – ☎ 959 28 24 00 – fax 959 28 50 41 – 54 hab. – 33/54€.* En una avenida muy amplia. Aunque el edificio carece de cualquier encanto especial, las habitaciones son grandes, modernas y limpias. Buena relación calidad/precio.

UNA BUENA OPCIÓN

Monte Conquero – *Pablo Rada, 10 – ☎ 959 28 55 00 – fax 959 28 39 12 – 164 hab., 2 suites – 79/93€.* Gran hotel, moderno y con todo el confort necesario. Se encuentra en una de las calles más animadas de la ciudad y dispone de garaje privado.

Restaurante

UNA BUENA OPCIÓN

Jeromo – *pl. de la Merced, 6 – 21,04/24,04€ – cerrado sá en jul-ago.* La decoración es bastante fea y la plaza es muy ruidosa (hay muchos bares de tapas), pero es uno de los mejores restaurantes de pescado y marisco de la ciudad.

Tapas

Taberna Del Condado – *Sor Ángela de la Cruz.* Típico bar de tapas con toneles en lugar de mesas. Gran surtido de embutidos y de pescados y mariscos a la plancha.

Portichuelo – *Gran Vía, 1 – ☎ 959 24 57 68 – cerrado do en verano y do noche resto del año.* Céntrico bar-restaurante donde podrá degustar una buena selección de montados y raciones.

Catedral ⓥ – Fundada en 1605 y convertida en catedral en el año 1953, sus principales elementos son la fachada renacentista, la talla del Cristo de Jerusalén y la bonita imagen de la Virgen de la Cinta, patrona de la ciudad, obra de Martínez Montañés.

Iglesia de San Pedro – Se halla al final del agradable paseo de Santa Fe, en un pequeño promontorio elevado. Construido sobre los vestigios de una primitiva mezquita mudéjar, su aspecto exterior presenta la blancura característica de los edificios onubenses. Su torre-campanario, despuntando sobre el cielo despejado, es una de las imágenes más típicas de la ciudad.

Iglesia de la Concepción – Muy dañada durante el terremoto de Lisboa (1755), esta iglesia renacentista se halla en proceso de reconstrucción. Su interior acoge una notable sillería y diversas pinturas de Zurbarán.

Santuario de Nuestra Señora de la Cinta ⓥ – Este tranquilo edificio, donde estuvo Cristóbal Colón a su paso por la ciudad, se halla al final del elegante paseo del Conquero, a las afueras de Huelva. Merecen resaltarse los bellos azulejos de Daniel Zuloaga y un fresco que representa a la Virgen, ante el cual, según la leyenda, oró el marino italiano a su vuelta de América como cumplimiento de una promesa. También resulta interesante la verja de acceso al presbiterio.

Museo Provincial ⓥ – Es un compendio de la historia de Huelva desde sus orígenes hasta la actualidad. Entre las diversas secciones destacan las dedicadas a la cultura tartésica, con importantes vestigios arqueológicos, y las del pintor onubense Daniel Vázquez Díaz.

★ **Barrio Reina Victoria** – Se trata de un curioso grupo de viviendas unifamiliares de estilo inglés. Fue construido por la empresa minera "Río Tinto Company Limited" para acoger a sus trabajadores y constituye, por sus peculiaridades arquitectónicas, una verdadera extravagancia en el uniforme núcleo urbano de Huelva.

Monumento a la Fe Descubridora – Situado en Punta del Sebo, una lengua de tierra formada por los ríos Tinto y Odiel, en el extremo opuesto de la ciudad, se trata de una gran escultura de la artista americana Gertrude Vanderbilt Whitney (1929).

ALREDEDORES

★★ **Paraje Natural de las Marismas del Odiel** – *2 km al Sudeste. Salga de Huelva por la Av. Tomás Domínguez.* Situado en la unión de la desembocadura de los ríos Tinto y Odiel, cerca de una zona industrial de productos químicos, este paraje declarado Reserva de la Biosfera ocupa una superficie de 7.150 ha pertenecientes a los municipios de Huelva, Gibraleón, Aljaraque y Punta Umbría. Es una maravillosa zona de marismas mareales, continentales y ecosistemas de arenales donde el nivel del agua asciende y desciende con una oscilación que puede alcanzar los tres metros de altura, según las mareas. Gracias a sus particularidades físicas, habitan en la zona más de doscientas especies de aves que, pese a la proximidad de las fábricas, ofrecen, sobre todo durante los meses de febrero y marzo, un auténtico espectáculo visual. La visita se realiza en **canoas** ⓥ y pequeñas embarcaciones que atraviesan lentamente las dos grandes áreas del paraje: las reservas del Burro y de la Isla de Enmedio, en las que la tierra parece desplazarse de forma acompasada mientras que las colonias de espátulas y garzas rompen el silencio de este excepcional rincón natural con sus sonidos estridentes y sus vuelos repentinos.

San Juan del Puerto – *12 km al Nordeste por la A 472.* Esta localidad posee como principal atractivo la **iglesia de San Juan Bautista**, un edificio renacentista de planta basilical y tres naves que guarda el Cristo de la Misericordia, talla policromada de Juan de Oviedo (s. XVI).

HUÉSCAR

Granada – 8.013 habitantes

Mapa Michelin nº 446 S 22

Huéscar es el centro geográfico de la parte más oriental de la provincia de Granada. Es una zona de fuertes contrastes paisajísticos, que van desde el semidesértico de los alrededores de **Orce** hasta las nieves que en invierno cubren los picos de la **Sierra de la Sagra** o la Sierra Seca.

La población de Huéscar fue fundada en 1241 por la **Orden de Santiago**. A principios del s. XIV volvió a caer en manos musulmanas y fue definitivamente conquistada por **Fernando el Católico** en 1488.

Alojamiento

ALERA

asas–Cueva – *Cervantes, 11 – ☎ 958 73 90 68 – fax 958 73 91 32 – 22 cuevas 43,30/49,30€ (IVA incluido).* Establecimiento original y económico que ofrece agníficas vistas de la sierra gris salpicada de árboles y arbustos. Agradables uevas con salón, chimenea, cuarto de baño y una gran bañera encalada.

RCE

averanda – *Ctra. SE 35 Orce-Casablanca: a 7 km de Orce en dirección a élez Blanco – ☎ y fax 958 34 43 80 – 5 hab.: 3 aparta-cuevas – 45,08€ desayuno incluido).* Hotel enclavado en un paisaje de rara belleza con amplias xtensiones de tierra y maizales que preceden a la sierra. Si se aloja en él endrá ocasión de dormir a 900 m de altitud en una cueva decorada con un usto exquisito.

CURIOSIDADES

Plaza Mayor – Es el centro del pueblo. Aquí se encuentra el Ayuntamiento, rodeado de casonas del s. XIX. En una de las calles que desembocan en la plaza destaca una curiosa casa de estilo "Art-Nouveau".

Colegiata de la Encarnación – La obra se comenzó en los primeros años del s. XVI. Aunque tiene algún elemento gótico, el estilo dominante es el renacentista, que alcanza su máxima expresión en la enorme cubierta poligonal del crucero.

ALREDEDORES

Galera – *8 km al Sur por la A 330.* Entre los ss. XIII y XV, Galera fue una población de frontera que pasó en múltiples ocasiones de manos árabes a cristianas. Esta circunstancia histórica ha quedado reflejada en la estructura del pueblo. La parte baja, cristiana, es ordenada y cuadriculada y contrasta con la parte alta, de fuerte sabor morisco, con entramadas calles y casas-cuevas. En Galera se encuentran la **necrópolis ibérica de Tutugi**, del s. VI a. C, y el **yacimiento argárico** ⓥ (1600 a. C.) del Castellón Alto. Dentro del pueblo, la iglesia de la Anunciación se levantó en el s. XV.

★ **Orce** – *16 km al Sudeste de Huéscar. Salga por la A 330 y, antes de llegar a Galera, gire a la izquierda por la SE 34.* Orce se encuentra en la parte oriental de la cuenca de Baza, en medio de un impresionante paisaje agreste y desértico que nos sorprende, sin embargo, con evocadores y mágicos cambios de luz y color. Entre sus casas encaladas destacan la airosa torre de piedra de la **iglesia parroquial** (s. XVI) y el **Palacio de los Segura**, también del s. XVI, recientemente restaurado y que cuenta con una sencilla fachada y un elegante patio sobre columnas de piedra.

Museo de Prehistoria y Paleontologia José Gibert ⓥ – Está instalado en el **castillo-alcazaba de las siete torres**, una fortaleza cristiana del s. XVI que ha sufrido diversas restauraciones. En el museo se muestran materiales óseos y líticos provenientes de los ricos yacimientos de la zona. También podemos contemplar el célebre fragmento de cráneo que hizo famoso el pueblo a principios de los 80, así como un húmero infantil de alrededor de 1,5 millones de años. De confirmarse estos datos se trataría del yacimiento paleontológico de homínidos más antiguo de Europa.

Fuencaliente – *A 2 km de Orce, en dirección a Galera.* En medio de este paisaje desértico surge esta fuente natural de agua a 18°C. Es un buen lugar para refrescarse en verano.

Castril – *22 km hacia el Oeste por la A 326.* Castril es un típico pueblo serrano, asentado a los pies de una impresionante peña, y rodeado por el desconocido pero bellísimo **Parque Natural de la Sierra de Castril**. Parece que su origen se remonta a un pequeño campamento militar fundado por los romanos y su nombre deriva del árabe Qastal o fortaleza. Tras la reconquista definitiva en el s. XV, Castril pasó a formar parte del señorío de Hernando de Zafra, quien instaló una fábrica de vidrio que dio fama a Castril hasta su desaparición en 1878. Hoy las piezas de color verde o amarillo se han convertido en objetos de coleccionista; algunas de ellas se pueden admirar en el Museo Arqueológico de Granada. En el casco urbano sobresale la **iglesia parroquial** del s. XV.

★ **Parque Natural de la Sierra de Castril** – Es la continuación natural de la vecina Sierra de Cazorla. Su nota más característica es su espectacular relieve, fruto, entre otras cosas, de la deforestación sufrida debido a la fábrica de vidrio. Desde la parte baja del pueblo, junto al río, sale un itinerario a pie de unas 2 h que recorre el río y rodea el pueblo. Para información sobre los itinerarios, diríjase al **Centro de Visitantes** ⓥ, que cuenta con un interesante museo etnográfico.

IZNÁJAR★

Córdoba – 5.200 habitantes

Mapa Michelin nº 446 17 U

Su magnífico **emplazamiento★**, en lo alto de una loma que se adentra como una península en el **embalse de Iznájar**, es un adelanto de los encantos que ofrece el pueblo, situado en un bellísimo entorno natural.

EL PUEBLO

Su caserío, muy pintoresco, sube por calles empinadísimas hasta la parte alta del pueblo, dominada por el conjunto de piedra ocre que constituyen la parroquia y los restos del castillo árabe. La naturaleza que rodea Iznájar forma parte del paisaje urbano y está siempre presente en el horizonte de sus calles blancas; en algunos rincones nos reserva **miradores** con sorprendentes perspectivas.
Desde la zona del castillo y la parroquia se disfrutan bellas vistas del paisaje tapizado de olivos.

El pueblo y el embalse

Castillo – Su origen se remonta al s. VIII, cuando los árabes lo construyeron aprovechando la situación estratégica de este lugar, al que pusieron el nombre de Hisn Ashar. Está en ruinas; sólo quedan restos de los lienzos de la muralla y algunas torres.

Biblioteca Municipal – Se halla instalada en el antiguo pósito, un edificio construido en época de Carlos III.

Parroquia de Santiago – Es una construcción renacentista (s. XVI), realizada con grandes sillares de piedra, que conserva una torre desmochada.

Mirador de la Cruz de San Pedro – *Al final de la calle Cruz de San Pedro.* Interesantes **vistas★** del conjunto de la fortaleza y la parroquia y sobre todo del embalse y la situación del pueblo, que se introduce como una lengua entre dos de sus brazos.

En la parte baja del pueblo se hallan el **Museo Etnográfico** ⓥ, que muestra una colección de herramientas, aperos de labranza, telas, etc. usados en las labores del campo, y la **Casa de las Columnas**, con decoración heráldica en la fachada.

Embalse de Iznájar – Remansa las aguas del río Genil. Conocido como el lago de Andalucía, tiene más de 30 km de largo, parte de los cuales pertenece a la provincia de Granada. Si hace bueno puede darse un baño en la playa de Valdearenas o aprovechar para practicar diversos deportes náuticos.

EXCURSIÓN

Carretera de Lucena a Iznájar – *ver p. 253.*

JAÉN★

Jaén – 107.184 habitantes

Mapa Michelin nº 446 S 18

La ciudad aceitunera más importante de España se asienta sobre una ondulada llanura cubierta por extensos campos de olivos, a los pies del cerro de Santa Catalina, rodeada por una media luna montañosa perteneciente a la Sierra de Jabalcuz. Llamada la "capital del Santo Reino" y cantada por poetas tan importantes como Antonio Machado o Miguel Hernández, Jaén posee un patrimonio artístico de primer orden, sobre el que despuntan los vestigios árabes y las muestras renacentistas, en su mayoría realizadas por Andrés de Vandelvira. Visitar esta localidad es adentrarse en sus barrios: el de **La Magdalena**, donde conviven la dorada piedra de las iglesias y la característica cal árabe; el de **San Juan**, animado centro nocturno y de "tapeo", y el de **Santa María**, con los edificios monumentales de la ciudad. Jaén es una ciudad de contrastes, donde se dan cita los monumentos antiguos y los elegantes palacios renacentistas -el de los Vilches, el de los Vélez o el de los Uribes-; donde se unen la ciudad antigua y el Jaén moderno, cuyas avenidas comerciales confluyen en el **Parque de la Victoria**, situado junto al céntrico y popular **Monumento a las Batallas**.

Finalmente, hay que resaltar la importancia de su **Semana Santa**, en la que, además de la saeta, puede oírse el popular "tracto", antiguo cante de gran dramatismo. Entre las especialidades gastronómicas más solicitadas se encuentran los pestiños y la "pipirrana", especie de salmorejo con ajos, pimientos verdes, tomates maduros, miga de pan y, cómo no, el exquisito aceite de oliva.

Un poco de historia – Poblada desde el Paleolítico, tras la conquista de Publio Cornelio Escipión (207 a. C.) recibió el nombre de *Aurigi* hasta que, según la leyenda, fue evangelizada por Eufrasio, uno de los siete varones apostólicos. A partir de 712 la ocuparon los árabes, quienes la llamaron *Geen* (camino de caravanas), y en 1246 Fernando III el Santo la conquistó definitivamente, haciendo de ella un lugar estratégico en las luchas contra los musulmanes. La sede del obispado se trasladó a la ciudad por aquellas fechas, de modo que ésta gozó de numerosos privilegios que favorecieron su situación económica. A partir del s. XIV entró en una etapa de decadencia que se prolongaría hasta finales del s. XIX. Actualmente, gracias a su importante producción olivarera, ha iniciado un cierto despegue industrial.

LA CIUDAD *visita: 1/2 día*

★★ **Catedral** ⓥ – Levantada entre los ss. XVI y XVII según el proyecto de Andrés de Vandelvira, es uno de los ejemplos más extraordinarios de arquitectura renacentista en Andalucía. Su monumental silueta preside el casco antiguo de Jaén, donde se suceden los rincones encantadores, las calles de trazado laberíntico y las pequeñas plazas en las que aparecen los principales conventos e iglesias de la ciudad.

★★ **Fachada principal** – La suntuosidad de sus grandes sillares ocres, salpicados con figuras de proporciones enormes y detalles decorativos sabiamente tallados, evoca las fachadas típicas de los palacios. Está compuesta por dos cuerpos flanqueados por dos robustas torres cuadradas; el primero con inmensas columnas adosadas y el segundo con una gran balaustrada. Sobre las tres puertas aparecen bellos relieves que representan la Asunción de la Virgen, a San Miguel Arcángel y a Santa

B. Kaufmann/MICHELIN

Detalle de la fachada de la Catedral

Alojamiento

CORRECTO

Europa – *pl. de Belén, 1 – ☎ 953 22 27 00 – fax 953 22 26 92 – 37 hab. – 34/54€.* A pesar del aspecto dejado de la fachada, el interior de este hotel es nuevo y moderno. Las habitaciones son amplias y disponen de todo el confort necesario. Además, se encuentra en el centro de la ciudad.

UNA BUENA OPCIÓN

Rey Fernando – *pl. Coca de la Piñera, 5 – ☎ 953 25 18 40 – fax 953 26 51 22 – 36 hab. – P – 89€.* Junto a la estación de autobuses, hotel fácilmente identificable por su fachada de color rosa claro. Habitaciones modernas y espaciosas.

Parador Castillo de Santa Catalina – *Ctra. del Castillo de Santa Catalina – ☎ 953 23 00 00 – fax 953 23 09 30 – 45 hab. – 85,82/107,28€.* Impresionante Parador instalado en una fortaleza del s. XIII que domina la ciudad. Magníficas vistas de la Sierra y de olivares inmensos. Aunque no se aloje en él, dése el gusto de cenar en su comedor de arcos ojivales o tómese un refresco en alguno de sus majestuosos salones.

Restaurantes

UNA BUENA OPCIÓN

Casa Vicente – *Francisco Martín Mora, 1 – ☎ 953 23 28 16 – 22/30€ – cerrado do noche, lu y ago.* Esta pintoresca casa del s. XVIII, situada a un paso de la catedral, tiene un bonito patio, un bar y un restaurante famoso y elegante decorado con fotos de familia y de distintas personalidades. Cocina regional con buenos productos.

Mesón Nuyra – *pje. Nuyra – ☎ 953 24 07 63 – 24,64€ – cerrado do noche y 2ª quincena ago.* Muy cerca de la calle Nueva, restaurante típico instalado en una cueva. Especialidades: cochinillo y solomillo de vaca.

Tapas

La Manchega – *Consuelo, 7 – ☎ 953 23 21 91.* Bar fundado en 1886 que permanece fiel a sus lejanos orígenes y al margen de la moda. Bocadillos, tapas de embutido y buen vino. Taburetes de madera y, de fondo, la música de un antiguo transistor.

Río Chico – *Nueva, 12 – ☎ 953 24 08 02 – cerrado do noche, lu y 15 ago-7 sep.* Cueva situada en una calle repleta de bares y restaurantes. Raciones de pescado, flamenquines, almejas a la marinera, riñones de choto y lomo de orza. Restaurante en el piso superior con menú del día (6,61€).

Salir

Aparte de la zona comercial en torno a la Plaza de la Constitución, la zona de San Ildefonso concentra locales para salir a tomar algo tranquilo. Los jóvenes eligen, entre otros, algunos establecimientos de la Av. de Muñoz Grandes y algunas calles perpendiculares, como Santa Alicia o San Francisco Javier.

Café-Bar del Pósito – *pl. del Pósito, 10 – abre de 9-01.30.* Situado en la zona monumental, junto a la Catedral, es un local particularmente apreciado por su música, en la que se mezclan el jazz y el flamenco. Con una decoración clásica y un público selecto de 25 a 40 años, ofrece también frecuentes exposiciones de pintura.

Chubby-Cheek – *San Francisco Javier, 7 – abre de 16.30-02 de la madrugada.* Este café, que tiene un piano de cola, es un local de Jazz tanto por decoración como por su ambiente. Los jueves se suelen programar conciertos. Hay varios tipos de cafés. Es un sitio muy agradable para tomar algo tranquilo. El público varía según la hora.

Ábaco – *av. Muñoz Grandes, 5 – abre de 16-07 de la mañana los fines de semana (a 05 el resto de la semana).* Es un local de decoración moderna y esmerada. Por las tardes el público toma algo tranquilo, y de noche hay música para bailar. El abanico de edades es amplio (25-50 años) y varía según la hora.

Trujal – *Hurtado, 21 – abre de 16-03 de la madrugada.* En la zona de San Ildefonso, es un local de público mayoritariamente treintañero. Su decoración acogedora y rústica y la iluminación a base de candiles crean un ambiente íntimo, muy apropiado para la conversación relajada.

Ocio

Para estar al día de los actos culturales que se organizan en Jaén y en toda su provincia, recomendamos consultar la *Agenda Turístico-Cultural*, que el Ayuntamiento edita mensualmente y que se ofrece gratuitamente en Oficinas de Turismo y oficinas municipales. Su contenido puede también verse en Internet en *www.promojaen.es*. El **Teatro Darymelia**, en la calle Maestra (☎ 953 21 91 80), organiza una temporada de espectáculos, fundamentalmente teatrales.

Tiendas y compras

Las principales calles comerciales de Jaén se agrupan en torno a la **Plaza de la Constitución**. La calle Virgen de la Capilla, San Clemente y el Paseo de la Estación forman un tridente en el que se incluyen otras calles más pequeñas, pero también repletas de pequeños comercios y algún gran centro comercial, como **El Corte Inglés**, en la calle Roldán y Marín.

Mercadillo – Los jueves por la mañana, en el recinto ferial, junto a la Alameda de Calvo Sotelo, se instala un mercadillo al aire libre donde puede encontrarse desde ropa a comida, pasando por todo tipo de artículos.

Transportes

Aeropuerto – El aeropuerto más cercano es el de Granada, a 50 min en coche por la autovía que une ambas ciudades. ☎ 958 24 52 00.

Trenes – La estación de tren se encuentra en el Paseo de las Culturas, s/n. ☎ 953 27 02 02. Las únicas líneas directas comunican Jaén con Madrid y Cádiz (pasando por Córdoba y Sevilla).

Autobuses interurbanos – La estación de autobuses se encuentra en la Plaza de Coca de la Piñera s/n. ☎ 953 25 01 06. Desde aquí parten autobuses a todas las capitales de Andalucía y a las principales capitales de España.

Autobuses urbanos – Jaén cuenta con una red urbana de autobuses municipales. El precio del viaje es de 0,65€ y el bono de 10 viajes cuesta 4,20€. ☎ 953 21 91 00/88

Taxis – ☎ 953 22 22 22.

Coches de caballos – Existe un servicio de coches de caballos que recorren toda la zona turística de la ciudad, con varias paradas en el centro.

Catalina, ésta última muy venerada en Jaén porque en su onomástica tuvo lugar la Reconquista de la ciudad por Fernando III el Santo. La **balaustrada★** del piso superior, pieza esencial en el conjunto, está rematada por un grupo de esculturas que representan al rey Fernando, a los cuatro evangelistas y a los doctores de la iglesia.

★★ **Interior** – De tres naves cubiertas por hermosas bóvedas vaídas y separadas por gruesos pilares con columnas corintias adosadas, su aspecto es sencillamente espectacular. Desde el crucero, magnífica obra de Pedro del Portillo y Juan de Aranda que se cubre mediante una imponente cúpula, puede admirarse la amplitud de este conjunto en el que la luz realza todos y cada uno de los detalles decorativos, aportando una atmósfera de refinada solemnidad. En el centro de la nave principal, truncando la perspectiva de ésta, se inserta el coro, que acoge una excepcional **sillería★★** de madera de nogal, esculpida por las sabias manos de José Gallego y Oviedo del Portal, discípulos de Alonso Berruguete. En la Capilla Mayor, que preside un notable retablo renacentista, se encuentra el tesoro más importante de la catedral: el **lienzo del Santo Rostro★**. Según la tradición, esta reliquia, guardada celosamente en una bonita caja, fue utilizada por Verónica para limpiar la faz de Cristo cuando éste se dirigía al Calvario, quedando su cara impresa en ella. Posteriormente, sería traída a España por San Eufrasio, obispo de Andújar.
Entre las numerosas capillas laterales -un total de diecisiete- destaca la de San Fernando, que conserva una bella imagen de Nuestro Padre Jesús Nazareno. Son también interesantes la sala capitular, donde puede admirarse una *Sagrada Familia* de Pedro Machuca, y la **sacristía**, obra de Vandelvira en la que se ubica el Museo Catedralicio.

Museo ⓥ – *Acceso por el brazo derecho del crucero.* El tesoro de la catedral exhibe piezas tan interesantes como la *Virgen con el Niño*, de la escuela flamenca, dos lienzos de Ribera, diversos libros de coro miniados e importantes colecciones de orfebrería religiosa, entre las cuales destacan unos originales tenebrarios de bronce del Maestro Bartolomé.

Iglesia del Sagrario – Adosada a la catedral, se trata de un sobrio edificio neoclásico cuya pureza arquitectónica contrasta con el retablo mayor, suntuosa obra barroca (s. XVIII).

JAÉN

Adarves Bajos . . . . CZ 2
Álamos . . . . BZ 3
Alcalde García Segovia . . . . CX 5
Alcantarilla . . . . BZ 7
Alféreces Provisionales . . . BX 8
Almendros Aguilar . . . . . . BYZ
Andalucía . . . . AX
Ángel (Puerta del) . . . . CZ 9
Arijona (Av. de) . . . . AX
Arquitecto Bergés . . . . BY
Ávilla . . . . AX
Baeza . . . . BY
Barcelona (Av. de) . . . . AX
Batallas (Pl. de las) . . . . BY
Belén (Pl. de) . . . . CY
Bernabé Soriano . . . . BZ 12
Capitán Aranda Alta . . . . . . BZ 13
Carmello Torres . . . . BY 14
Castilla . . . . BY 16
Castillo (Carret. al) . . . . AZ
Cerón . . . . BZ
Circunvalación
(Carret. de) . . . . AYZ
Coca de la Piñera (Pl.) . . . . BY 17
Colón . . . . BZ
Concordia (Pl. de la) . . . . . . BX
Conde . . . . BZ
Condestable Iranzo . . . . . . AX 18
Constitución (Pl. de la) . . . . BZ
Córdoba (Carret. de) . . . . . . AY
Correa Weglison . . . . BY 20
Doctor Civera . . . . BZ 21
Doctor Eduardo Arroyo . . . BY 22
Doctor Eduardo García
Triviño López . . . . BX 24
Doctor G. Durán . . . . AX
Ejército Español (Av. del) . ABY
Ejido . . . . BZ 25
España (Paseo de) . . . . BX
Estación (Paseo de la) . . . BXY
Extremadura . . . . BX 26
Francisco Coello . . . . BZ 27
Fuente de Don Diego . . . . BCZ
Fuerte del Rey . . . . AX 30
Goya . . . . AX
Granada (Av. de) . . . . CY
Hermanos Pinzón . . . . BX 31
Ignacio Figueroa . . . . BZ 32
Jardinillos (Pl. de los) . . . . . BY
Jesús (Carrera de) . . . . BZ
Juanito el Practicante . . . . . AY 34
Juan Pedro Gutiérrez
Higueras . . . . AX 35
La Luna CX
Lola Torres (Glorieta de) . . . AZ
Madre de Dios . . . . BZ 36
Madre Soledad Torres
Acosta . . . . BY 38
Madrid (Av. de) . . . . CXY
Madrid (Carret. de) CX
Maestra . . . . BZ 39
Magdalena Baja . . . . AY 40
Manuel Caballero Venzalá . CX 41
Manuel Jontoya . . . . BZ 43
Martínez Molina . . . . BY
Merced Alta . . . . BZ 44
Millán de Priego . . . . ABY
Misericordia
(Ronda de la) . . . . CXY
Molino de la Condesa . . . . AY 45
Muñoz Garnica . . . . BZ 47
Muñoz Grandes (Av.) . . . . . BX
Navas de Tolosa . . . . BY 48
Núñez de Balboa . . . . BY 49
Obispo Alonso Suares . . . . CY 51
Obispo Estúñiga . . . . BX 52
Obispo García de
Castro (Pl.) . . . . CYZ 54
Obispo González . . . . BZ 55
Puerta de Martos . . . . AY
Puerta del Sol . . . . BY 56
Rey Alhamar . . . . BY 58
Ronda Sur . . . . CZ
Ruíz Jiménez
(Av. de) . . . . BCX
Sagrado Corazón
de Jesús . . . . AX
Salvador Vincente
de la Torre . . . . AX 59

San Agustín (Pl.de) . . . . BY 61
San Andrés . . . . BY 62
San Bartolomé . . . . BZ 63
San Clemente . . . . BYZ 65
San Francisco (Pl.) . . . . BZ 67
San Juan (Pl. de) . . . . BY 68
San Lucas . . . . AX
Santa Luisa de Marillac
(Pl. de) . . . . AY 70
Santa María (Pl. de) . . . . . . BZ
Santa María del Valle CX
Santo Domingo . . . . AY 71
Senda de los Huertos . . . . . BZ
Tiro Nacional . . . . AZ
Vicente Montuno . . . . CZ 72
Virgen de la Cabeza . . . . . . BX 73
Virgen de la Capilla . . . . . BCY 74

Baños Árabes . . . . BY
Barrio La Magdalena . . . . AY
Barrio San Juan . . . . . . ABY
Barrio Santa María
(Catedral y plaza) . . . . BZ
Capilla de San Andrés . . . . BY
Castillo de Santa Catalina AZ
Catedral . . . . BZ
Convento de las Bernardas CZ **A**
Convento de Santa Teresa
o de Las Descalzas . . . BZ **B**
Iglesia de la Magdalena . . AY
Iglesia del Sagrario
(Catedral) . . . . BZ
Iglesia de San Bartolomé . BZ
Iglesia de San Ildefonso . CZ

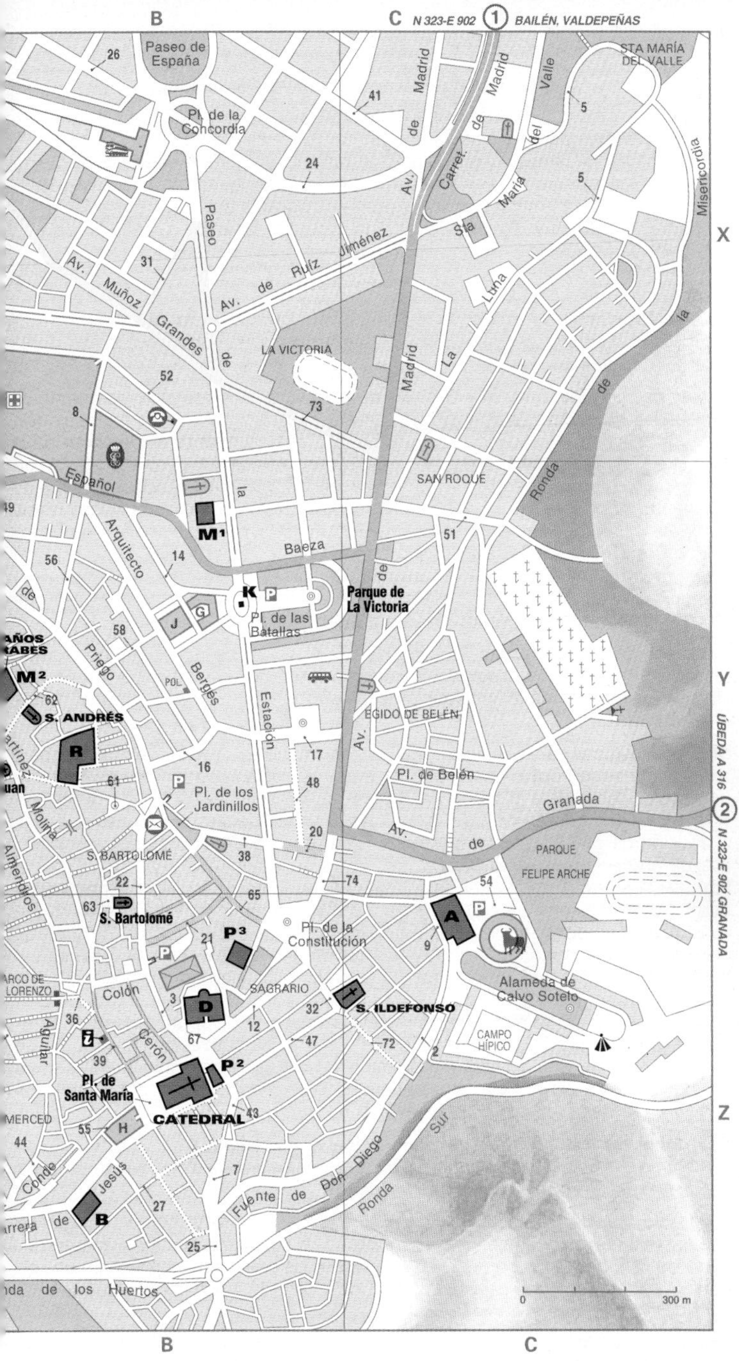

Iglesia de San Juan . . . . BY
Monasterio de
Santa Úrsula . . . . AY **F**
Monumento a
las Batallas . . . . BY **K**
Museo Provincial . . . . . . BY **M**[1]
Palacio Provincial . . . . . . BZ **D**
Palacio de los Uribes . . . AY **P**[1]
Palacio de los Vélez . . . . BZ **P**[2]
Palacio de los Vilches . . BZ **P**[3]
Palacio de Villardompardo BY **M**[2]
Parque de la Victoria . . . CY
Real Monasterio de
Santa Clara . . . . BY **R**
Real Monasterio de Santo
Domingo . . . . AY **S**

Andrés de Vandelvira, el Brunelleschi andaluz

Discípulo de Diego de Siloé, este genial arquitecto (1509-1575) que gozó de gran prestigio durante su vida, aportó con sus edificios una idea de monumentalidad de la que carecía la arquitectura renacentista andaluza. El estilo de Vandelvira sintoniza perfectamente con la aridez paisajística jienense; de este modo, los elementos ornamentales se reducen a la mínima expresión y, por el contrario, manifiesta un avanzado gusto por los espacios amplios, desnudos y luminosos.

Palacio Provincial – La sede de la Diputación Provincial es un antiguo convento franciscano realizado por Vandelvira. Posee un hermoso patio interior con doble galería de columnas.

★ **Iglesia de San Ildefonso** ⓥ – Después de la catedral es el templo más grande de la ciudad. Se construyó en estilo gótico durante los ss. XIV y XV. Posee tres fachadas: una gótica, en la que puede verse un mosaico que representa el *Descenso de la Virgen de la Capilla*, patrona de Jaén que, según la tradición, libró a la villa de un asedio moro; otra renacentista, obra de Vandelvira, y la última neoclásica, realizada por Ventura Rodríguez (s. XVIII). En el interior hay que resaltar el magnífico **retablo mayor**, esculpido por Pedro y Julio Roldán, así como el bello tabernáculo de Pedro Duque Cornejo. La **capilla de la Virgen**, decorada con bonitas vidrieras y pinturas al fresco, guarda una imagen de la patrona de Jaén.
Comunicada con la iglesia se halla la **casa de la Virgen** ⓥ, un pequeño museo que recoge numerosas obras de arte inspiradas por la devoción popular.

Convento de las Bernardas ⓥ – Fundado en el s. XVII, presenta una portada de inspiración clasicista, un agradable claustro interior, así como una iglesia que alberga los retablos de la *Anunciación* y la *Asunción de la Virgen*, obra del artista italiano Angelo Nardi.

Museo Provincial ⓥ – El edificio principal, levantado en 1920, aprovechó las portadas del antiguo Pósito -observe los relieves que representan un haz de mieses y un cesto de pan- y de la iglesia de San Miguel, ambas del s. XVI. A su lado se encuentran otras dos construcciones dedicadas a exposiciones temporales y a una exposición de grabado contemporáneo. El museo está dividido en dos secciones: una de arqueología *(planta baja)* y otra de Bellas Artes *(piso superior)*. Entre la gran cantidad de piezas exhibidas sobresale el conjunto de **esculturas ibéricas de Porcuna**★ (toros, esfinges, sacerdotes y guerreros), realizadas en el s. VI a. C. y que constituyen uno de los hallazgos más importantes de la cultura ibérica. En las salas dedicadas al arte romano se observan numerosos bustos, ánforas, capiteles y mosaicos, entre los que destaca, por su colorido y complejidad compositiva, el de **Bruñel**. También son interesantes las fíbulas de época visigoda y, sobre todo, el popular **sarcófago de Martos**★, magnífica obra paleocristiana de mármol que representa siete escenas milagrosas de la vida de Jesús entre pórticos columnados –fíjese en las de la conversión del vino y la curación del inválido. La sección de Bellas Artes expone obras de Berruguete, Alonso Cano, José y Federico de Madrazo, Mariano Benlliure y Antonio López *(Mujeres en diálogo)*.

Real Monasterio de Santa Clara – El elemento más importante de este cenobio construido en el s. XIII es su hermoso **claustro**. En la iglesia se conserva una curiosa imagen de Cristo realizada en bambú (s. XVI).

Iglesia de San Bartolomé – Se construyó entre los ss. XVI y XVII, en el lugar de una antigua mezquita árabe. Tras la sobriedad de su fachada (s. XVII) aparece un hermoso patio, cubierto por un **artesonado mudéjar** de gran valor artístico. En una de las capillas interiores se encuentra la talla del Cristo de la Expiración, que se saca en procesión durante la Semana Santa.

★ **Capilla de San Andrés** – Este edificio mudéjar con reminiscencias judaicas (s. XVI) fue mandado construir por Gutierre González Doncel, tesorero del papa León X. Su aspecto exterior, de una blancura extraordinaria, esconde una verdadera joya arquitectónica: la **capilla de la Purísima Inmaculada**★★. Cubierta con bóveda estrellada sobre tambor octogonal con minuciosos adornos platerescos, este pequeño espacio es una filigrana decorativa donde cada detalle y cada figura adquieren tal grado de precisión que parecen estar a punto de abalanzarse hacia el espectador. También extraordinaria es la **reja**★ que cierra la capilla, un auténtico encaje de hierro repujado y dorado, obra del Maestro Bartolomé de Jaén (s. XVI).

Palacio de Villadompardo ⓥ – Esta elegante construcción del s. XVI fue la casa de Fernando de Torres y Portugal, virrey de Perú y conde de Villardompardo. Su sobria fachada oculta un **patio**★ con arquerías alrededor del cual se encuentran diversas estancias. La visita incluye el **Museo de Artes y Costumbres Populares**, situado en diferentes salas del palacio, donde se realiza un recorrido a través de la vida tradicional de los habitantes de la provincia (herramientas artesanales, objetos de uso cotidiano, ejemplos de indumentaria local, etc.); el **Museo Internacional de Arte Naïf**, que muestra una singular colección de pintura y escultura; una sala donde se celebran exposiciones temporales dedicadas a artistas jienenses; y , sobre todo, los baños árabes.

★★ **Baños Árabes** – Situados en las catacumbas del palacio, son los mayores baños conservados en España. Gracias al magnífico proceso de restauración al que han sido sometidos, puede admirarse la sabiduría arquitectónica alcanzada en este tipo de construcciones, donde la luz atraviesa delicadamente las estancias en penumbra, creando una hermosa sensación de calma. Comprenden un vestíbulo de entrada cubierto con bóveda de medio cañón corrido; una sala fría con lucernario que permitía la iluminación y ventilación de la estancia; una sala templada, cubierta por una hermosa cúpula semiesférica con pechinas y arcos de herradura, y, por último, una sala caliente que añade a los anteriores elementos varias alcobas con bóvedas vaídas y otros tantos lucernarios estrellados.

M. Raurich/STOCK PHOTO

Interior de los baños árabes

Iglesia de San Juan – Construida tras la conquista de Jaén, conserva una notable colección de tallas góticas.

Real Monasterio de Santo Domingo ◷ – Fue fundado por Juan I sobre los vestigios del antiguo palacio de los Reyes Musulmanes y llegó a ser sede del Santo Oficio. Posee una proporcionada fachada renacentista, obra de Vandelvira, y un **patio**★ interior del s. XVII con delicada galería de arcos en la planta baja y ventanas bellamente trabajadas en el primer piso. Actualmente es sede del **Archivo Histórico Provincial.**

Iglesia de la Magdalena – El templo, de estilo gótico-isabelino (s. XVI), se alza sobre los restos de una antigua mezquita árabe, de la que se conserva el precioso **patio**★, con la alberca que sirvió para las abluciones y algunos bucólicos árboles frutales. En el interior del edificio, sobre el altar mayor, aparece un bello retablo de Jacopo L'Indaco y el relieve de *La Magdalena*, realizado por Mateo Medina (s. XVIII). Frente a la iglesia se halla la **fuente del Raudal**, que abastecía de agua potable a los habitantes de Jaén.

Monasterio de Santa Úrsula ◷ – Su iglesia está cubierta por un artesonado mudéjar muy refinado. Aconsejamos comprar las populares **yemas** de Santa Úrsula, elaboradas de forma tradicional.

OTRAS CURIOSIDADES

★ **Castillo de Santa Catalina** ◷ – *5 km al Oeste. Conviene subir en coche.* En lo alto del cerro del mismo nombre se eleva, desafiante, la vetusta mole de la antigua fortaleza árabe, reformada por Fernando III tras la conquista de Jaén. Desde aquí partía el monumental recinto amurallado que ceñía toda la ciudad y del cual sólo se conservan la llamada **Puerta del Ángel**, reformada en estilo barroco (s. XVII) y los arcos **de San Lorenzo** y del Consuelo. Del edificio original conserva la interesante **capilla de Santa Catalina**, situada en la torre albarrana, a la que se accede por un delicado arco de herradura, y, sobre todo, la torre del homenaje, una airosa construcción que despunta sobre el conjunto, proporcionando fantásticas **panorámicas**★★ de los perfiles azulados de la Sierra de Jabalcuz y los campos de olivos. Actualmente acoge un Parador de Turismo.

Convento de Santa Teresa o de las Descalzas – En este monasterio de carmelitas descalzas se guarda una copia manuscrita del *Cántico Espiritual* de San Juan de la Cruz. Los deliciosos **dulces** que elaboran las religiosas se han convertido en uno de los grandes atractivos de Jaén.

ALREDEDORES

La Guardia de Jaén – *10 km al Sudeste por la N 323 – E 902.* Este pequeño pueblo extiende su trazado de casas blancas al abrigo del castillo árabe, desde cuya torre del homenaje se distinguen bonitas **panorámicas** del Cerro de San Martos, con los huertos y los campos de trigo al fondo.

EXCURSIÓN

Parque Natural Sierra Mágina – *35 km al Este. Salga de Jaén por la Av. de Granada, tome la A 316 y la A 320 hasta Mancha Real, después continúe por la JV 3242.* **Información en el centro de interpretación de Jodar** ⓥ. Conocido gracias al escritor Antonio Muñoz Molina, quien ha ambientado alguna de sus novelas en un lugar ficticio llamado Mágina, este parque forma parte de la Cordillera Subbética, entre la depresión del Guadalquivir y la sierra de Lucena. Sus 19.900 ha se elevan sobre las llanuras de Jaén, formando tupidas laderas donde proliferan los bosques de encinas y quejigos y donde habitan, entre otras especies, el águila real, el halcón peregrino y la cabra montés.

JEREZ DE LA FRONTERA★★

Cádiz – 181.602 habitantes

Mapa Michelin nº 446 V 11

Aunque parezca un tópico, hablar de Jerez es hacerlo, en primer lugar, de caballos y de vino. Los primeros porque señorean Jerez en sus fiestas, y el vino porque se siente en cada rincón, en cada callejuela. Jerez, situada de espaldas al mar, mirando a la fértil campiña que la rodea, es el contrapunto terrenal a la etérea Cádiz. Dispone de uno de los patrimonios arquitectónicos más importantes de la provincia y una vida cultural que gira alrededor del **flamenco**. Jerez comparte con Sevilla el privilegio de la paternidad de este arte. En sus humildes barrios gitanos surgió, entre otros, el arte de la *bulería.*

VISITA

★★Jerez Gótico

Jerez ha conservado un importante legado de arquitectura gótica. Proponemos un itinerario que recorre el núcleo de la villa medieval, deteniéndonos en las llamadas iglesias de la Reconquista. *La mayoría abre a diario en horario de culto, normalmente a partir de las 19.*

Plaza del Mercado – Situada en el popular barrio de San Mateo, aquí se encontraba el primitivo mercado árabe. En uno de sus extremos sobresale, como si de un decorado se tratara, el **Palacio de Riquelme**, un edificio renacentista del que sólo subsiste la fachada, abundante y copiosamente decorada. Sobre las columnas corintias del primer cuerpo se yergue una pareja de "hombres salvajes" acompañados por dos leones rampantes, protectores simbólicos de las puertas desde la Antigüedad.
En esta misma plaza se encuentran el **Museo Arqueológico** y la **iglesia de San Mateo**.

Museo Arqueológico de Jerez ⓥ – Está instalado en un palacio muy restaurado del s. XVIII que conserva una bonita fachada. Las salas, distribuidas alrededor de un patio, muestran de manera cronológica la historia de la comarca jerezana. La pieza más destacable es un elegante **casco griego★** del s. VII a. C. aparecido en el río Guadalete. De gran simplicidad formal pero extraordinariamente expresivos son los **ídolos cilíndricos★** en mármol de la Edad del Cobre, procedentes del Cerro de las Vacas (Lebrija) y de Torrecera.

Jerez en el s. XIII

La toma de Sevilla en 1248 por Fernando III el Santo supuso la apertura a las tropas cristianas del valle del Bajo Guadalquivir, ocupándose ciudades tan importantes como Arcos, Medina o Jerez de la Frontera. Esta última pasó definitivamente a manos castellanas el 9 de octubre de 1264, día de San Dionisio, superada la revuelta de los mudéjares. La ciudad estaba rodeada por una muralla rectangular, de herencia almohade, de más de 4.000 m de perímetro, de la que todavía hoy se conservan algunos lienzos en las calles Porvera y Ancha. El interior, al que se accedía por tres puertas, estaba dividido en 6 parroquias o collaciones (Cádiz sólo tenía una), bautizadas simbólicamente con los nombres de los 4 Evangelistas, San Dionisio (Patrón de la ciudad) y el Salvador. Fuera del recinto amurallado se encontraban los arrabales de San Miguel y Santiago y los conventos de Santo Domingo y San Francisco. Desde un primer momento, la ciudad desempeñó un papel esencial en el sistema defensivo y de frontera establecido entre cristianos y nazaríes.

JEREZ DE LA FRONTERA

Aladro (Pl.) . . . BY
Alcalde Álvaro Domecq . . . BY
Algarve . . . BZ 2
Ancha . . . AY
Angustias (Pl. de las) . . . BZ 5
Arcos . . . BZ
Arenal (Pl. del) . . . BZ 8
Armas . . . ABZ 10
Arroyo (Calzada del) . . . AZ 12
Arroyo (Pl. del) . . . AZ
Asta . . . AY
Asunción (Pl.) . . . BZ 13
Atalaya . . . AY
Barja . . . BZ
Barreras . . . AY
Beato Juan Grande . . . BY 15
Belén (Pl.) . . . AZ
Bizcocheros . . . BY
Cabezas . . . AYZ 18
Cádiz . . . BY
Caracol (Ronda del) . . . AYZ
Cartuja . . . BZ
Chaparra (Cuesta de la) . . . AZ
Circo . . . BY
Clavel . . . BY
Conde de Bayona . . . BZ 21
Consistorio . . . BZ 23
Constitución (Pl. de la) . . . AY
Cordobeses . . . AY 26
Corredera . . . BZ
Cristina (Alameda) . . . BY 28
Cruces . . . AZ 30
Doña Blanca . . . BZ 31
Duque de Abrantes (Av.) . . . BY 32
Eguilaz . . . BYZ 33
Empedrada . . . BZ
Encarnación (Pl. de la) . . . AZ 35
Francos . . . AY
Gaspar Fernández . . . BYZ 40
Guadalete . . . ABY
José Luis Díez . . . AZ 42
Lancería . . . BZ 45
Larga . . . BZ 47
Lealas . . . AY
Letrados . . . ABZ 50
Luis de Isasy . . . AYZ 52
Mamelón (Pl.) . . . BY
Manuel María González . . . AZ 55
María Antonia Jesús Tirado . . . BZ
Medina . . . BZ
Mercado (Pl. del) . . . AYZ 56
Merced . . . AY
Monti (Pl.) . . . BZ 57
Muleros (Ronda de los) . . . BZ
Muro . . . AY
Nuño de Cañas . . . BY 60
Pañuelos . . . BZ
Paúl . . . BY
Pedro Alonso . . . BZ 62
Peones (Pl.) . . . AZ 65
Pintor Muñoz Cebrián . . . BY
Pizarro . . . AY
Plateros (Pl.) . . . BZ 67
Ponce . . . AY
Porvenir . . . BZ
Porvera . . . ABY
Pozo del Olivar . . . ABY
Pozuelo . . . ABZ 70
Puerto . . . AZ
Rafael Rivero (Pl.) . . . BY 72
Rosario . . . BY
San Juan . . . AY
San Agustín . . . BZ 75
San Blas . . . AZ
San Fernando . . . AZ 77
San Ildefonso . . . AZ
San Lucas (Pl.) . . . AYZ 80
Santiago (Pl.) . . . AY 81
Santo Domingo . . . BY
Sevilla . . . BY
Sol . . . BZ
Taxdirt . . . AY
Tonería . . . BY 82
Torresoto (Av.) . . . AZ
Vieja (Alameda) . . . AZ 84
Zaragoza . . . BY

Alcázar . . . AZ
Bodega Domecq . . . AZ B²
Bodega González Byass . . . AZ B⁴
Bodega Harvey . . . BZ B⁶
Bodega Sandeman . . . ABY B⁸
Bodega Williams & Humbert . . . BY B¹⁰
Cabildo . . . BZ C²
La Cartuja . . . BZ
Casa Domecq . . . BY C⁴
Casa de los Ponce de León . . . AY C⁶
Catedral . . . AZ
Centro Andaluz de Flamenco . . . AY E
Convento de Santa María de Gracia . . . AY F
Convento de Santo Domingo . . . BY
Iglesia de San Dionisio . . . BZ K
Iglesia de San Juan de los Caballeros . . . AY
Iglesia de San Lucas . . . AY
Iglesia de San Marcos . . . ABY
Iglesia de San Mateo . . . AZ
Iglesia de San Miguel . . . BZ
Museo Arqueológico de Jerez . . . AY M
Museo de Relojes . . . AY
Palacio del Marqués de Bertemati . . . AZ R
Palacio de los Pérez Luna . . . BY S
Palacio de Riquelme . . . AY V
Real Escuela Andaluza de Arte Ecuestre . . . BY
Teatro Villamarta . . . BZ T
Yegualada de la Cartuja . . . BZ
Zoo-Jardín Botánico . . . AY

Alojamiento

CORRECTO

El Coloso – *Pedro Alonso, 13 – ☎ y fax 956 34 90 08 – 29 hab. – 49/66€.* Situado en un barrio tranquilo, a 5 min de la plaza del Arenal, pequeño hotel familiar que ofrece habitaciones con aire acondicionado y televisión. No le vendría mal un lavado de cara.

UNA BUENA OPCIÓN

Doña Blanca – *Bodegas, 11 – ☎ 956 34 04 03 – fax 956 34 85 86 – 30 hab. – 55,20/66,20€.* Un bonito edificio de estilo andaluz acoge este hotel que tiene la ventaja de estar situado en el centro de la ciudad, entre correos y el mercado. Habitaciones funcionales y confortables.

UN CAPRICHO

Jerez – *av. Alcalde Álvaro Domecq, 35 – ☎ 956 30 06 00 – fax 956 30 50 01 – 116 hab. – 115/135€ (250€ en época de ferias, carreras, etc).* Gran hotel de alta categoría con habitaciones que dan al jardín o a la piscina. Su único inconveniente es que está lejos del centro de la ciudad.

Restaurantes

UNA BUENA OPCIÓN

Tendido 6 – *Circo, 10 – ☎ 956 34 48 35 – 28,25€.* Junto a la plaza de toros. Este restaurante, uno de los mejores de la ciudad, está especializado en cocina andaluza (carne y pescado).

La Taberna Flamenca – *Angostillo de Santiago, 3 – ☎ 956 32 36 93 – 24€ – cerrado do.* Gran taberna instalada en un antiguo almacén de vinos. Comidas y cenas (a partir de las 20 h) con espectáculo de flamenco ma, ju y sá. También se puede asistir sólo a la actuación del cuadro flamenco (22.30).

UN CAPRICHO

Gaitán – *Gaitán, 3-5 – ☎ 956 34 58 59 – 23,96/38,05€– cerrado do noche.* Este clásico de Jerez ofrece una cocina regional con algunos toques innovadores. El comedor es una pequeña sala, alargada y estrecha, repleta de objetos.

Tapas

Casa Juanito – *Pescadería Vieja, 8-10 – ☎ 956 33 48 38 – Cerrado do en verano y lu resto del año.* Este clásico bar ofrece desde hace más de 50 años una amplia selección de tapas. Está situado en una calle peatonal repleta de terrazas. La decoración es de lo más andaluza: azulejos y cuadros de tema taurino.

Salir

La Rotonda – *Larga, 40 – abre de 9-23.* Es un clásico en todos los sentidos: decoración, ambiente, solera... Cuenta con una terraza muy agradable en la calle y un excelente servicio. Se pueden degustar vinos, quesos, chacinas. También tiene una pequeña confitería para comprar todo tipo de dulces.

Cafetería La Vega – *pl. Estévez, 1 – abre de 9-23.* Turistas y jerezanos se mezclan en la agradable terraza de esta cafetería, situada en una de las plazas más concurridas del centro de Jerez. Muy recomendable para tomar algo, tanto por la mañana como por la tarde.

Cafetería Bristol – *pl. Romero Martínez, 1 – abre de 9-24.* Local muy concurrido, gracias a la presencia en la misma plaza del **Teatro Villamarta**. Público asiduo del teatro, en un clima relajado. Es un clásico de Jerez para tomar el café de la tarde.

Don José – *Letrados s/n – abre de 16-24.* Es un local de clientela madura y selecta, decorado de forma acogedora y clásica, con un estilo muy inglés. Perfecto para tomar algo y conversar en un ambiente distendido.

Carbonería – *Letrado, s/n (detrás del Ayuntamiento) – abre de 16.30-03 de la madrugada.* La decoración del local es moderna y vanguardista. Recomendable para tomar algo por la tarde o al principio de la noche. El ambiente es relajado, de gente joven.

Ocio

La vida cultural y social de la ciudad gira en torno a argumentos como el vino o el flamenco, aunque Jerez no descuida otros aspectos como la música o el teatro; en el **Teatro Villamarta** *(pl. Romero Martínez, s/n, ☎ 956 32 93 13)* tiene lugar una muy completa temporada lírica, de música, danza, teatro e incluso flamenco.
En Jerez son muy conocidas las peñas flamencas, que organizan diversos actos, exposiciones, tertulias y recitales de flamenco, destacando las famosas "zambombás" flamencas en Navidad. Tiene solera la **Peña Tío José de Paula**, en la *c/ Merced, 11 ☎ 956 30 32 67/01 96.* También es célebre la Peña el Garbanzo, en la *c/ Santa Clara, 9 ☎ 956 33 76 67.*

El Ayuntamiento edita bimensualmente una *guía cultural* que da información puntual sobre todos los actos que se organizan en la ciudad. Pueden conseguirla en quioscos y en la Oficina de Turismo.

Fiestas

A finales de abril el **Festival de Jerez**, dedicado al mundo del flamenco. La más célebre es la **Feria del Caballo**, que se celebra en mayo en el Parque González Hontoria *(av. Alcalde Álvaro Domecq)*. En septiembre tienen lugar la **Fiesta de la Vendimia** y la **Fiesta de la Bulería**.

Compras

La zona comercial de Jerez se organiza en torno a la calle Larga, una agradable vía peatonal repleta de comercios. Al comienzo de esta calle, en la plaza Estévez existe un mercado tradicional que ha sido restaurado recientemente y por el que merece la pena pasar.

En Jerez pueden hacerse buenas compras de artículos relacionados con el mundo del caballo. Recomendamos sendas guarnicionerías, **Arcab** *(av. Duque de Abrantes, s/n – ☎ 956 32 41 00)* y **Duarte** *(Lancería, 15 – ☎ 956 34 27 51)*. Por supuesto, es obligada la compra de vinos. Lo mejor es pasar por alguna de las conocidas e históricas bodegas de la ciudad, o comprar en algún establecimiento especializado, como La Casa del Jerez *(Divina Pastora, 1 – ☎ 956 33 51 84)*.

Mercadillo – Los lunes por la mañana, en el **Parque González Hontoria**, recinto de la Feria del Caballo, en el que se vende de todo.

Transportes

Aeropuerto – **Aeropuerto de La Parra**; ☎ *956 15 00 00*. Se encuentra en la carretera N-IV en el km 7. El mejor modo de llegar a la ciudad es mediante taxi.

Trenes – *pl. de la Estación s/n ☎ 956 34 23 19*. Los principales trenes que parten de la estación son los que tienen como destino Sevilla, Madrid/Barcelona y Cádiz, éste último con un extenso horario de salidas.

Renfe – información *c/ Tonería*, 4 ☎ *956 33 79 75 ó 902 24 02 02 (RENFE)*

Autobuses urbanos – La red de autobuses urbanos es muy extensa y une las distintas zonas de la ciudad. Los precios son: 1 viaje 0,70€, bono de 10 viajes 4,70€, bono de 20 viajes 8,40€, bono mensual 25,25€. ☎ 956 14 36 08/9.

Autobuses interurbanos – La estación se encuentra en la *c/ Cartuja, s/n ☎ 956 34 52 07*. Desde aquí parten autobuses periódicamente a cualquier punto de la provincia de Cádiz, a Madrid, Sevilla, Málaga y Córdoba.

Taxis – ☎ *956 34 48 60*

Coches de Caballos – Existe un servicio de coches de caballos que recorren la zona más turística de la ciudad con numerosas paradas.

Iglesia de San Mateo – Es una de las iglesias primitivas que Alfonso X edificó, en el s. XIII, sobre las antiguas mezquitas árabes. La fábrica actual es del s. XV. Los muros exteriores están sostenidos por robustos contrafuertes.

Tome la calle Cabezas hasta la plaza de San Lucas.

Iglesia de San Lucas – Su origen medieval ha quedado oculto por las modificaciones posteriores, sobre todo durante el barroco. En el exterior sobresale la torre-fachada con una portada abocinada.

Tome la calle Ánimas de San Lucas y gire a la izquierda por la calle Santa María hasta la plaza Orbaneja. Desde aquí tome la calle Liebre hasta la plaza Carrizosa, donde destaca la fachada con balcón curvo de un palacete del s. XVIII. Vuelva a la plaza Orbaneja y continúe por la calle San Juan hasta la iglesia de San Juan de los Caballeros.

★ **Iglesia de San Juan de los Caballeros** – El templo actual, muy sobrio en el exterior, es en su mayor parte del s. XV, aunque presenta añadidos posteriores como la fachada (s. XVII). El interior, de una sola nave, tiene un magnífico **ábside poligonal**★ de nueve lados, del s. XIV, cubierto con una bóveda de diez nervios decorados con dientes de sierra que se apoyan sobre finas columnas.

Tocino de Cielo

Este delicioso postre parece que tuvo su origen en las bodegas jerezanas. Éstas, para clarificar sus vinos, utilizaban claras de huevo batidas a punto de nieve. No sabiendo qué hacer con las yemas sobrantes, éstas se entregaban a los conventos, donde las monjas comenzaron a elaborar estos deliciosos dulces.

Detrás, en la plaza San Juan, se encuentra el **Centro Andaluz de Flamenco**, instalado en el Palacio Pemartín.

Tome la calle Francos y gire a la izquierda por la calle Canto. Continúe hasta la plaza Ponce de León.

Aquí se encuentra el antiguo **Palacio de los Ponce de León**, con una bella **ventana★★** en ángulo, muestra excelente de arte plateresco.

Continúe por la calle Juana de Dios Lacoste y tome a la izquierda la calle Almenillas. Cruce la calle Francos y tome la calle Compañía dejando a un lado la iglesia de la Compañía de Jesús hasta llegar a San Marcos.

Convento de Santa María de Gracia: *Plaza de Ponce de León*. Aquí se pueden adquirir diversos dulces. El tocino de cielo se hace por encargo. De 9.30 a 12.45 y de 17.30 a 18.45.

Iglesia de San Marcos – Aunque fundada en tiempos de Alfonso X, la fábrica actual es probablemente de 1480, fecha en la que sufrió una importante remodelación. De esta época es la única nave con la que cuenta hoy en día, cubierta con una bonita **bóveda de estrella** del s. XVI. El ábside queda oculto por un **retablo★** poligonal del s. XVII que está presidido por una tabla del s. XIX que representa a San Marcos. Las trece tablas restantes son obras del s. XVI de influencia flamenca. En la nave de la izquierda hay que destacar la **capilla bautismal** del s. XV.

Plaza de Rafael Rivero – En esta pequeña plaza se encuentra el palacio de los Pérez Luna, con una bonita **portada** de finales del s. XVIII y, al lado, la casa de los Villavicencio, con un atractivo patio.

Tome la calle Tornería hasta la plaza de Plateros.

Plaza de Plateros – Una de las plazas con más sabor del viejo Jerez. En la Edad Media fue una importante zona comercial como revelan los nombres de las calles de alrededor (Chapinería, Sedería y Tornería). En ella se alza la **torre Atalaya**, levantada en la primera mitad del s. XV con funciones de vigilancia. Del lado de la plaza, en el segundo cuerpo, destacan varias ventanas góticas de arcos polilobulados.

★ **Plaza de la Asunción** – En uno de los lados de esta agradable plaza se encuentra el edificio renacentista del **Cabildo★★** (1575), cuya fachada presenta un sector principal decorado con grutescos y amorcillos, con las figuras de Hércules y Julio César flanqueadas por las Virtudes Cardinales como elementos principales. A la izquierda se abre una lonja o galería porticada; presenta tres vanos de medio punto, sostenidos por delicadas columnas, que contrastan con las robustas columnas corintias de la puerta, y ventanas en el otro lado. En el centro de la plaza, una estatua dedicada a la Asunción de María, de mediados del s. XX.

Iglesia de San Dionisio – Con fuertes reminiscencias mudéjares, la iglesia de San Dionisio está dedicada al patrón de la ciudad. En el exterior, la portada principal es abocinada y está cubierta por un tejadillo. Del conjunto, carente de gracia, sobresalen los curiosos canecillos a la altura de la cubierta.

Baje por la calle José Luis Díez hasta la plaza del Arroyo.

★ **Palacio del Marqués de Bertemati** – La fachada de este palacio es una de las más impresionantes de Jerez. De las dos portadas con las que cuenta, la de la **izquierda★** presenta dos cuerpos separados por un bello balcón curvo de herrería en el que aparecen las letras del apellido Dávila. En el primer cuerpo, dedicado al mundo profano, sobresale un grupo escultórico de dos jinetes que sostienen sendos caballos. El segundo cuerpo está dedicado al mundo religioso.

★★ **Catedral** ⓥ – La Colegial del Salvador fue la primera de las iglesias consagradas tras la Reconquista y, como todas las demás, fue construida sobre una mezquita. El templo actual está un poco desplazado hacia el Este con respecto a la primitiva iglesia y fue la obra religiosa más importante del s. XVIII jerezano, modificando incluso las calles adyacentes y creando nuevos espacios como la **plaza de la Encarnación**. Su imponente perfil, del que sobresale la **cúpula★** de ladrillo del crucero, es visible desde gran parte de la ciudad. De aspecto ecléctico, combina elementos barrocos en portadas y torres con otros góticos como bóvedas y arbotantes. Estos últimos son puramente decorativos pues no sustentan nada. El interior resulta excesivamente decorado. De sus cinco naves, destaca la central, cubierta por una bóveda de cañón.

En la plaza de la Asunción...

Delante de la fachada de la Catedral, cada septiembre desde el s. XVIII, tiene lugar uno de los acontecimientos más importantes de Jerez, la **Fiesta de la Vendimia**, donde se procede a la pisa de la uva.

★ **Alcázar** ⓥ – *Situado en la Alameda Vieja.* Desde aquí se tiene la mejor **vista**★★ de la Catedral. Formaba parte del recinto amurallado construido por los almohades en el s. XII. Todavía hoy se pueden contemplar importantes restos de sus más de 4.000 m de perímetro en las calles. Al alcázar, situado en el ángulo sudoeste del recinto, se accedía por la **puerta de la ciudad**, una típica puerta almohade en ángulo de 90º. Otro elemento característico de las construcciones defensivas almohades son las torres albarranas, de las que tenemos un buen ejemplo en la Torre Octogonal. De su perfil sobresalen, a parte de la citada torre, la del homenaje y la de Ponce de León (s. XV). Dentro del recinto del Alcázar, la **mezquita**★★ es un buen ejemplo del arte desornamentado de los primeros almohades. La sala de oración está cubierta con una preciosa **cúpula ochavada**. En el otro extremo del recinto, atravesando el jardín, nos encontramos con los baños que fueron construidos en el s. XII siguiendo los modelos romanos.

J. Guillard/SCOPE

Detalle de la portada principal de la Catedral

Cámara oscura ⓥ – Segunda cámara de este tipo instalada en España. Se ha elegido la torre del **Palacio de Villavicencio**. Un ingenioso juego de lentes y espejos nos permite disfrutar de una **perspectiva**★★ diferente de Jerez. Una buena forma de empezar la visita de la ciudad.

DE LA PLAZA DEL ARENAL A LA ALAMEDA CRISTINA

Este paseo transcurre extramuros del antiguo recinto amurallado, donde se encontraban en la Edad Media los arrabales de San Miguel y Santiago y donde se fundaron diversos conventos como el de Santo Domingo. A pesar de su situación ha sido siempre un lugar céntrico, como atestiguan los variados ejemplos de arquitectura que encontramos. Hoy en día es una de las zonas más animadas de Jerez, llena de terrazas y comercios.

Plaza del Arenal – Antiguo lugar de juegos musulmán, esta plaza ha conservado siempre su impronta como lugar de reunión y festejos. En el centro se encuentra el monumento al jerezano **Miguel Primo de Rivera** de Mariano Benlliure.

Desde la plaza del Arenal tome la calle San Miguel, con una buena perspectiva de la torre barroca de San Miguel.

★★ **Iglesia de San Miguel** – La **fachada de San José**, la más antigua de la iglesia, se levantó en 1480 en estilo hispanoflamenco. En el tímpano, flanqueado por dos imponentes pilares flamígeros y coronado con un arco conopial, se encuentra la imagen de San José. La fachada principal, dedicada a San Miguel, es una poderosa torre barroca de tres cuerpos, rematada con una cubierta de azulejos típica de Jerez. El interior, de tres naves, es de gran esbeltez. El crucero y la capilla mayor, decorados profusamente, se cubren con una complicada bóveda de estrella. En la cabecera, el **retablo**★ es una extraordinaria realización del último Renacimiento, obra de Martínez Montañés, aunque presenta algunos elementos barrocos debidos a José de Arce. Adosada la iglesia se encuentra la **capilla sacramental**, de estilo barroco.

Regrese a la plaza del Arenal y tome la calle Lencería hasta el popular edificio del Gallo Azul. La calle Larga conduce hasta el convento de Santo Domingo.

Convento de Santo Domingo – Fundado en tiempos de Alfonso X, cuenta con un bello claustro gótico, dedicado a exposiciones temporales.

★ **Casa Domecq** – Este elegante edificio, construido en el último tercio del s. XVIII, es un buen ejemplo de palacio barroco jerezano. El elemento más importante es la **portada**★, realizada en mármol y profusamente decorada. Entre los dos cuerpos de la puerta destaca una fina balaustrada de hierro que se apoya sobre una cornisa de planta movida y que confiere al conjunto gran dinamismo.

ABC del vino de Jerez

Marco de Jerez – Triángulo de tierras formado por **Jerez**, **Sanlúcar** y **El Puerto de Santa María**. Los vinos del marco de Jerez poseen la **Denominación de Origen Jerez-Xerez-Sherry**. Están controlados por el Consejo Regulador, creado en 1935.
Albariza – Tierra de color claro compuesta por margas de origen marino. Su capacidad para mantener la humedad la convierte en la tierra ideal para el cultivo de la uva.
Uva Palomino – Introducida en tiempos de Alfonso X, constituye el 95 % de la uva jerezana.
Uva Pedro Ximénez – variedad de uva introducida en 1680 por un soldado de los tercios de Flandes.
Botas – Tres son los tipos de barriles que se utilizan, de mayor a menor: bocoyes, toneles y botas (500 l). Las botas son las más extendidas. Están hechas de roble americano.
Solera y Criaderas – Forman el sistema de crianza del vino de Jerez. La solera es la hilera de barricas más cercana al suelo y la que tiene el vino más viejo. Por encima se colocan varias hileras de botas llamadas criaderas. El vino va descendiendo desde la hilera más alta (1ªcriadera) hasta la solera, en un proceso que se denomina "correr la escala".
Flor del vino – Fina capa de levadura que cubre el vino y que produce la fermentación e impide su oxidación.
Sobretabla – Es el vino más joven, el que se mete en la primera criadera. En esencia es el mosto fermentado al que se le ha añadido alcohol para llegar a los 15°.

Vinos:

Fino – Es un vino seco, de color claro, algo dorado. Su graduación es de 15°. Resulta un buen acompañamiento para mariscos y pescados.
Amontillado – Es de color ámbar, seco y aromático. Se ha aumentado la graduación alcohólica hasta los 17°.
Oloroso – De color oscuro y aroma penetrante. Unos 18º.
Cream – Vino dulce obtenido a partir del oloroso. De color oscuro. Adecuado para los postres.
Pedro Ximénez – De color rubí, es un vino dulce elaborado a partir de la uva del mismo nombre.

Bodegas más importantes: ⓥ

Pedro Domecq: Fundada en 1730, destaca la bodega del Molino.
Bodegas González Byass (Tío Pepe): Fundada en 1835, destaca la bodega de la Concha, diseñada por Eiffel en 1892 y La Constancia, repleta de firmas famosas. También se conserva el primitivo cuarto de muestras.
William&Humbert: Cuenta con un museo. Información en el ☎ 956 34 65 39.

Internet: Para saber algo más sobre el vino de Jerez, consulte la muy interesante página del **Consejo Regulador**: www.sherry.org.

B. Grilly

Bodega de La Ina. Domecq

OTRAS CURIOSIDADES

★★ **Museo de Relojes** ⓥ – Este sorprendente museo, uno de los pocos existentes en España dedicado exclusivamente al reloj, está instalado en el palacete de la Atalaya, construido en el s. XIX en estilo clasicista. El edificio está rodeado de unos románticos jardines donde se pasean orgullosos multitud de pavos reales. El museo, con más de 300 piezas, tiene su origen en la colección particular de la viuda de Gabia, adquirida posteriormente por José María Ruiz Mateos. El reloj más antiguo es uno del s. XVII con **caja italiana** de ébano y piedras duras. El resto son principalmente relojes ingleses y franceses de los ss. XVIII y XIX. Por su singularidad sobresale un interesante cuadrante solar inglés del s. XVIII.

Zoo-Jardin Botánico ⓥ – Se creó en los años 50 en los terrenos de un antiguo jardín botánico en el extremo Norte de la ciudad. Esta circunstancia hace que sea, además de un interesante zoo, uno de los parques más agradables para pasear en Jerez. En sus instalaciones podemos contemplar más de 400 especies entre las que no faltan tigres, leones y elefantes. Es un lugar muy recomendable para ir con los niños.

★ **Real Escuela Andaluza del Arte Ecuestre** ⓥ – Tiene su sede en un bello palacete del s. XIX, de aspecto francés, construido por **Charles Garnier** (arquitecto de la ópera de París). El edificio que hoy alberga oficinas, está rodeado de unos estupendos jardines de cuidada vegetación. En sus instalaciones tiene lugar el **espectáculo**★★ "Cómo bailan los caballos andaluces", donde los protagonistas son los impresionantes caballos cartujanos. La música española y los jinetes ataviados a la usanza del s. XVIII completan el cuadro.

Iglesia de Santiago – Situada en el popular barrio de Santiago. El templo actual, de finales del s. XV, se levanta sobre una pequeña ermita fundada por Alfonso X en el s. XIII. El exterior es bastante imponente y en él sobresalen los recios contrafuertes terminados en pináculos. La fachada principal es una muestra típica del arte hispanoflamenco tan habitual en este periodo. La portada, de arcos abocinados, termina en un arco conopial rematado con el escudo de los Reyes Católicos y está flanqueda por dos cuerpos flamígeros. El interior es de tres naves cubiertas con bóvedas de crucería.

ALREDEDORES

★ **La Cartuja** – *6 km al Sur por la A 381, carretera de Medina Sidonia.* Comenzada en 1478, las obras se prolongaron durante gran parte del s. XVI. La portada del monasterio es una obra renacentista, fechada en 1571, que da acceso a un gran patio empedrado donde destaca al fondo la impresionante **fachada**★★★ de la iglesia. Se trata de una portada-retablo dividida en cuatro cuerpos que conforman un conjunto de gran teatralidad. En los intercolumnios laterales de los dos cuerpos principales se encuentran las estatuas de los santos de la orden, mientras que en el eje central encontramos una imagen de la Inmaculada Concepción y, encima del rosetón, la figura de San Bruno, fundador de la Orden. El interior es de una sola nave cubierta con bóvedas de crucería.

★ **Yeguada de la Cartuja** ⓥ – *Salga de Jerez por la carretera de Medina Sidonia. Finca Fuente del Suero, km 6,5.* La empresa pública **EXPASA** es la encargada de la crianza y mejora del **caballo cartujano**. Los sábados ofrece un programa de visita de sus instalaciones que permite observar la belleza de estos caballos de cerca y en libertad. Incluye también una exhibición de enganche y una cobra de yeguas.

Club de Golf Montecastillo – *Junto al Circuito.* Uno de los mejores clubs de golf de España, seleccionado desde el año 1997 como sede del prestigioso **Volvo Masters**. Información sobre servicios: www.montecastillo.com.

Circuito de Jerez – *10 km al Este por la A 382, carretera de Arcos.* Los amantes del motociclismo tienen una cita anual con el Gran Premio de Motociclismo. Para más información sobre las competiciones consulte la página web:www.circuitodejerez.com o llame al ☎ *956 15 11 00.*

JIMENA DE LA FRONTERA

Cádiz – 8.949 habitantes

Mapa Michelin nº 446 W 13

Bastante olvidada pese a su singular belleza, Jimena es una población enclavada en el límite oriental del **Parque Natural de los Alcornocales**. El acceso desde el Norte de la provincia atraviesa un espectacular paisaje de alcornoques, encinas y quejigos que sólo cambia en las cercanías de Jimena, donde el bosque da paso a los pastos y a los toros de lidia. Los romanos fundaron aquí la ciudad de Oba y durante la Edad Media fue una importante fortaleza fronteriza entre cristianos y nazaríes, hasta su conquista definitiva en 1454 por el rey trastámara Enrique IV. La comarca, situada estratégicamente entre el campo de Gibraltar y la vega jerezana y de difícil acceso, fue refugio de bandoleros y contrabandistas desde el s. XIX hasta después de la Guerra Civil.
Hoy es un pueblo tranquilo donde no es difícil encontrarse con ciudadanos ingleses que han hecho de Jimena su lugar de residencia.

Alojamiento

El Añón – *Consuelo, 34-40 – ☎ 956 64 01 13 – fax 956 64 11 10 – 12 hab. – 29/50€. www.andalucia.com/jimena/hostalanon.* Hotel de habitaciones pequeñas, escaleritas por todas partes, patios repletos de flores, un restaurante típico y piscina con vistas de la sierra. No se pierda la ocasión de dormir en este establecimiento con auténtico encanto.

CURIOSIDADES

El pueblo se asienta sobre la ladera de la colina dominada por el castillo. Su caserío blanco solo se ve interrumpido por el ladrillo rojizo del campanario neoclásico de la **iglesia de Santa María La Coronada**.

Iglesia de la Misericordia – Esta sencilla construcción gótica (s. XV) de una sola nave ha sido restaurada con mucho acierto para albergar en su interior un **Centro de Información del Parque Natural de los Alcornocales** ⓥ. Es probablemente el primer templo construido tras la conquista.

Castillo – Este castillo-fortaleza se levanta en el cerro de San Cristóbal, donde al parece estuvo la ciudad romana de Oba. La construcción actual, de origen musulmán, es del s. XIII. Se accede al recinto atravesando el doble arco de herradura de la imponente torre albarrana, que hacía las funciones de torre vigía. En la explanada de la colina se encuentran el cementerio del pueblo, varios aljibes de gran dimensión y el recinto del castillo, en el que sobresale su robusta **torre del homenaje**.

Torres albarranas

Una de las novedades de la arquitectura militar almohade fue la construcción de torres albarranas. Se edificaban desligadas de la parte principal de la fortificación, en un lugar avanzado, unidas al cuerpo central mediante un arco o un muro. Servían como atalaya y eran un lugar de guardia permanente. La más famosa de las torres albarranas es la **Torre del Oro** de Sevilla.

ALREDEDORES

★ **Pinturas de la Laja Alta** – *Es necesario contactar con un guía en el pueblo.* Constituye uno de los conjuntos de pinturas rupestres más interesantes de toda la provincia. Su reciente descubrimiento y su difícil acceso han permitido un alto grado de conservación. En la piedra se distingue un conjunto de seis embarcaciones fenicias de extraordinaria belleza datadas hacia el año 1000 a. C.

★ **Castellar de la Frontera** – Los omeyas construyeron este pueblo-fortaleza en el s. XIII como enclave defensivo del recién creado reino de Granada. Fue durante dos siglos lugar de luchas fronterizas, hasta su definitiva conquista en 1434 por las tropas cristianas. Sin embargo, su momento más

Alojamiento

La Almoraima – *Ctra. A 369, entre la N 340 y Jimena de la Frontera – ☎ 956 69 30 02 – fax 956 69 32 14 – 17 hab. – 55,89/90,15€.* En el centro de un inmenso parque se alza este magnífico hotel rural que fue convento en el s. XVII y pabellón de caza de un duque en el s. XIX. Habitaciones sobrias y rústicas; tranquilidad garantizada.

difícil lo vivió a principios de los años setenta del s. XX cuando, con la construcción del **embalse de Guadarranque** que anegó los campos de cultivos, la mayoría de sus habitantes se vio obligada a trasladarse al Nuevo Castellar, situado a unos 7 km. La carretera de acceso al viejo Castellar asciende por la colina sobre la que se asienta, serpenteando entre casas blancas, en medio de un paisaje de gran belleza. El pueblo, medio abandonado, parece rescatado de un cuento medieval. Totalmente encerrado dentro de la fortaleza, se accede al interior atravesando la puerta del palacio de los duques de Arcos.

Hidalgo-Lopesino/MARCO POLO

Rincón típico de Castellar

★ **Parque Natural de los Alcornocales** – *Son varias las carreteras que atraviesan el parque y que le permitirán disfrutar de sus bellos paisajes. La A 375 desde Alcalá de los Gazules, la CA 503 desde Arcos de la Frontera, la A 369 desde San Roque (Algeciras). Unas y otras pasan por Puerto Galis, emblemático cruce de caminos desde épocas remotas. Información en el ☏ 956 41 33 07.*

Encinas, rebollos, acebuches y alcornoques, sobre todo alcornoques, que cubren casi la mitad de la superficie de este parque, seguramente el bosque de esta especie más extenso de Europa. El parque ofrece múltiples posibilidades para los amantes de la naturaleza. Existen multitud de caminos y veredas, muchas veces antiguas vías pecuarias, para practicar senderismo. Entre los más recomendables están la excursión al poblado de la Sauceda *(unas 5 h)* y, algo más difícil, la ascensión a **El Picacho** *(unas 3 h)*.

El corcho

La extracción del corcho es un proceso delicado que requiere de la maestría y habilidad del **corchero**. La explotación de los alcornoques andaluces comenzó hacia los años treinta del s. XIX y desde entonces poco ha cambiado la manera de trabajar. La herramienta que se utiliza es un hacha especial con la que se cortan grandes tiras de corteza llamadas **panas**. Es el momento más delicado, pues hay que prestar atención para no dañar el árbol y permitir su regeneración al cabo de unos 10 años. Una vez cortado, intervienen los **recogedores** y los **rajadores**, que tienen como misión preparar las panas para el transporte que realizan los **arrieros** con la ayuda de mulos. El periodo de explotación del alcornoque comienza cuando éste alcanza los 30 años y un diámetro de algo más de 60 cm. Como la vida media de un alcornoque es de unos 150 años, cada árbol permite unas 10 cosechas. El descorche suele realizarse entre los meses de junio y septiembre, que es cuando el alcornoque tiene más capacidad de regeneración.

LEBRIJA

Sevilla – 23.924 habitantes

Mapa Michelin nº 446 V 11

Lebrija se alza sobre un pequeño promontorio, a orillas de las primeras marismas del estuario del Guadalquivir. Según cuenta la leyenda, fue fundada por Baco, quien le otorgó el nombre de *Nebrissa*. Tras la dominación romana vivió, durante la época árabe, un período de gran esplendor. En 1264 Alfonso X la conquistó definitivamente, iniciando entonces una etapa de bienestar que se extendería, gracias a sus abundantes recursos agrícolas, hasta bien entrado el s. XVIII. Actualmente, la patria de **Elio Antonio de Nebrija** (1442-1522), primer gramático de la lengua castellana, es una población que ha emprendido un proceso de modernización industrial.

Iglesia de Santa María de la Oliva ⓥ – Situada en la bonita plaza del Rector Merina, esta antigua mezquita se adaptó para el culto cristiano en 1249. Su interior es una mezcla de estilos mudéjar –arcos de herradura que separan las tres naves–, gótico –ventanales de las capillas laterales–, renacentista –crucero y ábside–, y barroco, torre campanario. Guarda una imagen de la Virgen, así como un hermoso **retablo mayor**, obra de Alonso Cano.

Los Júas

Estos muñecos de trapo confeccionados por los lebrijanos se queman la noche de San Juan (23-24 de junio), en medio de una gran algarabía festiva.

Iglesia de Santa María del Castillo ⓥ – Se encuentra en la parte más alta de Lebrija, junto a las ruinas del antiguo castillo árabe. Se trata de un templo mudéjar que conserva los bellos artesonados originales y un patio que perteneció a la antigua mezquita.

Capilla de la Vera Cruz ⓥ – Cercana a la plaza de España, centro neurálgico de la villa, esta interesante construcción de estilo neoclásico (s. XVII) alberga un suntuoso **crucifijo** realizado por Martínez Montañés.

LINARES★

Jaén – 58.410 habitantes

Mapa Michelin nº 446 R 19

Segunda ciudad de la provincia en número de habitantes –después de la capital-, Linares es una antigua localidad minera situada en una depresión de las vertientes de Sierra Morena, junto a la calzada romana que comunicaba antiguamente Cádiz y Roma. Se extiende por un paisaje de amplios olivares, cuyas perfectas hileras convierten el vasto campo jienense en una cuadrícula precisa, donde de vez en cuando aparece la sombra blanca de algún cortijo.

Su origen se remonta a la época romana, cuando era una pequeña villa de paso llamada *Linarium*. Sin embargo, tras la destrucción de la cercana *Cástulo*, se trasladaron aquí numerosas familias que trabajaban en las minas, convirtiéndola en una ciudad próspera y de gran importancia económica. Conquistada por Fernando III el Santo a mediados del s. XIII, durante el reinado de Carlos III vivió una etapa de decadencia de la cual pudo rehacerse gracias, sobre todo, a sus explotaciones de plomo y plata. En los últimos años, tras el cierre de algunas compañías mineras y la crisis del sector siderúrgico, la población ha padecido cierto retroceso en su economía. Patria natal del genial guitarrista **Andrés Segovia**, Linares es tristemente popular porque en su plaza de toros murió el mítico torero **Manolete**.

Iglesia de Santa María la Mayor – Este magnífico edificio (s. XVI), construido sobre los vestigios de otro templo anterior, combina los estilos románico, gótico y renacentista. En su interior merecen destacarse las portadas de algunas capillas laterales *(primera y segunda de la derecha)*, así como el **retablo mayor**, que representa bellas escenas del Antiguo Testamento.

★ **Museo Arqueológico** ⓥ – Situado en el refinado palacio Dávalos, con una fachada rematada por una grácil torre-mirador, expone importantes colecciones arqueológicas que van desde la Edad del Bronce hasta la época medieval. Entre las numerosas piezas procedentes de la vecina Cástulo destaca una **Niké** de bronce del s. I, en la que los ropajes presentan un tratamiento escultórico de gran delicadeza. También resulta interesante la **colección de estatuillas de Astarté**, datadas en el s. VI a. C.

Hospital de los Marqueses de Linares – Su exuberante arquitectura contrasta con la elegancia y simplicidad de la plaza del mismo nombre. Se trata de una construcción neoclásica, levantada a principios del s. XX, en cuyo interior se halla la cripta de los marqueses, obra de Coullaut Valera.

Palacio de Justicia – Este imponente edificio del s. XVIII posee una fachada con profusa decoración escultórica que, sin embargo, es un verdadero prodigio compositivo. En ella se alternan las escenas de carácter religioso con otras que representan temas costumbristas y de la vida cotidiana.

Manolete

La tarde del 29 de agosto de 1947, un toro de la ganadería Miura, de nombre Islero, dio muerte al gran diestro Manuel Rodríguez Sánchez, conocido como Manolete, en la plaza de Linares. A partir de entonces, este torero espigado y elegante, de vida intensa dentro y fuera de los ruedos, se convirtió en una de las mayores leyendas de la historia de la tauromaquia.

Iglesia de San Francisco – Su austero aspecto exterior, con una bella fachada coronada por una espadaña y flanqueada por una esbelta torre-campanario, resalta la belleza del bello **retablo** barroco del altar mayor.

Ayuntamiento – Monumental construcción del s. XVIII, su bello atrio porticado ocupa todo un lateral de la plaza donde se ubica.

ALREDEDORES

Ruinas de Cástulo – *7 km al Nordeste por la A 312 dirección Arquillos.* Esta ciudad fundada por griegos y habitada por fenicios y romanos, donde nació la popular Imilce, esposa del cartaginés Aníbal, fue uno de los lugares más prósperos de la zona debido a sus explotaciones mineras de plomo y plata. Actualmente es un importante núcleo arqueológico donde han tenido lugar hallazgos de gran valor.

Baños de la Encina – *11 km al Noroeste por la J 6030.* Esta tranquila población, escondida entre campos de olivares y pequeñas ondulaciones montañosas pertenecientes al **Parque Natural Sierra de Andújar★** *(ver p. 114)*, debe su atractivo a la **alcazaba árabe** que vigilaba Baños desde una estratégica peña. Se trata de un recinto en el que pueden observarse vestigios del trazado callejero y de una mezquita antigua. Conviene subir a cualquiera de las torres-vigía, desde donde se observan fantásticas **vistas** del pueblo y los alrededores.

LOJA

Granada – 20.143 habitantes

Mapa Michelin nº 446 U 17

Lugar de origen mítico, Loja está situada en la fértil vega del **río Genil**, a medio camino entre Málaga y Granada. Para los árabes, que la llamaron Medina Lawsa, fue un lugar de alto valor estratégico en la defensa de la vega granadina. Varias veces arrasada durante la Reconquista, fue el propio Boabdil quien, en 1486, la entregó definitivamente a los Reyes Católicos. En Loja nació, en 1800, el **General Narváez**, que dirigió de forma autoritaria la política española durante el reinado de Isabel II.

BARRIO DE LA ALCAZABA

El centro histórico de Loja se encuentra en lo alto de un pequeño promontorio, delimitado por estrechas callejuelas de sonoros nombres donde, según las leyendas, yacen ocultos incalculables tesoros. Accedemos a él por la cuesta del Señor o rodeando la **iglesia de la Encarnación**, de vastas dimensiones, construida entre los siglos XVI y XVIII. En lo alto, domina el **recinto de la alcazaba** Ⓥ, en el que se conservan la torre del homenaje, el llamado Caserón de los Alcaides Cristianos, casa de sencillo aparejo del s. XVII, la torre Ochavada y, en el patio de armas, los restos de un aljibe. La calle Moraima conduce hasta el límite del recinto medieval. Desde el Mirador Arqueológico se tiene una buena vista de la **iglesia de San Gabriel**, un bello templo renacentista del s. XVI.

B. Kaufmann/MICHELIN

Torre de la iglesia de la Encarnación

Fachada de la Anunciación de la iglesia de San Gabriel

Atribuida a **Diego de Siloé**, representa los modelos renacentistas típicos del s. XVI. El cuerpo inferior responde al esquema de arco de triunfo, con el vano flanqueado por columnas pareadas de orden jónico. El superior, de menor tamaño, está rematado por un frontón y flanqueado por columnas de orden corintio como corresponde a un cuerpo superior. En la hornacina, un grupo escultórico con el Arcángel San Gabriel y la Virgen representa la Anunciación que da nombre a la portada y a la Iglesia.

En la plaza de Abajo, antes llamada de Joaquín Costa, se encuentra una de las puertas que daba acceso a la alcazaba, la de **Jaufín**, del s. XIII, y al lado el antiguo pósito, un edificio muy reformado del que sólo se conserva la parte baja.

Alojamiento

UN CAPRICHO

Finca La Bobadilla – *Ctra. de Iznajar (A 328) – ☎ 958 32 18 61 – fax 958 32 18 10 – 52 hab., 10 suites – 200,73/269,85€*. Hotel del máximo lujo enclavado en una finca de 350 hectáreas. Las *suites* (unos 601€/noche) han acogido personalidades de todo el mundo; desde reyes, como el de España, hasta tenores como Plácido Domingo y actores como Tom Cruise. Todo el conjunto constituye un auténtico pueblo que posee hasta una pequeña iglesia cuyas campanas suenan por la mañana.

Y para comer...

Nada mejor que acercarse al pueblo de **Riofrío**, reputado ya en el s. XVII por sus truchas. Las recetas son variadas y como postre puede optar por alguno de los postres típicos de la zona, entre los que destacan los famosos **roscos de Loja**.
Si lo que le gusta es pescarse sus propias truchas, Riofrío cuenta con un **Coto Intensivo de Pesca** donde se puede disfrutar de la pesca deportiva durante casi todo el año. *Permisos, información y reservas en el Albergue de Pescadores de Riofrío ☎ 958 32 31 77 ó 958 32 11 56.*

LUCENA

Córdoba – 35.564 habitantes

Mapa Michelin nº 446 T 16

Los orígenes de esta histórica villa se remontan a la época romana, aunque fue bajo la dominación árabe, durante los ss. X y XI, cuando alcanzó mayor desarrollo. Se distinguió por ser un importante enclave judío, conocido como "La Perla de Sefarad" y contó con una prestigiosa universidad hebrea. En el s. XVIII vivió un nuevo florecimiento económico y artístico. En la actualidad es uno de los pueblos más prósperos y activos de la provincia.

CURIOSIDADES

★**Iglesia de San Mateo** ⏱ – *Situada en la Plaza Nueva, frente al Ayuntamiento.* Se cree que está construida sobre una antigua mezquita. Presenta un estilo de transición gótico-renacentista. En ella participaron los Hernán Ruiz I y II.

Exterior – El juego de los volúmenes arquitectónicos dota de dinamismo a esta gran construcción. La fachada principal tiene una bella portada renacentista de inspiración clásica, enmarcada por dos contrafuertes. A la izquierda se eleva la torre y a la derecha se ve el exterior de la capilla del Sagrario con su cúpula.

Alojamiento

Husa Santo Domingo – *El Agua, 12 – ☎ 957 51 11 00 – fax 957 51 62 95 – 30 hab. – 58,70/92,70€*. Hotel de lujo instalado en un antiguo convento del s. XVIII. Habitaciones espaciosas y confortables.

Restaurante

Araceli – *av. del Parque, 10 – ☎ 957 50 17 14 – 22,24/29,90€ – cerrado 15-30 ago.* Aunque de aspecto normal y corriente, es el mejor restaurante de la ciudad especializado en pescados y mariscos.

Interior – Amplio y de armoniosas proporciones. Las tres naves tienen cubiertas de madera, al contrario que la triple cabecera plana, que presenta bóvedas góticas. Un magnífico **retablo★** renacentista preside el presbiterio. Los relieves policromados de sus cinco calles narran escenas de la vida de Cristo y de personajes del Antiguo y del Nuevo testamento.

★★ **Capilla del Sagrario** – *Se abre en la nave de la Epístola, junto a los pies de la iglesia.* Es una joya rococó de la primera mitad del s. XVIII. Los muros y la cúpula están recubiertos de abigarradas **yeserías★★** polícromas que forman un conjunto de una exuberancia decorativa sin igual. Toda clase de elementos ornamentales –geométricos, vegetales, etc.– constituyen un tupido entramado decorativo en el que conviven angelitos, obispos, santos...

Castillo del Moral – *En el Coso.* Es una antigua fortaleza de origen medieval, pero muy reformada, que conserva dos torres. En el torreón octogonal (del Moral) se dice que estuvo preso Boabdil. La torre cuadrada (de las Damas) sería la antigua torre del homenaje.

Iglesia de Santiago ⓥ – Levantada sobre una antigua sinagoga. Protegida por dos contrafuertes, la fachada de ladrillo tiene una portada de estilo gótico tardío. En el interior, los pilares de piedra, que sustentan los arcos apuntados de ladrillo, aparecen torcidos por el peso, creando una curiosa sensación de fragilidad. Conserva una talla de Cristo atado a la columna, de Pedro Roldán.

Otras iglesias de interés son la de **San Juan de Dios** y la de **San Agustín**, ambas con bellas portadas barrocas. La iglesia de San Agustín presenta una de las pocas plantas elípticas que hay en Andalucía.

ALREDEDORES

★ **Santuario de la Virgen de Araceli** – *6 km al Sur, el último tramo de pronunciado desnivel (20%).* La carretera sube en redondo hasta lo más alto de la Sierra de Aras, donde se alza el santuario. Desde la explanada se divisa un amplio **panorama★** de la campiña cubierta de olivos con las sierras al fondo.

EXCURSIÓN

Carretera de Lucena a Iznájar – *35 km por la C 334.* Salvo en los primeros kilómetros, la carretera discurre por un bello paisaje, ciñendo montes alfombrados de olivos. A 20 km se encuentra **Rute**, famoso por sus anisados, que se recuesta en la falda de la sierra de su nombre, en un bello entorno natural. Como dato curioso señalaremos que en las afueras del pueblo hay una reserva natural para la protección del borrico.

El **recorrido★** *(15 km)* hasta **Iznájar★** *(ver p. 232)* continúa por un paisaje de parecidas características, pero con vistas, a la derecha, del embalse de Iznájar, hasta llegar al pueblo, que tiene un bellísimo emplazamiento en lo alto de una colina.

Alojamiento en Rute

María Luisa – *Ctra. Lucena-Loja – ☎ 957 53 80 96 – fax 957 53 90 37 – 37 hab. – 41,92/59,88€.* Hotel moderno con habitaciones amplias sin más. Gran piscina, juegos infantiles, sala de musculación y jacuzzi.

MÁLAGA★

528.079 habitantes

Mapa Michelin nº 446 V 16

La capital de la Costa del Sol goza durante todo el año de un clima privilegiado gracias a la influencia marítima y a los montes de su nombre, que actúan de barrera protectora por el Norte. Se asienta junto al mar, en la desembocadura del río Guadalmedina, dominada por la colina de Gibralfaro, "montaña del faro". Las villas que se conservan en La Caleta, uno de sus barrios residenciales, testimonian la pujanza económica de la Málaga del s. XIX. Posee un activo puerto comercial y de gran cabotaje y un aeropuerto, paso obligado para muchos de los miles de turistas que acuden a las famosas localidades de la Costa del Sol para disfrutar del mar y el sol, o para jugar al golf en cualquiera los numerosos campos que hay diseminados por la costa.

FIESTAS

Semana Santa – Como otras capitales andaluzas, Málaga vive intensamente la Semana Santa. Su origen se remonta al s. XVI; época en la que ya había cofradías que sacaban en procesión sus imágenes.

Tiene algunas particularidades propias: los pasos malagueños, que aquí se denominan **tronos**, son especialmente grandes y vistosos, lo que obliga a montarlos fuera de las iglesias. Los costaleros no van bajo ellos, como en Sevilla, sino a la vista del público.

Alojamiento

UNA BUENA OPCIÓN

California – *Paseo de Sancha, 17* – ☎ *952 21 51 64* – *fax 952 22 68 86* – *25 hab.* – *66,11€*. A dos pasos del mar, pero bastante lejos del centro de la población, se encuentra este pequeño hotel de habitaciones amplias y modernas.

Venecia – *Alameda Principal, 9* – ☎ *952 21 36 36* – *fax 952 21 36 37* – *40 hab.* – *58/72€*. No se fíe de las apariencias. Aunque está en una calle ancha y ruidosa y a pesar de que su aspecto exterior no es atractivo, el interior de este hotel es muy correcto. Aconsejamos las habitaciones que dan a una calle estrecha porque son más tranquilas.

Don Curro – *Sancha de Lara, 7* – ☎ *952 22 72 00* – *fax 952 21 59 46* – *118 hab.* – *65/95€*. Ocupa una torre que se yergue desde 1973 en el centro de la ciudad. Las habitaciones, de decoración clásica, son confortables y acogedoras. No se vaya sin echar un vistazo a la sala de juegos, que está siempre llena de gente.

Parador de Málaga-Gibralfaro – *Castillo de Gibralfaro* – ☎ *952 22 19 02* – *fax 952 22 19 04* – *38 hab* – *93,18/116,48€*. Situado en una posición dominante sobre la ciudad y con todo el encanto habitual en los Paradores. Si tiene ocasión, no deje de tomar un refresco en la terraza del bar para disfrutar de una hermosa panorámica de Málaga y de la costa.

Restaurantes

UNA BUENA OPCIÓN

El Campanario – *Paseo de la Sierra, 36* – ☎ *952 20 24 48* – P – *30,65€* – cerrado *lu en invier. y do en verano.* Restaurante típico bastante difícil de localizar. Magníficas vistas de la bahía de Málaga. Especializado en distintos tipos de carne y de pescado.

Adolfo – *Paseo Marítimo Pablo Ruiz Picasso, 12* – ☎ *952 60 19 14* – *Cerrado do* – *24,62/29,94€*. Establecimiento de alta categoría y muy conocido por su calidad. Especialidades regionales y nacionales.

Paseo Marítimo – El Pedregal – *Zona de Pedregalejo*. A lo largo del Paseo Marítimo, muy agradable para pasear sobre todo a la caída de la tarde, hay numerosos bares y restaurantes. Destacan el **Posada II**, especializado en carnes a la brasa, y **Maricuchi**, con una amplia variedad de pescados y mariscos donde elegir.

Tapas

Orellana – *Moreno Monroy, 5* – ☎ *952 22 30 12* – *cerrado do*. La decoración es bastante fea y el aire suele estar cargado, pero es uno de los bares ineludibles de la ciudad. Ambiente y bullicio garantizados.

La Posada – *Granada, 33* – ☎ *952 21 70 69*. En pleno corazón de la vida nocturna malagueña, bar típico decorado con barricas de madera que ofrece todo tipo de tapas y carne a la brasa hecha a la vista del público. **La Posada II** del Paseo Marítimo pertenece al mismo propietario.

Bar La Mesonera – *Gómez Pallete, 11*. Famosos, artistas y gente bien llenan este pequeño bar antes y después de los espectáculos de flamenco del Teatro Cervantes, situado en la acera de enfrente. Tapas deliciosas y ambiente colorista y muy andaluz.

Salir

Gracias a su agradable clima mediterráneo, los malagueños viven mucho la calle y cuentan con numerosos locales para salir y divertirse. En el centro, alrededor de la Catedral y la calle Larios, conviven tabernas antiguas con locales más animados para los jóvenes, en los que abunda el público extranjero. También hay tranquilos cafés o teterías, como las que se encuentran junto al futuro museo Picasso. En verano los malagueños se inclinan más por los establecimientos del paseo marítimo. El público más selecto frecuenta algunos locales de la zona de El Limonar, una exclusiva área residencial a los pies de la sierra.

Cheers – *pl. del Obispo, 1* – *abre de 10-02 de la madrugada*. Un café que imita la decoración del local de la famosa serie televisiva. Tiene una estupenda terraza frente a la majestuosa fachada de la Catedral. Ambiente joven y tranquilo.

La Tetería - Tetería Alcazaba – *San Agustín, 9 y 21* – *abre 16-01 de la madrugada*. Son dos pequeños locales de estilo moruno en una agradable calle peatonal. El aroma de los múltiples tipos de té les confiere un olor característico. Público principalmente joven en una atmósfera íntima.

Café Central – *pl. de la Constitución, 11* – *abre de 8-22*. Es una de las cafeterías más clásicas de Málaga. El público es "de toda la vida". Aunque la terraza de la plaza es agradable, hay que destacar el gran salón de té.

Casa Aranda – *Herrería del Rey, s/n – abre de 9-21.* Este establecimiento con mucho sabor y ambiente popular ocupa todos los locales de la estrecha calle donde se encuentra. La gente charla mientras toma chocolate con churros.

Siempre Así – *Convaleciente, 5 – abre todos los días de 22-05 de la madrugada.* Se trata de un local del centro de la ciudad donde abunda la gente guapa. A partir de medianoche se llena de público dispuesto a tomar una copa mientras baila rumbas, sevillanas y éxitos recientes del pop más flamenco.

Liceo – *c/ Beatas 26 – abre de 22-05 de la madrugada.* Este animado bar de copas se halla instalado en una casa antigua. Un público internacional, que ronda los 30 años, abarrota durante los fines de semana esta vieja mansión y toma copas en un escenario que parece de otro siglo.

El Pimpi – *c/ Granada, 6 – abre de 16-04 de la madrugada.* Es uno de los locales imprescindibles de la ciudad. Situado en un callejón peatonal, tiene dos plantas con varias salas. Por la tarde la gente va a tomar café, alguna copa... También sirven tapas. Lo típico para tomar por la noche es el vino dulce muy frío rodeado de un ambiente de bodega. Algunos se arrancan a cantar y de vez en cuando se deja caer algún personaje famoso.

Ocio

El carácter cosmopolita de Málaga se ve reflejado en su vida cultural y social. El **Teatro Cervantes** *(c/ Ramos María, s/n).* ☎ 952 22 41 00, inaugurado en 1870, ofrece una atractiva oferta en la que predominan el teatro y la música. Son numerosas las salas de exposiciones con las que cuenta la ciudad, aunque destacan las exposiciones de arte que se organizan en el Palacio Episcopal *(pl. del Obispo, s/n)*, en el Museo Municipal *(Paseo Reding, 1)* y en el Centro Cultural Provincial *(Ollerías, s/n)*.

Compras

Las principales calles comerciales de la ciudad son las comprendidas entre la calle Puerta del Mar, que termina en la plaza de Félix Sáez y cuya prolongación es la calle Nueva y, sobre todo, **Marqués de Larios**. En toda la zona hay gran cantidad de puestos ambulantes que ambientan las calles con sus reclamos. Abundan también las pastelerías donde se pueden comprar pasteles de hojaldre, un producto clásico malagueño.
Fuera del centro de la ciudad, en la calle Armengual de la Mota, hay dos grandes almacenes (El Corte Inglés) y tiendas más modernas.
En la periferia también podemos encontrar distintas grandes superficies comerciales (Pryca, Continente...).

Mercadillo – Los domingos por la mañana se instala el típico mercadillo en los terrenos colindantes al estadio de fútbol de La Rosaleda. En sus puestos se puede comprar de todo, desde ropa de segunda mano hasta antigüedades.

Transportes

Aeropuerto internacional de Málaga Pablo Picasso – Se encuentra a 9,8 km de la ciudad por la carretera de la costa. ☎ 952 04 84 04, 952 04 88 84.
La compañía de autobuses Portillo tiene una línea que une dicho aeropuerto con la ciudad cada 25 minutos. Además del servicio de taxis, el tren de cercanías que une Málaga con Fuengirola para cada 30 min en el aeropuerto.

Trenes – Estación: Explanada de la Estación, s/n ☎ 952 36 05 60.
Desde la estación parten trenes a la mayoría de las capitales de España.
Existe un tren de cercanías que une Málaga con Fuengirola con paradas en todas las localidades (Torremolinos, Benalmádena, Fuengirola) y urbanizaciones por las que pasa en su recorrido.
RENFE – c/ Divina Pastora, 8. ☎ 952 36 02 02.

Autobuses interurbanos – Paseo de Los Tilos, s/n ☎ 952 35 00 61.
Al ser una ciudad muy turística, Málaga tiene una gran cantidad de autobuses que conectan la ciudad con el resto de la península y con las principales capitales europeas.

Autobuses urbanos – La red de autobuses urbanos (S.A.M.) es muy completa. El precio de un viaje es de 0,80€, bono de 10 viajes 4,50€. ☎ 952 35 72 00. Hay una red privada (**Portillo**) que recorre periódicamente la costa uniendo las distintas poblaciones principales y urbanizaciones.

Taxis – ☎ 952 32 00 00, 952 33 33 33

Coches de caballos – Existe un servicio de coches de caballo que recorren la zona más turística de la ciudad. Los puntos de salida se reparten por la zona centro.

Barcos – El puerto de Málaga es un puerto principalmente comercial. Está sobre todo dedicado al transporte de mercancías, aunque también existe un servicio regular para transporte de pasajeros a Marruecos. Las principales compañías navieras de cruceros turísticos hacen escala en este puerto.

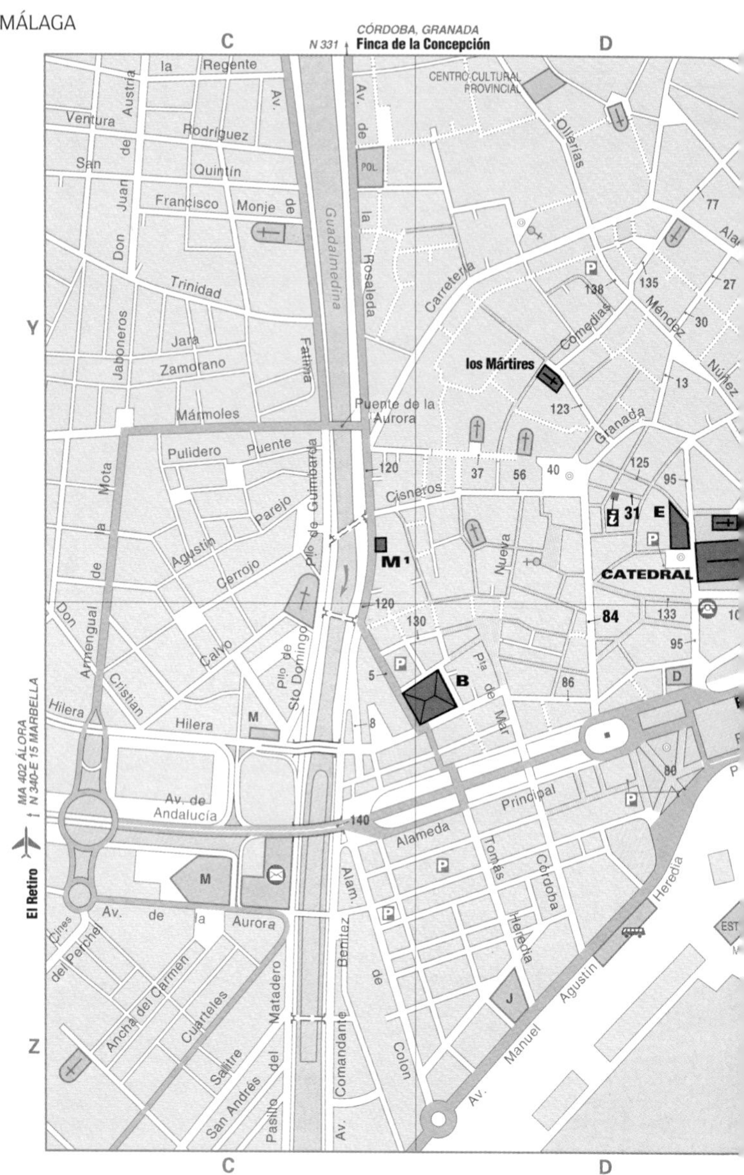

Alcazaba (Museo Arqueológico) . . . EY
Castillo de Gibralfaro . . . . EFY
Catedral . . . . DY
Cementerio inglés . . . . FY
Finca de la Concepción . . CDY
Iglesia de los Mártires . . . . DY
Iglesia de Santiago . . . . . . EY
Mercado Central . . . . DZ B
Museo de Artes y Costumbres populares . CY M¹

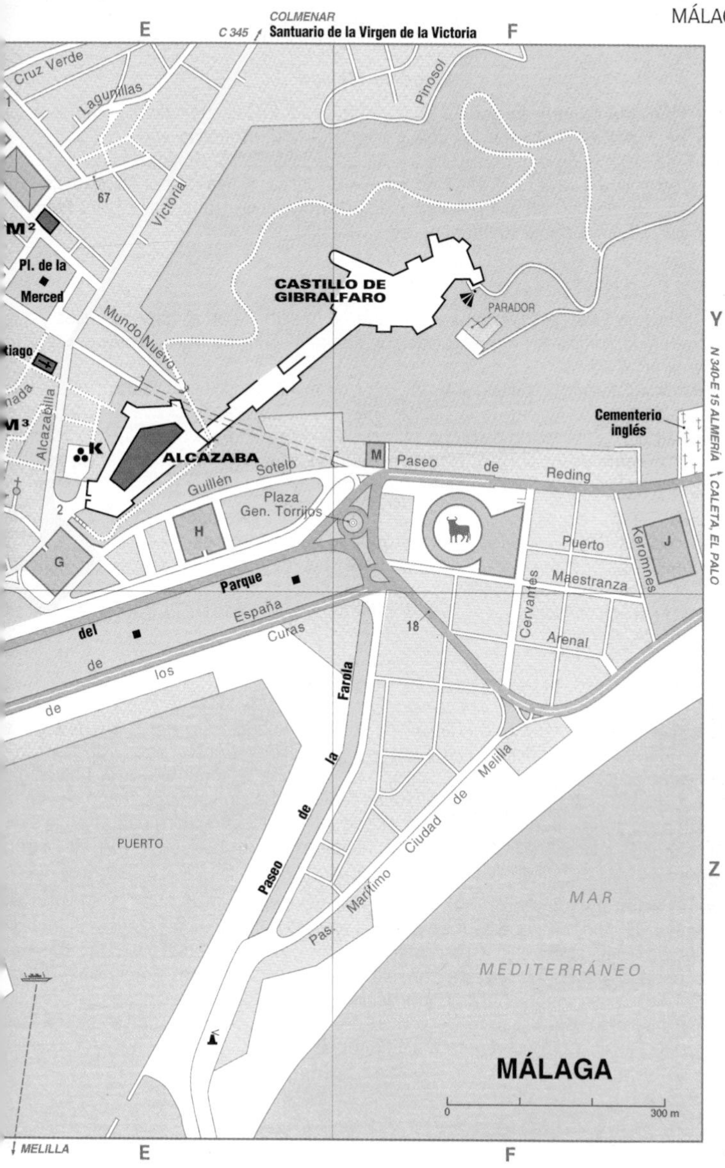

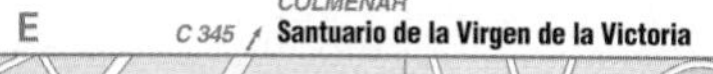

E F

Cruz Verde
Lagunillas
67
Victoria
Pinosol
M^2
Pl. de la Merced
CASTILLO DE GIBRALFARO
PARADOR
Mundo Nuevo
tiago
Alcazabilla
M^3
K
ALCAZABA
M
Paseo de Reding
Cementerio inglés
Guillén Sotelo
Plaza Gen. Torrijos
H
G
2
Puerto
Keromnes
J
Maestranza
Cervantes
Arenal
Parque del de España Curas de los de
18
Farola
Paseo de la
Ciudad de Melilla
Pas. Marítimo
PUERTO
MAR MEDITERRÁNEO
Y
Z
N 340-E 15 ALMERÍA
CALETA, EL PALO
MELILLA

MÁLAGA

0 300 m

E F

Guimbarda (Pasillo de) . . . . . CY
Hilera . . . . CZ
Huerto del Conde. . . . . EY 67
Jaboneros . . . . CY
Jara. . . . . CY
Keromnes . . . . FYZ
Lagunillas . . . . EY
Maestranza . . . . FYZ
Manuel Agustín Heredia (Av.) . . . . DZ
Mar (Pta. de) . . . . DZ
Mariblanca . . . . DY 77
Marina (Pl. de la) . . . . DZ 80
Mármoles . . . . CY
Marqués de Larios. . . . . . DYZ 84
Martínez . . . . DZ 86
Matadero (Pasillo del). . . . . CZ
Méndez Núñez . . . . DY
Merced (Pl. de la). . . . . EY
Molina Larios. . . . . DZ 95
Mundo Nuevo . . . . EY
Nueva . . . . DY
Ollerías . . . . CY
Parque (Paseo del). . . . . DEYZ
Peña (Carretera). . . . . DY
Perchel (Callejones del) . . . CZ
Pinosol . . . . FY
Postigo de los Abades . . . . . DY 106
Puerto . . . . FY
Pulidero Puente . . . . CY
Reding (Paseo de) . . . . FY
Regente (la). . . . . CY
Rosaleda (Av. de la). . . . . . CY
Salitre . . . . CZ
San Andrés . . . . CZ
San Quintín . . . . CY
Santa Isabel (Pasillo de) . . CYZ 120
Santa Lucía . . . . DY 123
Santa María. . . . . CY 125
Santo Domingo (Pasillo de) . . . . CYZ
Sebastián Souvirón . . . . . CDZ 130
Strachan . . . . DYZ 133
Teatro (Pl. del). . . . . DY 135
Tejón y Rodríguez . . . . DY 138
Tetuán (Puente de). . . . . . . CZ 140
Tomás Heredia . . . . CZ
Trinidad. . . . . CY
Ventura Rodríguez . . . . CY
Victoria . . . . EY
Zamorano . . . . CY

Museo-Casa Natal Picasso EY M^2
Futuro Museo Picasso . . EY M^3
Palacio Episcopal . . . . . DY E
El Sagrario . . . . DY F
Santuario de la Virgen de la Victoria . . . . . . EFY
El Retiro . . . . CZ
Teatro romano . . . . EY K

Vinos de Málaga

Sus vinos fueron muy apreciados en la Antigüedad. En la actualidad son famosos los vinos dulces y semidulces, con una graduación alcohólica entre 15 y 23º. Para su realización se utiliza las variedades de uva Pedro Ximénez y moscatel. Con ésta última, muy solicitada como uva de mesa, se elabora el **Málaga Dulce**, un vino de postre. Otros tipos conocidos son el **Lágrima**, muy suave, y el **Pedro Ximénez**, elaborado únicamente con esta variedad de uva.

El momento de levantar los tronos y el posterior "mecido" que se hace con ellos y que se repite en varios puntos del recorrido son algunos de los momentos más espectaculares y característicos.
Las **procesiones** de mayor relieve son: el Señor de los Gitanos (lunes Santo), el Cautivo (miércoles Santo), el Cristo de la Buena Muerte y la Esperanza perchelera (ambas el Jueves Santo). La liberación de un preso, privilegio otorgado por Carlos III a la cofradía de Nuestro Padre Jesús el Rico, cuya procesión se celebra el miércoles Santo, es otro momento cumbre de la Semana Santa malagueña.

La Feria – Tiene lugar en agosto, la semana del 15 y conmemora la toma de la ciudad por los Reyes Católicos. Tiene todos los elementos característicos de estas tradicionales fiestas andaluzas: casetas, baile, bebida y comida, animación y diversión hasta el amanecer. Acude un gran número de personas, muchos de ellos turistas que veranean en la Costa del Sol. Como es habitual, la feria taurina se celebra en estas mismas fechas.

UN POCO DE HISTORIA

La Antigüedad – Los fenicios fundaron una colonia comercial con el nombre de Malaca a finales del s. VIII o principios del VII a. C. Posteriormente los griegos y los cartagineses establecieron factorías comerciales. Los romanos la conquistaron a finales del s. III a. C. La Málaga romana fue una ciudad federada de Roma hasta el año 81, en el que se convirtió en municipio romano. Desde su puerto se exportaban vino, aceite, pasas, cereales y salazones. En el s. IV se cristianizó la zona. Los ss. V y VI estuvieron marcados por las luchas entre pueblos bárbaros.

La dominación musulmana – Tras la conquista musulmana (714-716), la ciudad pasó a depender del poder cordobés. A la caída del califato, Málaga estuvo bajo la influencia del reino de Granada. En el s. XI se construyó la Alcazaba y la ciudad vivió un momento de prosperidad gracias a la industria textil. Después de los periodos almorávide y almohade, Málaga pasó bajo la jurisdicción del reino nazarí de Granada, del que fue su principal puerto. Yusuf I (s. XIV) reconstruyó y amplió la fortaleza de Gibralfaro. Los genoveses que se establecieron en Málaga impulsaron el comercio y abrieron nuevas rutas.

Vista del puerto y la ciudad desde Gibralfaro

La ciudad cristiana – Los Reyes Católicos reconquistaron la ciudad en agosto de 1487 tras una dura lucha. Durante el s. XVI, bajo el reinado de Felipe II, se inició la construcción del nuevo puerto, que trajo consigo una etapa de prosperidad. La liberalización del comercio con América (s. XVIII) ayudó al florecimiento de esta villa costera.

El s. XIX – Entre 1810 y 1812 la ciudad cayó en manos de los franceses. Las luchas entre absolutistas y liberales, tras la vuelta de Fernando VII, fueron la causa de un triste episodio: el fusilamiento en 1831 del General Torrijos y de sus compañeros. Pero el s. XIX fue, sobre todo, el de la revolución industrial. Dos familias de la alta burguesía, los Heredia (siderurgia) y los Larios (textil), situaron a Málaga en la vanguardia del desarrollo industrial español. Al Oeste de la ciudad surgió una importante zona fabril y obrera. La crisis de finales del s. XIX cortó de raíz esta época de bonanza y sumió la zona en un pozo del que no consiguió salir hasta finales de la década de los 50 del s. XX, con el desarrollo del turismo.

MONUMENTOS DE LA CIUDAD ÁRABE Y ROMANA

★ **Alcazaba** ⓥ – Construida a partir del año 1040 sobre un cerro que domina la población, es una de las más importantes construcciones militares musulmanas que se conservan en España. Formaba parte del sistema defensivo de la Malaka árabe y estaba unida a las murallas de la ciudad, hoy desaparecidas. Consta de un doble recinto fortificado con torres rectangulares.

Se accede por una rampa en zig-zag que sale de la calle Alcazabilla, desde donde se contempla una bonita vista del conjunto con sus quebrados lienzos de murallas de mampostería y ladrillo que ascienden por la ladera. En la subida, un agradable paseo, se van franqueando puertas fortificadas, en algunas de las cuales se han reutilizado columnas y capiteles romanos. Los recodos de las puertas crean rincones llenos de encanto. Pasado el Arco de Cristo, donde se celebró la primera misa después de la Reconquista, se llega a los jardines árabes, cuyos senderos se embellecen con buganvillas, jazmines y madreselvas. Desde lo alto de las murallas se tienen buenas **vistas**★ de la ciudad y del puerto.

S.T.F./SUNSET

Murallas y torres de la Alcazaba

★ **Museo Arqueológico** ⓥ – *En restauración.* Está instalado en el antiguo Palacio, en el interior del segundo recinto. El palacio, que recuerda el estilo nazarí, se ordena en torno a dos patios y muestra obras desde la Prehistoria hasta la Edad Media. Sobresalen las dedicadas al arte romano (cabezas, pie gigantesco, mosaicos) y sobre todo las de arte árabe, que recogen piezas de los ss. X al XV, encontradas en su mayoría en la propia alcazaba. También se exhiben maquetas de la Alcazaba y de la Catedral.

Teatro romano – Al pie de la Alcazaba, en su vertiente occidental, se encuentran los restos de este teatro como testimonio visible del pasado romano de la ciudad. Se conserva parte de las gradas de la cavea que aprovechan el desnivel del terreno. Muy cerca se halla el antiguo edificio de la **Aduana**, construido en estilo neoclásico, que alberga actualmente las dependencias de la Subdelegación del Gobierno.

Castillo de Gibralfaro ⓥ – *Acceso: autobús nº 35 con paradas en el Paseo del Parque.* En lo alto de un monte que domina la ciudad se hallan los restos del castillo, construido en el s. XIV para defender la Alcazaba. Desde el camino de ronda de la quebrada muralla se contemplan magníficas **vistas**★★ de la Alcazaba, la ciudad y el puerto. La coracha, corredor amurallado que une la alcazaba con el castillo, se construyó en el s. XIV.

El edificio del antiguo polvorín acoge una exposición que refleja la vida del castillo como guarnición militar (ss. XV a XX), tras su incorporación en 1487 a la corona de Castilla. Se exhiben uniformes, armas, planos e instrumentos de navegación.

EL CENTRO CIUDAD

En el centro de Málaga se alzan interesantes monumentos de la época cristiana, pero también se conservan numerosas callejuelas, muchas peatonales en la actualidad, de indudable sabor árabe, como el típico **Pasaje Chinitas**. Esta animada y concurrida zona comercial se articula en torno a la **calle Marqués de Larios**, la principal de la ciudad.

★ **Catedral** ⓥ – Su construcción se inició en el s. XVI y se paralizó en el s. XVIII, por lo que tiene una evidente mezcla de estilos. Aunque predomina el renacentista, la planta es gótica y las cubiertas y fachada barrocas. Se cree que las trazas se deben a Diego de Siloé, autor también de la catedral de Granada.

Exterior – La fachada principal, que da a la Plaza del Obispo, es de estilo barroco. Presenta dos torres, la de la derecha sin acabar, lo que le ha valido el apodo popular de "La Manquita", y tres portadas, realizadas con mármoles de distintos colores con una clara intención decorativa. En la central, entre columnas salomónicas, destaca el relieve de la Encarnación, advocación de la catedral.

Interior – *Entrada por el jardín, en el lateral izquierdo.* Al entrar llama la atención la monumentalidad de sus proporciones. Presenta planta salón con tres naves, capillas laterales y girola. Para solucionar el problema de sustentación de sus elevadas naves se acudió a una fórmula no exenta de originalidad, la superposición de soportes: sobre pilares con columnas adosadas y capiteles corintios se colocaron trozos de entablamento en los que apoya un segundo piso de pilares. Las naves se cubren con bellas **bóvedas vaídas**★ muy decoradas. En el coro destaca la **sillería**★ (s. XVII), realizada en parte por Pedro de Mena. Observe los dos magníficos órganos barrocos (s. XVIII) y los púlpitos de mármol (s. XVII), decorados con escudos eclesiásticos. El tabernáculo de la Capilla Mayor se realizó en el s. XIX.
Las **capillas laterales** albergan interesantes obras; destacan dos en la nave de la Epístola: la capilla de los Caídos con una bella Dolorosa de Pedro de Mena situada a los pies de un Crucificado de Alonso de Mena, ambos del s. XVII, y la capilla del Rosario, presidida por un gran lienzo de la Virgen del Rosario, de Alonso Cano.
En la **girola** sobresalen: la capilla de Nuestra Señora de los Reyes, que guarda una deliciosa Virgen con el Niño, obsequio de los Reyes Católicos tras la reconquista de la ciudad, y que está acompañada por dos esculturas de los donantes, obra de Pedro de Mena; la capilla de Santa Bárbara, que alberga un bello **retablo gótico**★ de talla y pintura de principios del s. XV, y la capilla de la Encarnación o del Sagrario (s. XVIII), que es la capilla axial y que está realizada enteramente en mármol, con cuatro monumentales columnas de ágata.

El Sagrario ⓥ – Esta curiosa iglesia rectangular, construida el s. XVI, se alza en los jardines de la Catedral. En el exterior destaca su decorada **portada lateral**★ (la que da a la calle Santa María), de estilo gótico isabelino, labrada con gran detalle y magnífica técnica.
El interior, de estilo barroco, con una sola nave y coro alto a los pies, data del s. XVIII, momento en el que se rehizo la iglesia. Destaca el espléndido **retablo**★★ de talla de la cabecera, de estilo manierista, que está coronado por un calvario exento.

El ajoblanco

Además de tomar el típico *pescaito frito*, si visita Málaga en verano debe aprovechar para probar el ajoblanco, una variedad local de gazpacho. Los ingredientes de esta refrescante sopa fría son: almendras, ajo, miga de pan, sal y aceite. Generalmente, se sirve acompañado de uvas moscatel.

Palacio Episcopal – En la Plaza del Obispo se halla este palacio barroco del s. XVIII que ostenta una bella portada de mármol gris y rosa con columnas corintias y entablamentos quebrados. La hornacina superior cobija una Piedad.

Iglesia de Santiago ⓥ – En la estrecha calle Granada, muy cerca de la Plaza de la Merced, se encuentra la iglesia de Santiago, fundada tras la Reconquista. Conserva de su primitivo estilo mudéjar una **torre** de ladrillo, con paños de sebka en el segundo cuerpo, y la antigua portada, actualmente cegada, decorada con lacerías geométricas. El interior de estilo barroco (s. XVIII) alberga, en una capilla de la nave del Evangelio, la venerada imagen de **Jesús el Rico**, que recibe su nombre de la cruz de madera y plata que soporta. El retablo mayor también es barroco. En esta iglesia fue bautizado Pablo Picasso.

Plaza de la Merced – En el centro de esta amplia plaza cuadrada se alza un obelisco en memoria del general Torrijos y sus hombres, fusilados en la ciudad en diciembre de 1831 por defender ideas liberales. Dos casas idénticas dan uniformidad al lado Nordeste de la plaza; en una de ellas vino al mundo Picasso.

Museo-Casa Natal Picasso ⓥ – El nº 15, un edificio de mediados del s. XIX, alberga la casa natal de este genial artista en cuyo primer piso se exponen algunos de sus grabados y cerámicas. El resto del edificio aloja las oficinas de la Fundación Pablo Ruiz Picasso y una sala dedicada a exposiciones temporales.

Palacio de los Condes de Buenavista – Este sobrio y elegante edificio renacentista del s. XVI albergará en un futuro próximo el **Museo Picasso** *(inauguración prevista a finales de 2002).*

Iglesia de los Mártires ⓥ – La iglesia, fundada en el s. XV, está situada en una zona de estrechas calles peatonales, muy transitadas por la tarde hasta el cierre de los numerosos comercios.
Su sencillo aspecto externo en nada hace presagiar su lujoso interior barroco, fruto de una reforma del s. XVIII. Tiene tres naves con capillas laterales y los brazos del crucero en forma de ábside. Un entablamento acabado en balconcillo recorre toda la iglesia. Las yeserías ornan muros y cubiertas pero es en el presbiterio y en el crucero donde se concentra la decoración con mayor exuberancia. Preside la Capilla Mayor un retablo con camarín que cobija las imágenes de Santa Paula y San Ciriaco, patronos de la ciudad. Un gigantesco escudo corona el conjunto.
En la calle Mártires, en una pequeña placita muy cerca de la iglesia, se alza un típico **Cristo de los Faroles**.

Museo de Artes y Costumbres Populares ⓥ – Instalado en el Mesón de la Victoria, una bella posada del s. XVII, el museo quiere mostrar los rasgos más destacados de la vida rural y urbana tradicional de la provincia. Las salas se distribuyen en torno a un encantador patio. En la **planta baja** se exponen piezas relacionadas con los arreos de animales, la fragua, la tahona, la pesca y la elaboración del vino y del aceite; también se reproducen una cocina y un comedor rural. En la **planta superior** destaca la colección de figuritas de barro que representan personajes típicos malagueños. También se muestran objetos y mobiliario del medio burgués del s. XIX, tradicionales aperos de labranza, objetos de las industrias artesanales, cerámicas de uso doméstico, encajes, etc.

Playas urbanas

Málaga cuenta con una serie de playas al Este de la ciudad: desde las de La Malagueta, al inicio del paseo marítimo, y las Acacias, hasta la del Palo (a 5 km). Son playas bien acondicionadas y dotadas de todos los servicios, ideales para los que quieran darse un baño o descansar tumbados al sol.

Mercado Central – Este mercado de estructura de hierro, construido en el s. XIX sobre el solar que ocupaban las antiguas atarazanas musulmanas, ha conservado el arco de entrada del antiguo edificio árabe.

Paseo del Parque – Este agradable paseo es un frondoso jardín botánico, un remanso de verdor en medio del asfalto y del tráfico rodado. Las plantas y los árboles, en su mayoría tropicales y subtropicales, llevan indicados su nombre y su lugar de procedencia.
Al final del paseo, ciñendo el puerto, se inicia el **Paseo de la Farola**, en el que se alza la **estatua del Cenachero**. Este personaje popular, vendedor ambulante de pescado, es uno de los símbolos de la ciudad. Más allá se encuentra el barrio de La Malagueta donde se inician las playas.

OTRAS CURIOSIDADES

★ **Santuario de la Virgen de la Victoria** ⓥ – *Al final de la calle Compás de la Victoria.* El santuario fue fundado por los Reyes Católicos en el s. XV y se reconstruyó a finales del s. XVII. La iglesia presenta un sencillo exterior de ladrillo con pórtico y espadaña. El interior es un buen ejemplo de barroco andaluz moderado con una decoración vegetal que adorna algunos de los elementos arquitectónicos. Tiene una sola nave con capillas laterales y balconcillos sobre los arcos. Fíjese en los ángeles lampareros que desafían la gravedad. Preside un gran retablo de talla del s. XVII que narra escenas de la vida de San Francisco de Paula. En una capilla de la nave del Evangelio destaca una expresiva *Dolorosa* de Pedro de Mena. Pero los dos elementos más destacables del templo son el camarín y la cripta. Se accede por una escalera barroca, a la derecha del crucero.
El **camarín★★**, que se abre en el centro del retablo mayor, es realmente fastuoso. Obra maestra del barroco más decorativo y exuberante, se halla totalmente recubierto de yeserías con querubines, hojas de acanto, espejos, escudos, etc. Lo preside una bella Virgen con el Niño –imagen alemana del s. XV–, regalada por los Reyes Católicos tras la reconquista de la ciudad.
La **cripta★**, panteón de los Condes de Buenavista, es sobrecogedora y, sin duda, uno de los espacios más tétricos que se puedan imaginar: sobre el fondo negro destacan esqueletos, calaveras, símbolos de la muerte y de la fugacidad de la vida.

Cementerio inglés – *Av. Pries, 1.* Situado en un agradable jardín, tiene la particularidad de ser el primer cementerio protestante que hubo en España. El solar que ocupa fue cedido por el Gobernador de Málaga al Cónsul británico en 1829. Aquí está enterrado el célebre poeta Jorge Guillén (1893-1984).

ALREDEDORES

★ **Finca de la Concepción** ⓥ – *7 km al Norte.* Este hermoso jardín fue creado a mediados del s. XIX por un matrimonio de la alta burguesía malagueña, Jorge Loring y Amalia Heredia. Amalia hizo que los barcos de su padre, dueño de una importante flota mercante, le trajeran numerosas especies tropicales y subtropicales (más de 300 en la actualidad) que se aclimataron perfectamente a esta tierra. La visita a la finca es una auténtica delicia, una oportunidad para pasear por una "selva" refinada (se han rodado anuncios y películas), surcada por riachuelos y embellecida con estanques, cascadas y restos romanos. Junto a la casa-palacio se conserva el magnífico cenador de hierro, cubierto de glicinios, hiedra y buganvillas, testigo mudo de tertulias en las que tomó parte Cánovas del Castillo, amigo de la familia.

B. Kaufmann/MICHELIN

Un romántico rincón de la Finca de la Concepción

★ **El Retiro: parque ornitológico y jardín histórico** ⓥ – *15 km al Sudoeste. Siga indicaciones Aeropuerto, tome cerca de él la A 366 y después de pasar Churriana, gire a la derecha por un desvío indicado.*

Niños y mayores podrán disfrutar por igual en esta bella finca, fundada en el s. XVII por un obispo de Málaga. La visita consta de dos partes bien diferenciadas: el parque ornitológico y el jardín histórico.

Diseminados por una amplia zona, a la sombra de los pinos, se hallan los aviarios, ocupados por aves exóticas y mediterráneas –unas 150 especies.

Forman el **jardín histórico**★ diversos jardines pertenecientes a los ss. XVII y XVIII. El más antiguo es el jardín-huerto, que se ha embellecido con especies tropicales. A su izquierda quedan la fuente de los seis caños, un curioso reloj solar y la "ría". La zona más espectacular es la del jardín-cortesano, de influencia francesa. En la fuente del león nace la magnífica **escalinata de agua**, que nos recuerda el jardín de un palacio barroco. Por último, se visita el jardín-patio, con parterres y estatuas italianas en torno a la fuente de Génova.

Parque Natural de los Montes de Málaga

Situado al Norte de Málaga, a escasos kilómetros de la ciudad, este Parque Natural ocupa 4.762 ha de media montaña, atravesada por arroyos que forman pequeños valles. Se caracteriza por una vegetación mediterránea con extensos bosques repoblados mediante pinos carrascos. Estas repoblaciones se realizaron para evitar las inundaciones que durante siglos sufrió la ciudad de Málaga. La carretera de acceso está jalonada de miradores y de ventas en las que podrá degustar la sabrosa cocina local y los vinos de la tierra.

MARBELLA★★

Málaga – 98.377 habitantes

Mapa Michelin nº 446 W 15

Encajonada entre el azul del Mediterráneo y los hermosos perfiles blancos de la sierra, Marbella es el gran núcleo del turismo internacional de la Costa del Sol. Su magnífico clima, sus bellas playas, su infinidad de posibilidades de ocio y, sobre todo, la presencia de gran cantidad de personajes de la prensa del corazón han convertido esta otrora población marinera en un abigarrado centro de veraneo. Los bloques de apartamentos trazan una línea interminable a lo largo de la costa y las lujosas urbanizaciones, con sus impresionantes chalets, mansiones y palacios, se extienden hacia el interior. Las noches estivales marbellíes, por cuyas célebres fiestas transitan magnates árabes, reputados periodistas, actores famosos, deportistas conocidos y lo más variopinto de la llamada *jet set*, son todo un símbolo de *glamour* y espectacularidad.

¿Busca un hotel, un restaurante?, ¿quiere salir a tomar una copa o a bailar?, ¿desea información sobre las tiendas, etc.? Consulte la Agenda de direcciones en COSTA DEL SOL.

Sin embargo, Marbella conserva un pintoresco casco antiguo, con casas blancas, rejerías de encaje y flores adornando las fachadas, donde se respira el ambiente de las localidades tradicionales andaluzas. El comercio de lujo, las clínicas de reposo y tratamiento del estrés y la obesidad, los numerosos campos de golf, así como las instalaciones deportivas más modernas completan la oferta de esta ciudad cosmopolita –Marbella cuenta con dos mezquitas árabes, una sinagoga y varias capillas protestantes.

★CASCO ANTIGUO *calcule 2 h*

En el antiguo barrio árabe, que conserva su laberíntico trazado de callejuelas estrechas e irregulares, los edificios antiguos se alternan con toda clase de tiendas, bares y restaurantes situados en las tradicionales casas blancas.

★ **Plaza de los Naranjos** – Esta encantadora plaza, centro neurálgico del barrio viejo, es el lugar ideal para sentarse en una terracita entre los parterres floridos que rodean la fuente de piedra del s. XVI y el pequeño bosquecillo de árboles a los que debe su nombre. En los laterales se alzan interesantes edificios como el **Ayuntamiento** (s. XVI), con balcones de hierro forjado y una bella portada mudéjar; la **Casa del Corregidor** (s. XVII), donde puede admirarse la monumental **fachada**★ de piedra y un refinado balcón, y, por último, la **ermita de Nuestro Señor Santiago**, primera iglesia cristiana de la ciudad (s. XV).

Iglesia de Santa María de la Encarnación – Se halla en la plaza del mismo nombre, al final de la concurrida calle Nueva, donde se conserva una de las torres del antiguo castillo árabe. Es un templo barroco (s. XVII) con una singular **portada** de piedra y una despejada torre-campanario. El interior guarda una talla de San Bernabé, patrón de Marbella, y el suntuoso **órgano del Sol Mayor**.

Vista aérea de la Plaza de los Naranjos

★**Museo del Grabado Español Contemporáneo** ⓥ – Situado en el edificio del antiguo hospital de Bazán (s. XVI), este pequeño museo es el único de España dedicado de forma monográfica al grabado del s. XX. En sus salas, muy bien acondicionadas, pueden observarse obras de artistas de la talla de Tàpies, Alberti, Chillida y Maruja Mallo, entre otros.

Hospital de San Juan de Dios – Esta gran construcción fundada por los Reyes Católicos se encuentra en la calle Misericordia. Destaca por su agradable claustro y por el notable artesonado mudéjar de la capilla.

Conjunto de casas señoriales – Repartidas entre la Plaza Ancha y la de Altamirano aparecen diversas residencias de aire elegante y refinado, entre las cuales hay que resaltar la casa del hacendado Enrique Grivegnée, la de Fernando Lesseps, ingeniero que construyó el Canal de Suez, y la de los Cano Saldaña, un imponente edificio del s. XVI.

ALREDEDORES

Villa Romana de Río Verde – *2 km al Oeste por la N 340.* Fechada en los ss. I-II d. C., conserva bellos pavimentos de mosaico.

★★**Puerto Banús** – *5 km al Oeste por la N 340.* Este magnífico puerto deportivo puede preciarse de acoger algunas de las embarcaciones más lujosas del mundo. Detrás de los amarres, donde están aparcados espectaculares coches deportivos, se extiende una infinidad de restaurantes, bares, anticuarios y tiendas de lujo. Visita obligada de los turistas de la Costa del Sol, durante las noches de verano una auténtica muchedumbre transita por sus calles. Acude aquí a pasear, a ver y ser vistos, a cenar o tomar unas copas o a comprar en las tiendas que permanecen abiertas hasta la madrugada. Durante el día, y sobre todo fuera de la temporada estival, el puerto es un tranquilo y agradable lugar para pasear, con hermosas vistas de la costa y de las urbanizaciones cercanas.

Istán – *15 km al Noroeste por la MA 409. Salga en dirección Oeste y tome un desvío indicado.* Este antiguo pueblo árabe se halla en un barranco sobre el valle del río Verde, en una fértil zona donde abundan los cultivos de frutales y hortalizas dispuestos en terrazas. Su monumento más importante es la iglesia de San Miguel, edificio del s. XVI con una imponente espadaña.

EXCURSIÓN POR EL INTERIOR *51 km al Norte*

Ojén – *9 km al Norte por la A 355.* Este pequeño pueblo blanco se alza en medio de un paisaje donde las huertas de naranjos contrastan con los pinares. Su barrio viejo, de origen árabe, se extiende a los pies de la **iglesia de Nuestra Señora de la Encarnación**, edificio del s. XV de una sola nave cubierta por un bonito artesonado. Ojén es muy famoso por su aguardiente, que popularizó una célebre copla tradicional.

Refugio de Juanar – *Continúe por la A 355 y tome un desvío a la izquierda.* Es un paraje con fantásticos **miradores**★ sobre los bosques de Sierra Blanca.

Monda – *Vuelva a la A 355 y continúe hasta Monda.* Situada en la ladera de un pequeño cerro, al abrigo de los restos de un antiguo castillo árabe, Monda tiene como principal atractivo la **iglesia de Santiago**, edificio del s. XVI remodelado en el s. XVIII. El interior, de tres naves, destaca por la profusa decoración de la bóveda.

Tolox – *23 km al Noroeste. Enlace con la MA 413, gire a la izquierda por la A 366 y continúe por la MA 412.* Escondido entre campos de cítricos, la silueta de Tolox se halla en la sierra del mismo nombre, dentro del límite del **Parque Natural de Sierra de las Nieves**. En su núcleo urbano, de origen árabe, sobresale la **iglesia de San Miguel** ⓥ (s. XVI), templo de tres naves separadas por arcos de medio punto y cubiertas con bellos artesonados. El interior sorprende por el casquete elíptico, decorado con pinturas, que se abre sobre el presbiterio.
En los alrededores se halla el balneario de Fuente Amargosa, construido en un hermoso paraje en el año 1867.

Alojamiento en Monda

Castillo de Monda – ☎ *952 45 71 42 – fax 952 45 73 36 – 26 hab. – 111,13/127,33€.* Si no ha encontrado habitación en la Costa del Sol y puede permitírselo, diríjase a este magnífico hotel situado en la cumbre de la colina de Monda. Está instalado en un castillo del s. VIII y disfruta de vistas excepcionales. Habitaciones con muebles antiguos.

MARCHENA

Sevilla – 18.018 habitantes

Mapa Michelin nº 446 T-U 13

Pueblo de la campiña sevillana que se asienta en una zona de gran riqueza arqueológica, con huellas de población que se remontan a la Edad del Bronce. La dominación musulmana dejó su impronta en la ciudad, que vivió su mayor apogeo en los ss. XV y XVI, al amparo de los Duques de Arcos.

CURIOSIDADES

Arco de la Rosa – Era una puerta del recinto amurallado de origen almohade que rodeaba la ciudad. Está formado por un arco de herradura entre dos bastiones rectangulares. Fue reconstruido en el s. XV y junto a él se conserva una parte de la muralla.

★★ **Iglesia de San Juan Bautista** – Es una construcción del s. XV, de estilo gótico-mudéjar, que se alza en una agradable placita, a la que abren algunas portadas señoriales. En su sobria fachada destaca la torre-campanario coronada por un chapitel de azulejería.

En el **interior** presenta cinco naves: las tres centrales cubiertas con artesonados y las dos laterales externas, que se realizaron en una ampliación durante el s. XVI, con bóvedas de arista. Pero lo realmente sorprendente es la calidad y cantidad de **obras de arte** que cobijan sus muros:

B. Kaufmann/MICHELIN

Iglesia de San Juan Bautista

En el presbiterio destaca el soberbio **retablo★★★** de talla y pintura, obra del primer tercio del s. XVI, con pinturas de Alejo Fernández y grupos escultóricos de su hermano Jorge. Narra escenas de la vida de Cristo. La **reja** que cierra la Capilla Mayor se realizó en un taller local en el s. XVI. Los púlpitos de rejería pertenecen al s. XVIII al igual que la bella **reja** del coro. La magnífica **sillería★**, de caoba y cedro, fue tallada a principios del s. XVIII por Jerónimo de Balbás; en el coro alto están representados los Santos Varones y en la parte superior del coro bajo, en pequeños medallones, los bustos de las Santas Mujeres. A ambos lados del coro se ven los dos órganos de la iglesia: uno es rococó y el otro neoclásico.

En la capilla del Sagrario, a la izquierda del presbiterio, hay un magnífico **retablo de talla★★**, que data del s. XVI, obra de Roque Balduque y Jerónimo Hernández. Fíjese en la peculiar disposición de la Última Cena, en el centro.

El templo guarda varias imágenes de interés entre las que destacan una *Inmaculada* de Pedro de Mena *(1ª capilla de la nave de la Epístola)* y un *San José y el Niño (capilla derecha de la cabecera)*, del que se sabe que al menos la figura de San José es obra de Pedro Roldán.

★★ **Museo Zurbarán** ⓥ – *Se entra por la iglesia.* Los cuadros expuestos se encargaron para la sacristía de este templo y son casi de la misma época que los del Monasterio de Guadalupe. Se pueden admirar 9 lienzos de este genial pintor barroco (1598-1664): Cristo, Inmaculada, San Pedro, Santiago, San Juan Evangelista, San Juan Bautista, San Pablo, San Andrés y San Bartolomé. También se exhibe la custodia y algún libro de coro de la colección que tiene el museo.

En otra sala se exhibe una interesante colección de bordados y orfebrería de los ss. XVI al XVIII.

Suba hasta la parte más alta del pueblo.

Plaza Ducal – Se corresponde con el antiguo patio de armas del castillo. En ella se sitúa el Ayuntamiento Viejo (s. XVIII), con su sobria portada de piedra.

En sus aledaños hay una serie de elementos del castillo que se conservan y otros en ruinas. Pase el Arco de la alcazaba, que data del s. XI.

Iglesia de Santa María la Mayor o de la Mota – Se levanta dentro del recinto del palacio ducal. Es una sobria construcción gótico-mudéjar con transformaciones posteriores como puede verse en su torre. Tiene una sencilla portada abocinada, decorada con dientes de sierra.

Otros edificios interesantes de la localidad son la **iglesia de San Agustín**, obra de transición del barroco al neoclásico y la **Puerta de Morón**, torreón almenado que alberga la Oficina de Turismo y un pequeño museo dedicado a un escultor local.

ALREDEDORES

Paradas – *8 km al Sudoeste por la SE 217.* Debe su nombre a que aquí se detenían las caravanas que iban hacia Sevilla. El principal atractivo de este pequeño pueblo es la **iglesia de San Eutropio**, en cuyo **museo** ⏲ se exhiben interesantes colecciones de orfebrería religiosa, libros miniados y, sobre todo, una espléndida *Magdalena* de El Greco.

El Arahal – *15 km al Sudoeste por la SE 217.* Esta tranquila localidad de origen árabe posee un bonito casco antiguo, donde las pequeñas casas blancas se mezclan con elegantes construcciones neoclásicas y barrocas. Conviene destacar la antigua capilla de la Vera Cruz, de estilo colonial (s. XVIII), así como las iglesias de Nuestra Señora de la Victoria, mudéjar; la de **Santa María Magdalena** (s. XVII), que guarda un bello conjunto de libros corales y diversas piezas de orfebrería, y la de **San Roque**, con diversos retablos del s. XVIII en las capillas laterales y en el altar mayor.

EXCURSIÓN

Morón de la Frontera – *27 km al Sur. Tome la A 364 hasta Montepalacio y después la A 361.* Situada cerca de una importante base militar aérea, esta población agrícola se extiende alrededor de las ruinas del castillo árabe. Los edificios más sobresalientes de Morón son la **iglesia de San Miguel**, obra gótica con portada neoclásica y hermoso interior con elementos decorativos barrocos (s. XVIII); la **iglesia de San Ignacio**, también conocida como de la Compañía porque fue levantada en el s. XVIII por encargo de la orden jesuita, que guarda un notable conjunto de pintura flamenca, y, finalmente, la **iglesia de San Francisco**, construcción renacentista (s. XVI) que acoge diversos lienzos del pintor barroco José Ribera "El Españoleto".

MARTOS

Jaén – 22.391 habitantes

Mapa Michelin nº 446 S 18

Consagrada por completo a la industria aceitunera, Martos es una ciudad que se extiende sobre una loma típica de la campiña jienense, entre interminables mares de olivos. La antigua *Tucci* de los íberos sirvió a Viriato en el año 142 como campamento de invierno. Más tarde, en el 27 a. C., Augusto la convirtió en colonia para legionarios veteranos y, durante los primeros tiempos del cristianismo, fue sede de obispado. Tras la dominación musulmana fue conquistada por Fernando III el Santo en 1225 y, posteriormente, cedida a la Orden de Calatrava.

La ciudad conserva un barrio viejo con rincones llenos de encanto y calles recoletas y tortuosas. Además, diseminadas por toda la villa aparecen numerosas casas solariegas de los ss. XV y XVIII que confieren a Martos un aspecto elegante y señorial. En los alrededores de la plaza Fuente de la Villa se encuentran los principales comercios.

Plaza de la Constitución – En esta elegante plaza del corazón del casco antiguo se hallan la iglesia de Santa Marta y el Ayuntamiento.

Iglesia de Santa Marta – Fue construida después de la conquista cristiana en estilo gótico mudéjar, aunque sufrió numerosas reformas posteriores (s. XVI), realizadas por el arquitecto Francisco del Castillo. Tiene una hermosa **portada** de estilo isabelino y un sobrio interior con planta de salón en el que destacan los monumentales pilares unidos por arcos fajones.

Ayuntamiento – Esta antigua cárcel es un interesante edificio renacentista de finales del s. XVI. La fachada principal, con un airoso pórtico de arcos de medio punto y un balcón decorado con relieves de forja, es su principal atractivo.

Fortaleza de la Virgen de la Villa – Se eleva sobre una abrupta colina situada en los aledaños del pueblo. Del antiguo castillo árabe sólo se conservan la despejada torre del homenaje y la de Almedina, poderosos baluartes defensivos que permiten imaginar la monumentalidad del conjunto original.

★ **Fuente Nueva** – Emplazada en un parque cercano a la plaza de toros, al final de una amplia avenida comercial, este gran monumento renacentista, obra del escultor del Castillo (s. XVI) en la que se aprecia la influencia de Vignola, posee tres cuerpos almohadillados en cuyo centro aparece el escudo de la ciudad.

Calle Real – En esta travesía conviven edificios de inspiración modernista con otros elementos anteriores, como un torreón del antiguo recinto amurallado y la iglesia de las Madres Trinitarias, templo barroco del s. XVIII muy dañado durante la Guerra Civil.

Iglesia de San Francisco – La elegante portada de estilo colonial es el elemento más antiguo.

Iglesia de Santa María de la Villa – De este templo (s. XIII) sólo subsiste el campanario original, una monumental torre de cuatro pisos.

ALREDEDORES

Torredonjimeno – *7 km al Norte.* El núcleo urbano de esta localidad agrícola, de casas blancas y limpias, está dividido por las dos carreteras nacionales que lo atraviesan. A la izquierda, viniendo desde Martos, aparece la ciudad moderna y a la derecha se halla el casco histórico.

Además de su importante artesanía de hierro forjado -conserva la única fundición de campanas existente en Andalucía-, la villa posee un plato muy solicitado entre quienes la visitan: el "encebollado", guiso de bacalao con abundante cebolla, tomate, ajo y especias.

Casco Antiguo – Los principales edificios son el **Ayuntamiento**, una construcción renacentista (s. XVII) que se alza en la agradable plaza de la Constitución; la **iglesia de San Pedro** (s. XVI), monumental templo renacentista con elementos mudéjares; el **castillo**, construido en el s. XIII sobre una antigua fortaleza romana y visigoda; y la **iglesia de Santa María** (s. XVI), de estilo gótico. Su espigada silueta se eleva por encima de las casas de la plaza del mismo nombre. Una inscripción a la entrada de este templo asegura que es el primero que se dedicó a la Inmaculada Concepción.

El Tesoro de Torredonjimeno

En 1931 unos campesinos hallaron en las inmediaciones del pueblo una gran olla de época visigoda repleta de objetos preciosos. El "tesoro de Torredonjimeno", como se le bautizó, se halla repartido entre los museos arqueológicos de Madrid y Barcelona.

Ermita de Nuestra Señora de la Consolación – Situada en las afueras del pueblo, es una obra renacentista destino de concurridas romerías y peregrinaciones.

MEDINA SIDONIA★

Cádiz – 10.872 habitantes

Mapa Michelin nº 446 W 12

Medina Sidonia está enclavada en el centro de la provincia, en una fértil campiña situada en un camino natural entre la costa y el interior, muy cerca del **Parque Natural de los Alcornocales**. Un lugar estratégico sobre una elevación desde la que, en días claros, se divisan **El Puerto de Santa María** y **Vejer de la Frontera**. Su nombre evoca dos momentos importantes de su historia: el fenicio y el árabe. Durante el primer periodo se llamó Assido y durante el segundo (a partir del 712) Medina (ciudad). Fue una importante urbe romana y sede de uno de los primeros concilios visigodos, el Assidonensis, en el s. VI. Alfonso X El Sabio la conquistó en el s. XIII y en 1430 Juan II la entregó como ducado a la familia de los Guzmanes.

Restaurante

Mesón Machín – *pl. de la Iglesia Mayor* – ☎ *956 41 13 47* – *15,03€* – cerrado *lu noche.* Situado junto a la Oficina de Turismo. Terraza con vistas del valle. Especialidades: tortilla de espárragos y rabo de toro.

CURIOSIDADES

★**Conjunto arqueológico romano** ⓥ – Se trata de un extraordinario conjunto de más de 30 metros de galerías subterráneas que formó parte del complejo sistema de conducción de aguas construido por los ingenieros romanos en el s. I d. C. Aunque el hallazgo se produjo de manera fortuita en 1963, las excavaciones no comenzaron hasta 1991. El conjunto permite contemplar el sistema de alcantarillado romano, con una vía principal cubierta mediante bóveda de cañón y con suelo de tégulas originales, a la que reverterían las aguas de otras galerías más pequeñas. En el mismo lugar se ha excavado un conjunto de criptopórticos (construcción romana que tenía como función elevar y nivelar el terreno).

Villa Medieval

Suba por la calle Espíritu Santo hasta el Arco de la Pastora.

Arco de la Pastora – Junto al Arco del Sol y al de **Belén** es una de las tres puertas que se conservan de la época medieval. Construido en el s. X, está formado por un doble arco de herradura apuntado sostenido por dos imponentes columnas de mármol, probablemente de origen fenicio.

★ **Iglesia Sta. María la Mayor, la Coronada** ⓥ – Comenzada en los últimos años del s. XV, es un buen ejemplo del llamado gótico aristocrático. Su torre se terminó en 1623 en estilo barroco. El templo actual está edificado sobre uno previo que, a su vez, se había construido sobre una mezquita árabe. El acceso se realiza a través de un patio, perteneciente a la primitiva iglesia, con fuertes reminiscencias mudéjares. El interior es de planta de cruz latina, con tres naves cubiertas mediante bóvedas de crucería, salvo en el transepto y en la cabecera donde se emplearon bóvedas estrelladas profusamente decoradas. En el interior sobresale el excelente **retablo plateresco**★ del altar mayor, obra de Roque Boldaque, Juan Bautista Vázquez y Melchor de Turín, con escenas de la vida de Jesús y la Virgen y con el misterio de la coronación como tema central. A la izquierda del altar mayor, imagen del s. XVII de Nuestra Señora de la Paz, patrona de Medina. En la capilla derecha del crucero, una custodia de plata mejicana de Martínez Montañés. Al salir, fíjese en la puerta plateresca que da acceso al patio.

Alcázar y villa vieja ⓥ – En este lugar estaba situada la antigua alcazaba árabe. En 1264 pasó a ser alcázar cristiano. En su interior surgió un barrio medieval que estuvo habitado hasta el s. XVI, después fue abandonado y utilizado como cantera. En su momento de mayor expansión consistió en un triple recinto amurallado del que se conservan varias torres, la puerta de acceso en codo, típica de los almohades, varias viviendas del s. XVI y un interesante conjunto de silos. La entrada al recinto está vigilada por la **torre de Doña Blanca**, una torre albarrana desde la que se contempla una buena vista de la delicada crestería de la iglesia (s. XVI).

¿Le apetece un dulce?

Desde el tiempo de los árabes, Medina Sidonia es famosa por su deliciosa repostería. El dulce más conocido es el **alfajor**, hecho a base de almendras, huevos y miel.

Convento de Jesús, María y José – Situado en la **villa medieval**, detrás de Sta. María. Alfajores y tortas pardas. Todos los días de 9.30 a 12.15 y de 16.30 a 18.15.
Convento de San Cristóbal – *Hércules, 1.* Situado en la **villa moderna**, detrás del mercado municipal. Alfajores, amarguillos y tortas pardas. Venta de 10 a 14 y de 16 a 18.

Villa Moderna

Cruce el umbral del **Arco de Belén** (s. XV) y callejeando por su blanco caserío descienda hacia la Medina Sidonia de los ss. XVI al XIX.

Plaza de España – Esta plaza triangular es el centro de Medina. En uno de sus lados se encuentra el **Ayuntamiento**, una construcción neoclásica del s. XVIII.

Merece la pena detenerse en el edificio del **mercado** construido en 1871. Al lado, en la plaza de la Cruz, la iglesia barroca de la Victoria de finales del s. XVII.

La **calle de Fray Félix**★, o de la Loba, está jalonada de casas que lucen preciosos balcones y rejerías de hierro de los ss. XVIII y XIX. Ya extramuros de la ciudad se encuentra la iglesia de Santiago (s. XVI), que cuenta con un artesonado mudéjar.

ALREDEDORES

Ermita de los Santos Mártires Justo y Pastor ⓥ – *En la carretera de circunvalación de Medina Sidonia.* Fundada por el obispo Pimenio en 630, es por tanto una de las iglesias más antiguas de Andalucía. Exteriormente destaca el torreón medieval cuyo origen sería una torre romana. El interior es de gran sencillez y belleza. Se pueden ver elementos romanos reutilizados como estelas y capiteles.

Castillo de Gigonza – *4 km al Norte de Paterna de Rivera.* De este castillo de origen árabe, sólo queda la torre del homenaje.

Alcalá de los Gazules – *25 km al Este por la A 381.* Una mancha blanca que asciende hasta lo alto de una colina, eso es lo que ve el viajero que se acerca a Alcalá. Este pequeño pueblo, cuyo nombre hace referencia al castillo árabe que aquí existió hasta el s. XIX y del que quedan escasos restos, es la puerta de entrada del **Parque Natural de los Alcornocales** *(ver p. 249)*. En la parte más alta del pueblo se encuentra la **iglesia de San Jorge**, que tiene una torre barroca del s. XVIII y una fachada gótica en la que está representado un San Jorge a caballo sobre el tímpano. Al lado, la fachada del antiguo **cabildo** del s. XVI, que alberga en su interior un **Centro de Interpretación del Parque Natural** ⓥ donde se facilitan datos sobre las rutas posibles por el Parque Natural. Sobresalen la "**subida al Picacho**" y la "ruta de los molinos".

Benalup – *20 km al Sudeste desde Medina Sidonia por la A 393.* Esta pequeña población ha pasado a la historia porque aquí tuvieron lugar los tristes sucesos de **Casas Viejas** *(ver p. 57)*, nombre con el que era antiguamente conocido Benalup. En 1933 un grupo de anarquistas insatisfechos, entre otras cosas, por el escaso éxito de la Reforma Agraria se atrincheraron en el pueblo. La rebelión fue brutalmente reprimida por el Gobierno de **Azaña** y fue uno de los detonantes del ascenso de la derecha republicana en las elecciones de 1934.

Cueva del Tajo de las Figuras ⓥ – *8 km al Sur de Benalup por la CA 212 dirección Algeciras. Las cuevas se encuentran a la izquierda de la carretera.* Interesante conjunto de pinturas rupestres declarado Monumento Nacional en 1924. Están consideradas como del periodo pospaleolítico.

MIJAS★

Málaga – 37.490 habitantes

Mapa Michelin nº 446 W 16

Mijas es una pintoresca población que se halla en una de las múltiples elevaciones de la sierra del mismo nombre, suspendida entre bosques de pinos desde los que se contemplan fantásticas **panorámicas★** de la Costa del Sol. Sus calles tortuosas, sus encantadores rincones, sus casas engalanadas con flores y el gran número de plazas minúsculas que salpican el trazado de la villa hacen de Mijas una localidad especialmente idónea para perderse y vagar sin un rumbo fijo. En los alrededores hay numerosos campos de golf muy bien equipados.

El Burro-taxi – Este original servicio es el "medio de transporte" más utilizado por los visitantes de la villa. Aunque su velocidad no es, exactamente, la de un Ferrari, los burros enjaezados de Mijas harán las delicias de pequeños y mayores.

Santuario de la Virgen de la Peña ⓥ – *A la entrada del pueblo.* Fue excavado en la roca por una congregación de frailes mercedarios (s. XVI). La ermita, dedicada a la patrona de Mijas, tiene un bonito **mirador** sobre el valle y el Mediterráneo que recibe el nombre de El Compás.

★ **Casco antiguo** – Formado por un pequeño conjunto de calles luminosas y viviendas decoradas con artísticas rejas y tejados bajos, esta zona de Mijas sorprenderá al visitante con infinidad de detalles que bien merecen fotografiarse. En las calles de Charcones, San Sebastián o Málaga aparecen los comercios más importantes de la villa, así como concurridas tiendas de *souvenirs*.

Murallas – Dispersos por diferentes puntos del núcleo urbano se conservan algunos lienzos de muralla árabe que permiten reconstruir el perímetro fortificado de la ciudad.

R. Mattès

Burro-taxi

Alojamiento

Hotel Mijas – *Urb. Tamisa, 2 – ☎ 95 248 58 00 – 95 hab. – 83,54/96,46€*. Hotel de gran confort y decoración andaluza. La deslumbrante fachada blanca se mantiene a una altura inferior a la de los pinos que la rodean. La madera de las habitaciones aporta una elegante nota de tipismo. Muy buena relación calidad/precio.

Restaurante

El Padrastro – *Paseo del Compás, 22 – ☎ 952 48 50 00 – Reserva aconsejada – 19/34€*. Ningún sitio mejor que este restaurante panorámico para abarcar con la vista toda la costa, el pueblo y las montañas circundantes. Además, la carta es original y la terraza resulta muy romántica a la luz de las velas.

Iglesia de la Inmaculada Concepción – Este templo fue construido en el s. XVI sobre el lugar donde se hallaba una antigua mezquita árabe. Conserva una imponente torre mudéjar y, ya en el interior, destaca una capilla lateral, decorada con yeserías vegetales policromadas.

Iglesia de San Sebastián – Construida en el s. XVIII, es un edificio de una sola nave cuya cúpula presenta una decoración interior de yeserías rococós.

Museo de Miniaturas ⓥ – Este peculiar museo, también llamado el "Carromato de Max", guarda, entre otras curiosidades, la *Última Cena* de Leonardo Da Vinci pintada en un grano de arroz y una cabeza reducida por los jíbaros.

Ayuntamiento – Acoge un **museo** ⓥ que expone colecciones de útiles de labranza y objetos relacionados con la vida agrícola.

Plaza de Toros – A pesar de sus reducidas dimensiones, es interesante por el diseño rectangular del coso. Alberga en su interior un **museo taurino** ⓥ.

MINAS DE RIOTINTO★★

Huelva – 5.500 habitantes

Mapa Michelin nº 446 S 10

Esta localidad forma parte de una comarca marcada desde la Antigüedad por la cultura minera. Adentrarse en esta zona es penetrar en un entorno paisajístico excepcional, donde los colores adoptan intensas tonalidades y los bosques de encinas y alcornoques se proyectan, a modo de fotografías, sobre las aguas inmóviles de los numerosos embalses (Cobre-Gossan, Campofrío, Agua, etc.). A todo ello hay que añadir el espectáculo de las montañas excavadas, auténticos volcanes de un rojo sangrante en los que puede observarse, como si de una decoración geométrica se tratara, la impronta del trabajo del hombre. Hay que destacar, también, el barrio inglés de Bellavista, así como los numerosos centros artesanales y los mesones donde se sirven especialidades tan suculentas como las migas, los "gurumelos" -una variedad de setas típica de la zona-, los pestiños y, cómo no, diversos productos derivados del cerdo.

Alojamiento

Santa Bárbara – *Cerro de Los Embusteros – ☎ 959 59 11 88 – fax 959 06 39 – 19 hab., 1 suite – 40,87/51,09€.* En la parte más alta del pueblo, este hotel inaugurado no hace mucho disfruta de magníficas vistas de la Sierra y de las minas a cielo abierto. Habitaciones modernas y amplias.

★★ PARQUE MINERO DE RIOTINTO ⓥ

Se trata de un parque temático que engloba el pueblo y los parajes de los alrededores. Acoge diversos equipamientos y organiza concurridos itinerarios guiados a través de las minas.

★ **Museo Minero y Ferroviario** ⓥ – Construido recientemente, este gran espacio que se halla en la sede del antiguo hospital inglés desarrolla un exhaustivo repaso de la historia de la minería y la metalurgia. Entre sus numerosas piezas destacan varias locomotoras de principios del s. XX y, sobre todo, el popular **vagón de Maharajah★★★**, construido en Birmingham para un viaje que la Reina Victoria de Inglaterra debía hacer por la India. Traído aquí con motivo de una visita del rey Alfonso XIII, esta auténtica obra de arte, realizada en madera tallada y cuero repujado, es un prodigio de lujo y suntuosidad que, sin duda, hará volar la imaginación de cualquier visitante. Además, el museo posee una notable colección de piezas arqueológicas que permiten datar el inicio de las actividades mineras en la Edad del Bronce.
En el sótano se visita la reproducción de una **mina romana**

★★★ **Corta Atalaya** ⓥ – *2 km al Noroeste del pueblo.* Esta gigantesca explotación a cielo abierto -mide más de 1.000 metros de longitud, 350 de profundidad y 900 de anchura- es todo un espectáculo. Desde el mirador, que se encuentra en uno de sus bordes, se observan impresionantes **panorámicas★★★** del cráter, atravesado por vetas que parecen trazadas con tiralíneas. Los bancales manifiestan los distintos cortes realizados y, al mismo tiempo, dibujan una perfecta gama cromática sobre las laderas. En las inmediaciones se hallan las instalaciones mineras, donde puede observarse cómo es extraído el gossan (hierro mineralizado) que, más tarde, se transporta en enormes vehículos con capacidad para casi 200.000 kilos.

★★ **Cerro Colorado** – *2,5 km al Noroeste del pueblo.* Es, por su importancia, la segunda explotación a cielo abierto de Riotinto. Posee un peculiar color rojizo que, al atardecer, parece reverberar, produciendo destellos de una belleza inusitada.

B. Kaufmann/MICHELIN

La impresionante Corta Atalaya

★★ **Ferrocarril Turístico Minero** ⓥ – Los recorridos parten de un antiguo apeadero situado a las afueras del núcleo urbano de Riotinto, en dirección a Cerro Colorado. Realiza dos trayectos –uno de 10 km y otro de 23 km– que discurren paralelos al río, por la línea férrea construida a finales del s. XIX por la compañía inglesa "Río Tinto Company Limited" para transportar el mineral hasta Huelva y, después, exportarlo a Gran Bretaña. Este atractivo viaje en vagonetas antiguas proporciona sorpresas tan inesperadas como observar el bello color rojizo del río Tinto, serpenteando entre tupidos bosques de encinares, acercarse a las primeras estaciones construidas en la zona y, finalmente, atravesar el puente de Salomé, desde el cual se disfrutan bonitas vistas del río y los alrededores.

Barrio de Bellavista – Igual que en Huelva, este antiguo barrio de principios del s. XX, construido para acoger a los numerosos trabajadores ingleses que llegaron a Riotinto, sorprende por su arquitectura de estilo victoriano. Posee una iglesia presbiteriana, un club social y un cementerio donde las lápidas están escritas en inglés.

Los ingleses de Riotinto

Resulta curioso adentrarse por los parajes solitarios de Riotinto y descubrir restos de una cultura, la anglosajona, sin ninguna relación con el carácter de los lugareños ni con la fisonomía del lugar. No obstante, resulta obligado recordar cómo, a principios del s. XX, Inglaterra consiguió convertirse en una nación de gran poder económico gracias, en parte, a sus posesiones coloniales y a la importancia que adquirieron explotaciones mineras como las de Riotinto.

OTRAS CURIOSIDADES

Necrópolis de la Dehesa ⓥ – *3 km al Norte por la A 461.* Este gran cementerio romano perteneció al poblado de Corta de Lago (s. II d. C.). En él abundan las tumbas con ajuares, que evidencian el nivel social de sus propietarios, así como diversas inscripciones funerarias.

Pozo Alfredo – *1 km al Noroeste del pueblo.* Se trata de una mina subterránea comunicada con Corta Atalaya que tendrá, en un futuro próximo, más de 600 metros de longitud. En la actualidad sólo se visitan algunas partes del proyecto.

ALREDEDORES

Nerva – *4 km al Sudeste por la A 478.* Este antiguo pueblo debe su nombre a una lápida romana dedicada al emperador Nerva. Se halla en el centro de un paisaje que parece lunar, donde las escombreras crecen sobre los bordes de los diques de aguas rojizas, produciendo un olor acre, como de azufre.

Zalamea la Real – *12 km al Sudoeste. Tome la A 461 y después de El Campillo la N 435.* La **carretera**★★ se adentra, sinuosa, a través de las estribaciones montañosas, descubriendo a su paso el hermoso embalse de Cobre-Gossan. Al llegar a Zalamea, muy popular por sus anises, aconsejamos visitar la iglesia de Nuestra Señora de la Asunción y el dolmen de El Pozuelo.

EXCURSIÓN

Valverde del Camino – *45 km al Sudoeste. Tome la A 461 y después de El Campillo continúe por la N 435.* Esta pequeña localidad es conocida mundialmente por su industria artesanal del calzado (botas camperas, botas de fuelle, zapatos de baile, etc.).

Comprar un par de botas de cuero

Si uno recorre la sierra de Aracena, llega hasta Valverde del Camino y no se compra un par de botas camperas (botos) puede escuchar, a su vuelta, todo tipo de reprimendas. Y es que este célebre calzado de cuero ha dejado de ser, por méritos propios, un simple "souvenir" para convertirse en un auténtico atractivo turístico.

MOGUER★

Huelva – 11.000 habitantes

Mapa Michelin nº 446 U 9

Situada sobre una colina en la margen izquierda del río Tinto, Moguer es una ciudad señorial, con tranquilas avenidas, elegantes casas góticas y barrocas y rincones donde puede observarse la singular luminosidad del cielo onubense. Además de formar parte de los llamados "lugares colombinos", esta hermosa localidad marinera y agrícola es famosa porque en ella nació el poeta **Juan Ramón Jiménez** (1881-1958), cuyos versos ilustran, a modo de paneles de azulejos, los rincones más bellos del centro de la villa. También nacieron en la localidad los hermanos Niño, que participaron activamente en el viaje del Descubrimiento. Finalmente, hay que destacar, como especialidad gastronómica, los populares pastelillos de Moguer.

★ **Monasterio de Santa Clara** Ⓥ – Este cenobio, el edificio gótico mudéjar (s. XIV) más importante de la provincia, está muy vinculado a la historia del Descubrimiento de América, ya que Colón oró en él durante la madrugada del 16 de marzo de 1493, cumpliendo de este modo una promesa realizada en alta mar, cuando la seguridad de una de las carabelas peligró a consecuencia de un fuerte temporal. En su interior, donde vivió hasta 1955 una congregación de monjas esclavas concepcionistas, existen diversas estancias monacales y patios porticados con elegantes balcones, naranjos de singular belleza, así como plataneras que recuerdan exóticas latitudes tropicales. Frente a los contrafuertes del convento se abre la **Plaza de Portocarrero**, uno de los lugares más típicos de Moguer.

Iglesia – Es un sencillo templo de tres naves con bóveda de crucería que guarda los **sepulcros de los Portocarrero**★, señores de Moguer, una de las mejores obras del renacimiento andaluz, realizada en mármol de Carrara por Giacomo, maestro de Miguel Ángel. También resulta interesante el retablo mayor (s. XVI), una hermosa talla de la Inmaculada (s. XVII) y el notable grupo de **tumbas del altar mayor**★, entre las cuales destaca la de Beatriz de Henríquez, quien subvencionó parte del viaje del Descubrimiento.

Claustro – Este tranquilo espacio rodeado de galerías de arcos apuntados posee en sus laterales diferentes elementos, como la antigua enfermería, amplia estancia donde se guardan vestiduras sacerdotales de los ss. XVI-XVIII, y la despensa, que acoge objetos de los obispos de la diócesis, una talla gótica del s. XVI y un solideo del papa Juan Pablo II.

Coro y antecoro – Separado de la iglesia por una reja, el coro acoge una excepcional **sillería de estilo nazarí mudéjar**★★ (s. XIV). Mediante una técnica de gran refinamiento, los brazos de este hermoso conjunto reproducen los leones de la Alhambra, mientras que en los respaldos aparecen los escudos heráldicos de cada monja. A la derecha se encuentra un pequeño confesionario para la clausura. El antecoro es una estancia cubierta por un bonito artesonado mudéjar que alberga vitrinas con libros de canto gregoriano del s. XV.

Iglesia de Nuestra Señora de la Granada – Esta construcción del s. XVIII, alzada sobre un templo mudéjar anterior, se halla frente a la Plaza del Marqués, un agradable espacio con fachadas adornadas mediante miradores de cristales policromados y farolas antiguas. Además de la talla de Nuestra Señora de la Granada, protegida por un baldaquino en el centro del presbiterio, destaca la **torre-campanario**★, único vestigio del edificio primitivo, que recuerda a la Giralda de Sevilla y que constituye una de las imágenes emblemáticas de Moguer.

Juan Ramón Jiménez, ciudadano de Moguer

Existen, por lo menos, dos Juan Ramón Jiménez: el poeta exquisito, altivo y culto y el escritor popular, apasionado y sencillo, que adopta como tertuliano a un burro: Platero. Toda la mordacidad e ira con la cual Juan Ramón atacó a los literatos de su época se vuelve entusiasmo cuando su pluma se refiere a los campesinos de Moguer, a sus costumbres y a su vocabulario.

★**Calle Andalucía** – Esta travesía peatonal que comunica la Plaza del Cabildo, delante del Ayuntamiento, con el edificio del **Archivo Histórico Municipal y Biblioteca Iberoamericana** ⓥ, donde se guardan valiosos documentos antiguos, es uno de los lugares más encantadores de la villa. En ella se encuentran el **Teatro Felipe Godínez**, edificio moderno que posee una bonita fachada decorada con azulejos sevillanos, la capilla del hospital del Corpus Christi, el curioso **pasaje de Nuestra Señora de la Esperanza**, con casas que conservan todo el sabor del Moguer viejo y, finalmente, el convento de San Francisco.

Convento de San Francisco ⓥ – Esta construcción del s. XV, levantada por iniciativa de Pedro Portocarrero, fue uno de los núcleos más importantes en la evangelización del Nuevo Mundo. Conserva un notable claustro manierista, una espadaña del s. XVII y, en el interior de la iglesia, un interesante retablo mayor barroco (s. XVIII).

★**Casa-museo "Zenobia y Juan Ramón"** ⓥ – En esta elegante casa encalada de dos plantas, con balcones dotados de las típicas rejerías andaluzas, se muestran fotografías, muebles, libros y todo tipo de objetos relacionados con la vida personal del poeta y de su esposa.

Casa natal de Juan Ramón Jiménez ⓥ – Situada en la típica calle Ribera, esta antigua vivienda señorial donde nació el premio Nobel de Literatura (1956) es actualmente sede de importantes certámenes culturales.

Ayuntamiento – Presidiendo la hermosa Plaza del Cabildo, decorada con palmeras, bancos de hierro forjado y farolas antiguas, se alza este importante ejemplo de arquitectura renacentista civil, obra del italiano Tomas Bottani. La bella **fachada**★ porticada, de dos plantas cubiertas por un artesonado de madera y galerías de cinco arcos de medio punto, presenta elegantes columnas dóricas en su parte inferior y jónicas en la parte superior.

MOJÁCAR★

Almería – 4.525 habitantes

Mapa Michelin nº 446 U 24

Encantador pueblo blanco con un privilegiado **emplazamiento**★ sobre un promontorio rocoso desde el que se contemplan magníficas vistas de la costa *(a 2 km)* y del interior, con el llano salpicado de curiosas crestas rocosas.

Poblado desde la Antigüedad, el casco urbano, escalonado sobre el cerro, conserva un indudable sabor árabe, con sus callecitas estrechas, blancas y empinadas, adornadas con macetas coloristas, y salpicadas de rincones cautivadores. Mojácar no fue reconquistada hasta 1488.

Numerosos extranjeros se instalaron aquí hace algunas décadas, conformando una particular torre de babel. Los pequeños restaurantes, las terrazas, las numerosas tiendas de artesanía, son otros tantos atractivos de este pueblo, que recibe una gran cantidad de turistas, especialmente durante el verano.

EL PUEBLO

Deje el coche en la parte baja del pueblo y suba a pie.

La belleza de Mojácar reside fundamentalmente en el encanto de su cuidada arquitectura popular y en sus magníficas vistas. Lo mejor es pasear sin rumbo fijo, pero de todas formas le ofrecemos alguna pista para su visita.

Le recomendamos que la inicie en la **Plaza Nueva**, muy agradable, donde se conserva la sencilla ermita de Nuestra Señora de los Dolores (s. XVIII), actualmente convertida en una tienda. Desde el mirador de la plaza se domina un extenso panorama. En uno de los cerros que se alzan a los pies del mirador se ven restos de Mojácar la Vieja, primitivo emplazamiento del pueblo.

A la izquierda de la plaza, por la Cuesta del Castillo, se sube al **mirador del castillo**, del que sólo queda el nombre, que ofrece una bella panorámica de la costa.

A la derecha de la Plaza Nueva, por la calle de la Iglesia se llega a la **iglesia de Santa María**. El ocre de los muros destaca sobre el blanco de las casas circundantes. Construida tras la Reconquista, tiene aspecto de fortaleza con sólidos muros, torre-campanario en un lateral y contrafuertes en el contrario. A su alrededor hay varias callecitas pintorescas.

Alojamiento

UNA BUENA OPCIÓN

El Puntazo – *Paseo del Mediterráneo – ☎ 950 47 82 50 – fax 950 47 82 83 – 59 hab. – 48/72,12€.* En este hotel de fachada blanca que se encuentra al borde del mar hay tres tipos de habitaciones. Las pequeñas, sin terraza ni vistas, cuestan 48€; las grandes, con vistas al mar, 57,70€; y las más amplias, con terraza y asomadas al mar, 72,12€. En el cercano hotel **Virgen del Mar** (☎ 950 47 22 22), de prestaciones similares, las habitaciones cuestan 73/92€.

Mamabel's – *Embajadores, 6 – ☎ 950 47 24 48 – 6 hab. – 59/78€.* En Mojácar pueblo, un interesante establecimiento donde "la calidad es lo primero", como dice su propietaria, Isabel Aznar. Al principio sólo era un restaurante en el que se comía la mejor paella de la zona. Hoy cuenta además con ocho habitaciones muy bien decoradas, con vistas del valle y del mar, al fondo.

Paralela a la calle de la Iglesia, la **calle de Enmedio** tiene pequeños restaurantes y bares; al recorrerla se pasa por delante de la Plaza del Ayuntamiento y desde allí se puede bajar a la **Puerta de la Ciudad** (s. XV) que, como su nombre indica, era una puerta de la antigua muralla. Una vez franqueada, se disfruta del encanto de la **plaza de las Flores**.

ALREDEDORES

Garrucha – *5,5 km al Norte.* Este pequeño pueblo de origen marinero se anima considerablemente durante el verano con los turistas que acuden a disfrutar de sus extensas playas. Tiene un puerto pesquero y deportivo, un largo paseo marítimo y un campo de golf. Al Sur de la localidad se alza un fuerte de vigilancia costera del s. XVIII.

Un paseo en barco

Se pueden realizar excursiones en barco que, desde Garrucha, recorren la bahía de Mojácar, Carboneras y el Parque Natural de Cabo de Gata. Información en la Oficina de turismo, ☎ 950 13 27 83.

CARRETERA DE MOJACAR PLAYA A AGUA AMARGA

32 km al Sur. 45 min aproximadamente.

Mojácar Playa – El término municipal de Mojácar cuenta con 17 km de playas y calas. Mojácar Playa es un entramado de urbanizaciones y complejos blancos que se ha desarrollado paralelo a la costa.

B. Kaufmann/MICHELIN

El Perulico

El Castillo de Macenas – *9 km al Sur, a la izquierda de la carretera.* Junto al mar se alza esta torre de vigilancia del s. XVII. Al Sur se divisa la **torre del Perulico**, construida como otras torres-vigías por los árabes en los ss. XIII y XIV para vigilar el litoral. Desde aquí se puede tomar un camino de tierra *(hacia el Sur)* que bordea la costa, y, pasada la torre de Perulico, se accede a varias playas naturistas, como la de Bordonares *(a 3 km).*

Vuelva a la carretera.

Hasta Carboneras *(13 km)* la carretera discurre entre áridas montañas, que ocultan a veces el mar y otras lo muestran en bellas panorámicas. Varios kilómetros antes de llegar, tras una curva, se domina una amplia perspectiva de la costa, en cuyo horizonte se recorta un promontorio sobre el que se adivina la **torre-vigía del Rayo**.

Carboneras – Pueblecito de pescadores que surgió en torno al **Castillo de San Andrés**, construido en el s. XVI por el Marqués del Carpio para vigilar la costa. Los jueves a su alrededor tiene lugar un **mercadillo**.

Alojamiento y Restaurante en Agua Amarga

Family – *La Lomilla, s/n – ☎ 950 13 80 14 – fax 950 13 80 70 – 9 hab. – 50/85€ – cerrado nov.* Establecimiento de playa que está repleto en verano y vacío en invierno. Tiene varias habitaciones y un restaurante al que acude gente de todas partes. Sólo hay un menú, a 16€, que incluye vino y café.

Frente a la playa de las Marinicas se halla la **Casa del Laberinto** o de André Block, una típica casa blanca construida en los años 1960 que ha sido frecuentemente utilizada en los carteles de turismo.

A la salida del pueblo se pasa por la Central térmica y por las instalaciones de Endesa.

A 5 km hacia el Sur empieza el **Parque natural de Cabo de Gata-Níjar**** *(ver p. 138)* y poco después se indica, a la izquierda, la carretera que sube al Faro y a la torre-baluarte de Mesa Roldán *(1,5 km)*, muy parecida al castillo de Macenas de Mojácar.

Agua Amarga – De vuelta a la carretera, enseguida tras una curva se descubre Agua Amarga, con todas sus casitas blancas, junto al mar. Este cuidado complejo turístico tiene una bonita playa de arena entre dos promontorios rocosos.

MONTEFRÍO*

Granada – 7.030 habitantes

Mapa Michelin nº 446 U 17

Uno de los pueblos más bonitos del poniente granadino, de casas blancas y tejas claras, que se encarama suavemente sobre las dos colinas que lo limitan y vigilan y que surgen como islotes en un mar de olivos. Disfruta de un impresionante **emplazamiento**** a los pies de la sierra de la Parapanda. Como muchas otras villas del poniente, se convirtió en fortaleza deseada por árabes y cristianos. Varios reyes castellanos fracasaron en su intento de conquista hasta que en el año 1486 lo consiguieron los Reyes Católicos.

VISITA *2 horas aproximadamente*

Plaza de España – Es un buen lugar para comenzar. Aquí se encuentra la impresionante mole de la iglesia de la Encarnación, la muy recomendable **Oficina de Turismo** y, un poco más arriba, el **Ayuntamiento** instalado en un edificio del s. XVIII.

Iglesia de la Encarnación – Es un sorprendente templo neoclásico atribuido sin mucho fundamento a Ventura Rodríguez. Su planta es circular y su enorme cúpula de media naranja es visible desde cualquier parte del pueblo.

Suba a la Villa por la calle del Arco Gracia.

* **Iglesia de la Villa** ⌚ – Fue construida en lo alto de la colina, sobre los restos de la **alcazaba nazarí**, de la que se conservan algunos restos como un aljibe. El templo en el que intervino el ubicuo **Diego de Siloé** es una mezcla de estructura gótica y ornamentos renacentistas. Su única nave, cubierta por una elegante bóveda de crucería, termina en una capilla poligonal rematada con cúpula en forma de concha.

Descienda hasta la plaza de España y tome la calle Enrique Amat hasta la placeta del Pósito.

Placeta del Pósito – Domina esta tranquila plaza el sencillo edificio del **Pósito**, antiguo almacén de grano del s. XVIII.

Desde aquí, suba hasta el llamado Monte del Calvario donde se encuentra la iglesia de San Antonio.

Iglesia de San Antonio – Pertenecía al desaparecido convento de franciscanos de San Antonio que, tras las desamortizaciones del s. XIX, pasó a ser una fábrica de harina

Restaurante

Mesón Coronichi – *av. La Paz, 32 – ☎ 958 33 61 46 – 12,02/15,03€.* Un buen lugar para probar la sabrosa gastronomía local. Plato más típico: relleno de Carnaval.

Vista de Montefrío

conocida como "La Máquina". La **iglesia de San Antonio de Padua** es de estilo barroco y lo más destacado es su fachada Oeste, en forma de retablo de tres cuerpos, el último de los cuales contiene en una hornacina una imagen de San Antonio. Desde aquí merece la pena tomar la calle Cruz del Calvario para disfrutar de una de las mejores **vistas★★** del pueblo.

ALREDEDORES

★ **Peña de los Gitanos** – *A unos 5 km de Montefrío. Tome la carretera hacia Illora. Deje a la derecha el Mesón Curro y continúe hasta que vea una desviación hacia la Peña de los Gitanos. Es una propiedad privada y hay que dejar el coche a la entrada del camino de tierra y continuar a pie (15 min).*
El camino asciende suavemente entre olivos hasta llegar a una bifurcación. Hay que tomar el sendero de la derecha y tras dejar atrás una mina abandonada llegamos a una primera pradera de césped. Atravesándola y dejando a la derecha un primer dolmen, llegamos a una segunda pradera moteada con grupos de encinas. Aquí es donde se encuentran los sepulcros megalíticos mejor conservados. Hay varios dispersos por la pradera, sin embargo el más espectacular y el mejor conservado se encuentra nada más entrar, a la derecha, detrás de un grupo de encinas. Se trata de un **dolmen★** con corredor y cámara que ha conservado perfectamente su cubierta.

Moclín – *33,5 km al Este. Salga en dirección a Illora. Desde aquí tome la NO 1[illegible] hasta llegar a la N 432 y tómela en dirección Alcalá la Real hasta Puerto López.* La carretera pasa en primer lugar por la población de **Illora** en la que destaca la enorme iglesia de la Encarnación, del s. XVI. Después, asciende poco a poco, girando en estrechas curvas, hasta que, de pronto, surge, en lo alto de una pequeña colina, el impresionante **castillo de la Mota★**, que domina el pequeño pueblo de Moclín. Se trata de una fortaleza de doble recinto de época nazarí. El acceso se realiza a través de una puerta en recodo. En su interior se encuentran el edificio del pósito (s. XVI), la iglesia de la Encarnación (s. XVI) y, en lo alto, los restos de la torre del homenaje y de un aljibe.

MONTILLA

Córdoba – 22.792 habitantes

Mapa Michelin nº 446 T 16

Asentada sobre suaves colinas, esta villa es conocida por ser la cabecera de una importante industria vitivinícola, integrada en la denominación de origen de Montilla-Moriles. Algunos historiadores han identificado Montilla con la romana Munda, donde tuvo lugar la batalla entre las tropas de César y las de Pompeyo en el año 45 a.C. A partir de 1375 su historia está unida a la de los **Fernández de Córdoba**, que la convirtieron en el centro de su señorío, en sustitución de Aguilar. Tierra natal de Gonzalo Fernández de Córdoba, ilustre militar más conocido como el **Gran Capitán** (1453-1515), que participó en la toma de Granada y en las campañas de la conquista del reino de Nápoles.
En el s. XVI vivió su momento de mayor esplendor, cuando la habitaron figuras tan relevantes como el **Inca Garcilaso de la Vega** o San Juan de Ávila y cuando se construyeron algunos de sus edificios más significativos.

La destrucción del castillo – En 1508, el rey Fernando el Católico mandó destruir el castillo señorial, que estaba situado en el punto más elevado de la localidad, como castigo a la conducta desleal de su propietario, D. Pedro Fernández de Córdoba.

Siga las indicaciones centro ciudad y deje el coche en un aparcamiento señalizado.

Iglesia parroquial de Santiago – *c/ Iglesia.* Construida en el s. XVI aprovechando material de derribo del castillo que se alzaba sobre la colina de al lado, sufrió importantes reformas en el s. XVIII, fundamentalmente en el exterior. En la fachada destaca la hermosa torre de ladrillo con detalles decorativos de azulejería azul en torno a los vanos y cúpula recubierta de azulejos.
Merece la pena dar un paseo por los alrededores de la iglesia, con casas encaladas y calles empinadas y estrechas, desde donde se contemplan sugerentes perspectivas de la torre de la iglesia. En el nº 2 de la calle Miguel Molina se halla el **Museo histórico local** ⓥ, que muestra piezas desde la Prehistoria a la Edad Moderna.

Iglesia de San Francisco Solano – *c/ San Francisco Solano.* Se edificó en los ss. XVII y XVIII sobre el solar de la casa natal del santo. Su peculiar **fachada★**, que bien podría ser la de un edificio civil, presenta un atrio porticado, con arcos de medio punto que descansan sobre columnas de orden dórico. Una estatua del santo, patrón de la localidad, preside la entrada. El resultado es un conjunto elegante y simétrico embellecido por el tono dorado de la piedra. Adosada al edificio se eleva una torre realizada en 1910. El campanario y el chapitel que la remata están totalmente recubiertos de azulejería. En el interior destaca el retablo mayor.

Ayuntamiento – *c/ Corredera.* Fue construido en el lugar que ocupaba el Convento-hospital de San Juan de Dios, del que sólo queda la iglesia (s. XVIII), con una sencilla portada, que en la actualidad se utiliza como sala de exposiciones. En el interior del Ayuntamiento destaca el patio central con arcos de medio punto sobre columnas dóricas.

Convento de Santa Clara – Fue mandado construir por D. Pedro Fernández de Córdoba, 1er marqués de Priego, que encargó el proyecto al arquitecto Hernán Ruiz el Viejo. Las obras se acabaron hacia 1524 pero el edificio sufrió varias ampliaciones hasta alcanzar su tamaño actual a principios del s. XVIII.
La fachada de la **iglesia** presenta una bella **portada★**, realizada en estilo gótico-flamígero. Sobre la puerta, entre dos círculos con cruces patadas, el escudo de los marqueses de Priego enlaza con la hornacina que cobija la imagen de Santa Clara. Merece la pena observar el artesonado que cubre la nave y el retablo mayor.
Al salir del convento, pasando bajo un arco se llega al Llano de Palacio. Aquí se halla el **Palacio de los Duques de Medinaceli**, contemporáneo del convento, que los marqueses de Priego construyeron como residencia tras la destrucción de su castillo.

Convento de Santa Ana – Fundado en el s. XVI, sólo queda del antiguo convento la iglesia perteneciente al s. XVII con una sencilla portada. En el interior destaca el retablo mayor presidido por una Inmaculada, obra del gran escultor Pedro Roldán. En el exterior tiene una hermosa espadaña con azulejería, pero es difícil de ver debido a las construcciones del nuevo convento y a las casas de alrededor que tapan la vista.

Los vinos de Montilla-Moriles (D.O.)

La fama de estos vinos, que se producen en el Sur de la provincia de Córdoba, se remonta a la Antigüedad. Debido a la influencia continental, el clima les otorga una personalidad propia y los hace diferentes de los vinos de Jerez. La variedad principal de uva es la Pedro Ximénez.
Se clasifican en **finos** (de color oro claro, secos y ligeramente amargos), **amontillados** (de color ambar, secos y de aroma avellanado), **olorosos** (de color caoba, aterciopelados y muy aromáticos) y **Pedro Ximénez** (vinos dulces de color rubí, ideales para acompañar un buen postre).
Para conocer el proceso de elaboración de los vinos, le recomendamos la visita a alguna de las **bodegas** de la zona. Una de las más antiguas y conocidas es la de **Alvear** (1729).

B. Kaufmann/MICHELIN

Alojamiento

CORRECTO

Bellido – *Enfermería, 57 – ☎ 957 65 19 15 – 21 hab. – 21,03/39,66€.* Hotel céntrico de fachada color rosa claro. Habitaciones correctas y bastante confortables.

UNA BUENA OPCIÓN

Don Gonzalo – *ctra. Córdoba–Málaga, km 47 – ☎ 957 65 06 58 – fax 957 65 06 66 – 30 hab., 1 suite – 36,06/57,10€.* Hotel moderno con habitaciones correctas, bar y restaurante. Jardín con piscina detrás del hotel.

Restaurante

UNA BUENA OPCIÓN

Las Camachas – *av. de Europa, 3 – ☎ 957 65 00 04 – 23,70€.* Uno de los más conocidos en la zona. Situado en una casa típica de Montilla con patio cubierto, barra revestida de azulejos y bodega repleta de barricas. Además se come muy bien. Especialidades: alcachofas a la montillana, cardos blancos con almejas y gambas, perdiz, salmorejo, rabo de toro...

Una pastelería con solera

La pastelería Manuel Aguilar *(Corredera, 25)* es un establecimiento con más de cien años de vida en el que se pueden adquirir algunas de las especialidades locales: alfajores, roscos de Pedro Ximénez y pastelones de cabello de ángel.

Casa-museo del Inca Garcilaso ⌚ – En ella habitó el escritor inca Garcilaso de la Vega entre 1561 y 1591 y aquí escribió algunas de sus obras más importantes –*La Florida* y *Los Comentarios Reales*– como recuerda una placa situada en la entrada. La casa es una muestra de la arquitectura civil de la época y en su exterior destacan la sobriedad y el tono dorado de la piedra. Algunos de los muebles son originales y otros son imitaciones.

El casco urbano cuenta con otros edificios destacables como **La Tercia** en la Plaza de la Rosa, el **Teatro Garnelo** (1921), el **colegio de las Monjas Asuncionistas** (antigua Casa del Conde de la Cortina) y la **iglesia de San Agustín**.

ALREDEDORES Y EXCURSIONES

Espejo – *13,5 km al Nordeste, por la A 309.* En un ondulado paisaje de olivares se destaca Espejo, escalonado sobre una colina en cuya cúspide se yergue su recio castillo. Es un bonito pueblo de casas blancas y calles empinadas, a veces con escaleras para salvar los desniveles del terreno.

Deje el coche en el Paseo de Andalucía y suba callejeando hasta el castillo.

Castillo – *Propiedad privada, no se visita.* Pertenece a la casa ducal de Osuna y se halla situado en la parte más alta del pueblo, desde donde se contemplan magníficas **vistas★** de la campiña. El castillo es una recia construcción del s. XV en cuyo centro se alza altiva la torre del homenaje.

Cerca se encuentra la **iglesia Parroquial de San Bartolomé**, de estilo gótico pero muy transformada, en cuyo interior hay cuadros de Pedro Romaña (retablo de San Andrés) y una custodia del Corpus del s. XVIII junto a otras piezas de orfebrería.

Montemayor – *14 km al Noroeste por la N 331.* Despliega sus casas por una suave colina en cuyo centro se alza un **castillo** mudéjar del s. XIV, muy bien conservado en el que destaca la torre del homenaje.

Iglesia de la Asunción – Preside la peatonal **Plaza de la Constitución** en la que también se halla el Ayuntamiento. La construcción del templo data de los ss. XVI y XVII. En el exterior presenta una torre campanario renacentista. Empotrados en un muro se ven restos de un molino romano.

En el interior, de tres naves, destacan la triple cabecera ricamente decorada tres cúpulas barrocas. Un gran retablo renacentista de talla (s. XVII) preside el presbiterio; a cada lado tiene sendas capillas barro

Alojamiento en Montemayor

Castillo de Montemayor – *ctra. Córdoba–Málaga, km. 35 – ☎ 957 38 42 00 – fax 957 38 43 06 – 54 hab. – 27,60/46,90€.* Hotel de fachada moderna pero con interior de estilo regional. Piscina, bar, restaurante y discoteca. Excelente relación calidad/precio.

cas profusamente decoradas con estucos. Entre las piezas de plata y orfebrería que se muestran en la capilla del Rosario sobresale un frontal de altar labrado del s. XVIII. Bajo la iglesia, en lo que eran el osario y el aljibe, se halla instalado el **Museo de Ulía** *(sólo se visita cuando está abierta la iglesia)*, que exhibe piezas desde el s. V a. C. hasta el s. XV.
Al igual que la plaza, sus alrededores son una muestra del encanto de la arquitectura popular, con calles de blancas casas realzadas por la portada de alguna casa señorial y pintorescos rincones.

Fernán Núñez – *18 km al Noroeste por la N 331*. Este pueblo, que lleva el nombre de una aristocrática familia local, fue fundado por su primer miembro a mediados del s. XIII sobre la antigua Ulia romana. En el casco urbano destacan el Palacio de los Duques y la iglesia de Santa Marina de Aguas Santas.

Palacio Ducal – Sorprendente conjunto monumental edificado en torno a una plaza en el s. XVIII. El rojo bermellón de su enfoscado y el blanco de las molduras de las ventanas y cornisas dan vida a este conjunto de gran sobriedad decorativa, rota únicamente por motivos heráldicos.

Iglesia de Santa Marina de Aguas Santas – El interior de esta iglesia dieciochesca conserva la decoración barroca de frescos y estucos en bóvedas y cúpulas.

La Rambla – *16 km por la N 331 y por la A 386*. Pueblo de la campiña, de gran tradición alfarera, en el que D. Miguel de Cervantes fue cobrador y clavero de los almacenes reales. Conserva algunos monumentos de interés.

Iglesia parroquial de la Asunción – Construida en la época de la Reconquista, aunque prácticamente reedificada en el s. XVIII, presenta una bella **portada plateresca**★ finamente labrada, obra de Hernán Ruiz I. En el interior destaca la barroca capilla del Sagrario *(a la izquierda de la Capilla Mayor)* con retablo de yeso imitando mármoles y cúpula decorada con yeserías. Algunas de las imágenes de este templo se atribuyen a Martínez Montañés: San José con el Niño, Santa Ana con la Virgen, San Juan Bautista y Santa Rosa.
Muy cerca, en la misma calle Iglesia, se ven los restos de la **alcazaba**: un macizo torreón cuadrado.

Torre del ex-convento de la Consolación – Bella torre barroca de ladrillo con abundante decoración –sobre todo en la cara Oeste– que se centra fundamentalmente alrededor de las ventanas y vanos.

Colegio del Espíritu Santo – Su iglesia está presidida por una joya escultórica, orgullo de los rambleños, la talla de madera de **Jesús Nazareno**★ con la cruz a cuestas, de Juan de Mesa. Impresiona por su expresión de sentimiento contenido.

Santaella – *32 km al Oeste por la N 331 y por la A 386*. Desde la carretera se contempla una bonita vista del pueblecito, que aparece dominado por la impresionante iglesia de la Asunción.
En la Plaza Mayor, a la derecha del Ayuntamiento, se ven los restos de la antigua alcazaba árabe.
Hay varias casas señoriales como la de las Columnas (s. XVIII), actualmente en remodelación para ampliar el **Museo de arqueología local** ⓥ, que ocupa el antiguo pósito. Tiene una sección de etnología y otra interesante de arqueología en la que destacan la *Leona de Santaella*, exvotos ibéricos, un león íbero-romano, cerámica romana y una serie de crismones visigodos.

Suba por la rampa de delante del castillo. Desde allí se dominan extensas vistas de la campiña y se llega a la iglesia.

Iglesia de la Asunción – Edificada en los ss. XVI y XVII, sorprende por sus grandes proporciones. Merece la pena rodearla para disfrutar de todo el monumental conjunto. La fachada **barroca** esta precedida por muro que protege la puerta de los vientos e impide la perspectiva frontal de la portada. A su izquierda destaca la **torre renacentista**, con decoración heráldica. El muro del lateral Noroeste conserva bajo un arco ciego una original decoración. En el interior destacan el artesonado mudéjar de la capilla de las Ánimas, algún retablo y el púlpito.
En las afueras del pueblo se levanta el santuario barroco de **Nuestra Señora del Valle** (s. XVIII), que alberga la imagen de la patrona de Santaella.

MONTORO★

Córdoba – 9.489 habitantes

Mapa Michelin nº 446 R 16

Una curva de la carretera ofrece la sorprendente perspectiva de Montoro, tendido sobre una loma rojiza, que armoniza sus tonos con el blanco y ocre de las casas. De la línea ondulada de los tejados, que desciende hacia el río, surge la nota vertical de la torre barroca de la iglesia de San Bartolomé. Un esbelto puente del s. XV salva el meandro que forma el Guadalquivir en torno a la población.

Montoro en un meandro del Guadalquivir

Le recomendamos que deje el coche a la entrada del pueblo, ya que es muy complicado aparcar y circular por el interior.

★ **Plaza de España** – Constituye el centro monumental del casco antiguo, que posee un gran encanto. En ella hay tres interesantes edificios construidos en piedra molinaza de color rojizo. Este material característico de la zona da armonía al conjunto.

Iglesia de San Bartolomé Ⓥ – Preside la plaza esta bella iglesia del s. XV con una imponente torre-campanario barroca en el lado de la cabecera. En la fachada destaca la elegante **portada**★ gótico-mudéjar, finamente labrada. En el cuerpo superior un alfiz enmarca el arco y una estatua de la Virgen con el Niño. A la izquierda de la puerta, empotrada en el muro, hay una lápida visigoda. Dos escudos aparecen en la portada y otro sobre la ventana barroca de la derecha de la fachada. El interior, de tres naves, guarda un artesonado de interés y una Virgen del Rosario, de fina factura, en una capilla lateral del lado izquierdo.

Junto a la iglesia hay una escultura sin cabeza del arcángel San Rafael.

Ayuntamiento – Situado a la izquierda de la iglesia, es una construcción renacentista con una armoniosa fachada de dos pisos, presidida por un escudo de la Casa Ducal Alba-Montoro. En el interior conserva artesonados mudéjares. Entre la fachada y el arco abovedado de su izquierda se ve una lápida que recuerda que el rey Felipe II mandó construir la antigua cárcel, edificio adosado al Ayuntamiento.

Casa señorial – *A la derecha de la iglesia*. Según parece en este edificio, que presenta cuatro escudos en la segunda planta, era donde se administraba justicia. Sobre las puertas hay respectivamente una cabeza de hombre y una de mujer que señalaba por dónde debían de entrar los acusados según su sexo.

Merece la pena dar un paseo por los alrededores de la plaza, que poseen varios rincones pintorescos y recoletos. En las estrechas calles empedradas puede verse una clara muestra de la arquitectura popular. Las casas blancas, algunas blasonadas, y con las puertas enmarcadas en piedra molinaza, contrastan con el azul del cielo cordobés. Cuando vea una indicación **Casa de las Conchas** no piense que es como la de Salamanca; se trata de una curiosa construcción de 1960 íntegramente recubierta de conchas.

Artesanía

Montoro conserva algunos talleres artesanos en la calle Corredera, como el de los Hijos de Manuel Mohedo (nº 39), especializado en guarnicionería.

Si se toma la calle Bartolomé Camacho, que sale junto a la iglesia en la Plaza de España, se llega a la **ermita de Santa María**, del s. XIII, que alberga el **Museo arqueológico local** ⓥ. De regreso a la plaza nos sorprende una sugerente perspectiva de la torre de la iglesia.

OTRAS CURIOSIDADES

Iglesia del Carmen – *En la calle El Santo.* Construida en piedra molinaza, su fachada está presidida por San Juan de la Cruz. En el interior, de tres naves, destaca en la capilla mayor un **retablo** barroco del s. XVIII con una Virgen del Carmen y el Niño entronizada en el centro.

Hospital de Jesús Nazareno – Edificado en los ss. XVII y XVIII, es en la actualidad residencia de ancianos. Se han llevado a cabo numerosas reformas. La cúpula de la iglesia está decorada con luminosos tonos azules y dorados.

ALREDEDORES

Adamuz – *A 22 km. Tome la Autovía E 5, dirección Córdoba. Salga en el km 367 y tome dirección Adamuz.* Entre abundante vegetación, la carretera sigue el ancho curso del Guadalquivir para cruzarlo por la presa de El Salto y continuar por la otra ribera. Posteriormente se abandona el río y se asciende por unas curvas que nos llevarán a descubrir Adamuz en medio de un paisaje de olivares.
En sus blancas calles destaca la iglesia gótica de **San Andrés**, construida en piedra molinaza a finales del s. XIV y principios del s. XV; llama la atención por su sobriedad en la que sólo el juego de volúmenes arquitectónicos contrarresta la ausencia de decoración. El edificio civil más importante es la **Torre del Reloj**, que mandó construir el Marqués de El Carpio en 1566 aunque sufrió reformas posteriores.

El Carpio – *A 16 km por la E 5.* Sus casas se escalonan en una colina que domina en lo más alto la **torre mudéjar de Garci Méndez** (s. XIV). Desde la Plaza de la Constitución, agradable con sus flores, sus naranjos y su iglesia parroquial (s. XVII), se tiene una visión más próxima del cuadrado torreón de ladrillo que destaca con su imponente mole.

Parque Natural de la Sierra de Cardeña y Montoro – *Acceso por la N 420.* Situado en la zona Sur de Sierra Morena, su paisaje suave se hace más abrupto al Oeste, donde surgen numerosos barrancos. Junto a la encina, dominante en estas tierras, hay madroños, algún roble melojo y zonas repobladas con pinos. Lobos, nutrias, linces, jabalíes, ginetas, ciervos y otros muchos animales transitan por estos parajes. Diversos senderos recorren el parque.

NERJA★

Málaga – 15.326 habitantes

Mapa Michelin nº 446 V 18

Principal centro turístico de la Axarquía *(ver p. 125)*. Nerja es un bonito y cuidado pueblo de origen árabe con largas callejuelas blancas y asomado al mar desde un acantilado. Las últimas estribaciones de la sierra de Almijara son las causantes de esta costa escarpada en cuyos entrantes se sitúan bellas playas. Numerosas terrazas, restaurantes, discotecas y lugares de diversión convierten a Nerja en un atractivo lugar de veraneo.

★ **Balcón de Europa** – Situado junto al centro histórico de Nerja, es un magnífico mirador que se construyó en el emplazamiento del antiguo castillo. Esta gran plaza ajardinada abierta sobre el mar, con su paseo de palmeras, ofrece vistas de la accidentada costa y, en días claros, del litoral africano.
Aquí se alza la iglesia del Salvador (s. XVII), encalada de blanco, con torre-campanario.

ALREDEDORES

★★ **Cueva de Nerja** ⓥ – *A 4,5 km en dirección Motril.* Descubierta en 1959, es una enorme cavidad natural de origen kárstico, formada en los mármoles de la Sierra de Almijara. Estuvo habitada en el Paleolítico como demuestran los restos arqueológicos encontrados (ajuares, cerámica, restos humanos y pinturas rupestres), algunos de los cuales se exponen en las primeras salas.
La cueva es impresionante por la magnitud de sus salas y por la espectacularidad de las estalactitas y estalagmitas que las aguas de infiltración han ido formando a lo largo de milenios. Sólo se visita una cuarta parte de la extensión total. La **Sala de la Cascada o del Ballet**, que recibe su primer nombre por las formaciones de la derecha que recuerdan cascadas, es el marco en el que se celebran los **Festivales de Música y Danza** *(2ª ó 3ª semana de julio)*. Tiene una gran columna central de 17 m que se queda pequeña si se la compara con la gigantesca (32 m) de la **Sala del Cataclismo**. Esta última impresiona por sus dimensiones y por la belleza de sus formaciones.

Playa de Nerja

Alojamiento

CORRECTO

Hostal San Miguel – *San Miguel, 36 – ☎ 952 52 72 17 – 13 hab. –36,06/42,07€ (IVA incluido).* Hotel de reciente creación instalado en una casa próxima al centro. Las habitaciones son pequeñas y sencillas pero están impecables. Para ver el mar hay que subir al último piso, donde hay una terraza con solario y una piscina minúscula.

UNA BUENA OPCIÓN

Nerja Princess Hotel – *Los Huertos, 46 bis – ☎ 952 52 89 86 – 18 hab. 54,09/78,13€.* A sólo unos minutos del "Balcón de Europa", este hotelito lleno de distinción se disimula tras una fachada discreta. La entrada de mármol claro, las habitaciones agradablemente decoradas y la bonita piscina componen un armonioso conjunto. Buena relación calidad/precio.

Restaurantes

CORRECTO

La Parrala – *Playa Burriana – ☎ 952 52 22 89 – 15,03€.* Restaurante con una gran terraza sobre la playa. Su especialidad es la paella.

UNA BUENA OPCIÓN

Pepe Rico – *Almirante Ferrándiz, 28 – ☎ 952 52 02 47 – fax 952 52 44 98 – 21,04€ – cerrado ma, 1ª quincena dic y 2ª semana ene.* En una calle peatonal, restaurante de dirección sueca que cuenta con una terraza muy agradable. Especializado en pescados y carnes (solomillo de buey a la pimienta verde). Tiene también 10 apartamentos.

OSUNA★★

Sevilla – 17.306 habitantes

Mapa Michelin nº 446 U 14

Esta villa de la campiña sevillana cuenta con un antiguo e interesante pasado. Se la identifica con la ciudad íbera de Urso; fue conquistada por César y, tras la dominación musulmana, reconquistada por Fernando III el Santo en 1239; Alfonso X la cedió a la Orden de Calatrava en 1264. Pero su florecimiento está íntimamente unido la Casa de Osuna, de la que pasó a depender en 1562, cuando Felipe II concedió el título de Duque de Osuna al quinto Conde de Ureña. Este ducado, que llegó a ser uno de los más poderosos de la Península Ibérica, embelleció la ciudad y promovió un gran desarrollo artístico y cultural.

★ZONA MONUMENTAL

Siga indicaciones Centro Ciudad y Zona Monumental.

★**Colegiata** ⓥ – Su maciza mole de piedra domina el pueblo desde lo alto de la colina. Se construyó en el s. XVI en estilo renacentista. Presenta una bella portada plateresca sabiamente decorada.

Interior – *Se utiliza para actos culturales.* El **templo** tiene tres elegantes naves renacentistas, a las que abren capillas, y una cabecera barroca con un interesante retablo del mismo estilo con el escudo de los Osuna. El órgano es del s. XVIII.

Guarda entre sus muros importantes obras de arte: *Jesús Nazareno* del "divino" Morales, un *Cristo de la Misericordia* de Juan de Mesa, el maravilloso lienzo tenebrista ***La Expiración de Cristo***★★ de José Ribera "el Españoleto" y un curioso realejo, pequeño órgano (s. XVI) que se llevaba en las procesiones.

La **sacristía** posee un original artesonado con azulejos (s. XVI) y en ella se exhiben, junto a grandes libros de canto gregoriano (s. XVI), las otras 4 **pinturas de Ribera**★★ que posee la Colegiata: *San Jerónimo, Las lágrimas de San Pedro, El martirio de San Bartolomé* y *El martirio de San Sebastián*, que datan de 1616-1618.

En otras dependencias se exponen una *Inmaculada* de Alonso Cano, una Cruz procesional de plata (1534), tablas flamencas, ternos de la época de la fundación de la Colegiata, objetos de orfebrería, etc.

Alojamiento y restaurante

CORRECTO

El Caballo Blanco – *Granada, 1 – ☎ y fax 954 81 01 84 – 13 hab. – 23,44/39€.* En pleno centro de la ciudad, especie de motel con habitaciones limpias y agradables situadas a nivel de calle. Buena relación calidad/precio.

UNA BUENA OPCIÓN

Palacio del Marqués de la Gomera – *San Pedro, 20 – ☎ 954 81 22 23 – fax 954 81 02 00 – 20 hab. – 60,24/108,43€.* Esta pequeña joya arquitectónica del s. XVIII, que perteneció al marqués de la Gomera, alberga unas dependencias y unas habitaciones cuidadas al detalle.

En su **restaurante, La Casa del Marqués** *(14,11/26,59€)*, al que se accede desde el bello patio, podrá degustar esmeradas elaboraciones.

★★**Panteón Ducal** – Fue construido en estilo plateresco en 1545 para enterramiento de los Duques de Osuna. Le precede un encantador patio del mismo estilo. La capilla se encuentra justo bajo el Altar Mayor de la Colegiata y pese a sus pequeñas dimensiones (8 m de largo por 4,5 de ancho y 2,5 de alto) tiene tres naves y coro. Se cubre con unas bóvedas de casetones policromadas de azul y oro que están ennegrecidas por el humo de los candiles. El retablo representa el Entierro de Cristo, obra de Roque Balduque.

En la **cripta**, bajo la capilla, se conservan los sepulcros de los principales Duques de Osuna y de los fundadores de la Colegiata (padres del primer Duque de Osuna).

Antigua Universidad – Juan Téllez, Conde de Ureña y padre del primer Duque de Osuna, fundó en 1548 esta universidad que estuvo en funcionamiento hasta 1824. Es un gran edificio cuadrado de piedra; en las esquinas tiene torres circulares rematadas con chapiteles de azulejería blanca y azul. Posee un bello patio interior.

★**Monasterio de la Encarnación** ⓥ – Este convento de mercedarias descalzas fue fundado por el IV Duque de Osuna en el s. XVII. Destaca su patio con un magnífico **zócalo**★ de azulejería sevillana del s. XVIII dedicado al tema de los cinco sentidos, que continúa por la escalera y en la planta superior del patio. De las numerosas pinturas, imágenes y objetos artísticos que guarda entre sus muros hay que destacar la colección de Niños Jesús, varios objetos de orfebrería y un retablo barroco del s. XVIII. La iglesia es barroca.

Las monjas venden repostería.

Torre del Agua – *En la bajada hacia la Plaza Mayor.* Es una torre defensiva medieva (s. XII-XIII), pero de origen cartaginés. Alberga un pequeño **Museo Arqueológico** Ⓥ que presenta obras y objetos ibéricos y romanos encontrados en Osuna. Tiene reproducciones de los toros ibéricos y de los bronces romanos de Osuna (originales er el Museo Arqueológico Nacional de Madrid).

OTRAS CURIOSIDADES

En el casco urbano destaca la arquitectura civil con una sorprendente cantidad de bellos **palacios y casas señoriales★★** barrocas.

★ **Calle San Pedro** – Además de otras casas señoriales de interés y de alguna iglesia la calle cuenta con dos magníficos palacios:

Cilla del Cabildo – Original edificio barroco (s. XVIII), obra de Alonso Ruiz Florindo que también fue el autor de la torre de la iglesia de la Merced *(ver más adelante)* En ambas construcciones utilizó unas peculiares pilastras con decoración compartimentada. Sobre la puerta, presidiendo la fachada, se alza una curiosa copia de la Giralda.

B. Kaufmann/MICHELIN

Cilla del Cabildo

Palacio de los Marqueses de la Gomera – Construcción barroca del s. XVIII que llama la atención por su movida cornisa, formada por volutas y ondas, y por la belleza de su portada de piedra, que corona un gran escudo. Alberga un hotel y un restaurante *(ve Agenda de direcciones).*

Antiguo Palacio de Puente Hermoso – *Sevilla 44.* Tiene una bella **portada★** barroca (s. XVIII) en la que destacan las columnas salomónicas del piso inferior, adornadas con hojas de parra y racimos de uvas.

En la misma calle hay otros interesantes edificios religiosos y civiles.

Palacio de los Cepeda – *Calle de la Huerta.* En la actualidad alberga los Juzgados. Es una bella construcción del s. XVIII en la que sobresalen la portada y la movida cornisa que corona el edificio. Pero los elementos más interesantes son los estípites de la portada y, sobre todo, el gran escudo con los dos alabarderos que lo flanquean.

Antigua Audiencia – *Carrera Caballos, 82.* Es un sobrio edificio de la época de Carlos III.

★ **Torre de la iglesia de la Merced** – Es una bella torre barroca, realizada por el mismo artífice de la Cilla del Cabildo, monumento con el que comparte una serie de elementos decorativos.

En lo referente a la arquitectura religiosa, son numerosos los conventos e iglesias (Santo Domingo, la Compañía, la Concepción...), de los ss. XVII y XVIII fundamentalmente, que embellecen el pueblo.

PALMA DEL RÍO

Córdoba – 18.948 habitantes

Mapa Michelin nº 446 S 14

Pueblo de la campiña cordobesa que se asienta en el llano, junto a la confluencia de los ríos Guadalquivir y Genil. La llegada desde Córdoba por la C 431 ofrece un agradable panorama. Nada más rebasar la blanca **ermita de la Virgen de Belén**, patrona de la localidad, que se alza sobre un pequeño cerro a la derecha, está la desviación hacia Palma del Río, al otro lado de la carretera. Ya en ella se cruza un largo puente sobre el Guadalquivir, obra de ingeniería del s. XIX en hierro y hormigón.

Siga señalización Centro Ciudad y deje el coche cerca de la Plaza de Andalucía.

Plaza de Andalucía – Es la más importante de Palma del Río y en ella se encuentran el Ayuntamiento, Correos y los Juzgados. Aunque de construcción reciente en su mayor parte, destacan en ella la **Puerta del Sol** y el **balcón renacentista** del s. XVI (que pertenecía al Palacio de los Portacarrero), sobre el que asoma la torre de la iglesia de la Asunción. El palacio propiamente dicho quedaba a la derecha una vez pasado el arco.

Palma tiene una gran tradición alfarera...

Sus habitantes presumen de que su barro es el que mantiene más fresca el agua de los botijos. Son característicos, además de estas piezas, los cántaros, los lebrillos para el gazpacho, las macetas, etc.

★**Las murallas** – Datan del s. XII y formaron parte de un extenso recinto amurallado de la época almohade que defendía la villa. Se conserva una parte importante con sólidos lienzos de muralla y torreones cuadrados, además de un torreón octogonal.

Museo Municipal ⓥ – Situado en las antiguas caballerizas reales, tiene tres secciones: arqueológica, etnológica y de Bellas Artes

Iglesia de la Asunción ⓥ – Se construyó en el s. XVIII. En el exterior sobresale su bella **torre**★, de clara influencia ecijana, que se alza en el centro de la fachada, sobre una portada barroca de ladrillo rojo. La rica decoración de sus cuerpos de campanas (estípites, grecas, columnas salomónicas) se ve realzada por una azulejería de tonos azulados.

Su **interior**★, muy armonioso, presenta una amplia nave con crucero marcado en planta, sobre cuyo centro voltea una cúpula. Las pechinas están decoradas con yeserías de tipo vegetal. La nave está jalonada por pilastras de orden gigante que sustentan una cornisa decorada con yeserías. Los balcones con rejería crean una alternancia y dan dinamismo al conjunto. A la nave abrían capillas laterales, pero se tiraron los muros que las separaban y ahora sólo quedan dos estrechas naves a modo de corredores. Preside la iglesia un retablo barroco.

OTRAS CURIOSIDADES

Iglesia y convento de San Francisco – Fue fundado en el s. XVI, pero sufrió diversas transformaciones posteriores en los ss. XVII y XVIII. En el exterior destaca el juego de volúmenes que marcan las cúpulas de las capillas laterales y del crucero. Anexa a la iglesia se encuentra la Hospedería.

Otros puntos de interés de la localidad son la **capilla barroca de la Virgen del Rosario** (s. XVIII) de la iglesia de Santo Domingo y el **Hospital de San Sebastián** (actualmente asilo de ancianos), con bello patio e iglesia que presenta una fachada de influencia mudéjar. En el interior del templo destacan un curioso retablo de la Virgen de los Dolores y una capilla con bello zócalo de azulejos antiguos y artesonado mudéjar.

Alojamiento

CORRECTO

Castillo – *Portada, 47 – ☎ 957 64 57 10 – fax 957 64 57 40 – 38 hab. – 46€.* Hotel moderno y cómodo que se encuentra en el centro de la población. Confort más que correcto.

UNA BUENA OPCIÓN

Hospedería de San Francisco – *Av. Pio XII, 35 – ☎ 957 71 01 83 – fax 957 71 07 32 – 22 hab. – 64,91/81,14€.* Hotel y restaurante de lujo instalados en un antiguo monasterio franciscano (s. XV) que también fue universidad religiosa. Las habitaciones están decoradas con muebles antiguos y el **restaurante** se encuentra en el que fue refectorio de los monjes. Cocina vasca *(20,13/25,54€).*

ALREDEDORES

Jardines de Moratalla – *11 km al Este por la A 431.* Los amantes de los jardines pueden visitar los de esta finca privada que diseñó en 1918 J. N. Forestier, autor también del Parque María Luisa de Sevilla.

Hornachuelos – *18 km al Nordeste. Tras 10 km al Este por la A 431, tome a la izquierda la CO 141.* En este pequeño pueblo blanco situado en la sierra del mismo nombre quedan algunos restos del castillo y la muralla de época califal. Hay distintos miradores con vistas a la sierra, uno de ellos en la Plaza de la Iglesia. No deje de probar las especialidades gastronómicas de la zona, basadas en la carne de ciervo y jabalí.
Por la calle Palmera, así llamada por tener un ejemplar dibujado en su pavimento, se llega a la **iglesia de Santa María de las Flores** (s. XVI), que ostenta una bella **portada** de estilo gótico tardío atribuida a Hernán Ruiz I, y una torre del s. XVIII.
En las afueras de Hornachuelos *(dirección Este)* se halla el paraje de **Las Erillas**, un relieve kárstico en el que la acción del agua sobre la piedra caliza ha dado lugar a caprichosas formaciones como las llamadas casas colgantes.

Parque Natural de la Sierra de Hornachuelos – Este parque de 67 ha se halla situado al Oeste de la provincia de Córdoba. Pese a su escasa altitud –su cima más elevada es Sierra Alta (722 m)–, los ríos que recorren el parque han originado un paisaje de quebradas gargantas y embalses; en el del Retortillo está permitido el baño. En la vegetación predominan las encinas, los alcornoques, los quejigos y acebuches y, en la ribera de los ríos, los álamos, alisos y fresnos. Es una zona privilegiada de caza, en la que junto a ciervos y jabalíes se encuentran desde buitres negros, águilas reales y perdiceras a nutrias, lobos y algún lince ibérico.

Centro de visitantes Huerta del Rey ⓥ – *A 1,5 km de Hornachuelos por la CO 142.* Dispone de salas de exposición interactivas sobre el parque; aquí se facilitan los permisos de acampada y toda la información sobre la red de senderos. También organizan visitas en burro y en todoterreno *(hay que reservar con antelación)*.

San Calixto – *A 16 km del Centro por la CO 142.* En este poblado, surgido de la iniciativa de colonización de Carlos III, destacan el Palacio del Marqués de Salinas y sus jardines, un convento de Carmelitas Descalzas del s. XVI y la iglesia de Nuestra Señora de la Sierra, reedificada en el s. XVIII. Las monjas del convento son unas hábiles artesanas que realizan mantelerías bordadas, bandejas decoradas a mano y recipientes con patas y piel de venado.

PRIEGO DE CÓRDOBA★★

Córdoba – 22.196 habitantes

Mapa Michelin nº 446 T 17

En pleno corazón de la Subbética cordobesa, al pie del pico de la Tiñosa (1.570 m) se asienta la bella Priego de Córdoba. Capital del barroco cordobés, guarda en sus calles numerosos testimonios de un momento histórico esplendoroso. La ciudad alcanzó un gran florecimiento económico en el s. XVIII gracias a la industria textil de la seda que generó un inusitado esplendor artístico y cultural.
Entre sus **hijos ilustres** se cuentan: el político **Niceto Alcalá-Zamora** (1877-1949), presidente de la Segunda República, y los artistas barrocos Juan de Dios Santaella (1718-1802) y Francisco Javier Pedrajas (1736-1817).
Las **fiestas** más relevantes son la Semana Santa, el Festival Internacional de Música Teatro y Danza *(agosto)* y la Feria Real *(del 1 al 5 de septiembre)*.

Alojamiento

Villa Turística de Priego – *Aldea de Zagrilla: a 7 km de Priego – ☎ 957 70 35 03 – fax 957 70 35 73 – 52 hab. – 47,47/64,91€.* Desde este pueblecito andaluz se distinguen magníficas vistas de la sierra próxima. Apartamentos de 1 a 4 personas rodeados de granados, jazmines y flores de todo tipo.

Restaurante

La Fuente de Zagrilla – *Zagrilla Alta: a unos cientos de metros de la Villa Turística – ☎ 957 70 37 34 – 15,03€ – cerrado lu en invierno.* Restaurante situado en el pueblo de Zagrilla. Pequeña terraza asomada a un patio. Cocina sencilla pero de calidad, como sopa de verduras, solomillo relleno de champiñones y jamón y flan con piña.

CURIOSIDADES

Siga indicaciones Centro Ciudad y deje el coche cerca de la Plaza de la Constitución, a la que abre el Ayuntamiento.

Hospital e iglesia de San Juan de Dios – *En la Plaza de la Constitución, a la derecha del Ayuntamiento.* El hospital fue fundado en 1637 por Juan de Herrera y se terminó de construir en 1717. Al entrar se ve un agradable patio claustrado. Al fondo a la derecha se encuentra la bella iglesia de estilo barroco, de una nave con bella cúpula gallonada sobre el crucero. Unas cornisas quebradas recorren la parte superior de los muros laterales dando dinamismo al conjunto. El templo está todo pintado de blanco y la decoración de tipo vegetal, que se organiza en airosas bandas o guirnaldas, no resulta en absoluto recargada. La Virgen de las Mercedes preside el retablo mayor, también barroco.

El castillo – Desde el **Paseo del Abad Palomino** se ven los importantes restos de esta recia y sobria fortaleza de origen árabe, que fue reformada en los ss. XIII y XIV. La muralla está jalonada de torres cuadradas. Se conserva la **torre del homenaje**, que tiene ventanas con ajimeces. Se puede rodear el recinto en gran parte y ver que hay zonas con casas adosadas a la muralla.

★ **Parroquia de la Asunción** ⓥ – La primitiva iglesia se construyó en el s. XVI en estilo gótico tardío y fue remodelada en el s. XVIII en estilo barroco. En el lateral derecho hay una bella portada renacentista. Su interior, amplio y claro, consta de tres naves que se cubren con bóvedas de arista y claves decoradas. Sobre el crucero voltea una cúpula gallonada sobre pechinas. Preside el presbiterio un bello **retablo** manierista de talla y pintura (s. XVI). En las capillas destacan algunos retablos barrocos y un Cristo atribuido a Alonso de Mena.

★★ **El Sagrario** – La capilla, que se abre a la nave del Evangelio, es una obra maestra del barroco prieguense y español. Su planta está formada por una antecámara rectangular y un octógono con deambulatorio, en cuyo centro se sitúa el Sagrario. La luz juega un importante papel escenográfico: potenciada por el color blanco de paredes y techos, inunda el espacio central con todo su brillo y genera una atmósfera mágica, y hasta cierto punto sobrecogedora, al resbalar sobre la exuberante decoración de **yeserías**★★★ que lo recubre todo; es obra del artista local Francisco Javier Pedrajas. Fíjese en la clave de la gran cúpula gallonada, adornada con numerosas cabecitas. En la parte baja, adosada a cada pilar hay una escultura de un apóstol. La decoración combina elementos vegetales, de rocalla y escenas con figuras que ilustran temas del Antiguo y del Nuevo Testamento. El conjunto, pese a la profusa decoración, resulta ligero y lleno de delicadeza. Es sin duda un inesperado regalo para cualquier visitante.

★★ **Barrio de la Villa** – Bellísimo barrio de origen medieval y árabe, de calles estrechas y sinuosas y casas encaladas adornadas con macetas floridas. Olores y colores, sensaciones que recogen el sentido más bello y también más arquetípico de Andalucía. Las calles Jazmines, Bajondillo, Reales o la plaza de San Antonio merecen un sosegado paseo.

★ **El Adarve** – Ciñe el Barrio de la Villa por el Norte y es un balcón abierto a las Subbéticas. Las bellas **vistas**, sus faroles y sus bancos de hierro y la paz reinante crean una atmósfera que hará evocar con nostalgia la vida más tranquila de otras épocas.

Iglesia de San Pedro ⓥ – Las obras de remodelación de esta iglesia en estilo barroco se terminaron en 1690. En su interior guarda interesantes imágenes. En el camarín del retablo mayor hay una bellísima **Inmaculada**★, atribuida por unos a Diego de Mora y por otros a Alonso Cano. En la primera capilla del lado del Evangelio se halla la **Virgen de la Soledad** y en la última del lado de la Epístola, metido en una urna de cristal, un hermoso **Cristo yacente** (1594) de madera atribuido a Pablo de Rojas.

Carnicerías Reales ⓥ – Este antiguo mercado y matadero del s. XVI, de líneas muy clásicas, sorprende en el entorno barroco del pueblo. Su sencilla portada de piedra, presidida por un gastado escudo de los Fernández de Córdoba, cuenta con dos peculiares columnas entregadas y fajadas. El interior es de planta cuadrada, con patio central y torres en los ángulos. Al fondo, a la derecha de la ventana que se asoma a la campiña, está la escalera de caracol que baja a la sala donde se mataban las reses. En la actualidad se utiliza como sala de exposiciones.

Iglesia de las Angustias – *Si está cerrada, llame a la puerta de al lado; las monjas del colegio la enseñan.* Fue construida en 1772 por Juan de Dios Santaella. Destaca su portada polícroma, en dos cuerpos, con abundantes líneas quebradas. Fíjese en la curiosa Virgen con Niño de la hornacina y en los trabajados estípites del cuerpo inferior. En el lado izquierdo se alza una espadaña.
La coqueta iglesia, que llama la atención por sus reducidas dimensiones, es de estilo rococó. La zona del altar se cubre con una vistosa cúpula gallonada sobre pechinas. En el retablo dorado destacan el grupo escultórico central, Virgen con Cristo muerto en los brazos, de la escuela granadina de finales del s. XVIII, y dos barros de José Risueño que hay bajo el grupo escultórico.

Siga por la **calle del Río**, en la que hay varias casas señoriales. En la **casa natal de Niceto Alcalá-Zamora** se halla la Oficina de Turismo.

B. Kaufmann/MICHELIN

Detalle de la Fuente del Rey

Iglesia del Carmen – Se reedificó en estilo barroco en el s. XVIII. Es en realidad una obra de transición del barroco al neoclásico. La fachada combina elementos de ambos estilos y tiene la torre incorporada directamente a ella. La portada, lo último que se construyó, es ya neoclásica.

★★ **Fuentes del Rey y de la Salud** – *Al final de la calle del Río.* El conjunto que forman estas dos fuentes, las más famosas del pueblo, es sin duda sorprendente.
La más antigua es la **Fuente de la Salud★**, que se halla en la parte más alta del recinto. Se construyó en el s. XVI y su autor fue Francisco del Castillo. Es un frontispicio de piedra de estilo manierista con el muro almohadillado y, en el centro, el templete con la Virgen de la Salud que da nombre a la fuente. El verde de la vegetación contrasta con el dorado de la piedra, ayudando a crear un conjunto lleno de encanto que no hace sino acrecentarse con la proximidad de la fastuosa **Fuente del Rey★★**. Esta última, acabada de construir a principios del s. XIX, tanto por sus dimensiones como por su forma nos traslada evocadoramente a los jardines de algún palacio barroco. El juego de la curva y la contracurva queda patente en su diseño. Se organiza en tres niveles escalonados y tiene 139 caños que salen de la boca de otros tantos mascarones. Los grupos escultóricos se deben a Remigio del Mármol: el central representa el carro de Neptuno y Anfítrite. El león luchando con la serpiente del nivel superior se atribuye al escultor neoclásico J. Alvarez Cubero.

Museo Histórico Municipal ⓥ – *Carrera de las Monjas, 6.* El museo, situado en la casa natal del pintor e ilustrador de Blanco y Negro Adolfo Lozano Sidro (1872-1935), muestra hallazgos arqueológicos de la zona.

Iglesia de la Aurora – La antigua iglesia del s. XV fue remodelada en estilo barroco en el s. XVIII por Juan de Dios Santaella, aunque conserva la torre y la espadaña del s. XVI. Tiene una bella portada barroca de mármoles polícromos en dos cuerpos, presidida por la Virgen de la Aurora, entre dos columnas salomónicas. El interior, de una nave, presenta una profusa y movida decoración barroca.

Otras iglesias barrocas de interés son la de **las Mercedes** y la de **San Francisco**, esta última con portada neoclásica.

Los Hermanos de la Aurora

Esta hermandad de la iglesia de la Aurora mantiene viva una bella tradición: todos los sábados a medianoche recorre las calles de Priego cantando canciones a la Virgen.

ALREDEDORES

Carcabuey – *8 km al Oeste.* Se asienta a los pies de un cerro, coronado por las ruinas de un castillo y por una ermita, y en medio de un bello paisaje de colinas alfombradas de olivos. Al fondo se alzan vigilantes las sierras de la Subbética. *Tome la calle de tramos escalonados, que sale frente al Ayuntamiento, y después una rampa empedrada.* Merece la pena subir hasta el recinto del castillo en cuyo interior se halla la **ermita de la Virgen del Castillo**. Se disfrutan hermosas vistas del pueblo y sus alrededores. Rodee la ermita por la derecha para ver los vestigios del castillo, con restos de murallas y torreones.
La **iglesia de la Asunción** alza su sólida y elevada fábrica de piedra en la parte alta del pueblo. Se construyó en los ss. XVI y XVII. Llaman la atención los dos recios contrafuertes de la fachada de los pies, unidos por un arco, y la torre de ladrillo.
Desde Carcabuey en dirección Luque parte un sendero de buitreras del **Parque Natural de las Sierras Subbéticas** *(ver p. 141)*.

Ruta de los PUEBLOS BLANCOS★★

Cádiz – Málaga

Mapa Micheñin nº 446 V 12-13-14

Esta ruta recorre una de las zonas más bellas y desconocidas de la Península Ibérica. Discurre por distintas sierras y parajes naturales de indudable valor ecológico y paisajístico y atraviesa pequeños pueblos de intrincadas calles con fuertes pendientes que delatan un pasado morisco. Su denominador común es el blanco, a veces hiriente, que cubre paredes y calles.

★★ **Arcos de la Frontera** – *Ver p. 123.*

Salga de Arcos por la A 372, dirección El Bosque. Desde la carretera se disfruta de una de las mejores **vistas★** del pueblo de Arcos.

El Bosque – *30 km al Este de Arcos.* Esta pequeña población cuenta con un **centro de visitantes** ⓥ del **Parque Natural Sierra de Grazalema**. En la parte alta del pueblo un pequeño jardín botánico recrea las especies de la zona, como el pinsapo, el quejigo y la encina.

> **Itinerario**: El tiempo aproximado, visitando Arcos y Ronda, es de al menos 3 días. El itinerario propuesto parte de **Arcos** y se va internando, poco a poco, en la **Sierra de Grazalema**, verdadera joya de esta ruta, para llegar después a **Ronda** y desde ahí retornar a Arcos por una carretera situada al norte de la primera y que discurre por las faldas de la sierra.

A 7 km en dirección Norte (*desviación antes de llegar a El Bosque*) nos encontraremos con **Prado del Rey**, población fundada en el s. XVIII por **Carlos III**. Sorprende su trazado ortogonal, típico del Siglo de la Luces y muy diferente del resto de los pueblos de la sierra.

Desde El Bosque puede dirigirse directamente a Grazalema siguiendo la A 372, o dar un rodeo por Ubrique. Si va directamente a Grazalema *(ver descripción más adelante)*, la carretera pasa por **Benamahoma**, una población con un viejo molino donde se ha instalado un pequeño **museo del agua**. También en Benamahoma se encuentra la Fuente del Nacimiento del río Bosque, con un caudal superior a los 450 l/sg.

Ubrique – *A 12 km de El Bosque por la A 373.* La **carretera★** se interna ahora en plena Sierra de Grazalema y es, sin duda, uno de los tramos de mayor belleza del itinerario. Ubrique se extiende, perezoso y tranquilo, como una extensa mancha blanca sobre la colina de la Cruz del Tajo. Su **emplazamiento** es uno de los más bonitos de toda la sierra. El origen de la villa se remonta a finales del s. XV, cuando colonos de los alrededores se asentaron en estas tierras. Hoy en día se ha convertido en el principal centro comercial e industrial de la comarca, siendo su industria más importante la de la marroquinería (las tradicionales petacas y carteras de ganadero y actualmente también carteras y bolsos). La parte más interesante del pueblo es la zona alta, más allá de la **plaza del Ayuntamiento**, donde se encuentra la parroquia de **Nuestra Señora de la O** (s. XVIII).

Desde Ubrique tome la A 374 dirección Benaocaz. A 2 km, en el paraje llamado Salto de la Mora, se encuentra la **ciudad romana de Ocurri** ⓥ (s. II d. C). La carretera continúa ahora por un agreste paisaje de montaña hacia las interesantes localidades de Benaocaz *(6 km)* y Villaluenga del Rosario *(11 km)*.

Benaocaz – Cuenta con un bonito Ayuntamiento construido en el s. XVIII, en tiempos de Carlos III, y un pequeño **Museo Municipal** ⓥ.

Alojamiento

GRAZALEMA

Correcto

Casa de las Piedras – *Las Piedras, 32 – ☎ 956 13 20 14 – 16 hab. – 25,24/39,07€.* Este agradable hostal es una dirección muy recomendable. Las habitaciones son sencillas pero cómodas. Lo mejor es la deliciosa comida casera que se puede degustar en un acogedor patio interior.

Una buena opción

Villa Turística – *El Olivar – ☎ 956 13 21 36 – fax 956 13 22 13 – 24 hab. y 38 apart. – 44,47/60,01 (desayuno incluido).* Hotel rural con magníficas vistas del pueblo. Habitaciones y apartamentos funcionales. Tranquilidad garantizada.

ZAHARA DE LA SIERRA

Correcto

Marqués de Zahara – *San Juan, 3 – ☎ y fax 956 12 30 61 – 10 hab. – 28,55/39,07€.* Hotel familiar situado en el centro del pueblo, en una sencilla casa encalada con un cuidado patio interior. Habitaciones algo anticuadas pero correctas.

Grazalema: el pueblo más lluvioso de España

Aunque pueda parecer mentira el pueblo con mayor índice pluviométrico de la Península no se encuentra en Galicia sino aquí mismo, en plena Andalucía. Este curioso hecho se debe a un capricho meteorológico llamado **efecto foehn**. Las nubes cálidas cargadas de humedad procedentes del Atlántico penetran en el interior encontrándose con el obstáculo de las sucesivas sierras gaditanas que las obligan a elevarse, provocando su enfriamiento y la posterior condensación de éstas y dando lugar a lluvias que alcanzan en algunos casos, como en el de **Grazalema**, los 2.200 l/m^2.

Villaluenga del Rosario – Este pequeño y tranquilo pueblo tiene la característica de ser el más alto de la provincia y el encanto de lo poco conocido, por lo que merece la pena detenerse y dar un paseo por sus empinadas callejuelas de casas encaladas. En lo alto del pueblo sobresalen una desvencijada torre de ladrillo y una fachada de estilo clasicista que da acceso al cementerio. Justo en el otro extremo del pueblo se encuentra la **plaza de toros**, que tiene la peculiaridad de estar construida sobre la roca.

La carretera continúa por el desfiladero de la Manga atravesando un bonito paisaje hasta llegar a Grazalema.

★ **Grazalema** – Es sin duda uno de los pueblos más bellos y con más encanto de toda la ruta. La carretera de acceso nos sorprende por su frondosidad y, pasado el puerto de los Alamillos, aparece, como si de un aguilucho vigilante se tratara, el **pico del Peñón Grande** que se alza a sus espaldas con sus más de 1.000 m de altura.
El nombre de Grazalema proviene del árabe "Ben-Zalema". De esta época se conserva la estructura de las calles y la torre de la **iglesia de San Juan**. De origen mudéjar es la torre de la **iglesia de la Encarnación** (s. XVI), la más antigua del pueblo. En la bonita **plaza de España** se alza la **iglesia de la Aurora**, construida en el s. XVIII coincidiendo con el periodo de mayor apogeo del pueblo. En esta plaza hay también una bonita fuente. Grazalema es conocido por su industria de paños y mantas, que tuvo su momento de mayor auge en el s. XVIII. Es posible hacer una visita a los **telares manuales** ⓥ situados a la entrada del pueblo.

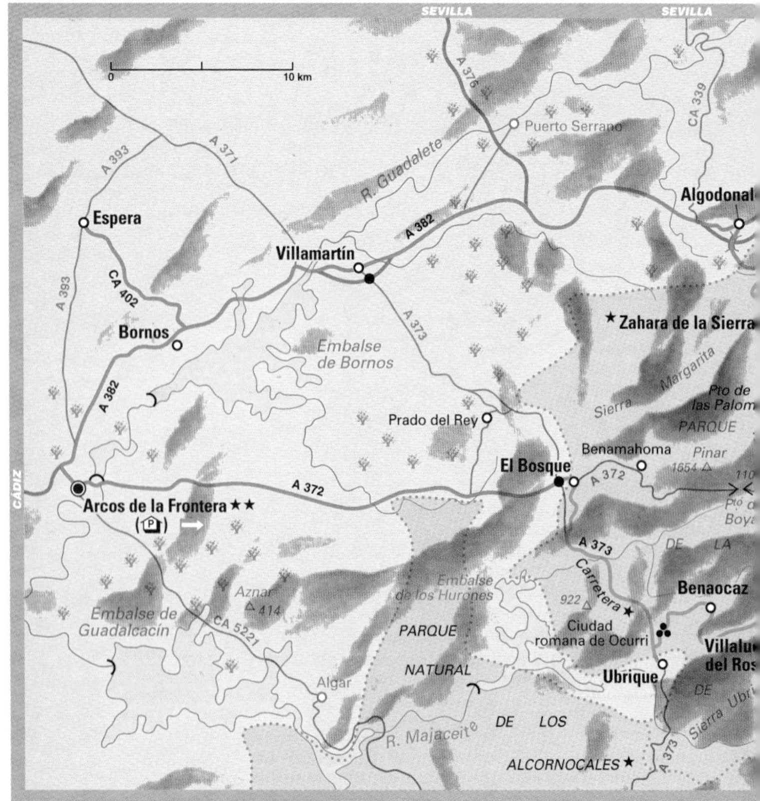

Olvera

R. Jahns/STOCK PHOTO

Para quien no quiera continuar hacia Ronda es posible ir directamente desde **Grazalema** a **Zahara de la Sierra** por la CA 531, atravesando el espectacular **puerto de las Palomas** desde el que se disfruta de estupendas **vistas★**.

★★ **Ronda** – *Ver p. 299.*

Salga de Ronda dirección Arriate por la MA 428.

★ **Setenil** – Es un pueblo peculiar, diferente del resto. En esta parte de Andalucía, es el único caso de habitación troglodita, ya que gran parte de sus casas están excavadas en la roca. A diferencia de la zona de Guadix, aquí no sobresalen las chimeneas y lo que vemos son hileras de casas, incrustadas en las rocas, que parecen sostener ellas solas el peso de las colinas en las que están excavadas. Buen ejemplo son las calles de **Cuevas del Sol** y **Cuevas de la Sombra**. La **Oficina de Turismo** Ⓥ tiene el atractivo de estar instalada en un edificio con un bello artesonado del s. XVI. En lo alto del pueblo sobresale la torre del homenaje, desde la que se contempla el vecino pueblo de Olvera. Mas arriba, la **iglesia de la Encarnación** es de estilo gótico y está decorada con frescos neogóticos.

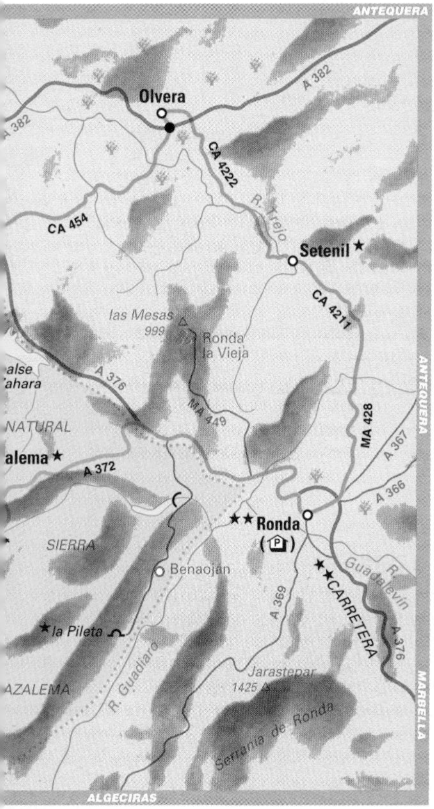

Olvera – *A 13 km de Setenil por la CA 4222.* Disfruta de un impresionante **emplazamiento★★** encaramada en una colina y rematada por la potente torre del homenaje de su castillo y por la silueta neoclásica de la iglesia de la Encarnación. A los pies de éstos se extiende el barrio de la villa con sus típicas casas encaladas y calles de gran pendiente. El **castillo** Ⓥ de Olvera, de estructura triangular, fue construido a finales del s. XII e integrado en el sistema defensivo del reino nazarí; Alfonso XI lo conquistó en 1327.

El producto más típico de Olvera es su magnífico **aceite de oliva**, que pasa por ser uno de los mejores de España, espeso y de gran sabor.

Algodonales – *A 22 km por la CA 454.* Esta población es uno de los mejores lugares de España para la práctica del ala delta.

★ **Zahara de la Sierra** – Llamada antiguamente Zahara de los Membrillos por la importancia de la producción hortofrutícola en esta zona. Su extraordinario **emplazamiento**★★, en lo alto de un cerro, hizo de la villa un importante enclave defensivo nazarí y posteriormente cristiano, tras la conquista en 1483 por Ponce de León. A los pies del pueblo se extiende un verde paisaje de huertas y la reciente **presa de Zahara** (terminada en 1991). Desde la carretera lo que más llama la atención es la silueta de su castillo nazarí del s. XII, desde el que se disfrutan estupendas vistas de la presa, del vecino Algodonales e incluso de Olvera. Pasada la torre del reloj (s. XVI) nos encontramos con un típico pueblo blanco. En la plaza se encuentra la iglesia barroca de **Santa María de Mesa**, del s. XVIII.

Villamartín – Poco tiene que ver con el resto de pueblos de la ruta. Sus calles amplias y llanas delatan un origen más reciente. La Villa de Martín fue fundada en 1503 por un grupo de colonos, principalmente agricultores, que se establecieron sobre unos terrenos cedidos por la ciudad de Sevilla. La **plaza del Ayuntamiento** es el lugar más destacado de la localidad. De aquí sale la **calle de El Santo**, en la que podemos contemplar diversas casonas señoriales como la **casa palacio de Los Ríos**, del s. XIX, y la casa palacio de los Topete, del s. XVI. La calle es además un magnífico ejemplo de arquitectura de principios del s. XX pues fue remodelada con motivo de la **Exposición Universal de Sevilla** de 1929.
Por la calle de la Feria, llegamos hasta el **Museo Municipal** ⓥ.

En las afueras del pueblo, a unos 4 km hacia el Sur, se encuentra el **Dolmen de Alberite** ⓥ, fechado hacia 4000 a. C. Consta de una galería de 20 m formada por grandes losas de piedra y una cámara funeraria.
A 1 km del pueblo, por la A 382 en dirección a Jerez, se encuentra el mayor tarajal de Europa.

Bornos – Bornos se extiende sereno junto al embalse del mismo nombre. Poco tiene que ver con el resto de pueblos de la ruta: no tiene nada de serrano y es el menos blanco de todos ellos. Cuenta, sin embargo, con uno de los mejores patrimonios arquitectónicos de la zona. En la plaza del Ayuntamiento se levanta el **castillo-palacio de los Ribera**★ ⓥ, ocupado en la actualidad por la **Oficina de Turismo** y una escuela-taller. La parte más antigua de este castillo de origen árabe es la torre del homenaje, desde la que se disfruta de una buena vista del pueblo y del embalse. En el interior destaca un hermoso **patio**★ de estilo renacentista con una balaustrada ojival que recorre la galería superior. Desde aquí se accede a una de las joyas escondidas de Bornos. El jardín, trazado en el s. XVI es uno de los primeros parques puramente renacentistas de Andalucía. En uno de los extremos destaca una galería a modo de logia.
En la misma plaza del Ayuntamiento se encuentra la **iglesia de Santo Domingo**, construida a finales del s. XV en estilo gótico.

¿Por qué...?

Si hay algo característico en toda Andalucía es el uso, casi ubicuo, de la **cal**. Son varias las explicaciones para esta práctica que tiene su origen en la Edad Media. La cal en los muros sirve, entre otras cosas, como elemento de consolidación de la estructura de la casa, para aislar del calor y antiguamente como desinfectante contra las epidemias.

Espera – *A 10 km al Noroeste por la CA 402.* Está situado sobre una pequeña loma que sobresale en medio de una fértil campiña. En lo alto, domina el pueblo el **castillo árabe de Fatetar**, junto al que se encuentra la ermita del Cristo de la Antigua, de fachada barroca. En el pueblo merece la pena detenerse en la **iglesia de Santa María de Gracia**.

Tome la A 393 de vuelta hasta Arcos.

El Pinsapo

Es la especie arbórea más famosa de la sierra. Llamado vulgarmente pino español o simplemente pino, el pinsapo es en realidad un abeto característico de la zona mediterránea. Es una especie reliquia del Terciario que hoy sólo podemos encontrar en las sierras de Grazalema y Ronda *(ver p. 303)* en España y en el Rif marroquí. El pinsapo fue clasificado como especie arbórea en 1837 por el suizo Edmond Bossier. Su gran porte, puede llegar a alcanzar los 30 m de altura y hasta 1 m de tronco; sus ramas que crecen horizontales y la forma helicoideal de sus hojas le confieren un aspecto curioso que hace de su contemplación un espectáculo único por estas latitudes.

El PUERTO DE SANTA MARÍA★

Cádiz – 73.728 habitantes

Mapa Michelin nº 446 W 11

Su aspecto tiene algo de señorial y conserva mucho de la ciudad burguesa y comercial que fue. De aquí partió **Cristóbal Colón** hacia América en dos ocasiones y aquí realizó **Juan de la Cosa** su **Mapamundi** (1500), el primero en el que se representaba el Nuevo Mundo recién descubierto. El comercio con las Indias durante los siglos XVI y XVII enriqueció la ciudad y supuso un constante ir y venir de mercaderes que construyeron aquí palacetes y residencias. El Puerto ha conservado un ordenado casco antiguo construido principalmente entre los ss. XVIII y XIX y que hay que descubrir paseando por sus calles. Pero al margen de historia y arte, el Puerto resume el saber vivir andaluz. En verano sus calles se llenan de visitantes de toda España, que llegan hasta aquí atraídos por su suculenta gastronomía y por su animada vida nocturna.

El Vaporcito del Puerto ⓥ

Así es conocido entre porteños y gaditanos el **Adriano III**, un simpático barco que funciona como ferry entre el Puerto de Santa María y Cádiz. Su propietario, Juan Fernández, vino aquí desde Galicia en 1927 y desde entonces no ha dejado de prestar este servicio, imprescindible antes de la construcción del puente de Carranza. El trayecto normal dura unos 40 minutos y tiene la ventaja de ofrecernos una perspectiva diferente de Cádiz. En verano también existe la posibilidad de un paseo nocturno por la bahía de Cádiz que dura unas dos horas. Sale de la plaza de las Galeras Reales en la que hay una bonita **fuente** del s. XVIII.

VISITA

Iglesia Mayor Prioral ⓥ – Su fundación se remonta al s. XIII, durante el reinado de Alfonso X. El templo actual, de finales del s. XV, es un buen ejemplo del gótico final de la época de los Reyes Católicos. Su elemento más destacado es la **portada del Sol★**, que se abre a la plaza de España. Realizada en el s. XVII, esta obra que combina profusamente elementos platerescos y barrocos resulta de gran expresividad. El interior ha sufrido diversas modificaciones a lo largo del tiempo y presenta una mezcla de estilos carente de gracia.

Tome la calle Pagador, donde se encuentra el **Museo Municipal** ⓥ, *hasta la calle Santo Domingo.*

Fundación Rafael Alberti ⓥ – Buen lugar para acercarse a la apasionante vida de este ilustre porteño recientemente fallecido. Fotos, cartas, originales de obras trazan la vida de este poeta. Su itinerario vital es, en cierta manera, un compendio de las alegrías y las amarguras de los últimos cien años de historia de España.

Castillo de San Marcos ⓥ – Fue Alfonso X quien, en el s. XIII, levantó un primer castillo-iglesia sobre la mezquita mayor de la ciudad musulmana de **Alcanatif**. El castillo fue modificado y ampliado durante los siglos XIV y XV hasta adquirir su forma definitiva. A mediados del s. XX se llevaron a cabo obras de restauración en almenas y torres. Detrás del castillo se encuentra la antigua lonja de pescado.

Plaza del Polvorista – Aquí se encuentra el **Palacio de Imblusqueta**, casa palacio del s. XVIII ocupada actualmente por el Ayuntamiento.

Plaza de toros ⓥ – Esta plaza, construida en 1880, es una de las más amplias de España; su arena tiene un diámetro de 60 metros y sus gradas pueden acoger más de 12.000 espectadores. El aspecto exterior, pese a las múltiples arcadas que en él se abren, es de una robustez que contrasta con la ligereza del interior.

Visita de las Bodegas

La visita a El Puerto de Santa María no sería completa sin acercarse a una de sus bodegas:

Bodegas Osborne: Información en el ☎ 956 85 52 11.

Bodegas Terry: La visita incluye el **Museo de Carruajes**. Información en el ☎ 956 54 39 27.

Monasterio de Nuestra Señora de la Victoria – *A las afueras de la ciudad.* El exterior es de una austeridad que sólo se ve interrumpida por la exultante decoración de la **portada★**, enmarcada por dos contrafuertes que se prolongan en elaborados pináculos. Sobre el vano de la puerta encontramos un tímpano coronado por un gablete rematado con el escudo de los Cerda. El convento, que ha tenido múltiples usos, fue cárcel durante parte del s. XIX y ahora se utiliza para celebrar actos oficiales.

Alojamiento

UNA BUENA OPCIÓN

Chaikana – *Javier de Burgos, 17 – ☎ 956 54 29 01 – fax 954 54 29 22 – 25 hab. – 39,07/57,70€.* En el centro de la ciudad. Hotelito sencillo, moderno y limpio pero sin encanto especial.

Los Cántaros – *Curva, 6 – ☎ 956 54 02 40 – fax 956 54 11 21 – 39 hab. – 70,92/91,35€.* Hotel situado en una placita del centro que debe su nombre al centenar de cántaros del s. XVII hallados en los sótanos. Habitaciones cuidadas.

Dunas Puerto – *Camino de Los Enamorados – ☎ 956 85 03 11 – fax 956 85 02 50 – 58 hab. – 78,88/98,42€.* Para los que prefieren la naturaleza a la ciudad, hotel situado junto al mar y una zona arbolada. Bungalows de acceso independiente.

UN CAPRICHO

Monasterio de San Miguel – *Calle Larga, 27 – ☎ 956 54 04 40 – fax 956 54 26 04 – 140 hab., 10 suites – 124,41/155,21€.* Antiguo convento capuchino edificado en el s. XVIII. Habitaciones decoradas con gusto, restaurante de techo abovedado y piscina en el jardín.

Restaurantes

Ribera del Marisco – La bonita **Plaza de la Herrería** y la Ribera del Marisco constituyen la zona más animada de la ciudad debido a sus numerosos bares y restaurantes. Entre estos últimos destacan **Casa Flores** y **Los Portales**, de sólida reputación y decoración típica. Entre los bares hay que citar los imprescindibles **Romerijo 1** y **Romerijo 2**, donde el pescado y el marisco se compran al peso y se comen en la terraza en mesas cubiertas con manteles de papel. En los momentos de máxima afluencia es difícil conseguir mesa.

El Faro del Puerto – *Carretera de Rota, 15 – ☎ 956 87 07 50 ó 956 85 80 03 – 25€ – cerrado do noche.* Alejado del bullicio de la ciudad, es uno de los restaurantes más elegantes y de más calidad de El Puerto. Cocina internacional y andaluza.

Salir

En el centro, lindando con la Ribera del Marisco, se concentra la mayor cantidad de cafés y bares de copas.

Blanco y Negro – *Ricardo Alcón, 10 – abre de 17 hasta la madrugada.* El local, una antigua bodega rehabilitada, se encuentra en un callejón algo escondido. La especialidad es el café, que se tuesta en el mismo Puerto de Santa María. Tienen exposiciones de pintura y fotografía de artistas locales. Clientela variada con predominio de los mayores de 25 años.

Café Central – *Luna, 41 – abre de 8.30 a 15 y de 17 a 24 – cerrado do.* Local frecuentado por todo tipo de público. Situado en la zona comercial y peatonal del puerto, cuenta con una terraza en la calle y un edificio del s. XVII rehabilitado en el que también exponen pintura y fotografía. En invierno hay actuaciones de cantautores y cuenta cuentos para adultos.

El Convento – *Bajamar, 30 – abre lu-sá de 23-06 de la madrugada.* Este pub-museo frente a la Pescadería se encuentra en un antiguo convento del s. XVIII restaurado. Se ambienta a tono con el edificio, con olor a incienso y la cabina del disc-jockey en un púlpito. La pista de baile del patio se abarrota los fines de semana; el resto de los días es un local más relajado, con música moderna y tranquila.

La Pescadería – *En la Ribera del Marisco.* Es una antigua pescadería que ha sido rehabilitada y que actualmente, en lugar de puestos de pescado y pequeños almacenes de pescadores, tiene bares de copas que concentran toda la animación a partir de las 2 de la madrugada. La clientela varía según el local. Para un público entre 25 y 40 años destacan el **Barroco** y **Okendo**, en los dos extremos del edificio.

Tiendas y compras

Podemos destacar la zona del centro, concretamente las **calles Luna**, **Palacios** y **Larga**. Las dos primeras parten de la **iglesia Mayor Prioral** y son, en gran parte, peatonales; una zona muy agradable para pasear y hacer alguna compra.
En la calle Santo Domingo *(paralela a la c/ Palacios)* se encuentra el **Arte Sano**. Este establecimiento destaca por sus productos artesanales de cerámica, cestería,... de gran calidad y originalidad. *Abre de 10 a 14 de lu-sá.*
Los martes, en la Rotonda de la Puntilla se instala un **mercadillo** donde se puede comprar prácticamente de todo.

Ocio

El Puerto de Santa María, por sus playas e infraestructura, es un lugar especialmente pensado para el turismo de verano, aunque durante el resto del año destaque por sus bodegas, zonas de tapas, campos de golf,...

Transportes

Aeropuerto – El más cercano es el de Jerez de la Frontera, a unos 20 km del Puerto de Santa María por la N IV (Madrid-Cádiz). ☎ *95 615 00 00.*

Trenes – Existe una sola estación de tren en la plaza de la Estación ☎ *95 654 25 85.* El tren que une Cádiz con Sevilla pasa cada 20 min. Desde dichas capitales se puede llegar a cualquier punto de España.

Autobús interurbano – Hay una sola parada en la Plaza de Toros.

Transportes Comes *(☎ 95 621 17 63)* cubre los desplazamientos a toda la provincia y a Sevilla.

Transportes Los Amarillos *(☎ 95 628 58 52)* realiza viajes principalmente a las provincias de Sevilla y Málaga.

Autobús urbano – Existen seis líneas de autobuses que cubren toda la zona. ☎ *95 685 75 50.*

ALREDEDORES

Rota – *27 km al Oeste.* La carretera rodea la base militar. Rota es un pequeño pueblo costero situado en el extremo Norte de la Bahía de Cádiz. Su emplazamiento le protege de los fuertes vientos que sacuden otras poblaciones de la costa gaditana, lo que convierte sus 16 km de playas en un destino muy popular en los meses de verano.

★**Visita de la villa vieja** – La parte antigua de Rota ocupa un pequeño brazo de tierra entre las playas de la **la Costilla**★ y del Rompidillo. Son calles estrechas de casas bajas. Rota conserva el aspecto del pueblecito pesquero que fue antaño. Sus dos monumentos más interesantes son la **Parroquia de Nuestra Señora de la O**, que cuenta con un bello **interior**★ de finales del gótico, y el **castillo de Luna**, hoy ocupado por el Ayuntamiento.

> **Un plato muy festivo: Urta a la roteña**
>
> La urta es un pescado parecido al besugo. La urta a la roteña, el plato más típico de Rota, es el protagonista de una de las fiestas más peculiares de Andalucía. Hace ya treinta años que los roteños celebran a mediados de agosto la **fiesta de la urta**, entre cuyas actividades destaca el concurso de urta a la roteña, plato elaborado a base de pimientos, tomates, vino blanco y tomillo.

Puerto Real – *10 km al Sur.* Fundado como puerto de realengo en 1483 por los Reyes Católicos, la villa vivió su momento de mayor expansión durante el s. XVIII. Desgraciadamente la invasión napoleónica, en 1808, supuso el inicio de un largo siglo de decadencia. Puerto Real, que acoge algunas de las facultades de la **Universidad de Cádiz**, sufre en la actualidad los problemas derivados de la reconversión de sus astilleros. El monumento más destacado es la **iglesia de San Sebastián**, construida a mediados del s. XVI.

La RÁBIDA★

Huelva

Mapa Michelin nº 446 U 9

A escasos kilómetros de Palos de la Frontera, en la margen izquierda del río Tinto, se halla el paraje de La Rábida, un conjunto de pequeñas viviendas encaladas que parece apiñarse alrededor del monasterio y que constituye, junto a otros elementos monumentales interesantes, uno de los puntos álgidos de los llamados "lugares colombinos".

En "La Casita de Zenobia ⓥ", centro de información y recepción, pueden adquirirse planos, mapas y numerosa información de La Rábida.

MONASTERIO DE SANTA MARÍA DE LA RÁBIDA ⓥ

Este cenobio franciscano (s. XIV), de estilo gótico-mudéjar, es conocido porque en él vivió Cristóbal Colón y aquí gestó, con la ayuda de los hermanos Pinzones y los frailes Antonio de Marchena y Juan Pérez, su célebre viaje a América, tal y como representan los magníficos frescos de **Daniel Vázquez Díaz** (1930) situados en varias salas de la planta baja.

Antes de entrar en el recinto monástico, en una gran rotonda se halla la Columna de los Descubridores, un gran monumento de piedra blanca, tallado con diversas escenas de la colonización y alzado para conmemorar el IV Centenario del Descubrimiento.

Monasterio

★**Iglesia** – Edificio de pequeñas dimensiones, acoge en su interior piezas de gran valor artístico, como los frescos antiguos que se reparten por diferentes capillas; el artesonado de madera policromada, cuyas filigranas crean un hermoso contraste con la austeridad que domina todo el conjunto arquitectónico; algunos cuadros de Juan de Dios (s. XVIII), en los que se representan escenas de la vida de San Francisco, y, sobre todo, la popular **Virgen de los Milagros★**, patrona del monasterio, que se halla en una capilla situada a la derecha del altar mayor. Cuenta la leyenda que ante esta excepcional imagen de alabastro, obra de un taller andaluz del siglo XIV, oraron Colón y los tripulantes de las carabelas durante los dos días previos a su partida. Con motivo de las celebraciones del V Centenario del Descubrimiento (1992) el papa Juan Pablo II bendijo esta hermosa talla.

Claustro – Se trata de un espacio de estilo mudéjar con dos galerías de columnas, la inferior del s. XV y la superior, almenada (s. XVIII), que acoge tres maquetas, réplicas de las carabelas la Pinta, la Niña y la Santa María. A pesar de su aspecto fortificado conserva el encanto propio de los patios andaluces, donde abunda la vegetación frondosa y en los que se escucha el tintineo del agua de la fuente.

Comedor – En uno de los laterales de esta austera sala rectangular hay un púlpito encalado que ocupaba antiguamente el monje lector.

Sala Capitular – Amplia y luminosa estancia cubierta con un notable artesonado mudéjar (s. XVIII), en cuyo centro se halla la gran mesa que, según la tradición, utilizó Colón para discutir sus proyectos con sus consejeros y ayudantes.

Sala de las Banderas – Aquí se exhiben las banderas de cada uno de los países americanos con una arqueta que contiene tierra de todos ellos. En una pequeña habitación situada a la derecha aparece un **mapamundi★**, obra de Juan de la Cosa, que señala por primera vez la costa de América.

OTRAS CURIOSIDADES

★ **Muelle de las Carabelas** ⓥ – Esta moderna dársena, situada a orillas de la ría del Tinto, acoge una réplica a tamaño real de las tres carabelas que llevaron a Colón en su travesía hasta América. Resulta fascinante recorrer los camarotes, las bodegas y las cubiertas de estas antiguas embarcaciones, observando todos los detalles decorativos y el equipamiento (armas de fuego, anclas, velas, etc.) utilizado por los marineros que llevaron a cabo el Descubrimiento. En el edificio de entrada al muelle existen varias salas donde se exhiben audiovisuales que explican los avatares del viaje, un pequeño **museo** con objetos de navegación del s. XV y una tienda para quienes deseen comprar algún recuerdo.

Muelle de la Reina – Ubicado al lado del de las Carabelas, este pequeño muelle está presidido por el monumento del Ícaro del Triunfo, que conmemora el primer vuelo transatlántico realizado por el hidroavión *Plus Ultra* desde Palos de la Frontera hasta Buenos Aires en 1926.

Avenida de los Descubridores – El amplio paseo que comunica Palos de la Frontera con La Rábida está decorado con escudos de todos los países iberoamericanos. Al final se halla la Glorieta del Pueblo Argentino, que acoge un calendario azteca de cerámica vidriada.

Parque Botánico José Celestino Mutis – Dedicado al conocido científico andaluz, este paseo entre caminos, canales y puentes permite aproximarse a las especies vegetales más representativas de los cinco continentes.

Foro Iberoamericano de la Rábida – Se trata de un edificio con un gran auditorio al aire libre en el que se celebran congresos, conciertos y representaciones teatrales.

Universidad Internacional de Andalucía – Prestigioso centro de estudios dedicado por completo a la cultura americana.

Plaza de Macuro – Una moderna escultura recuerda la travesía en helicóptero desde Macuro (Venezuela) hasta La Rábida.

El ROCÍO

Huelva

Mapa Michelin nº 446 U 10

Esta pequeña aldea de casas blancas y calles de arena se halla en el término municipal de Almonte, junto a las primeras marismas del Parque Nacional de Doñana. Durante todo el año es un lugar apacible, por donde transitan –normalmente a caballo– almonteños (que tienen aquí una segunda casa), los escasos habitantes permanentes del poblado y los miembros de las hermandades que tienen aquí su sede. Los pocos establecimientos existentes se dedican a la venta de objetos religiosos y productos artesanales. El primer fin de semana de Pentecostés llega a este remanso de paz cerca de un millón de peregrinos para mostrar su devoción a la **Virgen del Rocío**.

La romería de El Rocío

Es sin duda la romería más famosa de toda España. Una peregrinación religiosa cuyo profundo significado es difícil de comprender para los que han nacido fuera de Andalucía pero que, sin embargo, cada año cuenta con mayor número de asistentes extranjeros, que regresan una y otra vez atraídos por su belleza.
Según la tradición, la iglesia de la Virgen del Rocío se construyó a principios del s. XV para dar cobijo a una imagen que había encontrado un cazador en el hueco de una encina. A mediados del s. XVII, con motivo de una gran epidemia, el templo se convirtió en un centro de peregrinación al que acudían gentes de todos los lugares para implorar salud a la Virgen.
Almonte, el pueblo más cercano, y después Villamanrique constituyeron las dos primeras Hermandades o asociaciones de fieles devotos. A éstas siguieron otras muchas hasta alcanzar una cifra próxima al centenar en la actualidad.

"El Camino" – La semana anterior a la fiesta de Pentecostés cada hermandad sale de su lugar de origen hacia la Ermita. Por itinerarios perfectamente establecidos, los romeros "hacen el Camino" a pie, en carretas adornadas con telas y flores de papel, montados a caballo o incluso en coches todo-terreno. Las mujeres suelen llevar la típica falda rociera, rematada con uno o dos volantes, y se protegen del sol con sombreros; los hombres acostumbran a llevar camisa blanca y pantalones ajustados y se cubren con sombrero cordobés o gorra de campo. Para andar cómodamente por la arena del Coto (de Doñana) casi todo el mundo usa botos de piel. Una ramita de romero prendida en la ropa y la medalla de la hermandad completan el atuendo. Cada hermandad sigue a su Simpecado, una carroza de plata tirada por bueyes en la que se transporta un estandarte con la imagen de la Virgen. Las noches del Camino se pasan en el campo, alrededor de las hogueras, cantando y bailando, aunque nunca faltan el rezo del rosario al anochecer y la misa al amanecer.

En la aldea de El Rocío – A lo largo del **sábado** los peregrinos llegan a El Rocío y rinden homenaje a la Blanca Paloma o a la Señora de las Marismas, dos de los muchos nombres que recibe la Virgen. El **domingo** discurre entre misas, rosarios y visitas de una casa a otra y, por fin, en la **madrugada del Lunes de Pentecostés** llega el momento más esperado. Poco antes del amanecer los jóvenes almonteños saltan la verja de la ermita y sacan en procesión a la Virgen, al tiempo que forman a su alrededor un cordón de seguridad para evitar que la gente se acerque. Es una noche larga, llena de emoción, cansancio y alegría que culmina una semana de esfuerzo y devoción para la que los peregrinos se han preparado durante todo el año.

Hidalgo-Lopesino/MARCO POLO

Un "Simpecado" ante la ermita de la Blanca Paloma

Alojamiento

Toruño – *pl. del Acebuchal, 22* – ☎ *959 44 23 23* – *fax 959 44 23 38* – *30 hab.* – *45,38/60,10€*. En el centro de la Aldea, casona tradicional con habitaciones decoradas de acuerdo con el estilo local y preciosas vistas.

Restaurante

Aires de Doñana – *av. de la Canaliega, 1* – ☎ *y fax 959 44 27 19* – P – *27,74/38,77€*. Construcción rústica con techo de bálago. Restaurante con vistas de la Ermita de la Virgen y de los caballos que pastan en las marismas.

LA RUTA DEL VINO: de El Rocío a Niebla

36 km – calcule 1/2 día

Este itinerario está protagonizado por los agradables vinos blancos y dulces de la zona, amparados bajo la Denominación de Origen Condado de Huelva. Conviene acercarse a cualquiera de las numerosas bodegas y probar las especialidades más típicas, como el oloroso viejo, el blanco afrutado, la mistela, el moscatel y el vino dulce de naranja.

Almonte – *15 km al Norte de El Rocío por la A 483*. Es una de las poblaciones más conocidas de Huelva gracias a que en su término se encuentran el Parque Nacional de Doñana *(ver p. 197)*, la abigarrada playa de Matalascañas *(ver p. 180)* y, sobre todo, la popular aldea de El Rocío. Sin embargo, esta pintoresca localidad debe gran parte de su prestigio al vino, cuyo olor parece empapar las calles. Una de las estampas típicas de la ciudad son sus casas blancas, con vistosos balcones enrejados y relucientes puertas, ante las cuales resulta habitual descubrir los remolques que transportan la uva en época de vendimia. La **Plaza Virgen del Rocío**, el auténtico corazón de la vida social almonteña, es un exquisito remanso de paz que posee los dos edificios emblemáticos de la villa: la iglesia parroquial, un hermoso ejemplo de arquitectura de aire colonial, y el Ayuntamiento, con una elegante galería de arcos en el piso superior.

Bollullos par del Condado – *9 km al Norte*. La cultura del vino parece esparcirse por todos y cada uno de los rincones de la localidad. Sus calles, de aspecto cuidado y aire señorial, acogen numerosas bodegas antiguas donde, aparte de admirar la singular arquitectura y conocer los ancestrales procedimientos de elaboración vinícola, es posible adquirir cualquiera de los excelentes vinos blancos y dulces de Bollullos, que se extraen de grandes cubas y se sirven en pintorescos cubiletes de barro. También hay un buen marisco y varios talleres artesanales donde se realizan utensilios de hierro, carruajes, bordados en oro y los populares toneles. Finalmente, aconsejamos visitar la **Plaza del Sagrado Corazón de Jesús**, pintoresco lugar que alberga la **iglesia de Santiago Apóstol**, con fachada y torre típicas del barroco andaluz, y el Ayuntamiento, que posee una bonita fachada de dos pisos de arcos peraltados.

La Palma del Condado – *4 km al Noroeste*. Muy conocida por sus excelentes vinos, esta localidad luminosa y de aire señorial posee numerosas plazas, elegantes casas encaladas y notables edificios monumentales. No se pierda la concurrida **Fiesta de la Vendimia**, que tiene lugar a finales de septiembre y cuyo origen se remonta al s. XIV.

Ayuntamiento – Este antiguo hospital de la Inmaculada Concepción (s. XVI) fue reformado en 1929 según la estética regionalista de la Exposición Iberoamericana de ese mismo año, antes de convertirse en casa consistorial.

Plaza del Corazón de Jesús – Presidida por la imagen del Corazón de Jesús, obra del escultor local Antonio Pinto Soldán (1927), esta hermosa plaza se encuentra rodeada por un elegante conjunto de construcciones de inspiración colonial.

Plaza de España – Se trata de un espacio de agradables proporciones que aglutina la vida social de la población. En uno de sus laterales aparecen las fachadas del antiguo Palacio del Señorío, el Teatro y la Casa de los Arcos, mientras que en otro se encuentra la Casa de Tirado, con una **reja** preciosa y azulejos interiores que reproducen *Las Meninas y Las Hilanderas* de Velázquez. El edificio más interesante de esta bella plaza es la **iglesia de San Juan Bautista**, una sobria construcción barroca que destaca por su fachada encalada y su esbelta torre, donde suelen anidar cigüeñas.

Iglesia del Valle – De estilo mudéjar (s. XV), en el camarín del altar mayor se encuentra la imagen de la Virgen del Valle, patrona de La Palma.

★ **Niebla** – *8 km al Sudoeste de La Palma del Condado por la A 472. Desde la* **Oficina Municipal de Turismo** ⓥ, *en el Hospital de Nuestra Señora de los Ángeles, parten diversos itinerarios culturales*. Es una antigua localidad (s. VIII a. C.) situada a 29 km de Huelva que posee un centro histórico con monumentos antiguos muy interesantes.

Lo primero que llama la atención al llegar a la villa es su conjunto de **murallas★**, uno de los más completos de España. Levantadas en época del dominio almohade (s. XII) con tierra procedente de las orillas del río Tinto –de ahí su hermoso tono rojizo–, poseen una longitud de casi dos kilómetros y cuentan con un total de cincuenta torres de defensa y cinco puertas de acceso. La **iglesia de Santa María de la Granada**, alzada en el mismo emplazamiento de la antigua mezquita, combina elementos de este edificio anterior, como el bucólico patio de naranjos que se abre frente a la entrada al templo, con otros de estilo gótico. El **Alcázar o Castillo de los Guzmanes** (s. XV) conserva interesantes vestigios árabes. La **iglesia de San Martín**, partida en dos por una calle, es un edificio que, anteriormente, fue mezquita y sinagoga. En las afueras de Niebla, sobre el río Tinto, hay un gran puente romano.

RONDA★★

Málaga – 35.788 habitantes

Mapa Michelin nº 446 V 14

Ronda está enclavada en el centro de la **serranía** que lleva su nombre, en un lugar de apariencia inexpugnable, rodeada de frondosos valles como el del río Genal. Su aspecto dramático en lo alto de un imponente farallón, su aislamiento y las leyendas de legendarios bandoleros hicieron de Ronda un lugar de peregrinación para los viajeros románticos del s. XIX. Hoy, como entonces, Ronda sigue siendo un importante destino turístico. Situada apenas a 50 km de la **Costa del Sol**, de la que sólo la separa la **Sierra Bermeja**, y con buenos accesos desde Cádiz y Sevilla, atrae cada año a multitud de turistas.

ALGO DE HISTORIA

Cuando en el año 714 desembarcan en la Península los primeros contingentes de tropas árabes al mando de **Tarik-ibn-Zeyad**, una de las vías que tomaron en su camino de penetración hacia el interior fue la antigua calzada romana que unía Gibraltar con la ciudad romana de **Acinipo**. Al llegar fundaron una ciudad fortificada llamada Izna-Rand-Onda, actual Ronda, a 20 km de la vieja ciudad romana. Durante el periodo Omeya, Ronda fue la capital de una cora y tras la caída del Califato se convirtió en capital de un reino taifa. Con la llegada de los almohades experimentó un gran crecimiento que se prolongó hasta la época nazarí. Las tropas cristianas conquistaron la ciudad en 1485.

RONDA

Campillo (Pl. del) . . . . .Z 2
Capitán Cortés . . . . . .Y 3
Carmen Abela (Pl. de) . . . . .Y 5
Doctor Fleming (Av.) . .Y 6
Duquesa de Parcent (Pl. de la) . . . . .Z 8
España (Pl. de) . . . . . .Y 12
Espinel (Carrera de) . . .Y
Gigante (Pl. del) . . . . . .Y 14
González Campos . . . .Z 15
Las Imágenes . . . . . . .Z 18
Marqués de Salvatierra . . . . .Z 21
Merced (Pl. de la) . . . .Y 24
Padre Mariano Soubirón . . . . .Y 26
Poeta Abul-Beca (Pl.) . .Z 27
Ruedo de Gameros . . .Z 29
Santa Cecilia . . . . .Y 30
Santo Domingo . . . . . .Y 33
Sor Ángela . . . . .Z 34
Virgen de la Paz . . . . .Y 36

Casa del Rey Moro . .Y A
Convento de Santo Domingo . . . . .Y B
Fuente de los ocho caños . . . . . .Y E
Minarete de San Sebastián . . . .Z F
Museo del Bandolero .Z M¹
Museo Lara . . . . .Y M²
Palacio del Marqués de Salvatierra . . . . . . .Y N
Palacio de Mondragón (Museo de la Ciudad) . . . . . . .Z M⁴
Plaza de toros (Museo taurino) . . . . .Y M⁶
Puerta de Almocabar .Z R
Templete de la Virgen de los Dolores . . . .Y V

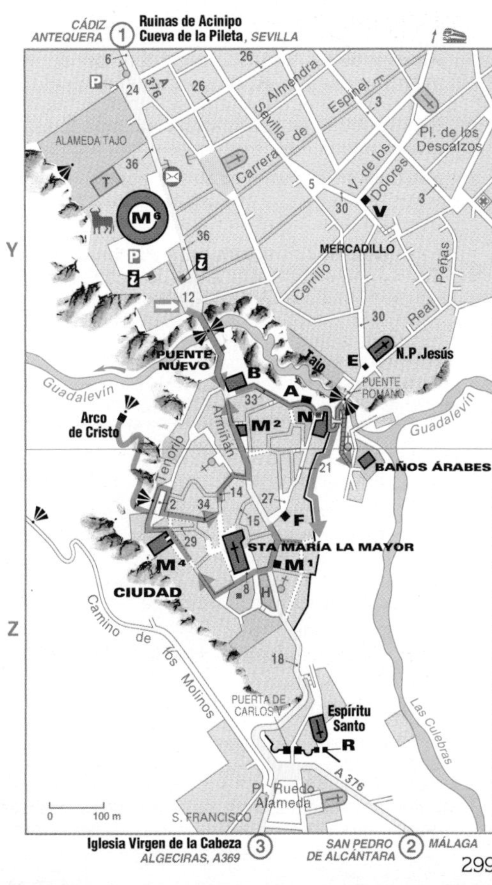

VISITA

Es fácil orientarse en Ronda. El **río Guadalevín**, que significa río de la leche, corta literalmente al pueblo en dos mitades. A un lado, llena de historia, la medina musulmana, conocida hoy como **la Ciudad**; al otro, el arrabal del **Mercadillo**. Más allá, al Sur, la **puerta de Almocabar** y, detrás, el arrabal Nuevo, hoy barrio de San Francisco, que surgió en el s. XV como mercado extramuros.

★★La Ciudad

★**Puente Nuevo** – Es quizá el mejor lugar para comenzar la visita de Ronda. Tomando el camino que lleva hacia la cafetería del Parador se disfruta de una estupenda **vista** del puente y un poco más allá del valle del río Guadiaro y de la Sierra de Grazalema. El puente, que es una magnífica obra de ingeniería, fue construido en la segunda mitad del s. XVIII.

Cruce el puente y tome la calle Santo Domingo.

A la izquierda, el convento de Santo Domingo, primera fundación de los Reyes Católicos tras la conquista de la ciudad en 1485, y a la derecha la casa donde nació Francisco Giner de los Ríos en 1839, fundador de la emblemática **Institución Libre de Enseñanza**.

Baje por la calle Santo Domingo.

Casa del Rey Moro – Según la leyenda aquí vivió el rey de Ronda, Almonated, aquel que bebía el vino en los cráneos de sus enemigos. El edificio actual data del s. XVIII. El exterior presenta reminiscencias mudéjares como torres de ladrillo y balcones de madera. En el interior se conserva una impresionante escalera árabe, conocida como la Mina, que desciende hasta el río.

Alojamiento

CORRECTO

Virgen de los Reyes – *Lorenzo Borrego, 13 – ☏ 952 87 11 40 – 52 hab. – 40€.* Hotel correcto para dormir a precio reducido. Las habitaciones son sencillas pero están muy limpias.

UNA BUENA OPCIÓN

Alavera de los Baños – *Hoyo San Miguel, s/n – ☏ y fax 952 87 91 43 – 10 hab. – 50,50/70€ (desayuno incluido).* En la parte baja de la ciudad, junto a los baños árabes, hotel muy agradable de reciente construcción. Todas las habitaciones son diferentes y además el establecimiento posee terraza y restaurante.

San Gabriel – *Marqués de Moctezuma, 19 – ☏ 952 19 03 92 – fax 952 19 01 17 – 60/73€.* Ocupa una bonita mansión de 1736 magníficamente decorada. Si puede pida alguna de las habitaciones que dan al cuidado patio interior.

La Fuente de la Higuera – *En Partido de los Frontones: tome la A 376 hacia Sevilla, gire a la derecha antes de cruzar el río Guadiaro y siga las indicaciones (3 km) – ☏ 952 11 43 55 – fax 952 11 43 56 – 4 hab, 4 suites – 99/114€ (desayuno incluido).* Paraíso germánico en tierras españolas creado por una pareja de alemanes que decidió instalarse en Andalucía. Hoy, las ruinas que compraron hace unos cuantos años se han convertido en un excelente hotel con lista de espera. Aconsejamos reservar con tiempo porque tienen pocas habitaciones.

Restaurantes

UNA BUENA OPCIÓN

Don Miguel – *Villanueva, 4 y 8 – ☏ 952 87 10 90 – 18,94/25,54€ – cerrado 8-23 ene y do mediodía de jun-ago.* Agradable terraza con excelentes vistas del Puente Nuevo, el Tajo y el río Guadalevín. Cocina de calidad con especialidades como rabo de toro, asado de ciervo y cordero a la menta. Tiene también varias habitaciones (42,06/63,10€).

Casa Santa Pola – *Santo Domingo, 3 – ☏ 952 87 92 08 – 35,54€.* Restaurante con varias salas asomadas al Tajo. Especialidades: carne de buey y diversos tipos de aves.

UN CAPRICHO

Tragabuches – *José Aparicio, 1 – ☏ 952 19 02 91 – 34,56/37,13€ – cerrado lu y do noche.* En opinión de muchos es el mejor restaurante de la ciudad. Está a dos pasos del Parador y de la plaza de toros y ofrece una cocina moderna en un entorno vanguardista. Al frente de los fogones se encuentra Sergio López, galardonado con el Premio Bidasoa al mejor chef joven.

★ **Jardines de Forestier** ⓥ – En 1912 **Forestier**, un prestigioso paisajista francés que diseñaría en 1929 los jardines del Parque de María Luisa de Sevilla, recibió el encargo de realizar este bonito jardín. Pese a las dificultades técnicas con las que se encontró debido a la estrechez del terreno, consiguió hacer una pequeña joya de la jardinería. Está dividido en tres terrazas que combinan elementos de tradición musulmana, como fuentes, agua y azulejos con otros de tradición europea como pérgolas y parterres.

B. Kaufmann/MICHELIN

Detalle de la fachada del Palacio del Marqués de Salvatierra

Palacio del Marqués de Salvatierra – *No se puede visitar el interior.* Este palacete, ejemplo típico de la arquitectura noble del s. XVIII, tiene en su excepcional **portada**★★ su elemento más destacado. En el primer cuerpo la puerta aparece flanqueada por dos pares de columnas de estilo corintio rematadas por un arquitrabe decorado con medallones. En el segundo cuerpo los fustes de las columnas han sido sustituidos por un par de simpáticas parejas de figuras humanas con fuertes influencias precolombinas.

Baje hacia el puente viejo y, tras pasar la puerta de Felipe V, tome un camino de piedra que desciende hasta los baños árabes.

★ **Baños Árabes** ⓥ – Se encuentran entre los mejor conservados de la Península. Fueron construidos a finales del s. XIII, muy cerca del río, en el denominado arroyo de las Culebras, en el Arrabal Viejo, barrio de artesanos y curtidores. Un primer espacio sin techumbre nos introduce en el baño propiamente dicho, compuesto de tres salas transversales cubiertas con bóvedas de cañón e iluminadas mediante lunetos en forma de estrellas. La sala más impresionante es la central, dividida a su vez en tres naves separadas mediante arcos de herradura y columnas de ladrillo. Al fondo todavía es visible la caldera donde se calentaba el agua.

Tome una escalera de piedra que corre paralela a la muralla hasta franquear la puerta de la Acijara (s. XIII).

★ **Minarete de San Sebastián** – *En la plaza del poeta Abul-Beca.* Este esbelto alminar es lo único que queda de la mezquita nazarí del s. XIV que aquí se encontraba. Tras la conquista cristiana el templo fue dedicado a San Sebastián. De época musulmana solo se conserva el primer cuerpo de sillares mientras que el segundo, de ladrillo, es obra mudéjar. Destaca el arco de herradura que enmarca la puerta. El minarete tiene la característica de ser el más pequeño de los conservados en Al-Andalus.

Museo del Bandolero ⓥ – Bandidos, asaltadores de caminos y contrabandistas, nombres legendarios como Diego Corrientes y **José María el Tempranillo**, pobres desdichados y crueles asesinos, románticos y viajeros, todos ellos tienen su espacio reservado en este pequeño museo dedicado al bandolerismo. Un vídeo *(sólo en castellano)* y una serie de documentos y escenificaciones ilustran este interesante tema.

★ **Santa María la Mayor** ⓥ – Dedicada a la Encarnación como muchas de las iglesias andaluzas de esta época, esta colegiata se levantó sobre la mezquita mayor de Ronda, tras la toma de ésta en 1485 por los Reyes Católicos. Del antiguo edificio sólo queda parte del arco del Mirhab *(en la sala de entrada)*, decorado con atauriques y motivos caligráficos. El interior está dividido en una zona gótica y otra renacentista.

Desde la plaza de la Duquesa Parcent tome la calle Manuel Montero.

★★ **Palacio de Mondragón**: **Museo de la Ciudad** ⓥ – El palacio ocupa una antigua residencia árabe del s. XIV de la que no quedan más que los cimientos. El edificio actual mezcla el estilo mudéjar en torres y patios con elementos renacentistas como la portada de la fachada. En el interior la pieza más sobresaliente es un encantador **patio mudéjar★★** con restos de azulejos y yeserías entre sus arcos. El palacio alberga hoy un museo con, entre otras cosas, una interesante exposición sobre los espacios naturales de la Serranía.

Continúe hasta la plaza del Campillo. Tome el camino que desciende hasta el **Arco de Cristo** (s. XVIII), desde donde se tiene la mejor **vista★★** del **Tajo** y del puente.

Tome la calle Sor Ángela hasta la plaza del Gigante, así llamada por el relieve, hoy casi invisible, de un Hércules que decora una de las casas (s. XIV).

Vuelva a la calle Armiñán.

Museo Lara – Su propietario, Juan Antonio Lara, ha reunido a lo largo de los años una sorprendente **colección★** donde no falta de nada: desde estupendos relojes de esmalte del s. XVIII hasta preciosos abanicos pasando por una sala de armas con una curiosa pistola de 7 cañones. Está instalado en la casa-palacio de los Condes de las Islas Batanes, de bonita fachada.

La calle Armiñán conduce de nuevo a la plaza de España.

El Mercadillo

Surgió como arrabal en el s. XVI y está unido a **La Ciudad** mediante dos puentes: el **Puente Nuevo** y el Puente Viejo. Es la zona comercial, con muchas calles peatonales entre las que destacan la calles Nueva, **Remedios**, Ermita y la **Pl. del Socorro**, que cuenta con bonitos edificios de los ss. XIX y XX.

M. Raurich/STOCK PHOTOS

Plaza de toros de Ronda

★Plaza de toros: Museo taurino – Construida en 1785 por la Real Maestranza de Caballería, es una de las plazas más bellas y con más tradición de España. Sus 66 m de diámetro la convierten en la más ancha del Mundo. El interior, de dos cuerpos, es de estilo neoclásico con columnas toscanas y barrera de piedra, todo de una gran simplicidad. Posee un curioso **museo** del toreo.

★Templete de la Virgen de los Dolores – Construido en 1734, este inquietante templete está cubierto por una sencilla bóveda que descansa en dos columnas y dos pilastras. Cada columna está cubierta por **cuatro figuras★** entrelazadas por los brazos y atadas por el cuello. Entre humanas y fantásticas, estas figuras son de una expresividad impresionante.

Iglesia de Nuestro Padre Jesús – Muy restaurada, el elemento más antiguo es la fachada-torre del s. XV en estilo gótico. La cubierta es de 1735. Enfrente, la **fuente de los ocho caños**, de tiempos de Carlos III (s. XVIII).

OTRAS CURIOSIDADES

Iglesia del Espíritu Santo – Tiene un exterior sobrio y elegante, con aspecto de fortaleza debido a su situación junto a las murallas. Fue construida por orden de los **Reyes Católicos** a finales del s. XV. El interior, muy reconstruido, es de una sola nave cubierta con bóveda estrellada de terceletes.

Puerta de Almocabar – Toma su nombre del árabe al-maqabir por el cementerio árabe que se encontraba en esta zona. Flanqueada por dos torres del s. XVIII, la puerta consta de tres arcos de herradura. Al lado, la **puerta de Carlos V** y, enfrente, extramuros, el **barrio de San Francisco**, donde lo más destacable es el convento de franciscanas del s. XVII.

ALREDEDORES

★ **Iglesia Rupestre de la Virgen de la Cabeza** Ⓥ – *A 2,7 km por la A 369 dirección Algeciras. Al salir del pueblo, tome un camino a la derecha (a unos 700 metros, indicado) hasta la ermita.* Se trata de un pequeño monasterio mozárabe probablemente fundado por un grupo de hispanovisigodos en el s. IX. El lugar elegido, al otro lado del río Guadalevín y en alto, hace que desde aquí se disfrute de una de las mejores **vistas**★★ de Ronda. El monasterio está excavado en la roca, ocupa una superficie de casi 280 m^2 y en él distinguimos claramente un almacén, dependencias del monasterio y la iglesia. Los frescos del interior son del s. XVIII.
A mediados de agosto tiene lugar el traslado de la Virgen de la Cabeza desde la colegiata hasta la ermita que se encuentra al lado del monasterio.

Ruinas de Acinipo Ⓥ – *A 19 km por la A 376 dirección Sevilla y la MA 449 hasta Ronda la Vieja.* Conocida popularmente como **Ronda la Vieja**, la antigua Acinipo, citada por Plinio el Viejo, conserva un importante **teatro** del s. I a. C. con parte de la escena y de las gradas. También se conservan lo que parecen restos de una muralla fenicia y unas viviendas de planta circular del VIII a. C.

★ **Cueva de La Pileta** Ⓥ – *20 km al Sudoeste. Salga de Ronda por la A 376 dirección Sevilla y tome la MA 555 hasta Benaoján. Desde aquí la MA 561.* La cueva fue descubierta en 1905 por Don José Bullón Lobato cuando buscaba un curioso abono para sus tierras, la murcielaguina (estiércol de murciélago). La importancia del descubrimiento fue tal que en 1912 se encargaron de su estudio los destacados prehistoriadores **Hugo Obermaier** y **Abbé Breuil**. Es una formación kárstica con más de 2 km de galerías de las cuales se visitan unos 500 m. Las pinturas, rojas y negras, cubren un amplio periodo de tiempo: desde motivos figurativos del Paleolítico (20000 a. C.) hasta el arte simbólico propio del Neolítico (4000 a. C.).

Alojamiento en Benaoján

UN CAPRICHO

Molino del Santo – *Barriada Estación – ☎ y fax 952 16 71 51 – 17 hab – 130,20/163,90€ (desayuno incluido) – cerrado 18 nov-14 feb.* Antiguo molino de aceite y harina (s. XIX) rodeado de higueras y sauces. En mayo y septiembre sólo hay posibilidad de alojarse en régimen de media pensión *(208,40€ dos personas)*.

EXCURSIÓN

★★ **Carretera de Ronda a San Pedro de Alcántara** – *49 km al Sudeste por la A 376 – 1 h aproximadamente.* Esta impresionante carretera fue construida en la década de los 70 para unir la Serranía de Ronda con la Costa del Sol. El trayecto no pasa por ningún pueblo pero discurre entre dos de las sierras más espectaculares de Málaga. A la izquierda, el **Parque Natural de la Sierra de las Nieves** y, a la derecha, la **Sierra Bermeja**. La carretera asciende poco a poco entre un paisaje de pinos y pinsapos para luego, pasado el puerto de Alijar (410 m), descender bruscamente hacia la costa.

Parque Natural de la Sierra de las Nieves – **Reserva de la Biosfera** desde 1994, este pequeño Parque Natural (16.564 ha) acoge en su interior al orgulloso **pinsapo** y una de las mayores colonias de **cabra montés** de la Península. El relieve se caracteriza por sus escarpadas pendientes y un modelado kárstico que hace que la sierra esté horadada por múltiples simas. En su interior se encuentra la tercera sima más profunda del Mundo, la **G.E.S.M.**

Un dicho...

En estas tierras se suele decir eso de "*eres más malo que la madera de* ***pinsapo***" que hace referencia a la mala calidad de la madera de este árbol, algo que ciertamente ha favorecido la conservación de esta especie, alguno de cuyos ejemplares superan los 200 años de antigüedad.

SANLÚCAR DE BARRAMEDA★

Cádiz – 61.382 habitantes

Mapa Michelin nº 446 V 10

Sanlúcar es una ciudad tranquila y luminosa, marismeña y marinera. Su nombre evoca luz y su tierra albariza produce uno de los mejores vinos del país. Son precisamente el mar y el vino los dos polos sobre los que gira la vida de la ciudad y la de los sanluqueños, y que condicionan incluso su urbanismo, claramente dividido en una zona alta repleta de bodegas, antigua y monumental, y otra baja, ganada poco a poco al mar, donde se concentran los comercios y se dan cita lugareños y foráneos para degustar los magníficos pescados y mariscos.

La Manzanilla

Es el vino de Sanlúcar. De color claro, sabor penetrante y seco al paladar. Cualquier viajero que atraviese el triángulo de tierras formado por Sanlúcar, el Puerto de Santa María y Jerez, verá, a partir de mayo, grandes extensiones de vides cubiertas de hojas. La uva que se utiliza para su elaboración es principalmente la variedad **Palomino**, que se cosecha en septiembre. A continuación se elabora el mosto, que pasa a grandes contenedores metálicos donde se convierte en el llamado mosto sobretabla con una graduación alcohólica de unos 11°. Posteriormente el fino se fortifica hasta los 15° y pasa a las barricas de roble americano donde comienza el proceso de *crianza de solera y criaderas* *(ver p. 246)*. La diferencia entre la manzanilla y el fino proviene del clima especial de Sanlúcar, que hace que la flor del vino permanezca sobre éste durante todo el proceso de envejecimiento impidiendo que se oxide. El tiempo mínimo de crianza para la manzanilla es de tres años.

Visita a las Bodegas: Es posible hacer una visita guiada a las bodegas de **Barbadillo** *(junto al castillo)*, toda una institución desde el s. XVIII, **Pedro Romero** *(Trasbola, 84)* y **La Cigarrera** *(Pl. Madre de Dios, s/n). Información de días y horas en el ☎ 956 38 30 32.*

Su historia – Su posición estratégica, en la desembocadura del Guadalquivir, la convirtió en el s. XV en el paso obligado de las galeras americanas camino de Sevilla. De aquí partió, en 1519, la expedición de **Magallanes** que retornó tres años después al mando de **Juan Sebastián Elcano** tras haber completado la primera vuelta al Mundo. Es ésta su época de mayor esplendor, convirtiéndose en un importante centro comercial. La caída en desgracia del Duque de Medina Sidonia, tras la independencia de Portugal en 1640, y el paso de la pequeña galera al navío, incapaz de atravesar las barras de arena de Sanlúcar, provocó la decadencia de la ciudad. A finales del s. XIX se desarrolló la industria del vino, alcanzándose una segunda época de expansión.

Alojamiento

UNA BUENA OPCIÓN

Posada de Palacio – *Caballeros, 11 – ☎ y fax 956 36 50 60 – 16 hab. – 48/84€ (desayuno incluido) – cerrado nov-feb.* Una casa señorial del s. XVII acoge este hotel familiar, situado en el barrio alto frente al Ayuntamiento. Las habitaciones, que se distribuyen alrededor de un bonito patio, son sencillas pero están decoradas con mucho gusto y con muebles de anticuario.

Tartaneros – *Tartaneros, 8 – ☎ 956 36 20 44 – fax 956 38 53 94 – 22 hab. – 72,12/90,15.* Hotel instalado en una mansión señorial de principios de siglo. Bonito palacete de color amarillo y decorado con columnas y balcones.

Restaurante

UNA BUENA OPCIÓN

Casa Bigote – *Bajo de Guía, 10 – ☎ 956 36 26 96 – 16,81/22,84€ – cerrado do y nov.* En el puerto pesquero. Esta auténtica institución local, dirigida por la misma familia desde hace 50 años, está decorada con fotos de época, redes de pesca y objetos antiguos. En su carta sobresalen excelentes pescados de la zona y los langostinos.

Datos de interés

Oficina de Turismo – *Calzada del Ejército, s/n. ☎ 956 36 61 10.*

Fiestas – Carnaval (febrero), Feria de la Manzanilla (finales de mayo), Carreras de caballos (agosto).

La carrera de caballos en la playa – Es uno de los acontecimientos más arrebatadores de toda España. Su espectacularidad, la mágica combinación de agua, luz y fuerza que tiene lugar, desde hace más de 150 años, en las playas de Sanlúcar, convierten esta carrera de caballos en un hito inolvidable para todo aquel que la contempla. Su origen se remonta al siglo XIX, cuando apenas despuntaban las primeras carreras de caballos, y está considerada la más antigua de España. Tiene lugar en agosto, aprovechando la bajamar, por lo que las fechas varían. *Información en la Oficina de Turismo.*

DE LA PLAZA DEL CABILDO AL BARRIO ALTO *visita: 1 hora*

Este itinerario recorre los principales puntos de interés del Barrio Alto.

Plaza del Cabildo – De aspecto decimonónico, esta gran plaza moteada de naranjos y palmeras es el centro de la ciudad y su punto más animado. Es un buen lugar para tomar algo. En uno de sus lados se encuentra el antiguo **cabildo**, bonito edificio del s. XVIII.

Plaza de San Roque – Esta pequeña plaza es uno de los rincones más bulliciosos de Sanlúcar ya que aquí se instala cada mañana un mercadillo.

Iglesia de la Trinidad ⓥ – Se encuentra medio oculta en la plaza de la Trinidad, al lado de la plaza de San Roque. Esta pequeña iglesia de una sola nave conserva en su interior un magnífico **artesonado mudéjar★★** del s. XV. El retablo barroco del s. XVII acoge una bella imagen de Nuestra Señora de los Dolores.

Continúe por la calle Regina.

Convento de Regina Coeli – Construido a principios del s. XVI por las franciscanas clarisas, tiene una bella fachada de color rojo pompeyano con dos elegantes portadas que albergan las imágenes de Santa Clara y la Virgen con el Niño.

> **Para los más golosos...**
>
> **Convento de la Madre de Dios**: Las monjas de este convento del s. XVII (bonita fachada renacentista) elaboran uno de los mejores **tocinos de cielo** de la provincia. La entrada está en la calle del Torno y el horario es de 10 a 13 y de 17 a 19; cierran los domingos. La plaza en la que se encuentra tiene un agradable aspecto colonial.

Vuelva a la plaza de San Roque y tome la calle Bretones. Deje a un lado el mercado municipal y suba por la cuesta de Belén.

★ **Covachas** – El aire del mar y el mal de piedra han acentuado su carácter misterioso. Lo más probable es que formaran parte del palacio que los duques de Medina Sidonia construyeron en el s. XV. El conjunto *(recientemente restaurado)* está formado por cinco arcos conopiales, profusamente decorados con tracerías góticas y dragones alados.

Palacio de Orleans y Borbón ⓥ – *Entrada por la calle Caballeros.* Este magnífico palacio fue construido en el s. XIX, inspirándose en la arquitectura árabe, como residencia de verano del duque de Montpensier. El resultado fue este romántico edificio *(sede hoy del Ayuntamiento)* en el que destacan sobre todo sus extraordinarios **jardines** desde los que se disfruta de una bonita vista de la ciudad.

Parroquia Nuestra Señora de la O ⓥ – Fue construida por encargo de Isabel de la Cerda y Guzmán, nieta de Alfonso X el Sabio. Su fachada Oeste es una estupenda **portada mudéjar★★** del s. XIV, y en el interior sobresale un **artesonado★** también mudéjar del s. XVI. Al lado, el **Palacio de los Condes de Niebla** ⓥ, residencia de la duquesa de Medina Sidonia.

> Tómese un poco de tiempo y pasee por el callejón de las Comedias y la calle Eguilaz. Aquí la exultante blancura de los edificios sólo es comparable con el penetrante olor de la manzanilla.

Tome la calle Luis de Eguilaz.

En el nº 21 se encuentra la **Casa de la Cilla**, hermoso palacete barroco construido en el s. XVIII para cobrar el diezmo eclesial. Desde 1939 pertenece a las bodegas Barbadillo.

Castillo de Santiago – La parte más antigua del castillo es la impresionante torre del homenaje construida en el s. XIII, en tiempos de Guzmán el Bueno. A esta torre de forma hexagonal se le añadió en el s. XV el resto del recinto jalonado por cuatro torres. Entre otros personajes históricos, aquí estuvo alojada Isabel la Católica.

LA CIUDAD MODERNA Y BAJO DE GUÍA

El Barrio Bajo surge en el s. XVI con la expansión demográfica y económica de Sanlúcar, que se produce tras el descubrimiento de América. Se extiende desde la calle Ancha hasta el Guadalquivir. Es la zona comercial y el lugar adecuado para tapear y comer.

Iglesia de Santo Domingo Ⓥ – Perteneció al desaparecido convento de Santo Domingo, fundado en 1548 para acoger y dar descanso a los dominicos que regresaban de América. Una bella portada, atribuida al ingeniero Cristóbal de Rojas, da acceso a un recogido atrio en forma de compás. La severidad del exterior queda compensada por la decoración plateresca en balaustradas y ventanas del interior.

Continúe por la calle de Santo Domingo hasta la plaza de San Francisco.

En esta plaza se alza la imponente mole de la **iglesia de San Francisco**, del s. XVII.

Excursión en barco a Doñana en el Real Fernando – Este itinerario parte desde Sanlúcar de Barrameda hasta atracar en la Plancha, donde se realiza una excursión a pie, y nuevamente se regresa a la localidad gaditana. Durante el trayecto marítimo se informa sobre las posibilidades del Parque. Esta visita está organizada por el Ayuntamiento de Sanlúcar de Barrameda. Las entradas pueden adquirirse en el **Centro de Visitantes Fábrica de Hielo**.

Tome la calle de San Nicolás y la Av. del Cabo Nobal hasta la Av. Bajo de Guía.

Centro de Visitantes Bajo de Guía Ⓥ – Cuenta con varias salas dedicadas a los espacios naturales y una consagrada al Parque Nacional de Doñana. El vídeo se ha quedado algo anticuado.

Centro de Visitantes Fábrica de Hielo Ⓥ – El nombre se debe a que aquí estuvo instalada, hasta 1978, una fábrica de hielo, necesaria para mantener el pescado que llegaba al puerto. En el interior, en dos plantas, se presentan de manera moderna y atractiva distintos aspectos del **Parque Nacional de Doñana**.

ALREDEDORES

★★★ **Parque Nacional de Doñana** – *Ver p. 197.*

Lonja de Bonanza – *A 4 km por la CA 624.* Todos los días, un poco antes de las 5 de la tarde, tiene lugar la subasta de pescado, todo un juego de códigos indescifrables para el neófito que pueden hacer las delicias de algunos.

Chipiona – *9 km por la A 480.* Esta pequeña población, muy tranquila en invierno, se convierte con la llegada del verano en un importante centro vacacional. Sus calles se llenan de turistas, en su mayoría familias españolas, que llegan hasta aquí para disfrutar de las estupendas playas **(playa de la Regla★)** y del buen clima. Puede ser un buen punto de partida para realizar excursiones por los alrededores. En el pueblo destaca la **Parroquia de Nª Sª de la O**, construida en el s. XVI en estilo gótico, aunque posteriormente muy transformada. De su fábrica original sólo queda la portada Norte con una interesante fachada de estilo gótico isabelino. No debe dejarse de visitar el **Santuario de Nuestra Señora de la Regla** Ⓥ. La iglesia se reconstruyó a principios del s. XX en estilo ecléctico. En el interior, el **claustro** *(acceso por la sacristía)* conserva la estructura del s. XV y está decorado con un interesante banco corrido de azulejos del s. XVII donde se cuenta la historia del santuario. Todos los angelotes son distintos y en las esquinas encontramos los escudos de España y de los Ponce de León. En uno de los lados se puede ver un bonito aljimez románico del primitivo claustro del s. X.

Alojamiento en Chipiona

Cruz del Mar – *Av. de Sanlúcar, 1 – ☎ 956 37 11 00 – fax 956 37 13 64 – 93 hab. – 63,10/87,14€ – cerrado 15 nov-15 feb.* A orillas del mar y junto al Parque de Doñana. Hotel moderno con todo tipo de actividades: piscina, playa, fitness e incluso golf a seis kilómetros.

Estos toros de metal, que desde hace más de tres décadas alzan sus impresionantes y altivas siluetas en lo alto de lomas y colinas, son una de las imágenes más características y emblemáticas de las carreteras españolas.
Nacidos en 1956 como publicidad de Osborne, una conocida marca de vinos y licores, estuvieron a punto de desaparecer cuando una ley de 1988 prohibió la publicidad "fuera de los tramos urbanos de las carreteras estatales". Aunque se quitó la rotulación de la marca, quedando únicamente la silueta del toro, la polémica estaba servida.

R. Mattès

La presentación de varios expedientes de denuncia abrió un debate que saltó a los medios de comunicación. Se recogieron firmas y se crearon asociaciones para apoyar su permanencia. Sus defensores consideraban que el toro había superado ampliamente su sentido publicitario para convertirse en un elemento decorativo integrado en el paisaje y en un símbolo de España. La Junta de Andalucía le otorgó la categoría de Monumento en el Catálogo General del Patrimonio Histórico andaluz. Gracias a todos ellos, los toros han sido "indultados".

SEVILLA★★★

701.927 habitantes

Mapa Michelin nº 446 T 11-12

Esta ciudad de arte e historia, capital de Andalucía, ha sabido mantener vivas sus tradiciones sin dar la espalda a la modernidad. Se dice de Sevilla que es una ciudad femenina y como una bella mujer, segura de sus encantos, se muestra a sus visitantes. Los sevillanos están enamorados de ella y aprovechan cualquier oportunidad para piropearla. Sevilla es más que una ciudad, es una manera de entender la vida, alegre, festiva y, sobre todo, pasional. Sevilla es muchas cosas, quizá demasiadas para contarlas brevemente; es el Guadalquivir, que ha marcado su devenir histórico y que le sirve de espejo en el que mirarse; es su impresionante Semana Santa y su Feria; es Velázquez y Murillo, Don Juan Tenorio y Carmen; es el olor a azahar, las animadas tertulias, las sevillanas, los toros... Sevilla es luz, color y, en verano, calor, mucho calor.

SEVILLA EN FIESTAS

Durante la primavera Sevilla vive las fiestas que le han dado fama internacional: la Semana Santa y la Feria de Abril. Quien no las conozca, difícilmente podrá imaginar su esplendor y la manera en que las viven los sevillanos. Estos dos acontecimientos son la cara y la cruz de una misma moneda, dos formas tan distintas como auténticas de expresión del alma sevillana.

La Semana Santa

Se celebra en marzo o abril, dependiendo del calendario litúrgico, entre el domingo de Ramos y el domingo de Resurrección. El origen de la Semana Santa sevillana se remonta al s. XVI, momento en el que nacen sus primeras hermandades y cofradías al amparo de las asociaciones gremiales. En la actualidad son más de 50 las que sacan en procesión sus Cristos y Vírgenes. Toda la ciudad se echa a la calle para acompañar en este ceremonial la Pasión de Cristo y el dolor de su madre. El espectáculo es impresionante y único: las calles y rincones sevillanos ponen el marco escenográfico imprescindible a las procesiones. Así se cumple este ritual religioso, barroco donde los haya, en el que bellísimas imágenes sobre pasos lujosamente adornados de oro o plata desatan el fervor popular en una atmósfera cercana al éxtasis.

Las procesiones – Se suceden a lo largo de toda la semana. Cada cofradía sale de su iglesia o capilla; generalmente suelen llevar dos pasos: uno con el Cristo y otro con la Virgen. Realizan un recorrido, denominado carrera, hasta la catedral y regresan a su sede. Todas pasan por la calle Sierpes y por delante del Ayuntamiento. Los más de cien pasos que recorren las calles de la ciudad son portados por costaleros, jóvenes orgullosos de transportar las imágenes, que, dirigidos por un capataz y acompañados por una banda de música, realizan un ejercicio de fuerza y de destreza inimaginable.

Plaza de España

En la **madrugá** (madrugada del Viernes Santo) tienen lugar algunas de las procesiones más famosas: El Silencio, La Macarena, La Esperanza de Triana, Jesús del Gran Poder, Los Gitanos y, ya en la tarde del viernes, El Cachorro.
Entre las tallas que se sacan en procesión hay auténticas joyas, obra de importantes imagineros del s. XVII: Jesús del Gran Poder y el Crucificado del Amor, de Juan de Mesa; el Cristo de la Pasión, de Martínez Montañés; La Macarena, anónima; el Santísimo Cristo de la Expiración ("El Cachorro"), de Francisco Antonio Gijón; Nuestro Padre Jesús Nazareno, de Francisco Ocampo; etc.

La Feria de Abril

> **¡Ojo!**
>
> La Feria es de los sevillanos y para los sevillanos; muchas de las casetas son privadas y si no conoce a nadie que le introduzca puede sentirse un poco al margen.

Nació a mediados del s. XIX como feria de ganado, pero enseguida vio arrinconada su faceta de mercado para convertirse en una explosión de alegría, de color, de vida en la que reina la diversión. La Feria es la gran fiesta de una ciudad que tiene fama de saber divertirse como nadie.
La Feria tiene lugar dos o tres semanas después de la Semana Santa en el barrio de los Remedios. Se monta una ciudad de ilusión, iluminada por miles de bombillas y farolillos, con calles en retícula a las que abren las características casetas. La fiesta se inicia la madrugada del lunes al martes con el encendido del recinto y se termina el domingo con fuegos artificiales.
Una multitud alegre y bulliciosa inunda las calles del recinto ferial. En las casetas se canta, se bailan sevillanas, corren el fino de Jérez y la manzanilla de Sanlúcar y se tapea hasta altas horas de la madrugada.
Durante el día las mujeres rivalizan en belleza y gracia, vestidas con sus preciosos trajes de faralaes mientras bailan, pasean a la grupa de un caballo o recorren las calles del ferial. El paseo de los caballistas vestidos de corto, con sombrero cordobés, y de los coches tirados por caballos vistosamente enjaezados es otro de los muchos atractivos de esta singular fiesta.
En la calle del Infierno se montan las atracciones que hacen las delicias de niños y mayores.

El Rocío

En el apartado de fiestas no se debe de olvidar **El Rocío** *(ver p. 297)*. Esta romería, resultado de la fusión de la devoción mariana y del espíritu festivo, tiene como punto de destino una ermita cercana a la pequeña localidad de Almonte (Huelva).
Sevilla vive intensamente El Rocío a través de conocidas hermandades. Los romeros realizan el recorrido a pie, a caballo o en carretas acompañando la carroza del Simpecado, estandarte de la Virgen.
Durante el camino se cantan y bailan sevillanas rocieras en honor de la Virgen.

Ch. Sappa/HOA QUI

Alojamiento

¡Ojo! No olvide que los precios de las habitaciones durante la **Semana Santa** y la **Feria** pueden llegar a multiplicarse por dos o más. Para evitar sorpresas desagradables, si desea viajar a Sevilla durante esas fechas, infórmese detalladamente de los precios de las habitaciones.

CORRECTO

Sevilla – *Daoiz, 5 – ☎ 954 38 41 61 – fax 954 90 21 60 – 35 hab. – 28,94/48,23€ (IVA incluido).* Muy bien situado en una agradable placita cerca del Palacio de la Condesa de Lebrija. Es un hotel muy adecuado para los que no quieren gastarse mucho dinero sin renunciar a la comodidad. La decoración un poco pasada de moda constituye uno de sus encantos.

Londres – *San Pedro Mártir, 1 – ☎ y fax 954 21 28 96 – 25 hab. – 45,08€.* Cerca del Museo de Bellas Artes. Habitaciones sencillas y limpias. Prefiera las que dan a la calle (tranquila) en lugar de las que abren al patio interior; algunas tienen un balcón muy agradable. Tenga en cuenta que el edificio carece de ascensor.

Hostal Nuevo Picasso – *San Gregorio, 1 - ☎ 954 21 08 64 - hpicasso@arrakis.es - 20 hab. 45,08/51,09€.* En la entrada del barrio de Santa Cruz, esta elegante casa sevillana conserva casi intacto su antiguo aspecto. Escalera de madera, patio con infinidad de plantas y habitaciones alegres pero sin pretensiones. Mayoría de jóvenes entre los clientes.

UNA BUENA OPCIÓN

Hotel Doña Blanca – *pl. P. Jerónimo de Córdoba, 14 – ☎ 954 50 13 73 – 19 hab.– 44,93/61,75€.* Bonita mansión de fachada roja con habitaciones a un precio muy razonable, sobre todo teniendo en cuenta su tamaño, decoración y confort. Está en un barrio céntrico y muy animado, próximo al convento de Santa Paula.

Hotel Simón – *García Vinuesa, 19 – ☎ 954 22 66 60 – 30 hab. 48,08/78,13€.* Casi al lado de la catedral, esta casona blanca organizada en torno a un fresco patio interior parece de otra época. Los pasillos están decorados con muebles antiguos y grandes espejos. Todas las habitaciones son cómodas pero las más bonitas son las revestidas de azulejos.

Corregidor – *Morgado, 17 – ☎ 954 38 51 11 – fax 954 38 42 38 – 58 hab. – 66/84€.* Este hotel, ligeramente retranqueado con respecto a los demás edificios de la calle, destaca por su bonita fachada, su gran vestíbulo de entrada y su pequeño jardín. Habitaciones muy confortables.

Casas de la Judería – *Callejón Dos Hermanas, 7 – ☎ 954 41 51 50 – fax 954 42 21 70 – 53 habitaciones – 93,76/111,20€.* Una agradable sorpresa en el antiguo barrio judío de la ciudad. Elegante, tradicional y lleno de colorido, es un auténtico hotel con encanto instalado en la que fue casa del duque de Béjar.

UN CAPRICHO

Doña María – *Don Remondo, 19 – ☎ 954 22 49 90 – fax 954 21 95 46 – 66 hab. – 93,16/167,27€.* Edificio antiguo, renovado con gusto, desde el que se ve la Giralda. Aunque no se aloje en él, no pierda la ocasión de disfrutar de su espléndida terraza.

Los Seises – *Segovias, 6 – ☎ 954 22 94 95 – fax 954 22 43 34 – 42 hab., 2 suites – 132,22/180,30€.* Hotel en el que se combinan a la perfección la decoración moderna y la arquitectura de los ss. XVI y XVII. Está situado en uno de los patios del palacio arzobispal. Piscina en la terraza.

Casa Imperial – *Imperial, 29 – ☎ 954 50 03 00 – fax 954 50 03 30 – 18 hab., 4 suites – 198/215€ (desayuno incluido).* En una calle tranquila, detrás de la Casa de Pilatos, este hotel ocupa una interesante mansión de estilo barroco. Aunque su construcción se inició en el s. XVI, el edificio actual data de los s. XVII y XVIII. Bonito patio principal.

Alfonso XIII – *San Fernando, 2 – ☎ 954 22 28 50 – fax 954 21 60 33 – 127 hab. – 300,50/390,65€.* Edificio de estilo neomudéjar construido en 1928. Es el más lujoso y emblemático de la ciudad.

Restaurantes

UNA BUENA OPCIÓN

Corral del Agua – *Callejón del Agua, 6 – ☎ 954 22 48 41 – 18/24€ – cerrado do.* Magnífica y refrescante sorpresa en una callecita tranquila del barrio de Santa Cruz que nos transporta al pasado. En verano la terraza cubierta de plantas es una delicia. Cocina andaluza.

La Albahaca – *pl. de Santa Cruz, 12 – ☎ 954 22 07 14 – 24,65/33,66€ – cerrado do.* En el barrio de Santa Cruz. Si decide comer en esta antigua mansión señorial, tendrá ocasión de elegir mesa en uno de los tres salones que prefiera. Cocina internacional. Terraza durante los meses de buen tiempo.

UN CAPRICHO

El Burladero – *Canalejas, 1* – ☎ *954 22 29 00* – *32,76/38,46€*. Restaurante (y bar de tapas) de la máxima categoría y muy frecuentado. Decoración sobria y cuidada. Su especialidad es el rabo de toro.

Taberna del Alabardero – *Zaragoza, 20* – ☎ *954 56 06 37* – *34,70/47€*. Esta casa del s. XIX acoge una de las mejores cocinas de la ciudad, un hotel de alta categoría con una docena de habitaciones, un salón de té muy agradable y la escuela de hostelería de Sevilla. Sólo la visita ya merece la pena.

Tapas

BARRIO DE SANTA CRUZ

Calle Mateos Gago – Esta calle turística próxima a la Giralda está llena de bares y restaurantes. Uno de ellos es la **Bodega de Santa Cruz**, frecuentada sobre todo por jóvenes que comen y beben en la calle. La cervecería **La Giralda** *(en el nº 1)*, uno de los establecimientos más tradicionales del barrio, ofrece sabrosas raciones. Un poco más arriba se encuentra la **Bodega Belmonte** *(en el nº 24)*, una taberna de nuevo cuño que destaca por su lomo a la pimienta.

Las Teresas – *Santa Teresa, 2*. Esta pequeña taberna sevillana, que abre sus puertas en una callecita pintoresca, es un clásico del barrio de Santa Cruz. Agradable decoración de principios del s. XIX y tapas deliciosas. Enfrente está **Casa Plácido**, un buen sitio para tomar tapas frías.

Puerta de la Carne – *Santa María La Blanca, 36*. Un sitio perfecto para descubrir uno de los aspectos más originales de Sevilla, ya que vende todo tipo de marisco y pescaíto frito en cucuruchos de papel.

TRIANA

Kiosco de Las Flores – *pl. del Altozano, s/n*. Junto al puente de Triana, bar de tapas, con terraza próxima al Guadalquivir, dirigido por la misma familia desde 1930. Especialidad: pescaíto frito, marisco y ortiguillas (algas fritas).

Sol y Sombra – *Castilla, 149-151* – *cerrado lu y ma a mediodía*. Uno de los bares más populares de Sevilla. En este establecimiento, donde huele a queso y jamón, no hay sillas ni mesas y las paredes están cubiertas de carteles taurinos amarillentos por el paso del tiempo y el humo del tabaco.

Casa Cuesta – *Castilla, 3* – *cerrado ma*. Bar fundado en 1917 y especializado en platos preparados a base de carne de toro. En cuanto empieza el buen tiempo instalan numerosas mesas en la placita próxima.

ARENAL y PLAZA NUEVA

Bodeguita A. Romero – *Antonio Díaz, 19* – *cerrado ago y lu*. Junto a la plaza de toros de la Maestranza, este bar es famoso por su exquisita *pringá* (carne del cocido que se toma con pan). A mediodía los clientes suelen ser hombres de negocios.

Casablanca – *Zaragoza, 50* – *cerrado do*. Este pequeño bar, uno de los más famosos de Sevilla, siempre está lleno de gente, sobre todo del barrio.

P. Wysocki/EXPLORER

Reponiendo fuerzas en una terraza de Mateos Gago

En el interior de El Rinconcillo

CENTRO

El Patio de San Eloy – *San Eloy, 9* – ☎ *954 22 11 48.* Sorprendente taberna con distintos ambientes. Entrando a la derecha hay un pequeño mostrador de vinos; en el bar central se puede tomar todo tipo de bocadillos (andaluz, catalán, gallego, francés, belga...); finalmente, al fondo hay una serie de bancos revestidos de azulejos (parecidos a un baño árabe) que constituyen una zona perfecta para charlar. A mediodía el local está atestado de gente.

SANTA CATALINA

El Rinconcillo – *Gerona, 40.* Es uno de los bares más antiguos y más bonitos de Sevilla. Aunque sus orígenes se remontan a 1670, la decoración actual es del s. XIX, incluidos los magníficos azulejos. Vale la pena observar con detalle el bar y el artesonado de madera del techo.

ALFALFA

Bodega Extremeña – *c/ Águilas esquina a Candilejo.* En plena Andalucía, un curioso escaparate de productos extremeños. En este pequeño bar tendrá ocasión de degustar excelentes quesos (como la célebre Torta del Casar), jamones, todo tipo de embutidos y vinos.

Salir

A la hora de salir de noche, el centro, sobre todo la zona de la Catedral, el pintoresco barrio de Santa Cruz y el Arenal, son los protagonistas para tomar copas en un ambiente histórico y monumental. Hay que citar también el popular barrio de Triana y, en especial, la calle Betis, en la ribera del río, donde abundan los locales con sabor. Los más jóvenes prefieren los bares del barrio de la zona de Nervión, donde se encuentran las discotecas más populares, que aseguran animación hasta el amanecer. La movida más bohemia y alternativa se mueve alrededor de la Alameda de Hércules, una zona no muy segura, pero con algunos locales interesantes, como Fun Club, que organiza frecuentemente conciertos, y el café Habanillla, decorado con una curiosa y abundante colección de cafeteras antiguas.

En verano la animación se traslada a las márgenes del río, transformándose éstas en varios kilómetros consecutivos de terrazas y bares de copas, con locales para todos los gustos, estilos y edades.

Horno San Buenaventura – *av. de la Constitución, 16 – abre de 8 a 22.* Pertenece a una cadena sevillana de hornos con más de seis siglos de antigüedad. Este local es particularmente destacable por su emplazamiento frente a la Catedral y por su amplio salón de té en la planta alta. Su confitería merece la fama que tiene.

La Campana – *pl. de la Campana, 1 – abre de 8 a 22.* Una de las clásicas cafeterías sevillanas. La decoración rococó crea un ambiente muy agradable para disfrutar principalmente de los productos de confitería, famosos en toda la ciudad. La clientela es muy variada, desde el sevillano más arraigado hasta el turista que pasea por el centro de la ciudad.

Café de la Prensa – *Betis, 6 – abre de 13-03 de la madrugada.* Este café junto a la ribera del río con un ambiente joven e intelectual es un local de decoración moderna. Tiene mesas en la calle desde las que se contempla una impagable vista del Río Guadalquivir y del centro monumental de la ciudad. Perfecto para pasar la tarde o tomar las primeras copas de la noche.

Antigüedades – *Argote de Molina, 40 – abre de 20-03 de la madrugada.* Es uno de los locales más variopintos de la ciudad. No se puede hablar de una decoración específica ya que varía según el acontecimiento que ocurra cada mes. Ambiente de gente joven, con predominio de los treintañeros. Muy animado en torno a la medianoche.

Abades – *Abades, 16 – abre de 16 hasta la madrugada.* Esta casa palacio del s. XVIII en pleno barrio de Santa Cruz cuenta con varios salones barrocos decorados con antigüedades. La clientela toma copas en un clima relajado y elegante mientras escucha música clásica.

La Carbonería – *Levíes, 18 – abre de 20-04 de la madrugada.* Toda una institución en Sevilla, clave en la vida cultural más bohemia de la ciudad. Instalado en un antiguo almacén de carbón de la Judería, tiene varias zonas en las que se puede disfrutar de un recital de un cantautor alrededor de la chimenea en un ambiente íntimo, o del flamenco más auténtico y bullicioso (música en directo todas las noches). Se organizan también exposiciones de pintura y fotografía. Imprescindible.

El Tamboril – *pl. Santa Cruz, 12 – abre de 22-05 de la madrugada.* En un rincón recoleto del Barrio de Santa Cruz, esta taberna está permanentemente abarrotada por un público asiduo y fiel, que canta espontáneamente sevillanas y rumbas en un clima distendido hasta altas horas de la madrugada. Todos los días a medianoche se canta la Salve Rociera.

Sala Mandra – *Torneo, 43 – abre de ju-sá de 22-06 de la madrugada.* En esta sala de aspecto moderno e industrial, todos los viernes y algunos jueves se organizan conciertos de rock y pop. También se ofrecen algunas veces espectáculos teatrales. Cuando estos terminan, la sala funciona como discoteca, normalmente los jueves y los sábados con música latina y los viernes más comercial. Lo más vanguardista.

Voulé-Bar / Wall Street – *Balbino Marrón, s/n, edificio Viapol – abre de mi-sá de 24-06 de la madrugada.* Estos dos locales contiguos se encuentran en la zona preferida de los jóvenes, en el barrio de Nervión. **Voulé-bar** organiza conciertos de música salsa, flamenco y esporádicamente toca algún grupo de primera línea. **Wall Street** está pensado para que la gente pida las copas en función de la fluctuación de los precios que indican las múltiples pantallas distribuidas por el bar. Los dos locales atraen gran cantidad de público, que se mueve constantemente de uno a otro. Edad media entre 25 y 35 años.

Sopa de Ganso – *Pérez Galdós, 8 – abre de 13-02 y los fines de semana hasta las 06 de la madrugada.* Con una decoración donde abunda la madera y una selección musical variada, el buen ambiente está asegurado. Un público variado –no pocos extranjeros– acude a disfrutar en este local algo alternativo pero muy divertido. Por la tarde, se llena con gente que viene a degustar sus tartas.

La Sonanta – *San Jacinto, 31 – abre de 20.30 hasta la madrugada.* Emplazado en el barrio de Triana, es un pequeño bar que durante el día sirve tapas y que por la noche se llena con aficionados al flamenco. Los jueves y viernes hay cante en directo. Dos veces al año, organizan un festival flamenco. Público variado, especialmente turistas y amantes del cante.

En el **Paseo de las Delicias** se encuentran cuatro locales (Chile, Líbano, Alfonso, Bilindo) que, aunque abren todo el año, tienen su mejor momento en el verano, cuando forman un circuito de ambiente muy animado. Durante las tardes de invierno son buenos lugares para tomar algo tranquilo en pleno Parque de María Luisa, rodeado de los edificios de la Exposición del 29. En verano, copas y baile hasta el amanecer, al aire libre. El público varía en función del local, pero oscila entre los 25 y los 40 años.

Ocio

Sevilla es una capital abierta y festiva, en la que permanentemente se organizan actividades de todo tipo y en la que la oferta cultural es variada y abundante.

Publicaciones – Existen dos publicaciones bilingües (Castellano-Inglés) dedicadas al turismo en Sevilla, gratuitas y de carácter mensual. Se encuentran en algunos hoteles y establecimientos: **Welcome Olé** y **The Tourist.**
El Área de Cultura del Ayuntamiento de Sevilla **(NODO)** publica un pequeño folleto con los acontecimientos culturales de cada mes. Para toda Andalucía existe una publicación mensual, **El Giraldillo**, con información sobre ferias, exposiciones, teatros, cine, restaurantes, compras, etc. **Internet**: http://www.elgiraldillo.es

El **Teatro de la Maestranza** *(paseo de Colón, 22 – ☎ 954 22 65 73 – www.maestranza.com)* tiene una completa temporada lírica, de conciertos y danza, en la que destacan las representaciones operísticas, con nombres de primera fila internacional.
El **Teatro Lope de Vega** *(av. María Luisa, s/n – ☎ 954 59 08 53)* se centra más en espectáculos teatrales y flamencos.

En la Isla de la Cartuja se encuentra el **Teatro Central** *(av. José de Gálvez, s/n – ☎ 954 46 07 80 – www.teatrocentral.com)*, un moderno edificio construido para la EXPO 92 que ofrece una programación de teatro y música de vanguardia, con las principales compañías internacionales de este campo. También programa interesantes ciclos de flamenco.

Son numerosas también las salas y pequeños locales que organizan conciertos y recitales.

El resto de la oferta cultural es igualmente amplia, con numerosas salas de exposiciones y locales dedicados al arte. Destacan las exposiciones organizadas en el Monasterio de la Cartuja por el Centro Andaluz de Arte Contemporáneo.

Tiendas y compras

La oferta comercial de Sevilla es amplia y variada. Lo más tradicional sigue siendo el centro histórico, en especial la calle Tetuán, la Plaza del Duque de la Victoria, San Eloy y el resto de calles peatonales de la zona. Mención aparte merece la histórica **calle Sierpes**, donde abundan los comercios más tradicionales y las tiendas más curiosas. En esta calle hay varios establecimientos de Foronda, un artesano sevillano famoso por sus mantones bordados a mano. También aquí se encuentra la confitería Ochoa, de clásico sabor, perfecta para desayunar o tomar algo por la tarde y famosa por su repostería de encargo. Las calles perpendiculares a Sierpes y las que rodean el cercano templo del Salvador están también muy concurridas; destacan las joyerías que abundan en la Pl. del Pan y la calle Alcaicería.

En el barrio de **Los Remedios**, al otro lado del río, la calle Asunción concentra tiendas de marcas muy conocidas y de todo tipo de artículos.

El moderno barrio de Nervión cuenta con dos grandes centros comerciales (El Corte Inglés y Nervión Plaza) y locales de conocidas cadenas de ropa.

Existe otro gran centro comercial en la **antigua estación de tren de Plaza de Armas**, un interesante edificio regionalista de principios del s. XX. Allí se encuentra La Fábrica de Cerveza, un establecimiento donde se puede tomar una cerveza mientras se contempla el proceso de fabricación de esta bebida.

Mercadillos – Sevilla cuenta con numerosos mercadillos al aire libre, especializado cada uno en un tipo de artículo. El jueves, se instala en la calle Feria un popular mercadillo de antigüedades y objetos usados, donde puede hacerse algún hallazgo interesante. Los domingos por la mañana, en distintos puntos de la ciudad, se ponen mercadillos: en la Pl. de la Alfalfa se sitúa uno de animales muy visitado por el público de Sevilla; la Pl. del Cabildo reúne los puestos de coleccionistas de sellos y monedas antiguas; y por último, en la Alameda de Hércules se colocan desde muy temprano puestos ambulantes, la mayoría de objetos de segunda mano.

Ch. Boisvieux

Mercadillo en la Alameda de Hércules

Transportes

Aeropuerto – El Aeropuerto Internacional San Pablo, ☎ 954 44 90 00, se encuentra en la carretera de Madrid, a 8 km de la ciudad. Además de los taxis, hay una línea de autobuses que lo conecta con el centro de la ciudad y con la estación de tren de Santa Justa; el viaje cuesta 2,10€.

Trenes – La estación de tren de **Santa Justa** se encuentra en la Avda. Kansas City. Desde esta estación parten trenes a la provincia, a todas partes de España y al extranjero; destaca el tren de alta velocidad AVE, que une Sevilla con Madrid en 2 horas 25 minutos, pasando por Córdoba. Información y reserva de billetes ☎ 902 24 02 02.

Autobuses interurbanos – Existen dos estaciones:
- Estación de Plaza de Armas *(pl. de Armas, s/n)*: de aquí parten las líneas que recorren la provincia de Sevilla, Huelva y el resto de España, Portugal y otros países extranjeros. ☎ 954 90 77 37/80 40.
- Estación de El Prado de San Sebastián *(Prado de San Sebastián, s/n)*: parten autobuses al resto de Andalucía. ☎ 954 41 71 11.

Autobuses urbanos – **Tussam** (☎ 954 22 81 77/ 53 60). Es la mejor opción para desplazarse por la ciudad. El precio del viaje es de 0,81€. Existen abonos de 10 viajes (con transbordo 3,75€, permite pasar de una línea a otra durante una hora; sin transbordo 3,45€.).

Taxis – ☎ 954 58 00 00 y 954 62 22 22.

Coches de caballos – En ellos se puede pasear por la principales zonas turísticas de la ciudad, como una alternativa agradable. Las principales paradas se encuentran en Pza. Virgen de Los Reyes, Torre del Oro, Pza. de España y Av. de la Constitución.

Cruceros Turísticos por el Guadalquivir – Desde la Torre del Oro parten barcos que dan un agradable paseo por el río. Otros van hasta Sanlúcar de Barrameda, pasando por el Parque Nacional de Doñana hasta la desembocadura del río.

Bus turístico – Parte de la Torre del Oro y realiza un recorrido turístico por la ciudad, parando en los principales monumentos. Se puede bajar de cualquiera de ellos y subir a continuación en otro posterior.

APUNTES HISTÓRICOS

"Hércules me construyó, Julio César me rodeó de murallas y altas torres y el Rey Santo me conquistó" Puerta de Jérez *(destruida en el s. XIX)*

La historia de Sevilla, desde tiempos remotos, viene determinada por su activo puerto fluvial. Aunque sus orígenes no están muy claros, se cree que fueron los íberos quienes la fundaron; posteriormente fue colonia griega, fenicia y cartaginesa. Los romanos la arrebataron a éstos últimos en el 205 a. C. tras un largo asedio.

Romanos y visigodos – La primera etapa romana está marcada por luchas internas entre las distintas facciones hasta su conquista por Julio César en el 42 a. C., que la amuralló y la condujo a una etapa de esplendor, durante la cual fue una de las principales ciudades de la Bética.
En el s. V llegan los vándalos que a su vez serán expulsados por los visigodos; estos últimos la convirtieron en capital de su reino hasta el traslado de la corte a la ciudad de Toledo. El s. VI dará una figura de gran importancia, el obispo San Isidoro, autor de las *Etimologías*, que tuvo una gran influencia en la cultura europea medieval.

Árabes – En 712 con la conquista musulmana se inicia el largo periodo de dominación árabe. Durante el califato dependió de Córdoba y a la caída de éste (1031), pasa a ser un reino de taifa. Durante el reinado de Al Mutamid, rey amante de las artes y las letras, la ciudad vive un florecimiento cultural. Las difíciles relaciones con el rey cristiano Alfonso VI le obligan a pedir ayuda a los almorávides, que acaban apoderándose del reino (1091). En el s. XII los almohades arrebatan el reino a los almorávides e impulsan el desarrollo urbanístico de la ciudad: construyen nuevos barrios extramuros, la Giralda y la gran mezquita en el lugar que hoy ocupa la Catedral.

La Reconquista – El 23 de noviembre de 1248, Fernando III el Santo reconquista la ciudad e instala en ella su corte. Alfonso X el Sabio y Pedro I mantienen la corte en Sevilla. Pedro I reforma el Alcázar para vivir en él.

No madeja do = No me ha dejado

Este emblema, a modo de jeroglífico, que porta el escudo de Sevilla, le fue otorgado por el rey Alfonso X el Sabio (1221–1284) quien, tras los problemas sufridos en los últimos años de su reinado, recordaba de esta manera la fidelidad y el apoyo que le había dispensado la ciudad.

S. XVI: la edad de oro – El Descubrimiento de América (1492) marcará de manera determinante la historia de Sevilla, que monopoliza el comercio con el Nuevo Mundo y se convierte en el puerto de salida y llegada de todas las expediciones a América. De aquí parten entre otras muchas las expediciones de Américo Vespucio y la de Magallanes (en 1519) para dar la primera vuelta al mundo. En 1503 se crea la **Casa de Contratación**, organismo encargado de estimular, inspeccionar y controlar el comercio con las Américas.

La ciudad se enriquece, mercaderes y banqueros extranjeros acuden a la llamada del oro americano. Sevilla bulle de animación, se construyen palacios, se crean industrias y al olor del dinero y de la actividad frenética acuden buscavidas, pícaros y toda clase de gentes. La población, que casi se duplica a lo largo del siglo, alcanza la cifra de 200.000 habitantes, según algunas fuentes.

El declive – Con la peste de 1649, una auténtica catástrofe demográfica, se inicia el declive de la ciudad, que sufre el golpe definitivo con el traslado a Cádiz de la Casa de Contratación en 1717.

El s. XX – A lo largo del siglo se celebran en Sevilla dos exposiciones, la Iberoamericana en 1929 y la Universal en 1992, que influyen decisivamente en la fisonomía de la ciudad. Para la Expo 92 se llevaron a cabo importantes obras de modernización de la infraestructura urbana; la más significativa fue la incorporación a la ciudad de la isla de la Cartuja, en la que posteriormente se han creado el Parque Temático Isla Mágica y el Centro Andaluz de Arte Contemporáneo.

★★★ 1 BARRIO DE LA CATEDRAL

★★★ La Giralda

Elegante y altiva, la Giralda es el símbolo de la ciudad. Construida en ladrillo a finales del s. XII, era el minarete (96 m) de la antigua mezquita y estaba rematado por tres bolas doradas que, en el s. XIV, se vinieron abajo a causa de un terremoto. En el s. XVI adquirió su configuración actual cuando el arquitecto cordobés Hernán Ruiz edificó el cuerpo de campanas y los tres templetes superpuestos y añadió los balcones. El conjunto se coronó entonces con una enorme veleta, la estatua de la Fe, denominada popularmente el Giraldillo, de donde deriva el nombre de la torre. Obra maestra del arte almohade, su decoración es delicada y comedida como corresponde a esta secta purista, austera y enemiga del lujo, que creó un arte en el que se armonizan belleza y sencillez. La torre de la Kuttubiyya de Marrakech, que se construyó poco tiempo antes, pudo servir de inspiración. La decoración de cada una de sus caras se organiza en tres registros verticales con paños de sebka (red de rombos formada por un entramado de arquillos polilobulados).

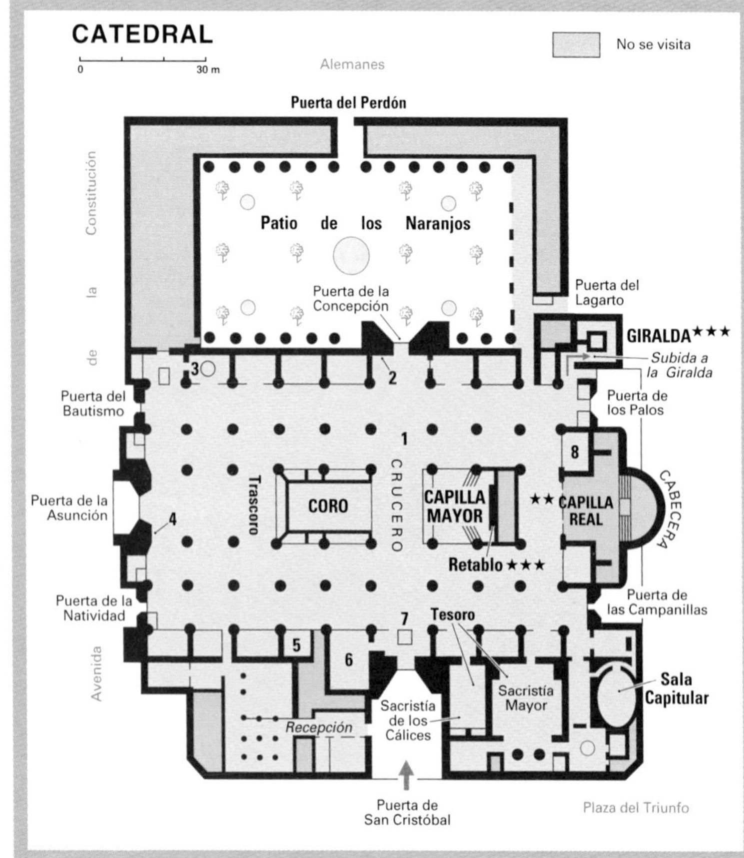

Los "Seises", una bella tradición

Los Seises son un grupo de 12 niños, vistosamente ataviados, que cumpliendo con una tradición que se remonta al s. XVI, cantan y bailan ante el Altar Mayor de la Catedral durante las octavas del Corpus y de la Inmaculada. En un principio eran 16 niños de donde deriva el nombre de Seises. También acompañan la procesión del **Corpus** y bailan cuando ésta se detiene en las plazas del Ayuntamiento y del Salvador.

★★Catedral

"Hagamos una iglesia que nos tengan por locos", manifestó el Cabildo de la catedral cuando en 1401 acordó la demolición de la mezquita y la construcción de la nueva catedral. Y, en efecto, la catedral sevillana impresiona por sus dimensiones: fue, hasta hace poco, la tercera en tamaño del orbe cristiano, a continuación de San Pedro del Vaticano y San Pablo de Londres. Es una de las últimas catedrales góticas españolas, ya con influencias renacentistas.

En el **exterior**, muy macizo, puede apreciarse el juego de los volúmenes arquitectónicos. Las portadas de San Cristóbal (o del Príncipe), de la Asunción y de la Concepción (en el Patio de los Naranjos) son modernas (ss. XIX y XX), pero respetan el estilo del conjunto. Las del Nacimiento y el Bautismo, que se abren a la Avenida de la Constitución, tienen hermosas esculturas de Mercadante de Bretaña (1460). En la cabecera se aprecian los volúmenes curvos de la Capilla Real (1575), decorada con escudos, y a ambos lados se sitúan las Puertas de Palos y de las Campanillas, de factura gótica, que muestran influencias renacentistas en los relieves de los tímpanos, donde Miguel Perrin empleó con acierto la perspectiva.

Visita de la Catedral y la Giralda ⏲ – *Entrada por la puerta San Cristóbal.*

El **interior de la Catedral** es un universo de piedra, vidrieras y rejas que impresiona por su amplitud y su riqueza. Resulta extraordinariamente alto debido a los esbeltos pilares. La planta es de salón con cinco naves –la central más ancha y más alta– y capillas en los laterales. Los pilares sustentan sencillas bóvedas de crucería, excepto en la zona central. La bóveda del crucero, de estilo flamígero, se eleva a 56 m de altura. Un **espejo** (**1**), situado en el suelo, permite una impactante visión de estas preciosas bóvedas bordadas en piedra.

Subida a la Giralda – Se puede subir hasta el cuerpo de las campanas (70 m) por una rampa con 34 tramos. Tómeselo con calma (es largo pero no muy duro) y aproveche para asomarse a los balcones, que ofrecen peculiares vistas sobre el patio de los Naranjos, las gárgolas y pináculos de la catedral y el Alcázar. Merece la pena el esfuerzo puesto que desde la plataforma exterior se contempla un magnífico **panorama★★★** de la ciudad.

Capilla Mayor – De asombrosa riqueza, se cierra con espléndidas **rejas platerescas★★** (s. XVI); en la central intervino fray Francisco de Salamanca. El gigantesco **retablo★★★** flamenco (1482-1525), el mayor de España, está tallado y pintado con gran profusión de personajes y suma delicadeza, y representa escenas de la vida de Cristo y de la Virgen, salvo en el banco en el que aparecen santos. El retablo se organiza en 7 calles con la central más ancha. Es una pena que no pueda verse más de cerca ya que es realmente impresionante.

Coro – En la nave central, y tras una reja (s. XVI) de fray Francisco de Salamanca se sitúa el coro, con una bella sillería (ss. XV-XVI). Los majestuosos órganos son del s. XVIII. El **trascoro**, de mármoles multicolores, jaspe y bronce es del s. XVII.

Tesoro – En la **sacristía de los Cálices** (s. XVI), que cubre una bella bóveda, se exhiben interesantes pinturas: ***Santa Justa y Santa Rufina***, de Goya, un Zurbarán, un tríptico de Alejo Fernández y algunos lienzos de Valdés Leal. En la antesala de la sacristía se encuentra el **Tenebrario**, un candelabro plateresco de 15 brazos utilizado durante las procesiones de Semana Santa y que mide 7,80 m.

En la **sacristía mayor**, bellísima sala del s. XVI con planta de cruz griega, destacan la impresionante **custodia** renacentista de plata, obra de Juan de Arfe, de 3,90 m y 475 kg; una *Santa Teresa* de Zurbarán y *El martirio de San Lorenzo* de Lucas Jordán, ambos en el muro del fondo.

Sala Capitular – Esta sala, cubierta mediante una magnífica cúpula elíptica con linterna, es un bello ejemplo de arquitectura renacentista del s. XVI. La preside una característica *Inmaculada Concepción* de Murillo.

★★ **Capilla Real** – *No se visita.* Se construyó, sobre otra anterior, en tiempos de Carlos V. El conjunto, de estilo plateresco, impresiona por su monumentalidad. Se abre con un enorme arco y la planta consta de un cuadrado que se cubre con una bella cúpula de casetones decorados con cabezas y de un pequeño ábside cubierto a su vez con una venera adornada con figuras. En el altar se sitúa la imagen de madera de la **Virgen de los Reyes**, patrona de Sevilla, y delante de él, en una valiosa urna de plata, reposan los restos de Fernando III el Santo. En los laterales se encuentran los sepulcros de Alfonso X y de su madre Beatriz de Suabia. Cierra la capilla una majestuosa reja realizada en 1771.

Vista aérea del barrio de la Catedral

Patio de los Naranjos – Este singular patio rectangular, plantado de naranjos, era el patio de abluciones de la mezquita. Está adosado al flanco Norte de la Catedral.

Salga del Patio de los Naranjos por la Puerta del Perdón.

Puerta del Perdón – El arco almohade y las hojas de la puerta son las originales de esta majestuosa entrada al patio de la antigua mezquita. Las impresionantes esculturas y el relieve, que representa la Expulsión de los mercaderes, se realizaron en el s. XVI.

En las capillas y altares...

Una vez visto lo fundamental, no deje de dar una vuelta por las capillas; contienen numerosas obras de arte.

– **Altar de Nuestra Señora de Belén** (**2**): bello cuadro de esta Virgen, obra de Alonso Cano.

– **Capilla de San Antonio** (**3**): interesantes pinturas presididas por un magnífico lienzo (muro de la derecha): *La Visión de San Antonio de Padua*, de Murillo; Asimismo destacan el *Bautismo de Cristo*, también de Murillo, y dos Valdés Leal sobre San Pedro.

– **Altar del Santo Ángel** (**4**): presidido por un bello Murillo, *El Ángel de la guarda.*

– **Capilla de San Hermenegildo** (**5**): sepulcro del Cardenal Cervantes (s. XV), realizado en alabastro por Lorenzo Mercadante.

– **Capilla de la Virgen de la Antigua** (**6**): mayor que el resto y cubierta con una elevada bóveda y, en el altar, un bello fresco de la Virgen (s. XIV).

– **Monumento funerario de Cristóbal Colón** (**7**): mausoleo romántico (s. XIX) en el que cuatro porteadores con los símbolos de los reinos de Castilla, León, Navarra y Aragón sobre el pecho, llevan a hombros el féretro del descubridor.

– **Capilla de San Pedro (8)**: en sus muros cuelga una incomparable serie de óleos de **Zurbarán** sobre la vida del santo.

Y. Arthus-Bertrand/ALTITUDE

Palacio Arzobispal – En la típica plaza de la Virgen de los Reyes, con su monumental farola y sus turísticos coches de caballos que aguardan a posibles clientes, se halla la residencia del Arzobispo de Sevilla. Presenta una elegante fachada tardobarroca, realizada a principios del s. XVIII.

Plaza de Santa Marta – *Tome el callejón de Santa Marta, frente al Palacio Arzobispal.* Placita coqueta y agradable cuyo único acceso es el callejón. Fachadas blancas, sencillas rejas y una pequeña cruz de piedra sombreada por naranjos configuran esa atmósfera llena de encanto y de sosiego que encontramos en tantas placitas sevillanas.

Archivo General de Indias ⓥ – Está instalado en la antigua Lonja, construida a finales del s. XVI según planos de Juan de Herrera, arquitecto de El Escorial. El edificio, de sobrio estilo renacentista, presenta dos pisos con vanos arquitrabados. En el interior destaca la bella escalera de mármol rosa y negro (s. XVIII). El archivo fue fundado por Carlos III en 1785. Sólo se visita parte de la planta superior, con grandes salas cubiertas mediante bellas bóvedas. Aquí se guardan documentos, de valor inestimable, relativos a la conquista y colonización de América. Pueden verse autógrafos de Colón, Magallanes, Hernán Cortés, Juan Sebastián Elcano, etc.

Plaza del Triunfo – Varios edificios de "lujo" conforman esta plaza en cuyo centro se alza el triunfo de la Inmaculada. Está situada a la espalda del Archivo de Indias; uno de sus laterales lo ocupa el muro Sur de la Catedral, el de enfrente el Alcázar y el otro, el edificio de la Casa de la Provincia, antiguo Hospital del Rey.

★★Real Alcázar ⓥ

Entrada por la Puerta del León.

Este maravilloso conjunto palatino es un caso especial entre las residencias reales ya que, como se construyó en sucesivas etapas desde el s. X, presenta una gran variedad de estilos arquitectónicos. Del alcázar almohade (s. XII) subsisten solamente el Patio del Yeso y los arcos fortificados que separan el Patio de la Montería del Patio del León; el resto es de época cristiana. En el s. XIII Alfonso X el Sabio edificó los Salones de Carlos V, de estilo gótico. El núcleo principal del palacio fue construido en el s. XIV por Pedro I el Cruel en 1362. Obra maestra del arte mudéjar, se edificó con el concurso de obreros granadinos, por lo que la decoración está muy influida por la de la Alhambra *(p. 214)*, que data de la misma época. Posteriormente sufrió modificaciones en tiempos de Juan II, los Reyes Católicos, Carlos V y Felipe II.

Cuarto del Almirante – *A la derecha del Patio de la Montería.* En él fundó Isabel la Católica la Casa de Contratación (1503). En la Sala de Audiencias se expone el retablo de la **Virgen de los Mareantes**★ (1531-1536), admirable obra de Alejo Fernández.

Sala de la Justicia y patio del Yeso – *A la izquierda del Patio de la Montería.* La sala de la Justicia se construyó en el s. XIV sobre los restos del antiguo palacio almohade. Fíjese en las bellas yeserías y en la magnífica cúpula.

★★**Palacio de Pedro el Cruel** – Su fachada recuerda a la del patio del Cuarto Dorado de la Alhambra. Bajo un gran alero de madera tallada, presenta decoración de sebka, frágiles arquillos lobulados y un gran friso epigráfico.

El palacio se organiza en torno a dos patios: el Patio de las Doncellas, que era el núcleo de la vida oficial y el pequeño Patio de las Muñecas que centraba la vida privada.

En el interior, desde el vestíbulo se accede al **Patio de las Doncellas**. Rectangular, de amplias proporciones, deslumbra por su exquisita decoración de yeserías, sustentada por una galería de arcos lobulados sobre columnas pareadas, y también por su magnífico zócalo de alicatados (s. XIV). El segundo cuerpo, italianizante, se añadió en tiempos de Carlos V.

Abren a este patio bellísimas salas mudéjares: **salón del techo de Carlos V** (**1**), antigua capilla del palacio, con una espléndida techumbre renacentista con artesones poligonales; el **dormitorio de los Reyes Moros** (**2**), dos salas decoradas con preciosas yeserías azuladas y un magnífico artesonado; y el **salón de Embajadores** (**3**), el más suntuoso del Alcázar, cubierto con una impresionante **cúpula★★★** semiesférica de cedro (s. XV), con decoración de lacería. Las pechinas van decoradas con mocárabes. El espléndido zócalo de azulejería y la suntuosa decoración de los muros completan este bellísimo conjunto. Comunica con el **salón del techo de Felipe II** (**4**), con magnífico techo de casetones de cedro, de estilo renacentista.

Desde el Salón de Embajadores se pasa al **Patio de las Muñecas** (**5**), de pequeñas proporciones. Sus arcos angrelados, enmarcados por alfiz, presentan una delicada decoración de influencia granadina. Los cuerpos superiores corresponden a una restauración del s. XIX. A él abre el Cuarto del Príncipe.

Salga al Patio de la Montería y pase por el Corredor de Carlos V, una galería bajo arco.

Palacio Gótico o Salones de Carlos V – Al fondo del **Patio del Crucero** se abre el pórtico barroco de estos salones. Construido por Alfonso X en estilo gótico, sufrió una importante remodelación en el s. XVIII, tras el terremoto de Lisboa. A esta

SEVILLA

Calle	Cuadro	N.º
Aceituno Corinto	CU	2
Almirante Apodaca	CV	20
Amador de los Ríos	CV	23
Amores	BU	25
Antonia Sáenz	CTU	27
Aposentadores	BV	29
Aznalfarache	CT	34
Becas	BU	37
Cardenal Spínola	AV	47
Clavellinas	BU	62
Divina Pastora	BU	86
Escuelas Pías	CV	112
Fernán Sánchez de Tovar	CT	123
Florencio Quintero	CTU	124
Francisco Carrión Mejías	CV	126
Gonzalo Bílbao	CV	138
Jesús de la Vera Cruz	AV	147
Jorge de Montemayor	CT	149
Júpiter	CV	153
Madre D. Márquez	CU	162
Madre Isabel de la Trinidad	CU	163
Maestro Quiroga	CU	164
La María	CU	174
Marqués de Paradas	AV	185
Martín Villa	BV	190
Montesión (Pl. de)	BU	200
Murillo	AV	202
Museo (Pl.)	AV	205
Navarros	CV	207
O'Donnell	BV	210
Pascual de Gayangos	AV	220
Pedro del Toro	AV	227
Polancos	CU	233
Ponce de León (Pl.)	CV	234
Puente y Pellón	BV	242
San Juan de la Palma	BV	277
San Julián	CU	283
San Pedro (Pl.)	BV	286
Santa Isabel (Pl. de)	CV	296
Saturno	CV	302
Velázquez	BV	310
Viriato	BV	329

Convento de Santa Isabel	CV	L

El Cuarto Real Alto ⓥ

En una visita guiada (opcional) de 30 min. de duración, se recorre la actual residencia oficial de los Reyes de España en Sevilla. Mobiliario y relojes del s. XIX, tapices del s. XVIII, lámparas francesas y bellos artesonados embellecen estas habitaciones. Las dos estancias más sobresalientes son la **capilla de los Reyes Católicos** –un precioso oratorio con un frente de cerámica, obra de Niculaso Pisano– y la **sala de Audiencias**, de estilo mudéjar.

segunda etapa constructiva pertenece la **sala Grande**, que muestra parte de la colección de **tapices**★★ realizados en la Real Fábrica de Tapices de Madrid (s. XVIII) sobre la conquista de Túnez en 1535. La **Sala de las fiestas o de las bóvedas** (s. XIII) es la parte más antigua del palacio y conserva de esta época la estructura y las bóvedas de crucería. En ella contrajo matrimonio Carlos V con Isabel de Portugal. Adornan sus muros un bello zócalo de azulejos del s. XVI y el resto de la colección de tapices. Los grandes ventanales nos ofrecen un adelanto de los deliciosos jardines.

★ **Jardines** – Amplios o recoletos, de innegable belleza, sumergen al visitante en un paraíso de sensaciones. Los jardines, como la arquitectura del palacio, corresponden a distintas épocas y los hay de estilo árabe, renacentista, barroco. Ocupan las 4/5 partes de la extensión total de los Alcázares y se distribuyen en terrazas con numerosas fuentes.

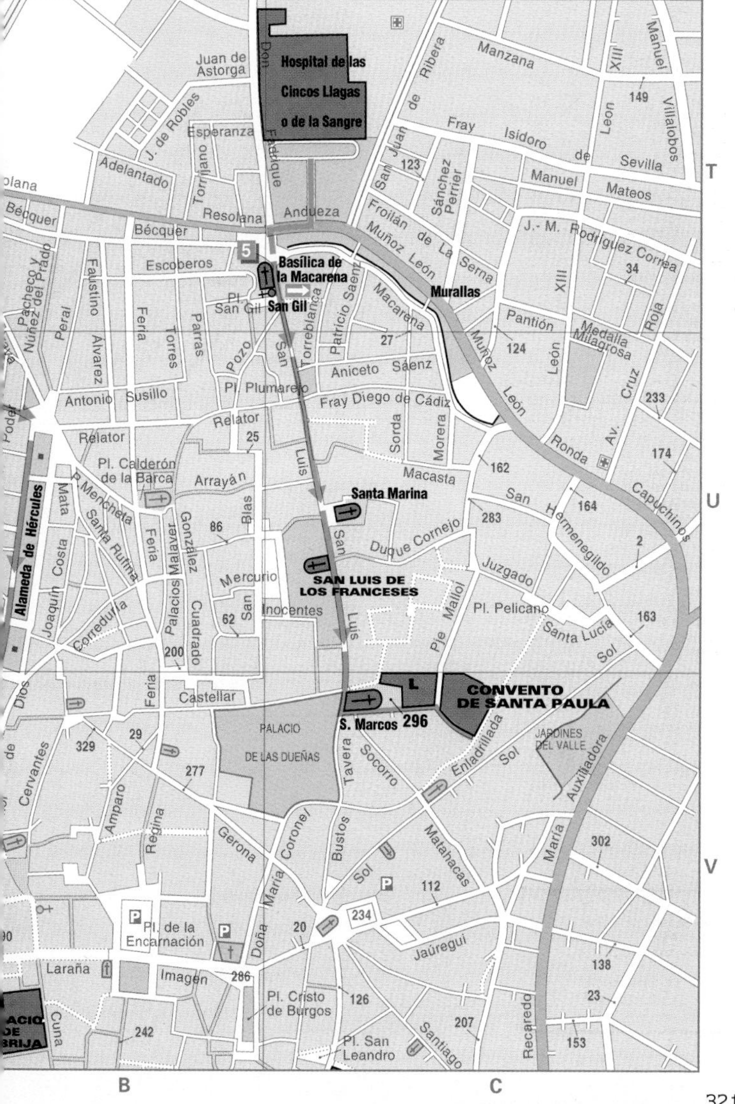

SEVILLA

Agua (Callejón del) CY 4
Alemanes BX 12
Alfaro (Pl. de) CXY 15
Alférez Provisional (Glorieta) BZ 18
Alianza (Pl.) BX 19
Almirante Apodaca CV 20
Almirante Lobo BY 21
Álvarez Quintero BX 22
Amador de los Ríos CVX 23
Antillano Campos AX 26
Aposentadores BV 29
Arco de la Judería BY 30
Argote de Molina BX 31
Banderas (Patio de) BXY 35
Capitán Vigueras CY 42
Cardenal Spínola AV 47
Castelar AX 55
Chapina (Puente) AX 59
Conde de Urbina (Av.) CZ 65
Covadonga (Glorieta) CZ 67
Doctor Pedro Castro CZ 90
Doña Elvira (Pl. de) BX 95
Doña Guiomar AX 97
Ejército Español (Pl.) CZ 105
Escuelas Pías CV 112
Farmacéutico E. Murillo
Herrera AY 115
Francisco Carrión Mejías CV 126
Francos BX
Fray Ceferino González BX 127
García de Vinuesa BX 130
General Polavieja BX 135
Gloria BXY 137
Gonzalo Bilbao CV 138
Hernán Cortés (Av.) CZ 140
Jesús de la Vera Cruz AV 147
José María Martínez
Sánchez Arjona AY 150
Julio César AX 152
Júpiter CV 153
Luis Montoto CX 160
Marcelino Champagnat AY 172
Marineros Voluntarios
(Glorieta) BZ 180
Martín Villa BV 190
Mateos Gago BX 192
Mesón del Moro BX 197
Murillo AV 202
Museo (Pl.) AV 205
Navarros CVX 207
O'Donnell BV 210
Pascual de Gayangos AV 220
Pastor y Landero AX 222
Pedro del Toro AV 227
Pimienta o Susona BCY 228
Pizarro (Av.) CZ 232
Ponce de León (Pl.) CV 234
Presidente Carrero Blanco BZ 239
Puente y Pellón BV 242
Puerta de Jerez BY 243
República Argentina (Av.) AYZ 255
Reyes Católicos AX 260
Rodrigo Caro (Callejón de) BX 261
Rodríguez Caso (Av.) CZ 262
Romero Morube BX 264
San Gregorio BY 272
San Juan de la Palma BV 277
San Pedro (Pl.) BV 286
San Sebastián (Pl.) CY 287
Santa Isabel (Pl. de) CV 296
Santa María La Blanca CX 297
Santa Marta (Pl. de) BX 298
Santa Teresa CX 299
Santander BY 300
Santiago Montoto (Av.) BZ 301
Saturno CV 302
Sierpes BVX
Temprado BY 304
Tetuán BX
Tres Cruces (Pl. de las) CX 306
Triunfo (Pl.) BX 307
Velázquez BV 310
Venerables (Pl. de los) BX 312
Virgen de África AZ 314
Virgen del Águila AZ 315
Virgen de Fátima AZ 317
Virgen de Loreto AZ 320
Virgen de los Reyes
(Pl. de la) BX 324
Virgen del Valle AZ 325
Viriato BV 329

Archivo General de Indias BXY A
Ayuntamiento BX H
Caja de Ahorros
San Fernando BX C
Convento de Santa Isabel CV L
Hospital de los Venerables BX N[2]

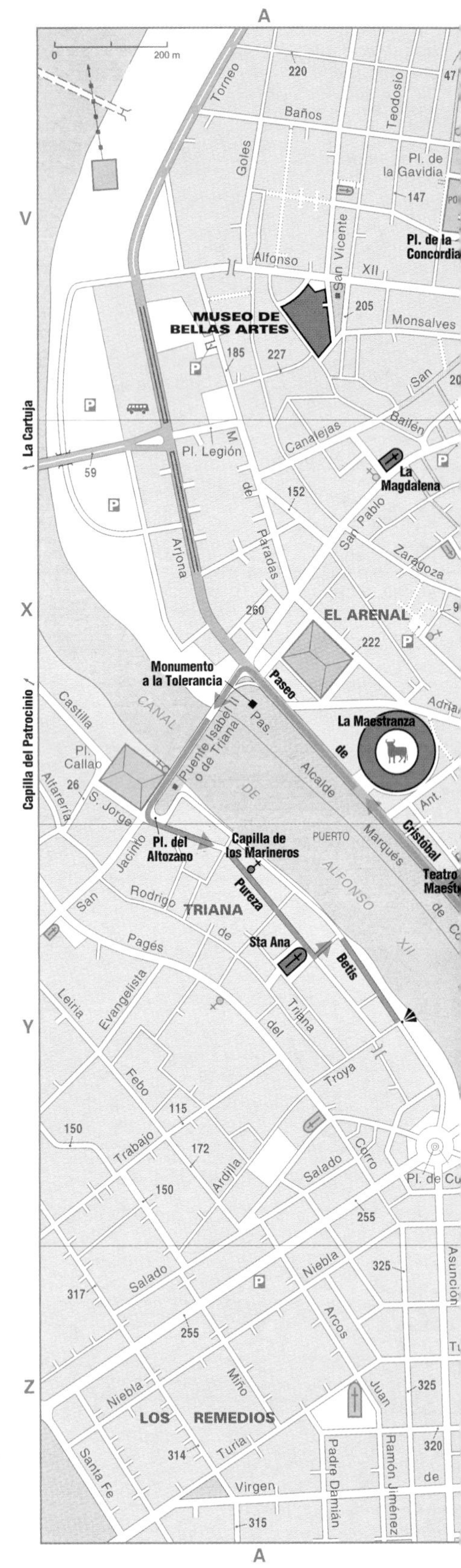

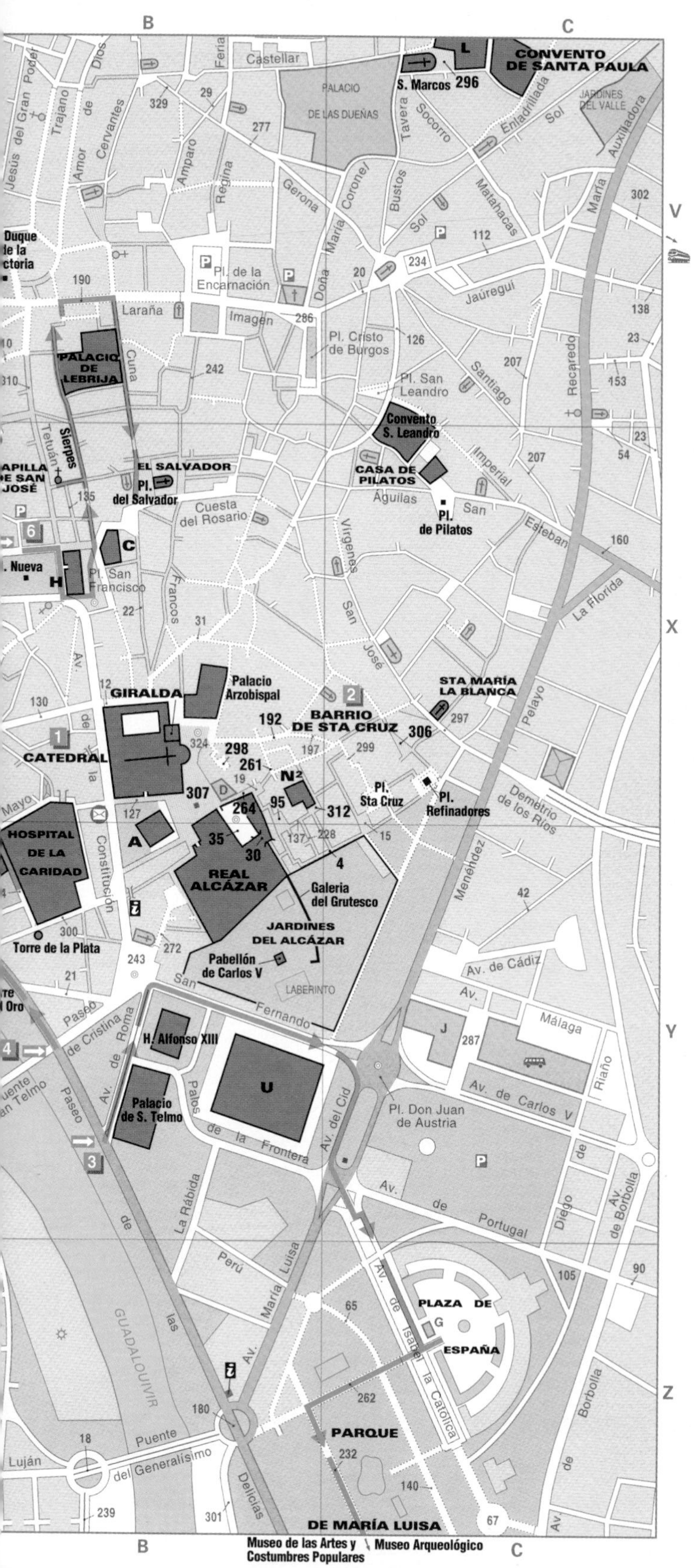
CONVENTO DE SANTA PAULA
PALACIO DE LAS DUEÑAS
S. Marcos 296
JARDINES DEL VALLE
Castellar
Pl. de la Encarnación
Laraña
Imagen
Pl. Cristo de Burgos
Pl. San Leandro
Convento S. Leandro
CASA DE PILATOS
Pl. de Pilatos
PALACIO DE LEBRIJA
Sierpes
EL SALVADOR
Pl. del Salvador
Cuesta del Rosario
Pl. San Francisco
Palacio Arzobispal
GIRALDA
CATEDRAL
BARRIO DE STA CRUZ
STA MARÍA LA BLANCA
Pl. Sta Cruz
Pl. Refinadores
HOSPITAL DE LA CARIDAD
REAL ALCÁZAR
Galeria del Grutesco
JARDINES DEL ALCÁZAR
Pabellón de Carlos V
LABERINTO
Torre de la Plata
H. Alfonso XIII
Palacio de S. Telmo
Pl. Don Juan de Austria
PLAZA DE ESPAÑA
PARQUE DE MARÍA LUISA
GUADALQUIVIR
Puente del Generalísimo
Museo de las Artes y Costumbres Populares
Museo Arqueológico

ÍNDICE DE CALLES Y LUGARES DE INTERÉS DE SEVILLA

Archivo General de Indias . . . . .BXY **A**
Ayuntamiento . . . . .BX **H**
Barrio de Santa Cruz . .BCX
Basílica de la Macarena .CT
Caja de Ahorros San Fernando . . . . . .BX **C**
Capilla de los Marineros .AX
Capilla del Patrocinio . . .AX
Capilla de San José . . . .BX
La Cartuja – Centro Andaluz de Arte Contemporáneo . . . .AVX
Casa de Pilatos CX
Catedral . . . . .BX
Convento de San Leandro CVX
Convento de Santa Isabel . . . . .CV **L**
Convento de Santa Paula CV
Giralda . . . . .BX
Hospital de la Caridad . . .BY
Hospital de las Cincos Llagas o de la Sangre (Parlamento de Andalucía) . . . . .CT
Hospital de los VenerablesBX **N²**
Iglesia de la Magdalena .AX
Iglesia de Salvador . . . . .BX
Iglesia San Luis de los Franceses . . . . . .CU
Iglesia de San Marcos . .CV
Iglesia de Santa María la Blanca CX
Iglesia de Santa Marina .CU
Isla Mágica . . . . .AT
Jardines del Alcázar . . .BCY
La Maestranza (Plaza de Toros) . . . . .AX
Monumento a la Tolerancia . . . . . . .AX
Murallas . . . . .CT
Museo Arqueológico . . .CZ
Museo de las Artes y Costumbres PopularesBCZ
Museo de Bellas Artes . .AV
Palacio Arzobispal . . . . .BX
Palacio de la Condesa de Lebrija . . . . .BV
Palacio de San Telmo . . .BY
Parque de María Luisa . .CZ
Parroquia San Gil . . . . . .CT
Parroquia de Santa Ana .AY
Plaza de España . . . . . . .CZ
Real Alcázar . . . . .BXY
Teatro de la Maestranza .AY
Templo de Nuestro Padre Jesús del Gran Poder . . . . .AU
Torre de Don Fadrique . .BU
Torre del Oro (Museo de la Marina) . . . . .BY
Torre de la Plata . . . . . . .BY
Universidad . . . . .BY **U**

Al salir de los Salones de Carlos V se encuentran el estanque de Mercurio y la **Galería del Grutesco★** (s. XVII), que cubre el lienzo de una antigua muralla. La mejor vista de los jardines se tiene desde el interior de esta galería.

A la derecha, en un nivel inferior, se sitúa el jardín de las Danzas. Desde él se accede a los Baños de Dña. María de Padilla, un largo estanque abovedado.

Más allá del **Pabellón de Carlos V** (s. XVI) se halla el laberinto, con sus bien recortados macizos. A la derecha hay un jardín moderno, tipo inglés. Recorrerlos con calma, con el suave murmullo del agua como música de fondo, es una auténtica delicia.

Por el apeadero, barroco con columnas pareadas, se sale al Patio de Banderas.

Patio de Banderas – Era el antiguo patio de armas del primitivo recinto del Alcázar. Esta plaza rectangular y cerrada, con los característicos naranjos y una sencilla fuente, está bordeada por elegantes fachadas sobre las que sobresale la silueta de la Giralda.

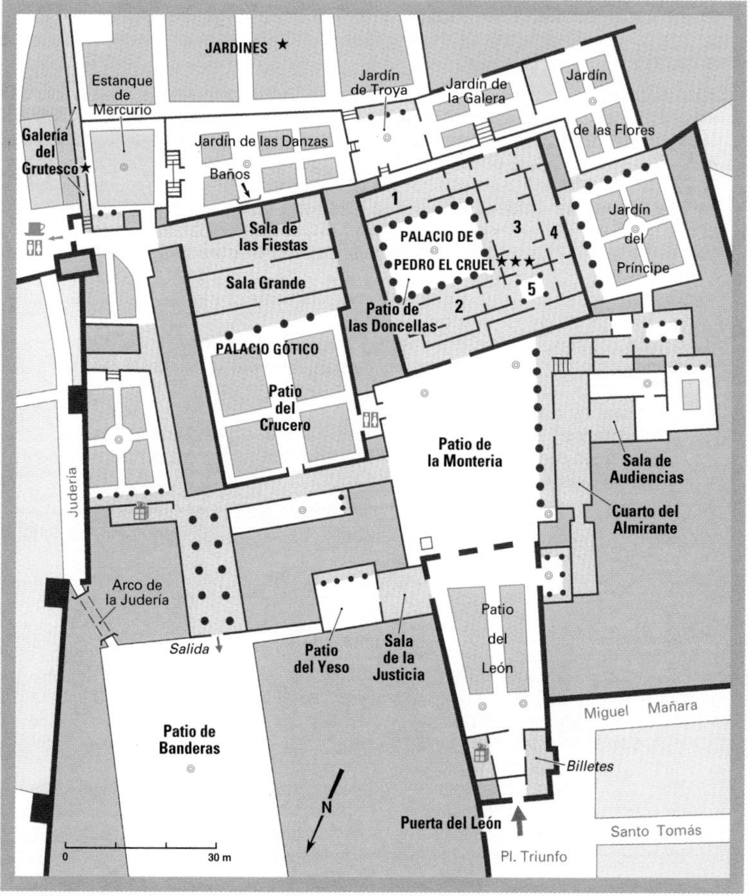

★★★ 2 BARRIO DE SANTA CRUZ

Este barrio, lleno de encanto y de tipismo, de calles estrechas y tortuosas, casas blancas, patios floridos apenas entrevistos y recoletas plazas, encierra la esencia de lo sevillano. Era el barrio judío en la Edad Media. Gozó de la protección real tras la Reconquista hasta que, a finales del s. XIV, a causa de la creciente intolerancia, fue asaltado y ocupado por cristianos que acabaron convirtiendo en iglesias sus antiguas sinagogas.
Hoy es un remanso de paz en el centro histórico de la ciudad, donde el tiempo parece haberse detenido, y que invita al visitante a recorrer sus callejuelas, resplandecientes bajo el sol o apenas entrevistas en la noche al resplandor de las farolas. Este singular escenario convierte el paseo por sus calles, llenas de bares y restaurantes, en una experiencia inolvidable. A la hora en que la gente sale, el barrio se inunda de un bullicio festivo.

Sevilla tiene un color especial...

Ya lo decía la letra de una célebre canción:

"Sevilla tiene un color especial,
Sevilla sigue teniendo su duende,
me sigue oliendo a azahar,
me gusta estar con su gente..."

Una de las maneras más sugerentes de entrar en el barrio es por el **Arco de la Judería**, un callejón cubierto que sale del Patio de Banderas y nos transporta varios siglos hacia atrás como si fuera un túnel del tiempo; siga después hasta tomar el **Callejón del Agua**, que discurre pegado a la muralla. Menos teatral pero igualmente interesante es tomar la **calle Romero Morube**, al salir del Patio de Banderas, e ir siguiendo la muralla del Alcázar que conduce a la Plaza de la Alianza y, tras cruzarla, tomar la calle que se convierte en el encantador y tortuoso **callejón de Rodrigo Caro** para salir a la **Plaza de Doña Elvira**, una de las más características del barrio, con sus bancos de azulejos a la sombra de los naranjos y su fuentecilla de piedra. Por la calle Gloria se sale a la cuidada **Plaza de los Venerables**, donde se halla el hospital que le da nombre.

★ **Hospital de los Venerables** ⓥ – Fundado en 1675, este hospital de venerables sacerdotes, obra del arquitecto Leonardo de Figueroa, constituye uno de los mejores ejemplos del barroco sevillano del s. XVII. Actualmente es sede de la Fundación cultural Focus. Cuenta con un bello patio cuadrado, adornado con azulejos del s. XIX. La **iglesia**★, de una sola nave con bóveda de cañón y lunetos, está recubierta de **frescos**★★ pintados por Valdés Leal y por su hijo Lucas Valdés; destacan en la cabecera *La Última Cena*, de Valdés hijo y sobre ella *La Apoteósis de San Fernando*, de Valdés padre. En la nave hay cuatro obras flamencas sobre cobre y dos pequeñas obras pintadas sobre mármol. A los pies de la iglesia se sitúan dos bellas esculturas de Pedro Roldán: *San Fernando* y *San Pedro*. Actualmente se dan conciertos de órgano, de ahí la situación de los bancos.
La **sacristía** contiene un fresco de Valdés Leal con el tema del triunfo de la Cruz. Preste atención a la balaustrada, que presenta una peculiaridad; si se recorre la sala mirándola, da la impresión de que los balaustres varían de posición. Fíjese también en los Cristos de marfil del s. XVIII (anónimos).
La **escalera principal**★ es muy bella y se cubre con una cúpula elíptica barroca, adornada de estucos con el escudo papal. En la pared se encuentra otra obra de Lucas Valdés: *La presentación del Niño en el templo*.

Calles y plazas – Los nombres de las calles son evocadores: Mesón del Moro, Gloria, Pimienta o Susona, con su leyenda sobre los amores desgraciados de una judía y un cristiano; todas ellas son interesantes.

Don Juan

El personaje de Don Juan, ese mito universal, arquetipo del seductor pendenciero que no respeta nada ni a nadie, aparece por primera vez en la obra de Tirso de Molina, *El burlador de Sevilla y convidado de piedra* (1630). Se dice que pudo inspirarse para su creación en Don Miguel de Mañara, fundador del hospital de la Caridad *(ver p. 328)*
Recreado hasta la saciedad a lo largo de la historia, personalidades de la talla de Molière, Mozart, Dumas o Byron no supieron resistirse al atractivo de esta figura. La versión más conocida es la del *Don Juan Tenorio* (1844) de Zorrilla, en cuyo recuerdo se erigió la estatua de la Plaza de los Refinadores.

Por la calle Santa Teresa –en el nº 7, la casa de Murillo, actualmente sala de exposiciones– o desde la Plaza de Alfaro se llega a la **Plaza de Santa Cruz**, que da nombre al barrio. En el centro, entre naranjos se alza la hermosa Cruz de la Cerrajería (s. XVII). En este lugar, sevillano por antonomasia, está enterrado el pintor Murillo, uno de los hijos predilectos de la ciudad. Muy cerca se hallan los jardines que llevan su nombre.
Por la calle Mezquita se sale a la señorial **Plaza de los Refinadores**, donde se levanta, a la sombra de cinco palmeras, una estatua en honor de un sevillano universal, Don Juan Tenorio. Por un estrecho callejón se accede a la **Plaza de las Tres Cruces**, plazoleta triangular, con tres columnas sobre las que se yerguen otras tantas cruces de hierro forjado.
La **calle Mateos Gago**, que sale de la Plaza de la Virgen de los Reyes, cuenta con numerosos bares muy concurridos y también con algunas interesantes casas de principios de s. XX. Desde ella se puede contemplar una de las perspectivas más impresionantes de la Giralda. Es difícil resistirse a la tentación de tomar unas tapas con una caña o un buen fino mientras se disfruta del entorno.

★3 EL PALACIO DE SAN TELMO Y EL PARQUE DE MARÍA LUISA

Palacio de San Telmo – Este larguísimo edificio, construido a finales del s. XVII, es en la actualidad sede de la Presidencia de la Junta de Andalucía. Fue Universidad de Mareantes, posteriormente residencia de los Duques de Montpensier y, a principios del s. XX, pasó a convertirse en Seminario Pontificio. Su **portada principal★**, uno de los mejores ejemplos de barroco sevillano, es obra del arquitecto Leonardo de Figueroa. Está totalmente recubierta de una suntuosa decoración con relieves y esculturas. En lo alto, una imagen de San Telmo se recorta sobre el cielo.

Hotel Alfonso XIII – El más emblemático de los hoteles sevillanos fue construido para la Exposición Iberoamericana de 1929 en ese estilo regionalista, con características neomudéjares, tan en boga en aquel momento y que puede verse en otros edificios de la misma época.

Universidad – Está instalada en un bello edificio, de armoniosas líneas clásicas e impresionantes dimensiones, que se construyó en el s. XVIII para albergar la Fábrica de Tabacos. Es un enorme cuadrado de dos pisos, cuya fachada principal, la de la calle San Fernando, presenta una bella **portada** en dos niveles, con columnas pareadas y coronada por un frontón con un gran escudo de armas; sobre su vértice se alza la estatua de la fama. El arco de la puerta está adornado con relieves y medallones con los bustos de Cristóbal Colón y Hernán Cortés. Merece la pena echar un vistazo al interior (bellos patios, escalera monumental). Las trabajadoras de la antigua fábrica han pasado a la historia a través del personaje romántico de Carmen.

★★Parque de María Luisa

El parque, uno de los lugares preferidos por los sevillanos, es un regalo que hizo a la ciudad la infanta María Luisa Fernanda, duquesa de Montpensier. Formaba parte de los jardines del Palacio de San Telmo, que en aquella época era la residencia de los duques. La reforma que le dio su configuración actual se realizó para la Exposición de 1929. **Jean Claude Nicolas Forestier** fue el autor del proyecto.
Este magnífico jardín romántico de glorietas, estanques y frondosa y variada vegetación se enriqueció con las construcciones que se realizaron para la Exposición Iberoamericana y que le dotaron de un mayor realce.

★**Plaza de España** – Obra del arquitecto sevillano Aníbal González, esta singular plaza, en forma de semicírculo recorrido por un canal *(se alquilan barquitas de remo)*, llama la atención por sus grandes proporciones y por su decoración cerámica. El edificio de ladrillo, con dos altas torres, una en cada extremo, tiene 58 bancos hechos con azulejos que ilustran episodios históricos de cada una de las provincias españolas.

Plaza de América – En ella hallamos otros tres edificios del mismo arquitecto, realizados también para la Exposición del 29: en un extremo el Pabellón Real, de estilo isabelino; y contrapuestos, hacia el centro, el Pabellón Renacentista y el Pabellón Mudéjar.

R. Mattès

Esperando turistas

★ **Museo Arqueológico de Sevilla** ⓥ – Instalado en el Pabellón renacentista, alberga interesantes colecciones prehistóricas y romanas.
En la planta baja se halla la sección prehistórica, formada por objetos procedentes de las excavaciones arqueológicas de la provincia. Sobresale muy especialmente la **sala VI**, en la que se exhiben el **tesoro de El Carambolo★** (ss. VII–VI a. C.), un magnífico conjunto de joyas de oro tartésicas con influencias fenicias que sorprende por la modernidad de su diseño, y la **Diosa Astarté** (s. VIII a. C.), una pequeña figurilla de bronce con una inscripción considerada el testimonio más antiguo de escritura encontrado en la península.
La planta principal se dedica casi en exclusiva a la **colección romana★** (salas XII a XXV), que procede en su mayoría de Itálica *(ver p. 337)*. Magníficas esculturas y mosaicos, bellamente expuestos, nos acercan a la importancia que alcanzó esta civilización en la zona. En las vitrinas se recrean distintos ámbitos del mundo romano (vida doméstica, religión, comercio, monedas, etc.).
En la visita destacan: en la sala XIV un Mercurio con un gran mosaico a sus pies; la sala XVI con una curiosa colección de placas de mármol con huellas de pies relacionada con las ceremonias de los juegos; la Venus de la sala XVII; la sala XIX con bellas esculturas –Diana– y en la sala anexa las placas de bronce de la Lex Irnitana; en la sala oval (XX), Trajano heroizado, y la sala XXV, dedicada al mundo funerario, con sarcófagos, columbarios, ajuares, etc.

Museo de las Artes y Costumbres Populares ⓥ – El pabellón mudéjar alberga este museo en el que se exhiben colecciones de carácter etnográfico (trajes de romería, de feria, reconstrucción de ambientes, instrumentos musicales, aperos de labranza...), así como una colección de carteles de la Feria sevillana.

Entre los árboles

El Parque de María Luisa es algo más que sus hermosas construcciones o sus grandes avenidas arboladas. Sus fuentes con el suave murmullo del agua, sus glorietas y las estatuas de personajes admirados dan un aire íntimo y romántico a este espléndido jardín. La glorieta de Gustavo Adolfo Bécquer, en torno a un gigantesco taxodio, la dedicada a Cervantes, que nos narra con azulejos episodios de *El Quijote (en un extremo de la Plaza de América)*, la de los Hermanos Machado y la de los Alvarez Quintero son algunos ejemplos de los muchos que podemos encontrar.

★4 PASEO POR EL RÍO

El **Paseo de Cristóbal Colón**, uno de los más agradables de la ciudad, corre paralelo al río entre los puentes de San Telmo y de Isabel II. Sus jardines, amplios y situados en varios niveles, encierran múltiples atractivos: vistas sobre el río y Triana, agradables terrazas que invitan a sentarse y disfrutar del panorama, y algunas de las edificaciones más representativas de la ciudad, como la Torre del Oro y la plaza de toros de la Real Maestranza.

Torre del Oro – Asomada a las aguas del Guadalquivir, esta bella torre almohade se construyó en el s. XIII. Al igual que la torre de la Plata, formó parte del sistema defensivo de la ciudad. La torre tiene un cuerpo principal dodecagonal de piedra, coronado de almenas. Sobre él se alzan dos cuerpos de ladrillo; el superior se añadió en el s. XVIII. En su interior está instalado el **Museo de la Marina** ⓥ, que contiene documentos, grabados, maquetas de barcos y objetos relacionados con el mar.
Desde el muelle salen los barcos que dan un agradable paseo por el Guadalquivir.

Enfrente de la Torre del Oro se halla el **Teatro de la Maestranza**, con una curiosa falsa fachada. A su espalda, en la calle Temprado, se encuentra el Hospital de la Caridad, que guarda importantes obras artísticas.

★ **Hospital de la Caridad** ⓥ – Lo fundó en 1667 don Miguel de Mañara (1627–1679), un singular personaje que, tras un accidente que le llevó a tener una visión cercana de la muerte, se arrepintió de la vida licenciosa que había llevado hasta ese momento y decidió dedicarse a socorrer a los desheredados.
La fachada de la iglesia, de una blancura cegadora cuando la ilumina el sol, tiene cinco murales de cerámica blanca y azul que se realizaron, al parecer, sobre dibujos de Murillo. Presiden las virtudes teologales: la Fe, la Caridad y la Esperanza; bajo ellas se sitúan San Jorge luchando contra el dragón y Santiago Matamoros.
Para visitar la iglesia hay que entrar por el Hospital y pasar por su armonioso patio doble, adornado con paneles de azulejos que representan escenas del Antiguo y del Nuevo Testamento.

★★ **Iglesia** – Esta iglesia barroca de una sola nave encierra entre sus muros numerosas joyas artísticas, ya que Mañara mandó llamar a los mejores artistas sevillanos del momento para que la decoraran con escenas sobre la muerte y la caridad, creando un completo programa iconográfico que debía mostrar el buen camino a los hermanos de la Caridad.

Carmen

Mítico personaje creado por Merimée en 1845 y recuperado por Bizet en su famosísima ópera (1874), que narra un triángulo de amor y celos cuyos protagonistas son Carmen la cigarrera, un brigadier y un picador.
Justo delante de la Maestranza, en la que se desarrolla el trágico final de la ópera, se levanta la estatua en bronce de Carmen, que ha pasado a la historia como la encarnación del amor pasional femenino.

A los pies de la iglesia, bajo la tribuna del coro, hay dos **cuadros★★** de **Valdés Leal** que estremecen por su crudeza. En ***Finis Gloriae Mundi***, con un realismo macabro, nos presenta una escena en la que aparecen un obispo y un caballero muertos y medio descompuestos; la balanza, que sujeta la mano de Cristo hace referencia al momento del juicio. ***In Ictu Oculi*** (En un abrir y cerrar de ojos) es una alegoría de la muerte, en la que un esqueleto tiene a sus pies símbolos terrenales (bola del mundo, corona, libros, etc.). Sobre el coro hay una *Exaltación de la Cruz*, del mismo artista.
En la nave, **Murillo** ilustró el tema de la caridad con varias **obras★**. Se exalta el sentido de entrega al prójimo en ***Santa Isabel de Hungría cuidando a los tiñosos***, muy bello, y en ***San Juan de Dios llevando a un enfermo sobre el hombro***, en el que el pintor muestra su dominio del claroscuro. Las dos pinturas de niños de los altares laterales son también de Murillo. En un altar lateral hay un Cristo sangrante que alza una afligida mirada al cielo, obra de Pedro Roldán (s. XVII). A la altura del crucero se sitúan, uno frente al otro, dos lienzos de formato horizontal: ***La multiplicación de los panes y los peces*** (dar de comer al hambriento) y ***Moisés haciendo brotar agua de la roca*** (dar de beber al sediento). Las pinturas de la cúpula del crucero son obra de Valdés Leal: en cada gallón aparece un ángel que porta símbolos de la pasión, y en las pechinas, los Evangelistas. Fíjese en los bellos ángeles lampareros.
En el altar mayor, un espléndido **retablo** barroco, obra de Pedro Roldán, cuenta en el centro con un bellísimo grupo escultórico que representa el **Santo Entierro de Cristo★★** y en el que el artista ha sabido plasmar con gran belleza el dolor en la emoción contenida de los rostros.

Al salir del hospital se ven la estatua de su fundador *(justo enfrente)*, y a la izquierda, entre edificios, la **torre de la Plata**, que pertenecía a la antigua muralla.

Vuelva al Paseo de Cristóbal Colón y continúe en dirección al Puente de Triana.

La Maestranza ⓥ – La famosa plaza de toros de Sevilla, pintada de blanco y albero, se construyó entre 1758 y 1881 y tiene la peculiaridad de que su ruedo no es totalmente circular. En su interior destaca la Puerta del Príncipe, por la que salen a hombros los toreros en las tardes de triunfo. En el **Museo** se guardan carteles, cuadros, bustos, trajes de luces y diferentes recuerdos del mundo taurino.

Baje hasta el río.

Justo antes del Puente de Isabel II está el **Monumento a la Tolerancia**: una gran escultura de piedra, con el sello inequívoco de Eduardo Chillida, que se colocó en este lugar en abril de 1992.

★Triana

Tras cruzar el Puente de Triana o de Isabel II (1845), desde él se contemplan buenas **vistas** de las dos orillas del río, se entra en uno de los barrios sevillanos más característicos y con más sabor: Triana. Barrio de tradición marinera y alfarera, ha sido también cuna de importantes toreros y cantaores.
A la izquierda, en la **Plaza del Altozano** se alza el monumento de un trianero ilustre –a pesar de haber nacido en la calle Feria– Juan Belmonte (1892-1962), una figura cumbre en la historia de la tauromaquia.

Adéntrese en el barrio por la **calle Pureza**. En el nº 55, entre sencillas pero cuidadas casitas se encuentra la **Capilla de los Marineros,** que alberga la imagen de la **Esperanza de Triana**, una de las más veneradas de la ciudad. Su procesión rivaliza con la de la mismísima Macarena. A la derecha del altar mayor está el Cristo de las tres caídas (finales del s. XVI).

Barrio ceramista

Junto a la plaza del Altozano, en el núcleo formado por las calles Callao, Antillano Campos y Alfarería hay numerosos talleres y tiendas dedicados a la cerámica que recogen la larga tradición alfarera del barrio. Las fachadas de algunos de estos comercios están decoradas con azulejos como reclamo de lo que se encuentra en el interior.

Parroquia de Santa Ana – En la misma calle se alza la Iglesia de Santa Ana, cuya fundación, que es la más antigua de Sevilla, se debió a Alfonso X el Sabio. La construcción del s. XIII ha sufrido importantes reformas; la mayor se llevó a cabo en el s. XVIII.

Exterior – No se puede hablar de un estilo determinado debido a las diversas transformaciones. Lo más destacable es la torre, que ostenta arquillos lobulados de clara inspiración mudéjar en los cuerpos inferiores y decoración de azulejería en los superiores.

Interior – *Entrada por el lateral, por la c/ Vázquez de Leca.* Presenta tres altas naves que se cubren con bóvedas sexpartitas. Entre sus muros guarda numerosas obras pictóricas y escultóricas; sólo citaremos las más relevantes.
En la Capilla Mayor hay un bello **retablo renacentista** de pintura y escultura dedicado a la Virgen. Algunas de las pinturas son obra de Pedro Campaña. Un grupo escultórico con Santa Ana, la Virgen y el Niño ocupa la hornacina central; el Niño es moderno pero las imágenes femeninas datan del s. XIII aunque han sufrido transformaciones posteriores.
En el trascoro se encuentra la **Virgen de la rosa**, una delicada obra realizada por Alejo Fernández a principios del s. XVI. Fíjese en una capilla de la nave del Evangelio que tiene un bello zócalo y un altar de azulejería.

La calle Betis – Es la orilla trianera del río. Merece la pena recorrerla con calma, disfrutando del agradable panorama que nos ofrece. Sus vistas sobre la otra ribera nos dan una perspectiva diferente de la Torre del Oro, de la Maestranza, y del conjunto urbano en el que sobresale el elegante perfil de la Giralda. Sus casas, sencillas pero muy cuidadas, y sus numerosos bares y chiringuitos forman la fachada acicalada y llena de encanto que este tradicional barrio marinero muestra a los visitantes. Por las noches el reflejo de la luna en el río invita a un romántico paseo.

"El Cachorro"

En la **Capilla del Patrocinio** ⓥ, situada en la zona más septentrional del barrio, al final de la calle Castilla, se venera el **Cristo de la Expiración**, conocido comúnmente como "El Cachorro". Tallada por Francisco Antonio Gijón, es una obra maestra de finales del s. XVII. Se cuenta que el artista tomó como modelo para el rostro del Cristo un apunte que había realizado de un gitano llamado "el Cachorro" que había muerto asesinado. Fue tan realista al tallar el Cristo, que cuando la gente lo vio, reconoció inmediatamente al gitano muerto, de ahí el nombre.

★5 LA MACARENA Y LA CALLE SAN LUIS

Basilíca de la Macarena ⓥ – La iglesia de Nuestra Señora de la Esperanza alberga la más famosa de las imágenes sevillanas: **La Macarena★**. El templo se erigió a mediados del s. XX y lo preside desde el altar mayor esta talla de la Virgen, obra de un autor desconocido del s. XVII. Los sevillanos dicen que la realizaron los ángeles ya que sólo ellos podían hacer algo tan bonito. La belleza de su rostro en lágrimas desata el fervor popular durante su procesión, en la madrugada del Viernes Santo. En una capilla del lado del Evangelio se venera al Cristo de la Sentencia que sale en procesión con la Virgen.
Además de mantos y sayas, en el **museo** se exponen los impresionantes pasos en los que sacan a la Macarena y al Cristo en las procesiones. Al contemplarlos podrá hacerse una idea del esplendor de estos actos.

Frente a la iglesia se halla el **Arco de la Macarena** y parte de las antiguas **murallas** árabes de la ciudad. El tramo conservado llega hasta la Puerta de Córdoba. Las murallas tienen barbacana y están jalonadas de torreones cuadrados.

Hospital de las Cinco Llagas o de la Sangre – *Frente al Arco de la Macarena.* Actualmente es la sede del Parlamento de Andalucía. Este gran hospital de estilo renacentista fue, hasta mediados del s. XX, el hospital central de la ciudad. Es un sobrio y armonioso edificio de dos plantas, con torreones en las esquinas, que se abre a una plaza ajardinada. Corona la portada de mármol blanco el escudo de las Cinco Llagas.

Vuelva a la Macarena, a cuya espalda se halla la parroquia de **San Gil** (s. XIII pero muy reformada) y baje por la calle de San Luis.

Iglesia de Santa Marina – Construida en ladrillo en el s. XIV, presenta una sencilla portada de piedra ojival con pequeña decoración escultórica y una sobria torre mudéjar rematada con almenas escalonadas. Si rodea el templo verá los recios contrafuertes y los largos ventanales góticos de la cabecera.

★ **Iglesia de San Luis de los Franceses** ⓥ – Esta iglesia, obra de Leonardo de Figueroa, es una de las mejores muestras de la arquitectura barroca sevillana. Su **fachada** presenta unas claras líneas de compartimentación: dos plantas con un torreón octogonal a cada lado, entre los que asoma la cúpula central decorada con cerámica.
El **interior**★★ sorprende por su exuberante belleza. Las pinturas murales de la magnífica cúpula, realizadas por Lucas Valdés, los soberbios retablos de Pedro Duque Cornejo, los bellos azulejos... forman este magnífico conjunto que aúna como pocos riqueza y armonía. Fíjese en el frontal del altar mayor, es un curioso relicario.

Ch. Sappa/RAPHO

Procesión

Iglesia de San Marcos – La bella fachada corresponde al s. XIV y muestra una hábil fusión de elementos góticos y mudéjares. Lo más destacable es su hermosa **torre mudéjar**★ en la que queda patente la influencia de la Giralda (arcos polilobulados y friso superior con labor de sebka). El material utilizado en la construcción es el ladrillo, salvo en la portada que es de piedra. Realizada en estilo gótico, tiene tres esculturas del s. XVIII (Dios Padre, la Virgen y el Ángel), que sustituyeron a las primitivas, y un elegante friso de tipo sebka que le da una cierta peculiaridad.
Su blanco interior guarda una hermosa talla de **San Marcos** del s. XVII *(nave del Evangelio)* y un **Cristo yacente** del s. XVIII *(nave de la Epístola)*.

Detrás de la iglesia está la **Plaza de Santa Isabel**, en la que se puede admirar la portada del **convento** que le da nombre, con el relieve de la Visitación de la Virgen a su prima Isabel, obra de Andrés Ocampo, de principios del s. XVII. La iglesia es interesante pero también difícil de visitar ya que únicamente abre para la misa diaria a primera hora de la mañana.

★ **Convento de Santa Paula** ⓥ – Este histórico convento de clausura es uno de los más bellos y ricos de la ciudad. Su fundación se remonta a finales del s. XV. Su airosa espadaña (s. XVII), que destaca sobre las casas circundantes, invita a visitar este cenobio que, a sus múltiples atractivos, añade los sabrosos dulces y mermeladas que preparan las monjas jerónimas.

★ **Iglesia** – *Llame a la puerta de la izquierda, la que tiene la cerámica con Santa Paula.* Al pasar la puerta hay un agradable compás al que abre la bellísima **portada**★ de la iglesia, que se terminó en 1504 y en la que intervino Niculoso Pisano. Realizada en ladrillo, con alternancia de hiladas en dos tonos, está toda ella profusamente adornada con cerámica. A pesar de la mezcla evidente de estilos: mudéjar en el uso del ladrillo, gótico en el tipo de arcos y renacentista en los medallones y la crestería, su cohesión es perfecta y el conjunto resulta muy armonioso. En el tímpano destaca el escudo de los Reyes Católicos. En el medallón central, que se atribuye a Lucca della Robia, se representa el Nacimiento de Jesús.
El **interior**★, de una sola nave que se cubre con un artesonado del s. XVII, presenta un presbiterio con bóvedas góticas, totalmente recubiertas de pinturas al fresco con preciosas policromías. En dos nichos, a ambos lados del altar mayor, se hallan los sepulcros de los Marqueses de Montemayor, benefactores de esta iglesia. En otro nicho reposa el hermano de la Marquesa. El retablo principal se realizó a principios del s. XVIII aunque conserva de un retablo anterior la imagen de Santa Paula, en el centro. Fíjese en el movimiento de los dos ángeles lampareros. En la nave hay dos altares, uno frente al otro, dedicados a San Juan Evangelista y a San Juan Bautista. Las dos imágenes, de bella factura, son obra de Martínez Montañés. En la nave de la Epístola, en una gran vitrina, hay un Cristo gótico. El coro, que es clausura, está separado del resto de la iglesia por una reja.

Bóveda del presbiterio de la iglesia del Convento de Santa Paula

★ **Museo** – *Entrada por el nº 11 de la plaza.* Está instalado en varias dependencias altas del convento, dos de ellas con bellos artesonados. Tiene obras de valor entre las que destacan los lienzos de Ribera (*San Jerónimo* y *Adoración de los Pastores*), dos obras de Pedro de Mena (*Dolorosa* y *Eccehomo*), una *Inmaculada* de Alonso Cano, y un delicioso Belén del s. XVIII con muchísimas figuras.

★6 CENTRO

Plaza Nueva – Es una amplia plaza rectangular que ocupa el antiguo solar del convento de San Francisco. En el centro se alza la estatua ecuestre de Fernando III el Santo, conquistador de la ciudad. Con sus esbeltas palmeras, bancos y farolas, resulta un lugar muy agradable.

Ayuntamiento – La fachada Oeste, que se abre a esta plaza, es neoclásica y se realizó en el s. XIX. Por el contrario, en el lado Este, el que da a la plaza de San Francisco, presenta una preciosa **fachada★** (s. XVI) en el más puro estilo plateresco, obra de Diego de Riaño. La delicada y exquisita decoración recorre los arquitrabes, recubre columnas, pilastras, las enjutas de los arcos y los alrededores de los vanos con todo tipo de motivos ornamentales de herencia clásica (animales fantásticos, grutescos, medallones con caras, escudos).

Frente al Ayuntamiento, en la misma Plaza de San Francisco, hay un bello palacio que actualmente es la sede de la **Caja de Ahorros San Fernando** y que era el edificio de la antigua Audiencia. Su fachada (finales del s. XVI), de líneas clásicas, se atribuye a Alonso de Vandelvira.

Calle Sierpes – Esta larga calle peatonal, sin duda la más famosa de Sevilla, está repleta de toda clase de comercios tradicionales y modernos. La tarde es el momento de mayor animación y bullicio: los sevillanos acuden a pasear, a ver escaparates, o a merendar en cualquiera de sus conocidas pastelerías. Cuando el calor aprieta la calle se cubre con toldos para refrescar en lo posible el ambiente. Al final *(esquina con Martín Villa)* se encuentra La Campana, una cafetería y confitería fundada en 1885.

Hidalgo-Lopesino/MARCO POLO

Sierpes

★ **Capilla de San José** ⓥ – Esta encantadora capilla, obra maestra del barroco sevillano, se construyó a finales del s. XVII. Desde Sierpes esquina a Jovellanos se ve su fachada (s. XVIII), en la que destaca la llamativa espadaña decorada con azulejería azul claro. San José con el Niño en brazos preside la portada. El interior, de reducidas dimensiones, sorprende por su exuberante decoración barroca que alcanza su cenit en la cabecera. El gran **retablo** del presbiterio de madera, con sus ángeles, santos y Dios Padre, muestra una verdadera exaltación ornamental; en el centro se venera la imagen de San José.

Al llegar al final de Sierpes, tome la calle Cuna, paralela a la anterior.

★ **Palacio de la Condesa de Lebrija** ⓥ – Esta residencia privada no solo ofrece la oportunidad de visitar un palacio de estructura típicamente sevillana –zaguán, patio central porticado y jardín interior–, sino que guarda entre sus muros una auténtica sorpresa. Lo realmente único de esta mansión son los suelos de la planta baja, que aparecen totalmente recubiertos de **mosaicos romanos**★ procedentes de la cercana Itálica *(ver p. 337)*. Aunque todos son interesantes, sobresalen el del patio, que es magnífico, y, por su forma, el del salón octogonal con roleos y jarrones. El patio es muy bello y, además del mosaico, cuenta con elegantes arcos angrelados, entrepaños y alfices de influencia árabe, un vistoso zócalo de azulejos sevillanos y vitrinas con restos arqueológicos. La **escalera**★ es suntuosa, toda de azulejería con barandilla de caoba, escalinata de mármol y un magnífico artesonado mudéjar, que se trajo de un palacio de Marchena.

En la planta alta se visitan distintos salones y galerías con elementos decorativos renacentistas, barrocos y románticos.

Continúe por la calle Cuna hasta la Plaza del Salvador.

Plaza del Salvador – Su bello espacio alargado está dominado por la monumental Parroquia del Salvador. Es uno de los lugares preferidos por los sevillanos para tomar el aperitivo. Cualquier día, a esas horas, pero muy especialmente los domingos, la plaza muda su habitual tranquilidad por una sorprendente animación.

★ **Iglesia del Salvador** ⓥ – Se alza majestuosa en un lado de la plaza. Se construyó sobre el solar de la primitiva mezquita mayor, que se demolió en 1671. Las obras duraron hasta 1712 y en ellas intervinieron entre otros José Granados, al que se deben las trazas, y Leonardo de Figueroa, que proyectó las cúpulas. Su elegante fachada, en la que se combinan un bonito ladrillo rosa y la piedra, es una muestra de estilo barroco no exento de sobriedad.

La sensación de monumentalidad impregna todo el interior. La iglesia, muy espaciosa, tiene planta salón con tres cortas naves. Observe la elevada cúpula gallonada del crucero.

La iglesia alberga algunos de los mejores **retablos barrocos**★★ de la ciudad –todos del s. XVIII. El de la Capilla Mayor está dedicado a la Transfiguración del Señor y se debe al genio de Cayetano Acosta. Es inmenso y recubre por completo el altísimo muro, con una desbordante decoración que enmascara totalmente la organización. La **capilla del Sagrario**, que se abre al crucero izquierdo, tiene la portada concebida como un gigantesco retablo –obra también de Cayetano Acosta– dedicado a la exaltación de la Sagrada Forma, y presenta la misma exuberancia ornamental que el retablo mayor. En el interior de la capilla, en un rico retablo de plata, se encuentra el **Cristo de la Pasión** (s. XVII), obra maestra de Juan Martínez Montañés, que supo plasmar en el rostro de Jesús un sereno sufrimiento. En el crucero derecho hay otro bello retablo con camarín dedicado a la Virgen, obra de José Maestre.

En la capilla situada a la derecha de la Capilla Mayor se encuentra el **Crucificado del Amor** (s. XVII), de Juan de Mesa, en el que el autor reflejó de forma patética el sufrimiento y la soledad de Jesús en la Cruz.

7 DE LA PLAZA DEL DUQUE DE LA VICTORIA A LA ALAMEDA DE HÉRCULES

La **Plaza del Duque de la Victoria** es un centro neurálgico de la vida comercial ya que en ella hay grandes almacenes y numerosos comercios.

En la aledaña **plaza de la Concordia** hay una Sala de Exposiciones del Ayuntamiento de Sevilla. Se halla instalada en la iglesia del antiguo Colegio de San Hermenegildo (1616-1620), que conserva su bella cúpula oval.

Pase por la Plaza de Gavidia, donde se alza la estatua de Daoíz, y tome la calle Cardenal Spínola que desemboca en la Plaza de San Lorenzo.

Templo de Nuestro Padre Jesús del Gran Poder ⓥ – En la plaza de **San Lorenzo**, junto a la parroquia del mismo nombre (s. XIII, reformada en el s. XVII), se encuentra este templo moderno (1965) que alberga la espléndida talla de **Jesús del Gran Poder**★ (1620). En un camarín, rodeado de claveles rojos que los fieles vienen a depositar devotamente a sus pies, está situada esta obra maestra de Juan de Mesa. El rostro de Jesús, ligeramente ladeado, refleja con realismo un gran cansancio y una honda tristeza.

Tome la calle Santa Clara, en la que se sitúa el convento de clausura de Santa Clara *(no se visita)*, y doble por la calle Lumbreras. Pasada la esquina con la calle Becas, vuélvase para ver la **torre de Don Fadrique**, que es lo único que queda del palacio de D. Fadrique. Esta torre almenada se construyó en el s. XIII y su estilo es de transición del románico al gótico.

Continúe por la c/ Lumbreras hasta la Alameda de Hércules.

Alameda de Hércules – Es un alargado paseo que se creó en el s. XVI. En cada uno de sus extremos hay dos columnas: las del Norte se colocaron en el s. XVIII y sustentan dos leones que portan escudos, las del Sur son romanas y están coronadas por sendas esculturas de Hércules y Julio César. Los domingos reina la animación ya que se instala aquí un curioso **mercadillo**.

OTRAS CURIOSIDADES

★★ **Casa de Pilatos** Ⓥ – Es uno de los monumentos más singulares de la ciudad. Está situado en la agradable **Plaza de Pilatos**, a la que da nombre, y en la que se encuentra la estatua de Zurbarán.

Ch. Boisvieux

Detalle de la magnífica decoración

Su construcción se inició a finales del s. XV, siendo D. Fadrique, primer marqués de Tarifa, el que marcó, ya en el s. XVI, gran parte de la fisonomía actual del palacio. Dicen que se inspiró, tras un viaje a Jerusalén, en el pretorio de Pilatos, de ahí el nombre del palacio. Presenta una mezcla de estilos mudéjar, renacentista y góticoflamígero, aunque domina claramente la sensibilidad mudéjar.
El maravilloso **patio** evoca un elegante palacio árabe con sus magníficas arquerías finamente estucadas y sus espléndidos **azulejos**★★ (s. XVI) de reflejo metálico. Observe que los arcos son desiguales y que los azulejos forman paneles con diferentes motivos cada uno. En el centro hay una fuente labrada en Génova en el s. XVI. Varias estatuas decoran el patio; destaca muy especialmente la de **Palas Atenea**, que es un original griego del s. V a. C., el resto son romanas. En los muros hay una estupenda colección de bustos de emperadores romanos, situada en nichos redondos. Las salas que dan al patio tienen múltiples atractivos: bellos artesonados, zócalos de azulejos, yeserías, bóvedas de crucería y una escultura paleocristiana del Buen Pastor en la capilla (la parte más antigua de la casa), etc. También se visitan los jardines.
De un ángulo del patio sale la preciosa **escalera**★★, recubierta de azulejos, que sube a la planta superior. Tiene una soberbia **cúpula de media naranja**★ de madera.
Las galerías del patio, en la planta superior, conservan restos de pinturas al fresco (s. XVI) en las que aparecen representadas distintas personalidades de la Antigüedad. Algunos salones tienen interesantes techos, entre los que destaca el que pintó Francisco Pacheco en 1603 con el tema central de la Apoteosis de Hércules.
A la salida, se recomienda ir al cercano **convento de San Leandro** *(iglesia difícil de visitar)* para comprar las famosas **yemas** de San Leandro, un manjar exquisito.

★ **Iglesia de Santa María la Blanca** – Fue una antigua sinagoga que en el s. XIV sufrió una importante transformación para convertirse en iglesia, de la que queda la sencilla portada gótica. En el s. XVII se reconstruyó casi por completo. A este período corresponden el resto de la fachada y el **interior**★. Este último presenta tres naves separadas por arcos de medio punto que descansan en columnas de mármol rosa. Las bóvedas de cañón con lunetos y la cúpula del crucero están totalmente revestidas de preciosas yeserías. El barroquismo de las cubiertas se equilibra con la ligereza de las columnas y el resultado del conjunto no sólo es bello sino armónico. En la nave del Evangelio hay una *Sagrada Cena*, atribuida a Murillo, en la que sorprende la utilización dramática de la luz, en el más puro estilo tenebrista.

★★★ **Museo de Bellas Artes** Ⓥ – *Entrada por la Plaza del Museo.* Esta magnífica pinacoteca, que cuenta con una importante colección de pintura española del Siglo de Oro, se halla instalada en el antiguo convento de la Merced (s. XVII), obra de Juan de Oviedo. La portada barroca se añadió en el XVIII. Las dependencias conventuales se ordenan en torno a tres bellos patios y una magnífica escalera, cubierta mediante una cúpula decorada con estucos manieristas.
El museo muestra obras de calidad desde la Edad Media hasta el s. XX. Destacan dos espléndidas salas.

★★★ **Sala V** – *Planta baja*. Es sin lugar a dudas la sala estrella del museo: la antigua iglesia, decorada con pinturas murales (s. XVIII) de Domingo Martínez, es el incomparable marco en el que se exhibe una extraordinaria colección de obras de Murillo y una obra maestra de Zurbarán, la *Apoteosis de Santo Tomás de Aquino (en la nave, lado del Evangelio)*.

Murillo (1617-1682), que domina con maestría la técnica pictórica y el empleo de la luz, es el gran pintor de temas religiosos y de los niños; sus personajes, siempre muy humanos, emanan ternura y delicadeza en un mundo de equilibrio que huye del dramatismo y los excesos. Sus lienzos se sitúan en el crucero y la cabecera, presidida por una monumental *Inmaculada*, que muestra mucho movimiento en los ropajes. Rodeada de santos y santas, merecen una mención especial *Santa Rufina y Santa Justa*, que sujetan la Giralda, así como *San Leandro y San Buenaventura*. En el crucero derecho destacan la *Virgen de la servilleta*, llena de dulzura; fíjese en el Niño que parece salir hacia el espectador; *San Francisco abrazando a Cristo crucificado* y otra *Inmaculada*, conocida como la Niña. En el crucero izquierdo, entre otros cuadros, se puede admirar el *San Antonio con el Niño*, una *Dolorosa* y *San Félix de Cantalicio con el Niño*.

★★ **Sala X** – *(Planta alta)*. Expone obras de **Zurbarán** (1598-1664). Nadie como él ha sido capaz de pintar los matices blancos de los hábitos de los frailes y de los paños de pureza de los Cristos, como se aprecia en el espléndido *Crucificado* de esta sala, cuyo cuerpo sobre fondo negro tiene un relieve casi escultórico. Sus composiciones son sencillas y reposadas; en algunas se advierte una despreocupación por la perspectiva que le lleva a cometer incorrecciones, como puede apreciarse en *San Hugo en el refectorio*, tan sobresaliente en otros aspectos. Su preocupación por el tratamiento de las telas, que ya se ha podido apreciar en los padres de la iglesia de la *Apoteosis de Santo Tomás*, se ve de nuevo en el espléndido brocado de terciopelo de *San Ambrosio*. Además de sus retratos de santos *(San Jerónimo)*, también hay que destacar la *Virgen de las Cuevas* y la *Visita de San Bruno a Urbano II*. En esta misma sala se muestra la escultura de *Santo Domingo de Guzmán Penitente*, de Martínez Montañés. Observe el espléndido artesonado de la sala interior.

B. Kaufmann/MICHELIN

La antigua iglesia presidida por una *Inmaculada* de Murillo

En otras salas – La **sala I** exhibe interesantes obras medievales. La **sala II**, el antiguo refectorio, dedicada al arte renacentista, está presidida por una espléndida escultura de *San Jerónimo* de Pietro Torrigiani, contemporáneo de Miguel Ángel. Destacan igualmente la *Anunciación* de Alejo Fernández, en la que se ven las influencias flamencas e italianas; un retrato de su hijo *Jorge Manuel*, de El Greco y un díptico de *La Anunciación y la Visitación* de M. Coffermans. En la **sala III** cuelgan dos magníficos retratos de *Dama y Caballero* de Pedro Pacheco.

Planta alta: En la **sala VI** (galería) se muestra una bella colección de santas (anónimos del círculo de Zurbarán) ricamente ataviadas y dos santos. La **sala VII** expone otras obras de Murillo y de sus discípulos y la **VIII** se dedica por entero a otro gran pintor barroco sevillano, **Valdés Leal**, más dramático y expresivo que Murillo. En la **sala IX**, que muestra obras barrocas europeas, destacan un retrato de *Santiago Apóstol* de Ribera, lleno de fuerza, las pinturas de Brueghel y el magnífico *Retrato de una Dama* de Cornelis de Vos. En la **sala XI** (galería), dedicada al s. XVIII, merece especial atención, junto a las obras de Lucas Valdés, el retrato del canónigo *D. José Duato* de Goya. Las dos salas siguientes **(XII** y **XIII)** muestran obras del s. XIX; sobresalen los excelentes retratos de Esquivel. La última sala **(XIV)** muestra algunos lienzos del s. XX (Vázquez Díaz, Zuloaga).

Iglesia de la Magdalena – Este templo se edificó a finales del s. XVII y principios del XVIII sobre los cimientos de uno anterior. El proyecto es obra de Leonardo de Figueroa. Desde el exterior se puede ver la forma de la iglesia: las naves, el crucero y su airosa cúpula con decoración de azulejería.

El **interior★** es muy rico y alberga interesantes tesoros. Las pinturas murales de los techos fueron realizadas por Lucas Valdés. El exuberante retablo de la **Capilla Mayor**, de estilo barroco, se labró a principios del s. XVIII. Las pinturas de la bóveda ilustran alegorías de santos. La **capilla del Cristo del Calvario** *(derecha del presbiterio)* recibe su nombre del Cristo expuesto, obra (s. XVIII) de Francisco Ocampo. En la nave de la Epístola destacan un bello **altorrelieve de la Asunción** llevada por cuatro angelitos, de Juan de Mesa (1619); la capilla Sacramental y la capilla de la Quinta Angustia. En la Sacramental hay dos lienzos de **Zurbarán**: *Santo Domingo en Soriano* y la *Curación milagrosa del Beato Reginaldo de Orleans.*

En el vestíbulo de la puerta de entrada al templo está situada la **capilla de la Quinta Angustia★**. En el altar hay un magnífico grupo escultórico con el Cristo del Descendimiento, lleno de sensibilidad. Se atribuye al círculo de Pedro Roldán. Al alzar la mirada se verán las tres cúpulas de tradición árabe. En las paredes cuelgan diez lienzos de santos, de Valdés Leal.

En el crucero izquierdo, junto a la puerta, está la talla de la **Virgen de la Fiebre** (s. XVI), una elegante y maternal Virgen con el Niño en brazos.

La Cartuja-Centro Andaluz de Arte Contemporáneo ⌚ – *Autobuses C-1 y C-2.*
El complejo en el que se halla el antiguo Monasterio de la Cartuja alberga el Centro Andaluz de Arte Contemporáneo.

Nos hallamos en un curioso complejo con una complicada historia. El Monasterio se fundó a finales del s. XIV en honor de una imagen de la Virgen que había aparecido en la zona. Conoció momentos de esplendor y fue visitado por Reyes y personalidades –Colón preparó aquí su segundo viaje a América. Durante el s. XIX vivió importantes cambios: los franceses lo convirtieron en cuartel durante la invasión napoleónica y posteriormente fue adquirido por Charles Pickman, quien instaló una fábrica de cerámica que estuvo en funcionamiento hasta 1982. Todavía podemos contemplar las chimeneas de los hornos.

★ **Dependencias conventuales** – Las construcciones pertenecen en su mayoría a los ss. XV al XVII. Algunas conservan bellos azulejos. Destacan la iglesia, con un precioso rosetón de azulejería; la sacristía con yeserías barrocas; un encantador claustro mudéjar de ladrillo sobre finas columnas de mármol; el Capítulo de monjes en el que se muestran interesantes sepulcros, y el larguísimo refectorio con un bello artesonado (s. XVII).

Museo – Exhibe obras desde principios del s. XX de importantes artistas (Miró, Chillida, etc.) y también obras de jóvenes creadores, fundamentalmente andaluces. El museo acoge importantes exposiciones temporales.

★ISLA MÁGICA

En la isla de la Cartuja se halla situado el parque temático de Isla Mágica, que ocupa unas 40 ha. Este gran centro de evasión propone un apasionante viaje, al siglo de los descubrimientos. Comprende 8 áreas: "Sevilla, Puerto de Indias", "Quetzal, la Furia de los Dioses", "El Balcón de Andalucía", "Puerta de América", "Amazonia", "La Guarida de los Piratas", "La Fuente de la Juventud" y "El Dorado".

El parque pone al servicio de los visitantes una completa infraestructura lúdica: divertidas atracciones, espectáculos callejeros, tiendas de "souvenirs" y restaurantes, bares y carros móviles para reponer fuerzas.

El Parque cuenta con numerosas atracciones; sólo citaremos algunas de las más interesantes.

Informaciones útiles

☏ **Información 902 16 17 16** – ☏ **Reservas 902 16 00 00**
Internet: www.islamagica.es

Período de apertura
El parque abre la temporada el 23 de marzo y cierra el 03 de noviembre. De mayo a mediados de septiembre todos los días; para el resto de la temporada los fines de semana y algunos otros días (consultar).

Horarios
De junio a septiembre de 11 a 23 (ó 24).
Resto del año consultar horarios.

Entradas
- Adultos: 21€
- Niños entre 5 y 12 años y mayores de 65 años: 14,50€
- Niños menores de 5 años: gratuita

La entrada permite acceder a todas las atracciones y a todos los espectáculos.

Quetzal, la Furia de los Dioses – Un trepidante viaje al mundo maya. Subidos en una serpiente emplumada se recorren tierras mesoamericanas huyendo de la furia de los dioses.

El Balcón de Andalucía – Un agradable paseo por los monumentos y accidentes geográficos más importantes de Andalucía reproducidos a escala.

Anaconda – Una divertida montaña rusa de agua con varias espectaculares caídas que hará las delicias de los marineros más osados.

Iguazú – Las impresionantes cataratas permitirán a los amantes de las emociones precipitarse en las aguas de una laguna a más de 50 km/h.

El Jaguar – Si no ha tenido bastante y desea una buena descarga de adrenalina no deje de subirse en el Jaguar, una gigantesca montaña rusa con rizos completos y picados de vértigo que alcanza velocidades de hasta 85 km/h.

La Fuente de la Juventud – Es el paraíso de los **más pequeños**. Este universo de ensueño, lleno de estanques y riachuelos, concentra la mayoría de las atracciones infantiles. El **Sapo Cuenta Cuentos** y los **Ranacuajos** narran las más divertidas y maravillosas historias.

Los rápidos del Orinoco – Rafting a bordo de botes neumáticos salvando los espectaculares desniveles de este río.

La Casa de la Superstición – Una película realizada con las últimas tecnologías y proyectada en una pantalla esférica gigante que le introducirá en un mundo de sensaciones.

ALREDEDORES

★ **Itálica** ⌚ – *9 km al Noroeste por la E 803 – N 630. Nada más pasar Santiponce, gire a la izquierda.* En una colina sombreada de cipreses, dominando la llanura del Guadalquivir, se descubren los vestigios de esta ciudad romana que fundó Escipión "el Africano" en el 206 a. C. Su época dorada fue el s. II d. C. Su historia estuvo íntimamente ligada a las figuras de los emperadores romanos **Trajano** (53-117) y **Adriano** (76-138), que habían nacido en esta ciudad. Adriano le concedió el título de colonia y la convirtió en una ciudad monumental. Su decadencia se inició en el Bajo Imperio.
El extenso recinto arqueológico se corresponde con una parte del barrio que impulsó Adriano. En sus calles, de trazado ortogonal, se situaban edificios públicos y lujosas casas particulares. Se conservan algunos **mosaicos** originales como el de Neptuno, los pájaros, las divinidades planetarias, etc.
Anfiteatro – Fue uno de los mayores del Imperio Romano con capacidad para veinticinco mil espectadores. Está bastante bien conservado: la planta es elíptica y pueden verse parte de los graderíos y los fosos que había bajo la arena.
El pueblo de **Santiponce** se levanta sobre la parte más antigua de Itálica. En el casco urbano se encuentra el Teatro.

Bollullos de la Mitación – *18 km al Oeste. Tome la A 49 (dirección Huelva) y deje la autovía en la salida 5.*

Iglesia de San Martín ⌚ – Está situada en la Plaza de Cuatrovitas, donde también se encuentra el Ayuntamiento. El templo es una construcción barroca del s. XVIII. A los pies tiene una torre de ladrillo visto con detalles de azulejería. En su interior guarda un interesante **retablo** con cuatro pinturas de Zurbarán.

Santuario de Cuatrovitas ⌚ – *Salga de Bollullos en dirección Aznalcázar; a los 4 km tome un desvío a la izquierda nada más pasar un pinar (preste atención, es fácil pasárselo). A continuación, 2 km por una carretera sin asfaltar.*

El camino es muy agradable. Esta sencilla ermita, que se alza en un paraje llano, tiene la particularidad de ser una de las pocas mezquitas rurales que se conservan. Es de época almohade y lo más sobresaliente es la **torre** de ladrillo con decoración pareada de arquillos lobulados y de herradura. En el interior hay un frontal de altar de cerámica (s. XVI), en el que aparecen representados la Virgen con el Niño y los cuatro evangelistas.

Alcalá de Guadaira – *20 km por la A 92. Entre en el pueblo y deje el coche junto a la iglesia de Santiago.*

Iglesia de Santiago – El templo se construyó en los ss. XV y XVI. Una elegante decoración cerámica adorna los últimos cuerpos y el chapitel de su elevada torre-campanario. En el interior destaca el presbiterio, que se cubre con una curiosa bóveda abocinada de casetones.

Castillo – *Se sube por la calle de rampas escalonadas que sale junto a la iglesia.* En lo alto de una loma, dominando el pueblo y un extenso paisaje de colinas, se encuentran los restos de esta importante fortaleza almohade. Se conservan las murallas y torreones del recinto exterior. El lugar es muy agradable y se ha acondicionado como zona recreativa (parque infantil, porterías de fútbol...). En el centro se encuentra la **ermita de Nuestra Señora del Aguila** (ss. XIV-XVI), con una sólida torre de ladrillo acabada en almenas escalonadas y que conserva en el interior restos de un fresco medieval *(a la derecha del presbiterio).*

SIERRA NEVADA★★

Granada

Mapa Michelin U 19-20-21

Al viajero poco avisado puede sorprenderle una cadena montañosa de esta magnitud en estas latitudes. Sierra Nevada es, después de los Alpes, la cadena montañosa más alta de Europa; la quinta parte de sus picos (14) superan los 3.000 metros y ocupa una superficie de más de 170.000 ha (86.208 conforman el **Parque Nacional**). La nieve y el hielo, abundantes durante gran parte del año, han erosionado a lo largo de su historia esta joven cadena montañosa, creando un perfil muy modelado y contorneado. Los picos más altos, **Mulhacén** (3.482 m), **Veleta** (3.394 m) y **Alcazaba** (3.371 m) se sitúan en la parte más occidental.

Hidalgo-Lopesino/MARCO POLO

¿Cuándo ir?

Cualquier época del año es buena. En invierno Sierra Nevada ofrece las posibilidades de su **Estación de Esquí**, así como multitud de itinerarios y paseos entre sus cumbres nevadas. En verano es posible realizar otro tipo de actividades deportivas como senderismo y paseos a caballo. La nieve puede comenzar a caer en octubre y algunos años dura hasta junio. En cualquier caso, la gran cantidad de días soleados, cerca de 2/3 del año, hace que no sea difícil poder contemplar estampas espectaculares en las que el sol, la blancura de la nieve y el cielo azul se combinan de manera casi imposible.

Informaciones Prácticas

Antes de empezar...

Centro de Visitantes del Dornajo ⓥ – Un lugar muy adecuado para comenzar la visita. Cuenta con abundante información (maquetas, exposiciones...) sobre Sierra Nevada, así como con una buena librería. La visita al centro permite también un primer acercamiento a la artesanía y la gastronomía de la región. El Centro de Visitantes organiza asimismo actividades de todo tipo como rutas de alta montaña, excursiones, alquiler de bicicletas. **Dónde:** *Carretera de Sierra Nevada, km 23. ☎ 958 34 06 25.*

Punto de información del Puerto de la Ragua – *Ctra. del Puerto de la Ragua, km 1 – ☎ 958 76 02 31. www.laragua.net*

Punto de Información del Parque Nacional de Sierra Nevada – Pampaneira – *pl. de la Libertad – ☎ 958 76 33 01.* En el mismo lugar: **Nevadensis** *(958 76 31 27)* organiza actividades y rutas por Sierra Nevada y Las Alpujarras.

Federación Andaluza de Montañismo – *Camino de Ronda, 101 (edificio Atalaya) ☎ 958 29 13 40. www.fedacom.com*

Accesos

En coche – Desde Granada el acceso más directo y rápido es por la A 395. En **Pradollano** hay que dejar el coche en el aparcamiento subterráneo. Una alternativa más atractiva es la combinación de los dos itinerarios en coche que se proponen más abajo.

En autobús – La compañía **BONAL** tiene varios autobuses diarios hasta Pradollano desde Granada (la salida está junto al **Palacio de Congresos**) – *☎ 958 27 31 00.*

Alojamiento

Don José – *En la carretera de Sierra Nevada en el km 22 – ☎ 958 34 04 00 – fax 958 34 05 45 – 86,40€/115,20€ (desayuno incluido). Precios más interesantes en estancias superiores a una noche.* Pequeño hotel familiar que cuenta con todas las comodidades.

★★ **Estación de esquí de Sierra Nevada** – Creada en 1964, el primer gran acontecimiento deportivo que acogió fue la **Copa del Mundo de Esquí Alpino** celebrada en 1977. Sin embargo, dos años más tarde la empresa encargada de su explotación se planteó la posibilidad de su cierre debido a la baja rentabilidad. La situación mejoró en la década de los 80, coincidiendo además con diversas propuestas de protección de la Sierra. Ya en los noventa la estación fue elegida sede de los **Campeonatos del Mundo de Esquí** de 1995 que por falta de nieve fueron pospuestos al año siguiente. Las inversiones llevadas a cabo con este motivo han convertido a la estación en una de las mejores de España. En la actualidad cuenta con unos 60 kilómetros esquiables, 45 pistas y 20 remontes. Entre las posibilidades que ofrece está la de esquiar de noche los fines de semana. La estación cuenta con un completo complejo de apartamentos y hoteles en la urbanización **Pradollano**.

ITINERARIOS EN COCHE

En 1914 comenzó la construcción de la primera carretera de la Sierra. En 1923 se había llegado a Pinos Genil y en 1935 se inauguró el tramo hasta el pico Veleta. Desde entonces ha sido normal el uso de esta carretera para acceder hasta las cumbres de Sierra Nevada. Actualmente, las sucesivas declaraciones de Sierra Nevada como **Parque Natural** (1989) primero y luego como **Parque Nacional** (1999) han restringido afortunadamente el uso de estas vías. Se han establecido dos controles, uno en la vertiente Norte (Cruce de Borreguiles), y otro en la Sur (Hoya del Portillo) que limitan el paso de vehículos privados. Aquí proponemos dos de los itinerarios que hoy en día son posibles. *Antes de partir, es conveniente informarse sobre el estado de las carreteras.*

★★ 1 Desde Granada hasta el Dornajo

Sólo en verano. Aproximadamente 1 hora.

Salga de Granada por la antigua carretera de la Sierra. A 8 km tome la desviación hacia Pinos-Genil. La carretera discurre por un bello paisaje y va rodeando el embalse de Canales hasta llegar a la localidad de **Güejar-Sierra**. Salga del pueblo en

El Mulhacén: techo peninsular

Según la leyenda el nombre proviene de que aquí fue enterrado el rey granadino Muley-Hacén, padre de Boabdil. El rey se enamoró de una bella doncella cristiana de nombre Zoraida quien, tras la muerte del rey en el castillo de Mondújar, le hizo enterrar en la cumbre más alta de la Sierra para así esconderlo de sus enemigos.

dirección a la estación de Maitena. Tras cruzar el río Genil la carretera, que sigue el curso del río, asciende con curvas cerradas de gran pendiente hasta el llamado Hotel del Duque, hoy seminario, para dirigirse después hasta el Centro de Visitantes.

★★ 2 Desde el Dornajo hasta el cruce de Borreguiles

Desde el **Centro de Visitantes del Dornajo** tome la carretera de la izquierda que sube hacia el collado de las Sabinas. El ascenso es muy pronunciado y con curvas cerradas. Se pasa por un bello paisaje de pinos autóctonos y desde la carretera se disfrutan de bellas vistas del valle del Genil. Una vez pasado el Collado de las Sabinas la carretera continúa hasta Pradollano. Desde aquí puede llegar hasta el cruce de Borreguiles.

RUTAS A PIE

Las posibilidades son múltiples. Sugerimos dirigirse al Centro de Visitantes para información sobre las rutas señalizadas y los tiempos estimados. Los puntos de salida habituales son: El pueblo de Güejar-Sierra, el Centro de Visitantes del Dornajo y el **Albergue Universitario**. Las rutas más interesantes son las de la subida a la **Laguna de las Yeguas** y las subidas al **Pico Veleta** y al **Mulhacén.**

ALREDEDORES

★**Valle del Lecrín** – *Tome la carretera N 323 desde Granada y desvíese en la población de Dúrcal.* Poco conocido, el Valle del Lecrín, es una pequeña joya turística. La ruta recorre campos de naranjos y atraviesa pequeños pueblos asentados entre las laderas del valle.

Dúrcal – Pueblo de origen árabe que tiene en la **plaza de España** su rincón más entrañable.

Nigüelas – Uno de los más bonitos del valle. El Ayuntamiento se ha instalado en el palacio de los Zayas del s. XVI. Lo más interesante del pueblo es la **almazara de las Laerillas**★ ⓥ. El edificio *(pida la llave en el Ayuntamiento)*, del s. XIV, alberga en su interior prensas, medidas, trojes y, sobre todo dos **grandes molinos**, uno de sangre, llamado así porque era un animal el que lo hacía funcionar, y otro hidráulico.

Mondújar – Cuenta con una iglesia mudéjar en la que destaca su torre. Al lado, el pueblo de Lecrín, palabra de origen árabe que significa alegría y que da nombre al valle.
La carretera continúa por el valle del Río Torrente entre las poblaciones de Murchas, Restábal, **Melegís** y **Saleres.** Las iglesias de los dos últimos conservan bonitos restos de azulejos mudéjares en sus torres.

Los neveros

Así se llamaban los hombres que antiguamente abastecían de hielo a Granada. Subían hasta los ventisqueros, en grupos de unos diez, y con la ayuda de mulos y burros cargaban y transportaban el hielo a los hospitales, las tiendas y los mesones de la ciudad. Trabajaban al atardecer y aprovechaban el frescor de la noche para regresar evitando así, en lo posible, el calor que derretiría el hielo. La actividad fue tan importante que ya en el s. XVII existían licencias y reglamentos que la regulaban. Este oficio cayó en desuso hacia 1920 con la llegada de las primeras fábricas de hielo.

Parque Natural de la SIERRA NORTE DE SEVILLA

Sevilla

Mapa Michelin nº 446 T-S-R 12-13

Sus 164.840 ha, situadas en una hermosa zona de Sierra Morena, al Norte de Sevilla, lindando con Huelva, Córdoba y Extremadura, constituyen un paraje de gran belleza natural. Atraviesan su perímetro los ríos Viar, Huéznar y Retortillo, que crean a su paso una vegetación frondosa, donde abundan alcornoques, castaños, olmos, encinas y avellanos. Respecto a la fauna hay que resaltar la presencia de jabalíes, águilas culebreras y buitres leonados.

En el **Centro de Información** ⓥ, situado en Constantina, pueden adquirirse mapas y planos e informarse de las actividades desarrolladas en el Parque.

DE LORA DEL RÍO A GUADALCANAL

90 km – calcule 1 día

Lora del Río – *Situado fuera del límite del Parque Natural.* Este pueblo de trazado irregular se halla situado en la margen derecha del Guadalquivir, mirando hacia las primeras estribaciones de Sierra Morena. Lora es una localidad apacible, de tradiciones arraigadas, donde las calles presentan un aspecto cuidado y los edificios aportan un aire solemne.
Entre sus especialidades gastronómicas destacan los caracoles, los "sopeaos", variante autóctona del tradicional gazpacho y las populares gachas con coscurros.

Iglesia de la Asunción – Este templo gótico-mudéjar (s. XV) fue construido sobre los restos de una antigua mezquita, aunque ha sufrido numerosas remodelaciones. Posee una de las torres campanario (s. XIX) más altas de la provincia.

Ayuntamiento – Edificio barroco (s. XVIII) con una magnífica **fachada** de hermosa decoración floral.

Casa de los Leones – Este ejemplo de arquitectura civil barroca destaca por su fachada esgrafiada y su elegante patio interior.

Casa de la Virgen – Singular palacio de finales del s. XVIII cuya portada está ornamentada con elegantes columnas de mármol.

Santuario de Nuestra Señora de Setefilla – Situado en los alrededores de la villa, en un solitario paraje serrano, este bello santuario mudéjar fue reconstruido en el s. XVII. Acoge la Virgen de Setefilla, imagen muy venerada y en honor de la cual se celebra una concurrida romería (8 de septiembre).

Constantina – *29 km al Norte por la A 455.* Esta curiosa localidad que debe su nombre al emperador romano Constantino se halla en un **emplazamiento** de gran belleza, rodeada de hermosos bosques y arroyos de agua cristalina. En su núcleo urbano se mezclan los elementos árabes con las construcciones solariegas de los ss. XV-XVII que aportan un toque de distinción a la villa.

★ **Barrio de la Morería** – Se extiende a los pies del antiguo castillo, situado en lo alto del pueblo. Sus callejuelas blancas y tortuosas, donde los empinados desniveles se salvan mediante interminables escaleras, conservan intacto todo el sabor y el encanto árabe. En este auténtico laberinto destacan la **iglesia de la Encarnación**, una elegante construcción mudéjar con una bella fachada plateresca en la que sobresalen los magníficos

Alojamiento

CAZALLA DE LA SIERRA

Posada del Moro – *Paseo del Moro – ☎ 954 88 48 58 – fax 954 88 43 26 – 15 hab. – 36,06/54,09€.* Pequeño hotel familiar y agradable situado enfrente del parque del Moro. Restaurante de calidad y jardín con piscina. Buena relación calidad/precio.

Las Navezuelas – *En la carretera A 414, a 3 km del centro de la población camino de Fábrica del Pedroso, tome un camino de tierra (1 km aproximadamente)– ☎ 954 88 47 64 – fax 954 88 45 94 – 6 hab., 2 suites – Ⓟ – 51,09/57,10€ (apart.: 66,11€) – cerrado 7 ene-25 feb.* Un pequeño paraíso "en el que he invertido doce años de esfuerzo", según explica su propietario. Las habitaciones están cuidadosamente decoradas y desde la piscina se observa una magnífica vista de Sierra Morena. Ni ruidos ni coches, sólo se oyen las esquilas de las ovejas a lo lejos.

CONSTANTINA

San Blas – *Miraflores, 4 – ☎ 955 88 00 77 – fax 955 88 19 00 – 15 hab. – 39/54€.* En toda la ciudad es el único hotel digno de tal nombre. Es moderno y no posee ningún encanto especial pero las habitaciones son amplias y correctas. Pequeña piscina en la terraza.

Las setas de Constantina

Los alrededores de Constantina son un auténtico paraíso para los amantes de las setas. Son numerosos los visitantes que acuden en otoño a recolectarlas o, simplemente, a degustarlas en los numerosos locales de la población.

relieves decorativos en piedra de la puerta del Perdón –fíjese en la delicadeza escultórica del arcángel Gabriel; y la **iglesia de Nuestra Señora de los Dolores**, que conserva un notable claustro renacentista y un interesante retablo barroco en el altar mayor.

Ermita de El Robledo ⓥ – *5 km al Nordeste por la SE 150.* La blanca silueta mudéjar de este edificio, situado en un solitario paraje, acoge la imagen de la Virgen del mismo nombre.

El Pedroso – *Desde Constantina, 18 km al Oeste por la A 452.* Enclavada en un excepcional paraje natural, la villa posee como principales curiosidades la ermita de San Sebastián y la iglesia de Nuestra Señora del Pino. Desde los cercanos cerros de Monteagudo y La Lima se observan maravillosas **vistas** del paisaje serrano.

Cazalla de la Sierra – *17 km al Norte por la A 432.* Esta pequeña población esconde su encantador caserío en mitad de las estribaciones de Sierra Morena, en una zona cubierta por densos bosques de encinas y alcornoques. El casco urbano guarda calles muy pintorescas, salpicadas de hermosas casas señoriales con elegantes fachadas de piedra. Sus aguardientes son muy populares.

Plaza Mayor – Este amplio espacio rectangular, auténtico corazón de Cazalla, conserva un singular conjunto de arquitectura popular andaluza del s. XVI. También acoge el edificio del Juzgado –contemple su bella fachada barroca– y la **iglesia de Nuestra Señora de la Consolación** (s. XIV), cuya torre mudéjar de ladrillo rojo y ventanas de arcos apuntados y trilobulados preside un interior con pilares y bóvedas de casetones renacentistas.

Convento de San Francisco – Posee un notable claustro barroco con esbeltas columnas que soportan arcos de medio punto.

Ruinas de la Cartuja ⓥ – *3 km al Norte.* Los monumentales vestigios de la antigua cartuja (s. XV) se hallan en un paraje de frondosos bosques. Hay que destacar las pinturas mudéjares del claustro. En la antigua casa del monje portero existe un pequeño hotel.

Alanís – *Desde Cazalla, 17 km al Norte por la A 432.* Se encuentra en mitad de una inexpugnable zona montañosa, a los pies de los restos del antiguo castillo medieval. Los principales edificios son la casa de doña Matilde Guitart, con elegante patio de dos pisos y, sobre todo, la **iglesia de Nuestra Señora de las Nieves**, templo gótico reconstruido en estilo neoclásico que guarda un hermoso conjunto de frescos en la bóveda del altar mayor, así como la capilla de los Melgarejo (s. XVI), decorada con excepcionales **azulejos** mudéjares.

Guadalcanal – *11 km al Noroeste por la A 432.* Esta antigua villa fortificada conserva interesantes vestigios de la muralla medieval. La iglesia de la Asunción, construida sobre un alcázar árabe, y la ermita de Guaditoca, que acoge una importante romería, son sus edificios más destacados.

TABERNAS

Almería – 3.241 habitantes

Mapa Michelin nº 446 U 22

Tabernas está situado en pleno desierto almeriense, con la Sierra de los Filabres al Norte y la Sierra Alhamilla al Sur. Se despliega en la llanura a los pies de un cerro alargado y coronado por las ruinas parcialmente restauradas de su alcazaba *(acceso por una pista que sale junto al polideportivo).* Viniendo de Sorbas por la N 340 se contempla la mejor vista de dichos restos.
Junto a una agradable plaza sombreada está la iglesia parroquial; construida en ladrillo, como casi todas las de la zona, tiene dos sencillas portadas renacentistas.
Toda la comarca se caracteriza por un paisaje roqueño muy árido y con abundantes cerros, lo que le confiere un aspecto muy particular que ha hecho que estos parajes desérticos fueran utilizados por la industria cinematográfica de los sesenta y los setenta para rodar la mayoría de los "spaghetti-westerns".

ALREDEDORES

Mini-Hollywood ⓥ – *A 5 km al Sudoeste por la A 370, siga señalización.* Decorado cinematográfico de un típico pueblo del Oeste con sus construcciones de madera, su "Saloon", su banco, su depósito de agua y todos los elementos característicos. Aquí se rodaron películas como *La muerte tenía un precio, Por un puñado de dólares, Le llamaban Trinidad* y un largo etcétera.

B. Kaufmann/MICHELIN

¿En el Oeste americano?

Paseando por su polvorienta calle principal, con las montañas rocosas y desnudas que surgen detrás de sus casas, se verá transportado a aquella legendaria época. En la actualidad se organizan diversos espectáculos con peleas y tiroteos, todo en el más puro estilo del Oeste americano.

Junto al Mini-Hollywood hay una pequeña Reserva zoológica y un Museo africano. Hay otros platós del mismo tipo a lo largo de la A 370.

Paraje natural del desierto de Tabernas

Su situación entre dos sierras produce la llamada sombra orográfica que es la causante de que las precipitaciones en la zona sean tan escasas. La vegetación y la fauna están adaptadas a unas condiciones de extrema aridez. Generalmente son de pequeño tamaño; en la vegetación destaca la siempreviva y la fauna está mayoritariamente compuesta por insectos, sapos, escorpiones y erizos morunos.

EXCURSIÓN

De Tabernas a Los Molinos del Río Aguas *41 km*

Desde Tabernas tome la A 370 en dirección Este, a unos 17 km gire por un desvío a la derecha.

Lucainena de las Torres – Es un antiguo pueblo minero de la Sierra de la Alhamilla. Paseando por sus calles blancas destaca la iglesia parroquial del s. XVIII, la plaza con un árbol centenario y, en las afueras, los hornos de fundición para el mineral del hierro. En el **Mesón Museo**, que cuenta con una sala de exposiciones para artistas y con una colección de objetos tradicionales de labor, se puede degustar la contundente cocina tradicional de la zona: gurullos, trigo, migas, etc.

Vuelva a la A 370 y continúe 9 km.

Sorbas – Este bonito pueblo está situado sobre un escarpe arcilloso rodeado por un meandro del río Aguas. La mejor vista de su pintoresco **emplazamiento★** se tiene viniendo de los Molinos del Río Aguas. La llaman la "Cuenca chica", verá porqué.

Deje el coche en la Plaza de la Constitución, en el centro del pueblo.

Artesanía

Sorbas mantiene todavía la tradición alfarera: es famosa su cerámica de barro rojo que se utiliza fundamentalmente para cacharros de cocina ya que resiste el fuego. En el barrio alfarero, en la parte baja de Sorbas, se pueden visitar algunos talleres artesanos.

Plaza de la Constitución – Centro neurálgico del pueblo, en ella se encuentran la iglesia de Santa María (s. XVI), el Ayuntamiento, la casa de Francisco García Roca, ambos del s. XIX, y el Palacio del Duque de Alba, construido en el s. XVIII para un administrador del duque.
El pueblo tiene varios **miradores** sobre el cauce del río y la vega. Sorprenden las casas construidas al borde mismo del barranco.

Paraje natural de Karst en Yesos ⏲ – *En la carretera a Molinos del Río Aguas, la AL 140.* Este singular paraje se compone de miles de cuevas que se han formado por la erosión del agua sobre el yeso. Los amantes de la "aventura" no deben dejar de visitarlas. Se facilita el material necesario (linterna, casco, traje, botas...). La visita, que se realiza con la ayuda de monitores especializados (hay que subir, bajar, agacharse, etc.), le dará la oportunidad de ver cómo cristaliza el yeso y las formas caprichosas que origina.

Molinos del Río Aguas – *5 km al Sudeste de Sorbas por la AL 140.* Esta barriada de Sorbas debe su nombre a la abundancia de molinos de harina que había en este lugar. Pasado el pueblo, la carretera asciende mostrando hermosas vistas del valle. En los años 60 y 70 en esta zona se establecieron varias familias extranjeras que se dedicaron a desarrollar un proyecto de investigación sobre técnicas alternativas para zonas desérticas pobres (cocinas solares, purificadoras de aguas, agricultura ecológica, etc.).
Se pueden realizar bonitas excursiones a pie por diversas rutas señalizadas *(máximo de 2 h de duración)* que le darán la oportunidad de ver conducciones de agua mediante acequias (de herencia romana), restos de molinos, hornos de yeso, etc.

TARIFA

Cádiz – 15.118 habitantes

Mapa Michelin nº 446 X 13

Tarifa es el pueblo más meridional de la Península Ibérica, a sólo 13 km de la rocosa costa africana, que surge desafiante al otro lado del **Estrecho de Gibraltar**. Es un pueblo pequeño, con un cierto encanto hippie, que emana tranquilidad y buen vivir. En Tarifa abundan las plazas y los rincones íntimos donde perderse, pero también es un animado centro turístico, uno de los mejores lugares en el mundo para la práctica del **windsurf** y un lugar único por sus largas y salvajes playas.

Alojamiento

CORRECTO

Aparthotel La Casa Amarilla – *Sancho IV el Bravo, 9 – ☎ 956 68 19 93 – fax 956 68 05 90 – 8 est/3 apto – 54,09€.* Ocupa una casa antigua del centro de Tarifa, junto a la iglesia Mayor de San Mateo. Todos los apartamentos son diferentes y están decorados con gusto. Los dueños son también los propietarios del vecino **Café Central**, muy concurrido por las tardes.

UNA BUENA OPCIÓN

Balcón de España – *En la carret. de Cádiz: 8 km al Noroeste – ☎ 956 68 09 63 – fax 956 68 04 72 – 38 hab. – 71,50/89,50€.* Hotel cercano a la playa con un agradable y amplio jardín con piscina y pista de tenis. Las habitaciones, de tipo bungalow, se distribuyen por el jardín.

Restaurante

Casa Juan Luis – *San Francisco, 15 – ☎ 956 68 48 03 – 18€ – cerrado do.* Situado en un edificio antiguo de una calle peatonal del casco viejo, este pequeño restaurante tiene la particularidad de que está especializado exclusivamente en productos derivados del cerdo. Menú de 18€ compuesto por infinidad de platos. Un poco más allá, el restaurante **Rincón de Juan** tiene una pequeña terraza con algunas mesas.

Excursiones por el Estrecho

Dos empresas ofrecen desde hace unos años **excursiones en barco★** por el Estrecho de Gibraltar. Tienen como objetivo la búsqueda y el avistamiento de ballenas y delfines. Hay que reservar plaza.

Whale Watch – *Punto de encuentro en el café Continental en la pl. de la Alameda – ☎ 956 68 09 93 ó 639 47 44*

Firmm – *Pedro Cortés, 3 junto al café Central – ☎ 956 62 70 08 ó 679 79 65 08.*

Un nombre beréber

El nombre de Tarifa nos recuerda al general beréber **Tarif ibn Malluk**, que supuestamente desembarcó aquí, al mando de unos cuatrocientos hombres, en lo que sería la primera expedición árabe en la Península Ibérica, en julio de 710. Alrededor de este suceso se han tejido distintas leyendas como la del Conde Don Julián, la de la Cava o la de Don Oppas. La realidad parece remitirnos a las disputas entre el rey visigodo **Don Rodrigo** y los descendientes del anterior rey **Witiza**. Los árabes, "invitados" por parte de la facción de Witiza y ante la debilidad de las estructuras visigodas, dejaron de lado los pactos entablados y se lanzaron a la conquista de toda la Península.

VISITA

La entrada a Tarifa le reserva la primera sorpresa. Para acceder al interior del casco antiguo hay que atravesar la emblemática **puerta de Jerez**.

Castillo de Guzmán el Bueno ⓥ – **Abderramán III**, primer gobernante árabe que adoptó el título de Califa, dio mucha importancia al control del Estrecho, conquistando por este motivo las plazas fuertes de Ceuta y Melilla. En el año 960 emprendió la construcción de la fortaleza de Tarifa. El castillo, tal y como lo vemos hoy en día, es el resultado de sucesivas ampliaciones y modificaciones tanto en época musulmana como cristiana. El acceso se realiza atravesando la **coracha almohade** del s. XIII y dejando, a la derecha, la **Torre de Guzmán el Bueno**, torre albarrana del s. XIII donde la tradición sitúa el suceso de Don Enrique de Guzmán, aquel que prefirió la muerte de su hijo antes que rendir el castillo. Se accede al centro de la fortaleza a través de una puerta en recodo del s. XIV. En el interior se construyó, en el s. XIV, la **iglesia de Santa María**.

Salga del castillo y tome la calle Guzmán el Bueno hasta la plaza de Santa María.

Plaza Santa María – En esta pequeña plaza se encuentran el **Ayuntamiento** y el **Museo Municipal**. En el centro hay una bonita fuente de azulejos.

La calle de la Amargura conduce hasta la plaza del Viento.

Desde el llamado **Mirador del Estrecho** se disfrutan inmejorables **vistas★★** del continente africano.

J. M. Dersi/STOCK PHOTOS

Tarifa es un paraíso para los windsurfistas

Iglesia Mayor Parroquial de San Mateo Apóstol – Templo construido a principios del s. XVI en estilo gótico flamígero. Su fachada principal, terminada en el s. XVIII, es de estilo barroco con un frontón partido e imponentes columnas salomónicas. En el interior, que nos sorprende por su amplitud, la nave central está cubierta por una bóveda estrellada y las laterales por bóvedas de crucería. Fíjese en la pequeña lápida funeraria de época visigoda que se encuentra a la entrada de la capilla del Sagrario.

En la plaza de Oviedo, enfrente de la Iglesia de San Mateo, hay numerosos cafés donde hacer una pausa.

Iglesia de San Francisco – Se halla situada en la escondida plaza del Ángel. Su **fachada-torre★**, de estilo barroco, tiene un gran cordón franciscano que descansa sobre dos columnas con capiteles corintios.

Tarifa cuenta también con una pequeña caleta, al lado del puerto, llamada **playa Chica** y, al otro lado de la Isla de las Palomas, la extraordinaria **playa de los Lances★**. Enfrente, en lo alto del cerro de Santa Catalina, llama la atención un curioso edificio de principios del s. XX.

ALREDEDORES

Carretera de Tarifa a Punta Paloma – *Tome la N 340 dirección Cádiz.* Este pequeño tramo de carretera corre paralelo al mar **(playa de los Lances)**, del que solo le separa un pequeño bosquecillo de pinos. A lo largo del camino encontramos varios campings y hoteles y en muchos puntos es posible dejar el coche para disfrutar de un agradable baño.
A 4 km, a la derecha, se encuentra el desvío al **Santuario de Nuestra Señora de la Luz** (patrona de Tarifa). Un poco más allá, la **playa de Valdevaqueros**★ y la de **Punta Paloma**, un impresionante conjunto de dunas.

★ **Ruinas Romanas de Baelo Claudia** – *A 22,5 km al Noroeste. 15 km por la N 340 y 7,5 km por la CA 9004.* La ciudad fue fundada en el s. II a. C. como factoría de salazón. El emperador Claudio le concedió el título de municipio en el s. I d. C. La mayoría de los restos que hoy podemos contemplar pertenece a esta época. Baelo era una ciudad amurallada a la que se accedía atravesando grandes puertas cuyos cimientos todavía podemos contemplar. El interior del espacio amurallado estaba distribuido alrededor de dos calles principales la *decumanus maximus* (de Este a Oeste) y la *cardo maximus* (de Norte a Sur). Los edificios públicos se levantaron en la intersección de estas dos calles. Entre las ruinas que hoy podemos contemplar destacan las columnas de la basílica; el espacio del foro, limitado por tres templos dedicados a la Triada Capitolina (Júpiter, Juno y Minerva); un teatro de moderadas dimensiones y una **fábrica de salazones** junto a la playa.

El "Garum"

Desde tiempos remotos, el litoral gaditano ha constituido uno de los lugares privilegiados en la Península para la pesca del atún. Fenicios y romanos aprovechaban el paso del atún cuando acudía a desovar, en los meses de mayo y junio, en las costas mediterráneas. La técnica empleada por los romanos, todavía en uso en la provincia de Cádiz, es la de la **almadraba** *(ver p. 354)*. El comercio de salazones fue tan importante que muchas de las ciudades romanas del litoral andaluz fueron en origen factorías de salazones, como Baelo. Los atunes, una vez troceados en formas cúbicas o triangulares, se depositaban cubiertos con capas de sal en grandes silos, donde permanecían durante varios meses para ser posteriormente exportados a todo el Imperio en un tipo especial de ánfora. El producto más reputado y más caro de esta industria fue sin lugar a dudas el **garum**, una salsa hecha con las cabezas, entrañas, sangre y demás desperdicios, que se utilizaba como condimento o incluso como plato principal y a la que se le añadía aceite o vinagre. Siempre se le atribuyeron grandes propiedades terapéuticas.

ÚBEDA★★

Jaén – 32.524 habitantes

Mapa Michelin nº 446 R 19

Úbeda se encuentra en el centro de la provincia de Jaén, en mitad de una verdadera encrucijada de caminos. Extendida sobre La Loma, entre los valles del Guadalquivir y el Guadalimar, es una de las localidades más importantes de Andalucía gracias, sobre todo, a su fantástico patrimonio artístico. La patria chica del escritor Antonio Muñoz Molina y del cantautor Joaquín Sabina ha recibido, a lo largo del tiempo, encendidos elogios por parte de los más ilustres viajeros, como Antonio Machado, quien la llamó "reina y gitana" o Eugenio d'Ors que comparó Úbeda con las más hermosas ciudades del Norte de Italia. Se trata, por tanto, de una ciudad que exige pasear detenidamente, fijándose en la sobriedad de sus palacios, en la elegancia de sus plazuelas, en todos los detalles que hacen de ella un lugar donde el arte andaluz alcanza cotas irrepetibles. Finalmente, conviene dar una vuelta por el **barrio de San Millán**, auténtico laberinto de calles árabes donde pueden adquirirse las populares alfombras ubetenses, así como productos alfareros y faroles de hojalata y cristal.

"Irse por los cerros de Úbeda"

Según cuenta la leyenda, cuando Fernando III preparaba el asedio a la ciudad uno de sus caballeros, que parecía no tener demasiadas ganas de luchar, llegó a su puesto de combate una vez finalizada la batalla. Al preguntarle el rey por su tardanza, éste se justificó diciendo que se había perdido por los numerosos cerros al dirigirse hacia la ciudad.

Alojamiento

CORRECTO

Victoria – *Alaminos, 5 – ☎ 953 75 29 52 – 15 hab. – 18/31€.* La limpieza y el buen precio son las señas de identidad de este pequeño hotel familiar. Las habitaciones pese a su sencillez son confortables y están cuidadas. La mejor opción para los que disponen de un presupuesto ajustado.

UNA BUENA OPCIÓN

Palacio de la Rambla – *pl. del Marqués, 1 – ☎ 953 75 01 96 – fax 953 75 02 67 – 8 hab. – 72/93€ – cerrado 15 jul-15 ago.* La casa familiar de una familia aristocrática, un bello palacio del s. XVI, abre sus puertas para acogerle como si se tratara de un invitado, en un ambiente refinado pero familiar. Destaca el magnífico patio renacentista.

Parador de Úbeda – *pl. Vázquez Molina, s/n – ☎ 953 75 03 45 – fax 953 75 12 59 – 36 hab. – 90,72/113,40€.* Palacio del s. XVI enclavado en una de las plazas renacentistas más bellas de Andalucía. El escudo de Fernando Ortega Salido, su primer propietario, está tallado en la fachada.

Restaurante

CORRECTO

Mesón Gabino – *Fuente Seca, s/n – ☎ 953 75 42 07 – 15,03€.* Restaurante con muros y techo de piedra instalado en los muros de la fortaleza. Especialidades: carne a la brasa y oreja de cerdo.

Tapas

Rincón del Jamón – *av. de la Constitución, 8 – ☎ 953 75 38 38.* En este bar llevado por jóvenes la especialidad es la tostá (pan con aceite) acompañada de todo tipo de embutidos. Sólo se paga lo que se come porque la bebida es gratis.

Zoraida – *Cronista Pasquau s/n – ☎ 953 75 67 19.* Bar frecuentado por clientes habituales en el que es normal la presencia de familias completas, desde los abuelos hasta los bebés en carrito.

Josema y Anabel – *Corredera San Fernando, 46 – ☎ 953 75 16 30 – abierto de 7.30 a 15.* Aunque se levante tarde, en este bar siempre podrá desayunar un buen café con leche acompañado de churros.

Un poco de historia – Aunque su origen se remonta a época romana, es durante la dominación musulmana cuando se funda la antigua Ubbadat Al Arab, que acabaría convirtiéndose en una de las principales ciudades de Al-Andalus. Famosa por su artesanía de "ubedíes", esteras de esparto tejidas y bordadas a mano, en 1234 Fernando III el Santo reconquista la villa definitivamente. En el s. XVI, durante los reinados de Carlos I y Felipe II, Úbeda alcanza su etapa de mayor esplendor. Los ubetenses ocupan cargos decisivos en el gobierno del imperio, se construyen magníficos edificios renacentistas y numerosos nobles se trasladan a la población haciendo de ésta uno de los centros económicos, políticos y culturales con mayor prestigio del momento.

★★ BARRIO ANTIGUO *visita: 1 día*

★★ **Plaza Vázquez de Molina** – Este excepcional espacio resume la belleza del urbanismo de Úbeda, la monumentalidad de sus edificios y el tipismo de sus calles. Situada en el centro del barrio antiguo, ofrece un conjunto de construcciones que, sin duda, transportarán al visitante a otra época. Los principales monumentos son la capilla del Salvador, el palacio de las Cadenas, la iglesia de Santa María de los Alcázares y la casa del Deán Ortega –actualmente Parador Nacional. También conviene visitar la **cárcel del Obispo**, llamada así porque en ella cumplían las monjas las penas canónicas impuestas por el obispo, el **antiguo Pósito**, donde se almacenaba el grano, el **palacio del marqués de Mancera**, cuya fachada renacentista se remata con un torre cuadrangular, y la **casa del Regidor**.

★ **Palacio de las Cadenas** Ⓥ – Fue construido por Vandelvira a mediados del s. XVI por encargo de don Juan Vázquez de Molina, sobrino de don Francisco de los Cobos y, como éste, figura de gran importancia política y cultural durante los reinados de Carlos V y Felipe II. En 1566 fue adaptado como convento, por lo que se modificó su estructura. Tras albergar una cárcel es, desde 1868, sede del Ayuntamiento. Debe el nombre a que originariamente poseía una lonja con cadenas de hierro entre las columnas que rodeaban la puerta principal. Su **fachada**★★, decorada con el escudo de los propietarios, presenta una singular combinación de elementos decorativos andaluces y la armonía propia de los órdenes arquitectónicos clásicos. Se alternan vanos y pilastras, sustituidas, en el cuerpo superior, por cariátides y atlantes en los que se observa la influencia del escultor francés Jamete. Las dos linternas de los extremos, muy esbeltas, aligeran notablemente el conjunto.

En el interior posee un hermoso patio renacentista con refinadas arquerías y una fuente en el centro. El sótano acoge el **Museo de la Alfarería** ⓥ, que expone colecciones artesanales ubetenses, y la planta superior, decorada con un artesonado de gran colorido, el **Archivo Histórico Municipal**, desde cuya sala se observan bonitas vistas de la plaza y los alrededores.

★ **Iglesia de Santa María de los Alcázares** ⓥ – Construida en el s. XIII sobre los vestigios de una antigua mezquita aljama, su heterogénea fachada, con dos espadañas, cada una con tres campanas grandes y una pequeña, aporta una nota singular a la plaza Vázquez de Molina. De sus tres puertas conviene destacar la principal, obra de López de Alcaraz y Pedro del Cabo (s. XVII), y la de la Consolada, situada en el lado izquierdo (finales del s. XVI).

El interior, muy deteriorado durante la Guerra Civil, presenta hermosas **capillas**★ encuadradas por esculturas y con decoración profusa –fíjese en la de La Yedra y en la de los Becerra–, que se cierran con bellas **rejas**★ realizadas por el maestro Bartolomé. Además, esta antigua colegiata guarda esculturas tan interesantes como el *Cristo caído* de Mariano Benlliure y el *Cristo de los Toreros*, procedente de un convento cercano.

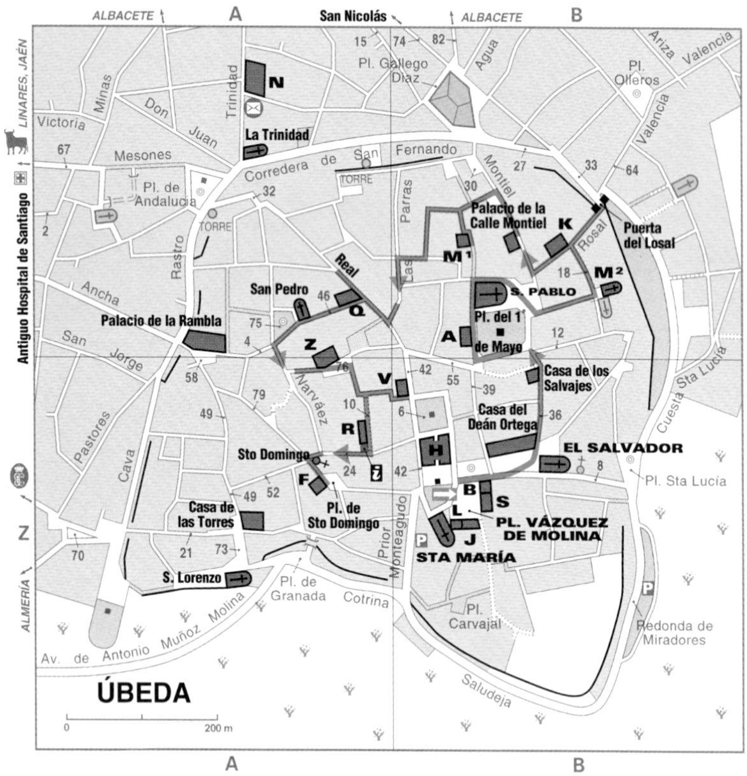

Alaminos AY 2
Antonio Medina AY 4
Ayuntamiento (Pl. del) BZ 6
Baja del Salvador BZ 8
Baja Marqués (Pl.) AZ 10
Beltrán de la Cueva BY 12
Campanario AY 15
Carmen BY 18
Condestable Dávalos AZ 21
Corazón de Jesús AZ 24
Corredera de S. Fernando ABY
Cruz de Hierro BY 27
Descalzas (Pl.) BY 30
Doctor Quesada AY 32
Fuente Seca BY 33
Horno Contador BZ 36
Juan González BZ 39
Juan Montilla BZ 42
Juan Pasquau AY 46
Jurado Gómez AZ 49
Luna y Sol AZ 52
María de Molina BZ 55
Marqués (Pl. del) AZ 58
Merced (Cuesta de la) BY 64
Mesones AY
Obispo Cobos AY 67
Real AY
San Francisco (Pl.) AZ 70
San Lorenzo (Pl.) AZ 73
San Nicolás BY 74
San Pedro (Pl. de) AY 75
Santa Clara (Pl. de) AZ 76
Santo Domingo AZ 79
Trillo BY 82

Antiguo Ayuntamiento BY A
Antiguo Pósito BZ B
Cárcel del Obispo BZ J
Casa de los Morales AZ F
Casa del Obispo Canastero BY K
Casa del Regidor BZ L
Casa Mudéjar (Museo Arqueológico) BY M¹
Museo de San Juan de la Cruz BY M²
Palacio de las Cadenas BZ H
Palacio de los Bussianos AY N
Palacio del Conde de Guadiana AY Q
Palacio del Marqués del Contadero AZ R
Palacio del Marqués de Mancera BZ S
Palacio de la Vela de los Cobos ABZ V
Real Monasterio de Santa Clara AY Z

En el lugar donde estaba el patio de la primitiva mezquita aparece un bello **claustro** renacentista (s. XVI) de trazado irregular con finos arcos apuntados y bóvedas de crucería.

Casa del Deán Ortega – El Parador Nacional Condestable Dávalos es un edificio renacentista (s. XVI) en el que también trabajó Vandelvira. Tras su sobria fachada se esconde un patio interior lleno de encanto.

★★ **Capilla de El Salvador** ⓥ – Concebida por Diego de Siloé en 1536 y realizada por Andrés de Vandelvira entre 1540 y 1556, es uno de los ejemplos más importantes del Renacimiento religioso andaluz. El edificio fue encargado como panteón familiar por don Francisco de los Cobos, secretario de Carlos V y personaje que adquirió, gracias a su fortuna y a su sensibilidad artística, un singular protagonismo en la España imperial del s. XVI.

La **fachada** principal reúne algunos de los principales temas ornamentales renacentistas. La subida de Cristo al Monte Tabor aparece situada encima de la puerta y, a ambos lados, se observan representaciones de San Pedro y San Pablo. El intradós del arco de entrada está decorado con relieves que representan dioses mitológicos griegos. Completan el conjunto los escudos de las familias Cobos y Molina.

El fastuoso **interior**★★ está formado por una sola nave con bóveda recubierta de azul y oro. En su parte central debía situarse el mausoleo de don Francisco de los Cobos y su esposa, separado del resto del conjunto por una monumental reja atribuida a Villalpando que se conserva en la actualidad. El presbiterio, diseñado por Vandelvira, es una especie de rotonda con un gran retablo (s. XVI) en forma de baldaquino en el que aparece, como incrustrado, el grupo de la Transfiguración, atribuido a Alonso Berruguete, del que sólo subsiste el Cristo.

La **sacristía**★★, también de Vandelvira, es un prodigio arquitectónico. Posee una interesante decoración a base de casetones, cariátides, atlantes y medallones, en la que se observa la influencia estilística del Renacimiento italiano. Conviene resaltar la portada lateral Sur, muy armoniosa, y la notable reja que cierra la nave, obra de dos artistas locales.

Casa de los Salvajes – Esta construcción renacentista (s. XVII), también llamada del Camarero Vago –Vago era el apellido de un camarero del obispo-, debe su peculiar nombre a los dos personajes ataviados con pieles que sostienen, en la fachada principal, el escudo de armas del obispo don Francisco de Yago, que vivió en el edificio.

Plaza del Primero de Mayo – Conocida popularmente como la plaza del Mercado, en ella se celebraban la mayoría de acontecimientos públicos de Úbeda (corridas de toros, autos de fe, ferias al aire libre, ejecuciones, representaciones teatrales, etc.). Acoge los edificios del Antiguo Ayuntamiento y de la iglesia de San Pablo.

Artesanía

La artesanía ubetense ocupa un lugar destacado entre los atractivos de la ciudad. Son muy interesantes la cerámica y la alfarería, así como la forja del hierro, entre cuya producción destacan los bellos faroles y otras piezas destinadas a decorar los edificios de la villa.

Antiguo Ayuntamiento – Este edificio de clara influencia palladiana (s. XVII) tiene dos cuerpos: el inferior formado por un elegante soportal de tres arcos de medio punto y columnas pareadas; el superior, a modo de doble loggia o tribuna porticada, desde donde el Concejo presidía las celebraciones que se celebraban en la plaza.

★ **Iglesia de San Pablo** ⓥ – La portada principal, gótica con torre-campanario plateresca, posee una armonía arquitectónica que contrasta con la **portada Sur** (1511), donde aparecen hermosos relieves decorativos de estilo isabelino. En la esquina Suroeste, a la izquierda de la fachada principal, se encuentra una tribuna renacentista desde la que se leían los edictos del Concejo. En el interior destacan las capillas **de las Calaveras** *(tercera a la derecha)* con un bonito arco de Vandelvira, y **de las Mercedes**, obra isabelina que se cierra mediante unas extraordinarias **rejas**★★ elaboradas en Úbeda –observe la escena que representa a Eva saliendo de la costilla de Adán, todo un prodigio imaginativo.

Museo de San Juan de la Cruz ⓥ – En el convento de San Miguel se halla el oratorio de San Juan de la Cruz, estancia barroca con una imagen del santo en su interior. Desde aquí parte una visita guiada a través del cenobio que reconstruye los últimos días del poeta místico en la ciudad.

Casa del Obispo Canastero – Situada cerca de la **Puerta del Losal**, obra mudéjar del s. XV que formaba parte del recinto amurallado y da entrada al barrio de San Millán, esta construcción plateresca debe su nombre a uno de los numerosos relieves que adornan la fachada y que representa a un obispo tejiendo una canasta.

Palacio de la calle Montiel – Se trata de uno de los mejores ejemplos de primer plateresco de la ciudad. En su bonita fachada aparecen los blasones de los propietarios en un lamentable estado de conservación, lo cual indica que quienes habitaron en este palacio apoyaron a los Comuneros en contra de Carlos V.

La calle Real

Esta travesía, una de las más elegantes de la ciudad, permite imaginar cómo podía ser Úbeda en el s. XVI, cuando la villa alcanzó su mayor esplendor económico y artístico. Salpicada de edificios monumentales, comercios típicos y detalles decorativos refinados, la calle Real es, por sí sola, un auténtico viaje en el tiempo, un lugar predilecto para los ubetenses, que se refieren a ella como si se tratara de un personaje mítico.

Casa Mudéjar – Obra del s. XIV restaurada recientemente, acoge el **Museo Arqueológico** ⓥ, donde se exhiben colecciones arqueológicas, desde el neolítico hasta la época musulmana, halladas en Úbeda y la comarca.

Palacio del Conde de Guadiana – Construido a principios del s. XVII, posee una bella **torre★** de balcones esquinados partidos por columnillas y galerías en la tercera planta.

Iglesia de San Pedro – Situado en la tranquila plaza del mismo nombre, este templo conserva un original ábside románico. Son interesantes la armoniosa fachada renacentista y, en el interior, algunas capillas góticas.

Real Monasterio de Santa Clara – Es el templo cristiano más antiguo de Úbeda (1290) aunque también posee elementos renacentistas y gótico-mudéjares.

Palacio de Vela de los Cobos – Fue alzado a mediados del s. XVI por Vandelvira según encargo de don Francisco Vela de los Cobos, regidor de Úbeda. Su fachada renacentista está coronada por una elegante galería de medio punto que se prolonga por las esquinas, donde aparecen dos curiosas columnas blancas.

Palacio del Marqués del Contadero – La fachada es de finales del s. XVIII, sin embargo permite admirar la pervivencia de la arquitectura renacentista. En el piso superior se abre una galería de arcos rebajados.

Plaza de Santo Domingo – Este apacible lugar alberga los edificios de la **iglesia de Santo Domingo**, con fachada plateresca, y la **casa de los Morales**, cuya réplica se encuentra en el Pueblo Español de Barcelona.

OTRAS CURIOSIDADES

Casa de las Torres – Esta antigua propiedad del Condestable Dávalos presenta una fachada plateresca flanqueada por dos monumentales torreones y decorada con refinados relieves escultóricos y gárgolas góticas en la cornisa.

Iglesia de San Lorenzo – El emplazamiento de su fachada, sobre el adarve de la antigua muralla, apoyada sobre la barbacana de la Puerta de Granada, es el principal atractivo de este templo.

Palacio de la Rambla – Situado en uno de los laterales de la elegante Plaza del Marqués, su fachada conserva el escudo de armas de los propietarios sostenido por dos espectaculares guerreros de tamaño natural. Alberga un hotel *(ver Agenda de direcciones)*.

Iglesia de la Santísima Trinidad – La **portada**, sobre la que se alza una sobria torre-campanario de tres pisos, es una de las más bellas muestras de decoración barroca de Úbeda.

Palacio de los Bussianos – Este edificio renacentista (finales del s. XVI) posee una pintoresca escalera que conduce al piso superior, donde se abre una deliciosa galería de arcos apuntados.

Iglesia de San Nicolás – Aunque es una construcción gótica, tiene en la entrada una hermosa bóveda abocinada renacentista, obra de Vandelvira.

Antiguo Hospital de Santiago – *Salga del plano por la calle Obispo Cobos.* Mandado construir por el ubetense don Diego de los Cobos, obispo de Jaén, su fachada, precedida de una amplia lonja flanqueada por dos torres, es una obra de proporciones sobrias realizada por Vandelvira. Los únicos elementos decorativos son el altorrelieve que representa a Santiago Matamoros, sobre la portada, y los modillones de cerámica vidriada que adornan la cornisa. El interior posee una capilla que guarda un bonito retablo de madera, así como un **patio** de doble galería y elegante escalera

Los dulces de los Conventos

En los conventos de las Carmelitas Descalzas y de Santa Clara pueden comprarse magdalenas y tortas de aceite, y pastas de té y roscos de ajonjolí, respectivamente. Estos deliciosos dulces poseen un sello de calidad infalible: la paciencia y el mimo con los que las religiosas vienen elaborándolos desde hace más de 300 años.

con bóveda de casetones, cuyas columnas fueron realizadas con mármol traído de Italia. Actualmente, las dependencias del hospital acogen el **Museo de la Semana Santa** ⓥ.

ALREDEDORES Y EXCURSIONES

Sabiote – *9 km al Nordeste por la comarcal J 6040.* Esta tranquila población posee un bello conjunto de casas elegantes y callejuelas antiguas. Aquí vivió Alonso de Vandelvira, quien realizó algunas casas para familias nobles, como la de los Mendoza, los Melgarejo y los Higuera Sabater. Sin embargo, los principales edificios de la ciudad son la **iglesia de San Pedro Apóstol**, obra gótica (s. XV) de gran monumentalidad, y el **castillo**, construido extramuros, sobre los vestigios de una antigua alcazaba árabe, que fue restaurado por Andrés de Vandelvira.

M. Raurich/STOCK PHOTO

Patio del Hospital de Santiago

Torreperogil – *10 km al Este por la N 322.* En mitad de un pintoresco conjunto de calles medievales, este pequeño y encantador pueblo posee un bonito templo, la **iglesia de la Asunción**; es un edificio gótico con una hermosa portada de doble entrada y columna central. En el interior conserva un retablo de piedra con el Descendimiento de Cristo.

Villacarrillo – *32 km al Nordeste por la N 322.* Este activo centro agrícola e industrial es una de las localidades más antiguas de la provincia; de hecho su origen se remonta a la Edad del Bronce.

Iglesia de la Asunción ⓥ – Fue realizada por Andrés de Vandelvira (s. XVI) sobre el solar de un castillo anterior, del que se conservan tres monumentales torreones. Presenta una planta de tres naves y capillas laterales cubiertas por unas sobrias bóvedas vaídas.

Casa de la Inquisición – Aparte de las lamentables actividades que se desarrollaron en ella durante la Edad Media, esta casona de tres plantas es un edificio monumental, con estancias interiores apenas decoradas y una fachada donde aparecen unos bonitos balcones enrejados.

UTRERA★

Sevilla – 45.947 habitantes

Mapa Michelin nº 446 U 12

Utrera se encuentra en una pequeña elevación de la campiña sevillana, en mitad de un paisaje donde los bosques de eucaliptos conviven con extensas áreas cultivadas. Aunque su origen se remonta a la época romana, el desarrollo definitivo de la ciudad tuvo lugar a partir del s. XVI. Una epidemia truncó la expansión de Utrera a mediados del s. XVII, sumiendo a la localidad en una decadencia de la que no saldría hasta el s. XIX.

Castillo – Esta construcción de origen almohade formaba parte del conjunto amurallado que rodeaba la ciudad y del cual sólo se conservan algunos lienzos y el llamado arco de la Villa, al que se le añadió, en el s. XVIII, un cuerpo superior a modo de capilla. El castillo posee una esbelta torre del homenaje y un amplio patio de armas.

★ **Iglesia de Santa María de la Asunción o de Santa María de la Mesa** – Este templo gótico con elementos renacentistas y barrocos preside una hermosa plaza situada en el centro de la ciudad. Posee una bella fachada articulada en torno a un gran arco abocinado, sobre el que se alza una esbelta torre barroca. En el interior destacan la sillería del **coro**, obra de Duque Cornejo (1744), el retablo mayor y el notable sepulcro del Conde de Arcos.

Iglesia de Santiago – Se trata de una construcción gótica de tres naves realizada en el s. XV. Su sobrio aspecto defensivo contrasta con la suntuosidad de la **puerta del Perdón**, de estilo gótico isabelino con recargada decoración florida.

★ **Plaza del Altozano** – Este elegante espacio se halla en el corazón de Utrera. Acoge un hermoso conjunto de casas de los ss. XVII y XVIII, de tres plantas con cubierta a dos aguas y delicados balcones corridos.

Ayuntamiento – Situada en uno de los laterales de la refinada plaza de Gibaxa, esta antigua casa-palacio del s. XVIII posee una magnífica fachada rococó. En el interior aparecen diversos salones de carácter romántico; observe el mobiliariario del denominado salón azul.

Casa Surga – Fue construida a finales del s. XVIII y tiene una preciosa fachada barroca, así como diversas estancias decoradas según el gusto de la época.

Iglesia de San Francisco ⓥ – El principal elemento de este templo renacentista tardío (s. XVII) es su gran cúpula, decorada con pinturas.

★ **Santuario de Nuestra Señora de la Consolación** ⓥ – Situado en las afueras de la ciudad, saliendo por la avenida de Juan XXIII, este notable ejemplo mudéjar (ss. XVII-XVIII) ocupa el lugar de un antiguo convento de frailes mínimos. Conviene destacar la bonita fachada barroca, así como el delicado artesonado interior. El 8 de septiembre tiene lugar una concurrida romería en honor de la Virgen de la Consolación.

ALREDEDORES

El Palmar de Troya – *13 km al Sudoeste por la A 364.* En este lugar tiene su sede la orden herética de los Carmelitas de la Santa Faz, fundada por el controvertido sacerdote Clemente Rodríguez. El núcleo de El Palmar es un monumental templo en cuyo interior se veneran imágenes de diversos santos presididos por la talla de Nuestra Señora del Palmar Coronada. Es conveniente realizar la visita por la tarde, cuando tiene lugar una misa en latín que se desarrolla según la liturgia anterior al Concilio Vaticano II.

Una advertencia

Las mujeres que quieran asistir a las ceremonias religiosas de El Palmar de Troya deben saber que, para acceder a ellas, tienen que vestirse con pantalones y cubrirse la cabeza con velo.

VEJER DE LA FRONTERA★

Cádiz – 12.731 habitantes

Mapa Michelin nº 446 X 12

Encaramado en una pequeña colina que domina el valle del río Barbate, a escasos kilómetros de la costa, Vejer es uno de los pueblos con más encanto de Andalucía y probablemente el de más raigambre árabe. Sus calles son estrechas e intrincadas, de casas enjalbegadas y patios frondosos. Sus tejados planos, rematados por terrazas, acentúan aún más su apariencia morisca.

VISITA ⓥ

Recinto amurallado – Se conservan las cuatro puertas originales que daban acceso al recinto amurallado. Se levantó en el s. XV para protegerse de las incursiones nazaríes. El **Arco de la Segur**, un medio arco carpanel, marca la entrada a la parte más monumental del pueblo.

Iglesia Parroquial del Divino Salvador ⓥ – Como en casi toda Andalucía, la iglesia parroquial se construyó sobre la mezquita mayor, de la que se conserva en este caso el alminar. El **interior**★ es un templo de tres naves de apariencia extraña en el que encontramos una gran mezcla de estilos. La zona más antigua es la cabecera, que combina elementos románicos y góticos.

Las Cobijadas

Este bonito y evocador nombre designa la que fuera indumentaria tradicional de las mujeres de Vejer hasta la Guerra Civil. El cobijado es esencialmente una toca negra que cubre la cara, pero bajo su aparente simplicidad descubrimos un complejo conjunto de prendas de origen confuso que parece tener su paralelo en algunos pueblos del Norte de África.

Cuándo: En la **Velada de agosto** que se celebra en honor de la **Virgen de la Oliva**, patrona de Vejer, entre el 10 y el 24 de agosto.

Alojamiento

CORRECTO

La Posada – *Los Remedios, 21 – ☏ y fax 956 45 02 58 – 6 hab. – 32€.* Hotel familiar de habitaciones muy correctas, tres de ellas con magníficas vistas del valle. También hay apartamentos *(36€)*, uno de ellos con terraza.

UNA BUENA OPCIÓN

Convento de San Francisco – *La Plazuela – ☏ 956 45 10 01 – fax 956 45 10 04 – 25 hab. – 47/66€.* Este antiguo convento de monjas clarisas del s. XVII, situado en la parte vieja de Vejer, ofrece habitaciones sobrias pero acogedoras, con techos altos y vigas vistas. Cuenta con un buen restaurante, **El Refectorio** *(20,90/31,84€)*.

Restaurante

UNA BUENA OPCIÓN

Trafalgar – *pl. de España, 31 – ☏ 956 44 76 38 – 23,44/28,85€ – cerrado lu (exc. jul-ago) y en ene.* Una agradable sorpresa culinaria. Este pequeño y acogedor restaurante se encuentra situado en la bonita plaza de los Pescaítos y como para hacer honor a este emplazamiento ofrece deliciosos pescados frescos. Se puede tapear en la en la entrada y, en verano comer en la terraza.

Convento de las Concepcionistas – En uno de los rincones más típicos de Vejer, junto al misterioso **Arco de las Monjas**, se encuentra la sobria fachada clasicista (s. XVII) de este convento, que acoge en la actualidad actividades culturales.

Castillo – Muy deteriorado por el paso del tiempo, se accede al interior atravesando un patio que parece una casa de vecinos. Lo más interesante son las vistas del pueblo que desde él se observan.

Casa del Mayorazgo – *Casa privada.* Esta casa barroca del s. XVII, de sencilla fachada, está adosada a la muralla. Desde el interior se puede subir a una de las torres del recinto amurallado.

El Arco de la Villa conduce a la plaza de España.

Plaza de España – También conocida como **plaza de los Pescaítos** por los peces que decoran la fuente situada en el centro, es uno de los lugares con más encanto y animación del pueblo. Aquí se encuentra, entre otros edificios, el **Ayuntamiento**, rodeado de palmeras y casas encaladas que confieren a la plaza un cierto aire colonial.

ALREDEDORES

La franja costera que se extiende entre **Chiclana** y **Zahara de los Atunes** no cuenta con los pueblos más atractivos de la provincia pero sí con algunas de las playas más bonitas y menos explotadas turísticamente de la costa. Sus pueblos son, por tanto, un estupendo destino veraniego para aquellos que busquen mar, sol y tranquilidad.

Conil de la Frontera – *15,5 km al Noroeste.* Como otros pueblos del litoral gaditano, Conil es un lugar tranquilo en el que parece no pasar nada durante el invierno. En verano, sin embargo, se convierte en un lugar bullicioso y animado.

M. Brodsky/STOCK PHOTO

Fachada de la Casa del Mayorazgo

La Almadraba

La palabra deriva del árabe *al-madraba*, que significa lugar donde se golpea. La almadraba es un complejo laberinto de redes verticales, a veces de varios kilómetros, que conducen al atún hacia una trampa llamada buche de la que ya no puede salir. Los dos tipos fundamentales son la *almadraba de buche*, de carácter permanente, y la de *monteleva*, que solo se instala en temporada. El atún pasa dos veces por nuestras costas. En primavera-verano hacia el Mediterráneo para desovar y luego de vuelta en otoño hacia el Atlántico.

Sus principales atractivos son sus 14 km de playa y un desarrollo turístico todavía bastante moderado. El núcleo más antiguo se encuentra entre el mar y la **Puerta de Conil**. Extramuros de este recinto está la **iglesia de la Misericordia** (s. XVIII), hoy colegio, de marcado aspecto colonial.

Castillo de los Guzmanes ⓥ – Del castillo solo se conserva la muy restaurada torre de los Guzmanes. En la misma plaza de Santa Catalina se encuentran la capilla de Jesús y el **Museo de Raíces Conileñas** ⓥ.

Playas – Al Norte de la población, hacia el puerto, encontramos pequeñas calas como la **cala del Aceite**, mientras que hacia el Sur abundan las playas largas y medio salvajes, como la **playa de la Fontanilla** y la **playa de los Bateles**. Un poco más al Sur se encuentra **El Palmar**, considerada la playa de Vejer de la Frontera.

Barbate – *10 km al Sur.* Sin mucho interés desde el punto de vista artístico, este pueblo costero ha mantenido, sin embargo, una larga tradición pesquera que se traduce en una suculenta cocina basada en los productos del mar y en una importante industria atunera.

★ **Parque Natural La Breña y Marismas de Barbate** – *Se puede acceder desde Vejer por la CA 2141 o desde el pueblo de Barbate.* El principal atractivo de este Parque Natural son sus preciosas calas, que se abren entre acantilados rocosos, y las playas que surgen entre bosques de pinos piñoneros. La más conocida es la playa de los **Caños de Meca**★★.

Zahara de los Atunes – *20 km al Sur.* Pequeña población pesquera cuyo atractivo son sus largas y salvajes playas. A partir del s. XV el pueblo perteneció a los Duques de Medina Sidonia, que explotaban las almadrabas aquí existentes. Los duques perdieron el señorío en el s. XIX y Zahara pasó a ser poco más que una pequeña aldea. Del **castillo** que construyeron en el s. XV apenas quedan unas ruinas. Hoy la población vive fundamentalmente de la pesca y del turismo.

La Batalla de Trafalgar

El 21 de octubre de 1805 se enfrentaron en estas aguas la armada inglesa, dirigida por el almirante **Nelson**, y la flota franco-española, al mando del francés Villeneuve. La batalla, en la que murieron Nelson y los españoles **Gravina** y **Churruca**, se saldó con la derrota franco-española y supuso el golpe definitivo para la ya mermada marina española. Napoléon, por su parte, perdió cualquier esperanza de vencer a Inglaterra.

VÉLEZ BLANCO

Almería – 2.190 habitantes

Mapa Michelin nº 446 T 23

La comarca de los Vélez, situada al Norte de la provincia lindando ya con tierras murcianas, es una zona de abundantes yacimientos arqueológicos, algunos de ellos de gran importancia, como el de la **Cueva de los Letreros**, abrigo natural con pinturas rupestres. La historia de Vélez Blanco y de su vecina Vélez Rubio está íntimamente unida a la del Marquesado de los Vélez, título otorgado por los Reyes Católicos en 1506 a D. Pedro Fajardo y Chacón.
Situado en las estribaciones de la Sierra de María, las casas de Vélez Blanco se extienden por las laderas de una colina en cuya cima se alza su majestuoso castillo.

Alojamiento

Casa de los Arcos – *San Francisco, 2 – ☎ 950 61 48 05 – fax 950 61 49 47 – 8 hab., 6 suites – 41,80/54,66€.* Bonita casa señorial del s. XVIII con habitaciones amplias que dan al río. Aproveche que todavía es un hotel poco conocido. Excelente relación calidad/precio.

Restaurante

El Molino – *Curtidores – ☎ 950 41 50 70 – 21,04/27,65€ – cerrado ju y del 1-15 jul.* Buen restaurante especializado en carne a la brasa. En verano tiene terraza.

★ **Castillo** Ⓥ – Mandado construir en el s. XVI por el primer Marqués de los Vélez, en su realización intervinieron artistas italianos. Tenía un precioso patio renacentista de mármol que, desgraciadamente, no podrá ver ya que fue vendido a principios del s. XX a un anticuario francés que a su vez lo vendió a un americano que lo donó al Metropolitan Museum de Nueva York, donde actualmente se halla instalado. ¡Una auténtica pena!
El castillo no fue concebido con mentalidad de fortaleza tradicional como demuestran los amplios miradores desde los que se dominan extensas vistas, y los numerosos vanos que horadan sus altos muros. Sobresale la cuadrada torre del homenaje. En los Salones del Triunfo y la Mitología había unos frisos de madera con el triunfo de César y los trabajos de Hércules, que tampoco podrá ver; se hallan en el Museo de Artes Decorativas de París.

Centro de visitantes del Parque Natural de la Sierra de María – Situado en un antiguo almacén de trigo, facilitan información del parque y de la visita a la Cueva de los Letreros.

Otros edificios de interés son las iglesias de Santiago (s XVI), con un bello artesonado mudéjar, y la del convento de San Luis con el escudo de los marqueses en la portada. Llama la atención el gran número de fuentes.

B. Kaufmann/MICHELIN

Vélez Blanco

ALREDEDORES

Vélez Rubio – *6 km al Sur.* Se extiende sobre un pequeño llano y aparece dominado por las torres y la cúpula de su iglesia parroquial. En sus calles principales, la Carrera del Carmen y la Carrera del Mercado, se conservan casas señoriales blasonadas, la iglesia barroca del convento de la Inmaculada y la iglesia del Carmen, la más antigua del pueblo (s. XVII).

El Indalo

Esta simpática figurilla, símbolo de Almería, tiene su origen en la Cueva de los Letreros. En ella se descubrieron en el s. XIX unas pinturas rupestres muy esquemáticas con figuras humanas y de animales, que se datan en torno a 5000 a. C.

★**Parroquia de la Encarnación** – En la bonita plaza del mismo nombre, se alza este magnífico edificio del s. XVIII, mandado construir por el X Marqués de los Vélez, que sorprende por sus monumentales proporciones. Dos torres-campanario flanquean su rica **portada**★ barroca de piedra, compartimentada por pilastras y arquitrabes. En el cuerpo inferior destaca el escudo y en el ático un bello relieve de la Anunciación. En el interior llaman la atención el retablo mayor y el órgano, ambos de madera sin policromar. Un San Antonio de Padua, del gran imaginero Salzillo, preside el retablo de la capilla de la Encarnación.

En la misma plaza se halla el **Ayuntamiento**, una casa señorial del s. XVIII.

Museo Comarcal Velezano ⌚ – Instalado en el Antiguo Hospital Real (s. XVIII), muestra una importante colección arqueológica con piezas de la comarca, del Sudeste andaluz y algunas del Sahara. También tiene una sección dedicada a la cultura popular.

María – *9 km al Noroeste.* En este pequeño pueblo blanco de la Sierra de María destaca su iglesia parroquial del s. XVI de estilo mudéjar. En la misma plaza se hallan el edificio de la Tercia (s. XVIII) y un pilar de tres caños. El pueblo conserva además un curioso lavadero público.

Al Sudoeste *(a 3 km)* se halla la Ermita de la Virgen de la Cabeza, del s. XVI.

Parque Natural de la Sierra de María – Le recomendamos que pase por el **Centro de Visitantes Umbría de María** ⌚, situado en la A 317, a 2 km de María.

El parque de 22.500 ha se extiende por los municipios de Vélez Rubio, Vélez Blanco, María y Chirivel. Su paisaje es abrupto –con zonas que superan los 2.000 m– y variado, con estepa cerealista, tomillares, encinares, pinares y hasta piornal de alta montaña. Tiene varias áreas recreativas y refugios.

Condiciones de visita

Las informaciones que damos a continuación son a titulo informativo, debido a la evolución constante de los horarios de apertura de las curiosidades y a las variaciones del coste de la vida.
Estas informaciones van dirigidas a los turistas que viajan por su cuenta y sin beneficiarse de descuentos. Los viajes en grupo pueden obtener, generalmente con un acuerdo previo, condiciones especiales tanto en horarios como en tarifas.
No dude en informarse telefónicamente antes de iniciar un recorrido; el patrimonio español es muy importante y son frecuentes las restauraciones.
Las condiciones de visita de las iglesias se señalan únicamente si el interior tiene un particular interés. Las iglesias no se visitan normalmente en horas de culto aunque hay algunas que sólo abren durante las misas, en cuyo caso se ruega mantener una actitud respetuosa.
En la parte descriptiva de la guía, las curiosidades con condiciones de visita van señaladas con el signo ⓥ.

Abreviaturas

En la redacción de las condiciones de visita se han utilizado las siguientes abreviaturas:

Días de la semana	Meses		Otros
lu: lunes	*ene: enero*	*jul: julio*	*fest: festivos*
ma: martes	*feb: febrero*	*ago: agosto*	*grat.: gratuito*
mi: miércoles	*mar: marzo*	*sep: septiembre*	*Infor.: información*
ju: jueves	*abr: abril*	*oct: octubre*	*vis. guiada: visita guiada*
vi: viernes	*may: mayo*	*nov: noviembre*	
sá: sábado	*jun: junio*	*dic: diciembre*	
do: domingo			

A

AGUILAR DE LA FRONTERA

ℹ Cuesta de Jesús 2 – 14920 – ☎957 66 00 00

Parroquia de Ntra. Sra. Soterraño – Vis previa cita al ☎ 957 66 00 14.

Alrededores

Laguna de Zoñar: Centro de visitantes de Zoñar – Información en el ☎ 957 33 52 52.

Puente Genil: Museo Arqueológico y etnográfico – Abre de 10.30 a 13.30. Cerrado lu. Grat. ☎ 957 60 55 95 (Cultura).

ALCALÁ LA REAL

ℹ Paseo de los Álamos, s/n – Fortaleza de la Mota – 23680 ☎ 953 58 22 17

Fortaleza de la Mota: Museo Arqueológico – Abre de 10 a 13.30 y de 15.30 a 18.30; jul-sep de 10 a 13.30 y de 17 a 20. Cerrado 1 ene y 24, 25 y 31 dic. ☎ 639 64 77 96.

ALGECIRAS

ℹ c/ Juan de la Cierva, s/n – 11207 – ☎956 57 26 36

Algeciras: Museo Municipal – Abre de 10 a 14 y de 17 a 20. ☎ 956 63 00 36.

Alrededores

Gibraltar: Museo de Gibraltar – Abre de 10 a 18. Sá de 10 a 14. Cerrado do y fest. 2 £. ☎ 9567 742 89.

Visita de la parte alta – De 9.30 a 19. La entrada incluye la visita del Castillo árabe, Reserva Natural del Alto Peñón, The Great Siege Tunnel, Guarida de los monos y de St. Michael's Cave. 5 £ (2,5 £ niños; 0,5 £ entrada del coche). ☎ 9567 749 50 ó 9567 450 00.

Funicular – Funciona de 9.30 a 17.15 (última bajada a las 16.15). 5 £.

ALMERÍA

ℹ Parque de Nicolás Salmerón, s/n – 04002 – ☎950 27 43 55

Alcazaba – Abre de 9.30 a 18.30 (20.30 de abr-oct). Cerrado 1 ene. y 25 dic. 1,50€, grat. ciudadanos U.E. ☎ 950 27 16 17.

Catedral – Abre de 10 a 17. Sá de 10 a 13. Respete el culto. 1,80€. ☎ 609 57 58 02.

Museo de Almería: Biblioteca Villaespesa – Abre de 9 a 14. Cerrado sá, do y fest. ☎ 950 23 50 10.

Archivo Histórico – Abre de 9 a 14. Cerrado sá, do y fest.

Alrededores

Los Millares: Yacimiento Arqueológico – Abre de 9 a 14 y de 18 a 21. Vi y sá de 9 a 14. Cerrado lu y do. ☎ 608 95 70 65.

Castillo de ALMODÓVAR DEL RIO

Llamar al timbre, lo enseña el guarda. Infor. en el ☏ 957 71 36 02 (Ayuntamiento).

ALMUÑÉCAR

Av. Europa - Palacete La Najarra – 18690 – ☏ 956 63 11 25

Castillo de San Miguel – Abre de 10.30 a 13.30 y de 16 a 18. En verano de 10.30 a 13.30 y de 18.30 a 21.30. Cerrado lu. 1,95€. ☏ 958 63 11 25.

Cueva de los Siete Palacios: Museo Arqueológico – Abre de 10.30 a 13.30 y de 16 (18 verano) a 18 (21 verano). Do y fest de 10.30 a 14. Cerrado lu. 1,95€. ☏ 958 63 11 25.

Alrededores

Salobreña: Castillo – Abre de 10.30 a 14 y de 16 (16.30 sep) a 19 (20 abr-may, 21 sep, 22 jul-ago). ☏ 958 61 27 33 ó 958 61 03 14.

Las ALPUJARRAS

Pampaneira: Centro de visitantes – Abre de 10.30 a 14 y de 16 a 19. ☏ 958 76 31 27.

Capileira: Museo Alpujarreño de Artes y Costumbres Populares – Abre de 11.30 a 14.30. Sá de 16 a 19 (20 en verano). Cerrado lu. ☏ 958 76 30 51.

ANDÚJAR

Ayuntamiento – Abre de 8 a 14.30. Cerrado sá, do y fest. ☏ 953 50 82 00.

Palacio de los Niños de Don Gome – Abre de 19 a 21; de 10.30 a 13 del 1 jul-15 sep. Cerrado do, lu y fest. ☏ 953 51 31 78.

Alrededores

Centro de visitantes del Parque Natural Sierra de Andújar – Abre de 10 a 14 y de 16 a 18; verano de 10 a 14 y de 18 a 20. Cerrado lu, ma, mi (y vi en verano de 10 a 14). ☏ 953 54 90 30.

Santuario de la Virgen de la Cabeza: Museo Mariano – Sá de 11 a 13 y de 16 a 20. Do de 9 a 14 y de 16 a 18. De lu-vi sólo vis. previa cita al ☏ 953 54 90 15.

ANTEQUERA

Pl. de San Sebastián, 7 – 29200 – ☏95 270 25 05

Alcazaba – Abre de 10 a 14. Cerrado lu. ☏ 95 270 25 05 (turismo).

Colegiata de Santa María – Abre de 10.30 a 14 y de 16.30 a 18.30. Sá, do y fest de 10.30 a 14. Cerrado lu, 1 y 6 ene, 13 abr, 1 may, 24 ago, 8 sep y 24, 25 y 31 dic. ☏ 952 70 25 05.

Iglesia del Carmen – Abre de 10 (de 11.30 lu) a 14 y de 16 a 19; verano de 10 a 14 y de 17 a 20. Do y fest de 10 a 14. 1,20€. ☏ 95 270 25 05 ó 609 53 97 10.

Museo Municipal – Vis guiada (40 min) de 10 a 13.30 y de 16 a 18. Sá y do de 11 a 13.30. Cerrado lu y fest. 1,20€. ☏ 95 270 40 21.

Convento de San José – Vis guiada de 10 a 12.30 y de 16.30 a 18.30. Sá y do de 10 a 12.30. Cerrado lu. 2,10€ (museo). ☏ 952 84 19 77.

Dolmenes de Menga y Viera – Abre de 8.40 a 17.30. Ma de 9 a 15. Do y fest de 10 a 14.30. Cerrado lu (y ma 1-15 ago). El Dolmen de Viera está temporalmente cerrado por obras. Grat. ☏ 95 270 25 05.

Alrededores

Dolmen El Romeral – Abre de 9 a 15; en verano de 8.40 a 17.30. Sá de 9 a 15. Do de 10 a 14. Cerrado lu. ☏ 95 270 25 05.

Centro de Recepción «El Torcal» – Abre de 10 a 14 y de 16 a 18. ☏ 95 203 13 89.

Archidona: Iglesia de Santa Ana – Vis previa cita al ☏ 952 71 40 82.

Iglesia de las Escuelas Pías – Vis previa cita al ☏ 95 271 40 82.

Punto de información del Parque de Ardales – Abre de 9 a 22. ☏ 952 11 24 01.

Cueva de Doña Trinidad Grund – Vis guiada (3h) previa cita con 20 dias de antelación al ☏ 952 45 80 46. 5.

ARACENA

Pl. de San Pedro, s/n – 21200 – ☏959 12 82 06

Gruta de las Maravillas – Vis guiada (60 min) de 10 a 18 (conviene reservar). 6,01€. ☏ 959 12 83 55.

Museo Geológico Minero – Abre de 10.30 a 13.30 y de 15 a 18. Grat. ☏ 959 12 83 55.

Castillo – Abre de 10 a 19. ☏ 959 12 82 06 (Oficina de Turismo)

Cabildo Viejo: centro de información – Abre de 10 a 14 y de 16 a 18; en verano de 10 a 14 y de 18 a 20. Cerrado lu y ma. ☏ 959 12 88 25.

Sierra de ARACENA Y PICOS DE AROCHE

Aroche: Castillo – Vis previa cita al ☎ 959 14 02 61.

Cortegana: Castillo – Abre de 10 a 14 y de 16.30 a 18.30. Cerrado lu. 1,2€. ☎ 959 13 16 56.

Almonaster: Centro de Información – Abre de 9.30 a 18.30. ☎ 959 14 30 03 (Ayuntamiento).

Mezquita – Abre de 11 a 19 fines de sem. y fest. Grat.

Centro de Información Cabildo Viejo – Ver Aracena.

B. Kaufmann/MICHELIN

Cerdos ibéricos

ARCOS DE LA FRONTERA

Cuesta de Belén, s/n – 11630 – ☎ 956 70 22 64
Plaza de San Sebastián, 7 – 11630 – ☎ 952 70 25 05

Iglesia de Santa María de la Asunción – Abre de 10 a 13 y de 15.30 a 18.30 (de 10 a 13 y de 16 a 19 en verano). Sá de 10 a 14. Cerrado do y fest, ene, feb. 0,90€. ☎ 956 70 00 06.

Iglesia de San Pedro – Abre de 10.30 a 14 y de 16 a 19. Do y fest de 10 a 13.30 (culto de 11.30 a 12.30). 1€. ☎ 956 70 11 07.

La AXARQUÍA

La Cueva del Tesoro o Higuerón – Abre de 10 a 14 y de 15 a 18 (de 10 a 14 y de 17 a 21 en verano). 3€. ☎ 95 240 77 50.

B

BAENA

Plaza de España, 9 – 14850 – ☎ 957 66 50 10 ó 957 66 50 15

Iglesia del Convento de la Madre de Dios – Abre para culto a las 13 (19 ju). ☎ 957 67 09 10.

Antiguo Convento de San Francisco: Iglesia – Abre lu, ma y ju de 10 a 13 y de 17 a 19.30. ☎ 957 67 01 42.

Alrededores

Zuheros: Castillo y Museo Arqueológico – Vis guiada (40 min) de 12.30 a 16.30 (18 en verano). Sá, do y fest visita a las 10, 11, 12, 13, 14, 16, 17, 18 (y 19 verano). Se aconseja reservar. Cerrado 1 ene y 25 dic. 1,8€. ☎ 957 69 47 75 (turismo).

Cueva de los Murciélagos – Vis guiada (1 h) de 12.30 a 16.30 (18 en verano). Sá, do y fest visita a las 11, 12.30, 14, 16 (y 18 en verano) y 17.30 (y 19.30 en verano). Se aconseja reservar. Cerrado 1 ene y 25 dic. 3,6€. ☎ 957 69 47 75 ó 639 15 78 86.

BAEZA

Plaza del Pópulo, s/n – 23440 – ☎ 953 74 04 44

Catedral – Abre de 10 a 13 y de 16.15 a 18; jun-sep de 10.30 a 13 y de 17.15 a 19. Grat. ☎ 953 74 04 44.

Palacio de Jabalquinto – Abre de 10 a 14 y de 16 a 18. Cerrado lu.

Antigua Universidad – Abre de 10 a 13 y de 16 a 18. Cerrado lu.

BAZA

Plaza Mayor, s/n – 18800 – ☎ 958 70 05 63 ó 958 86 13 25

Museo Municipal – Abre de 10 a 14 y de 16 a 18.30 (19 verano). 1,2€. ☎ 958 86 13 25.

Baños árabes – Abre todos los días. Si está cerrado, dirigirse a la c/ Caniles, 19 (Sres. Mateo o Manuela).

Alrededores

Parque Natural de la Sierra de Baza: Centro de visitantes – Abre de 10 a 14 y de 16 a 18; verano de 10 a 14 y de 18 a 20. Cerrado lu y ma en verano (lu y ju en invierno). Grat. ☎ 958 00 20 05 ó 670 91 38 89.

BELALCÁZAR

ℹ Plaza de la Constitución, 11 (Ayuntamiento) – 14280 – ☎ 957 14 60 04

Iglesia Parroquial de Santiago – Abre a las 18.30 (19.30 verano), culto a las 19.30 (21 verano). Do culto a las 11.

Convento de Santa Clara: iglesia – Abre de 11 a 13 y de 16 a 18. ☎ 957 14 61 24.

Alrededores

Hinojosa del Duque: Parroquia de San Juan Bautista – Abre de 9 a 13 y de 16 a 20.30. ☎ 957 14 01 64.

C

Parque Natural de CABO DE GATA-NÍJAR

Centro de visitantes Amoladeras – Abre de 10 a 15; en verano de 10 a 14 y de 17.30 a 21. Cerrado lu, Semana Santa, 15 jul-15 sep, 1 y 6 ene, 25 y 31 dic. Grat. ☎ 950 16 04 35 ó 950 38 02 99.

CABRA

ℹ c/ Santa Rosalía, 2 – 14940 – ☎ 957 52 01 10

Museo Arqueológico – Abre de 11 a 14 y de 18 a 19. Sá, do y fest vis. previa cita al ☎ 957 52 01 10.

CÁDIZ

ℹ Av. Ramón de Carranza, s/n – 11006 – ☎ 956 25 86 46
ℹ Plaza de San Juan de Dios, 11 – 11005 – ☎ 956 24 10 01

Casa de la Contaduría: Museo Catedralicio – Abre de 10 a 13 y de 16 a 19. Sá, do y fest de 10 a 13. Cerrado lu. 3€ incluye visita a la Catedral. ☎ 956 25 98 12.

Teatro Romano – Abre de 11 a 13.30. Cerrado lu y fest. ☎ 956 21 22 81.

Catedral – Abre de 10 a 13. 3€ (incluye visita al museo). ☎ 956 28 61 54.

Oratorio de la Santa Cueva – Abre de 10 a 13 y de 16.30 a 19.30; verano de 10 a 13 y de 17 a 20. Cerrado sá y do tardes y fest. 1,50€. ☎ 956 22 22 62.

Museo de Cádiz – Abre de 9 a 20. Do de 9.30 a 14.30. Cerrado lu, ma de 9 a 14 (exc. visitas concertadas) y fest. 1,50€; grat. ciudadanos U.E. ☎ 956 21 22 81.

Oratorio de San Felipe Neri – Abre 10 a 13.30. Cerrado do y fest. 0,90€. ☎ 956 21 16 12.

Museo Iconográfico e Histórico – Abre de 9 a 13 y de 16 a 19; del 15 jun-15 sep de 9 a 13 y de 17 a 19. Sá, do y fest de 9 a 13. Cerrado lu y fest. Grat. ☎ 956 22 17 88.

Hospital de Mujeres – Abre de 10 a 13. Cerrado sá, do y fest. 0,60€. ☎ 956 22 36 47.

Torre Tavira – Abre de 10 a 18 (a 20 del 15 jun-15 sep). Última vis guiada a las 17.30. 3€. ☎ 956 21 29 10.

Castillo de Santa Catalina – Abre de 10 a 19. Sá de 10 a 14. Cerrado do y fest. Grat.

Alrededores

San Fernando: Museo Histórico Municipal – Abre de 10 a 14 y de 18 a 21. Cerrado sá, do y fest. Grat. ☎ 956 89 37 02.

Observatório Astronómico – Vis guiada (2h 30) de 10 a 14 y de 18 a 21. Cerrado sá, do y fest. Grat. ☎ 956 89 37 02.

CARMONA

ℹ Plaza de las Descalzas – 41410 – ☎ 95 414 22 00 ó 95 419 09 55
ℹ Arco de la Puerta de Sevilla – 41410 – ☎ 95 419 09 55

Iglesia de San Pedro – Abre de ju-lu de 11 a 14; lu, ju y vi de 17 a 19. Cerrado ma y mi. 1,20€. ☎ 954 14 12 70.

Ayuntamiento – Abre de 8 a 15. ☎ 95 419 09 55.

Iglesia del Salvador – Abre de 10 a 14 y de 16.30 a 18.30. Cerrado mi, ju, 1 ene y 25 dic. 1,20€.

Iglesia de Santa María la Mayor – Abre de 10 a 14. Cerrado do y lu. ☎ 95 414 08 11.

Convento de Santa Clara – Vis previa cita al ☎ 954 14 21 02.

Necrópolis Romana – Abre de 9 a 17; del 16 jun-16 sep de 8.30 a 14. Sá y do de 10 a 14. Cerrado lu y fest. 1,50€; grat. ciudadanos U.E. ☎ 95 414 08 11.

La CAROLINA

Iglesia de la Inmaculada Concepción – Abre de 8 a 9.30 y de 19 a 21 (de 20 a 22 verano). Do y fest de 11 a 13 y de 19 (20 verano) a 21. ☎ 953 66 00 37.

CAZORLA

ℹ c/ Juan Domingo, 2 – 23470 – ☎ 953 72 05 15

Castillo de Yedra – Abre de 9 a 20 (de 15 a 20 ma). Do y fest de 9 a 15. Cerrado lu. Grat.

Sierra de CAZORLA

ℹ c/ Juan Domingo, 2 – 23470 – ☎ 953 72 01 15

Cazorla: Punto informativo – Abre de 8 a 14.30. Cerrado sá, do y fest. ☎ 953 72 01 25.

Tíscar: Santuario – Abre para culto de 11.30 a 12.30. ☎ 953 71 36 06.

Quesada: Museo Municipal – Abre de 11 a 14 y de 17 a 19. ☎ 953 73 38 24.

Torre del Vinagre: Centro de Interpretación – Abre de 11 a 14 y de 17 a 20; en verano de 11 a 14 y de 16 a 18. Cerrado lu, sá y do. Grat. ☎ 953 71 30 40 ó 953 72 01 15.

Parque Cinegético de Collado del Almendral – Infor. en el ☎ 953 71 01 20.

CÓRDOBA

ℹ c/ Torrijos, 10 – 14003 – ☎ 957 47 12 35
ℹ Plaza Judá Levi – 14003 – ☎ 957 20 10 40

Mezquita-Catedral – Abre ene y dic de 10 a 17.30 (a 18 feb y nov; a 19 mar y de jul-oct; a 19.30 abr-jun). Do y fest de 10 a 14. Última visita 30 min antes de cierre. 5,41€, incluye visita a la catedral, mezquita y tesoro. ☎ 957 47 05 12 ó 957 47 56 13.

Museo Diocesano de Bellas Artes – Abre de 9.30 a 13.30 y de 15.30 a 17.30 (de 9.30 a 15 jun-jul). Sá de 9.30 a 13.30. Cerrado do y fest. 0,90€ (teniendo el billete de la mezquita, grat.). ☎ 957 47 93 75.

Torre de la Calahorra: Museo vivo de Al-Andalus – Abre de 10 a 18 (a 19 oct y mar-abr); may-sep de 10 a 14 y de 16.30 a 20.30. 3,61€. ☎ 957 29 39 29.

R. Mattès

Mezquita

Alcázar de los Reyes Cristianos – Abre de 10 a 14 y de 16.30 a 18.30 (de 18 a 20 may-sep). Do y fest de 9.30 a 15. Cerrado lu. 2,70€; grat. vi. ☎ 957 42 01 51.

Casa Andalusí – Abre de 10 a 18 (a 19 oct y mar-abr); may-sep de 10 a 14 y de 16.30 a 20.30. 3,61€. ☎ 957 29 39 29.

Sinagoga – Abre de 10 a 14 y de 15.30 a 17.30. Do y fest de 10 a 13.30. Cerrado lu. 0,3€, grat. ciudadanos U.E. ☎ 957 20 29 28.

Museo Municipal Taurino – Abre 15 oct-1 may de 10 a 14 y de 16.30 a 18.30; 2 may-14 oct de 10 a 14 y de 17.30 a 19.30. Do y fest todo el año de 9.30 a 15. Cerrado lu, 1 ene, Vi Santo y 25 dic. 2,70€; grat. vi. ☎ 957 20 10 56.

Posada del Potro – Abre 9 a 14 y de 17 a 20. Cerrado sá, do, fest. Grat. ☎ 957 48 50 01 (Cultura).

Museo de Bellas Artes – Abre de 9 a 20 (ma de 15 a 20). Do y fest de 9 a 15. Cerrado lu. 1,50€; grat. ciudadanos U.E. ☎ 957 47 33 45.

Museo Julio Romero de Torres – Abre de 10 a 14 y de 16.30 a 18.30; jul-ago de 8.30 a 15. Do y fest de 9.30 a 15. Cerrado lu. 2,70€; grat. vi. ☎ 957 49 19 09.

Museo Arqueológico Provincial – Abre de 9 a 20 (de 15 a 20 ma). Do de 9 a 15. 1,50€, grat. ciudadanos U.E. ☎ 957 47 10 76.

Iglesia de San Nicolás de la Villa – Abre de 10.30 a 11.30, a las 18.30, a las 19.30 y a las 20.30. Abstenerse durante el culto. ☎ 957 47 68 32.

Iglesia de San Miguel – Abre para culto a las 7, 12 y 19.

Palacio de Viana – Vis guiada (1 h) oct-may de 10 a 13 y de 16 a 18; jun-sep de 9 a 14. Cerrado sá tarde, do y fest y 1-15 jun. 6€; 3€ sólo patios. ☎ 957 48 01 34 (Obra Socio-cultural).

Iglesia de San Lorenzo – Abre de 10 a 13 y de 17.30 a 20.30. ☎ 957 48 34 79.

Iglesia de San Pablo – Abre de 9 a 9.30, de 10.30 a 13, de 17.30 a 18.30 y de 20.30 a 21. Prohibida la visita en horas de culto. ☎ 957 47 12 00.

Alrededores

Medina Azahara – Abre may-sep de 10 a 13.30 y de 18 a 20.30; oct-abr de 10 a 14 y de 16 a 18.30. Do y fest de 10 a 14. Cerrado lu y fest. 1,50€. ☎ 957 32 91 30.

Las Ermitas – Abre de 10 a 13.30 y de 15 a 18; abr-sep de 10 a 13 y de 16.30 a 17.45. Do de 9 a 13.30 y de 16.30 a 19.45. Cerrado lu. 1,92€. ☎ 957 33 03 10.

B. Kaufmann/MICHELIN

Cruz de mayo, Córdoba

COSTA DE HUELVA

Palos de la Frontera: Casa-museo Martín Alonso Pinzón – Abre de 10 a 13.30 y de 17 a 19. Cerrado sá, do y fest. Grat. ☎ 959 35 01 99.

Iglesia de San Jorge – Abre de 10 a 19. Abr-sep de 10 a 14 y de 17 a 21; sá, do y fest de 11 a 20. Cerrado lu, 1 y 7-31 ene, 24, 25 y 31 dic. 3,01€. ☎ 959 53 05 65.

COSTA DEL SOL

ℹ c/ Compositor Lehmberg Ruíz, 3 – 29071
☎ 95 228 83 54

Benalmádena: Museo Arqueológico – Abre de 10 a 14 y de 16 a 19; en verano de 10 a 14 y de 17 a 20. Cerrado sá, do y fest. Grat. ☎ 95 244 85 93.

San Pedro de Alcántara: Las Bóvedas – Vis guiada (1 h 30) ju y sá a las 12. Se visita también la Basílica de Vega del Mar. ☎ 95 278 13 60.

CUEVAS DE ALMANZORA

Museo Antonio Manuel Campoy – Abre de 10 a 13.30 y de 17 a 20, do de 10 a 13.30. jul-sep de 10 a 13.30 y de 18 a 21. Do de 10 a 13.30. Cerrado lu y fest. Grat. ☎ 950 45 80 63.

Museo de Arqueología – Mismas condiciones de visita que el Museo Antonio Manuel Campoy. ☎ 950 45 80 63.

Alrededores

Vera: Museo Histórico Municipal – Abre de 10 a 14 y de 17 a 20. Cerrado sá por la tarde, do y fest. Grat. ☎ 950 39 31 42.

D

Parque Natural de DESPEÑAPERROS

Diferentes itinerarios – Infor. en el ☎ 953 12 50 18.

Parque Nacional de DOÑANA

Centro de visitantes «El Acebuche» – Abre de 8 a 19 (21 jun-sep). ☎ 959 44 87 11.

Centro de visitantes «La Rocina» – Abre de 9 a 13 y de 16 a 19 (21 jun-sep). ☎ 959 44 23 40.

Centro de visitantes «El Acebrón» – Abre de 9 a 15 y de 16 a 19. ☎ 959 44 23 40.

Centro de visitantes «José Antonio Valverde» – Abre de 10 a 18.30 (20.30 jun-sep). ☎ 959 44 87 39.

E

ÉCIJA

ℹ Av. Andalucía – 41400 – ☎ 95 483 30 62
ℹ c/ Cánovas del Castillo (Palacio de Benamejí), 4 – 41400 – ☎ 95 590 29 33

Iglesia de Santiago – Abre de 11 a 13 y de 18.30 a 20.30. ☎ 95 590 29 33.

Iglesia de Santa María – Abre de 9.30 a 12.30 y de 17.30 a 20. ☎ 95 483 04 30.

Iglesia de la Concepción – Abre de 10 a 13.

Iglesia de los Descalzos – Cerrado por restauración.

Iglesia de Santa Cruz – Abre de 10 a 13 y de 17 a 19.

Palacio de Benamejí – Abre de 9.30 a 13 y de 16.30 a 18.30; jun-sep de 9 a 14. Sá, do y fest de 9 a 14. Cerrado lu, 1 y 6 ene, 1 may y 25 dic. Grat. ☎ 95 590 29 33.

F

FUENTE OBEJUNA

🅸 c/ Luís Rodríguez, 27 – 14290 – ☎ 957 58 49 00

Iglesia Parroquial de Ntra. Sra. del Castillo – Abre de 10 a 13. Si está cerrado llamar al ☎ 957 58 41 63.

Excursiones

Belmez: Museo Histórico de Belmez y territorio minero – Abre de 10 a 14. Cerrado sá, do y fest. ☎ 957 36 90 42.

Obejo: Iglesia Parroquial de San Antonio Abad – Si no está abierta, lo enseña la persona que vive enfrente de la misma. ☎ 957 36 71 76.

G

GÉRGAL

Excursión

Centro Astronómico de Calar Alto – Vis mi previa cita al ☎ 950 23 09 88 ó 950 22 55 66.

GRANADA

🅸 Pl. Mariana Pineda s/n – 18009 – ☎ 958 22 59 90 o 958 22 66 88

La Alhambra y el Generalife – Abre mar-oct de 8.30 a 20 (y de 22 a 23.30 de ma-sá: sólo palacios Nazaríes); nov-feb de 8.30 a 18. La taquilla cierra 75 min antes de la última visita. 6,01€; 6,76€ la venta anticipada en cualquier sucursal del banco BBV de cualquier punto de España así como por internet: www.alhambratickets.com. Visita con la misma entrada para todos los recintos y en ella aparece indicado la hora de visita de los Palacios Nazaríes. ☎ 958 22 75 25. Visita temática para grupos reducidos, previa cita el lunes (infor. y reservas ☎ 902 22 44 60).

Catedral – Abre de 10.45 a 13.30 y de 15.30 a 18.30; do de 15.30 a 18.30. Abr-sep de 10.30 a 13.30 y de 16 a 19; do de 16 a 19. 2,10€. ☎ 958 22 29 59.

Capilla Real – Abre de 10.30 a 13 y de 15.30 a 18.30. May-sep de 10.30 a 13 y de 16 a 19; do y fest de 11 a 13 y de 16 a 19. Cerrado 2 ene (mañana), Vi Santo y 12 oct (mañana). 2,10€. ☎ 958 22 92 39.

Iglesia del Sagrario – Abre para culto a las 9 y 9.30. Do y fest. a las 10, 12 y 13.

Baños árabes – Abre de 10 a 14. Cerrado lu, do y fest. Grat. ☎ 958 02 78 00.

Museo Arqueológico – Abre de 9 a 20 (ma de 15 a 20). Do de 9 a 14.30. Cerrado lu y fest. 1,50€; grat. ciudadanos U.E. ☎ 958 22 56 40.

Casa del Chapiz – Abre de 9 a 18. Cerrado sá, do y fest. ☎ 958 22 22 90.

Monasterio de San Jerónimo – Abre de 10 a 13.30 y de 15 a 18.30; abr-sep de 10 a 13.30 y de 16 a 19.30. 2,10€. ☎ 958 27 93 37.

Cartuja – Abre de 10 a 13 (a 12 do y fest) y de 15.30 a 18; abr-oct de 10 a 13 y de 16 a 20. 2,10€. ☎ 958 16 19 32 (de 10 a 12).

Casa-museo Manuel de Falla – Abre de 10.15 a 15.30. Cerrado lu, do y fest. 1,50€.

Carmen de los Mártires – Abre de 10 a 14 y de 16 a 18. En verano de 10 a 14 y de 17 a 19. Sá y do de 10 a 18 (19 verano). Cerrado fest y ago. Grat. ☎ 958 22 79 53.

Parque de las Ciencias – Abre de 10 a 19. Do y fest de 10 a 15. Cerrado lu, 1 ene, 1 may y 24 y 25 dic. 4,50€ ; 1,50€ planetario. ☎ 958 13 19 00.

B. Kaufmann/MICHELIN

La Cartuja: Sancta Sanctorum

Huerta de San Vicente – Vis guiada (30 min) de 10 a 13 y de 16 a 19; abr-sep de 10 a 13 y de 17 a 20. Cerrado lu. 1,80€. ☎ 958 25 84 66.

GUADIX

ℹ Av. Mariana Pineda – 18500 – ☎ 958 66 26 65

Catedral – Abre de 8.30 a 13 y de 16 a 17.30; do y fest de 9 a 14 y de 16 a 17.30. ☎ 958 66 08 00.

Alcazaba – Abre de 9 a 14 y de 16 a 19; sá de 9 a 14. Cerrado do y fest. 0,60€. ☎ 958 66 01 60.

Iglesia de Santiago – Vis previa cita al ☎ 958 66 10 97/ 08 00.

Cueva-museo – Abre de 9 a 14 y de 16 a 19. Sá de 10 a 14. Cerrado do y fest. 1,20€.

Museo de Alfarería – Abre de 10 a 14 y de 17 a 20.30. Do de 11 a 14. ☎ 958 66 47 67.

Alrededores

La Calahorra: Castillo – Abre mi de 10 a 13 y de 16 a 18. ☎ 958 67 70 98.

H

HUELVA

ℹ Av. de Alemania, 12 – 21001 – ☎ 959 25 74 03
ℹ Av. de Italia, s/n – 21001 – ☎ 959 24 56 16

Catedral – Abre para culto a las 19. Do a las 11 y 19. ☎ 959 24 30 36.

Santuario de Nuestra Señora de la Cinta – Abre de 8.30 a 13.30 y de 16 a 19 (20 verano). ☎ 959 25 11 22.

Museo Provincial – Abre de 9 a 20. Do de 9 a 15. Cerrado lu. Grat. ☎ 959 25 93 00.

Alrededores

Paraje Natural de las Marismas de Odiel: canoas – Abre de 10 a 14 y de 15 a 21 (oficina de recepción). Cerrado sá, do y fest. Reserve con antelación al ☎ 959 50 05 12.

HUÉSCAR

ℹ c/ Mayor, s/n – 18830 – ☎ 958 74 00 11/ 73

Galera: Yacimiento Argárico – Abre sá, do y fest de 10.30 a 13 y de 16 a 18. Resto de los días previa concertación al ☎ 958 73 92 73.

Orce: Museo de Prehistoria y Paleontología José Gibert – Abre de 11 a 14 y de 16 a 18. Jun-sep de 11 a 13 y de 18 a 20. Cerrado lu. 1,5€. ☎ 958 74 61 71 (Turismo).

Castril: Centro de visitantes del Parque Natural de la Sierra de Castril – Abre ju de 10 a 14; vi de 16 a 18; sá, do y fest de 10 a 14 y de 16 a 18. Verano mi, ju, vi, sá, do y fest de 9 a 14 y de 18 a 20. Resto de los días previa cita al ☎ 958 00 20 18 ó 607 39 19 23.

I – J

IZNÁJAR

ℹ c/ Julio Burell, s/n – 14970 – ☎ 957 53 40 33

Museo Etnográfico – Vis previa cita al ☎ 957 53 40 02 ó 957 53 40 33.

JAÉN

ℹ c/ Maestra 13, bajo – 23002 – ☎ 953 24 26 24

Catedral – Abre de 8.30 (10 museo) a 13 y de 16.30 a 19; en verano de 8.30 (10 museo) a 13 y de 17 a 20. Cerrado do por la tarde en jul-ago. 3,01€. ☎ 953 23 42 33.

Museo de la Catedral – Abre de 10 a 13 y de 16 a 19; en verano de 10 a 13 y de 17 a 20. 2,10€. ☎ 953 23 42 33.

Iglesia de San Ildefonso – Abre de 8.30 a 12 y de 18 a 21. Do y fest a las 11.30 y a las 20. Respete horas de culto. ☎ 953 19 03 46.

Casa de la Virgen – Cerrado por restauración.

Convento de las Bernardas – Abre de 9.30 a 12.45 y de 16.30 a 19.30 (20.30 verano). Cerrado Sem Santa. ☎ 953 24 38 54.

Museo Provincial – Abre de 9 a 20; ma de 15 a 20; do y fest de 9 a 15. Cerrado lu. 1,50€, grat. ciudadanos U.E. ☎ 953 25 06 00.

Palacio de Villardompardo – Abre de 9 a 20. Sá y do de 9.30 a 14.30; última visita 30 min antes del cierre. Cerrado lu y fest. Grat. ☎ 953 23 62 92.

Real Monasterio de Santo Domingo – Abre de 8.30 a 14.30 y de 17 a 19; verano de 9 a 14. ☎ 953 23 85 00.

Monasterio de Santa Úrsula – Abre de 10 a 13.30 y de 17 a 20 (llamar al timbre). ☎ 953 19 01 15.

Castillo de Santa Catalina – Abre de 10 a 14 y de 15.30 a 18; verano de 10.30 a 13.30 y de 16.30 a 19.30. Cerrado mi no fest. Grat. ☎ 953 12 07 33.

Excursión

Sierra Natural de Sierra Mágina: centro de interpretación de Jodar – Infor. en el ☎ 953 78 76 56

JEREZ DE LA FRONTERA

ℹ c/ Larga, 39 – 11403
☎ 956 33 11 50/ 62

Museo Arqueológico de Jerez – Abre de 10 a 14 y de 16 a 19; 15 jun-30 sep de 10 a 14.30. Sá, do y fest de 10 a 14.30. Cerrado lu, 1 y 6 ene, Vi Santo, 25 dic. 1,50€, grat. 1er do de cada mes. ☎ 956 34 13 50.

B. Kaufmann/MICHELIN

Olivares

Catedral – Vis de 18 a 20. Sá, do y fest de 11 a 14. ☎ 956 34 84 82.

Alcázar – Abre 16 sep-30 abr de 10 a 18; 1 may-15 sep de 10 a 20. Última visita 30 min antes del cierre. Cerrado 1 y 6 ene. y 25 dic. 1,20€. ☎ 956 33 73 06 ó 956 31 97 98.

Cámara oscura – mismo horario que el Alcázar. 3,01€ (conjunta con el Alcázar).

Bodegas: Pedro Domecq – Vis previa cita. 3,01€ laborables (por la mañana); 5,41€ tardes, sá, do y fest. ☎ 956 15 15 00.

González & Byass – Visita a las 11, 12, 13, 17, 18, 19. Sá y do a las 10, 11, 12, 13. 7€. ☎ 956 35 70 16.

Willians & Humbert – Visita 9 a 15. Tardes, sá, do y fest vis previa cita. 3,91; 4,36 (tardes, sá, do y fest). ☎ 956 34 65 39.

Sandeman – Vis previa cita de 10 a 16 (17 may-nov). Sá de 11.30 a 13.30. 3€. ☎ 956 15 17 00.

Museo de Relojes – Cerrado por obras. Próxima reapertura verano 2002. Infor. ☎ 956 18 21 00.

Zoo-Jardín Botánico – Abre de 10 a 18. Cerrado lu (exc. fest). 3,91€; niños: 2,55€. ☎ 956 18 23 97 ó 956 18 42 07.

Real Escuela Andaluza de Arte Ecuestre – Visita a las instalaciones y entrenamientos lu, mi y vi 10 a 13 (también ma de nov-feb). Espectáculos ma y ju (sólo ju en inviern.) a las 12. Cerrado sá, do y fest. 6,01€; espectáculos: 12,02€ (18,03€ preferente). ☎ 956 31 96 35 ó 956 31 80 08.

Alrededores

Cartuja – Cerrado temporalmente por restauración. ☎ 956 15 64 65.

Yeguada de la Cartuja – Visita (1h 30 - 2h) sá a las 11. 9,02€; 4,81€ niños. ☎ 956 16 28 09.

JIMENA DE LA FRONTERA

Centro de Información del Parque Natural de los Alcornocales – Abre de 11 a 13 y de 15 a 17 (16 a 19 en verano). Sá, do y fest de 10 a 13 y de 15 a 16. ☎ 956 64 05 69.

L

LEBRIJA

ℹ c/ Tetuán, 15 – 41740 – ☎ 95 597 40 68

Iglesia de Santa María de la Oliva – Abre de 10 a 14 y de 18 a 21. ☎ 95 597 23 35.

Iglesia de Santa María del Castillo – Cerrado por obras de restauración.

Capilla de Vera Cruz – Abre de 20 a 21.30. Cerrado sá, do y fest. ☎ 95 597 54 53.

LINARES

Museo Arqueológico – Abre de 12 a 13. Sa y do de 12 a 13 y de 19 a 21. Cerrado vi. Grat. ☎ 953 54 40 04.

LOJA

ℹ c/ Duque de Valencia, 1 – 18300 – ☎ 958 32 39 49

Recinto de la Alcazaba – Cerrado por obras de restauración. ☎ 958 32 39 49 (turismo).

LUCENA

ℹ c/ Castillo del Moral, s/n – 14900 – ☎ 957 51 32 82

Iglesia de San Mateo – Abre de 7.30 a 13.30 y de 18.30 (19 verano) a 21. ☎ 957 50 07 75.

Iglesia de Santiago – Abre de 8.30 (10.30 sá, do y fest) a 13 y de 18.30 a 21. ☎ 957 50 05 45.

M

MÁLAGA

ℹ Pasaje de Chinitas, 4 – 29015 – ☎ 95 221 34 45
ℹ Av. Cervantes, 1 – 29015 – ☎ 95 260 44 10

Alcazaba – Abre de 9 a 18 (20 en verano). Cerrado ma, 1 ene y 25 dic. Grat. ☎ 952 22 51 06.

Museo Arqueológico – Cerrado por obras. ☎ 95 221 60 05 ó 95 222 04 43.

Castillo de Gibralfaro – Abre de 9.30 a 18 (20 verano). Grat. ☎ 952 22 51 06.

Catedral – Abre de 9.30 a 18.45; sá de 9.30 a 18; do y fest sólo culto. 1,80€. ☎ 95 222 03 45.

El Sagrario – Abre de 9.30 a 12.30 y de 18 a 19.30. ☎ 95 221 34 45 (Turismo).

Iglesia de Santiago – Abre de 9 a 13.30 y de 18 a 20.

Museo-Casa Natal Picasso – Abre de 11 a 14 y de 17 a 20; 1 jun-15 sep de 11 a 14 y de 18 a 21. Do de 11 a 14. Cerrado fest. Grat. ☎ 95 226 02 15.

Iglesia de los Mártires – Abre de 8 a 13.15 y de 19 a 20 (culto). Fest culto a las 9, 13 y 20.

Museo de Artes y Costumbres Populares – Abre de 10 a 13.30 y de 16 a 19; 15 jun-30 sep de 10 a 13.30 y de 17 a 20. Sá de 10 a 13.30. Cerrado do y fest. 1,20€. ☎ 95 221 71 37.

Santuario de la Virgen de la Victoria – Abre de 8 a 13 y de 16 a 20. Cerrado lu. ☎ 95 225 26 47.

Alrededores

Finca de la Concepción – Vis guiada (1 h 15) 1 abr-20 jun de 10 a 18.30; 21 jun-10 sep de 10 a 19.30; 11 sep-20 oct de 10 a 17.30; 21 oct-10 dic de 10 a 16.30; 11 dic-31 mar de 10 a 16. Cerrado lu. 2,76€. ☎ 95 225 21 48/ 07 45.

El Retiro – Cerrado temporalmente. ☎ 95 262 16 00.

MARBELLA

ℹ Glorieta de la Fontanilla – 29600 – ☎ 95 277 14 42
ℹ Plaza de los Naranjos – 29600 – ☎ 95 282 35 50

B. Kaufmann/MICHELIN

Museo del Grabado Español Contemporáneo – Abre de 10 a 14 y de 17.30 a 20.30; en verano de 10 a 14 y de 18 a 21. Cerrado lu, do y fest. 1,80€. ☎ 95 282 50 35.

Excursión

Tolox: Iglesia de San Miguel – Abre de 11 a 20.

MARCHENA

ℹ c/ San Francisco, 43 – 41620
☎ 95 584 51 21

Iglesia de San Juan Bautista: Museo de Zurbarán – Abre de 10.30 a 13.30. 1,20€ (museo). ☎ 95 484 32 57.

Alrededores

Paradas: Iglesia de San Eutropio – Vis previa cita al ☎ 95 484 90 39.

Río Tinto

MEDINA SIDONIA

Plazuela de la Iglesia Mayor, s/n – 11170 – ☎ 956 41 00 05

Conjunto Arqueológico – Abre de 10 a 13.30 y de 16.30 a 19; jun-sep de 10 a 13.30 y de 17.30 a 20. Cerrado lu. ☎ 956 41 00 05 (Oficina de turismo).

Iglesia de Santa María Mayor, la Coronada – Vis guiada (30 min) de 10 a 14 y de 16 a 18; en verano de 10 a 14 y de 18 a 20. Cerrado 1 ene y 25 dic. 1,65€. ☎ 956 41 24 04.

Alcázar y villa vieja – Vis guiada de 10 a 14 y de 16 a 18 (de 18 a 20 verano). 1,65€. ☎ 956 41 24 04.

Alrededores

Ermita de los Santos Mártires Justo y Pastor – Abre de 12 a 15 y de 16.30 a 20. ☎ 956 41 24 04.

Alcalá de los Gazules: Centro de interpretación del Parque Natural de los Alcornocales – Abre de 10 a 14 y de 16 a 18 (de 18 a 20 verano). ☎ 956 41 24 04.

Benalup: Cueva del Tajo de las Figuras – Abre de 9 a 15. Cerrado lu, ma y fest (exc. do). ☎ 600 59 01 42 ó 667 62 16 29.

MIJAS

Ermita de la Virgen de la Peña – Abre de 9 a 18. ☎ 95 248 50 22.

Museo de las Miniaturas – Abre de 10 a 19 (22 verano). 3€.

Ayuntamiento: museo – Abre de 9 a 15. ☎ 95 248 59 00.

Plaza de toros: museo taurino – Abre de 10 a 17.30 (22 en verano). 3€ (museo y plaza de toros); 1,50€ (museo). ☎ 95 248 55 48.

MINAS DE RIOTINTO

Parque Minero de Riotinto – Abre de 10 a 15. Sá, do y fest de 10 a 18. 13,22€ (visita del museo, Corta Atalaya y ferrocarril). Cerrado 1 y 6 ene y 25 dic. ☎ 959 59 00 25.

Museo Minero y ferroviario – Abre de 10.30 a 15 y de 16 a 19. 2,40€. ☎ 959 59 00 25.

Corta Atalaya – Vis a las 12, 13, 14 y 17 (y 18 del 16 abr-15 oct). 4,21€. ☎ 959 59 00 25

Ferrocarril turístico-minero – Vis previa cita. 8,41€. ☎ 959 59 00 25.

Necrópolis de la Dehesa – Vis previa cita al ☎ 959 59 00 25.

MOGUER

Av. de Andalucía, 5 – 21800 – ☎ 959 37 23 77

Monasterio de Santa Clara – Vis. guiada (50 min) de 11 a 13 y de 17 a 19. Cerrado lu. 1,80€. ☎ 959 37 01 07.

Archivo Histórico Municipal – Abre de 11 a 14.30. ☎ 959 37 27 13.

Convento de San Francisco – Abre de 11 a 14.30. ☎ 959 37 27 13.

Casa-museo «Zenobia y Juan Ramón» – Abre de 10 a 14 y de 17 a 20. Do y fest de 10 a 14. 1,80€. ☎ 959 37 21 48.

Casa natal de Juan Ramón Jiménez – Vis previa cita al ☎ 959 37 23 77 (Turismo).

MONTEFRÍO

🛈 Plaza de España, 1 – 18270 – ☎ 958 33 60 04

Iglesia de la Villa – Abre de 10 a 14 y de 16 a 18. ☎ 958 33 60 04 (turismo).

MONTILLA

🛈 c/ San Luís, 8 - bajo – 14550 – ☎ 957 65 24 62

Museo histórico local – Abre sá, do y fest de 10.30 a 13.30. Resto de los días previa cita al ☎ 957 65 24 62 ó 957 65 59 81.

Casa-Museo del Inca Garcilaso – Abre de 10 a 14. Sá, do y fest de 11 a 12. Grat. ☎ 957 65 24 62.

Excursión

Santaella: Museo de Arqueología local – Abre sá de 17 a 19.30. Do y fest de 11 a 13.

MONTORO

🛈 Plaza de España, 8 – 14600 – ☎ 957 16 00 89

Iglesia de San Bartolomé – Abre de 11 a 14 y de 17 a 20.

Museo Arqueológico local – Abre sá, do y fest de 11 a 13. Resto de los días visita cita al ☎ 957 16 00 89.

N

NERJA

🛈 c/ Puerta del Mar, 2 – 29780 – ☎ 95 252 15 31
🛈 c/ Carmen, 1 – 29780 – ☎ 95 252 00 90

Alrededores

Cueva de Nerja – Abre de 10 a 14 y de 16 a 18.30 (20 jul-ago). 4,80€. ☎ 95 252 95 20.

O

OSUNA

🛈 c/ Sevilla, 22 – 41013 – ☎ 95 481 22 11

Colegiata – Vis guiada (45 min) oct-abr de 10 a 13.30 y de 15.30 a 18.30. May-sep de 10 a 13.30 y de 16 a 19. Cerrado lu, 1 y 6 (tarde) ene, Ju Santo y Vi Santo y 24 (tarde), 25 y 31 (tarde) dic. 1,80€. ☎ 95 481 04 44.

Monasterio de la Encarnación – Abre de 10 a 13.30 y de 15.30 a 18.30. Verano de 10 a 13.30 y de 16.30 a 19.30. Cerrado lu. ☎ 95 481 11 21.

Torre del Agua: Museo Arqueológico – Abre de 11 a 13.30 y de 15.30 a 18.30. Verano de 10 a 13.30 y de 17 a 19 (jul-ago de 10 a 14). 1,50€. ☎ 95 481 12 07.

P

PALMA DEL RÍO

🛈 Plaza de Judá Levi, s/n – 14700 – ☎ 957 20 05 22
🛈 c/ Cardenal Portocarrero, s/n – 14700 – ☎ 957 54 43 70

Museo Municipal – Abre del 15 sep-15 jun de 17 a 20; 16 jun-14 sep de 10 a 14. Do y fest de 11 a 14. Cerrado lu. ☎ 957 64 43 70.

Iglesia de la Asunción – Abre de 11.30 a 13 y de 19.30 a 20.30. Cerrado ju. ☎ 957 64 56 76 (cultura).

Alrededores

Centro de visitantes Huerta del Rey – Abre de 10 (10.30 verano) a 14 (14.30 verano) y de 16 a 19. Cerrado lu. ☎ 957 64 11 40.

PRIEGO DE CÓRDOBA

🛈 c/ Real, 46 – 14800 – ☎ 957 59 44 27
🛈 c/ Río, 3 – 14800 – ☎ 957 70 06 25

Parroquia de la Asunción – Vis previa cita de 10.30 a 13.30 y de 16 a 19. En verano de 11 a 14 y de 17.30 a 20. Cerrado lu y do tarde. Respete el culto. ☎ 606 17 16 53

Iglesia de San Pedro – Abre de 10 a 13.

Carnicerías Reales – Abre de 13 a 14 y de 19 a 22.

Museo Histórico Municipal – Abre de 10 a 13.30 y de 17 a 19.30. Do y fest de 10 a 13.30. Cerrado lu, 1 ene, Vi Santo, 25 dic. ☎ 957 54 09 47.

PUEBLOS BLANCOS

El Bosque: Centro de visitantes del Parque Natural – Abre de 9 a 14. Vi, sá, do y fest de 9 a 14 y de 16 a 18. ☎ 956 71 60 63.

Ubrique: Ciudad Romana de Ocurri – Vis guiada (90 min) de 10 a 14 y de 16.30 a 20. 3,01€. ☎ 956 73 11 85 ó 956 46 49 00 (Turismo).

Benaocaz: Museo Municipal – Abre sá, do y fest de 11 a 13.30 y de 18 a 20.30. Resto días previa cita. Grat. ☎ 956 12 55 00.

Grazalema: telares manuales – Abre de 8 a 14 y de 15 a 18.30; vi de 8 a 14 (la tienda también abre por la tarde). Jul de lu-vi de 7 a 15. Cerrado sá, do, fest y en ago. Grat. ☎ 956 13 20 08.

Setenil: Oficina de turismo – Abre de 10.30 a 14 y de 16 a 19. Do y fest de 10.30 a 19. Cerrado lu. ☎ 956 13 42 61.

Olvera: Castillo – Abre de 10.30 a 14 y de 16 a 18.30 (19 del 1 jun-14 oct). Sá, do y fest. de 10 a 17. 0,60€ (museo). ☎ 956 12 08 16 (turismo).

Villamartín: Museo Municipal – Abre de 10 a 14 y de 16 a 18. En verano de 10 a 14 y de 18 a 21. Cerrado lu y ma. 0,75€.

Dolmen de Alberite – Infor. en el ☎ 956 36 61 10.

Bornos: Castillo-palacio (turismo) – Abre de 10 a 14 y de 16 a 19; sá de 10 a 13. En verano de 10 a 14 y de 15 a 20; sá, do y fest de 10 a 13. ☎ 956 72 82 74.

El PUERTO DE SANTA MARÍA

ℹ c/ Luna, 22 – 11500 – ☎ 956 54 24 13

El Vaporcito de el Puerto – Salidas del 15 sep-30 nov y de feb-may a las 9, 11, 13 y 15.30. Del 1 jun-14 sep a las 9, 11, 13, 15.30 y 19.30 (hay un paseo nocturno a las 21.45). Do y fest, todo el año, también a las 17.30. Cerrado lu en invier. Salida desde la Plaza de las Galeras Reales. 1,65€. ☎ 956 54 24 13.

Iglesia Mayor Prioral – Abre de 8.30 a 12.45 (12 sá, 13.45 do) y de 18.30 a 20.30. Grat.

Museo Municipal – Abre de 10 (10.30 sá y do) a 14. Cerrado lu y fest. Grat. ☎ 956 54 27 05/ 75.

Fundación Rafael Alberti – Abre de 11 (10 del 15 jun-15 sep) a 14.30. Cerrado sá, do y fest. 1,80€. ☎ 956 85 07 11.

Castillo de San Marcos – Abre sá de 11 a 13.30. Resto de días previa cita al ☎ 956 85 17 51 (Bodegas Caballero).

Plaza de toros – Abre de 11 a 13.30 y de 18 a 19.30. Del 1 oct-30 jun de 11 a 13 y de 17.30 a 19. Cerrado lu y días previos y posteriores a la corrida. Grat. ☎ 956 54 15 78.

R

La RÁBIDA

Centro de Información y Recepción «La Casita de Zenobia» – Abre de 10 a 14 y de 17 a 21; sá, do y fest de 10 a 20. De sep-abr de 10 a 19. Cerrado lu. ☎ 959 53 11 37.

Monasterio de Santa María de la Rábida – Abre de 10 a 13 y de 16 a 19 (18.15 del 2 oct-31 mar); del 1 abr-1 may de 10 a 13. Cerrado lu. ☎ 959 35 04 11.

Muelle de las Carabelas – Abre de 10 a 14 y de 17 a 21 (sep-abr de 10 a 19). Sá, do y fest todo el año de 10 a 20. Cerrado lu. 2,58€. ☎ 959 53 05 97/ 03 12.

El ROCÍO

Niebla: Visita – De 9.30 a 14 y de 16 a 18. ☎ 959 36 22 70.

RONDA

ℹ Pl. de España, 9 – 29400 – ☎ 95 287 12 72
ℹ Paseo Blas Infante – 29400 – ☎ 95 218 71 19

Casa del Rey Moro: Jardines de Forestier – Abre de 10 a 18 (20 en primav. y verano). 3,61€. ☎ 952 18 72 00.

Baños árabes – Abre de 9 a 13.30 y de 16 a 18; abr-sep de 8.30 a 13.30 y de 16 a 19. Do de 10.30 a 13. Cerrado lu (do en verano). ☎ 95 287 38 89.

Museo del Bandolero – Abre de 10 a 18 (20.30 en verano). 2,40€. ☎ 952 87 77 85.

Iglesia de Santa María la Mayor – Abre de 10 a 19 (20 verano: 21 en ago). 1,20€. ☎ 952 87 22 46.

Palacio de Mondragón: Museo de la Ciudad – Abre de 10 a 19 (18 nov-mar). Sá, do y fest de 10 a 15. Cerrado 1 ene. 1,80€. ☎ 952 87 08 18.

Museo Lara – Abre de 10 a 20. 3€. ☎ 952 87 12 63.

Plaza de toros: museo taurino – Abre de 10 a 18 invier. (19 primav. y otoño; 20 verano). 3,61€. ☎ 95 287 41 32.

Alrededores

Iglesia Rupestre de la Virgen de la Cabeza – Abre de 10 a 14 y de 17 a 18 (19 primav. y verano). Sá, do y fest de 10 a 15. 1,20€. ☎ 649 36 57 72.

Ruinas de Acinipo – Abre ma-ju de 10 a 18 (abr-sep de 11 a 19); vi-do de 9 a 19. Fest. de 10 a 14.30. Cerrado lu (también ma en ago). Grat. ☎ 952 22 75 60.

Cueva de la Pileta – Vis guiada (1 h) de 10 a 13 y de 16 a 17. 5,41. Para grupos reducidos visita previa cita. ☎ 95 216 73 43.

S

SANLÚCAR DE BARRAMEDA

Calzada del Ejército, s/n – 11540
☎ 956 36 61 10

Iglesia de la Trinidad – Abre de 10 a 13.30. Cerrado do para las visitas.

Palacio de Orleans y Borbón – Abre de 9 a 14. En verano de 10.30 a 13.30. ☎ 956 38 80 00.

Parroquia de Nuestra Señora de la O – Abre a las 19.30 para culto. Do a las 9, 12 y 19.30.

Palacio de los Condes de Niebla – Vis do de 10 a 13.30 y lu previa cita al ☎ 956 36 01 61.

Iglesia de Santo Domingo – Abre de 10 a 12 y de 15.30 a 20. Respete el culto. ☎ 956 36 04 91.

Centro de visitantes Bajo de Guía – Abre de 10 a 14 y de 16 a 19 (incl. fest). Sá y do de 10 a 14.30. Grat. ☎ 956 36 07 15.

Centro de visitantes Fábrica de Hielo – Abre de 9 a 19 (20 verano). ☎ 956 38 16 35.

Alrededores

Chipiona: Santuario Nuestra Señora de la Regla – Abre de 8 a 12 y de 17 a 19.30 (20.30 verano). ☎ 956 37 01 89.

SEVILLA

Av. Constitución, 21 B – 41004 – ☎ 95 422 14 04
Paseo de las Delicias, 9 – 41012 – ☎ 95 423 44 65

La Giralda y Catedral – Abre de 11 a 17, do de 14 a 18. Cerrado 1 y 6 ene, 30 may, Corpus Christi, 15 ago, 8 y 25 dic. Horarios restringidos Ma, Ju y Vi Santo. 4,20€; grat. do. ☎ 95 456 33 21.

Archivo General de Indias – Abre de 10 a 13 (investigación de 8 a 15). Cerrado sá, do y fest. Grat. ☎ 95 450 05 28.

O. Torres/MARCO POLO

Barrio de Santa Cruz

Real Alcázar – Abre oct-mar de 9.30 a 18 (14.30 do y fest); abr-sep de 9.30 a 20. Última entrada 1h antes del cierre. Cerrado lu, 1 y 6 ene, Vi Santo y 25 dic y por actos oficiales. 4,20€; Cuarto Alto: 2,40€. ☎ 95 450 23 23.

Hospital de los Venerables – Vis guiada (25 min) de 10 a 14 y de 16 a 20. Cerrado 1 ene, Vi Santo y 25 dic. 3,6€. ☎ 95 456 26 96.

Museo Arqueológico de Sevilla – Abre ma de 15 a 20; mi-sá de 9 a 20 y do de 9 a 14. Cerrado lu y fest. 1,50€; grat. ciudadanos U.E. ☎ 954 23 24 01.

Museo de Artes y Costumbres Populares – Abre de 9 a 20. Ma de 15 a 20. Do y fest de 9 a 14.30. Cerrado lu. 1,50€; grat. ciudadanos U.E. ☎ 95 423 25 76/ 55 40.

Museo de la Marina – Abre de 10 a 14. Sá, do y fest de 11 a 14. Cerrado en ago, 1 y 6 ene. 0,60€; grat. ma ciudadanos U.E. ☎ 95 422 24 19.

Hospital de la Caridad – Abre de 9 a 13.30 y de 15.30 a 18.30; do y fest de 9 a 13. 2,40€. ☎ 95 422 32 32.

La Maestranza – Abre de 9.30 a 14 y de 15 a 19. 3€. ☎ 95 422 45 77.

Capilla del Patrocinio – Abre de 10.30 a 13.30 y de 18 a 21. Do de 10.30 a 13.30. ☎ 95 433 33 41.

Basílica de la Macarena: Museo – Abre de 9.30 a 13 y de 17 a 20 (a 21 la Basílica). Cerrado 15 días antes de Semana Santa y durante la misma por la preparación de las procesiones. 2,70€ museo. ☎ 95 437 01 95.

Iglesia de San Luis de los Franceses – Abre ma y ju de 9 a 15; mi de 9 a 15 y de 17 a 20; vi y sá de 9 a 14 y de 17 a 20. ☎ 95 503 73 00.

Convento de Santa Paula – Abre de 10.30 a 12.30 y de 15.30 a 18.30. Cerrado lu y fest por ejercicios espirituales. ☎ 95 453 63 30.

Capilla de San José – Abre de 19 a 21; do de 11 a 12. ☎ 95 422 31 42/ 32 42.

Palacio de la Condesa de Lebrija – Abre (incluido fest) de 10.30 a 13 y de 16.30 a 19 (20 abr-sep). Sá de 10 a 13. Cerrado do. 3,61€ (6,60€ las 2 plantas). ☎ 95 422 78 02.

Iglesia del Salvador – Abre de 9 a 10 y de 18.30 a 21. ☎ 95 421 16 79.

Templo del Nuestro Padre Jesús del Gran Poder – Abre de 8 a 13.30 y de 18 a 21. ☎ 95 438 45 58.

Casa de Pilatos – Abre de 9 a 19 (18 del 22 sep-20 mar). 3€ cada planta. ☎ 95 422 52 98.

Museo de Bellas Artes – Abre de 9 a 20. Ma de 15 a 20; lu do y fest de 9 a 14. 1,50€; grat. ciudadanos U.E. ☎ 95 422 18 29/ 07 90.

La Cartuja: Centro Andaluz de Arte Contemporáneo – Abre de 10 a 20 (21 abr-sep); do de 10 a 15. Última visita 30 min antes del cierre. Cerrado lu y fest. 1,80€; grat. ma ciudadanos U.E. ☎ 95 503 70 70.

Alrededores

Itálica – Abre de 9 a 17.30; do de 10 a 16. Abr-sep de 8.30 a 20.30; do de 9 a 15. Cerrado lu. 1,50€; grat. ciudadanos U.E. ☎ 955 99 73 76/ 65 83.

Bollullos de la Mitación: Iglesia de San Martín – Abre de 19 a 21. Do y fest de 11 a 12 y de 17 a 19 (culto).

Santuario de las Cuatrovitas – Abre sá, do y fest de 10 a 13 y de 17 a 19 (fuera del horario de visita pedir la llave a la encargada de la iglesia que vive enfrente).

SIERRA NEVADA

Centro de Visitantes del Dornajo – Abre de 10 (9.30 verano) a 14.30 y de 16.30 a 19 (20 verano). ☎ 958 34 06 25.

Alrededores

Nigüelas: Almazara de las Laerillas – Vis previa cita al ☎ 958 77 76 07 (Ayuntamiento).

Parque Natural de la SIERRA NORTE DE SEVILLA

Constantina: Centro de información del Parque – Abre lu-mi de 10 a 14. Ju-do de 10 a 14 y de 16 a 18. ☎ 95 588 15 97 ó 95 588 12 26.

Ermita de El Robledo – Vis previa cita al ☎ 95 588 12 97.

Cazalla de la Sierra: Ruinas de la Cartuja – Abre de 10 a 14.30 y de 16 a 18 (20 en verano). Cerrado 24 y 25 dic. 3€. ☎ 95 488 45 16.

T

TABERNAS

Plaza del Pueblo, 1 (Ayuntamiento) – 04200 – ☎ 950 36 50 02

Alrededores

Mini Hollywood – Abre de 10 a 21. ☎ 950 36 52 36.

Sorbas: Paraje Natural de Karst en Yesos – Infor. en el ☎ 950 36 44 81.

TARIFA

Paseo de la Alameda, s/n – 11380 – ☎ 956 68 09 93

Castillo de Guzmán el Bueno – Abre de 10 a 17 (18 en verano). ☎ 956 68 46 89 ó 956 78 09 93.

Alrededores

Ruinas Romanas de Baelo Claudia – Abre de 10 a 17.30 (18.30 mar-may y oct; 19.30 jun-sep). Do y fest de 10 a 13.30. Cerrado lu, 1 y 6 ene, 24, 25 y 31 dic. 1,50€; grat. ciudadanos U.E. ☎ 956 68 85 30.

O. Torres/MARCO POLO

Ruinas romanas de Baelo Claudia

U

ÚBEDA

🅘 Pl. Baja del Marqués, 4 (Palacio de Contadero) ☎ 953 75 08 97

Palacio de las Cadenas – Abre de 9 a 14 y de 17 a 21. ☎ 953 75 04 40.

Museo de la Alfarería – Abre de 10.30 a 14 y de 16.30 a 19. Cerrado lu. 0,30€. ☎ 953 75 04 40.

Iglesia de Santa María de los Alcázares – Cerrado por restauración.

Capilla de El Salvador – Abre de 10.30 a 14 y de 16.30 a 18. Cerrado lu. 2,10€. ☎ 953 75 08 97.

Iglesia de San Pablo – Abre para culto de 19 a 21.

Museo de San Juan de la Cruz – Abre de 11 a 13 y de 17 a 19. Cerrado lu. 1,20€. ☎ 953 75 06 15.

Casa Mudéjar: Museo Arqueológico – Abre de 9 a 20. Do de 9 a 14. Cerrado lu y ma por la mañana. 1,50€; grat. ciudadanos U.E. ☎ 953 75 37 02

Museo de Semana Santa – Abre de 8 a 22; sá, do y fest de 11 a 14.30 y de 18 a 21.30. ☎ 953 75 08 42.

Alrededores

Villacarrillo: Iglesia de la Asunción – Abre de 19.30 a 21. Si se encuentra cerrada, la enseña el párroco (casa al lado de la iglesia).

UTRERA

Iglesia de San Francisco – Abre de 18 a 21. Do de 16 a 21. ☎ 95 586 09 31.

Santuario de Nuestra Señora de la Consolación– Abre de 9 a 14 y de 16 a 18.30. ☎ 95 486 03 30.

V

VEJER DE LA FRONTERA

🅘 c/ San Filmo, 6 – 11150 – ☎ 956 45 01 91
🅘 c/ Marqués de Tamaro, 10 – 11150 – ☎ 956 45 01 91

Visita – Vis guiada (2 h) por todos los monumentos de la ciudad. 3€. ☎ 956 45 01 91.

Iglesia Parroquial del Divino Salvador – Abre de 11 a 13. Cerrado do. ☎ 956 45 00 56.

Alrededores

Conil de la Frontera: Castillo de los Guzmanes – Abre de 10 a 14. Sá de 19 a 22. En otoño e invier. previa cita. Cerrado do y fest. Grat. ☎ 956 44 05 01.

Museo de Raíces Conileñas – Abre 1 jul-15 sep de 22 a 24. Grat. ☎ 956 44 05 01.

VÉLEZ BLANCO

Castillo – Abre de 11 a 13.30 y de 16 a 18. ☎ 950 41 50 01 (Ayuntamiento).

Alrededores

Vélez Rubio: Parroquia de la Encarnación – Abre de 17 a 20. Cerrado lu.

Museo Comarcal Velezano – Abre de 10.30 a 14 y de 17 a 20. Grat. ☎ 950 41 25 60.

María: Centro de visitantes Umbría – Abre de 9 a 13 y de 15 a 17. Cerrado sá y do. ☎ 950 52 70 05.

Índice

Adeje . . . . Ciudades, curiosidades, regiones turísticas y la provincia a la que pertenecen.

Abderrahman I . . . . Nombres históricos y términos que son objeto de un texto explicativo.

Catedral . . . . Curiosidad que pertenece a un subíndice de las ciudades importantes más extensamente descritas.

Las curiosidades aisladas (castillos, monasterios, montes, lagos, islas, cuevas, valles, etc.) aparecen en el índice por su nombre.

A

B

C

D

E

F

G

H

I

J

K – L

M

N

O

P – Q

R

S

T – U

V – W

Y – Z

Notas

LA GUÍA VERDE ha cambiado, ayúdenos a responder mejor a sus necesidades cumplimentando este cuestionario.

Le rogamos nos lo envíe a la siguiente dirección:
Michelin Ediciones de Viaje / Cuestionario Marketing Guía Verde
C/ Dr. Zamenhof, 22 28027 Madrid, España

1. ¿Es la primera vez que compra LA GUÍA VERDE? **sí** ☐ **no** ☐
Si la respuesta es sí, pase a la pregunta n° 3. En caso contrario, conteste a la pregunta n° 2.

2. Si Vd. ya conoce LA GUÍA VERDE, ¿cuál es su opinión sobre los cambios realizados?

	No me gusta	Me gusta poco	Indiferente	Me gusta más	Me gusta mucho
La portada	☐	☐	☐	☐	☐
Los mapas que figuran al principio de la guía Mapa de los lugares más interesantes* (Principales curiosidades) Mapa de itinerarios de viaje* Mapa de localidades turísticas* (*Según la guía)	☐	☐	☐	☐	☐
La claridad de los planos Ciudades, lugares de interés, monumentos	☐	☐	☐	☐	☐
Las direcciones	☐	☐	☐	☐	☐
La claridad de la disposición de la página	☐	☐	☐	☐	☐
El estilo de redacción	☐	☐	☐	☐	☐
Las fotografías	☐	☐	☐	☐	☐
El apartado "Informaciones prácticas"	☐	☐	☐	☐	☐

3. ¿Las direcciones que propone LA GUÍA VERDE le parecen...?

HOTELES:	Insuficientes	Suficientes	Demasiadas
De todas las categorías	☐	☐	☐
Barato*	☐	☐	☐
Medio*	☐	☐	☐
Caro*	☐	☐	☐
RESTAURANTES:	**Insuficientes**	**Suficientes**	**Demasiadas**
De todas las categorías	☐	☐	☐
Barato*	☐	☐	☐
Medio*	☐	☐	☐
Caro*	☐	☐	☐

(* Según la guía)

4. En LA GUÍA VERDE, la clasificación por orden alfabético de las ciudades y lugares de interés es, según su opinión, una solución:

Muy mala	Mala	Media	Buena	Muy buena
☐	☐	☐	☐	☐

5. ¿Qué busca principalmente en una guía de viaje?
Clasifique los criterios siguientes por orden de importancia (de 1 a 12).

6. Con estos mismos criterios, por favor, ¿puntúe su Guía Verde del 1 al 10?

	5. Por orden de importancia	6. Nota entre 1 y 10
1. Los planos de ciudades		
2. Los mapas regionales o de países		
3. Las rutas aconsejadas		
4. La descripción de las ciudades y lugares		
5. La puntuación de los lugares mediante estrellas		
6. Las informaciones históricas y culturales		
7. Las anécdotas del lugar		
8. El formato de la guía		
9. Las direcciones de hoteles y restaurantes		
10. Las direcciones de tiendas, bares, discotecas...		
11. Las fotografías, ilustraciones		
12. Otros (especificar)		

7. ¿Es importante para Vd. el año de aparición de la guía? **sí** **no**

8. Puntúe su guía del 1 al 10

9. Deseos, sugerencias para mejorar:

Es Vd. **Hombre** **Mujer** **Edad**

Agricultor / ganadero	Trabajador manual no cualificado
Artesano, comerciante, propietario de pequeño comercio (hasta 5 empleados)	Retirado / jubilado
Propietario de comercio / empresario (más de 5 empleados)	Estudiante
Profesional liberal	Ama de casa
Directivo, alto Funcionario	En paro
Empleado	Comerciales, vendedores
Trabajador manual cualificado	Otro (especificar)

Nombre y apellido:

Dirección

Título comprado